11	12	13					18
I B	II B	III A					VIII A
							2 He Helium 4,0026 0
		5 B Bor 10,811 +3	6 C Kohlenstoff 12,011 −4, −2, +4	7 N Stickstoff 14,0067 −3, ... , +5	8 O Sauerstoff 15,9994 −2	9 F Fluor 18,9984 −1	10 Ne Neon 20,1797 0
		13 Al Aluminium 26,9815 +3	14 Si Silicium 28,0855 −4,+4,+2	15 P Phosphor 30,9738 −3,+3,+5	16 S Schwefel 32,066 2,+4,+6	17 Cl Chlor 35,457 −1, +1, +5, +7	18 Ar Argon 39,948 0
29 Cu Kupfer 63.546 +1, +2	30 Zn Zink 65,39 +2	31 Ga Gallium 69,723 +3	32 Ge Germanium 72,61 +2, +4	33 As Arsen 74,9216 −3, +3, +5	34 Se Selen 78,96 −2, +4, +6	35 Br Brom 79,904 −1, +1, +5	36 Kr Krypton 83,80 0
47 Ag Silber 107,8682 +1	48 Cd Cadmium 112,411 +2	49 In Indium 114,818 +3	50 Sn Zinn 118,71 +2,+4	51 Sb Antimon 121,760 −3, +3, +5	52 Te Tellur 127,60 −2, +4, +6	53 I Iod 126,9045 −1, +1, +5, +7	54 Xe Xenon 131,29 0
79 Au Gold 196,9665 +1, +3	80 Hg Quecksilber 200,59 +1, +2	81 Tl Thallium 204,3833 +1, +3	82 Pb Blei 207,2	83 Bi Bismut 208,9804 +3, +5	84 Po Polonium 209 +2, +4	85 At Astat 210	86 Rn Radon 222,0176 0
111 Unn Unununium (272)	112 Uub Ununbium (277)		114 Uuq Ununquadium (285)		116 Uuh Ununhexium (289)		118 Uuo Ununoctium (293)

65 Tb Terbium 158,9253 +3	66 Dy Dysprosium 162,50 +3	67 Ho Holmium 164,9303 +3	68 Er Erbium 167,26 +3	69 Tm Thulium 168,9342 +3	70 Yb Ytterbium 173,04 +2, +3	71 Lu Lutetium 174,967 +3
97 Bk Berkelium 247,0703 +3, +4	98 Cf Californium 251,0796 +3	99 Es Einsteinium 252,0829 +3	100 Fm Fermium 257,0951 +3	101 Md Mendelevium 258,0986 +2, +3	102 No Nobelium 259,1009 +2, +3	103 Lr Lawrencium 260,1053 +3

Schülerduden Chemie

Schülerduden

Rechtschreibung und Wortkunde
Ein Wörterbuch zur alten und neuen Rechtschreibung

Grammatik
Eine Sprachlehre mit Übungen und Lösungen

Wortgeschichte
Herkunft und Entwicklung des deutschen Wortschatzes

Bedeutungswörterbuch
Ein Lernwörterbuch mit Bedeutungsangaben und Anwendungsbeispielen zur kreativen Wortschatzerweiterung

Fremdwörterbuch
Herkunft und Bedeutung der Fremdwörter

Lateinisch-Deutsch
Wortschatz für den modernen Lateinunterricht

Kunst
Von der Felsmalerei bis zur Fotografie, von Dürer bis Dix

Musik
Bach und Beatles, gregorianischer Gesang und Hip-Hop

Literatur
Von der Tragödie bis zum Computertext, von Sophokles bis Süskind: die Literatur in ihrer ganzen Vielseitigkeit

Chemie
Von der ersten Chemiestunde bis zum Abiturwissen

Physik
Quarks & Co.: Begriffe und Methoden der Physik

Biologie
Die gesamte Schulbiologie aktuell und zuverlässig

Sexualität
Umfassende Informationen zur Sexualität des Menschen

Ökologie
Klassische Ökologie und moderne Umweltpolitik

Geographie
Erdbeben, Klimazonen, Strukturwandel: allgemeine Geographie für den modernen Erdkundeunterricht

Geschichte
Von der Hügelgräberkultur bis zum Hitlerputsch, von der Res publica bis zum Zwei-plus-vier-Vertrag

Wirtschaft
Das Einmaleins der Marktwirtschaft für Schule und Berufsausbildung

Politik und Gesellschaft
Ein zuverlässiges Nachschlagewerk zu Fragen der aktuellen Politik in Zeitung, Fernsehen und Internet

Philosophie
»Logik des Herzens« und kategorischer Imperativ: die wichtigsten Modelle und Schulen

Psychologie
Das Grundwissen der Psychologie und ihrer Nachbarwissenschaften

Pädagogik
Alles zum Thema Schule, Ausbildung und Erziehung

Informatik
Algorithmen und Zufallsgenerator: das Informationszentrum für Anfänger und Fortgeschrittene

Mathematik I
5.–10. Schuljahr: das Grundwissen

Mathematik II
11.–13. Schuljahr: das Abiturwissen

Wörterbuch Englisch
Mit einem deutsch-englischen und einem englisch-deutschen Teil

Schülerduden

Chemie

4., völlig neu bearbeitete Auflage
Herausgegeben und bearbeitet
von der Redaktion Schule und Lernen

Dudenverlag
Mannheim · Leipzig · Wien · Zürich

Redaktionelle Leitung:
Dipl.-Phys. Martin Bergmann, Dipl.-Biol. Franziska Liebisch

Herstellung:
Erika Geisler

Redaktion:
Silvia Barnert (WGV, Weinheim), Dr. Matthias Delbrück (WGV),
Dr. Reinald Eis (WGV), Dipl.-Phys. Walter Greulich (WGV),
Rainer Jakob, Dipl.-Chem. Ruth Karcher (WGV),
Dipl.-Phys. Klaus Lienhart (WGV), Dr. Gunnar Radons (WGV),
Martin Wacker (WGV), Dipl.-Phys. Roland Wengenmayr (WGV)

Mitarbeiterinnen und Mitarbeiter:
Dr. Birte Ahrens, Braunschweig
Herbert Brandl, Kaltenkirchen
Peter Heußler, Haßloch
Dr. Hans Wolf, Haßloch

Grafik:
Willy Fellner, München
Klaus W. Müller, Stahnsdorf
Dr. Heike Reichert, Rheinfelden

Umschlaggestaltung:
Sven Rauska, Wiesbaden

Die Deutsche Bibliothek – CIP-Einheitsaufnahme

Ein Titeldatensatz für diese Publikation ist bei
Der Deutschen Bibliothek erhältlich.

Das Wort DUDEN ist für den Verlag
Bibliographisches Institut & F. A. Brockhaus AG
als Marke geschützt.

Das Werk wurde in neuer Rechtschreibung verfasst.

Alle Rechte vorbehalten
Nachdruck, auch auszugsweise, vorbehaltlich der Rechte,
die sich aus §§ 53, 54 UrhG ergeben, nicht gestattet.

© Bibliographisches Institut & F. A. Brockhaus AG, Mannheim 2001
Satz: WGV Verlagsdienstleistungen GmbH, Weinheim
Druck und Bindearbeit: Graphische Betriebe Langenscheidt KG,
Berchtesgaden
Printed in Germany
ISBN 3-411-05384-4

Vorwort

Die Chemie als eine der grundlegenden Naturwissenschaften ist eng mit unserem täglichen Leben verbunden: Einerseits beruhen alle Vorgänge, die unser Leben aufrechterhalten, etwa Stoffwechselvorgänge, auf chemischen Reaktionen, andererseits ist die Nutzung von Produkten der chemischen Industrie im Alltag selbstverständlich geworden, man denke nur an Kunststoffe, Farbstoffe, Waschmittel, Arzneimittel und vieles andere mehr. Aber auch einige der größten Probleme unserer Zeit wie anthropogene Klimaveränderungen oder andere Umweltprobleme haben viel mit Chemie zu tun. Es gibt also genügend Gründe, sich mit diesem Gebiet zu befassen.

Das Ziel des »Schülerdudens — Chemie« ist es, die Grundlagen der Chemie Schülerinnen und Schülern leicht verständlich nahe zu bringen und Interesse an der Vielfalt chemischer Vorgänge in unserer Welt zu wecken. Dazu wurde der Inhalt umfassend mit den aktuellen Lehrplänen der allgemein bildenden Schulen für die Mittel- und Oberstufe abgestimmt und durch vielerlei interessante Themen aus den neueren Entwicklungen der Chemie ergänzt. Grundlegende Zusammenhänge aus der anorganischen, der organischen und der physikalischen Chemie sind ausführlich erklärt. Zahlreiche chemische Formeln und aussagekräftige Abbildungen unterstützen dies. Der »Schülerduden – Chemie« ist damit ideal zum gezielten Nachschlagen und Wiederholen für Hausaufgaben und Klausuren, Referate und Prüfungen; gleichzeitig öffnet er den Zugang zu modernen Forschungsgebieten.

Durch einen blauen Rand sind die »Blickpunkte« gekennzeichnet, ausgewählte Artikel zu zentralen und besonders interessanten Themen. Sie informieren im Zusammenhang über grundlegende Begriffe wie die chemische Bindung oder die Katalyse, geben einen Überblick über wichtige Produktgruppen wie Kunststoffe oder Farbstoffe und greifen aktuelle Probleme auf, zum Beispiel das Thema Atmosphärenchemie. Diese Sonderseiten laden ein zum Lesen, Mit- und Weiterdenken und schließen jeweils mit Tipps und Literaturempfehlungen für diejenigen ab, die sich noch eingehender mit einem Thema beschäftigen möchten.

Auf den Innenseiten des Buchdeckels befinden sich ein übersichtlich gestaltetes Periodensystem mit vielen Details sowie ein unterhaltsam aufgemachter Überblick über »chemische Rekorde«. Die historische Einordnung von Entwicklungen erlaubt eine Sammlung der Kurzbiografien von etwa 100 bedeutenden Naturwissenschaftlern, darunter überwiegend Chemiker, aber auch Physiker, die wesentliche Beiträge zur Entwicklung der Chemie leisteten. Ein Verzeichnis mit Literaturhinweisen zur Schulchemie rundet den Band ab.

Nun noch einige *Benutzungshinweise*: Der Text ist nach fett gedruckten Hauptstichwörtern alphabetisch geordnet. Die Alphabetisierung ordnet Umlaute wie die einfachen Selbstlaute ein, also ä wie a, ö wie o usw. Das ß wird wie ss eingeordnet. Mehrteilige Hauptstichwörter werden ohne Rücksicht auf die Wortgrenzen durchalphabetisiert, sodass sich z. B. folgende Reihenfolge ergibt: **saure Reaktion, Säurerest, saurer Regen.**

Gibt es für einen Sachverhalt mehrere Begriffe, so werden diese nach dem Stichwort in runden Klammern angegeben, z. B. **Saccharose** (Rohrzucker). Angaben zur Herkunft folgen dem Stichwort in eckigen Klammern. Die Betonung eines Stichworts ist durch einen untergesetzten Strich (betonter langer Vokal) oder einen untergesetzten Punkt (betonter kurzer Vokal) gekennzeichnet. Aussprachehinweise werden in der gebräuchlichen internationalen Lautschrift angegeben.

Begriffe oder Bezeichnungen, die mit dem Stichwort in enger inhaltlicher Beziehung stehen, werden als Unterstichwörter halbfett hervorgehoben, z. B. **FCKW** unter **Halogenkohlenwasserstoffe.** Der Verweispfeil (↑) besagt, dass ein Begriff unter einem anderen Stichwort behandelt wird oder dass ergänzende Informationen in einem anderen Artikel zu finden sind. Besitzt ein Stichwort gleichzeitig mehrere verschiedene Bedeutungen, so wird dies durch das Symbol ♦ angedeutet (z. B. bezeichnet der Begriff **Kontaktgift** einerseits ein Berührungsgift, andererseits ein Katalysatorgift). Die im Text verwendeten Abkürzungen sind am Ende des Bands zusammengestellt.

Im Übrigen wird konsequent das internationale Einheitensystem (SI) verwendet. Andere Einheiten werden nur aufgeführt, wenn ihnen in der wissenschaftlichen Praxis oder im Alltag noch eine gewisse Bedeutung zukommt. Die Werte der Naturkonstanten folgen den aktuellen internationalen Empfehlungen.

Wir hoffen, dass die neue Auflage des »Schülerdudens − Chemie« dem Ziel nahe kommt, den Schülerinnen und Schülern sowie allen anderen Interessierten mit fundierten Informationen zu nutzen, aber auch etwas von der Faszination der Wissenschaft Chemie zu vermitteln. Kritik und Anregungen sind herzlich willkommen.

Mannheim, im Januar 2001   Redaktion und Bearbeiter

A (*A*): Formelzeichen für die ↑Massenzahl.

Abbau: Zerlegung komplizierterer Verbindungen in einfachere Stoffe.
Beim thermischen A. wird durch langsame Temperatursteigerung z.B. aus kristallwasserhaltigen Salzen zunächst nach und nach das Kristallwasser abgespalten, bei weiterer Temperaturerhöhung kann es dann zu einer Zersetzung des wasserfreien Salzes und zur Abgabe der gasförmigen Spaltprodukte kommen, z.B. bei Calciumcarbonat:

$$CaCO_3 \cdot 6H_2O \xrightarrow{25°C} CaCO_3 + 6H_2O$$
$$CaCO_3 \xrightarrow{900°C} CaO + CO_2.$$

Aus den Abbauprodukten kann auf die Zusammensetzung der Ausgangsstoffe geschlossen werden.

Abbaureaktionen spielen nicht nur eine bedeutende Rolle bei der Aufklärung der Zusammensetzung und Konstitution anorganischer und organischer Verbindungen, sondern auch bei den Verdauungsvorgängen in den Organismen. Da hierbei ↑Enzyme beteiligt sind, spricht man von **enzymatischem Abbau**. Ein Beispiel dafür ist der Abbau von ↑Proteinen zu Aminosäuren.

Als **biologischen Abbau** bezeichnet man allgemein den A. organischer Stoffe durch Mikroorganismen (bzw. deren Enzyme), durch den Abfälle dem natürlichen Stoffkreislauf zugeführt oder auch industriell hergestellte Chemikalien aus der Umwelt entfernt werden (Beispiel: ↑Tenside).

Abbruchreaktion: Reaktion, die eine ↑Kettenreaktion beendet.

abdampfen: das Lösungsmittel aus einer Lösung durch Erhitzen entfernen.

Abgase: ↑Atmosphärenchemie.

Abgaskatalysator: ↑Katalyse.

Abrauchen: das Entfernen flüchtiger Verbindungen aus festen Substanzen durch Erhitzen.

Abscheidungspotenzial: ↑Zersetzungsspannung.

Absetzen: ↑Sedimentation.

absolute Atommasse: ↑Atommasse

absolute Temperatur: ↑Temperatur

Absorption [zu lat. absorbere, absorptum »verschlucken«]:

◆ Aufnahme von *Gasen* durch Flüssigkeiten oder feste Körper (Absorptionsmittel, Absorbenzien), wobei sich ein Gleichgewicht einstellt zwischen dem im Absorbens gelösten und dem im darüber liegenden Gasraum befindlichen Gas.

◆ Abnahme der Intensität einer *Strahlung* beim Durchgang durch Materie, wobei ein Teil der Strahlung in andere Energieformen wie z.B. Wärme umgewandelt wird.

Absorptionsbanden: ↑Infrarotspektroskopie.

Absorptionsspektralanalyse: ↑Spektralanalyse.

Abstumpfung: Verringerung der Konzentration von Hydronium- oder Hydroxid-Ionen in einer Lösung durch Zugabe von Basen bzw. Säuren oder Salzen ohne Überschreitung des Neutralpunktes. Gibt man zu einer Säure (HA; A Säurerest) A⁻-Ionen oder zu einer Base (B) BH⁺-Ionen (z.B. in Form eines Salzes der Säure bzw. der Base), so werden die folgenden chemischen Gleichgewichte nach links verschoben, was gleichzeitig eine Abnahme der sauren bzw. basischen Wirkung der jeweiligen Lösungen zur Folge hat:

$$H_2O + HA \rightleftharpoons H_3O^+ + A^-$$

bzw.

$$H_2O + B \rightleftharpoons OH^- + BH^+.$$

Abwasserreinigung

Unter Abwasserreinigung versteht man die Entfernung schädlicher Inhaltsstoffe aus dem in großen Mengen in Haushalt, Gewerbe und Industrie anfallenden verschmutzten Wasser. Eine Reinigung ist u. a. deswegen nötig, weil die natürliche Selbstreinigung der Gewässer (Flüsse, Seen) bei direktem Einleiten dieser Abwässer überfordert wäre. Die Abwasserreingung ist ein aufwendiger Prozess.

■ Schmutz- und Schadstoffe im Abwasser

Substanzen wie Mineralöle, Fette, Eiweiße, Zucker, Cellulose, Detergenzien, viele Salze sowie Sand finden sich v. a. in häuslichen Abwässern und liegen gelöst, kolloidal, fein- und grobdispers vor; man fasst sie unter dem Begriff **Schmutzstoffe** zusammen. Zu den **Schadstoffen** rechnet man verschiedene organische Verbindungen, insbesondere einige chlorhaltige, sowie die meisten Schwermetallverbindungen.

Die in Haushaltsabwässern enthaltenen Stickstoff- und Phosphorverbindungen gehören streng genommen nicht zu den Schadstoffen, da sie sogar eine Düngewirkung auf Algen und Wasserpflanzen ausüben. Bei zu hohem Eintrag kommt es jedoch zu einer Überdüngung (**Eutrophierung**) der Gewässer und damit zu einem übermäßigen Wachstum dieser Organismen. Das nachfolgende Absterben der Organismen und der bakterielle Abbau des entstehenden Faulschlamms kann im Wasser Sauerstoffmangel bewirken. Alle auf Sauerstoff angewiesenen Lebewesen werden damit vernichtet; man sagt auch, das Gewässer »kippt um«.

Die Reinigung gewerblicher und industrieller Abwässer ist aufgrund ihres höheren Schmutz- und Schadstoffgehalts sowie der oft erhöhten Temperaturen (geringerer Sauerstoffgehalt) problematischer als diejenige von Abwässern aus Haushalten. Viele Betriebe müssen ihre Abwässer einer chemischen Dekontamination unterziehen, bevor diese über die Kanalisation den Kläranlagen zugeführt werden.

■ Arbeitsweise einer Kläranlage

Eine moderne Kläranlage umfasst i. d. R. drei Reinigungsstufen: die mechanische, die biologische und die chemische Reinigungsstufe.

In der **mechanischen Reinigungsstufe** werden makroskopische Verunreinigungen entfernt. Diese machen im Schnitt 20–30 % der gesamten Schmutzstoffe aus. Grob- und Feinrechen halten alle Objekte zurück, die größer als 15 mm sind. Sand und Kies

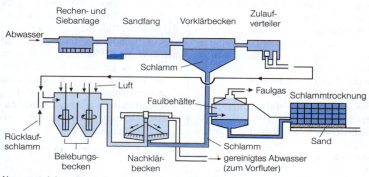

Abwasserreinigung nach dem Belebtschlammverfahren

Abwasserreinigung

sammeln sich im Sandfang. Mithilfe von Abscheidern werden aufschwimmende Stoffe wie Fett und Öl abgetrennt. Das Wasser durchläuft nun langsam ein Vorklärbecken, in dem sich Fasern und feinkörnige Substanzen absetzen.

Die **biologische Reinigungsstufe** entfernt rund 90 % der restlichen Verunreinigungen. Man verwendet dazu entweder berieselte Tropfkörper, d. h. große Brocken aus Lava, Schlacke oder Kunststoff, die mit einem »Rasen« aus Algen, Protozoen und Pilzen überzogenen sind, oder Belebtschlammbecken (Abb.), in denen sich Bakterienkulturen befinden, die durch Einblasen von Luft mit Sauerstoff versorgt werden.

Im aeroben Bereich der biologischen Reinigungsstufe werden Ammonium-Ionen bakteriell über Nitrit- zu Nitrat-Ionen oxidiert (**Nitrifikation**):

$$2\,NH_4^+ + 3\,O_2 + 2\,H_2O \xrightarrow{Bakterien} 2\,NO_2^- + 4\,H_3O^+$$

$$2\,NO_2^- + O_2 \xrightarrow{Bakterien} 2\,NO_3^-$$

An die aerobe Zone schließt sich eine anaerobe an, in der das Nitrat zum größten Teil zu elementarem Stickstoff reduziert wird (**Denitrifikation**, $\langle H \rangle$ = enzymatisch übertragener Wasserstoff):

$$2\,NO_3^- + 12\,\langle H \rangle \xrightarrow{Bakterien} 6\,H_2O + N_2 \uparrow$$

Die **chemische Reinigungsstufe** dient v. a. der Verringerung des Phosphat- und Schwermetallgehalts. Man bedient sich hier verschiedener Fällungsreaktionen (↑Fällen). Phosphate werden in Form schwerlöslicher Eisen(III)- oder Aluminiumphosphate gefällt. Bei der Zugabe von Eisen- oder Aluminiumsalzen kommt es zudem zu einer Koagulation von Schwebstoffen (Kolloidteilchen), die sich zusammenballen und ausflocken (↑Kolloide). Flockungsmittel wie Polyacrylamid beschleunigen diesen Prozess.

Viele Schwermetalle bilden bei hohen pH-Werten und in Gegenwart von Carbonat-Ionen schwer lösliche Hydroxide und Carbonate. Zu diesem Zweck versetzt man das Abwasser zum Abschluss der chemischen Dekontamination mit Natronlauge, Natriumcarbonat oder Calciumhydroxid.

In allen drei Reinigungsstufen fällt **Klärschlamm** an. Man sammelt ihn in Faultürmen, wo er durch anaerobe Bakterien vergoren wird. Dabei bilden sich Faulgase, die zu 60–80 % aus Methan, zu 20–25 % aus Kohlenstoffdioxid und verschiedenen weiteren Gasen bestehen. Dieses als **Biogas** bezeichnete Gemisch wird in Tanks gespeichert und kann zum Heizen oder zur Stromgewinnung genutzt werden. Nach 20 bis 30 Tagen ist der Schlamm ausgefault und kann i. d. R. als Dünger in der Landwirtschaft genutzt werden. Ausgenommen sind hier stark schwermetallhaltige Schlämme, die verbrannt werden. Die anfallende Asche muss Sondermülldeponien zugeführt werden. ■

✎ Besichtige eine kommunale Kläranlage und das städtische Wasserwerk. Die Betreiberfirmen bieten vielerorts Besichtigungstermine an. Eindrucksvoll ist auch eine Führung durch die »Unterwelt« von Großstädten, das Kanalisationssystem.

✎ *Chemie und Umwelt. Wasser*, herausgegeben vom VERBAND DER CHEMISCHEN INDUSTRIE E. V. Franfurt am Main (Verband der Chemischen Industrie) 1982. ■ ENGELHARDT, WOLFGANG: *Umweltschutz*. München (Bayerischer Schulbuchverlag) ⁶1993. ■ PHILIPP, ECKHARD: *Experimente zur Untersuchung der Umwelt*. München (Bayerischer Schulbuchverlag) ⁴1993.

Abwasserreinigung: siehe S. 8.
Ac: Zeichen für ↑Actinium.
Acet|aldehyd: ↑Aldehyde.
Acetale: organische Verbindungen mit zwei Ethergruppen am selben Kohlenstoffatom, die durch ↑Kondensation von ↑Aldehyden mit zwei Molekülen Alkohol über die Zwischenstufe des **Halbacetals** entstehen:
A. sind meist angenehm riechende

$$R-\overset{H}{\underset{}{C}}=\overset{}{\underset{}{O}} \xrightleftharpoons{+ HOR' \, [H^+]} R-\overset{H}{\underset{OR'}{C}}-OH$$

Aldehyd   Halbacetal

$$\xrightleftharpoons{+ HOR''; \, -H_2O \, [H^+]} R-\overset{H}{\underset{OR'}{\underset{|}{C}}}-OR''$$

Acetal

Acetale: Herstellung

Flüssigkeiten und dienen u. a. als Geruchsstoffe. Die in analoger Weise aus ↑Ketonen entstehenden Verbindungen werden **Ketale** genannt.
Acetate [lat. acetum »Essig«]:
♦ *Salze der Essigsäure,* CH_3COOH. Man erhält diese meist wasserlöslichen Salze durch Ersatz des Wasserstoffatoms der ↑Carboxy-Gruppe (–COOH) durch ein Metallatom.
♦ Trivialname für die *Ester der Essigsäure* mit Alkoholen. Bei ihnen ist das Wasserstoffatom der Carboxy-Gruppe durch einen Alkylrest ersetzt, z. B. Ethylacetat: $CH_3-COOC_2H_5$.
Acetatfaser: eine ↑Synthesefaser auf der Basis von Celluloseacetaten (↑Celluloseester).
Aceton: ↑Ketone.
Acetonitril: ↑Nitrile.
Acetophenon: ↑Ketone.
Acetylen: Trivialname für ↑Ethin.
Acetylide: ↑Ethin.
Acetylsalicylsäure: ↑Hydroxysäuren.
Achterschale: eine Elektronenschale, (↑Orbitalmodelle) die zwei Elektronen in ihren s-Zuständen (Nebenquantenzahl $l = 0$) und sechs Elektronen in p-Zuständen ($l = 0$) der Atomhülle enthält. Solche Schalen sind bei den Atomen der Edelgase (außer Helium) gerade aufgefüllt (Edelgaskonfiguration; ↑Elektronenkonfiguration) und zeichnen sich durch große Stabilität aus.
Acidimetrie: ↑Neutralisationstitration.
Acidität: die Fähigkeit einer Verbindung, als Säure zu wirken (↑Säuren und Basen); auch Maß für die Säurestärke (Hydronium-Ionen-Konzentration) einer Lösung.
Acrole|in: ↑Aldehyde, ↑Fette.
Acrylglas: ↑Kunststoffe
Acrylnitril: ↑Nitrile.
Acrylsäure: ↑Carbonsäuren.
Actinium [zu griech. aktís, aktinos »Strahl«]: radioaktives chemisches Element der ↑Actinoide, Zeichen Ac, OZ 89, Massenzahl des langlebigsten Isotops: 227.
Actino|ide: Reihe von inneren Übergangselementen im ↑Periodensystem der Elemente. Man bezeichnet damit die Elemente mit den Ordnungszahlen 90 (Thorium) bis 103 (Lawrencium), die im Periodensystem auf das Element mit der Ordnungszahl 89 (Actinium) folgen. (Nach den IUPAC-Regeln wird auch das Actinium in die Gruppe der A. einbezogen.)
Alle A. sind radioaktiv. Ihre Atome weisen die prinzipielle Elektronenkonfiguration $[Rn]5f^{1-14} \, 6d^1 \, 7s^2$ auf, bei der wegen der geringen Energieunterschiede zwischen den Energiestufen 5f und 6d auch Abweichungen auftreten können. Bei den A. wird demnach die drittäußerste Schale aufgefüllt. Da die Elektronenverteilungen der äußersten und mit einigen Ausnahmen auch der zweitäußersten Schalen bei diesen Atomen übereinstimmen, besitzen sie dieselben chemischen Eigenschaften wie das Element Actinium, das in der Außenschale

Addition (Abb. 1): elektrophile Addition

zwei s-Elektronen und in der zweitäußersten Schale ein d-Elektron aufweist.
acyclische Verbindungen: ↑aliphatische Verbindungen.
Acylierung: Bezeichnung für eine Reaktion, bei der eine Acylgruppe, R–CO– (↑Carbonsäuren), in eine organische Verbindung eingeführt wird (z.B. durch ↑Friedel-Crafts-Reaktion).
Addition [zu lat. addere, additum »hinzufügen«]: Anlagerung von Atomen oder Atomgruppen an eine Mehrfachbindung. Man unterscheidet die elektrophile, nukleophile und radikalische Addition. Bestimmend bei der A. ist die relativ leichte Polarisierbarkeit der π-Elektronen (↑Alkene).
Bei der **elektrophilen A.**, z.B. von Brom an eine Doppelbindung, erfolgt zunächst die Annäherung eines durch die π-Elektronenwolke des Alkens oder eine Lewis-Säure (z.B. Aluminiumbromid, AlBr$_3$) polarisierten Brommoleküls an die Doppelbindung. Der entstehende π-Komplex lagert sich um in das Bromonium-Ion, an das sich das Bromid-Ion in einem zweiten Schritt von der entgegengesetzten Seite anlagert (Abb. 1).
Bei der A. von protolysierbaren Verbindungen, z.B. von Halogenwasserstoffen, bildet die Anlagerung des Protons H$^+$ den geschwindigkeitsbestimmenden Schritt; an das entstehende Carbenium-Ion wird in einem zweiten Schritt das entsprechende Anion rasch angelagert (Abb. 2).
Bei asymmetrischen Alkenen folgt die A. unsymmetrischer Verbindungen, z.B. von Halogenwasserstoffen, der ↑Markownikow-Regel. So bildet sich etwa bei der A. von Bromwasserstoff an Propen von den beiden möglichen Monobrompropanen nur das 2-Brompropan, da als Zwischenstufe das stabilere sekundäre ↑Carbenium-Ion entsteht (Abb. 3).
Ein Spezialfall der elektrophilen A. ist die ionische ↑Polymerisation. Hierbei wirkt das als Zwischenprodukt entstehende Carbenium-Ion als elektrophiles Teilchen auf andere Doppelbindungen und löst so eine Kettenreaktion aus.
Die **nukleophile A.** erfolgt, wenn an der Doppelbindung Substituenten mit –I-Effekt (↑induktiver Effekt) sitzen, z.B. eine ↑Carbonylgruppe. Dadurch wird die Elektronendichte an der Doppelbindung verringert (Abb. 4).
Die **radikalische A.** erfolgt in unpolaren Lösungsmitteln und in Gegenwart von Radikalbildnern. Das angreifende Radikal wird entgegen der Markownikow-Regel an der räumlich günstigsten Stelle angelagert (Abb. 5).
Bei der **A. an konjugierte Diene** entsteht nach der Anlagerung des Brom-Kations ein mesomeriestabilisiertes

Addition (Abb. 2): Addition einer Säure

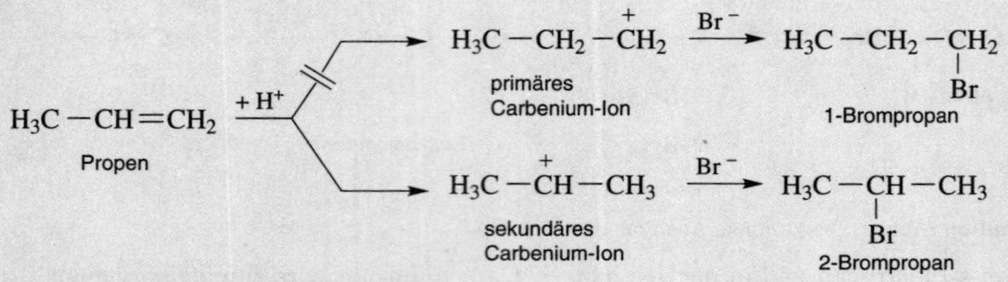

Addition

$H_3C-CH=CH_2$ Propen $+ H^+$

→ $H_3C-CH_2-\overset{+}{C}H_2$ primäres Carbenium-Ion $\xrightarrow{Br^-}$ $H_3C-CH_2-\underset{Br}{CH_2}$ 1-Brompropan

→ $H_3C-\overset{+}{C}H-CH_3$ sekundäres Carbenium-Ion $\xrightarrow{Br^-}$ $H_3C-\underset{Br}{CH}-CH_3$ 2-Brompropan

(Abb. 3) Addition an asymmetrische Alkene

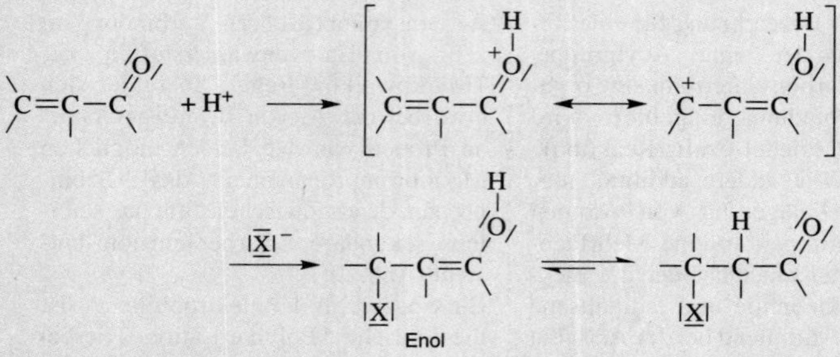

(Abb. 4) nukleophile Addition

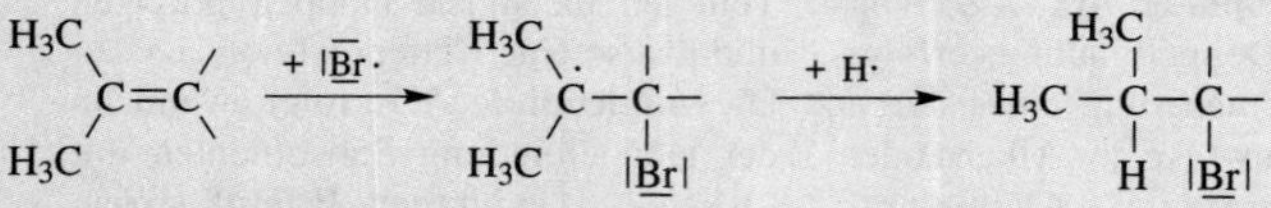

Enol

(Abb. 5) radikalische Addition

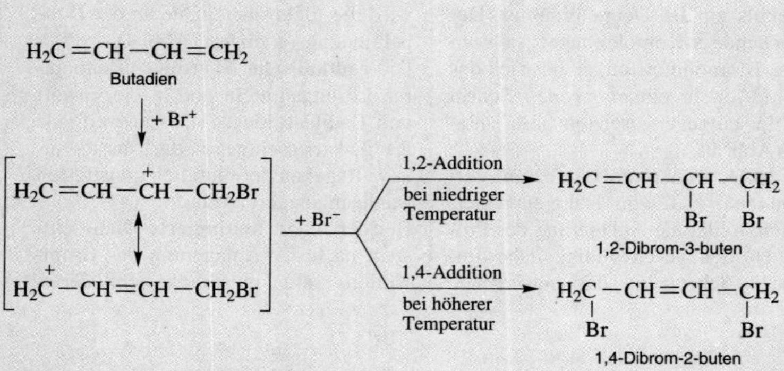

$H_2C=CH-CH=CH_2$
Butadien

$\downarrow + Br^+$

$[H_2C=CH-\overset{+}{C}H-CH_2Br \leftrightarrow \overset{+}{C}H_2-CH=CH-CH_2Br]$ $+ Br^-$

1,2-Addition bei niedriger Temperatur → $H_2C=CH-\underset{Br}{CH}-\underset{Br}{CH_2}$ 1,2-Dibrom-3-buten

1,4-Addition bei höherer Temperatur → $\underset{Br}{H_2C}-CH=CH-\underset{Br}{CH_2}$ 1,4-Dibrom-2-buten

(Abb. 6) Addition an konjugierte Diene

Carbenium-Ion, dessen positive Ladung auf die Kohlenstoffatome in 2- und 4-Stellung verteilt ist. Entsprechend entstehen zwei Produkte (Abb. 6).
Die A. an der leicht polarisierbaren Carbonylgruppe kann elektrophil am Sauerstoffatom oder nukleophil am Kohlenstoffatom erfolgen (Abb. 7;

$$\overset{\backslash \delta+}{\underset{/}{C}}=\overset{\frown}{\underline{O}}\ \delta- \longleftrightarrow \overset{\backslash +}{\underset{/}{C}}=\overline{\underline{O}}|^-$$

Addition (Abb. 7): Polarität einer Carbonylgruppe

↑Aldehyde, ↑Cannizzaro-Reakion).
Additiv: Bezeichnung für einen Stoff, der anderen Stoffen in kleinen Mengen zugesetzt wird, um ihnen besondere Eigenschaften zu verleihen; z. B. ↑Antiklopfmittel, ↑Weichmacher.
Adenin: ↑Nucleinsäuren, ↑ATP.
Adenosin: ↑Nucleoside.
Adenosinphosphate: ↑Nucleotide, ↑ATP.
Adhäsion [zu lat. adhaerere, adhaesum »anhaften«]: das Aneinanderhaften verschiedener Körper. Die A. wird durch anziehende Kräfte verursacht, die zwischen den Molekülen der beiden Körper an den Berührungsflächen wirken. Da solche Adhäsionskräfte nur über sehr kleine Entfernungen hinweg wirken können, ist es erforderlich, die beiden Körper in innige Berührung miteinander zu bringen. Beispiele sind das Aufpressen von Druckerschwärze auf Papier oder das Auftragen von Klebstoff auf die zu klebenden Flächen.
ADI, Abk. für engl. Acceptable Daily Intake »annehmbare tägliche Aufnahme«]: diejenige Höchstmenge einer Substanz, die beim Menschen bei lebenslanger täglicher Aufnahme keine Schäden hervorruft.
adiabatisch: ↑Zustandsänderung eines Gases.
Adipinsäure: ↑Dicarbonsäuren.

ADP: ↑ATP.
Adsorption [zu lat. ad »an« und sorbere »verschlucken«]: Anlagerung von Gasen oder gelösten Substanzen an der Oberfläche eines festen Stoffes (bei porösen Stoffen auch an der inneren Oberfläche!). Der adsorbierte Stoff wird **Adsorbat** genannt; den adsorbierenden Stoff (z. B. Aktivkohle oder Kieselsäuregel) bezeichnet man als **Adsorbens** oder **Adsorptionsmittel**.
Adsorptionschromatographie: diejenigen Methoden der ↑Chromatographie, deren Trennwirkung auf der unterschiedlich starken ↑Adsorption der zu trennenden Moleküle an der stationären Phase beruht.
A|erosol: ↑Kolloid.
Affinität [zu lat. affinis »angrenzend«, »benachbart«]: Maß für das Bestreben zweier Stoffe, miteinander zu reagieren; auch Bezeichnung für die »chemische Triebkraft«, die zur Verbindung chemischer Elemente und Moleküle führt. Nach J. H. VAN T'HOFF ist die A. einer Reaktion die auf dem Weg über einen Gleichgewichtszustand erreichbare maximale Nutzarbeit, die bei isotherm-isobarer Reaktionsführung (↑isotherm, ↑isobar) gleich der Änderung der freien ↑Enthalpie ΔG ist; je stärker negativ ΔG ist, desto größer ist die Tendenz zum Ablauf der Reaktion.
Aflatoxine [Kw. aus Aspergillus **fla**vus und **Tox**in]: giftige Stoffwechselprodukte von Schimmelpilzen, v. a. *Aspergillus flavus*, die beim Menschen u. a. Leberkrebs hervorrufen können. A. zeigen im UV-Licht starke Fluoreszenz.
Ag [Abk. von lat. argentum »Silber«]: Zeichen für ↑Silber.
Aggregation (Aggregat) [zu lat. aggregare »beigesellen«]: lockere Zusammenlagerung und Anhäufung von Atomen oder Molekülen.
Ein Sonderfall der A. ist die Zusammenlagerung gleichartiger Atome und

Aggregatzustände

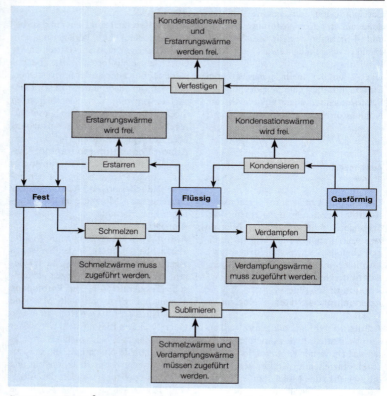

Aggregatzustände: Übergänge zwischen den Aggregatzuständen

Moleküle, die als ↑Assoziation bezeichnet wird.

Aggreg<u>a</u>tzustände (Zustandsformen): Bezeichnung für die drei Erscheinungsformen **(fest, flüssig, gasförmig),** in denen ein Stoff vorliegen kann. Die wichtigsten Kennzeichen der drei A. sind folgende:

- Ein fester Körper besitzt ein bestimmtes Volumen und eine bestimmte Form. Er kann ↑kristallin oder ↑amorph sein.
- Eine Flüssigkeit besitzt ein bestimmtes Volumen, aber keine bestimmte Form, sie nimmt vielmehr stets die Form des Gefäßes an, in dem sie sich befindet und bildet dabei eine Oberfläche.
- Ein Gas hat weder ein bestimmtes Volumen noch eine bestimmte Form. Es nimmt jeden ihm zur Verfügung stehenden Raum ein und bildet dabei keine Oberfläche.

Erhitzt und komprimiert man ein System, in dem die flüssige und gasförmige Phase nebeneinander vorliegen, bis zum kritischen Druck bzw. zur kritischen Temperatur, so wird der **kritische Zustand** erreicht, bei dem beide Phasen nicht mehr unterscheidbar sind.

Oberhalb dieses **kritischen Punktes** liegt nur noch eine Phase vor (überkritische Phase). Für Wasser beispielsweise liegt der kritische Druck bei $2{,}21 \cdot 10^7$ Pa, die kritische Temperatur bei 647,30 K.
Die meisten Stoffe können, je nach Temperatur und Druck, in allen drei A. existieren. Bei tiefen Temperaturen sind sie fest, bei mittleren flüssig und bei hohen Temperaturen gasförmig. Ein niedriger Druck ermöglicht den Übergang in den Gaszustand schon bei geringerer Temperatur (↑Zustandsdiagramm). Manche Stoffe können auch ohne zunächst flüssig zu werden vom gasförmigen in den festen bzw. vom festen in den gasförmigen A. übergehen (↑Sublimation). Alle Übergänge zwischen den einzelnen A. (s. Abb.) vollziehen sich unter Energiezufuhr bzw. -abgabe. Beim ↑Schmelzen und ↑Verdampfen muss Energie zugeführt werden (↑Schmelzwärme, ↑Verdampfungswärme), beim ↑Erstarren und Kondensieren (↑Kondensation) wird Energie frei (Erstarrungswärme, Kondensationswärme). Dabei ist die Schmelzwärme gleich der Erstarrungswärme und die Verdampfungswärme gleich der Kondensationswärme.
Bei sehr hohen Temperaturen geht Materie in einen vierten A. über, den **Plasmazustand**, in dem sich Elektronen von den Atomen abgelöst haben und ein »Gas« aus freien Elektronen und positiven Ionen vorliegt.

Akkumulator [zu lat. accumulare »anhäufen«]: auf- und entladbarer ↑Energiespeicher.

aktives Zentrum: derjenige Oberflächenbereich bei ↑Enzymen, an dem das Substrat bindet.

Aktivierungsenergie: energetische »Schwelle«, die überwunden werden muss, um eine chemische Reaktion in Gang zu bringen. Von der Höhe der A. hängt die Reaktionsgeschwindigkeit ab (↑Arrhenius-Gleichung). Auf die Reaktionswärme wirkt sich die A. nicht aus, da sie im Verlauf der Reaktion zurückgewonnen wird (Abb.).

Aktivität:
◆ bei *Elektrolyten* die wirksame Ionenkonzentration a. Sie ist mit der tatsächlichen Ionenkonzentration c über den Aktivitätskoeffizienten f verknüpft, der stets kleiner als 1 ist:

$$f = a/c.$$

◆ ↑optische Aktivität.

Aktivkohle: vorwiegend aus mikrokristallinem Graphit (↑Kohlenstoff) bestehende Kohle mit besonders poröser Struktur; hergestellt z.B. aus Holz, Torf, Steinkohle oder auch Blut und

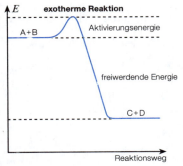
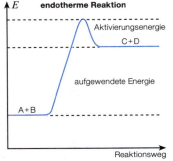

Aktivierungsenergie bei exothermer bzw. endothermer Reaktion A + B → C + D

Knochen durch Verkohlung. Die für die Verwendung als Adsorptionsmittel nötige große innere Oberfläche (500–1500 m²/g) erhält man durch Überleiten von Wasserdampf oder durch Zusatz von Zinkchlorid, das nach dem Erhitzen ausgewaschen wird.

Akzeptor [zu lat. accipere, acceptum, »empfangen«]: Atom oder Molekül, das ein oder mehrere Elektronen, Protonen, Atome, Ionen oder Moleküle anlagern kann. Der Gegensatz zum A. ist der ↑Donator.

Al: Zeichen für ↑Aluminium.

Alanin: ↑Aminosäuren.

Alaune [aus gleichbed. lat. alumen]: Doppelsulfate der Zusammensetzung $M^IM^{III}(SO_4)_2 \cdot 12\,H_2O$. Auf ein einwertiges und ein dreiwertiges Metall-Ion (M^I bzw. M^{III}) kommen also zwei Sulfat-Ionen (SO_4^{2-}) und zwölf Moleküle Kristallwasser. Als M^I können z.B. K^+, Na^+ oder auch NH_4^+ auftreten, als M^{III} z.B. Al^{3+}, Fe^{3+} oder Cr^{3+}. In wässriger Lösung zerfallen die A. vollständig in die einzelnen Ionen.

Am bekanntesten ist der Kaliumalaun, $KAl(SO_4)_2 \cdot 12\,H_2O$ – auch kurz A. genannt –, der früher u.a. zum Gerben von Häuten sowie als Beize in der Färberei benutzt wurde. Tiefrotviolette, oktaedrische Kristalle bildet der Kaliumchromalaun, $KCr(SO_4)_2 \cdot 12\,H_2O$, der zu den gleichen Zwecken verwendet wurde.

Albumine [zu lat. albumen »Eiweiß«]: wichtige Gruppe von ↑Proteinen, die in größeren Mengen nur in tierischen Organismen auftreten, z.B. im Eiklar des Hühnereis, im Blut (Serumalbumin) und in der Milch. In geringen Mengen sind sie in Pflanzensamen enthalten. A. sind vorwiegend aus den ↑Aminosäuren Glutaminsäure und Asparaginsäure, Leucin und Isoleucin aufgebaut. Sie sind gut wasserlöslich und gerinnen beim Erhitzen.

Alchimie (Alchemie) [von arab. al-kīmiyā' »Chemie«]: siehe S. 18.

Aldehyde [Kw. aus lat. **al**cohol(us) **dehyd**rogenatus]: organische Verbindungen, die als funktionelle Gruppe die Aldehydgruppe (–CHO) enthalten. Allgemeine Formel:

$$R-\underset{H}{\overset{\overset{\displaystyle\bar{O}}{\|}}{C}}$$

Die systematischen Namen der A. werden gebildet, indem man an den Namen des Kohlenwasserstoffs gleicher Kohlenstoffzahl die Endung -al anhängt. Gebräuchlicher als die systematischen sind jedoch oft die herkömmlichen Namen (vgl. Tab.).

Die niederen A. sind wasserlöslich, flüchtig und von unangenehm stechendem Geruch, die höheren sind wasserunlösliche Feststoffe mit z.T. angenehmem Geruch (Bestandteil natürlicher Riechstoffe). Die Herstellung der A. erfolgt durch milde Oxidation von primä-

systematischer Name	herkömmlicher Name	vereinfachte Strukturformel
Methanal	Formaldehyd	H–CHO
Ethanal	Acetaldehyd	CH_3–CHO
Propanal	Propionaldehyd	CH_3–CH_2–CHO
Butanal	Butyraldehyd	CH_3–CH_2–CH_2–CHO
Phenylmethanal	Benzaldehyd	⌬–CHO

Aldehyde: wichtige Beispiele

aliphatische Verbindungen

ren ↑Alkoholen; technisch werden sie durch Oxidation von Alkenen oder durch ↑Oxosynthese hergestellt. Die bei der Herstellung von Formaldehyd anfallende ca. 40%ige wässrige Lösung, die noch etwas Methanol enthält, ist unter der Bezeichnung **Formalin** im Handel.

Die A. sind starke Reduktionsmittel (↑Silberspiegelprobe als Nachweisreaktion), sie werden dabei zu ↑Carbonsäuren oxidiert. Die Reaktivität der A. beruht auf der leichten Polarisierbarkeit der Elektronen der ↑Carbonylgruppe. Im Folgenden einige wichtige Reaktionen der Aldehyde:

- Durch Addition von Wasserstoff, H_2, entstehen primäre Alkohole.
- Durch Addition von Cyanwasserstoff, HCN, gewinnt man über Hydroxyalkannitrile (Cyanhydrine) ↑Hydroxysäuren.
- Die Addition von Grignard-Reagenzien ergibt sekundäre Alkohole (↑Magnesium).
- Bei Addition von Alkoholen entstehen ↑Acetale.
- A. mit α-ständigem Wasserstoffatom dimerisieren zu Aldolen (**Aldoladdition**), z.B. bildet Ethanal (Acetaldehyd) das Acetaldol (kurz Aldol genannt); vgl. Abb.
- A. ohne α-ständiges Wasserstoffatom bilden durch ↑Disproportionierung Alkohole und Carbonsäuren (↑Cannizzaro-Reaktion).
- Die niederen A. (Methanal, Ethanal) polymerisieren leicht. Ein Polymerengemisch des Formaldehyds wird **Paraformaldehyd** genannt; polymeres Ethanal (**Metaldehyd**) wird u.a. als Trockenbrennstoff (»Hartspiritus«) verwendet. In Gegenwart von Säuren werden cyclische Trimere gebildet: Trimeres Methanal wird als **Trioxan**, trimeres Ethanal als ↑Paraldehyd bezeichnet.

Aufgrund ihrer Reaktivität sind A. wichtige Ausgangsprodukte für Synthesen (z. B. für Kunststoffe). Formaldehyd dient als **Formalin** zur Konservierung biologischer Präparate. Propenal (Acrolein, $CH_2=CH-CHO$) entsteht durch Wasserabspaltung aus Glycerin (1,2,3-Propantriol) und verursacht den stechenden Geruch gebratenen Fetts (↑Fette).

Aldoladdition: ↑Aldehyde.
Aldole: ↑Aldehyde.
Aldosen: ↑Monosaccharide.
Aldoxime: ↑Oxime.

alicyclische Verbindungen [Kw. aus aliphatisch und cyclisch]: Bezeichnung für nichtaromatische ringförmige ↑Kohlenwasserstoffe. Die Ringe der a. V. können zwischen drei und etwa 30 Kohlenstoffatome haben, sie können gesättigt (Cycloalkane) oder ungesättigt (Cycloalkene) sein. Nicht zu den a. V. zählen diejenigen ungesättigten Verbindungen, bei denen die Bedingungen für Aromatizität gegeben sind (↑Aromaten). Das chemische Verhalten der a. V. ähnelt dem der ↑aliphatischen Verbindungen.

$$H_3C-\overset{\overset{|\overline{O}|}{}}{\underset{H}{C}} + H_2C-\overset{\overset{|\overline{O}|}{}}{\underset{H}{C}} \xrightleftharpoons{[OH^-]} H_3C-\overset{\overset{OH}{|}}{CH}-CH_2-\overset{\overset{|\overline{O}|}{}}{\underset{H}{C}}$$

Acetaldol

Aldehyde: Aldoladdition

aliphatische Verbindungen [zu griech. áleiphar, aleíphatos »Salböl«] (acyclische Verbindungen): organische Verbindungen mit offenen Kohlenstoffketten. Diese können verzweigt oder unverzweigt, gesättigt oder ungesättigt sein. Im Gegensatz dazu stehen

Alchimie

Die Alchimie (auch: Alchemie) gilt als Vorläuferin moderner Naturwissenschaft und Technik, insbesondere der Chemie. Die Blütezeit der auch als geheime oder schwarze Kunst bezeichneten Alchimie war die späte Antike und das Mittelalter, doch ihre Wurzeln sind viel älter. Sie liegen einerseits im Erfahrungsschatz uralter Handwerke, zu denen das Schmieden und Schmelzen, das Gerben und Färben, das Gären und Brauen sowie die Herstellung von Glas und Keramik gehören, andererseits bei den Priestern und Heilkundigen.

■ Vom »Stein der Weisen« zu praktischen Erfindungen

In allen Kulturkreisen besaß die Alchimie neben der praktisch-stoffkundlichen auch immer eine religiös-mystische Komponente. Sie äußerte sich im Streben, den »Stein der Weisen« zu finden, der die Umwandlung von unedlen Stoffen in Gold ermöglichen und aus dem sich das Elixier des ewigen Lebens zubereiten lassen sollte. Obwohl sich nahezu alle Alchimisten ernsthaft bemühten, diese Ziele zu erreichen, fielen die meisten bei ihren adligen Geldgebern schließlich wegen der Nichteinhaltung ihrer Versprechungen in Ungnade und wurden wegen Betrugs und Quacksalberei bestraft.

Den alchimistischen Experimenten entsprangen jedoch eine Reihe von überaus nützlichen und wissenschaftlich bedeutenden Entdeckungen bzw. Wiederentdeckungen. Zu nennen sind hier das Schwarzpulver, zu dessen »Erfindung« R. BACON im 13. Jh. von Berichten aus China inspiriert wurde; die Heilmittel von PARACELSUS, dem Begründer der Iatrochemie im 16. Jh.; der 1699 durch H. BRAND entdeckte und 1753 von A. S. MARGGRAF als Element erkannte Phosphor sowie das Porzellan, das J. F. BÖTTGER in Meißen 1709 herstellte.

(Abb. 1) Der Franziskanermönch Roger Bacon wurde wegen seiner alchimistischen Studien von der Kirche unter Arrest gestellt.

Zwischen dem 15. und 17. Jh. entwickelte sich allmählich eine entmystifizierte Sichtweise der Natur, und man versuchte, ihre Gesetzmäßigkeiten rational zu erkennen. Die Alchimie trennte sich in die Chemie, die als exakte Wissenschaft auf wiederholbare Versuche und beweisbare Erkenntnisse setzte, und die neue Alchimie, die als esoterische Wissenschaft noch bis ins 20. Jh. Anhänger behielt.

■ Grundlagen der Alchimie

Die philosophischen Grundlagen der Alchimie bestehen v.a. aus den Schriften der griechischen Naturphilosophen. Besonders ARISTOTELES (*384 v. Chr., †322 v. Chr.) prägte ihre Entwicklung mit seiner Lehre von den Elementen. Er betrachtete die vier Elemente Erde, Wasser, Luft und Feuer als verschiedene Zustandsformen einer Grundmaterie, die vom fünften Element Äther, den die Alchimisten Quintessenz nannten, durchdrungen werden. Die Schaffung der Quintessenz durch die Vereinigung von Gegensätzen war das Ziel alchimistischer Prozesse.

Alchimie

In der Spätantike kamen orientalische Einflüsse, Astrologie und Elemente des Gnostizismus hinzu, einer von der christlichen Kirche erbittert bekämpften Heilslehre, in der das Licht das Gute und die Materie das Böse verkörpert. Auf die Gnostiker geht die Bezeichnung der Alchimie als hermetische (geheime) Kunst zurück. Sie bezieht sich auf Hermes Trismegistos, den griechischen Namen des ägyptischen Gottes der Gelehrsamkeit, Thot, der auch dem lateinischen Gott Mercurius entsprach. Der Grundgedanke bei der hermetischen Kunst war, dass alle Materie lebendig sei, und das Ziel war die Nachahmung natürlichen Wachstums auf chemischem Wege, insbesondere das Wachsen von Gold in der Erde. Im Mittelalter sah man auch die Schaffung eines Homunkulus, eines künstlichen Menschen, als Ziel an.

(Abb. 2) Der Wurm Ouroboros ist ein Sinnbild für die Vereinigung der Gegensätze Anfang und Ende (nach einem alchimistischen Werk des 15. Jh.).

Der Weg zum Ziel, das Magisterium, hatte sieben, in erweiterter Form zwölf Stufen, die den Einflüssen der Gestirne unterlagen. Dabei sollte eine magische Tinktur erzeugt werden, die unedle in edle Metalle verwandelt:

1. calcinatio (Brennen, Glühen)
2. congelatio (Kristallisation)
3. fixatio (Fixierung)
4. solutio (Lösung, Schmelzen)
5. digestio (Zerteilung)
6. destillatio (Destillation)
7. sublimatio (trockenes Erhitzen)
8. separatio (Trennung)
9. ceratio (Erweichung)
10. fermentatio (Gärung)
11. multiplicatio (Vermehrung)
12. proiectio (Bewerfen)

Wie man sieht, gehören viele alchimistische Arbeitsgänge noch heute zur alltäglichen Praxis der Chemie. ■

 Ein Zinkblech wird »vergoldet«, wenn man es einige Minuten in verdünnte wässrige Kupfersulfatlösung taucht, mit Wasser abspült und abschließend in die reduzierende Brennerflamme (↑Flamme) hält. Das abgeschiedene Kupfer verbindet sich mit dem darunter befindlichen Zink zu der goldglänzenden Legierung Messing. Die folgenden Reaktionen laufen dabei ab:

$$Zn + CuSO_4 \rightarrow ZnSO_4 + Cu\downarrow$$
$$nCu + mZn \rightarrow Cu_nZn_m$$

 DOBERER, KURT K.: *Die Goldmacher. Zehntausend Jahre Alchemie.* Neuausgabe Frankfurt am Main (Ullstein) 1991. ■ GEBELEIN, HELMUT: *Alchemie.* Sonderausgabe Kreuzlingen (Hugendubel) 2000. ■ KLOSSOWSKI DE ROLA, STANISLAS: *Alchemie. Die geheime Kunst.* Taschenbuchausgabe München (Droemer Knaur) 1982. ■ KRÄTZ, OTTO: *7000 Jahre Chemie.* Lizenzausgabe Hamburg (Nikol) 2000.

Alizarin

die ↑cyclischen Verbindungen, zu denen die ↑Aromaten und die ↑alicyclischen Verbindungen gehören.
Alizarin: ↑Farbstoffe.
Alkali|en [zu arab. al-qāliy »Pottasche«]: Sammelbezeichnung für Substanzen, deren wässrige Lösung alkalisch reagiert (↑Säuren und Basen). Sie wirken meist stark ätzend.
Zu den Alkalien zählen v. a. die Hydroxide der Alkalimetalle (↑Periodensystem der Elemente), aber auch die Hydroxide der Erdalkalimetalle, das ↑Ammoniak und die Carbonate der Alkalimetalle.
Alkalimetalle: die Elemente der I. Hauptgruppe im ↑Periodensystem der Elemente: Lithium (Li), Natrium (Na), Kalium (K), Rubidium (Rb), Caesium (Cs) und Francium (Fr). Es sind silberglänzende, weiche Leichtmetalle. Die Atome dieser Metalle besitzen nur ein Außenelektron. Das Bestreben der Atome, dieses Außenelektron abzugeben (Bildung eines einfach positiv geladenen Ions) und damit eine Edelgaskonfiguration (↑Elektronenkonfiguration) zu erreichen, bedingt die große Reaktivität dieser Elemente. So reagieren sie z. B. mit Sauerstoff, mit Wasser und auch mit Halogenen sehr heftig. Die Reakuonsfähigkeit nimmt dabei vom Lithium zum Francium zu. Alle A. verleihen einer Flamme charakteristische Färbungen, durch die sie in ihren Verbindungen leicht nachweisbar sind (↑Flammenfärbung).
Alkalimetrie: ↑Neutralisationstitration
alkalische Reaktion: ↑Säuren und Basen.
Alkalischmelze: Verfahren zur Herstellung von ↑Phenolen, bei dem aromatische Sulfonsäuren zusammen mit geschmolzenem Natriumhydroxid, NaOH, oder Kaliumhydroxid, KOH, erhitzt werden (Abb.).
Alkalo|ide: eine Gruppe alkalisch reagierender Verbindungen mit einem stickstoffhaltigen, heterocyclischen Grundgerüst, die jedoch vom chemischen Standpunkt aus keine einheitliche Stoffklasse sind. Zu den A. gehören u. a. ↑Nicotin, ↑Atropin, ↑Chinin, ↑Cocain und Codein. Die in bestimmten Pflanzen vorkommenden Verbindungen sind in geringer Konzentration für den Menschen häufig sehr wirksame Heilmittel, bei höherer Dosierung meist giftig.
Alkanale: systematische Bezeichnung für gesättigte, acyclische Aldehyde mit der allgemeinen Formel $C_nH_{2n+1}CHO$.
Alkane (Paraffine, Paraffinkohlenwasserstoffe): gesättigte, acyclische ↑Kohlenwasserstoffe, deren Kohlenstoffatome nur durch Einfachbindungen verknüpft sind und deren restliche Valenzen durch Wasserstoffatome abgesättigt sind. Die A. bilden eine Reihe homologer Verbindungen mit der allgemeinen Summenformel C_nH_{2n+2}. Zwei aufeinander folgende Glieder dieser homologen Reihe unterscheiden sich nur durch eine CH_2-Gruppe. Die ersten vier Glieder heißen Methan, Ethan, Propan und Butan; die Namen der weiteren werden aus dem griechischen Zahlwort für die Anzahl der Kohlenstoffatome und der Endung -an gebildet. Durch Abspaltung eines Was-

SO_3H

Benzolsulfonsäure + 2 NaOH (Natriumhydroxid) ⟶

OH

Phenol + Na_2SO_3 (Natriumsulfit) + H_2O (Wasser)

Alkalischmelze

Alkane

serstoffatoms entstehen die entsprechenden **Alkylradikale** (↑Radikal). A. mit mindestens vier Kohlenstoffatomen können auch verzweigt sein (Abb. 1), sodass mehrere Strukturisomere auftreten (↑Isomerie). Die Zahl der möglichen Isomeren steigt mit der

Alkane (Abb. 1): Isomerie beim Butan

Kettenlänge sehr rasch an. So hat z.B. Butan zwei, Decan 75, Eicosan 366319 Isomere. Die Benennung folgt den Regeln der Genfer Nomenklatur: Die längste Kohlenstoffkette bestimmt den Namen. Seitenketten tragen den Namen des entsprechenden Radikals, ihre Lage wird durch die Zahl des Kohlenstoffatoms angegeben, an dem die Verzweigung erfolgt. Der Übersichtlichkeit wegen stellt man die Ketten meist gerade dar, obwohl in Wirklichkeit eine Zickzackkette vorliegt, in der drei Kohlenstoffatome stets einen Winkel von 109° einschließen (Tetraederwinkel). Der Kohlenstoff-Kohlenstoff-Bindungsabstand beträgt 0,154 nm. Da die σ-Bindungen freie Drehbarkeit um die Kohlenstoff-Kohlenstoff-Bindungsachs erlauben, sind im nicht festen Zustand

Alkane (Abb. 2): mögliche räumliche Strukturen des Pentans

mehrere räumliche Anordnungen möglich (Abb. 2). Wegen der gesättigten Bindungen sind A. sehr reaktionsträge. Sie sind bei Normalbedingungen beständig gegen Säuren, Laugen und Sauerstoff. Nach Entzündung verbrennen sie bei Luftzutritt rasch. Mit Halogenen reagieren sie unter Bildung der ↑Halogenkohlenwasserstoffe. Reine A. werden u.a. durch Anlagerung von Wasserstoff an ↑Alkene hergestellt.
Gemische verschiedener A. gewinnt man aus Erdöl, Erdgas oder Braunkoh-

Name	Summenformel	vereinfachte Strukturformel	Sp. in °C	Alkylradikal
Methan	CH_4	CH_4	–164	Methyl
Ethan	C_2H_6	$CH_3–CH_3$	–89	Ethyl
Propan	C_3H_8	$CH_3–CH_2–CH_3$	–42	Propyl
Butan	C_4H_{10}	$CH_3–(CH_2)_2–CH_3$	–0,5	Butyl
Pentan	C_5H_{12}	$CH_3–(CH_2)_3–CH_3$	36	Pentyl
Hexan	C_6H_{14}	$CH_3–(CH_2)_4–CH_3$	69	Hexyl
Heptan	C_7H_{16}	$CH_3–(CH_2)_5–CH_3$	98	Heptyl
Decan	$C_{10}H_{22}$	$CH_3–(CH_2)_8–CH_3$	174	Decyl
Hexadecan	$C_{16}H_{34}$	$CH_3–(CH_2)_{14}–CH_3$		Hexadecyl
Eicosan	$C_{20}H_{42}$	$CH_3–(CH_2)_{18}–CH_3$		Eicosyl

Alkane: die homologe Reihe unverzweigter Alkane (Sp. Siedepunkt)

lenteer, deren Hauptbestandteile sie sind. Sie können daraus durch fraktionierte ↑Destillation gewonnen werden.
Verwendung wichtiger Alkane: Methan dient als Heizgas sowie als Ausgangsstoff für Synthesen (Halogenalkane, Aldehyde, Carbonsäuren). Propan und Butan werden als Heizgase im Haushalt verwendet, da sie in Stahlflaschen als **Flüssiggas** leicht transportierbar sind. Die flüssigen A. (C_5- bis C_{16}-Ketten) finden als Treibstoffe Verwendung (↑Benzin, ↑Dieselkraftstoff). Feste A. werden als Paraffinwachse (↑Wachse) bezeichnet und z.B. zur Herstellung von Kerzen verwendet.
Den A. nahe stehen in ihrem chemischen Verhalten die ↑Cycloalkane.

Alkanole: systematische Bezeichnung für gesättigte, acyclische ↑Alkohole mit der allgemeinen Formel $C_nH_{2n+1}OH$.

Alkanone: systematische Bezeichnung für gesättigte, acyclische ↑Ketone.

Alkansäuren: systematische Bezeichnung für gesättigte, acyclische ↑Carbonsäuren.

Alkene: ungesättigte, acyclische ↑Kohlenwasserstoffe, die als charakteristisches Merkmal eine Kohlenstoff-Kohlenstoff-Doppelbindung (Zweifachbindung) in der Kohlenstoffkette aufweisen. Diese besteht aus einer σ-Bindung und einer π-Bindung (↑chemische Bindung); sie ist verantwortlich für den ungesättigten Charakter und bestimmt die Eigenschaften der Alkene. Da das einfachste A., das Ethen, mit Halogenen eine ölige Flüssigkeit ergibt, nennt man diese Verbindungsgruppe auch **Olefine**. Die A. bilden eine homologe Reihe mit der allgemeinen Summenformel C_nH_{2n}. Die Benennung erfolgt analog den Alkanen, wobei die Endung hier -en lautet. Verbindungen mit 2, 3, 4 etc. Doppelbindungen werden als Alkadiene, Alkatriene, Alkatraene etc. bezeichnet.
Bei den A. mit mehreren Doppelbindungen unterscheidet man:
■ Verbindungen mit kumulierten Doppelbindungen (↑Kumulene), z.B. $CH_2=C=CH_2$ (Propadien);
■ Verbindungen mit ↑konjugierten Doppelbindungen, z.B. $CH_2=CH-CH=CH_2$ (1,3-Butadien);
■ Verbindungen mit ↑isolierten Doppelbindungen (Diolefine), z.B. $CH_2=CH-CH_2-CH=CH_2$ (1,4-Pentadien).

Sofern die Doppelbindungen nicht konjugiert sind, haben A. mit mehreren Doppelbindungen ganz ähnliche Eigenschaften wie einfache Alkene.
Durch Entzug eines Wasserstoffatoms entstehen die entsprechenden Alkenylradikale. Vom Buten an erhöht sich die Zahl der möglichen Isomeren nicht nur durch Kettenverzweigung wie bei den Alkanen, sondern auch durch die Lage der Doppelbindung und das Auftreten von *cis*- und *trans*-Isomeren (↑Isomerie). Wie Abb. 1 zeigt, gibt es bereits vier isomere Butene.

$$\overset{4}{H_3C}-\overset{3}{CH_2}-\overset{2}{CH}=\overset{1}{CH_2}$$
1-Buten

$$HC=CH \diagdown CH_3 \diagup H_3C \diagdown CH_3$$
$$HC=CH \diagup H_3C$$
cis-2-Buten

trans-2-Buten

$$\overset{3}{H_3C}-\overset{2}{C}=\overset{1}{CH_2}$$
$$\quad\quad |$$
$$\quad\quad CH_3$$
2-Methylpropen
(Isobuten)

Alkene (Abb. 1): Isomere des Butens

Die Benennung erfolgt grundsätzlich nach der längsten Kette. Die Lage der Doppelbindung wird durch die vorangestellte kleinstmögliche Nummer des Kohlenstoffatoms vor der Doppelbindung angegeben. Die Seitenketten wer-

Alkene

den mit dem Radikalnamen benannt und ihre Lage durch die Zahl des Kohlenstoffatoms angegeben, an dem die Verzweigung erfolgt. Geometrische Isomere erhalten die Vorsilbe *cis-*, wenn beide Substituenten auf der gleichen Seite der Doppelbindung stehen, und *trans-*, wenn sie auf verschiedenen Seiten angeordnet sind (Abb. 1).

Niedere A. werden aus den aus Erdöl gewonnenen leichten Kohlenwasserstoffen (Alkanen) durch Abspaltung von Wasserstoff (Abb. 2a) oder aus höheren Kohlenwasserstoffen durch ↑Cracken gebildet. Höhere A. müssen, ausgehend von Alkanen oder Alkanderivaten, durch ↑Eliminierung hergestellt werden. Die wichtigsten Methoden sind folgende (Abb. 2b–e):

- Abspaltung von Halogenwasserstoff aus Halogenalkanen (b);
- Abspaltung von Wasser aus Alkoholen (c);
- Abspaltung von Halogenen in benachbarter Stellung (d).
- Durch Anlagerung von Wasserstoff an Alkine können je nach Reaktionsbedingungen reine *cis-* oder *trans-*Alkene gewonnen werden (e).

Die physikalischen Eigenschaften der A. ähneln denen der Alkane.

Die chemischen Eigenschaften sind bestimmt durch den ungesättigten Charakter der Kohlenstoff-Kohlenstoff-Doppelbindung. Durch Anordnung der π-Bindung oberhalb und unterhalb der Molekülebene wird eine freie Drehbarkeit um die Kohlenstoff-Kohlenstoff-Achse verhindert. (Abb. 3; bei einer Drehung würde ein Zustand durchlaufen, in dem die p-Orbitale nicht mehr überlappen, die π-Bindung also gelöst wäre.) Aufgrund dieser behinderten Drehbarkeit treten bei den A. *cis-* und *trans-*Isomere auf.

Die Kohlenstoff-Kohlenstoff-Doppelbindung hat mit 595 kJ/mol eine wesentliche höhere Bindungsenergie als die Kohlenstoff-Kohlenstoff-Einfachbindung mit 348 kJ/mol. Daraus ergibt

Alkene (Abb. 2): Herstellung von Alkenen (**a–e** siehe Text)

Alkene

Name	Summen-formel	vereinfachte Strukturformel	Sp. in °C	Trivialname
Ethen	C_2H_4	$CH_2{=}CH_2$	–104	Ethylen
Propen	C_3H_6	$CH_2{=}CH{-}CH_3$	–48	Propylen
1-Buten	C_4H_8	$CH_2{=}CH{-}CH_2{-}CH_3$	–6,5	1-Butylen
cis-2-Buten	C_4H_8	$CH_3{-}CH{=}CH{-}CH_3$	+3,7	2-Butylen, cis-Form
trans-2-Buten	C_4H_8	$CH_3{-}CH{=}CH{-}CH_3$	+1	2-Butylen, trans-Form
2-Methylpropen	C_4H_8	$\begin{array}{c}H_3C\\ {\searrow}\\ C{=}CH_2\\ {\nearrow}\\ H_3C\end{array}$	+6,6	Isobuten, Isobutylen
Propadien	C_3H_4	$CH_2{=}C{=}CH_2$	–34	Allen

Alkene: Beispiele

sich eine hohe Reaktionsbereitschaft. Diese lässt sich auch aus dem Molekülbau ableiten, da elektrophile Teilchen die ober- und unterhalb der Molekülebene liegenden π-Elektronenwolken gut angreifen und damit eine elektrophile ↑Addition einleiten können.

Zu den wichtigsten Reaktionen der A. gehören:

■ Addition von Wasserstoff:

$$\mathrm{\backslash C{=}C/} + H_2 \xrightarrow{[Pt]} \mathrm{-\underset{H}{\overset{|}{C}}-\underset{H}{\overset{|}{C}}-}$$
Alkan

■ Addition von Halogenen bei tiefer Temperatur (bei hoher Temperatur erfolgt ↑Substitution):

$$\mathrm{\backslash C{=}C/} + Br_2 \longrightarrow \mathrm{-\underset{Br}{\overset{|}{C}}-\underset{Br}{\overset{|}{C}}-}$$

■ Addition von Säuren, z.B. Halogenwasserstoff:

$$H_3C{-}CH{=}CH_2 + HBr$$
$$\longrightarrow H_3C{-}\underset{Br}{\overset{|}{CH}}{-}CH_3$$
2-Brompropan

Das Halogenatom wird dabei bevorzugt an das wasserstoffärmste Kohlenstoffatom gebunden (↑Markownikow-Regel), da das als Zwischenprodukt entstehende Carbenium-Ion durch

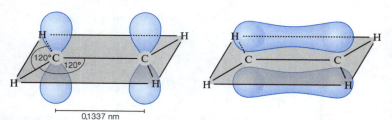

Alkene (Abb. 3): Kohlenstoff-Kohlenstoff-Doppelbindung. Die π-Bindung entsteht durch Überlappung der p_z-Orbitale.

+I-Effekt der beiden Alkylgruppen am besten stabilisiert werden kann (↑induktiver Effekt).

- Addition von Wasser:

$$H_3C-CH=CH_2 + H_2O \xrightarrow{[H^+]} H_3C-\underset{\underset{\text{2-Propanol}}{OH}}{CH}-CH_3$$

- Addition von A. (z. B. Dimerisierung von 2-Methylpropen zu 2,4,4-Trimethyl-3-penten),
- Addition von Sauerstoff unter Bildung von ↑Epoxiden,
- Entfärbung einer alkalischen Permanganatlösung als Nachweisreaktion (↑Baeyer-Probe).
- Spaltung der Doppelbindung durch Einwirkung von Ozon (↑Ozonolyse) unter Bildung von Aldehyd und Keton. Die Reaktion dient zum Nachweis der Lage der Doppelbindung:
- Von großtechnischer Bedeutung ist die ↑Polymerisation der A. für die Herstellung von ↑Kunststoffen.

Die A. (insbesondere ↑Ethen und ↑Propen) finden aufgrund ihrer Reaktionsfreudigkeit Verwendung für zahlreiche Synthesen in der organischen Chemie, besonders zur Herstellung von Kunststoffen sowie auch zur Gewinnung vieler anderer technisch wichtiger Verbindungen.

Alkenyl-: Bezeichnung für einwertige Radikale (Reste, Gruppen), die sich von den ↑Alkenen durch Entzug eines Wasserstoffatoms ableiten. Sie haben die allgemeine Summenformel C_nH_{2n-1}.

Alkine: ungesättigte, acyclische ↑Kohlenwasserstoffe, die als charakteristisches Merkmal eine Kohlenstoff-Kohlenstoff-Dreifachbindung in der Kohlenstoffkette aufweisen. Sie bilden eine homologe Reihe mit der allgemeinen Summenformel C_nH_{2n-2} und sind damit den ↑Dienen isomer (↑Isomerie). Die Benennung erfolgt, indem an den Stamm des entsprechenden Alkans die Endung -in angehängt wird. Das erste und wichtigste Glied dieser Reihe ist das ↑Ethin. Sein Trivialname Acetylen gab der ganzen Gruppe den heute noch gebräuchlichen Namen Acetylene. Enthält die Verbindung mehrere Dreifachbindungen, so spricht man von Alkadiinen, Alkatriinen usw. Die Lage der Dreifachbindung wird durch die vorangestellte, kleinstmögliche Ziffer des Kohlenstoffatoms vor der Dreifachbindung gekennzeichnet. Die Alkinylradikale entstehen durch Entzug eines Wasserstoffatoms aus den Alkinen.

A. lassen sich herstellen:

$$H_3C-\underset{Br}{CH}-\underset{Br}{CH_2} + 2\ NaNH_2$$
1,2-Dibrompropan

$$\xrightarrow{-2\ NH_3,\ -2\ NaBr} H_3C-C\equiv CH$$
Propin

- durch Abspaltung von Halogenwasserstoff aus vicinalen Dihalogenalkanen;

Name	Summenformel	vereinfachte Strukturformel	Sp. in °C
Ethin (Acetylen)	C_2H_2	HC≡CH	–84
Propin	C_3H_4	CH_3–C≡CH	–23
1-Butin	C_4H_6	CH_3–CH_2–C≡CH	9
2-Butin	C_4H_6	CH_3–C≡C–CH_3	27
1-Pentin	C_5H_8	CH_3–$(CH_2)_2$–C≡CH	40

Alkine: homologe Reihe (Sp. Siedepunkt)

Alkoholate

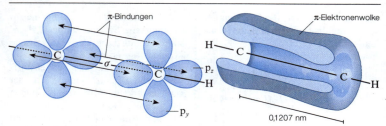

Alkine: Kohlenstoff-Kohlenstoff-Dreifachbindung

■ durch Umsetzung der Natriumsalze von A. (z. B. Natriumacetylid) mit primären Halogenalkanen:

$$HC\equiv \bar{C}^- Na^+ + Br-CH_2-CH_3$$

$$\xrightarrow[-NaBr]{} HC\equiv C-CH_2-CH_3 \text{ .}$$
$$\text{1- Butin}$$

Zur Herstellung von Ethin wurden mehrere technische Verfahren entwickelt. Die Dreifachbindung besteht aus einer σ- und zwei π-Bindungen (↑Atombindung). Die nicht hybridisierten p_y- und p_z-Orbitale der beteiligten Kohlenstoffatome durchdringen sich paarweise in zwei zueinander senkrecht stehenden Ebenen (Abb.).
Die π-Elektronen bilden eine um die σ-Bindung zylinderförmig angeordnete Ladungswolke. Das Ethin ist linear gebaut, d.h., seine vier Atome liegen auf einer Geraden. Es gibt daher keine *cis-trans*-Isomerie (↑Isomerie) wie bei den ↑Alkenen.
Alkine sind noch reaktionsfreudiger als die ↑Alkene, was sich in der höheren Bindungsenergie und dem noch geringeren Kohlenstoff-Kohlenstoff-Bindungsabstand ausdrückt. Der lineare Bau erschwert die Polarisierbarkeit der π-Elektronenwolke, daher addieren (↑Addition) A. nukleophile Teilchen besser und elektrophile schlechter als Alkene bei sonst gleichen Reaktionsmöglichkeiten.
Alkine mit endständiger Dreifachbindung zeigen sauren Charakter. Beim Ersatz des Wasserstoffs durch ein Metallkation entstehen Salze, die im Falle des Ethins Acetylide heißen.

Alkohol<u>a</u>te: Metallsalze der ↑Alkohole.

Alkohole [zu arab. al-kuhl »antimonhaltige Lidschattensalbe«]: organische Verbindungen, die als ↑funktionelle Gruppe die Hydroxylgruppe, −OH, tragen. (Verbindungen, die die Hydroxylgruppe an einem aromatischen Ring tragen, zählen nicht zu den A., sondern bilden eine eigenständige Verbindungsklasse, die ↑Phenole.)
Nach der Zahl der im Molekül vorhandenen Hydroxylgruppen unterscheidet man ein-, zwei- und mehrwertige Alkohole. Allgemein werden die A. benannt, indem die Endung -ol angehängt wird oder dem Namen des Kohlenwasserstoffs der Vorsatz Hydroxy- vorangestellt wird, wobei die vorangestellte Ziffer jeweils die Stellung der Hydroxylgruppe an der Kohlenstoffkette bezeichnet.
Nach der Struktur unterscheidet man primäre A., bei denen das die Hydroxylgruppe tragende Kohlenstoffatom nur mit einem weiteren Kohlenstoffatom verbunden ist, sekundäre A., bei denen am Kohlenstoffatom mit der Hydroxylgruppe zwei organische Reste hängen, und tertiäre A., bei denen alle drei weiteren Valenzen durch organische Reste abgesättigt sind (Abb. 1).
Im Allgemeinen werden A. durch die folgenden vier Methoden hergestellt:

Alkohole

systematischer Name	herkömmlicher Name	Vereinfachte Strukturformel	Sp. in °C
Methanol	Methylalkohol	H_3C-OH	64,5
Ethanol	Ethylalkohol	H_3C-CH_2-OH	78,3
1-Propanol	n-Propylalkohol	$H_3C-CH_2-CH_2-OH$	97,1
2-Propanol	Isopropylalkohol	$H_3C-CH(OH)-CH_3$	82,4
1-Butanol	n-Butylalkohol	$H_3C-CH_2-CH_2-CH_2-OH$	118
2-Butanol	sek.-Butylalkohol	$H_3C-CH_2-CH(OH)-CH_3$	99,5
2-Methyl-2-propanol	tert.-Butylalkohol	$H_3C-\underset{CH_3}{\overset{CH_3}{\underset{\vert}{\overset{\vert}{C}}}}-OH$	82,4
2-Methyl-1-propanol	Isobutylalkohol	$H_3C-\underset{CH_3}{\overset{\vert}{CH}}-CH_2-OH$	108
1,2-Ethandiol	Glykol, Ethylenglykol	$\underset{OH}{\overset{\vert}{CH_2}}-\underset{OH}{\overset{\vert}{CH_2}}$	198
1,2,3-Propantriol	Glycerin	$\underset{OH}{\overset{\vert}{CH_2}}-\underset{OH}{\overset{\vert}{CH}}-\underset{OH}{\overset{\vert}{CH_2}}$	290
2-Propen-1-ol	Allylalkohol	$H_2C=CH-CH_2-OH$	97
Phenylmethanol	Benzylalkohol	C$_6$H$_5$—CH$_2$OH	205

Alkohole: einige wichtige Alkohole

- durch Anlagerung von Wasser an Alkene:

$$\underset{H}{\overset{H}{}}C=C\underset{H}{\overset{H}{}} \xrightarrow{+H_2O} H-\underset{H}{\overset{H}{\underset{\vert}{\overset{\vert}{C}}}}-\underset{H}{\overset{H}{\underset{\vert}{\overset{\vert}{C}}}}-OH$$

Ethen → Ethanol

- durch katalytische Hydrierung von Carbonylverbindungen (Aldehyde, Ketone, Ester, Säuren);
- durch Hydrolyse von Halogenalkanen;
- durch die ↑Grignard-Reaktion (↑Magnesium).

Die niederen A. sind flüssige Substanzen, die höheren Feststoffe. A. sieden wesentlich höher als entsprechende Alkane infolge der Ausbildung von Molekülassoziationen durch Wasserstoffbrückenbindungen (↑Assoziation). Mit zunehmender Länge der Kohlenstoffkette sinkt der Einfluss der hydrophilen Hydroxylgruppe. Bereits Butanol mischt sich schlecht mit Wasser, höhere A. sind in Wasser unlöslich. A. mit mehreren Hydroxylgruppen lösen sich besser und schmecken zunehmend süßlich (↑Kohlenhydrate). Die niederen A. sind brennbar und giftig (Methanol) bzw. gesundheitsschädlich (Ethanol, Propanol); sie dienen als Lösungsmittel und Ausgangsstoffe für Synthesen,

Alkoholtest

H$_3$C—CH$_2$—OH
Ethanol:
einwertiger Alkohol
primärer Alkohol

CH$_2$—CH$_2$
| |
OH   OH
1,2-Ethandiol (Glykol):
zweiwertiger Alkohol

CH$_2$—CH—CH$_2$
| | |
OH   OH   OH
1,2,3-Propantriol (Glycerin):
dreiwertiger Alkohol

H$_3$C—CH—CH$_3$
      |
      OH
2-Propanol:
sekundärer Alkohol

$\quad\quad\quad$ CH$_3$
$\quad\quad\quad$ |
H$_3$C—C—CH$_3$
$\quad\quad\quad$ |
$\quad\quad\quad$ OH
2-Methyl-2-propanol
(*tert.*-Butylalkohol):
tertiärer Alkohol

Alkohole (Abb. 1): Unterscheidung verschiedener Alkohole

z. B. zur Herstellung von Kunststoffen. Das chemische Verhalten der A. ist bestimmt durch die funktionelle Gruppe. Wichtige Reaktionen sind:

- Bildung von **Alkoholaten** mit Alkalimetallen:

$$2\ CH_3\text{–}CH_2\text{–}OH + 2\ Na \rightarrow 2\ CH_3\text{–}CH_2\text{–}O^-\ Na^+ + H_2\uparrow$$

- Bildung von ↑Estern mit Säuren oder Säurederivaten.
- Oxidation: Primäre A. werden zunächst zum Aldehyd und weiter zur Carbonsäure oxidiert, sekundäre A. zum Keton (Abb. 2). Tertiäre A. werden nur unter Molekülspaltung oxidiert.
- Durch Wasserabspaltung entstehen ↑Alkene bzw. ↑Ether.
- Durch Substitution erhält man Halogenalkane:

$$R\text{–}OH \underset{-H_2O}{\overset{+HX}{\rightleftarrows}} R\text{–}X$$
Alkohol $\quad\quad\quad\quad$ Halogenalkan

Viele A. kommen frei oder in Form von Estern in der Natur vor, z. B. in vergorenen Fruchtsäften (Ethanol), Fetten (↑Glycerin) und in etherischen Ölen (höhere A. und ihre Ester).

Ethanol, Bestandteil alkoholischer Getränke, ist das Endprodukt der alkoholischen ↑Gärung von Zucker durch Hefepilze. Ethanol ist ein weit verbreitetes Genussmittel, das schon in geringen Mengen die Sinneswahrnehmungen beeinträchtigt. In größeren Mengen ist es giftig. Für technische Zwecke wird Ethanol aus steuerrechtlichen Gründen z. B. mit Pyridin vergällt.

Die bei der alkoholischen Gärung als Nebenprodukt auftretenden **Fuselöle**, ein Gemisch aus höheren A. (Butanole, Pentanole), Estern und Aldehyden, sind Abbauprodukte von Aminosäuren. Auch sie sind in größeren Mengen giftig, in geringen Mengen jedoch in vielen Branntweinen als Aroma gebende Bestandteile enthalten.

Alkoholtest: Bezeichnung für die Bestimmung der Alkoholkonzentration im Blut, die entweder direkt anhand einer Blutprobe vorgenommen wird oder indirekt durch Bestimmung des Alkoholgehaltes der ausgeatmeten Luft, der immer in einem bestimmten Verhältnis

$$R\text{–}CH_2\text{–}OH \xrightarrow{Cr_2O_7^{2-},\ H^+} R\text{–}C\begin{smallmatrix}H\\ \\ \parallel\\O\end{smallmatrix} \xrightarrow{Cr_2O_7^{2-},\ H^+} R\text{–}C\begin{smallmatrix}OH\\ \\ \parallel\\O\end{smallmatrix}$$

primärer Alkohol $\quad\quad\quad\quad$ Aldehyd $\quad\quad\quad\quad$ Carbonsäure

$$\begin{smallmatrix}R\\ \\R\end{smallmatrix}CH\text{–}OH \xrightarrow{Cr_2O_7^{2-},\ H^+} \begin{smallmatrix}R\\ \\R\end{smallmatrix}C=O$$

sekundärer Alkohol $\quad\quad\quad\quad$ Keton

Alkohole (Abb. 2): Oxidation eines primären und eines sekundären Alkohols

zur Blutalkoholkonzentration steht. Letztere Methode beruht auf einer ↑Reduktion und Oxidation. Gelbes Chromat, das sich gemischt mit konzentrierter Schwefelsäure in einem Röhrchen befindet, wird durch den in der Atemluft enthaltenen Alkohol zu grünem Chromtrioxid reduziert:

$4\,CrO_4^{2-} + 3\,CH_3CH_2OH + 8\,H^+ \rightarrow$
$\quad 2\,Cr_2O_3 + 3\,CH_3COOH + 7\,H_2O.$

Neuere Geräte arbeiten mit elektronischer Messung.

Alkoxy-: Bezeichnung für die Gruppe RO–, wobei R ein Alkylrest ist. Beispiele sind Methoxy- ($CH_3O–$) und Ethoxy- ($C_2H_5O–$).

Alkyl-: Bezeichnung für einwertige Radikale (Reste, Gruppen), die sich von den ↑Alkanen ableiten, aus denen sie durch Entzug eines Wasserstoffatoms entstehen. Allgemeine Summenformel: C_nH_{2n+1}.

Alkylamine: ↑Amine.

Alkylbenzolsulfonate: ↑Tenside.

Alkylierung: Einführung einer Alkylgruppe in organische Verbindungen durch ↑Substitution oder ↑Addition. Alkylierungsmittel sind z.B. Halogenalkane (↑Friedel-Crafts-Reaktion) oder metallorganische Verbindungen.

Alkylsiloxane: ↑Siloxane.

Alkylsulfate: die Mono- und Dialkylester der Schwefelsäure, R–O–SO_2–OH, bzw. R–O–SO_2–O–R. Bedeutung haben v. a. die Natriumsalze der Monoalkylsulfate als ↑Tenside.

Allen: Trivialname für Propadien, $CH_2=C=CH_2$. A. brennt mit stark rußender Flamme und ähnelt in seinem chemischen Verhalten den ↑Alkenen. Es ist die einfachste Verbindung aus der Gruppe der Kumulene.

allgemeine Gasgleichung: ↑Zustandsgleichungen.

Allotropie [griech. állos »anderer«, »fremd« und tropé »Wende«, »Kehre«]: Auftreten verschiedener fester Zustandsformen (allotrope ↑Modifikationen) bei einem Element. (Bei einer Verbindung spricht man von ↑Polymorphie). Die A. beruht entweder auf der unterschiedlichen Anordnung der Atome (z. B. bei ↑Graphit und ↑Diamant) oder auf der verschiedenen Anzahl der zu einem Molekül zusammentretenden Atome (z. B. beim ↑Sauerstoff: O_2 und O_3). Sind allotrope Modifikationen gegenseitig ineinander umwandelbar, so sind sie **enantiotrop;** ist die Umwandlung nicht umkehrbar, wird sie als **monotrop** bezeichnet.

Allyl [zu lat. allium »Knoblauch«]: Trivialname für den 2-Propenylrest, $CH_2=CH–CH_2–$. (Der Allylrest leitet sich *nicht* vom Allen ab.)

Allylalkohol: ↑Alkohole.

Alphastrahlen (α-Strahlen): ↑Radioaktivität.

Aluminium [zu lat. alumen »Alaun«]: chemisches Element der III. Hauptgruppe, Zeichen Al, OZ 13, relative Atommasse 26,98, Reinelement.

Physikalische Eigenschaften: silberglänzendes, weiches, dehnbares, elektrisch gut leitendes Metall, Dichte 2,700 g/cm³, Fp. 660,3 °C, Sp. 2519 °C.

Chemische Eigenschaften: Mit Luftsauerstoff bildet sich ein sehr widerstandsfähiger Überzug von Aluminiumoxid Al_2O_3, den man auf elektrochemischem Wege verstärken kann (↑Eloxalverfahren). In seinen Verbindungen tritt A. dreiwertig auf. Aluminiumhydroxid, $Al(OH)_3$, ist ↑amphoter. Aufgrund seines unedlen Charakters ist Aluminiumpulver ein starkes Reduktionsmittel.

Herstellung: durch ↑Schmelzflusselektrolyse aus Tonerde, Al_2O_3, die durch Reinigung aus eisenoxidhaltigem **Bauxit** gewonnen wird.

Verwendung: rein oder in Form von sehr widerstandsfähigen Legierungen, meist mit Magnesium, z.B. im Haushalt (Küchengeräte), Bauwesen (Tür-

und Fensterbeschläge, Fensterrahmen, Armaturen), im Fahrzeug- und Flugzeugbau, in der chemischen Industrie (Behälter, Rohrleitungen, Elektroindustrie (Leitungen, Gehäuse); als Reduktionsmittel z. B. beim ↑Thermitverfahren.

Aluminiumacetat: Von drei möglichen A. wird nur das basische A., Al(HO)(CH$_3$COO)$_2$, als Beizmittel und Farblackbildner in der Textilfärbung verwendet. Die wässrige Lösung von A. (essigsaure Tonerde) ist ein altes Hausmittel zur Wundbehandlung mit zusammenziehender, keimtötender und entzündungshemmender Wirkung. Von diesem Gebrauch wird heute jedoch abgeraten.

Alumosilicate: ↑Silicate.

Am: Zeichen für ↑Americium.

Amalgame [zu arab. al-malgam »erweichende Salbe«]: ↑Legierungen des Quecksilbers mit anderen Metallen. Sie können bei Raumtemperatur flüssig, plastisch und knetbar oder fest sein. Einige der plastischen A. erhärten nach kurzer Zeit, wie z. B. das Silberamalgam, das als Zahnfüllung verwendet wird.

Amalgam-Verfahren: ↑Chloralkalielektrolyse.

Ameisensäure: ↑Carbonsäuren.

Americium [nach dem Erdteil Amerika]: chemisches Element aus der Reihe der ↑Actinoide (↑Transurane), Zeichen Am, OZ 95, radioaktiv, künstlich hergestellt, Massenzahl des langlebigsten Isotops 243.

Amide: organische Verbindungen, die an einem Carbonylkohlenstoff die Gruppe –NH$_2$ enthalten.

◆ *Säureamide*: Verbindungen, die sich von organischen oder anorganischen Säuren durch Ersatz einer Hydroxylgruppe (–OH) durch –NH$_2$ ableiten. Man erhält sie durch Umsetzung von Säurehalogeniden mit Ammoniak:

$$R-\overset{O}{\underset{Cl}{C}} + NH_3 \longrightarrow R-\overset{O}{\underset{NH_2}{C}} + HCl$$

Säurechlorid   Säureamid

Setzt man statt Ammoniak (NH$_3$) Amine (RNH$_2$ bzw. NHR$_2$) ein, so entstehen die substituierten A. mit den Gruppen –NHR bzw. –NR$_2$, z. B. **Dimethylformamid,** HCO–N(CH$_3$)$_2$. Das doppelte A. der ↑Kohlensäure ist der ↑Harnstoff.

Wird das A. aus der Säuregruppe und der Aminogruppe von je einer Aminosäure gebildet, so liegt eine ↑Peptidbindung vor.

◆ *Metallamide:* Verbindungen, die sich vom Ammoniak durch Ersatz eines Wasserstoffatoms durch ein Metallatom ableiten, z. B. **Natriumamid,** NaNH$_2$.

Amido-: Bezeichnung für eine NH$_2$-Gruppe, die als Ligand in einer Koordinationsverbindung (↑Komplexchemie) vorliegt.

Amine: organische Verbindungen, die sich formal vom Ammoniak durch den Ersatz eines, zweier oder aller Wasserstoffatome durch einen organischen Rest R (z. B. Alkyl-) ableiten. Je nach Anzahl der organischen Reste spricht man von primären, sekundären oder tertiären Aminen (Abb.)

```
    H              H              H
    |              |              |
   |N—H           |N—R           |N—R
    |              |              |
    H              H              R'
 Ammoniak    primäres Amin    sekundäres Amin
             (Alkylamin)       (Dialkylamin)

    R''            ⎡  R''   ⎤+
    |              ⎢  |     ⎥
   |N—R           ⎢R'''—N—R⎥  X⁻
    |              ⎢  |     ⎥
    R'             ⎣  R'    ⎦

  tertiäres Amin      quartäres
  (Trialkylamin)    Ammoniumsalz
```

Amine

Die Benennung erfolgt, indem an den Namen des Kohlenwasserstoffradikals die Endung -amin angehängt wird. Wie Ammoniak (NH_3) besitzen A. am Stickstoffatom ein freies Elektronenpaar, an das sich Protonen unter Bildung von Alkylammoniumsalzen anlagern können:

$R-NH_2 + H^+X^- \rightarrow [R-NH_3]^+ + X^-$.

Da auch Wasser Protonen an die A. abgeben kann, reagieren wässrige Lösungen von A. basisch.

Tertiäre A. bilden mit Halogenalkanen (R–X) quartäre Alkylammoniumsalze:

$R_3N + R-X \rightarrow [R_4N]^+X^-$.

A. können durch Reduktion der entsprechenden ↑Nitroverbindungen (z. B. Herstellung von ↑Anilin) oder durch Umsetzung von Halogenalkanen mit Ammoniak hergestellt werden. Methylamin (CH_3-NH_2) und Ethylamin ($C_2H_5-NH_2$) sind Gase mit ammoniak- bzw. fischähnlichem Geruch. A. mit größeren Resten sind flüssig oder fest und mit zunehmender Molekülgröße weniger wasserlöslich. Amine werden bei der Herstellung von Lösungsmitteln, Tensiden, Pharmazeutika und Farbstoffen verwendet.

Amino-: Bezeichnung für die in einer organischen Verbindung gebundene NH_2-Gruppe.

Aminobenzoesäure: ↑Sulfonamide.

Aminobenzol: ↑Anilin.

Aminoessigsäure: ↑Aminosäuren.

Aminosäuren: ↑Carbonsäuren, die eine oder mehre Aminogruppen ($-NH_2$) im Molekül enthalten. Die Stellung der Aminogruppe in Relation zur Säuregruppe wird durch Ziffern oder durch griechische Buchstaben gekennzeichnet (Abb. 1).

Wichtig sind v. a. die 2-Aminosäuren (α-Aminosäuren; Abb. 2), die als Bausteine der ↑Peptide in der Natur weit verbreitet vorkommen. Sie werden meist mit Trivialnamen bezeichnet. (Tab. S. 32) Alle 2-Aminosäuren außer der Aminoethansäure (Glycin) enthalten ein ↑asymmetrisches Kohlenstoffatom und sind daher optisch aktiv.

A. können durch enzymatische Hydro-

$$\underset{|\omega}{-}\overset{|n}{C}-----\underset{|\gamma}{\overset{|4}{C}}-\underset{|\beta}{\overset{|3}{C}}-\underset{|\alpha}{\overset{|2}{C}}-\overset{1}{COOH}$$

Aminosäuren (Abb. 1): Stellung der Aminogruppe

$$R-CH-COOH \\ | \\ NH_2$$

Aminosäuren (Abb. 2): 2-Aminosäure (α-Aminosäure)

lyse von Proteinen, durch Umsetzung von Halogencarbonsäuren mit Ammoniak oder aus Aldehyden durch Umsetzung mit Blausäure, HCN, hergestellt werden. Da die A. sowohl eine basische ($-NH_2$) als auch ein saure Gruppe (–COOH) enthalten, sind sie ↑amphoter, d. h., sie können sowohl mit Säuren als auch mit Basen Salze bilden. Bei einem bestimmten, für jede A. charakteristischen pH-Wert, dem ↑isoelektrischen Punkt, liegen sie als ↑Zwitterionen vor (Beispiel: ↑Betaine). A. zeigen alle typischen Reaktionen der beiden funktionellen Gruppen.

Die ↑essenziellen A. kann der menschliche Körper nicht synthetisieren, er muss sie daher mit der Nahrung aufnehmen.

Amminkomplexe: ↑Komplexchemie.

Ammoniak, NH_3 [zu griech. ammoniakon »Salz aus der Ammonsoase«]: basische, stechend riechende, gasförmige Verbindung, die bei –33 °C siedet. Flüssiges A. ähnelt in seinen physikalischen und chemischen Eigenschaften stark dem Wasser: Es ist über Wasserstoffbrücken assoziiert, ist aufgrund seiner Polarität ein recht gutes Salzlösungsmittel und zeigt Autoprotolyse (↑Säuren und Basen):

Ammoniak

Name	Trivialname	vereinfachte Strukturformel
Aminoethansäure (Aminoessigsäure)	Glycin, Glykokoll	H$_2$C—COOH | NH$_2$
2-Aminopropansäure	Alanin	H$_3$C—CH—COOH | NH$_2$
2-Amino-3-methylbutansäure	Valin	H$_3$C—CH—CH—COOH | | CH$_3$ NH$_2$
2-Amino-3-hydroxypropansäure	Serin	CH$_2$—CH—COOH | | OH NH$_2$
2-Aminopentandisäure	Glutaminsäure	CH$_2$—CH$_2$—CH—COOH | | COOH NH$_2$
2,6-Diaminohexansäure	Lysin	H$_2$N—(CH$_2$)$_4$—CH—COOH | NH$_2$
2-Amino-3-phenylpropansäure	Phenylalanin	C$_6$H$_5$—CH$_2$—CH— | NH$_2$
2-Amino-3-mercaptopropansäure	Cystein	H$_2$C—CH—COOH | | SH NH$_2$
2-Amino-3-(4-hydroxyphenyl)-propansäure	Tyrosin	HO—C$_6$H$_4$—CH$_2$—CH—COOH | NH$_2$
2-Amino-3-indolylpropansäure	Tryptophan	(Indol)—CH$_2$—CH—COOH | NH$_2$

Aminosäuren: einige wichtige Beispiele

$$NH_3 + NH_3 \rightleftharpoons NH_4^+ + NH_2^-.$$

A. ist in Wasser sehr gut löslich; es bildet eine basisch reagierende Lösung, die Ammoniakwasser genannt wird.

Die Wasserlöslichkeit von A. ist auf die ↑Assoziation mit den Wassermolekülen zurückzuführen, die dreidimensional über Wasserstoffbrücken erfolgt. Nur zu einem ganz geringen Teil

(0,002% bei 25 °C) befinden sich in diesem Gemisch Ammonium-Ionen, NH_4^+, und Hydroxid-Ionen.
Herstellung: aus Stickstoff und Wasserstoff bei erhöhter Temperatur und hohem Druck (↑Haber-Bosch-Verfahren).
Verwendung: zur Herstellung von Salpetersäure, Harnstoff, Hydrazin und Aminen u.a. wichtigen Grundchemikalien; als Kältegas (wegen der hohen Verdampfungswärme).

Ammoniak-Soda-Verfahren: ↑Natriumcarbonat.

Ammoniumcarbonatgruppe: ↑Analyse.

Ammoniumsalze: Ionenverbindungen, deren Kationen **Ammonium-Ionen** (NH_4^+) sind.
Da der Ionenradius des Ammonium-Ions zwischen denen des Kalium- und des Rubidium-Ions liegt, ähneln A. den Kalium- und Rubidiumsalzen, etwa in Bezug auf Löslichkeit und Kristallform.
A. entstehen bei der Reaktion von Ammoniak mit Säuren, z.B.:

$$2\ NH_3 + H_2SO_4 \rightleftharpoons (NH_4)_2SO_4.$$

Beim Erhitzen zerfallen alle A. wieder in Ammoniak und die entsprechende Säure.
Da sich an kälteren Stellen des Reaktionsgefäßes wieder A. niederschlägt, scheint das Salz zu sublimieren; tatsächlich aber liegt in der Dampfphase nicht das A. vor, sondern ein Gemisch aus Ammoniakgas und Säuredampf. Alle A. können als Düngemittel oder Bestandteil davon verwendet werden. Beispiele sind:
Ammoniumchlorid (veraltet: Salmiak), NH_4Cl, Salz der Salzsäure; es ist farblos und sehr gut wasserlöslich (unter Abkühlung). Verwendung: in Reinigungsmitteln und als Elektrolyt in Taschenlampenbatterien (↑Energiespeicher).

Ammoniumnitrat, NH_4NO_3, Salz der Salpetersäure; es ähnelt in Farbe und Löslichkeit dem NH_4Cl und zerfällt beim Erhitzen explosionsartig in Distickstoffmonoxid, N_2O, und Wasser, weshalb es auch zur Herstellung von Sprengstoffen dient.
Ammoniumphosphate, Salze der (Ortho)phosphorsäure: $(NH_4)H_2PO_4$, $(NH_4)_2HPO_4$ und $(NH_4)_3PO_4$. Verwendung: als Flammschutzmittel, z.B. wird das Nachglühen von Zündhölzern durch Imprägnieren mit Ammoniumphosphaten verhindert.
Ammoniumsulfat, $(NH_4)_2SO_4$, Salz der Schwefelsäure; es ähnelt in Farbe und Löslichkeit dem NH_4Cl.

Ammoniumsulfidgruppe: ↑Analyse.

amorph [griech. »formlos«, »gestaltlos«]: Bezeichnung für Stoffe, die nicht ↑kristallin, d.h. deren Bausteine (Atome, Moleküle) nicht periodisch angeordnet sind. Ebenso wie bei den Flüssigkeiten unterliegt in amorphen Stoffen lediglich die Orientierung eines Teilchens zu seinen nächsten Nachbarn gewissen Gesetzmäßigkeiten, dagegen gibt es keine Fernordnung wie bei den Kristallen.

AMP: ↑ATP.

Ampholyt [zu griech. amphi »doppel...«, »zwei...«, lýsis »(Auf)lösung«]: eine Substanz bzw. ein Teilchen, das sich wie eine Säure oder wie eine Base (amphoter) verhalten kann. Zu den A. zählen Hydroxide bestimmter Elemente (Aluminium, Zink, Zinn, Blei, Chrom, Mangan, Arsen, Antimon), die ↑Aminosäuren, sowie im Sinne Brønsteds (↑Säuren und Basen) auch alle Teilchen, die sowohl H^+-Ionen abspalten als auch H^+-Ionen aufnehmen können, wie z.B. Wasser oder das Hydroxid-Ion, OH^-. Das Verhalten eines A. wird durch den Reaktionspartner bestimmt.
So verhält sich z.B. das Hydrogensulfid-Ion, HS^-, gegenüber einer starken

Säure als Base, gegenüber einer starken Base als Säure:

$$HS^- + H^+ \rightleftharpoons H_2S$$
$$HS^- + OH^- \rightleftharpoons S^{2-} + H_2O.$$

amphoter: Eigenschaft eines Stoffes, der sich sowohl als Säure wie auch als Base verhalten kann (↑Ampholyt).
Amylopektin: ↑Stärke.
Amylose: ↑Stärke.
Analyse (chemische Analyse): die Untersuchung eines Stoffs oder eines Stoffgemisches mit chemischen bzw. physikalischen Methoden. Ihr Ziel ist, die Identität bzw. die Zusammensetzung zu ermitteln. Die **qualitative A.** stellt die Art der Bestandteile einer Probe fest, während die **quantitative A.** die Menge der zu bestimmenden Substanz bzw. der einzelnen Komponenten bestimmt. Für die Durchführung einer quantitativen A. muss die qualitative Zusammensetzung der Analysensubstanz bekannt sein.

Qualitative A. anorganischer Substanzen: Hier wird durch bestimmte, für die Ionen der einzelnen Elemente charakteristische Nachweisreaktionen festgestellt, welche dieser Ionen in der Analysensubstanz (z. B. Minerale, Salze) vorhanden sind. Dabei können **Vorproben** (↑Flammenfärbung, ↑Phosphorsalzperle) erste Hinweise auf die Zusammensetzung der Probe liefern. Auch das Erhitzen im Glühröhrchen und die Untersuchung der entweichenden Gase sowie das Verhalten gegenüber verdünnter und konzentrierter Schwefelsäure geben vorab wichtige Hinweise.

Da viele Ionen den einwandfreien Nachweis anderer Ionen stören können, wird zur eigentlichen A. ein **Trennungsgang** durchgeführt (Abb.), bei dem nach und nach bestimmte Gruppen ähnlich reagierender Ionen durch geeignete Reagenzien von der Analysensubstanz abgetrennt werden. Diese Gruppen werden anschließend weiter aufgetrennt, bis der einwandfreie Nachweis auf An- oder Abwesenheit der Ionen aller Elemente gelungen ist.

Zur Durchführung des Trennungsgangs wird die Analysensubstanz zunächst in verdünnter oder konzentrierter Salz-, Schwefel- oder Salpetersäure gelöst, unlösliche Bestandteile werden abfiltriert und nach besonderen Methoden aufgeschlossen. Beim Trennungsgang werden dann die Ionen einzelner Elementgruppen aufgrund der Bildung schwer löslicher Niederschläge mit bestimmten Reagenzien von der Analysenlösung abgetrennt, weiter aufgetrennt und die einzelnen Bestandteile durch Ausfällung oder Farbreaktion identifiziert. Die erste Gruppe wird als **Salzsäuregruppe** bezeichnet, sie umfasst Silber, Blei und Quecksilber, die bei Salzsäurezusatz in Form ihrer schwer löslichen Chloride aus der Analysensubstanz abgetrennt werden. Als Nächstes werden die Elemente der **Schwefelwasserstoffgruppe** (Bismut, Kupfer, Cadmium, Arsen, Antimon, Zinn, Molybdän und andere Nebengruppenelemente) durch Einleiten von Schwefelwasserstoff in Form ihrer Sulfide ausgefällt. Nach Zusatz von Ammoniak werden aus der Lösung die Elemente der **Ammoniumsulfidgruppe** (Nickel, Eisen, Mangan, Aluminium, Chrom, Zink und einige weitere Elemente) in Form ihrer schwer löslichen Sulfide abgetrennt. Die letzte Gruppe umfasst die Elemente der **Ammoniumcarbonatgruppe** (Alkali- und Erdalkalimetalle), die entweder mit Ammoniumcarbonat in Form der Carbonate ausgefällt werden oder (wie die Alkalimetalle) direkt aus der Analysensubstanz nachgewiesen werden.

Zum Nachweis der Anionen einer Analysensubstanz wird ein ↑Sodaauszug hergestellt. Die Anionen werden da-

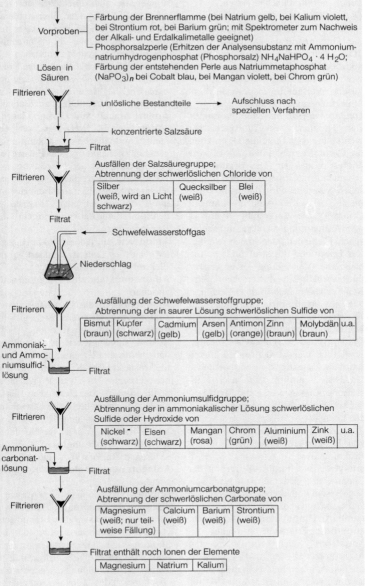

nach aufgrund charakteristischer Reaktionen im Filtrat nachgewiesen.
Quantitative A. anorganischer Substanzen: Klassische Verfahren sind u.a. die ↑Gravimetrie, die ↑Maßanalyse, die ↑Oxidimetrie, die ↑Komplexometrie und die ↑Neutralisationstitration. Heute werden jedoch meist physikalisch-chemische Verfahren, insbesondere die ↑Spektralanalyse, herangezogen.
Qualitative A. organischer Substanzen: Zur Trennung von Stoffgemischen werden in erster Linie die Destillation, die Chromatographie und die Elektrophorese eingesetzt. Die Brutto- oder Summenformel einer isolierten organischen Substanz wird durch die ↑Elementaranalyse ermittelt. Funktionelle Gruppen, wie Carbonyl-, Hydroxyl- oder Aminogruppen können mit chemischen Methoden identifiziert werden. Zur Ermittlung des strukturellen Aufbaus einer Verbindung und ihrer Bindungsverhältnisse dienen heute eine Reihe spektralanalytischer Verfahren wie die ↑Infrarotspektroskopie, die ↑Kernresonanzspektroskopie und die ↑Ultraviolettspektroskopie.
Quantitative A. organischer Substanzen: Auch hier werden neben chemischen auch spektroskopische Methoden eingesetzt, mithilfe deren nach Kalibrierung Aussagen über die Menge einer bestimmten Substanz gemacht werden können.
Zur Ermittlung des inneren Aufbaus von Festkörpern dient die ↑Kristallstrukturanalyse.
analytische Chemie: Teilgebiet der Chemie, das sich mit dem Nachweis der Bestandteile von Verbindungen und Gemengen befasst.
anellierte Ringsysteme: ↑Aromaten.
angeregter Zustand: ↑Anregung.
Ångström [nach ANDERS JONAS ÅNGSTRÖM *1814, †1874] Einheitenzeichen Å: gesetzlich nicht mehr zugelassene Längeneinheit: 1 Å = 10^{-10} m.

Anhydride: im weiteren Sinne Verbindungen, die sich durch Wasserabspaltung aus Säuren oder Basen ableiten lassen; im engeren Sinne versteht man darunter jedoch nur die ↑Säureanhydride. **Basenanhydride** entstehen z.B. durch Glühen von Alkali- oder Erdalkalihydroxiden, so ist z.B. Calciumoxid, CaO, als Basenanhydrid des Calciumhydroxids, $Ca(OH)_2$, anzusehen.
Anilin [zu arab. anil »Indigopflanze«] (Aminobenzol), $C_6H_5-NH_2$: das einfachste aromatische Amin, eine unangenehm riechende, giftige Flüssigkeit. A. wird technisch durch Reduktion von ↑Nitrobenzol hergestellt. Es ist ein wichtiger Rohstoff, u.a. für die Herstellung von synthetischen ↑Farbstoffen (»Anilinfarben«), Arzneimitteln und Kunststoffen.
Anion [Kw. aus Anode und Ion]: negativ geladenes ↑Ion. Es wandert bei der Elektrolyse zur ↑Anode.
Anionenaustauscher: ↑Ionenaustauscher.
Anionennachweis: ↑Sodaauszug.
Anisotropie [zu griech. isos »gleich«, tropé »Drehung«, »Wendung«]: die Richtungsabhängigkeit physikalischer und chemischer Eigenschaften in Stoffen, insbesondere Kristallen. So sind beispielsweise bei vielen Kristallen Spaltbarkeit, Härte, elektrische Leitfähigkeit, Wärmeleitung, Lichtbrechung sowie Wachstums- und Auflösungsgeschwindigkeit in den verschiedenen Kristallrichtungen ungleich. Auch bei ↑Flüssigkristallen tritt A. auf.
Anlagerungskomplexe: ↑Komplexchemie.
Anode [griech. ánodos »Aufweg«, »Eingang«]: die positive ↑Elektrode, an der Oxidationsvorgänge (anodische Oxidation) durch Entladung der bei Stromfluss zur A. wandernden Anionen stattfinden (z.B. ↑Elektrolyse). Eine technische Anwendung der anodischen Oxidation ist das ↑Eloxalverfahren.

Anodenschlamm: ↑Kupfer.

an|organische Chemie: Teilgebiet der Chemie; es befasst sich mit sämtlichen Elementen und allen Verbindungen, die Kohlenstoff enthalten, sowie mit einigen einfachen Kohlenstoffverbindungen wie den Oxiden des Kohlenstoffs, den Carbiden, der Kohlensäure und ihren Salzen, den Carbonaten. Wegen der zunehmenden Zahl der metallorganischen Verbindungen (z. B. Silicone, Koordinationsverbindungen) wird die Grenze zur ↑organischen Chemie immer unschärfer.

Anregung: Überführung eines Moleküls, Atoms oder Ions aus seinem ↑Grundzustand in einen energiereicheren Zustand, den **angeregten Zustand.** Um ein Teilchen in den angeregten Zustand zu versetzen, muss ihm Anregungsenergie zugeführt werden. Dies kann u. a. durch Wärmezufuhr oder durch Absorption von Lichtquanten erfolgen. Unter Energieausstrahlung (meist Lichtquanten) kehren die angeregten Teilchen schon nach sehr kurzer Zeit (Größenordnung 10^{-8} s) in einen energieärmeren Zustand oder den Grundzustand zurück.

Anthracen [zu griech. ánthrax »Kohle«]: ↑Aromaten.

Anthrachinon: ↑Chinone.

Anthrachinonfarbstoffe: ↑Farbstoffe.

Anthrazit: ↑Kohle.

Antibiotika [zu griech. anti »gegen« und bios »Leben«]: Wirkstoffe aus Stoffwechselprodukten von Mikroorganismen sowie analoge synthetisch hergestellte Substanzen, die andere pflanzliche oder tierische Mikroorganismen (z. B. Bakterien, Pilze, Protozoen) im Wachstum hemmen oder abtöten (z. B. Penicillin).

Antiklopfmittel: Zusätze zu Vergaserkraftstoffen, um deren ↑Octanzahl zu erhöhen und damit die ↑Klopffestigkeit zu verbessern. Die Antiklopfwirkung geht auf ein Abfangen von freien Radikalen zurück, die sich beim Verbrennen des Kraftstoffs bilden. Früher wurden meist bleiorganische Verbindungen, v. a. ↑Bleitetraethyl verwendet. Wegen der Giftigkeit, der Umweltbelastung und der schädlichen Wirkung der Bleiverbindungen auf Abgaskatalysatoren kommen in den letzten Jahren vermehrt andere A., v. a. Methyl-*tert.*-butylether zum Einsatz.

Antimon [zu lat. antimonium, ein Antimonerz]: chemisches Element der V. Hauptgruppe, Zeichen Sb, OZ 51, relative Atommasse 121,75, Mischelement.

Physikalische Eigenschaften: Dichte des metallischen A. 6,691 g/cm³, Fp. 630,7 °C, Sp. 1587 °C. A. ist ein sprödes Metall, das den elektrischen Strom gut leitet; Antimondampf besteht aus Sb_4-, bei höherer Temperatur aus Sb_2-Molekülen.

Chemische Eigenschaften: A. verbrennt oberhalb des Siedepunktes zu Antimontrioxid, Sb_2O_3; es ist unlöslich in nicht oxidierenden Säuren. Mit Chlor reagiert es sehr heftig unter Bildung von Antimonpentachlorid, $SbCl_5$.

Darstellung: aus sulfidischen Erzen wie Sb_2S_3 durch Erhitzen mit Eisen oder durch das ↑Röstreduktionsverfahren.

Verwendung: als Legierungsbestandteil zum Härten weicher Metalle (z. B. Blei, Kupfer, Zink, Zinn).

Antioxidanzien: organische Verbindungen unterschiedlicher Zusammensetzung, die bei Zusatz zu Stoffen wie Speisefetten, Kraftstoffen, Kunststoffen usw. Veränderungen durch die oxidierende Wirkung des Luftsauerstoffs (↑Autoxidation) vermindern. So kann z. B. ↑Hydrochinon ein Wasserstoffatom auf die bei der Autoxidation zunächst auftretenden Radikale übertragen und damit die Reaktionskette abbrechen.

Antipoden: ↑Enantiomere.
apolar (unpolar): ↑Lösungsmittel, ↑polare Atombindung.
äquimolar [zu lat. aequus »gleich«]: die gleiche Anzahl von ↑Molen pro Volumeneinheit enthaltend.
Äquivalent [zu lat. valere »wert sein«]:
◆ chemisches Ä. (Äquivalentmasse): ↑faradaysche Gesetze.
◆ elektrochemisches Ä.: ↑faradaysche Gesetze.
Äquivalentkonzentration: ↑Normalität.
Äquivalenzpunkt: derjenige Titrationspunkt, bei dem die Menge der zugeführten Maßlösung der zu titrierenden Substanz chemisch äquivalent ist. Ein Beispiel ist der Neutralpunkt (↑Neutralisation).
Ar: Zeichen für ↑Argon.
Aramidfasern: strapazierfähige Fasern aus Polyamid (↑Kunstfasern).
Arbeitsplatzkonzentration, maximale: ↑MAK.
Argon [griech. argós »träge«]: chemisches Element der VIII. Hauptgruppe, Zeichen Ar, OZ 18, relative Atommasse 39,95, Mischelement. A. ist das häufigste Edelgas in der Erdatmosphäre.
Eigenschaften: Dichte 1,784 g/l (bei 0 °C), Fp. −189,3 °C, Sp. −185,9 °C. A. ist geruchlos und farblos, bildet keine Verbindungen und hat eine geringe Wärmeleitfähigkeit.
Verwendung: u. a. zur Füllung von Glühlampen und Leuchtstoffröhren (um bestimmte Farbeffekte zu erzielen) sowie als Schutzgas bei chemischen Reaktionen und beim Elektroschweißen.
Aromastoffe: chemische Verbindungen unterschiedlicher Art, die bestimmte Geruchs- oder Geschmacksempfindungen hervorrufen. Aus vielen Pflanzen, aber auch aus Tieren können A. isoliert werden. Einige dieser Substanzen werden auch synthetisch hergestellt, wie z. B. ↑Vanillin. Solche A. werden als naturidentisch bezeichnet. Künstliche A. kommen in der Natur nicht vor, sie werden synthetisch hergestellt.

Aromaten: ungesättigte, cyclische organische Verbindungen, deren π-Elektronensystem $(4n+2)$ π-Elektronen umfasst (**Hückel-Regel;** Bedingung für **Aromatizität**). Solche Verbindungen sind meist eben gebaut und deutlich stabiler als vergleichbare offenkettige Verbindungen.
Die einfachste aromatische Verbindung ist das ↑Benzol. Hier bilden von den vier Valenzelektronen jedes Kohlenstoffatoms je zwei die Bindungen zu den benachbarten Kohlenstoffatomen und eines die Bindung zum Wasserstoffatom aus. Das verbleibende Elektron befindet sich bei jedem der sechs Kohlenstoffatome im p_z-Orbital

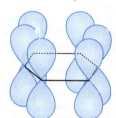

Orbitale der sechs π-Elektronen

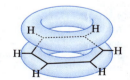

Molekülorbital (Ladungswolke, delokalisierte π-Elektronen)

Formelbild des Benzols (Der aromatische Zustand wird durch einen Kreis im Formelbild symbolisiert)

Aromaten (Abb. 1): Bindungsverhältnisse im Benzolring

Aromaten

(↑Atombindung). Diese sechs Elektronen bilden jedoch nicht drei einzelne Doppelbindungen, sondern sind vielmehr in einer Elektronenwolke oberund unterhalb des Sechsrings gleichmäßig verteilt (Abb. 1; ↑Delokalisation). Alle sechs Kohlenstoff-Kohlenstoff-Bindungen haben den gleichen

systematischer Name	Trivialname	Strukturformel	Sp. in °C
Benzol		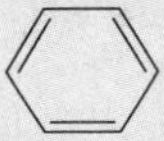 ⬡	80,1
Methylbenzol	Toluol	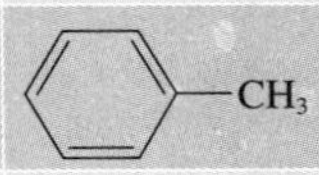 ⬡–CH_3	110,6
1,2-Dimethylbenzol	o-Xylol	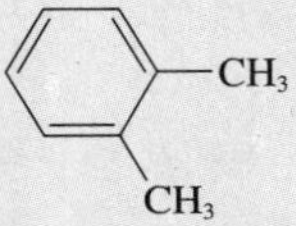 ⬡–CH_3 / CH_3	144,4
1,3-Dimethylbenzol	m-Xylol	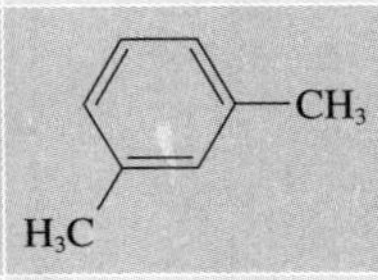 H_3C–⬡–CH_3	139,1
1,4-Dimethylbenzol	p-Xylol	 H_3C–⬡–CH_3	138,3
2-Propylbenzol	Cumol	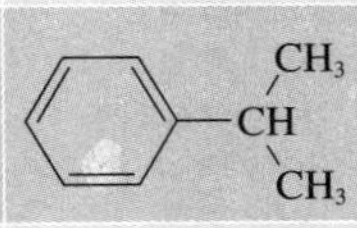 ⬡–CH(CH_3)$_2$	152,4
Ethenylbenzol	Styrol	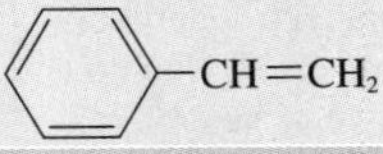 ⬡–$CH=CH_2$	145,2
Naphthalin	Naphthalin	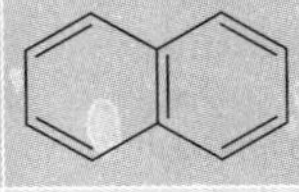 ⬡⬡	218,8
Anthracen	Anthracen	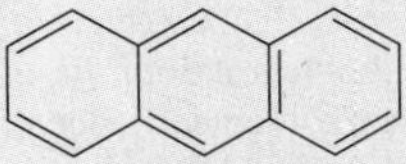 ⬡⬡⬡	342
Phenylbenzol	Biphenyl	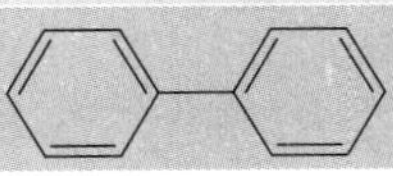 ⬡–⬡	255

Aromaten: einige wichtige Beispiele

Aromatizität

Abstand von 0,139 nm. Die Bindungsenergie des Benzols ist um 150 kJ/mol höher (Mesomerieenergie; ↑Mesomerie) und das Molekül somit stabiler als ein hypothetisches »Cyclohexatrien«-Molekül, in dem sich Doppelbindungen und Einfachbindungen abwechseln.

An den Kern des Aromaten können Seitenketten gebunden sein. Der Verbindungsname wird dann aus der Bezeichnung des Alkylrestes und der Endung -benzol zusammengesetzt (Beipiel: Abb. 2). Die Stellung von zwei oder mehr Substituenten wird durch vorangestellte Ziffern angezeigt (Tab.).

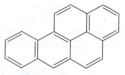

Aromaten (Abb. 3): 1,2-Benzopyren

Aromaten (Abb. 2): Ethylbenzol

Den C_6H_5-Rest nennt man **Phenyl**rest, aromatische Reste werden allgemein als **Aryl**reste bezeichnet. Benzolderivate mit ↑funktionellen Gruppen tragen meist Trivialnamen, z. B. ↑Phenol, ↑Anilin. Verbindungen, in denen zwei oder mehrere aromatische Ringe mit gemeinsamen Atomen vorliegen, bezeichnet man als **anellierte** oder **kondensierte Ringsysteme** (z. B. Naphthalin und Anthracen). Auch heterocyclische Verbindungen (↑Heterocyclen) können aromatischen Charakter haben. Bei Fünfring-Heterocyclen ist ein freies Elektronenpaar des Heteroatoms Teil des π-Elektronen-Sextetts.

Benzol und einige wichtige Derivate gewinnt man heute durch fraktionierte Destillation von Steinkohlenteer oder durch Aufbereitung von Erdöl (↑Reformieren).

Im Gegensatz zu den ↑Alkenen gelingen Additionsreaktionen, die zur Zerstörung des aromatischen Systems führen, nur unter extremen Bedingungen. Die Reaktivität des Benzolkerns ist vielmehr gekennzeichnet durch die elektrophile ↑Substitution.

Aromatische Verbindungen sind weit verbreitet; sie bilden etwa ein Drittel aller bekannten organischen Verbindungen. Toluol und Xylole sind gute Lösungsmittel. Bei der Herstellung von ↑Farbstoffen, ↑Kunststoffen und Sprengstoffen (↑TNT) sind oft aromatische Verbindungen beteiligt. Einige polycyclische A. sind Krebs erregend, so ist z. B. das im Kondensat von Zigaretten auftretende 1,2-Benzopyren (Abb. 3) einer der stärksten bekannten Krebs erregenden Stoffe.

Aromatizität: ↑Aromaten.

Arrhenius-Gleichung: Beziehung, welche die Abhängigkeit der Geschwindigkeitskonstante k einer Reaktion (↑Reaktionskinetik) von der (absoluten) Temperatur T beschreibt:

$$k = A e^{-E_a/RT}.$$

Der Faktor A und die Aktivierungsenergie E_a sind charakteristische, experimentell bestimmbare Größen für jede Reaktion. Die A.-G. lässt eine Deutung der ↑Katalyse als Folge der Erniedrigung der Aktivierungsenergie zu.

Arsan: ↑Arsen.

Arsen [zu griech. arsenikón »Arsenik«]: chemisches Element der V. Hauptgruppe, Zeichen As, OZ 33, relative Atommasse 74,92, Reinelement. *Physikalische Eigenschaften:* Dichte 5,727 g/cm³, Fp. 817 °C (bei $2,8 \cdot 10^4$ Pa), Sublimation unter Normaldruck bei 614 °C. A. hat teils Metall-, teils Nichtmetallcharakter und tritt in mehreren ↑Modifikationen auf. Beständigste Form ist das metallische oder graue Arsen. Daneben gibt es das instabile gelbe A. und einige amorphe Modifikationen.

Chemische Eigenschaften: In seinen Verbindungen tritt A. drei- und fünfwertig auf. An der Luft verbrennt es zu Arsentrioxid, As_2O_3, das durch stark oxidierende Säuren zur Arsensäure, H_3AsO_4, umgesetzt wird.

Darstellung: aus sulfidischen Arsenerzen durch Erhitzen unter Luftabschluss, wobei das A. absublimiert.

Verwendung: als Legierungsbestandteil sowie zur Herstellung von ↑Halbleitern (als Galliumarsenid).

Verbindungen: Arsentrioxid, As_2O_3 (**Arsenik**), ist ein stark giftiges, farbloses Pulver. Arsensulfid, As_4S_4 (**Realgar**), findet u.a. in der Pyrotechnik Verwendung.

Der stark giftige Arsenwasserstoff, AsH_3 (**Arsan**), zersetzt sich beim Erhitzen rasch in seine Bestandteile; der entstehende schwarze Arsenspiegel dient als empfindlicher Nachweis für Arsenverbindungen.

Aryl-: allgemeine Bezeichnung für einwertige Reste von ↑Aromaten.

As: Zeichen für ↑Arsen.

Asbest [zu griech. ásbestos »unauslöschlich«]: natürlich vorkommende, aus den Silicatmineralen Hornblende oder Serpentin bestehende Fasern, die widerstandsfähig gegen Hitze und schwache Säuren sind. A. wird u.a. zur Herstellung von feuerfester Schutzkleidung, Dichtungs- und Isoliermaterialien sowie Bremsbelägen verwendet. Aufgrund der kanzerogenen Wirkung von Asbeststaub auf Lungengewebe wurde die Verwendung von A. stark eingeschränkt.

Ascorbinsäure: ↑Vitamine.
Aspartam: ↑Süßstoffe.
Asphalt: ↑Erdöl.
Aspirin: ↑Hydroxysäuren.

Assimilation: Bezeichnung für den Aufbau körpereigener organischer Substanzen (Assimilate) aus anorganischen Stoffen unter Verbrauch von Energie, u.a. bei der Biosynthese von Kohlenstoffverbindungen durch ↑Fotosynthese. Von A. spricht man auch z.B. bei der Aufnahme von Stickstoff- und Schwefelverbindungen durch Pflanzen.

Assoziation [zu lat. associare »beigesellen«, »vereinigen«]: Zusammenlagerung mehrerer gleichartiger Moleküle zu größeren Molekülgruppen. A. tritt z.B. beim Fluorwasserstoff, HF, auf. In flüssigem Zustand werden über Wasserstoffbrücken zickzackförmige Assoziate gebildet (↑zwischenmolekulare Kräfte). In ähnlicher Weise assoziieren die Moleküle des ↑Wassers. Hier können von den einzelnen Wassermolekülen bis zu vier Wasserstoffbrücken ausgehen.

Assoziation: Wasserstoffbrückenbindung

Astat [zu griech. ástatos »unbeständig«]: chemisches Element, Zeichen At, OZ 85; radioaktives Element der VIII. Hauptgruppe, Massenzahl des langlebigsten Isotops: 210, zahlreiche sehr kurzlebige Isotope; Fp. 302 °C, Sp. 335 °C, reagiert als ↑Halogen.

asymmetrisches Kohlenstoffatom: ein Kohlenstoffatom, das asymmetrisch von seinen Bindungspartnern umgeben ist. Es ist mit vier verschiedenen Resten verbunden, sodass die Spiegelung des Moleküls nicht zu einem deckungsgleichen Bild führt. Verbindungen mit einem a. K. sind chiral (↑Chiralität). In Strukturformeln werden a. K. mit einem Stern (*) gekennzeichnet.

At: Zeichen für ↑Astat.

ataktische Struktur: regellose Anordnung von Seitenketten in Makromolekülen (↑Kunststoffe).

Atmosphärenchemie: siehe S. 44.

Atmung: Bezeichnung für den Gasaustausch der Lebewesen mit ihrer Umgebung, d. h. die Aufnahme von Sauerstoff aus der Luft oder aus dem Wasser und die Abgabe von Kohlenstoffdioxid. Man unterscheidet äußere A. (Gasaustausch zwischen Atemmedium und der atmungsaktiven Oberfläche) und innere A. (Gasaustausch zwischen Blut und Gewebe und die Oxidationsprozesse in den Zellen). Letztere setzt sich aus vier Teilreaktionen zusammen: ↑Glykolyse, oxidative ↑Decarboxylierung, ↑Citronensäurezyklus und Atmungskette.

Atom [griech. »unteilbar«]: kleinstes mit chemischen Methoden nicht weiter zerlegbares Teilchen eines ↑chemischen Elements. Es ist aus drei Arten von ↑Elementarteilchen aufgebaut: ↑Protonen, ↑Neutronen (beide zusammen werden auch als Nukleonen bezeichnet) und ↑Elektronen. Die Protonen, die je eine positive ↑Elementarladung tragen, und die ungeladenen Neutronen bilden den ↑Atomkern, der sich im Zentrum des A. befindet. Die ihn umgebende ↑Atomhülle setzt sich aus den Elektronen zusammen, die je eine negative Elementarladung tragen. Da jedes A. im Kern genauso viele Protonen trägt wie Elektronen in der Hülle, sind die A. nach außen elektrisch neutral. Die Anzahl der Protonen eines A. wird durch die ↑Ordnungszahl (Kernladungszahl) Z angegeben, die der Neutronen durch die ↑Neutronenzahl N. Die Summe der beiden ergibt die ↑Massenzahl (Nukleonenzahl) A eines Atoms.

Die Protonenzahl eines A. bestimmt, um welches Element es sich handelt. Alle A., die aus gleich vielen Protonen bestehen, gehören zu ein und demselben Element. Das einfachste A., das Wasserstoffatom, enthält nur *ein* Proton im Kern ($Z = 1$), demnach auch nur ein Elektron in der Hülle. Ein Heliumatom besitzt zwei Protonen und zwei Hüllenelektronen etc. (↑Periodensystem der Elemente). Von allen Elementen außer den Reinelementen existieren mehrere ↑Isotope. Sie unterscheiden sich in der Anzahl der Neutronen und damit auch in der Masse. Ein A. mit einer ganz bestimmten Anzahl von Protonen und Neutronen wird als ↑Nuklid bezeichnet.

Atomabstand: Entfernung zwischen den Kernen zweier benachbarter Atome.

atomare Masseneinheit: Einheitenzeichen u, atomphysikalische SI-Einheit der Masse für die Angabe von Teilchenmassen.

Definition: Eine atomare Masseneinheit ist der zwölfte Teil der Masse eines Atoms des Nuklids $^{12}_{6}C$; das entspricht $1,6605402 \cdot 10^{-27}$ kg.

Atombindung (Elektronenpaarbindung, kovalente Bindung, Kovalenzbindung): zwischen zwei Nichtmetallatomen auftretende Art der ↑chemischen Bindung, bei der ein oder mehrere Elektronenpaare den beteiligten Atomen gemeinsam angehören. Werden Atome durch solche Elektronenpaarbindungen verknüpft, dann entstehen ↑Moleküle. Die Anzahl der A., die ein Atom in einem Molekül eingehen kann, die **Bindigkeit** des Atoms, wird zum einen durch die Zahl seiner Außenelektronen bestimmt, zum anderen durch sein Bestreben, die ↑Elektronenkonfiguration eines Edelgases, also acht Elektronen (Ausnahme: Elektronen-

Atombindung

konfiguration von Helium: zwei Elektronen) zu erreichen. Diese **Oktettregel** gilt streng jedoch nur für die Elemente der 2. Periode des Periodensystems.

Beispiel: Ein Fluoratom besitzt sieben Außenelektronen. Vereinigen zwei dieser Atome jeweils eines ihrer Elektronen zu einem Elektronenpaar, das dann beiden angehört, so haben im entstandenen Fluormolekül F_2 beide Atome die Elektronenkonfiguration des Neons.

Mittels Elektronenformeln (Abb. 1) lässt sich die A. schematisch darstellen. Meist werden dabei aber die an der Bindung nicht beteiligten **freien** oder **einsamen Elektronenpaare** nicht dargestellt: F–F.

$$\ddot{\underset{..}{F}} + \ddot{\underset{..}{F}} \longrightarrow \ddot{\underset{..}{F}}\ddot{\underset{..}{F}}$$

Atombindung (Abb. 1): Elektronenformeln des Fluormoleküls

Ein gemeinsames Elektronenpaar ist also in der Lage, zwei Atome miteinander zu verbinden. Eine Verknüpfung kann aber nicht nur durch eine solche **Einfachbindung**, sondern auch durch eine **Doppelbindung** (Zweifachbindung) oder eine **Dreifachbindung** erfolgen. So sind z. B. im Stickstoffmolekül (N_2) drei gemeinsame Elektronenpaare nötig, damit beide Atome eine Edelgaskonfiguration erreichen (Abb. 2).

$$\dot{\underset{..}{N}} + \dot{\underset{..}{N}} \longrightarrow {:}N \equiv N{:}$$

Atombindung (Abb. 2): Stickstoffmolekül

Im Gegensatz zur ↑Ionenbindung ist die A. im Raum gerichtet. Reine A. treten nur dann auf, wenn die ↑Elektronegativität beider Atome gleich oder nahezu gleich stark ist. Dies ist stets der Fall zwischen zwei Atomen des gleichen Elements. Haben verschiedene Atome die gleichen oder fast die gleichen Elektronegativitätswerte, so liegen zwischen ihnen auch praktisch reine A. vor. Unterscheiden sich die Elektronegativitäten dagegen deutlich, so entsteht eine ↑polare Atombindung.

Mithilfe der Orbitaltheorie wird versucht, die bindende Wirkung der gemeinsamen Elektronenpaare zu erklären. Am Beispiel des Wasserstoffmoleküls sei dies im Folgenden erklärt: Das zu jedem Wasserstoffatom gehörende 1s-Elektron befindet sich mit größter Wahrscheinlichkeit in einem den Kern kugelsymmetrisch umgebenden Aufenthaltsraum, dem 1s-↑Orbital. Nähern sich nun zwei Wasserstoffatome einander, so beginnen sich ihre Orbitale zu

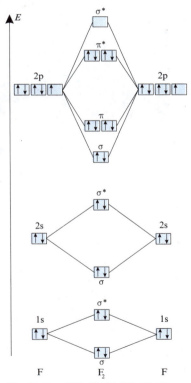

Atombindung (Abb. 3): MO-Schema des Fluormoleküls

Atmosphärenchemie

Die Atmosphäre ist die relativ dünne Schicht von Gasen, die sich über der Erdoberfläche bis in eine Höhe von rund 150 km erstreckt. Darüber geht sie mit fließender Grenze in den Weltraum über.

Man kann in der Atmosphäre unterschiedliche Schichtungen erkennen. Die für uns wichtigsten sind die Troposphäre, die am Boden beginnt und je nach geographischer Breite bis in eine Höhe von 12 bis 18 km reicht, sowie die darüber liegende Stratosphäre, deren Obergrenze bei etwa 50 km liegt. Etwa 2/3 bis 3/4 des in der Stratosphäre enthaltenen Gases werden jährlich mit der Troposphäre ausgetauscht.

In der Troposphäre sinkt die Temperatur kontinuierlich von etwa 15 °C in Bodennähe auf –55 °C in rund 12 km Höhe. In der Stratosphäre steigt die Temperatur allmählich wieder auf +10 °C in einer Höhe von etwa 50 km, um danach erneut abzufallen.

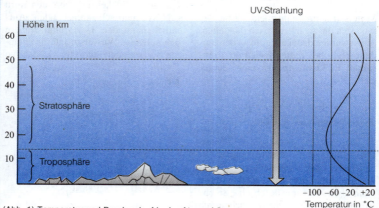

(Abb. 1) Temperatur und Druckverlauf in der Atmosphäre

■ Zusammensetzung der Atmosphäre

Die Uratmosphäre bestand hauptsächlich aus Kohlenstoffdioxid, CO_2, Methan, CH_4, und Ammoniak, NH_3. Die ersten Lebewesen begannen Sauerstoff in die Atmosphäre abzugeben. Seine Konzentration blieb zuerst niedrig, da er Metalle und Metallverbindungen der Erdkruste wie Eisen, Aluminium oder Calcium oxidierte. Erst danach reicherte sich der Sauerstoff in der Luft an. Heute beträgt sein Anteil etwa 21 %. Die heutige Zusammensetzung der Atmosphäre zeigt Tab. 1.

Quelle der Sauerstoffreproduktion ist die ↑Fotosynthese (Abb. 2). Sie erzeugt pro Jahr etwa $2{,}7 \cdot 10^{11}$ Tonnen Sauerstoff, wobei auf Landpflanzen etwa 55 % und auf Wasserpflanzen etwa 45 % entfallen. Durch die ↑Atmung wird Sauerstoff wieder verbraucht.

■ Treibhauseffekt

Manche der Elemente und Verbindungen in Tab. 1 sowie einige weitere wirken als »Treibhausgase«: Sie absorbieren das Licht der Sonne, aber auch die von der Erdoberfläche im Infrarotbereich ausgesandte Energie (im Bereich der Wärmestrahlung) und verhindern damit, dass die abgestrahlte Energie direkt in den Weltraum entweicht.

Atmosphärenchemie

Hauptbestandteile	Volumenanteil	Spurengase	Volumenanteil
Stickstoff (N_2)	78,08 %	Methan (CH_4)	1,6 ppm
Sauerstoff (O_2)	20,95 %	Distickstoffoxid (N_2O)	0,6 ppm
Argon (Ar)	0,93 %	Wasserstoff (H_2)	0,5 ppm
Kohlenstoffdioxid (CO_2)	350 ppm	Kohlenstoffmonoxid (CO)	0,2 ppm
Summe	99,99 %	Ozon (O_3)	0,02–0,2 ppm
Edelgase	**Volumenanteil**	Ammoniak (NH_3)	0,02 ppm
Neon (Ne)	18 ppm	Schwefelwasserstoff (H_2S)	0,002–0,02 ppm
Helium (He)	5,2 ppm	Stickstoffmonoxid (NO)	0,003 ppm
Krypton (Kr)	1 ppm	Stickstoffdioxid (NO_2)	0,003 ppm
Xenon (Xe)	0,08 ppm	Schwefeldioxid (SO_2)	0,002 ppm

(Tab. 1) Zusammensetzung der Atmosphäre

Die Sonnenstrahlung allein würde die Erde nur auf eine Temperatur von etwa −18 °C aufheizen. Erst die Treibhausgase sorgen dafür, dass sich ein Gleichgewicht bei einer mittleren Temperatur von etwa 15 °C einstellt. Bei diesem **natürlichen Treibhauseffekt** hat Wasserdampf einen Anteil von 62 %, Kohlenstoffdioxid einen von 22 %, die sonstigen Gase insgesamt 16 % (Tab. 2).

■ Anthropogener Treibhauseffekt

Zu diesem natürlichen Treibhauseffekt kommt der **anthropogene Treibhauseffekt** hinzu, der durch freigesetzte Gase (**Abgase**) in Industrie, Straßenverkehr, landwirtschaftlicher Produktion und den Einsatz neuer Produkte hervorgerufen wird (Tab. 3).

Damit verschiebt sich das Energiegleichgewicht zwischen Einstrahlung und Abstrahlung zugunsten einer Erwärmung. Welche Folgen daraus für das Weltklima entstehen, wird kontrovers diskutiert. Verschiedene Modellvorstellungen sagen Temperaturerhöhungen um 2–4,5 °C voraus, wobei regional sehr unterschiedliche Werte zu erwarten sind.

■ Ozon – Schutz und Problem in der Atmosphäre

↑Ozon bildet sich durch die Reaktion eines Sauerstoffmoleküls mit einem Sauerstoffatom:

$$O + O_2 \rightarrow O_3.$$

Voraussetzung ist die Spaltung eines Sauerstoffmoleküls. Wegen der hohen Bindungsenthalpie von 438 kJ/mol gelingt dies nur mit UV-Licht (bei $\lambda \leq 242$ nm) bzw. durch elektrische Entladungen:

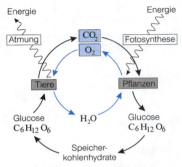

(Abb. 2) atmosphärischer Stoffkreislauf von Sauerstoff und Kohlenstoff

Atmosphärenchemie

Treib-hausgas	Konzen-tration in der Troposphäre	atmosphärische Verweildauer	Anteil an der Erwärmung der Troposphäre	relatives Treib-hauspotenzial (berechnet)
Distickstoff-monoxid N_2O	0,32 ppm	100–200 Jahre	1,4 °C	290
Kohlenstoff-dioxid CO_2	351 ppm	7–10 Jahre[1] 50–120 Jahre[2]	7,2 °C	1
Wasser-dampf H_2O	2–30000 ppm		20,6 °C	?
Methan CH_4	1,65–1,75 ppm	8–11 Jahre	0,8 °C	21
Ozon O_3	ca. 0,05 ppm	variabel (Monate)	2,4 °C	2000

(Tab. 2) die wichtigsten klimarelevanten Spurengase und ihre Auswirkungen

[1] Verweilzeit gegenüber dem Austausch mit den Ozeanen

[2] Verweilzeit eines einmaligen, impulsartigen CO_2-Schubs in die Atmosphäre

$$O_2 \xrightarrow{h\nu} 2\,O.$$

Ozon ist nur in geringer Menge in der Atmosphäre enthalten. Es tritt in der Stratosphäre und in Bodennähe auf. Bodennahes Ozon schädigt in hoher Konzentration Menschen (Tab. 4), Tiere und Pflanzen. Außerdem ist es am Treibhauseffekt beteiligt. In der Stratosphäre hingegen absorbiert das Ozon die kurzwellige UV-Strahlung der Sonne und schützt als Filter alle Lebewesen vor deren schädigender Wirkung. Es zerfällt wieder durch Absorption von UV-Strahlung in ein Sauerstoffmolekül und ein freies Sauerstoffatom. Zwischen Erzeugung und Abbau des Ozons bildet sich ein Gleichgewichtszustand. So erreicht das absorbierte UV-Licht die Erdoberfläche nicht mehr.

Anthropogene Spurengase wie die Stickoxide stehen in einer ständigen Konkurrenz mit dem Sauerstoffmolekül um die frei werdenden Sauerstoffatome. Durch die Reaktion von Distickstoffmonoxid N_2O (Lachgas, ↑Stickstoff) mit einem angeregten Sauerstoffatom bildet sich Stickstoffoxid NO, das sofort weiter mit Ozon reagiert.

$$N_2O + O \rightarrow NO + NO,$$
$$NO + O_3 \rightarrow NO_2 + O_2,$$
$$NO_2 + O \rightarrow NO + O_2.$$

Die Reaktion baut ein Ozonmolekül ab. Das Stickstoffoxid wird am Ende der Reaktionskette wieder freigesetzt und kann sich teilweise in der Atmosphäre anreichern, bis es durch andere Reaktionen wie die Bildung salpetriger Säure entfernt wird.

Gas	Herkunft	Anteil am Treibhaus-effekt in %
CO_2	Nutzung fossiler Brennstoffe	48
CH_4	landwirtschaftliche Produktion	13
N_2O		5
FCKW	Treibmittel, Kühlmittel	22
O_3		7
Wasser-dampf		3
sonstige		2

(Tab. 3) Anteile am anthropogenen Treibhauseffekt

Atmosphärenchemie

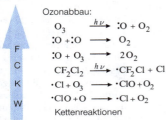

Stratosphäre (20 – 25 km Höhe)
Ozonschicht

Ozonabbau:
$$O_3 \xrightarrow{h\nu} \cdot O + O_2$$
$$\cdot O + \cdot O \longrightarrow O_2$$
$$\cdot O + O_3 \longrightarrow 2 O_2$$
$$CF_2Cl_2 \xrightarrow{h\nu} \cdot CF_2Cl + Cl$$
$$\cdot Cl + O_3 \longrightarrow \cdot ClO + O_2$$
$$\cdot ClO + O \longrightarrow \cdot Cl + O_2$$
Kettenreaktionen

F C K W

Erdoberfläche

Sonnenlicht (UV)

Ozonbildung:
$$O_2 \xrightarrow{h\nu} 2 \cdot O$$
$$\cdot O + O_2 \longrightarrow O_3$$

(Abb. 3) einige der am Ozonabbau beteiligten Prozesse

Hauptsächlich FCKW (↑Halogenkohlenwasserstoffe) sind an der Zerstörung der Ozonschicht beteiligt (Abb. 3). So wird beispielsweise Trichlorfluormethan in Anwesenheit von Sauerstoff und Methan durch UV-Strahlung in Kohlenstoffdioxid, Fluorwasserstoff und energetisch angeregtes Chlor gespalten.
Das Chlor kann nach seiner Entstehung sofort mit Ozon reagieren, wobei sich Chlormonoxid und Sauerstoff bildet:

$$Cl + O_3 \rightarrow ClO + O_2,$$
$$ClO + O \rightarrow Cl + O_2.$$

Da der Zyklus dieser Radikalkettenreaktion viele Male durchlaufen kann, kann ein Chloratom etwa 2000 Ozonmoleküle zerstören, bis es endgültig aus der Stratosphäre entfernt wird.

Ozonkonzentration	Auswirkungen bei Menschen
ab 180 µg/m³	Reizung der Lunge und der Atemwege
ab 240 µg/m³	vermindertes Leistungsvermögen, Asthmaanfälle

(Tab. 4) konzentrationsabhängige Auswirkungen von Ozon

Derzeit ist der Gleichgewichtszustand gestört, sodass der Ozonabbau überwiegt. Deutlichster Hinweis darauf sind die »Ozonlöcher«, die sich jeden Winter über den Polkappen bilden. ∎

📖 Eine Anleitung zum Herstellen eines NO_x-Nachweispapiers findest du unter http://dc2.uni-bielefeld.de/dc2/tip/06_99.htm.
Zur Ozonproblematik siehe http://region.hagen.de/OZON/ozon_i.htm, außerdem unter http://www.umweltbundesamt.de/, http://www.greenpeace.de und http://www.bmu. de/.
Aktuelle Satellitendaten zur Ozonkonzentration über Europa und weltweit findest du unter http://auc.dfd.dlr.de.

📖 *Klimaänderung gefährdet globale Entwicklung,* herausgegeben von der ENQUETE-KOMMISSION »SCHUTZ DER ERDATMOSPHÄRE« DES DEUTSCHEN BUNDESTAGES. Bonn (Economica-Verlag) 1992. ∎ RÖDEL, WALTER: *Physik unserer Umwelt.* Berlin (Springer) ³2000. ∎ *Umweltbereich Luft,* herausgegeben von dem FONDS DER CHEMISCHEN INDUSTRIE. Frankfurt am Main (Fonds der Chemischen Industrie) 1987 ∎ *Unterricht Chemie,* herausgegeben von HEINZ SCHMIDKUNZ und KARL HÄUSLER, Band 6: Luft. Köln (Aulis) 1995.

Atombindung

durchdringen. Diese Durchdringung zweier Atomorbitale wird als **Überlappung** bezeichnet.

Durch zunehmende Überlappung der beiden Aufenthaltsräume gerät das einzelne Elektron, das ursprünglich nur von »seinem eigenen« Kern angezogen wurde, mehr und mehr auch in den Anziehungsbereich des zweiten Kerns. Die Elektronen halten sich schließlich gleich häufig in der Nähe beider Kerne auf, wenn diese sich bis auf einen bestimmten Abstand genähert haben. Die Zuordnung eines Elektrons zu einem ganz bestimmten Kern ist jetzt nicht mehr möglich. Ein einziger, beide Kerne symmetrisch umfassender Aufenthaltsraum für beide Elektronen, ein **Molekülorbital** (Abb. 3), hat sich gebildet. Auch hier gilt das ↑Pauli-Prinzip. Im Molekülorbital ist zwischen den Kernen die Aufenthaltswahrscheinlichkeit der beiden Elektronen besonders groß, sodass ein Zusammenhalt der beiden Atome durch elektrostatische Kräfte bewirkt wird. Der mittlere Abstand der beiden Kerne des Wasserstoffmoleküls, die ↑Bindungslänge, ist so groß, dass die zwischen dem Elektronenpaar und den beiden Kernen bestehende anziehende Kraft und die abstoßende Kraft zwischen den Kernen im Gleichgewicht stehen. Dieser Zustand ist besonders energiearm.

Die Atomorbitale, die sich an einer Elektronenpaarbindung beteiligen, müssen nicht unbedingt s-Orbitale sein wie beim Wasserstoffmolekül. So entsteht z. B. im Fluormolekül die A. durch Überlappung zweier p-Orbitale: Das Fluoratom hat die Elektronenkonfiguration $1s^2 2s^2 2p_x^2 2p_y^2 2p_z^1$. Nur im p_z-Orbital befindet sich also ein einzelnes Elektron (Abb. 3 außen). Zwei Fluoratome können eine Bindung eingehen, indem sich ihre beiden p_z-Orbitale mit einem ihrer Enden durchdringen und so ein Molekülorbital bilden (Abb. 3 Mitte; 5c).

Aber auch ein s- und ein p-Atomorbital können zu einem gemeinsamen Molekülorbital verschmelzen, wie z. B. im Fluorwasserstoffmolekül (Abb. 4 und 5b).

In Abb. 5 wird deutlich, dass die bindenden Molekülorbitale, die durch Überlappung von zwei s-, zwei p_z- sowie von einem s- und einem p_z-Orbital entstehen, um die Verbindungslinie der beiden Kerne rotationssymmetrisch sind. Derartige Molekülorbitale nennt man σ-(»sigma-«)Molekülorbitale. Eine Bindung, die durch Elektronen in einem σ-Molekülorbital zustande kommt, wird dementsprechend **σ-Bindung** genannt. σ-Bindungen können auch durch geeignete Kombination zweier d_{z^2}-Atomorbitale oder eines p- und eines d_{z^2}-Orbitals entstehen.

Wenn zwei p-Orbitale sich jedoch wie in Abb. 5d überlappen, so ist das daraus resultierende Molekülorbital nicht rotationssymmetrisch zur Verbindungslinie der beiden Kerne. Ein solches Molekülorbital wird π-(»pi-«)Molekülorbital genannt, die damit gebildete Bindung **π-Bindung**. Charakteristisch für das π-Molekülorbital ist das Vorhandensein einer Knotenfläche, einer Fläche also, in der die Aufenthaltswahrscheinlichkeit für die Elektronen gleich null ist. In Abb. 5d beispielsweise verläuft diese

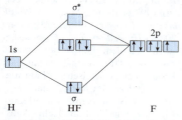

Atombindung (Abb. 4): MO-Schema für das Fluorwasserstoffmolekül. Die unbeteiligten 1s- und 2s-Orbitale des Fluors sind weggelassen.

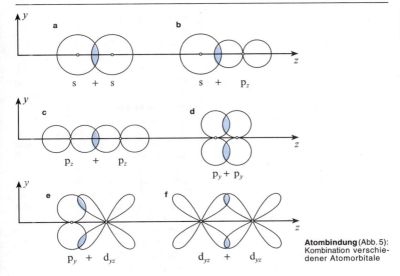

Atombindung (Abb. 5): Kombination verschiedener Atomorbitale

Ebene durch die z-Achse und steht senkrecht auf der Papierebene. π-Bindungen können auch aus zwei d- oder einem p- und einem d-Atomorbital gebildet werden.

Atomgitter: ein ↑Kristallgitter, dessen Gitterbausteine elektrisch neutrale Atome sind, die durch kovalente Bindungen zusammengehalten werden (z. B. Diamant, Siliciumdioxid SiO_2).

Atomhülle (Elektronenhülle): Gesamtheit der ↑Elektronen, die sich um einen Atomkern bewegen. Da ein Atom elektrisch neutral ist, muss die Anzahl der Elektronen in seiner Hülle gleich der Anzahl der ↑Protonen sein.

Atomkern: der im Zentrum gelegene, positiv geladene Teil eines ↑Atoms. Der A. hat einen Durchmesser in der Größenordnung von 10^{-14} m und ist damit sehr klein im Vergleich zum Atomdurchmesser (ca. 10^{-10} m). Trotzdem enthält der A. nahezu die gesamte Masse des Atoms (99,95 – 99,98 %).

Mit Ausnahme des Kerns des gewöhnlichen Wasserstoffatoms (^{1}H) setzen sich die A. aus den je eine positive ↑Elementarladung tragenden ↑Protonen und den ungeladenen ↑Neutronen zusammen. Beide zusammen werden auch als Nukleonen bezeichnet. Da die Protonen gleiche Ladung tragen, stoßen sie sich gegenseitig ab. Diesen abstoßenden Kräften wirken die sehr starken Kernkräfte entgegen, auf denen der Zusammenhalt des Kerns beruht. Die Anzahl der Protonen eines Kerns ist seine Kernladungs- oder ↑Ordnungszahl (Z), die Anzahl der Nukleonen seine Massenzahl (A), die Anzahl der Neutronen seine Neutronenzahl (N). Zur Kurzbezeichnung eines bestimmten A. werden neben das betreffende Elementsymbol Massenzahl, Ordnungszahl und Neutronenzahl in folgender Weise geschrieben:

$$^A_Z \text{Elementsymbol}_N.$$

So steht z. B. die Kurzbezeichnung $^{238}_{92}U_{146}$ für einen Urankern, der aus 92 Protonen, 146 Neutronen, somit 238 Nukleonen besteht. Meist wird jedoch die Neutronenzahl weggelassen, häufig auch die Protonenzahl, da diese bereits durch das Elementsymbol feststeht. Die Schreibweise reduziert sich damit auf z. B. ^{238}U (häufig auch U-238). Die Zahl der verschiedenen Kernsorten ist weit größer als die Zahl der chemischen Elemente (↑Isotop, ↑Nuklid). Die A. sind teils stabil, teils instabil (↑Radioaktivität).

Atommasse: Masse eines Atoms. Die **absolute A.** wird in Kilogramm angegeben und beträgt beispielsweise für ein Wasserstoffatom $1{,}673 \cdot 10^{-27}$ kg. Die **relative A.** gibt das Verhältnis der absoluten A. zur ↑atomaren Masseneinheit an. Sie beträgt für das Wasserstoffatom 1,008.

Atommodell: vereinfachtes Bild vom Aufbau des Atoms. Die A. werden auf der Basis experimenteller Ergebnisse entworfen und sollen Eigenschaften und Verhaltensweisen der Atome möglichst genau beschreiben und physikalisch deuten. Im Laufe der Geschichte wurden einige A. entwickelt, die wichtige Eigenschaften des Atoms zumindest qualitativ, z. T. auch quantitativ relativ gut wiedergeben. Während einfachere A. auch anschauliche Darstellungen der Atome bieten, ist die moderne Quantentheorie ein unanschauliches, wenn auch leistungsfähiges mathematisches Modell. Im Folgenden werden die wichtigsten A. dargestellt:

Massemodell (daltonsches Modell, Kugelmodell, mechanisches Modell): Das einfachste aller A. stellt die Atome als kleine, gleichmäßig mit Masse gefüllte, elastische, elektrisch neutrale Kugeln dar, auf die sich die Gesetze der klassischen Mechanik anwenden lassen. Dieses Modell erweist sich auch heute noch als geeignet zur Erklärung z. B. der Gasgesetze (↑kinetische Gastheorie) oder der ↑Diffusion.

Rutherfordsches A.: Nach diesem **Kern-Hüllen-Modell** besitzt das Atom in seinem Zentrum einen positiv geladenen Kern, der fast die gesamte Masse in sich vereint. Die Hülle des Atoms wird von den negativ geladenen, fast masselosen Elektronen gebildet, die sich im Abstand von maximal 10^{-10} m um den Kern bewegen. Die Geschwindigkeit der Elektronen ist so bemessen, dass sich die Fliehkraft und die Anziehung zwischen Kern und Elektron stets die Waage halten. Im Gegensatz zum Massemodell stimmt dieses Modell z. B. auch mit den Ergebnissen des Rutherford-Streuversuchs überein: Trifft ein Bündel von α-Teilchen auf eine Goldfolie, so durchdringt der größte Teil die Folie ungehindert, nur wenige Teilchen werden abgelenkt bzw. reflektiert. Daraus folgerte man, dass der größte Teil des Atoms masselos ist. Das Rutherford-Atommodell steht jedoch im Widerspruch zu den Gesetzen der klassischen Elektrodynamik. Hiernach müsste nämlich jedes um den Atomkern kreisende Elektron laufend Energie abstrahlen, sodass es sich auf spiralförmiger Bahn dem Kern nähern und schließlich in ihn hineinstürzen müsste.

Bohrsches A.: Dieses Modell basiert auf den **bohrschen Postulaten,** die aber z. T. im Widerspruch zur klassischen Elektrodynamik stehen.

Nach dem 1. bohrschen Postulat können Elektronen nur auf bestimmten erlaubten Bahnen um den Kern kreisen. Erlaubt sind nur solche Bahnen, für die das Produkt aus dem Impuls des Elektrons ($m \cdot v$) und dem Umfang der Bahn ($2\pi r_n$) gleich einem ganzzahligen Vielfachen des ↑Planck-Wirkungsquantums h ist: $2\pi r_n \cdot m \cdot v = n \cdot h$. Die Zahl $n = 1, 2, 3$ usw. wird als die **Hauptquantenzahl** der betreffenden Bahn bezeichnet. Das Postulat besagt weiter, dass sich die Elektronen auf diesen stationären Kreisbahnen strahlungsfrei, d. h. ohne Energieverlust bewegen, ohne dies zu begründen. Der Übergang von einer Quantenbahn mit der Energie W_1 auf eine andere mit der Energie W_2, (**Elektronenübergang** oder Quantensprung; Abb.), erfolgt unter Aufnahme oder Abgabe der entsprechenden Energiedifferenz (2. bohrsches Postulat, bohrsche Frequenzbedingung). Dabei werden Energiequanten in Form von Strahlung absorbiert oder emittiert (je nachdem, ob W_1 größer oder kleiner ist als W_2), für deren Frequenz f folgende Bedingung gilt: $h \cdot f = W_2 - W_1 = E$. Absorption und Emission von Strahlung anderer Frequenz ist nicht mög-

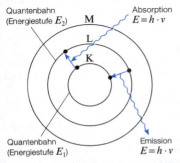

Atommodell: Quantensprung unter Aufnahme (Absorption) oder Abgabe (Emission) von Energiequanten

lich. Mit dem Bohr-Atommodell kann u. a. das Linienspektrum des Wasserstoffatoms erklärt und berechnet werden, es kann jedoch nicht die Feinstruktur der Spektrallinien erklären und versagt bei der Berechnung komplizierter Spektren.

Bohr-Sommerfeld-A.: Neben Kreisbahnen werden hier auch Ellipsenbahnen für die Bewegung der Elektronen zugelassen. Da die Festlegung einer Ellipse zwei Bestimmungsgrößen erfordert, gibt es bei den elliptischen Bahnen zwei voneinander unabhängige Quantenzahlen, die **Hauptquantenzahl** n und die **Nebenquantenzahl** l. Bei einer erweiterten Variante dieses Modells wird der Energiezustand der Elektronen durch insgesamt vier Quantenzahlen beschrieben, und zwar durch die **Hauptquantenzahl** n, die **Nebenquantenzahl** l, die **Magnetquantenzahl** m und die **Spinquantenzahl** s. Dieses erweiterte Modell erlaubt es, die Gesetzmäßigkeiten der Röntgenspektren zu erklären; darüber hinaus konnte NIELS BOHR (*1885, †1962) 1921 damit das ↑Periodensystem der Elemente deuten. Er fasste dazu alle Energiestufen eines Elektrons mit der gleichen Hauptquantenzahl zu den **Hauptschalen** (↑Elektronenschalen) zusammen. Diese Schalen wurden nach steigender Energie nummeriert bzw. mit den Buchstaben K, L, M usw. bezeichnet.
Die Nebenquantenzahl l unterteilt eine Hauptschale n in **Unterschalen**. Die Gesamtzahl der auf die einzelnen Hauptschalen entfallenden Energiezustände beträgt $2n^2$, jede Hauptschale kann also maximal $2n^2$ Elektronen aufnehmen (↑Pauli-Prinzip). Die einzelnen durch jeweils vier Quantenzahlen festgelegten Energiezustände werden nun von den Z Elektronen des Atoms in der Reihenfolge zunehmender Energie einzeln besetzt.

Quantenmechanisches A.: Da die im erweiterten Bohr-Sommerfeld-Atommodell postulierten Quantensprünge im Widerspruch zur klassischen Physik standen, lag es nahe, ein A. zu entwickeln, das auf physikalisch nicht messbare Größen wie Elektronenbahn, Elektronenort und Bahngeschwindigkeit ganz verzichtet. Grundlegend dafür war die 1927 von WERNER HEISENBERG (*1901, †1976) aufgestellte ↑Unschärferelation, nach der es unmöglich ist, Ort und Impuls eines in der Atomhülle befindlichen Elektrons gleichzeitig genau anzugeben. Die auf dieser Aussage basierende Quantenmechanik ermöglicht es im Prinzip, die Verhältnisse in der Elektronenhülle

ATP: Adenosintriphosphat

exakt zu berechnen. Ergebnisse müssen allerdings für die Anschaulichkeit erst interpretiert werden. Quantenmechanische A. werden mit den Methoden der Wellenmechanik berechnet. Im wellenmechanischen A. wird davon ausgegangen, dass einem Elektron mit dem Impuls $p = m \cdot v$ eine Materiewelle mit der Wellenlänge $\lambda = h/p$ zugeordnet ist. (h ↑Planck-Wirkungsquantum). Das Verhalten der dreidimensionalen stehenden Elektronenwellen kann durch eine 1926 aufgestellte Gleichung von ERWIN SCHRÖDINGER (*1887, †1961) beschrieben werden. Diese Differenzialgleichung verbindet die **Wellenfunktion** des Elektrons mit seiner Energie und den Raumkoordinaten. Die Wellenfunktion selbst besitzt keine anschauliche Bedeutung. Mit ihrer Hilfe können jedoch Aussagen über die Aufenthaltswahrscheinlichkeit des Elektrons getroffen werden.

Atomnummer: ↑Ordnungszahl.

Atomorbital: ↑Orbital, ↑Atombindung.

Atomradius: der halbe Abstand zwischen zwei gleichartigen Atomen in einer Atombindung. Innerhalb einer Elementgruppe im Periodensystem der Elemente nehmen die Atomradien von oben nach unten zu (wachsende Zahl der Elektronenschalen; ↑Orbitalmodell), innerhalb einer Periode nehmen sie von links nach rechts ab, da hier bei gleich bleibender Zahl von Elektronenschalen die Elektronenhülle wegen der steigenden Kernladung stärker angezogen wird.

Atomrumpf: derjenige Teil des Atoms, der aus dem Atomkern und all jenen Elektronen besteht, die keine ↑Valenzelektronen sind. Diese Elektronen werden **Rumpfelektronen** genannt.

ATP (Abk. für **A**denosin**tri**phosphat): ein ↑Nucleotid aus Adenin, Ribose und einem Triphosphatrest (Abb.).

Die entsprechenden Verbindungen mit einem Diphosphatrest bzw. einem Monophosphatrest heißen **ADP** (Adenosindiphosphat) und **AMP** (Adenosinmonophosphat). ATP ist von großer Bedeutung für den Stoffwechsel, wo es als Energieüberträger wirkt (z.B. bei der ↑Glykolyse und bei der Atmungskette).

ATP wird aus ADP und einem Phosphatrest (häufig als Ⓟ symbolisiert) aufgebaut. Die dabei neu gebildete Säureanhydridbindung zwischen den beiden Phosphatresten ist die wichtigste energiereiche Bindung. Bei der hydrolytischen Spaltung des ATP zu ADP und Phosphat wird diese Energie (29 kJ/mol) wieder frei und steht für Energie verbrauchende Vorgänge zur Verfügung.

Atropin [nach Atropa, der Tollkirsche]: sehr giftiges ↑Alkaloid, das v. a. in Nachtschattengewächsen wie Tollkirsche, Bilsenkraut und Stechapfel vorkommt; es wird als pupillenerweiterndes Mittel verwendet.

Au [Abk. von lat. aurum »Gold«]: Zeichen für ↑Gold.
Aufschluss: Verfahren, um schwer lösliche Stoffe (z. B. Bariumsulfat, Silicate) durch Erhitzen mit geeigneten Reagenzien in wasser- oder säurelösliche Verbindungen zu überführen.
Aufschwemmung: ↑Suspension.
Aus|ethern: ↑Ausschütteln mit Ether.
Ausfällen: ↑Fällen.
Ausflockung: ↑Kolloide.
Auslaugen: ↑Extraktion.
Aussalzen: einen gelösten Stoff durch Zugabe eines Salzes als Niederschlag ausscheiden.
Ausschütteln: Auszug (Extrahieren, ↑Extraktion) eines gelösten Stoffes aus einer Lösung durch wiederholtes Schütteln mit einem reinen Lösungsmittel, das sich mit dem ursprünglichen Lösungsmittel nicht oder nur wenig mischt. Die Trennung der beiden Phasen erfolgt meist im Scheidetrichter. Wird mit Ether ausgeschüttelt, so spricht man von Ausethern.
Außenelektronen: die Elektronen der äußersten Elektronenschale (↑Orbitalmodell). Bei den Atomen der Hauptgruppenelemente sind sie identisch mit den ↑Valenzelektronen.

Auswaage: ↑Gravimetrie.
Auswaschen: leicht lösliche Anteile eines Gemenges, z.B. Verunreinigungen eines Niederschlags, mit einer Waschflüssigkeit entfernen.
Auszug: ↑Extraktion.
Autokatalyse: eine Form der ↑Katalyse, bei der ein gebildetes Reaktionsprodukt als Katalysator auf den Fortlauf der Reaktion wirkt.
Autoprotolyse: ↑Wasser.
Autoxidation: als Kettenreaktion verlaufende Oxidation organischer Verbindungen durch Luftsauerstoff. Bei der A. des Benzaldehyds z. B. entsteht zunächst das Benzoylradikal, das dann mit einem Molekül Benzaldehyd und Sauerstoff zu Perbenzoesäure weiterreagiert, die schließlich durch Reaktion mit einem weiteren Mol Benzaldehyd in die Benzoesäure übergeht (Abb.).

$$C_6H_5-C\overset{H}{\underset{O}{\diagdown}} \xrightarrow[-H\cdot]{h\nu} C_6H_5-\dot{C}=O$$

Benzaldehyd Benzoylradikal

$$C_6H_5-\dot{C}=O + O_2 + C_6H_5-C\overset{O}{\underset{H}{\diagdown}} \longrightarrow C_6H_5-C\overset{O}{\underset{O-O-H}{\diagdown}} + C_6H_5-\dot{C}=O$$

Benzoylradikal Benzaldehyd Perbenzoesäure Benzoylradikal

$$C_6H_5-C\overset{O}{\underset{O-O-H}{\diagdown}} + C_6H_5-C\overset{O}{\underset{H}{\diagdown}} \longrightarrow 2\ C_6H_5-C\overset{O}{\underset{OH}{\diagdown}}$$

Perbenzoesäure Benzaldehyd Benzoesäure

Autoxidation: Autoxidation von Benzaldehyd

Die A. kann durch Zugabe geeigneter ↑Antioxidanzien verhindert werden.
auxochrome Gruppe: ↑Farbstoffe.
Avogadro-Gesetz [nach A. AVOGADRO]: Gesetzmäßigkeit, nach der bei gleichem Druck und gleicher Temperatur gleiche Volumina verschiedener Gase die gleiche Anzahl von Molekülen enthalten.

Avogadro-Konstante

[Reaktionsschema der Azokupplung zu 4-Dimethylaminoazobenzol über elektrophile aromatische Substitution und Abspaltung von H⁺]

Azokupplung

Avogadro-Konstante: Zeichen N_A, physikalische Konstante, welche die Anzahl der Teilchen in einem ↑Mol angibt. $N_A = 6{,}022 \cdot 10^{-23}\,\text{mol}^{-1}$.

Azeotrop (azeotropes Gemisch) [griech. a »nicht«, zein »sieden«, tropos »verändert«]: ein aus mehreren Komponenten bestehendes Flüssigkeitsgemisch, das einen konstanten Siedepunkt besitzt, der sich von denen der Komponenten unterscheidet. So lässt sich 96%iges Ethanol, ein A., nicht durch einfache ↑Destillation trennen.

Azide [Kw. aus azo- und -id]: die Salze und Ester der Stickstoffwasserstoffsäure HN_3 mit der allgemeinen Formel $M^I N_3$ (M^I einwertiges Metall) bzw. RN_3. Schwermetallazide wie z.B. **Bleiazid**, $Pb(N_3)_2$, zersetzen sich beim Erhitzen oder auf Schlag explosionsartig:

$$2\,Pb(N_3)_2 \rightarrow 2\,Pb + 3\,N_2.$$

Schwermetallazide dienen daher als Intialzünder.

Aziridin: ↑Imine.

Azofarbstoffe [zu frz. azote »Stickstoff«]: ↑Farbstoffe.

Azokupplung: Bezeichnung für die Reaktion zwischen Diazoniumverbindungen (↑Diazotierung) und aromatischen Aminen oder Phenolen. Diese **Kupplungsreaktion** läuft als elektrophile ↑Substitution ab und wird zur Herstellung von Azofarbstoffen (↑Farbstoffe) angewandt (Abb.).

Azoverbindungen: organische Verbindungen mit der Azogruppe ($-\overline{N}=\overline{N}-$) als ↑funktioneller Gruppe. Wichtige A. sind die Azofarbstoffe (↑Farbstoffe).

B: Zeichen für ↑Bor.
Ba: Zeichen für ↑Barium.
Baeyer-Probe: ein von ADOLF VON BAEYER (*1835, †1917) entwickelter qualitativer Nachweis von Kohlenstoff-Kohlenstoff-Doppelbindungen. Substanzen mit einer Doppelbindung entfärben eine alkalische Kaliumpermanganatlösung unter Bildung von braunem Mangan(IV)-oxidhydrat und zweiwertigen Alkoholen (Abb.).

Barium [nach dem Mineral Baryt, in dem es entdeckt wurde]: chemisches Element der II. Hauptgruppe, Zeichen Ba, OZ 56, relative Atommasse 137,33, Mischelement.

Physikalische Eigenschaften: silberglänzendes Metall, Dichte 3,5 g/cm³, Fp. 727 °C, Sp. 1897 °C.

[Reaktionsgleichung der Baeyer-Probe: 3 Alken + 2 MnO₄⁻ + 4 H₂O → 3 Diol + 2 MnO₂ ↓ − 2 OH⁻]

Baeyer-Probe

Chemische Eigenschaften: Erdalkalimetall, das schon bei Raumtemperatur mit Sauerstoff reagiert (Aufbewahrung unter Luftabschluss). Beim Erwärmen verbrennt es zu Bariumoxid BaO und Bariumnitrid, Ba_3N_2; bei Einwirkung von Wasser entsteht unter Wasserstoffentwicklung, $Ba(OH)_2$, Bariumhydroxid. B. löst sich in fast allen Säuren mit Ausnahme konzentrierter Schwefelsäure, in der sich eine schützende Schicht von schwer löslichem Bariumsulfat, $BaSO_4$, bildet.
Darstellung: durch Reduktion von Bariumoxid mit Aluminium oder Silicium.
Baryt: ↑Barium.
Barytwasser: gesättigte wässrige Lösung von Bariumhydroxid, $Ba(OH)_2$; es wird zum Nachweis von Kohlenstoffdioxid, CO_2, verwendet, da es mit diesem das schwer lösliche Bariumcarbonat, $BaCO_3$, bildet:

$$Ba(OH)_2 + CO_2 \rightarrow BaCO_3\downarrow + H_2O.$$

Basen: ↑Säuren und Basen.
Basenexponent: ↑Basenkonstante.
Basenkonstante: Maß für die ↑Stärke einer (Brønsted-)Base, einer aus der Gleichgewichtskonstante (↑Massenwirkungsgesetz) der Reaktion einer Base B mit Wasser abgeleitete Größe. Es gilt für die Reaktion:

$$B + H_2O \rightleftharpoons BH^+ + OH^-$$

$$K = \frac{[BH^+][OH^-]}{[B][H_2O]}.$$

In verdünnter Lösung der Base kann die Wasserkonzentration als konstant betrachtet werden. So ergibt sich die B. zu:

$$K[H_2O] = K_B = \frac{[BH^+][OH^-]}{[B]}.$$

Anstelle von K_B verwendet man meist den negativen dekadischen Logarithmus dieser Größe, den **Basenexponent** (pK_B-Wert). Dieser hängt mit dem pK_S-Wert wie folgt zusammen:

$$pK_B + pK_S = 14.$$

Basenstärke: ↑Stärke von Säuren und Basen.
Basizität: die Fähigkeit einer Verbindung, als Base zu wirken (↑Säuren und Basen); auch Maß für die Basenstärke (Hydroxid-Ionen-Konzentration) einer Lösung.
bathochromer Effekt: ↑Farbstoffe.
Batterie: nicht wiederaufladbares ↑galvanisches Element; Beispiele: ↑Silberoxid- und ↑Lithiumbatterie.
Baumwolle: ↑Cellulose.
Bauxit: ↑Aluminium.
Be: Zeichen für ↑Beryllium.
Beckmann-Umlagerung [nach ERNST OTTO BECKMANN; *1853, †1923]: Umlagerung, bei der aus Ketoximen (↑Oxime) unter dem Einfluss saurer Katalysatoren *N*-substituierte Säureamide (↑Amide) entstehen (Abb.). Diese Reaktion ist technisch von großer Bedeutung für die Synthese von ε-Caprolactam (6-Aminohexansäurelactam), aus dem Polyamide hergestellt werden.

$$\underset{R'}{\overset{R}{\diagdown}}C=\underline{N}\diagup^{OH} \xrightarrow{H^+} R-C\underset{\diagdown O}{\overset{\diagup NH-R'}{}}$$

Beckmann-Umlagerung

Beilstein-Probe [nach F. K. BEILSTEIN]: Nachweis auf Halogene in organischen Verbindungen. Dazu wird eine kleine Menge der zu untersuchenden Substanz auf einen ausgeglühten Kupferdraht aufgebracht und in den nicht leuchtenden Teil der Brennerflamme gebracht. Falls Halogene vorhanden sind, bilden diese mit dem Kupfer flüchtige Halogenide, welche die Flamme blaugrün färben.
Belebtschlamm: ↑Abwasserreinigung.
Belichten: ↑Fotografie.

Beloúsov-Zhabotinskii-Reaktion:
↑oszillierende Reaktionen.

Benetzung: das Ausbreiten einer Flüssigkeit auf der Oberfläche fester Körper, z. B. an den Wänden eines Gefäßes. Benetzende Flüssigkeiten (z. B. Wasser, Alkohol) stehen am Rand des Gefäßes höher, nicht benetzende (z. B. Quecksilber) tiefer als in der Mitte (Abb. 1). Taucht man eine Kapillare in eine Flüssigkeit, so steht die Flüssigkeit darin höher als in der Umgebung (Abb. 2), wenn die Flüssigkeit benetzend ist (**Kapillaraszension**) und niedriger, wenn sie nicht benetzend ist (**Kapillardepression**).

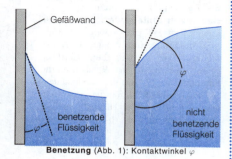

Benetzung (Abb. 1): Kontaktwinkel φ

Ob eine bestimmte Flüssigkeit benetzend ist, hängt aber auch vom Material des Festkörpers ab. Bei benetzenden Flüssigkeiten sind die ↑Kohäsionskräfte kleiner als die Adhäsionskräfte (↑Adhäsion), bei nicht benetzenden ist es umgekehrt. Die B. ist von technischer Bedeutung z. B. bei der Wirkung von ↑Waschmitteln und beim Dispergieren (↑disperses System).

Benetzung (Abb. 2): Kapillarität

Benetzungsmittel: ↑Netzmittel.
Benz|aldehyd: ↑Aldehyde.
Benzin [zu frz. Benjoin »Benzoeharz«]: ein Gemisch von Kohlenwasserstoffen, das überwiegend Alkane, daneben auch Cycloalkane, Alkene und Aromaten enthält. B. ist eine brennbare Flüssigkeit, die leicht verdunstet und mit Luft explosive Gemische bildet. Auf diesen Eigenschaften beruht seine Verwendung als Kraftstoff für Ottomotoren. B. ist mit Ethanol, Ether und Chlorwasserstoffen, nicht dagegen mit Wasser mischbar. Es ist ein gutes Lösemittel für Fette und Öle.

Man gewinnt B. durch ↑Destillation von ↑Erdöl. Dessen Gehalt an Straight-run-Benzin (↑Naphtha) liegt meist zwischen 10 und 20%. Zur Verwendung als Ottokraftstoff wird dessen ↑Klopffestigkeit durch Zugabe von ↑Antiklopfmitteln bzw. durch ↑Reformieren erhöht.

B. kann auch aus höheren Erdölfraktionen gewonnen werden, so erhält man durch ↑Cracken ein B. mit hoher ↑Octanzahl.

Einige durch fraktionierte Destillation gewonnene Spezialbenzine mit engem Siedebereich werden v. a. als Lösungsmittel verwendet (s. Tab.).

Benzochinon: ↑Chinone.
Benzoesäure: ↑Carbonsäuren.
Benzol, C_6H_6: der einfachste aromatische Kohlenwasserstoff (↑Aromaten).
B. ist eine farblose, charakteristisch riechende, mit Wasser nicht mischbare Flüssigkeit. Es ist leicht entzündlich und stark giftig. Das Einatmen der Dämpfe kann je nach Konzentration zu Kopfschmerzen, Übelkeit, Krämpfen und zum Tod führen. Langfristige Aufnahme kleiner Mengen B. führt zu chronischen Vergiftungserscheinungen.

B. wird aus Steinkohlenteer durch fraktionierte Destillation oder aus bestimmten Erdölfraktionen durch ↑Reformie-

Bezeichnung	Siedegrenzen in °C	Verwendung
Petrolether	40–80	Waschbenzin, Reinigung
Extraktionsbenzin	60–95	Extraktion von Ölen und Fetten
Lösungsbenzin	80–25	Lack- und Farbenindustrie
Waschbenzin	100–140	chemische Reinigung
Terpentinersatz	135–210	Lösungs- und Verdünnungsmittel

Benzin: Spezialbenzine

ren gewonnen. Verwendung findet es als Lösungsmittel, als Kraftstoffzusatz sowie als Ausgangssubstanz für die Synthese vieler anderer Verbindungen.

Benzolcarbonsäuren: ↑Carbonsäuren; ↑Dicarbonsäuren.

Benzolsulfonsäuren: ↑Sulfonierung.

Benzophenon: ↑Ketone.

Benzopyren: ↑Aromaten.

Benzo|yl|radikal: ↑Autoxidation.

Benzyl-: Bezeichnung für den einwertigen Rest $-CH_2-C_6H_5$.

Benzyl|alkohol: ↑Alkohole.

Berkelium [nach der amerik. Stadt Berkeley]: chemisches Element der ↑Actinoide, Zeichen Bk, OZ 97, Massenzahl des langlebigsten Isotops 247, künstlich hergestelltes Metall.

Berliner Blau: ↑Blutlaugensalz.

Bernsteinsäure: ↑Dicarbonsäuren.

Beryllium [nach dem Halbedelstein Beryll]: chemisches Element der II. Hauptgruppe, Zeichen Be, OZ 4, relative Atommasse 9,01, Reinelement.
Physikalische Eigenschaften: stahlgraues, sehr hartes, bei normaler Temperatur sprödes Metall, Dichte 1,85 g/cm^3, Fp. 1287 °C, Sp. 2471 °C.
Chemische Eigenschaften: Erdalkalimetall, frische Oberflächen leicht oxidierbar. Die entstehende Oxidschicht schützt vor weiterem Angriff. B. löst sich gut in verdünnten Säuren und wässrigen Laugen. Sein chemisches Verhalten ähnelt dem des ↑Aluminiums. Beryllium und seine Verbindungen sind stark giftig.

Gewinnung: v. a. aus dem Silicatmineral Beryll.
Verwendung: überwiegend als Legierungsbestandteil.

Bessemer-Verfahren: ↑Stahl.

Beta|ine [zu lat. beta »Rübe«]: am Stickstoff vollständig alkylierte α-Aminosäuren, allgemeine Formel $R_3N^+-CH(R')-COO^-$. B. sind somit ↑Zwitterionen. Der einfachste Vertreter Betain ($R = CH_3$, $R' = H$) kommt z. B. in Rübenzuckermelasse vor.

Betastrahlen (β-Strahlen): ↑Radioaktivität.

Beton [be'tɔŋ; zu lat. bitumen »Erdpech«]: Gemenge von ↑Zementmörtel und grobem Kies oder Steinen. Durch Einbetten von Stahlstäben oder Stahldrahtgeflechten (»Bewehrung«) entsteht der zugfeste Stahlbeton.

Bezugselektrode (Referenzelektrode): ↑Halbelement mit bekanntem und konstantem Elektrodenpotenzial. Sie dient als Bezugspunkt bei der Messung anderer Elektrodenpotenziale. Gebräuchliche B. sind die ↑Kalomelelektrode, die Silber-Silberchlorid-Elektrode sowie die ↑Normalwasserstoffelektrode).

Bh: Zeichen für ↑Bohrium.

Bi: Zeichen für ↑Bismut.

bi|dentat: zweizähnig (↑Komplexchemie).

Biegeschwingungen: ↑Infrarotspektroskopie.

Bildungs|enthalpie: diejenige Wärmemenge (↑Enthalpie), die bei der (isobaren) Bildung einer Verbindung aus

binäre Verbindungen

Verbindung	Standardbildungs-enthalpie in kJ/mol
H_2O (fl)	−286,0
HCl (g)	−92,4
H_2S (g)	−20,1
SO_2 (g)	−297,3
NO_2 (g)	+33,9
CO_2 (g)	−393,5
Al_2O_3 (f)	−1672,2

Bildungsenthalpie: Standardbildungsenthalpie einiger Verbindungen (g gasförmig, fl flüssig, f fest)

den Elementen frei wird (negatives Vorzeichen; exotherme Reaktion) bzw. aufzuwenden ist (positives Vorzeichen; endotherme Reaktion). Bezogen auf Standardbedingungen (25 °C, 1 mol, 1,0133 · 10⁵ Pa) spricht man von der **Standardbildungsenthalpie** ΔH_f^0 (der Index f steht für formatio = Bildung; der Index 0 bedeutet Standardzustand). Die Tabelle enthält einige Beispiele.
Die B. können zur Berechnung der Reaktionsenthalpien (↑Reaktionswärme) verwendet werden.

binäre Verbindungen: ↑chemische Verbindungen.

Bindigkeit (Bindungswertigkeit): Zahl der ↑Atombindungen, die von einem Atom ausgehen. So sind etwa im Chlorwasserstoffmolekül beide Atome einbindig, im Wassermolekül ist das Sauerstoffatom zweibindig, das Stickstoffatom ist im Ammoniakmolekül dreibindig etc. (Abb., oben).
Die Elemente aus der ersten Periode des Periodensystems können die B. vier nicht überschreiten. Besitzen ein-, zwei- oder dreibindige Atome noch ein freies Elektronenpaar, können sie ihre B. dadurch erhöhen, dass sie einem Bindungspartner zwei Elektronen zur Verfügung stellen (Abb., unten; ↑koordinative Bindung).

Bindung: ↑chemische Bindung.

Bindungsenergie (Bindungsenthalpie): Energiebetrag, der bei der Bildung einer ↑Atombindung frei wird bzw. für die Spaltung einer solchen Bindung aufzuwenden ist (Tab.).

Bindung	Bindungsenergie in kJ/mol
H–H	436,3
F–F	159,1
N≡N	942,1
C–C	347,5
C=C	594,6
C≡C	778,8
H–F	565,9
H–Cl	432,1
H–Br	366,4
H–I	298,9

Bindungenergie: Beispiele

Bindungslänge: mittlerer Abstand zwischen den Atomkernen von zwei durch eine ↑Atombindung miteinander verbundenen Atomen. Die B. sind abhängig von der Größe der beteiligten Atome, der Polarität der Bindung und der ↑Bindungsordnung. Die B. gleichartiger Bindungen in verschiedenen Molekülen sind nahezu gleich, bleiben

Bindigkeit: (oben) ein-, zwei-, drei- und vierbindiges Atom; (unten) Erhöhung der Bindigkeit, indem ein freies Elektronenpaar für eine Bindung zur Verfügung gestellt wird

also von der Art der Nachbaratome weitgehend unbeeinflusst (Tab.).

Bindung	Bindungslänge in 10^{-10} m
F–F	1,44
Cl–Cl	1,99
Br–Br	2,28
I–I	2,67
C–C	1,54
C=C	1,35
C≡C	1,20
C⋯C (Benzol)	1,39
H–F	0,92
H–Cl	1,27
H–Br	1,41
H–I	1,61

Bindungslänge: Beispiele

Bindungsordnung: die Anzahl der Bindungen zwischen zwei Atomen. Die B. gibt also an, ob eine Einfach-, Doppel- oder Dreifachbindung vorliegt.
Bindungswertigkeit: ↑Bindigkeit.
Biochemie: Wissenschaft, die sich mit der Chemie der lebenden Organismen befasst. Sie untersucht z. B. den Aufbau der in den Organismen vorkommenden Biomoleküle und deren Zusammenwirken bei dort ablaufenden Prozessen wie ↑Fotosynthese, ↑Atmung, ↑Gärung, die Wirkungsweise von ↑Enzymen etc.
biochemischer Sauerstoffbedarf: ↑Abwasserreinigung.
Biogas (Faulgas): das bei der bakteriellen Zersetzung bestimmter organischer Stoffe (Dung, Jauche etc.) entstehende Gas. Es besteht vorwiegend aus Methan (50–75 %) und Kohlenstoffdioxid (25–50 %), daneben enthält es Wasserstoff, Schwefelwasserstoff u. a. Es ist als Heizgas geeignet.

biologische Reinigungsstufe: ↑Abwasserreinigung.
Bio|lumineszenz: ↑Chemolumineszenz.
Biozide [Kw. aus griech. bios »Leben« und lat. caedere (in Zusammensetzungen cidere) »niederhauen«, »töten«]: Substanzen, die lebende Organismen abtöten. Man unterscheidet **Schädlingsbekämpfungsmittel** oder **Pestizide** (zum Einsatz gegen Schädlinge in der Landwirtschaft), **Insektizide** (gegen Insekten), **Herbizide** (gegen Unkräuter), **Fungizide** (gegen Pilzbefall) etc.
Biphenyl: ↑Aromaten.
Bismut (früher: Wismut) [nach Wiesen-Mutung, Abbau über Tage]: chemisches Element der V. Hauptgruppe, Zeichen Bi, OZ 83, relative Atommasse 208,98, Reinelement.
Physikalische Eigenschaften: rötlich weißes, sprödes Metall; Fp. 271,4 °C, Sp. 1564 °C, Dichte 9,79 g/cm³. Es schmilzt, ebenso wie Eis, unter Volumenkontraktion.
Chemische Eigenschaften: in Verbindungen bevorzugt drei-, seltener fünfwertig. Bei Rotglut verbrennt es zu Bismuttrioxid, Bi_2O_3.
Verwendung: als Bestandteil einiger Blei- und Zinnlegierungen.
Bis|phenol A: ein Kondensationsprodukt von Aceton und Phenol, das überwiegend zur Herstellung von Thermoplasten (↑Kunststoffe) verwendet wird.
Bisulfate: ↑Sulfate.
Bisulfite: ↑Sulfite.
Bitumen: ↑Erdöl.
Biuret: eine Verbindung, die sich bei längerem Erhitzen aus Harnstoff unter Ammoniakabspaltung bildet (Abb. 1). Mit Cu^{2+}-Salzen entsteht in alkalischer Lösung ein violetter Biuret-Kupfer-Komplex (Abb. 2). Ebenso wie B. bilden auch Peptide und andere Verbindungen mit zwei CO–NH-Gruppen mit Cu^{2+}-Salzen in alkalischer Lösung ei-

$$H_2N-\underset{O}{\underset{\|}{C}}+N\begin{array}{c}H\\H\end{array}+\begin{array}{c}H\\H\end{array}N-\underset{O}{\underset{\|}{C}}-NH_2$$

Harnstoff　　　　　　Harnstoff

$$\xrightarrow[-NH_3]{}\quad H_2N-\underset{O}{\underset{\|}{C}}-NH-\underset{O}{\underset{\|}{C}}-NH_2$$

Biuret (Abb. 1): Bildung von Biuret

$$\left[\begin{array}{c}\diagdown O\diagdown\\C-N\\H-N\overset{\|}{Cu}N-H\\C-N\\\diagup O\diagup\end{array}\begin{array}{cc}H&H\\&\\&\\H&H\end{array}\begin{array}{c}\diagup O\diagup\\N-C\\\\N-C\\\diagdown O\diagdown\end{array}\right]^{2-}\ 2\,K^+$$

Biuret (Abb. 2): Biuret-Kupfer-Komplex

nen violetten Komplex. Diese sog. **Biuret-Reaktion** dient zum qualitativen Nachweis von Peptiden.
Bk: Zeichen für ↑Berkelium.
Blau|gel: ein Kieselsäuregel (↑Kieselsäuren), das mit blauen Cobaltsalzen versetzt ist, die sich beim Feuchtwerden rosa färben. B. wird als Trockenmittel in Exsikkatoren verwendet. Das unwirksam gewordene rosa Gel kann nach Entwässern durch Erhitzen wieder verwendet werden.
Blausäure: ↑Cyanwasserstoff.
Blei: chemisches Element der IV. Hauptgruppe, Zeichen Pb, OZ 82, relative Atommasse 207,20, Mischelement.
Physikalische Eigenschaften: blaugraues, weiches Schwermetall; Dichte 11,35 g/cm³, Fp. 327,46 °C, Sp. 1749 °C.
Chemische Eigenschaften: B. ist leicht oxidierbar, an der Luft bildet sich jedoch eine schützende Oxidschicht, die weitere Oxidation verhindert. Von konzentrierter Salpetersäure wird B. angegriffen, nicht jedoch von einigen anderen Säuren (z. B. Schwefelsäure), da die entstehenden Salze schwer löslich sind. Die meisten Bleiverbindungen sind sehr giftig.
Darstellung: meist aus Bleisulfid, PbS, durch das ↑Röstreduktionsverfahren.
Chemische Eigenschaften: in Verbindungen vorwiegend zwei-, daneben auch vierwertig. Blei(II)-oxid wird durch Oxidation von geschmolzenem B. mit Luftsauerstoff gewonnen. Dieses kann weiter zu **Mennige,** Pb_3O_4, einem Blei(II,IV)-oxid, oxidiert werden, das für Rostschutzanstriche verwendet wird.
Verwendung: als Legierungsmetall, für Akkumulatoren (↑Energiespeicher), als Strahlenschutz gegen Röntgen- und Gammastrahlen sowie zum Auskleiden von Behältern (z. B. für Schwefelsäure) in der chemischen Industrie.
Bleiazịd: ↑Azide.
Bleichen: das Entfärben farbiger Materialien durch chemische Zersetzung von Farbstoffen. Oxidierend wirkende **Bleichmittel** sind z. B. Wasserstoffperoxid, H_2O_2 (für Haare, Baumwolle), Natriumperborat, $NaBO_2 \cdot H_2O_2$ (u. a. in Waschmitteln), elementares Chlor sowie Hypochlorite (KClO, NaClO). Letztere sind auch in den aus Alkalilaugen und Chlor erhältlichen Bleichlaugen enthalten, z. B.:

$$2\,KOH + Cl_2 \rightarrow KCl + KClO + H_2O.$$

Ein reduktives Bleichmittel ist z. B. Schwefeldioxid, SO_2.
Bleichmittel: ↑Bleichen.
Bleipapier: Filterpapier, das mit den farblosen Lösungen von Blei(II)-acetat, $Pb(CH_3COO)_2$, oder Blei(II)-nitrat, $Pb(NO_3)_2$, getränkt ist.
Es dient zum Nachweis von Schwefelwasserstoff, der durch die Bildung von schwarzem Bleisulfid, PbS, angezeigt wird.
Bleitetra|ethyl, $Pb(C_2H_5)_4$: eine sehr giftige, ölige Flüssigkeit, die lange Zeit in großem Umfang als ↑Antiklopfmit-

tel verwendet wurde. Bei hohen Temperaturen bildet es Ethylradikale, die unerwünschte Kettenreaktionen abbrechen und damit das Klopfen verhindern.

Blockpolymere: ↑Polymere aus verschiedenen Blöcken, die jeder für sich aus gleichartigen ↑Monomeren aufgebaut sind. Auf diese Weise können Polymere hergestellt werden, die verschiedene Eigenschaften in sich vereinen, z. B. sowohl öllöslich als auch wasserlöslich sind.

Blutfarbstoff: ↑Hämoglobin.

Blutlaugensalz: Trivialname für zwei komplexe Eisensalze.

Gelbes B. (Kalium-hexacyanoferrat(II)), $K_4[Fe(CN)_6]$: Auf Zugabe von Eisen(III)-Salzen bildet sich ein tiefblauer, schwer löslicher Niederschlag, das **Berliner Blau**.

Rotes B. (Kalium-hexacyanoferrat(III)), $K_3[Fe(CN)_6]$: es ist im Gegensatz zum gelben Blutlaugensalz giftig. Bei Zugabe von Eisen(II)-Salzen entsteht auch hier ein tiefblauer Niederschlag, das **Turnbulls Blau,** das sich als identisch mit dem Berliner Blau erwiesen hat. Beide haben die Zusammensetzung $KFe^{II}[Fe^{III}(CN)_6]$.

Bodenkörper: der ungelöste Teil eines Feststoffes nach Erreichen des Sättigungsgrades der überstehenden Lösung.

bohrsches Atommodell: ↑Atommodell.

Bohrium [nach NIELS BOHR; *1885, †1962]: chemisches Element der VII. Nebengruppe, Zeichen Bh, OZ 107, Massenzahl des langlebigsten Isotops 262; Metall der sog. Transactinoide.

bohrsche Postulate: ↑Atommodell.

Boltzmann-Konstante [nach LUDWIG BOLTZMANN; *1844, †1906], Formelzeichen k: Naturkonstante (↑Zustandsgleichungen) mit dem Wert

$$k = 1{,}38066 \cdot 10^{-23}\,\text{J/K}.$$

Bor [zu pers. burah »borsaures Natron«]: chemisches Element der III. Hauptgruppe, Zeichen B, OZ 5, relative Atommasse 10,81, Mischelement.

Physikalische Eigenschaften: schwarzgraues, kristallines Nichtmetall; nach ↑Diamant das härteste Element. Seine Leitfähigkeit ist gering, nimmt aber mit steigender Temperatur rasch zu (Halbleiter). Dichte 2,34 g/cm³, Fp. 2075 °C, Sp. 2550 °C.

Chemische Eigenschaften: äußerst reaktionsträge, Umsetzung mit anderen Elementen nur bei sehr hohen Temperaturen; starkes Reduktionsmittel.

Gewinnung: elektrolytisch oder durch Reduktion von Bortrichlorid mit Wasserstoff.

Verwendung: u. a. als Legierungsbestandteil, als Neutronenabsorber in der Kerntechnik und als Schleifmittel.

Verbindungen: Borsäure, H_3BO_3, ist ein Mineral, ebenso wie ↑Borax. Ihre Salze, die Borate (allgemeine Formel $H_{n-2}B_nO_{2n-1}$), bilden mit Wasserstoffperoxid Perborate, die z.B. in Waschmitteln verwendet werden. Ester der Borsäure, z. B. der Trimethylester, $B(OCH_3)_3$, verbrennen mit charakteristisch grüner Flamme.

Bor-Aluminium-Gruppe: die Elemente der III. Hauptgruppe im ↑Periodensystem der Elemente.

Borax, $Na_2B_4O_7 \cdot 10\,H_2O$: ein natürlich vorkommendes Natriumborat. In der Technik dient B. zur Herstellung von hitzebeständigen Gläsern, von Email und Glasuren für Steinzeug und Porzellan. In der Analytik verwendet man B. zum Nachweis verschiedener Schwermetalle mithilfe der **Boraxperle**. Hierzu schmilzt man etwas B., auf das nach dem Erstarren zu einer farblosen Perle die Probe aufgebracht wird. Beim Schmelzen des Gemischs kann sich eine charakteristische Färbung ergeben, die durch Schwermetallborate hervorgerufen wird, z. B.:

$Na_2B_4O_7 + CoO \rightarrow$
$2 NaBO_2 + Co(BO_2)_2.$
blau

Borazon: ↑Nitride.

Born-Haber-Kreisprozess (Haber-Born-Kreisprozess): ein von MAX BORN (*1882, †1970) und FRITZ HABER (*1868, †1934) aufgestelltes Schema, das thermodynamische Größen so kombiniert, dass damit die ↑Gitterenergie von Ionenkristallen bestimmt werden kann. Da die Reaktionsenergien gemäß dem ↑hessschen Satz unabhängig vom Reaktionsweg sind, kann die molare Bildungsenergie $\Delta_B U$ aus verschiedenen anderen Größen zusammengesetzt werden. Im Falle des Natriumchlorids sind dies: die Sublimationsenergie des Natriums, die Ionisierungsenergie von Natrium, die Dissoziationsenergie des Chlormoleküls Cl_2, die Elektronenaffinität des Chloratoms Cl.

Bornitrid: ↑Nitride.

Borsäure: ↑Bor.

Bortrifluorid: ↑Fluoride.

Boudouard-Gleichgewicht [budu'aːr-; nach OCTAVE LÉOPOLD BOUDOUARD; *1872, †1923]: druck- und temperaturabhängiges Gleichgewicht, das sich zwischen Kohlenstoff (C), Kohlenstoffdioxid (CO_2) und Kohlenstoffmonoxid (CO) einstellt:
$CO_2 + C \rightarrow 2 CO$; $\Delta H = 172$ kJ/mol.
Das Gleichgewicht verschiebt sich mit steigender Temperatur und fallendem Druck nach rechts (Tab.). Bedeutung hat es bei der Erzeugung von ↑Generatorgas.

boyle-mariottesches Gesetz [bɔɪlmar'jɔt]: von ROBERT BOYLE (*1627, †1691) und EDME MARIOTTE (*1620, †1684) für ideale Gase gefundene Beziehung: Bei konstanter Temperatur T ist das Produkt aus dem Druck p und dem Volumen V konstant (↑Zustandsgleichungen).

Br: Zeichen für ↑Brom.

Brandbekämpfung: Löschen und Verhindern der Ausbreitung von Bränden durch die folgenden Maßnahmen:
- Entfernen aller brennbaren Gegenstände aus dem Bereich des Brandes;
- Abkühlen des brennenden Materials unter die Entzündungstemperatur, z. B. mit Wasser;
- Entzug von Sauerstoff, z. B. mit einer Löschdecke.

Bei kleineren Bränden werden **Feuerlöscher** eingesetzt. Es gibt verschiedene Typen:
- Bei einem Nasslöscher wird Wasser unter Druck aus dem Behälter herausgepresst.
- Trocken- oder Pulverlöscher enthalten Natriumhydrogencarbonat als Löschmittel. Die Staubpartikel fangen die den Brand unterhaltenden ↑Radikale ab.
- Kohlenstoffdioxid-Löscher enthalten flüssiges CO_2 unter Druck, das sich beim Entspannen abkühlt und sich als Schicht von Kohlensäureschnee ausbreitet. Dadurch wird einerseits das brennende Material abgekühlt, andererseits auch die Sauerstoffzufuhr eingeschränkt.
- Die mithilfe von Schaumlöschern erzeugte Schaumschicht (meist auf der Basis von Eiweißen und fluorhaltigen ↑Tensiden) kühlt den Brandherd

Temperatur in °C	450	600	700	800	900	1 000
Anteil CO_2 in %	98	77	42,3	6	2,8	0,7
Anteil CO in %	2	23	57,7	94	97,2	99,3

Boudouard-Gleichgewicht: Mengenverhältnis zwischen CO_2 und CO in Abhängigkeit von der Temperatur bei einem Druck von 10^5 Pa

ab und hemmt gleichzeitig den Sauerstoffzutritt.
Branntkalk: ↑Kalk.
Braunkohle: ↑Kohle.
Braunstein: Trivialname für Mangandioxid, MnO_2 (↑Mangan).
Brennen: Bezeichnung für folgende Vorgänge:
♦ ↑Verbrennung;
♦ ↑Calcinieren;
♦ Herstellung von Branntwein durch ↑Destillation einer gegorenen alkoholhaltigen Flüssigkeit.
Brenner: chemisches Laborgerät zum Erhitzen in offener Flamme (daher nur für Substanzen geeignet, die nicht feuergefährlich sind). Es gibt für B. eine Vielzahl von Bauarten, beispielsweise den **Bunsen-Brenner** und den **Teclu-Brenner**. In den meisten wird ein Erdgas-Luft-Gemisch verbrannt. Solche B. sind in Form eines Rohres konstruiert, an dessen unterem Ende man über ein regelbares Ventil das Gas einströmen lässt. Von der Seite tritt, durch eine Regulierungsplatte oder durch bewegliche Schlitze geregelt, Luft ein und strömt im Gemisch mit dem Gas nach oben.
Am oberen Ende verbrennt das Gemisch (Abb.). Um zu verhindern, dass die Flamme beim Ausstellen zurückschlägt, ist an der Mündung ein Drahtgeflecht eingebaut. Eine Sparflamme mit separater Gaszuleitung brennt auch bei niedrigst eingestellter Gaszufuhr weiter. Je nach eingestelltem Mischungsverhältnis erhält man verschiedene ↑Flammen.
Brennpunkt: ↑Entzündungstemperatur.
Brenn|spiritus: ↑Spiritus.
Brennstoffe: feste, flüssige oder gasförmige Stoffe, die zur Gewinnung von Wärmeenergie verbrannt werden. Zu den B. zählen z.B. Holz, Torf sowie Braun- und Steinkohle, Erdöl und Erdgas.
Brennstoffe, deren chemische Energie unmittelbar in mechanische Arbeit umgewandelt wird, werden als Kraft- oder Treibstoffe bezeichnet.
Brennstoffentschwefelung: das Entfernen von Schwefelverbindungen aus fossilen Brennstoffen, z.B. von Schwefelwasserstoff aus Erdgas durch den ↑Claus-Prozess.
Brennstoffzelle: ↑Energiespeicher.
Brennwert: ↑Verbrennungswärme.
Brenzcatechin: ↑Phenole.
Brenztraubensäure: ↑Oxosäuren.
Britanniametall: ↑Legierungen.
Brom [von griech. brōmos »Gestank«]: chemisches Element der VII. Hauptgruppe, Zeichen Br, OZ 35, relative Atommasse 79,90, Mischelement.
Physikalische Eigenschaften: braune, giftige Flüssigkeit (Dichte 3,12 g/cm^3), deren rotbraune Dämpfe beißend riechen; Fp. –7,2 °C, Sp. 58,78 °C.

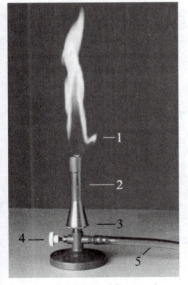

Brenner: 1 Sparflamme, 2 Brennerrohr, 3 drehbare Luftregulierungsplatte, 4 Schraube zur Einstellung der Gaszufuhr, 5 Gasschlauch

Chemische Eigenschaften: reagiert als Halogen, aber weniger reaktiv als Chlor. In Verbindungen treten die Oxidationsstufen $-1, +1, +3, +5$ und $+7$ auf.
Gewinnung: aus Meerwassersolen; das B. wird durch Einleiten von Chlor aus den gelösten Bromiden freigesetzt:

$$MgBr_2 + Cl_2 \rightarrow MgCl_2 + Br_2.$$

Verwendung: zur Herstellung vieler organischer Bromverbindungen, die z. B. als Flammschutzmittel oder Farbstoffe verwendet werden, sowie zur Herstellung von Silberbromid für die ↑Fotografie.

Bromaceton, $CH_3–CO–CH_2Br$: flüchtige, stechend riechende Flüssigkeit, deren Dämpfe Haut und Augen stark reizen. Verwendung als *Tränengas.*

Bromate: Salze der nur in wässriger Lösung beständigen **Bromsäure,** $HBrO_3$, z. B. Kaliumbromat, $KBrO_3$. Das Brom liegt hier in der Oxidationsstufe $+5$ vor.

Bromatometrie: ↑Oxidimetrie.

Bromide: Verbindungen, in denen Brom in der Oxidationsstufe -1 auftritt. Das sind zum einen die Salze der Bromwasserstoffsäure, HBr, z.B. Natriumbromid, NaBr, zum anderen organische Bromverbindungen, z.B. Alkylbromide, die korrekt aber als Bromalkane zu bezeichnen sind.

Bromierung: Einführung von Brom in eine organische Verbindung durch Addition oder Substitution.

Bromonium-Ion: ↑Addition.

Bromsäure: ↑Bromate.

Bromthymolblau: ein Triphenylmethan-Farbstoff, der als pH-Indikator verwendet wird; Umschlagsbereich: pH 6,0 bis 7,6 von gelb nach blau.

Bromwasser: etwa 3,5%ige wässrige Lösung von Brom, die als Oxidationsmittel eingesetzt wird.

Bromwasserstoff, HBr: farbloses, stechend riechendes Gas. Seine wässrige Lösung ist eine starke Säure und wird als Bromwasserstoffsäure bezeichnet; ihre Salze sind die ↑Bromide.

Brønsted-Säure-Base-Theorie ['brœnsdeð-]: ↑Säuren und Basen.

Bronze ['brɔ̃ːse]: ↑Legierungen.

brownsche Bewegung [braʊn-]: die völlig regellose Bewegung sehr kleiner bis mikroskopischer Teilchen, die in Gasen oder Flüssigkeiten suspendiert sind, etwa Rauchpartikel in der Luft. Diese Bewegung wurde erstmals von R. BROWN beschrieben. Sie kommt durch Stöße zustande, welche die Teilchen durch die Gas- bzw. Flüssigkeitsmoleküle erfahren. Infolge der b. B. verteilen sich die Teilchen nach einiger Zeit über das gesamte Volumen, und zwar derart, dass die Teilchendichte mit der Höhe über dem Gefäßboden stetig abnimmt.

Bruttoformeln: ↑chemische Formeln.

BSB: ↑Abwasserreinigung.

Büchner-Trichter: ↑Filter.

Buna®: Handelsbezeichnung für einige Synthesekautschuk-Arten, die vorwiegend ↑Butadien als Baustein enthalten. Der Name setzt sich aus **Bu**tadien und **Na**trium zusammen, da Letzteres ursprünglich als Katalysator für die Polymerisation des Butadiens diente.

Bunsen-Brenner [nach R. W. BUNSEN]: ↑Brenner.

Bürette: ein mit geeichter Skala versehenes, am unteren Ende durch einen Hahn verschlossenes Glasrohr, das zum Messen kleiner Flüssigkeitsmengen dient (Abb. ↑Titration). Büretten werden v. a. in der Maßanalyse verwendet. Ein besseres Ablesen ist bei B. mit ↑Schellbach-Streifen möglich.

Butadien, $CH_2=CH–CH=CH_2$: das einfachste konjugierte ↑Dien. Es ist eine farbloses, leicht zu verflüssigendes Gas (Sp. $-4,4\ °C$). B. ist aufgrund seiner ↑konjugierten Doppelbindungen sehr reaktionsfähig; es polymerisiert z. B. sehr leicht und geht zahlreiche

Additionsreaktionen ein. Früher wurde B. aus Ethin hergestellt. Heute wird es aus dem aus Erdgas oder Erdöl erzeugten Flüssiggas durch katalytische Dehydrierung von Butan (Abb.) oder Buten oder durch Isolieren aus den beim ↑Cracken der höher siedenden Erdölfraktionen anfallenden Crackgasen gewonnen.

$$CH_3-CH_2-CH_2-CH_3 \xrightarrow[-2H_2]{[Al_2O_3]}$$
$$CH_2=CH-CH=CH_2$$

Butadien: Dehydrierung von Butan

In der Technik ist die ↑Polymerisation von B. und seinen Derivaten von großer Bedeutung bei der Herstellung von Synthesekautschuk.
Butan: ↑Alkane.
Butanal: ↑Aldehyde.
Butan|disäure: ↑Dicarbonsäuren.
Butanole: ↑Alkohole.
Butanon: ↑Ketone.
Butansäure: ↑Carbonsäuren.
Butene: ↑Alkene.
Buttersäure: ↑Carbonsäuren.
Butyl-: Bezeichnung für den vom Butan abgeleiteten Rest $-C_4H_9$.
Butyr|aldehyd: ↑Aldehyde.

C [Abk. von lat. carbo »Kohle«]: Zeichen für ↑Kohlenstoff.
Ca: Zeichen für ↑Calcium.
Cadmium [zu griech. kadmia »Zinkerz«]: chemisches Element der II. Nebengruppe, Zeichen Cd, OZ 48, relative Atommasse 112,41, Mischelement.
Physikalische Eigenschaften: silberweißes, weiches Metall, Fp. 321,7 °C, Sp. 767 °C, Dichte 8,65 g/cm³.
Chemische Eigenschaften: Beim Erhitzen verbrennt C. mit roter Flamme zu Cadmiumoxid; in seinen Verbindungen tritt es stets zweiwertig auf. Cadmiumdampf und Cadmiumverbindungen sind für Menschen, Tiere und Pflanzen sehr giftig.
Darstellung: aus cadmiumhaltigen Zinkerzen durch Röstreduktion und anschließende Reindarstellung auf elektrolytischem Weg.
Verwendung: u.a. als Elektrodenmaterial im Nickel-Cadmium-Akkumulator (↑Energiespeicher), als Korrosionsschutz, als Legierungsbestandteil. Wegen seines großen Absorptionsquerschnittes für thermische Neutronen dient es zur Herstellung von Regelstäben für Kernreaktoren. Das bräunliche Cadmiumoxid CdO wird für Glasuren verwendet, das gelbe Cadmiumsulfid CdS dient als Farbpigment.
Caesium: ↑Cäsium.
Calcinieren (Brennen): aus einer festen Verbindung durch Erhitzen Wasser oder Kohlenstoffdioxid austreiben. Ein Beispiel ist die Herstellung calcinierter Soda (↑Natriumcarbonat, ↑Kalk).
Calcium [zu lat. calx, calcis »Kalkstein«, »Kalk«]: chemisches Element der II. Hauptgruppe, Zeichen Ca, OZ 20, relative Atommasse 40,08, Mischelement.
Physikalische Eigenschaften: silberweißes, weiches, glänzendes, an der Luft jedoch schnell anlaufendes Metall von guter elektrischer Leitfähigkeit, Dichte 1,55 g/cm³; Fp. 842 °C, Sp. 1484 °C.
Chemische Eigenschaften: Erdalkalimetall, verbrennt an der Luft zu Calciumoxid, CaO, und Calciumnitrid, Ca_3N_2 (rote ↑Flammenfärbung), mit Wasser wird unter Wasserstoffentwicklung $Ca(OH)_2$ gebildet. Beim Erhitzen mit Chlor, Brom oder Iod reagiert C. heftig.
Darstellung: durch Elektrolyse von geschmolzenem Calciumchlorid.
Verbindungen: wichtige Calciumverbindungen, die z. T. auch in der Natur vorkommen, sind ↑Gips, ↑Kalk und

$$\left[R-\overset{H}{\underset{\underset{|\underline{O}|}{\|}}{C}} \longleftrightarrow R-\overset{H}{\underset{\underset{|\underline{O}|^{-}}{|}}{C^{+}}} \right] \xrightleftharpoons{+ |\overline{O}H^{-}} R-\overset{H}{\underset{\underset{|\underline{O}|^{-}}{|}}{C}}-H \xrightarrow{\overset{|\overline{O}\,\backslash\,H}{|} + \overset{O\backslash^{\delta-}}{\underset{H}{C^{\delta+}-R}}}$$

$$R-\overset{|\overline{O}\curvearrowright H}{\underset{\underset{|\underline{O}|}{\|}}{C}} + H-\overset{|\overline{O}|^{-}}{\underset{\underset{H}{|}}{C}}-R \longrightarrow R-\overset{/\overline{O}/^{-}}{\underset{\underset{|\underline{O}|}{\|}}{C}} + H-\overset{|\overline{O}-H}{\underset{\underset{H}{|}}{C}}-R \quad \begin{array}{l} \text{Cannizzaro-} \\ \text{Reaktion:} \\ \text{Reaktions-} \\ \text{mechanismus} \end{array}$$

Calciumphosphat, $Ca_3(PO_4)_2$. **Hydroxylapatit**, $Ca_5[(OH)(PO_4)_3]$, ist der anorganische Bestandteil der Knochen und der Zähne.
Verwendung: in geringen Mengen als Legierungsbestandteil; als Gettermetall sowie als starkes Reduktionsmittel in der Metallurgie.
Calciumcarbid: ↑Carbide.
Calciumcarbonat: ↑Kalk.
Calciumcyan|amid: ↑Kalkstickstoff.
Calciumhydrogencarbonat: ↑Wasserhärte.
Calciumhydroxid: ↑Calcium, ↑Kalk.
Calcium|oxalat: ↑Oxalate.
Calcium|oxid: ↑Calcium, ↑Kalk.
Calciumsulfat: ↑Gips.
Californium [nach dem amerik. Bundesstaat California]: chemisches Element der ↑Actinoide, Zeichen Cf, OZ 98, Massenzahl des langlebigsten Isotops 251; künstlich hergestelltes Metall der Transurane.
Campher [zu arab. káfūr, mlat. camphora »Kampferbaum«]: zu den ↑Terpenen gehörendes Keton; bildet durchsichtige Kristalle mit charakteristischem Geruch. C. wird durch Wasserdampfdestillation aus dem Holz des Kampherbaumes gewonnen oder synthetisch hergestellt. Er wird in der Medizin als Anregungsmittel für Herz und Atmung verwendet und in der Technik u. a. als Weichmacher.
Cannizzaro-Reaktion: von S. CANNIZZARO entdeckte ↑Disproportionierung von ↑Aldehyden in Gegenwart von Hydroxid-Ionen. Die C.-R. tritt nur bei Aldehyden auf, die kein zur Carbonylgruppe α-ständiges Wasserstoffatom haben, sonst tritt unter diesen Bedingungen Aldoladdition ein. Aus zwei Molen Aldehyd entstehen bei der C.-R. ein Mol Alkohol und ein Mol Carbonsäure:

$2\ R-CHO\ +\ NaOH\ \rightarrow$
$\quad R-CH_2-OH\ +\ R-COO-Na^+$.

Man nimmt an, dass das Hydroxid-Ion die Carbonylgruppe nukleophil angreift und dann ein Hydrid-Ion zur Carbonylgruppe eines zweiten Aldehyds wandert, wobei Carbonsäure und Alkoholat-Ion entstehen. Letzteres nimmt von der Carbonsäure ein Proton auf, da es stärker basisch ist als das entstehende Carboxylat-Ion (Abb.).
Caprolactam: ↑Beckmann-Umlagerung, ↑Lactame.
Caprylsäure: ↑Carbonsäuren (Tab.).
Carb|anionen: organische Anionen mit einem dreibindigen Kohlenstoffatom, das ein freies Elektronenpaar und somit eine negative Ladung trägt (Abb. 1). Carbanionen treten häufig als kurzlebige Zwischenprodukte in organi-

$$H_3C-\overset{CH_3}{\underset{\underset{CH_3}{|}}{C}}|^{-}$$

Carbanionen (Abb. 1): Beispiel

schen Reaktionen auf. Stabiler sind C., die Elektronen ziehende Gruppen tragen oder durch ↑Mesomerie stabilisiert werden (Abb. 2).

$$\left[R-\overset{..}{C}H-\underset{|\underline{O}|}{\overset{||}{C}}-R' \longleftrightarrow R-CH=\underset{|\underline{O}|^-}{C}-R' \right]$$

Carbanionen (Abb. 2): mesomeriestabilisiertes Carbanion

Carbene: Moleküle der allgemeinen Formel R–$\overline{C}$–R, die ein zweibindiges Kohlenstoffatom mit einem freien Elektronenpaar enthalten. Da der Kohlenstoff hier nur ein Elektronensextett hat, sind die Teilchen äußerst reaktiv und treten meist als kurzlebige, nicht isolierbare Zwischenprodukte auf.

Carbenium-Ionen: organische Kationen mit einem dreibindigen Kohlenstoffatom, das eine positive Ladung trägt (Abb. 1).

$$H-\underset{H}{\overset{H}{\underset{|}{C}}}-\overset{+}{\underset{H}{\underset{|}{C}}}-H$$

Carbenium-Ionen (Abb. 1): Beispiel

C.-I. entstehen als sehr reaktionsfähige und meist kurzlebige Zwischenprodukte bei zahlreichen organischen Reaktionen, z. B. der ↑Eliminierung. Die Stabilität nimmt von den primären über die sekundären zu den tertiären C.-I. zu (Abb. 2), da die Alkylgruppen einen +I-Effekt (↑induktiver Effekt) ausüben.

Carbide: Verbindungen des Kohlenstoffs mit elektropositiven Elementen,

$$H-\underset{H}{\overset{R}{\underset{|}{\overset{|}{C}^+}}} \qquad R-\underset{H}{\overset{R}{\underset{|}{\overset{|}{C}^+}}} \qquad R-\underset{R}{\overset{R}{\underset{|}{\overset{|}{C}^+}}}$$

zunehmende Stabilität →

Carbenium-Ionen (Abb. 2): Stabilisierung durch den +I-Effekt der Alkylgruppen

v. a. Metallen. Aufgrund der Bindungsverhältnisse unterscheidet man salzartige, kovalente und metallische C.

Salzartige C. bilden ein Ionengitter aus positiven Metall-Ionen und Kohlenstoff-Anionen, und zwar entweder C^{4-}-Ionen oder die vom ↑Ethin abgeleiteten C_2^{2-}-Ionen (Beispiel: **Calciumcarbid**, CaC_2). Mit Wasser reagieren sie unter Freisetzung von Methan bzw. Acetylen.

Kovalente C. sind chemisch inert und meist sehr hart. Beispiele sind die C. des Siliciums SiC oder des Bors B_4C.

Metallische C. bilden sich v. a. mit Übergangsmetallen, die einen relativ großen Atomradius haben. Dabei werden die vergleichsweise kleinen Kohlenstoffatome in das Metallgitter eingelagert.

Carbonate: Salze der ↑Kohlensäure, H_2CO_3, bei denen beide Wasserstoffatome durch Metallatome ersetzt sind. Bei Hydrogencarbonaten ist nur ein Wasserstoffatom durch ein Metallatom ersetzt. Wichtige C. sind u. a. ↑Natriumcarbonat und ↑Kaliumcarbonat. Beim Erhitzen zerfallen die C. in Metalloxid und Kohlenstoffdioxid, z. B.:

$$CuCO_3 \rightarrow CuO + CO_2.$$

Von nahezu allen Säuren werden C. unter Kohlenstoffdioxidentwicklung zersetzt, z. B.:

$$Na_2CO_3 + 2\,H^+ + 2\,Cl^- \rightarrow$$
$$2\,Na^+ + 2\,Cl^- + H_2O + CO_2.$$

Carbonfasern: Fasern aus Kohlenstoff. Sie entstehen durch Behandeln organischer Fasern bei großer Hitze, wobei sich Graphitstrukturen ausbilden.

C. werden hauptsächlich für Verbundwerkstoffe eingesetzt, die sich durch mechanische Belastbarkeit und große Hitzebeständigkeit auszeichnen.

Carbonsäuren: organische Verbindungen, die eine oder mehrere

Carbonsäuren

↑Carboxylgruppen enthalten. Dementsprechend unterscheidet man zwischen Monocarbonsäuren (Tab.1), ↑Dicarbonsäuren usw. Die Säurewirkung der Carboxylgruppe, d. h. die Fähigkeit, ein Proton abzuspalten, wird durch Elektronendelokalisierung (↑Mesomerie) im Anion der C., dem **Carboxylat-Ion**, begünstigt (Abb. 1).

Die Carboxylgruppe kann an einen Alkyl-, Cycloalkyl- oder Arylrest gebunden sein. Die Benennung der C. erfolgt, indem an den Namen des zugrunde liegenden Kohlenwasserstoffs die Endung -säure angehängt wird. Bei cyclischen C. wird das Kohlenstoffatom der Carboxylgruppe nicht zur Stammsubstanz gerechnet; an den Namen der Stammsubstanz wird dann die Endung -carbonsäure angehängt. Die Anionen erhalten die Endung -at. Viele C. kommen in freier Form oder als Ester oder Salze in pflanzlichen und tierischen Organismen vor. Einige höhere C. (v. a. Palmitin-, Stearin-, Öl-, Linol- und Li-

Carbonsäuren (Abb. 1): Carboxylat-Ion

systematischer Name	Trivialname	vereinfachte Strukturformel	Fp. in °C	Sp. in °C
Methansäure	Ameisensäure	H–COOH	8	100
Ethansäure	Essigsäure	CH_3–COOH	17	118
Propansäure	Propionsäure	CH_3–CH_2–COOH	–20	141
Butansäure	Buttersäure	CH_3–CH_2–CH_2–COOH	–5	166
Pentansäure	Valeriansäure	CH_3–$(CH_2)_3$–COOH	–35	187
Hexansäure	Capronsäure	CH_3–$(CH_2)_4$–COOH	–4	205
Octansäure	Caprylsäure	CH_3–$(CH_2)_6$–COOH	17	239
Hexadecansäure	Palmitinsäure	CH_3–$(CH_2)_{14}$–COOH	64	–
Octadecansäure	Stearinsäure	CH_3–$(CH_2)_{16}$–COOH	69	–
Propensäure	Acrylsäure	CH_2=CH–COOH	12	142
9-Octadecensäure	Ölsäure	CH_3–$(CH_2)_7$–CH=CH–$(CH_2)_7$–COOH	14	–
9,12-Octadecadiensäure	Linolsäure	$C_{17}H_{31}$–COOH	–5	–
9,12,15-Octadecatriensäure	Linolensäure	$C_{17}H_{29}$–COOH	–11	–
Benzolcarbonsäure	Benzoesäure	⌬–COOH	122	249

Carbonsäuren (Tab.1): Übersicht über die Monocarbonsäuren

nolensäure) sind Bestandteile der ↑Fette und fetten ↑Öle; nach ihnen werden die aliphatischen Monocarbonsäuren auch *Fettsäuren* genannt.

Die niederen aliphatischen C. mit bis zu 3 Kohlenstoffatomen sind stechend riechende, wasserlösliche Flüssigkeiten. Mit steigender Zahl von Kohlenstoffatomen sinkt die Wasserlöslichkeit. C. mit 4 bis 9 Kohlenstoffatomen haben einen unangenehmen Geruch. C. mit mehr als 10 Kohlenstoffatomen sind geruchlose, wachsartige Feststoffe. Aliphatische Dicarbonsäuren und aromatische C. sind ebenfalls fest.

Die C. haben im Vergleich zu Alkanen mit der gleichen Anzahl Kohlenstoffatome einen relativ hohen Schmelzpunkt. Grund dafür sind die Wasserstoffbrücken, die sich zwischen je zwei Carbonsäuremolekülen ausbilden (Abb. 2), was die Flüchtigkeit herabsetzt.

Carbonsäuren (Abb. 2): Wasserstoffbrücken

C. sind i. A. schwache Säuren. Durch Elektronen ziehende Substituenten (z. B. –Cl, –Br) in Nachbarschaft zur COOH-Gruppe nimmt die Säurestärke zu (↑induktiver Effekt), s. Tab. 2.

Säure	pK_S-Wert
BrCH$_2$–COOH	2,87
ClCH$_2$–COOH	2,81
Cl$_2$CH–COOH	1,29
Cl$_3$C–COOH	0,83
CH$_3$–COOH	4,75
(CH$_3$)$_2$CH–CH$_2$–COOH	4,06

Carbonsäuren (Tab. 2): Säurestärken substituierter Carbonsäuren

Das chemische Verhalten der C. ist durch die Carboxylgruppe bestimmt. Wichtige Reaktionen sind:

■ Salzbildung mit stark elektropositiven Metallen unter Wasserstoffentwicklung:

$$2\,CH_3\text{–}COOH + Zn \longrightarrow \underset{\text{Zinkacetat}}{Zn(CH_3COOH)_2} + H_2 \uparrow$$

■ Bildung von Säurederivaten durch Ersatz der OH-Gruppe:
Durch Umsetzung mit Phosphorpentachlorid (PCl$_5$) erhält man Säurechloride R–CO–Cl.
Durch Wasserentzug entstehen die ↑Säureanhydride, R–CO–O–CO–R.
Mit Alkoholen, R'–OH, entstehen die ↑Ester, R–CO–OR'.
Mit Ammoniak oder Aminen werden die ↑Amide R–CO–NH$_2$, R–CO–NHR' oder RCO–NR'$_2$ gebildet; die Synthese erfolgt jedoch meist auf dem Umweg über die Säurechloride.

■ Reduktion der C. zu primären Alkoholen mit starken Reduktionsmitteln, z. B. Lithiumalanat:

$$R\text{–}C\underset{OH}{\overset{O}{\diagup\!\!\diagdown}} \xrightarrow[\substack{2.\,H_2O;\\ -\,LiOH;\\ -\,Al(OH)_3}]{1.\,Li[AlH_4]} R\text{–}CH_2\text{–}OH$$

■ Eine Sonderstellung im Reaktionsverhalten nimmt die Ameisensäure (Methansäure) ein, da sie auch eine Aldehydgruppe (–CHO) enthält und deshalb reduzierend wirkt.

C. können allgemein entsprechend den folgenden Reaktionen hergestellt werden:

■ Oxidation von primären Alkoholen oder von Aldehyden:

$$R\text{–}CH_2\text{–}OH \xrightarrow[\substack{-\,MnO_2;\\ -\,H_2O}]{MnO_4^-} R\text{–}C\underset{OH}{\overset{O}{\diagup\!\!\diagdown}}$$

Carbonylgruppe

- Hydrolyse von Nitrilen:

$$\underset{\text{Nitril}}{R-C\equiv N} \xrightarrow[-NH_3]{+2H_2O} \underset{\text{Carbonsäure}}{CH_3-COOH}$$

- Oxidation von Kohlenwasserstoffen, z. B. die technisch wichtige Oxidation von Toluol zu Benzoesäure mit Luft unter Verwendung eines Cobalt- oder Mangankatalysators:

CH$_3$—C$_6$H$_5$ $\xrightarrow{O_2 \text{ (Luft)}, \text{ Kat.}}$ COOH—C$_6$H$_5$

- Umsetzung von Grignard-Reagenzien (magnesiumorganische Verbindungen, ↑Magnesium) mit Kohlenstoffdioxid;
- ↑Carbonylierung von Alkenen oder Alkoholen.

Für zahlreiche C. wurden besondere Herstellungsverfahren entwickelt. Ameisensäure z. B. wird technisch aus Kohlenstoffmonoxid, CO, und Natronlauge und anschließende Zersetzung des gebildeten Natriumformiats mit Schwefelsäure hergestellt. Höhermolekulare C. werden durch Verseifen von Fetten und Ölen oder durch direkte Oxidation von hochmolekularen Alkanen gewonnen.
Die technisch wichtigste C. ist die ↑Essigsäure. Spezielle C. sind z. B. ↑Aminosäuren, ↑Hydroxysäuren und ↑Oxosäuren, die jeweils noch eine weitere funktionelle Gruppe tragen.

Carbonylgruppe: Bezeichnung für die Gruppe CO
- als *Ligand* in ↑Komplexverbindungen (Kohlenstoffmonoxidmolekül);
- als ↑funktionelle Gruppe $\diagup\!\!\!\!C=O$, die charakteristisch für ↑Aldehyde und ↑Ketone ist. Deren große Reaktivität beruht auf der leichten Polarisierbarkeit der π-Elektronen der Doppelbindung, wodurch der Sauerstoff elektronenreicher, der Kohlenstoff dagegen elektronenärmer wird. Entsprechend ist die nukleophile ↑Addition für Aldehyde und Ketone charakteristisch.

Carbonylierung: Einführung der ↑Carbonylgruppe in organische Verbindungen durch Reaktion mit Kohlenstoffmonoxid in Gegenwart von Metallcarbonylen (z. B. Nickeltetracarbonyl) als Katalysator und protonenaktiven Substanzen z. B. die C. von Ethen zu Propansäure:

$$CH_2=CH_2 + CO + H_2O \rightarrow CH_3-CH_2-COOH.$$

Carboxy-: Bezeichnung für den Rest –COOH als Präfix (↑funktionelle Gruppen).
Carboxylat-Ion: ↑Carbonsäuren.
Carboxylgruppe: Bezeichnung für die Gruppe –COOH (↑Carbonsäuren).
Carnot-Kreisprozess [kar'no:; nach N. L. S. CARNOT]: ein reversibler Kreisprozess einer idealisierten Wärmekraftmaschine, der das theoretische Optimum für den Wirkungsgrad aller Wärmekraftmaschinen darstellt.
Der C.-K. besteht aus zwei ↑isothermen und zwei adiabatischen (d. h. ohne Wärmeaustausch mit der Umgebung ablaufenden) Teilschritten. Diese hypothetische Maschine arbeitet mit einem ↑idealen Gas, das wechselweise mit einem Wärmespeicher (Reservoir) der Temperatur T_1 und einem Reservoir der Temperatur T_2 (mit $T_1 > T_2$) in Kontakt gebracht werden kann. Es treten keine Reibungs- oder Wärmeverluste auf.
Wie in der Abb. gezeigt, sind die vier reversibel ablaufenden Schritte:
- isotherme Expansion ($1 \rightarrow 2$)
- adiabatische Expansion ($2 \rightarrow 3$)
- isotherme Kompression ($3 \rightarrow 4$)
- adiabatische Kompression ($4 \rightarrow 1$).

Beim C.-K. kann nicht die gesamte vom Wärmespeicher der Temperatur T_1 aufgenommene Wärmeenergie in Ar-

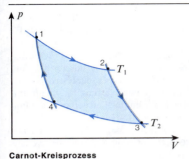

Carnot-Kreisprozess

beit umgewandelt werden, da ein Anteil Wärmeenergie an den Wärmespeicher der Temperatur T_2 abgegeben werden muss, um einen Umlauf zu vollenden. Man findet, dass der Anteil der abgegebenen Wärmeenergie umso geringer ist, je kleiner die Temperatur T_2 ist. Insgesamt erhält man für das Verhältnis zwischen geleisteter Arbeit und aufgenommener Wärmeenergie den ↑Wirkungsgrad:

$$\eta = \frac{T_1 - T_2}{T_1}.$$

Um einen hohen Wirkungsgrad zu erreichen, muss man also eine möglichst hohe Temperatur T_1 und eine möglichst niedrige Temperatur T_2 anstreben.
Die Tatsache, dass sich niemals Arbeit verrichten lässt, ohne gleichzeitig Wärme vom wärmeren in das kältere Reservoir zu bringen, entspricht der Aussage des 2. ↑Hauptsatzes der Thermodynamik.
Diese Überlegungen gelten in prinzipiell ähnlicher Form für jeden Kreisprozess bei Wärmekraftmaschinen (nur ist der Wirkungsgrad immer etwas kleiner als beim C.-K.). Stets muss ein Teil der Wärme abgegeben werden, um einen Umlauf zu vollenden. Wärmekraftmaschinen werden also nicht nur gekühlt, um Überhitzung zu vermeiden, sondern auch, um eine möglichst geringe Temperatur T_2 zu erreichen.
Das bekannteste Beispiel für einen Kreisprozess ist der Ablauf beim Ottomotor.

Carotin [zu lat. carota »Möhre«]: gelbroter, fettlöslicher Naturstoff, der in mehreren isomeren Formen (v.a. als β- (Abb.), daneben auch als α- und γ-Carotin) im Pflanzen- und Tierreich vorkommt. C. sind aus acht Isopreneinheiten aufgebaut (↑Isopren). Sie spielen eine wichtige Rolle als Provitamin des Vitamins A (↑Vitamine). In der tierischen Zelle wird β-Carotin durch geeignete Enzyme unter Wasseraufnahme aufgespalten in zwei Moleküle Vitamin A.

Carotinoide: umfangreiche, im Pflanzen- und Tierreich weit verbreitete Gruppe meist gelber bis roter Naturstoffe, die jedoch stets pflanzlicher Herkunft sind.
Der tierische und menschliche Organismus kann die C. nicht aufbauen, sondern nimmt sie mit der Nahrung auf. Die C., zu denen die ↑Carotine und ↑Xanthophyll zählen, sind hochungesättigte aliphatische oder alicyclische Verbindungen; sie sind meist aus acht Isopreneinheiten (C_5H_8) aufgebaut, und die vielen konjugierten Doppelbindungen sind als ↑Chromophor für den Farbeindruck verantwortlich.

Carotin: Strukturformel des β-Carotins

Casein [lat. caseus »Käse«]: Hauptbestandteil des Milcheiweißes. Casein ist ein Phosphoprotein, also ein ↑Protein mit einem kovalent gebundenen Phosphorsäurerest. Es liegt in der Milch als Calciumsalz in kolloidaler Form (↑Kolloid) vor. Bei der Käseherstellung wird das C. durch die Einwirkung von Säure oder Labferment zerstört, sodass es ausfällt.

Cäsium [zu lat. caesius »blaugrau«]: chemisches Element der I. Hauptgruppe, Zeichen Cs, OZ 55, relative Atommasse 132,91, Reinelement.
Physikalische Eigenschaften: silberweißes, weiches Metall; Fp. 28,4 °C, Sp. 671 °C, Dichte 1,87 g/cm^3.
Chemische Eigenschaften: analog dem ↑Kalium, jedoch wesentlich reaktionsfähiger. Es ist ein äußerst starkes Reduktionsmittel und reagiert beispielsweise mit Wasser explosionsartig zu Cäsiumhydroxid CsOH. Wegen seiner heftigen Reaktion mit Luft muss es unter Petroleum aufbewahrt werden.
Verwendung: Zur Herstellung von Fotozellen, als Gettermetall u.a.

Cäsiumchloridgitter: ↑Ionengitter.
Cd: Zeichen für ↑Cadmium.
Ce: Zeichen für ↑Cer.
Cellul_oid_ (Zelluloid) [zu lat. cellula »kleine Kammer«]: der älteste thermoplastische ↑Kunststoff. Es wird hergestellt durch Verkneten niedernitrierter Cellulose (Collodiumwolle, ↑Nitrocellulose) mit Weichmachern (überwiegend Campher) und einem Gleitmittel. C. erweicht bei ca. 80 °C; es ist leicht entzündlich und brennbar. Verwendet wird C. für Kämme, Brillengestelle, Tischtennisbälle usw., früher auch für Filme.

Cellul_ose_ (Zellulose): ein Polysaccharid (↑Kohlenhydrate), das aus β-D-Glucosemolekülen aufgebaut ist; diese sind durch 1,4-Verknüpfung zu fadenförmigen Makromolekülen verbunden (Summenformel $(C_6H_{10}O_5)_n$; Abb.).
C. ist Hauptbestandteil der pflanzlichen Zellmembran und damit die weitaus häufigste organische Verbindung. In den verschiedenen Pflanzen bzw. Pflanzenteilen ist sie zu unterschiedlichen Anteilen enthalten, so etwa in der **Baumwolle** zu 95–99 %, im Holz zu 40–44 %.
C. ist farb- und geruchlos und unlöslich in Wasser und organischen Lösungs-

Cellulose: Strukturformel (Ausschnitt)

mitteln. Durch Einwirken von Säuren wird sie hydrolytisch gespalten. In Alkalien quillt sie zu Alkalicellulose auf, die als Zwischenprodukt bei der Herstellung von ↑Celluloseethern und des löslichen Natriumcellulosexanthogenats bei der Gewinnung von ↑Viskose dient.
Löslich ist die C. nur in Lösungen, die voluminöse Kationen enthalten, wie z. B. bestimmte Metallkomplexe (z. B. ↑Schweizers Reagenz) oder quartäre Ammoniumsalze. Aus den Lösungen wird die C. durch Einpressen in geeignete Fällbäder in Form von Fasern oder Folien zurückgewonnen. Diese Regenerat- oder Hydratcellulose unterscheidet sich von der Ausgangscellulose durch einen geringeren Polymerisationsgrad und ein höheres Quellvermö-

gen. Mit konzentrierter Säure und bei hohen Temperaturen kann der Abbau bis zur Glucose gehen (**Holzverzuckerung**).

C. wird vorwiegend aus Holz und Stroh gewonnen und ist ein sehr bedeutender technischer Rohstoff. Sie kommt als ↑Zellstoff in den Handel und wird zu Papier und zahlreichen Cellulosederivaten wie ↑Celluloseester und ↑Celluloseether verarbeitet.

Cellulose|acetate: ↑Celluloseester.

Cellulose|ester: Cellulosederivate, die durch teilweise oder vollständige Veresterung der freien Hydroxylgruppen der ↑Cellulose gewonnen wurden. Sie sind leichter löslich als die Cellulose selbst. Wichtige Beispiele sind:

- **Celluloseacetate** (Cellulosetriacetat und »Cellulose-2½-acetat«), die v.a. zur Herstellung von ↑Acetatfasern verwendet werden;
- **Celluloseacetobutyrate**, die durch Veresterung mit Essigsäure und Buttersäure gewonnen werden und v.a. zur Herstellung von Spritzgussmassen verwendet werden;
- **Cellulosenitrate** (↑Nitrocellulose).

Cellulose|ether: Cellulosederivate, die durch teilweise oder vollständige Veretherung der freien Hydroxylgruppen der Cellulose (z. B. mit Alkylhalogeniden) gewonnen wurden. Dabei sind nur die niedrigveretherten Produkte wasserlöslich, hochveretherte dagegen lösen sich in unpolaren Lösungsmitteln.

Hochveretherte Ethylcellulose und Benzylcellulose werden als Lackrohstoffe und thermoplastische Kunststoffe verwendet, niedrigveretherte Methylcellulose und Carboxymethylcellulose dienen zur Herstellung von Klebstoffen und Emulgatoren sowie als Bindemittel.

Cellulose|nitrate: ↑Nitrocellulose.

Celsius-Skala [nach ANDERS CELSIUS; *1701, †1744]: eine Temperaturskala (↑Temperatur), bei der der Abstand zwischen dem Gefrierpunkt und dem Siedepunkt des ↑Wassers in 100 gleiche Teile (Celsius-Grade, °C) unterteilt ist.

Cer [nach dem Planetoiden Ceres]: chemisches Element der ↑Lanthanoide, Zeichen Ce, OZ 58, relative Atommasse 140,12, Mischelement.

Physikalische Eigenschaften: graues, weiches Metall, Dichte 6,77 g/cm³; Fp. 799 °C, Sp, 3424 °C.

Chemische Eigenschaften: In seinen Verbindungen tritt C. drei- und vierwertig auf. Cer(IV)-Salze sind starke Oxidationsmittel.

Verwendung: C. wird meist in Form eines Gemischs mit anderen Lanthanoiden verwendet, das etwa 45–52 % C. enthält (Cermischmetall). Dieses dient als Legierungsbestandteil für verschiedene Stahlsorten sowie für Nichteisenlegierungen. Aus Cermischmetall werden Zündsteine hergestellt, da es als feines Pulver pyrophor ist.

Cerimetrie: ↑Oxidimetrie.

Cetanzahl: eine Maßzahl für die Zündwilligkeit von Dieselkraftstoffen (↑Octanzahl).

Cf: Zeichen für ↑Californium.

Chalkogene: [zu griech. chalkós »Erz«, »Metall«, »Kupfer«, gennáo »erzeugen«] die VI. Hauptgruppe im ↑Periodensystem der Elemente. Sie enthält die Elemente Sauerstoff (O), Schwefel (S), Selen (Se) und Tellur (Te). Sauerstoff und Schwefel sind Nichtmetalle, Selen und Tellur Halbmetalle. Alle C. bilden Wasserstoffverbindungen und setzen sich leicht mit Metallen um.

Chelate: [zu griech. chēlē »Kralle«, »Krebsschere«] ↑Komplexchemie.

Chemie: die Wissenschaft von den Stoffen, ihrem Aufbau, ihren Eigenschaften und ihren Veränderungen.

Die C. befasst sich hauptsächlich mit den chemischen Elementen und Ver-

Chemiefasern

bindungen, deren Identifikation sowie deren Reaktionen und mit der Bestimmung, Steuerung, Deutung, Anwendung und den Mechanismen der Reaktionen.

Abstrakter formuliert befasst sich die C. mit den Ursachen und Wirkungen von Elektronenabgabe, -aufnahme und -verteilung zwischen Atomen und Molekülen und den damit zusammenhängenden energetischen Abläufen.

Das gesamte Gebiet der C. kann nach unterschiedlichen Kriterien eingeteilt werden. Man unterscheidet zunächst die klassischen Gebiete: die ↑anorganische Chemie, die ↑organische Chemie, die ↑physikalische Chemie und die technische Chemie. Letztere hat die Anwendung der gewonnenen Kenntnisse für die Entwicklung technischer Verfahren und Apparaturen zum Thema. Zur technischen C. gehören u.a. Polymerchemie, Textilchemie, Farbenchemie, Lebensmittelchemie und die Petrochemie, die sich mit der Verarbeitung von Erdöl beschäftigt.

Aus der organischen C. hat sich als selbstständiges Gebiet die ↑Biochemie entwickelt.

Nach einer anderen Klassifizierung lassen sich in der C. die ↑analytische Chemie und die ↑präparative Chemie unterscheiden.

Chemiefasern (Kunstfasern): Sammelbezeichnung für alle auf chemischem Wege erzeugten Fasern. Man unterscheidet die vollsynthetischen ↑Synthesefasern und Fasern auf Naturstoffbasis, z.B. Celluloseregenerate und ↑Celluloseester. C. lassen sich nach mehreren Verfahren herstellen:

Beim **Trockenspinnverfahren** werden die Makromoleküle in leicht verdampfbaren Lösungsmitteln wie Aceton oder Dimethylformamid gelöst und bei 0,5–1,5 MPa durch Spinndüsen gepresst; das rasch verdampfende Lösungsmittel wird abgesaugt und das Fadenkabel auf Spulen aufgerollt. Beim **Nassspinnverfahren** wird die Polymerlösung durch Düsen in ein Fällbad gepresst, wobei die Fäden durch Fällen (Koagulieren) im Spinnbad entstehen. Thermoplastische Polymerisate, z.B. Polyamide, werden im **Schmelzspinnverfahren** verarbeitet. Hierbei wird die Schmelze durch die Spinndüsen in einen 2–6 m langen Spinnschacht gepresst, in dem sich die Fasern unter Einblasen von Kühlgasen verfestigen. Durch anschließendes Verstrecken orientieren sich die Makromoleküle parallel zur Faserrichtung, wobei sich Nebenvalenzen ausbilden (z.B. Wasserstoffbrückenbindungen zwischen Carbonyl- und Aminogruppen).

C. besitzen gegenüber Naturfasern eine höhere Reiß- und Scheuerfestigkeit, sie sind knitterarm und vielfach auch wasser-, licht-, wetter- und chemikalienfest.

Chemi|lumineszenz: ↑Chemolumineszenz.

chemische Bindung: siehe S. 76.

chemische Elemente: Grundstoffe, die mit chemischen Methoden nicht in einfachere Stoffe zerlegen lassen. Die kleinsten Teilchen eines c. E. sind die ↑Atome. Ein c. E. ist dadurch gekennzeichnet, dass es ausschließlich Atome derselben ↑Ordnungszahl (Protonenzahl) enthält. So wird z.B. das c. E. Schwefel ausschließlich von Atomen der Ordnungszahl 16 gebildet.

Bis heute sind 116 Elemente bekannt. Mit wachsender Ordnungszahl ändern sich die Eigenschaften der Elemente periodisch (↑Periodensystem der Elemente).

Die meisten Elemente sind Gemische mehrerer ↑Isotope, d.h., die einzelnen Atome haben zwar die gleiche Protonenzahl, unterscheiden sich jedoch in ihrer Neutronenzahl und haben somit eine unterschiedliche Massenzahl. Solche Elemente werden **Mischelemente** genannt. Nur wenige Elemente sind isotopenrein. Sie werden Reinelemente genannt.

In der Natur kommen 93 Elemente vor (**natürliche Elemente**), und zwar die Elemente mit den Ordnungszahlen 1 bis 94 mit Ausnahme von Technetium mit der Ordnungszahl 43. (Allerdings bilden sich die Elemente Neptunium und Plutonium bei radioaktiven Prozessen nur als Zwischenglieder in sehr geringen Mengen.) Die übrigen Elemente sind **künstliche Elemente**. Die natürlichen Elemente treten auf der Erde mit unterschiedlicher Häufigkeit auf. Die Erdrinde, worunter die Lithosphäre (Gesteinshülle) bis 16 km Tiefe, die Hydrosphäre (Wasserhülle) und die Atmosphäre (Lufthülle) bis 15 km Höhe verstanden werden, baut sich zu über 99% aus nur zehn Elementen auf. Den größten Anteil an der Erdrinde haben Sauerstoff mit rund 50% (teils elementar, teils gebunden, z. B. in Oxiden) und Silicium mit rund 25% (gebunden in Gesteinen). Es folgen Aluminium, Eisen, Calcium, Natrium, Kalium, Magnesium, Wasserstoff und Titan. Die restlichen 83 natürlichen Elemente haben zusammen weniger als 1% Anteil an der Erdrinde. Im Kosmos ist Wasserstoff das weitaus häufigste Element, gefolgt von Helium.

Alle künstlichen Elemente sind radioaktiv (↑Radioaktivität), d. h., ihre Atome zerfallen unter Aussendung von Strahlen mehr oder weniger rasch in andere Atome. Die meisten in der Natur auftretenden Atome sind aber stabil.

Bei etwa 80 der c. E. handelt es sich um ↑Metalle, bei den Übrigen um ↑Halbmetalle (z. B. Arsen, Silicium) oder ↑Nichtmetalle (z. B. Wasserstoff, Chlor).

Jedes Element kann alle drei ↑Aggregatzustände annehmen. Bei Raumtemperatur (20 °C) sind 11 Elemente gasförmig (Argon, Chlor, Fluor, Helium, Krypton, Neon, Radon, Sauerstoff, Stickstoff, Wasserstoff, und Xenon), zwei Elemente sind flüssig (Brom und Quecksilber), die Übrigen sind fest.

Zur Kennzeichnung wurde jedem Element ein ↑Elementsymbol zugeordnet.

chemische Formeln: international festgelegte Schreibweise der chemischen Verbindungen mithilfe von Symbolen. C. F. beschreiben die Zusammensetzung der Substanzen, teilweise auch die räumliche Anordnung der Atome bzw. Atomgruppen im Molekül. Je nach Informationsgehalt unterscheidet man verschiedene Arten von chemischen Formeln:

1. **Stöchiometrische Formeln** (Verhältnisformeln, Substanzformeln) als einfachste Variante geben an, welche Arten von Atomen in der betreffenden Verbindung vorliegen und in welchem Zahlenverhältnis sie zueinander stehen. So sagt z. B. die Formel Al_2O_3 aus, dass die betreffende Verbindung (Aluminumoxid) aus den Elementen Aluminium und Sauerstoff besteht und dass Aluminiumatome und Sauerstoffatome im Mengenverhältnis 2:3 vorliegen. Stöchiometrische Formeln werden hauptsächlich für Ionenverbindungen verwendet, die in Form eines ausgedehnten, dreidimensionalen Gitters vorliegen.

2. Besser geeignet für die Beschreibung von Molekülen sind **Molekülformeln** (Bruttoformeln, Summenformeln), die neben dem Zahlenverhältnis auch angeben, wie viele Atome jeder Art am Aufbau des Moleküls tatsächlich vorhanden sind. So besitzt z. B. Ethin (Acetylen) die Verhältnisformel CH, da es Kohlenstoffatome und Wasserstoffatome im Verhältnis 1:1 enthält; dagegen lautet die Molekülformel C_2H_2, da jedes Ethinmolekül zwei Kohlenstoffatome und zwei Wasserstoffatome enthält. Phosphorpentoxid hat die Verhält-

chemische Bindung

Chemische Bindungen sorgen für den Zusammenhalt der Atome in Molekülen, Salzen und Metallen. Im weiteren Sinn zählen hierzu auch die zwischenmolekularen Wechselwirkungen. Die Stärke einer Bindung spiegelt sich in ihrer ↑Bindungsenergie wider.

Im Wesentlichen unterscheidet man fünf Arten der chemischen Bindung: die ↑Atombindung, die ↑Ionenbindung, die ↑Metallbindung sowie die Wasserstoffbrückenbindung und die Van-der-Waals-Bindung (↑zwischenmolekulare Wechselwirkungen). Die Komplexbindung, auch koordinative Bindung genannt (↑Komplexchemie), ist im Prinzip eine Atombindung, an der d-Orbitale beteiligt sind. Die relativen Bindungsstärken der Atom-, Ionen- und Metallbindungen sind in etwa vergleichbar, die Wasserstoffbrückenbindungen sind nur noch 1/10 so stark und die Van-der-Waals-Bindungen nur noch 1/100.

Der Atom- und der Ionenbindung liegt das Bestreben der Bindungspartner zugrunde, mit ihren Elektronen eine Edelgaskonfiguration zu erreichen, die durch eine bestimmte Zahl von Außenelektronen gekennzeichnet ist. Für die Elemente der zweiten Reihe des Periodensystems beträgt diese acht (Oktettregel). Die Edelgaskonfiguration ist ein besonders energiearmer und somit stabiler Zustand. Erreichen lässt er sich, indem die Bindungspartner ihre Elektronen miteinander teilen (Atombindung), oder indem ein Partner ein oder mehrere »überschüssige« Elektronen an den anderen abgibt, dem Elektronen zum Erreichen eines Edelgaszustands fehlen (Ionenbindung).

■ Atombindung

Bei den Atombindungen, auch Elektronenpaarbindungen oder kovalente Bindungen genannt, teilen sich die Bindungspartner Elektronenpaare, um die Elektronenkonfiguration eines Edelgases (He, Ne, Ar, Kr, Xe) zu erreichen. Methan besteht z. B. aus einem Kohlenstoffatom mit vier Außenelektronen – es fehlen ihm also noch vier Elektronen zur Elektronenkonfiguration des Neons – und aus vier Wasserstoffatomen (mit je einem Elektron) – ihnen fehlt jeweils noch ein Elektron, um die Elektronenkonfiguration des Heliums zu erreichen. Im Methanmolekül ist das Kohlenstoffatom von vier Wasserstoffatomen umgeben, mit denen es jeweils ein Elektronenpaar teilt. Der Kohlenstoff besitzt dadurch acht Außenelektronen (wie Neon). Die Wasserstoffatome teilen jeweils ein Elektronenpaar mit dem Kohlenstoff und besitzen zwei Elektronen (wie Helium).

Man unterscheidet homöopolare und heteropolare Atombindungen. Bei den homöopolaren (gleichpolaren) Atombindungen ist das bindende Elektronenpaar zwischen den Bindungspartnern gleichmäßig verteilt. Dies ist immer dann der Fall, wenn gleiche Elemente eine Atombindung eingehen (Abb. 1 und 2) oder wenn die ↑Elektronegativität der Bindungspartner sehr ähnlich oder gleich ist. Wenn man die Elektronenverteilung bestimmt, findet man die höchste Elektronendichte zwischen den Bindungspartnern.

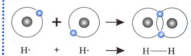

H·   +   H·   →   H——H

(Abb. 1) Bildung einer Atombindung bei molekularem Wasserstoff

Heteropolare Atombindungen liegen vor, wenn es Unterschiede in der Elektronegativität der Bindungspartner gibt, wie beispielsweise bei C-Cl-Bindungen. Das bindende Elektronenpaar ist in diesem Fall zum elektronegativeren Chlor hin verschoben. Der Übergang von einer extrem stark heteropolaren

chemische Bindung

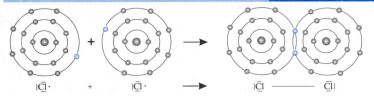

(Abb. 2) Atombindung bei Chlormolekülen

Atombindung zu einer Ionenbindung ist fließend.
Das Chlormolekül wird durch eine **Einfachbindung** zusammengehalten. Es gibt jedoch auch Moleküle mit Mehrfachbindungen. So sind z. B. im Stickstoffmolekül N_2 drei gemeinsame Elektronenpaare nötig, damit beide Atome eine Edelgaskonfiguration erreichen:

$:\dot{N}\cdot + \cdot\dot{N}: \rightarrow :N::N: $ bzw. $|N \equiv N|$

■ Ionenbindung

Die Ionenbindung (ionische Bindung) besteht zwischen Atomen, deren Elektronegativitäten sich stark unterscheiden, also zwischen Metallen und Nichtmetallen. Die Metalle geben ihre Außenelektronen bei der Bindungsbildung an die Nichtmetalle ab und liegen danach als ↑Kationen vor. Sie erreichen dadurch die Elektronenkonfiguration des im Periodensystem voranstehenden Edelgases. Nichtmetalle nehmen so viele Elektronen auf, dass sie die Konfiguration des im Periodensystem nach ihnen stehenden Edelgases erreichen. Sie werden dadurch zu ↑Anionen (Abb. 3). Die bei dieser Reaktion entstehenden Verbindungen heißen ↑Salze. Misst man die Elektronendichte zwischen den Atomen in einem Salz, so findet man dort eine verschwindend kleine Elektronendichte.
Zwischen den entgegengesetzt geladenen Ionen wirken coulombsche Kräfte. Da diese ungerichtet sind, liegen in festen und geschmolzenen Salzen keine einzelnen Ionenpaare, z. B. Na^+Cl^- vor, sondern ein großer Teilchenverbund, in dem sich Kationen und Anionen in allen Raumrichtungen abwechseln. In festen Salzen führt dies zu starren Ionengittern (Ionenkristallen).

NaCl, $MgCl_2$	Ionenbindung
$AlCl_3$, $SiCl_4$, PCl_3	Übergangsformen
SCl_2, Cl_2	Atombindung

Bindungstypen bei Chlorverbindungen

Reine Ionenbindungen oder reine homöopolare Atombindungen sind selten. Die meisten chemischen Bindungen stellen Übergänge zwischen den idealisierten Bindungsformen dar. Stark heteropolare Atombindungen sind solche Übergangsformen. Als Beispiel dienen die Chlorverbindungen der Elemente der dritten Periode des Periodensys-

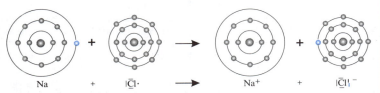

(Abb. 3) Ionenbindung zwischen Natrium und Chlorid

chemische Bindung

tems, bei denen man einen gleitenden Übergang von der reinen Ionen- zur reinen Atombindung findet (Tab. 1).

■ Metallbindung

Die Atome der typischen Metalle besitzen nur wenige (meist 1 bis 3) Außenelektronen. Eine Atombindung zwischen Metallatomen eines (hypothetischen) Metallmoleküls würde im Unterschied zu Nichtmetallatomen nicht zu einer Edelgaskonfiguration der Atome führen. Lediglich von den Alkalimetallen existieren zweiatomige Moleküle, und zwar im gasförmigen Zustand. Nach dem klassischen Modell der Metallbindung (auch metallische Bindung genannt) wird bei Metallen und ihren Legierungen ein energiearmer Zustand durch Ausbildung eines Gitters aus Metallionen erreicht, in dem sich die Außenelektronen als »Elektronengas« frei bewegen. Wegen der leichten Verschiebbarkeit dieser Elektronen sind Metalle exzellente elektrische Leiter.

■ Wasserstoffbrückenbindungen

Bei stark heteropolaren Atombindungen (z.B. O–H, N–H, F–H) ist die Bindung stark polarisiert und die Bindungspartner tragen Partialladungen. Da sich entgegengesetzte Ladungen anziehen, ziehen sich Moleküle mit hohen Partialladungen gegenseitig an. Das kleine Wassermolekül, das aufgrund seiner Größe bei Raumtemperatur eigentlich gasförmig sein sollte, bildet auf diese Weise eine Flüssigkeit.

■ Van-der-Waals-Bindungen

Die schwächste der Bindungen ist die Van-der-Waals-Bindung. Die Edelgasatome, die eigentlich keinen Grund haben, irgendwelche Bindungen einzugehen, werden aufgrund der Van-der-Waals-Bindung bei tiefen Temperaturen flüssig. Auch völlig unpolare Moleküle, wie z.B. Cl_2, ziehen sich durch Van-der-Waals-Kräfte gegenseitig an. Je größer die Moleküle sind, desto stärker werden diese zwischenmolekularen Wechselwirkungen. Die unpolaren Alkane sind beispielsweise bis zum Butan gasförmig, danach flüssig und ab dem Heptadecan (mit 17 C-Atomen) fest. ■

Zu den Wärmeeffekten beim Lösen von Salzen gibt es interessante Versuche, von denen hier einer geschildert wird:
Man löst 300 g Ammoniumnitrat in 500 ml Wasser bei Zimmertemperatur (gut rühren) auf. Die Temperatur wird mit einem Thermometer gemessen. Nun füllt man Reagenzgläser mit Leitungswasser und stellt sie ca. 10–15 Minuten lang in obige Salzlösung. Das Wasser in den Reagenzgläsern erstarrt vollkommen zu Eis. Mit dem Thermometer lässt sich eine Temperaturabkühlung auf deutlich unter 0 °C feststellen. Beim Auflösen dieses Salzes muss viel Energie aufgewandt werden, um die Ionenbindungen zu lösen. Die Energie, welche beim Aufbau zwischenmolekularer Wechselwirkungen zwischen den einzelnen Ionen und den Wassermolekülen frei wird, ist deutlich geringer, sodass sich die Lösung abkühlt.

GRAY, HARRY B.: *Elektronen und chemische Bindung.* Berlin (de Gruyter) 1973. ■ RIEDEL, ERWIN und GRIMMICH, WILLM: *Atombau – chemische Bindung – chemische Reaktion.* Berlin (de Gruyter) ²1992. ■ *Unterricht Chemie,* herausgegeben von HEINZ SCHMIDKUNZ und KARL HÄUSLER, Band 5: *Atombau und chemische Bindung.* Köln (Aulis) 1994. ■ WEISS, ALARICH und WITTE, HELMUT: *Kristallstruktur und chemische Bindung.* Weinheim (VCH) 1983. ■ *Wir wiederholen Chemie,* Band 4: *Chemische Bindung.* Thun (Deutsch) 1991.

nisformel P_2O_5, aber die Molekülformel P_4O_{10}.

3. **Konstitutionsformeln** (↑Konstitution) geben zusätzlich Auskunft darüber, in welcher Reihenfolge und durch wie viele Atombindungen die Atome in einem Molekül verknüpft sind.

In den ausführlichen Konstitutionsformeln (**Strukturformeln**) werden alle am Aufbau des betreffenden Moleküls beteiligten Atome einzeln durch ihre Symbole und alle Atombindungen durch Bindungsstriche angegeben. Dabei werden Einfachbindungen durch einen, Doppelbindungen durch zwei und Dreifachbindungen durch drei Bindungsstriche angezeigt (vgl. Tab.).

Üblicherweise verwendet man jedoch der Übersichtlichkeit halber vereinfachte Konstitutionsformeln (Gruppenformeln), in denen die Symbole der Atome bestimmter Glieder des Moleküls ohne Bindungsstriche zusammengefasst werden. So kann z. B. eine Methylgruppe als –CH_3 oder eine Säuregruppe als –COOH geschrieben werden. In Ringen oder längeren Ketten organischer Verbindungen werden häufig auch die Symbole für die Kohlenstoffatome weggelassen (vgl. z. B. die Formeln für ↑Aromaten oder ↑Carotin).

4. **Elektronenformeln** (Valenzstrichformeln) sind Konstitutionsformeln, in denen nicht nur die Atombindungen, sondern auch noch die nicht an Bindungen beteiligten Außenelektronen der Atome (freie Elektronenpaare) dargestellt werden (Abb. 1).

$$H-\overline{\underline{O}}-H \qquad |N\equiv N| \qquad H-\underset{\underset{H}{|}}{\overset{\overset{H}{|}}{C}}-\overline{\underline{O}}-H$$

chemische Formeln (Abb. 1): Beispiele für Elektronenformeln

Stoff	Molekülformel	Konstitutionsformel
Wasser	H_2O	H–O–H
Stickstoff	N_2	N≡N
n-Butan	C_4H_{10}	H H H H | | | | H–C–C–C–C–H | | | | H H H H vereinfacht: CH_3–CH_2–CH_2–CH_3 oder CH_3–$(CH_2)_2$–CH_3
Ethanol	C_2H_6O	H H | | H–C–C–O–H | | H H vereinfacht: CH_3–CH_2–OH oder C_2H_5OH
Dimethylether	C_2H_6O	H H | | H–C–O–C–H | | H H vereinfacht: CH_3–O–CH_3

chemische Formeln: Beispiele für Konstitutionsformeln

5. Die räumliche Anordnung der Atome in einem Molekül, die sog. ↑Konfiguration, wird mithilfe von **Konfigurationsformeln** dargestellt (Abb. 2).

chemische Formeln (Abb. 2): Konfigurationsformel des Wassermoleküls

Konfigurationsformeln sind wichtig u. a. für die Darstellung von Konfigurationsisomeren, z. B. von *cis-trans*-Isomeren: Vom 1,2-Dichlorethen mit der Molekülformel $C_2H_2Cl_2$ und der vereinfachten Konstitutionsformel Cl–C=CHCl existiert eine *cis-* und eine *trans*-Form, die durch unterschiedliche Konfigurationsformeln dargestellt werden können (Abb. 3).

cis-1,2-Dichlorethen   *trans*-1,2-Dichlorethen
chemische Formeln (Abb. 3): Konfigurationsformeln des 1,2-Dichlorethens

Da die Moleküle i. d. R. dreidimensional sind, die Formeln jedoch nur zweidimensional wiedergegeben werden können, gibt es – insbesondere für Stereoisomere (↑Isomerie) – Übereinkünfte für die Projektion der Formeln auf die Papierebene (↑Fischer-Projektion). Eine weitere Möglichkeit zur Darstellung der räumlichen Anordnung von Atomen oder Atomgruppen im Molekül ist die Verwendung von **Keil-Strich-Formeln** (Abb. 4.). Dabei zeigt ein Keil eine Bindung an, die aus der Papierebene herausragt, während eine durch kurze parallele Striche gezeichnete Bindung hinter die Papierebene zeigt.

6. **Konformationsformeln** geben die unterschiedlichen Anordnungen von Atomen innerhalb eines Moleküls an,

chemische Formeln (Abb. 4): Darstellung von 2-Chlorbutan mithilfe von Keil-Strich-Formeln

die durch Drehen um Einfachbindungen ineinander übergehen können. Diese Formeln verdeutlichen somit die genaue Anordnung der Atome im Raum, die ↑Konformation (Abb. 5).

chemische Gleichung: Darstellung chemischer Reaktionen mithilfe ↑chemischer Formeln. Die Reaktion von Natrium mit Wasser beispielsweise kann dargestellt werden durch die Gleichung:

$$2\,Na + 2\,H_2O \rightarrow 2\,NaOH + H_2\uparrow$$

Die c. G. bestehen aus zwei qualitativ gleichwertigen Seiten. Dazwischen steht ein Reaktionspfeil, der anzeigt, in welche Richtung die Reaktion abläuft. Zahl und Art der Atome müssen links,

verdeckt (ekliptisch)

gestaffelt
chemische Formeln (Abb. 5): Konformationen des Ethans. Bei der Darstellungsweise auf der rechten Seite ist das vordere Kohlenstoffatom durch einen Punkt, das hintere durch eine Kreis symbolisiert.

auf der Seite der Ausgangsstoffe, und rechts, auf der Seite der Endprodukte, übereinstimmen, denn nach dem Gesetz von der Erhaltung der Masse können sich Anzahl und Art der Atome während der Reaktion nicht ändern. Bei Beteiligung von Ionen müssen zusätzlich auch die Summen der Ionenladungen auf beiden Seiten übereinstimmen, z. B.:

$$MnO_4^- + 5\,Cr^{2+} + 8\,H_3O^+ \rightarrow Mn^{2+} + 5\,Cr^{3+} + 12\,H_2O.$$

Viele Reaktionen sind umkehrbar bzw. laufen als ↑Gleichgewichtsreaktionen ab, d.h., es findet eine Hin- und eine Rückreaktion statt. Dies wird durch zwei einander entgegengesetzte Pfeile ⇌ oder ⇌ gekennzeichnet, z.B. $I_2 + H_2 \rightleftharpoons 2\,HI$. Angaben zu den Reaktionsbedingungen, etwa die Temperatur oder die Anwesenheit eines Katalysators, werden häufig über den Reaktionspfeil geschrieben.

Entweicht bei einer chemischen Reaktion eine gasförmige Verbindung, so wird hinter deren Symbol das Zeichen ↑ gestellt, fällt ein Niederschlag aus, so wird dieser mit dem Symbol ↓ gekennzeichnet.

chemische Reaktionen: Vorgänge, bei denen sich Stoffe in andere Stoffe mit völlig anderen Eigenschaften umwandeln. Bei den c. R. erfolgen Veränderungen in den Elektronenhüllen der Atome der Reaktionspartner (↑Atommodell).

Diejenigen Stoffe, die zu Beginn der Reaktion vorliegen, werden Ausgangsstoffe oder **Edukte** genannt, die bei der Reaktion neu gebildeten Stoffe heißen Endstoffe oder **(Reaktions-)Produkte**. Alle c. R. sind von einem Energieumsatz begleitet. Die Reaktionswärme ΔH (↑Enthalpie) einer Reaktion ergibt sich aus der Differenz zwischen den Energieinhalten der Reaktionsprodukte (H_{II}) und den Energieinhalten der Ausgangsstoffe (H_I): $\Delta H = H_{II} - H_I$.

Den zeitlichen Ablauf von c. R. und deren Geschwindigkeit untersucht die ↑Reaktionskinetik.

chemische Reinigungsstufe: ↑Abwasserreinigung.

chemischer Sauerstoffbedarf: ↑Sauerstoffbedarf.

chemisches Äquivalent: ↑Äquivalent.

chemische Verbindungen: reine Stoffe, die aus zwei oder mehreren Elementen in einem bestimmten Verhältnis zusammengesetzt sind, z. B. Magnesiumoxid MgO, Wasser H_2O, Calciumcarbonat $CaCO_3$. Entsprechend der Anzahl der beteiligten Atomarten wird unterschieden zwischen binären (aus zwei Bestandteilen bestehenden) Verbindungen, ternären (aus drei Bestandteilen bestehenden) Verbindungen, quaternären (aus vier Bestandteilen bestehenden) Verbindungen usw. Nach Art der chemischen Bindung zwischen den Atomen lassen sich polare, unpolare und intermetallische Verbindungen und Ionenverbindungen unterschieden.

Zurzeit sind über 27 Millionen c. V. bekannt.

chemische Verschiebung: ↑Kernresonanzspektroskopie.

Chemi|sorption: ↑Katalyse, ↑Korrosion.

Chemo|lumineszenz (Chemilumineszenz) [zu lat. lumen, luminis »Licht«]: die Abgabe frei werdender Energie bei bestimmten chemischen Reaktionen in Form von Licht. Dabei liegt die Wellenlänge im sichtbaren bis ultravioletten Bereich und die Temperatur unterhalb der Glühtemperatur der beteiligten Substanzen. So ist z. B. beim weißen Phosphor schon bei Zimmertemperatur im Dunkeln ein schwaches Leuchten zu beobachten. Diese Lichtenergie wird frei bei der (exother-

men) Reaktion spurenweise abgegebener Phosphordämpfe mit Luftsauerstoff zu Phosphorpentoxid.
Die Lumineszenz von Organismen (z. B. Tiefseefische, Glühwürmchen, faulendes Holz) wird als **Biolumineszenz** bezeichnet.

Chinhydr_o_n [Kw. aus Chinon und Hydrochinon]: ↑Chinone.

Chinhydron|elektrode: Redoxelektrode für pH-Messungen unbekannter Lösungen im sauren und neutralen Bereich.
Sie besteht aus einem Platinblech, das in die mit Chinhydron (1:1-Additionsverbindung von Chinon und Hydrochinon; ↑Chinone) gesättigte Analysenlösung eintaucht. Hierbei wird die Elektrode auf ein bestimmtes Potenzial aufgeladen. Um dieses zu messen, muss man die Elektrode über eine Lösungsbrücke (U-Rohr mit einer konzentrierten Kaliumchloridlösung) mit einer Bezugselektrode (↑Kalomelelektrode oder ↑Normalwasserstoffelektrode) verbinden. Überträgt man den potenzialbildenden Vorgang

$$\tfrac{1}{2}C_6H_4(OH)_2 \rightleftharpoons \tfrac{1}{2}C_6H_4O_2 + H^+ + e^-$$

in die ↑Nernst-Gleichung, so erhält man:

$$e = e_0 + 0{,}058 \cdot \lg \frac{[C_6H_4O_2]^{1/2} \cdot [H^+]}{[C_6H_4(OH)_2]^{1/2}}.$$

Da das Verhältnis von Chinon zu Hydrochinon gleich eins ist, ist diese Elektrode nur von der H⁺-Ionenkonzentration der Lösung abhängig. Damit vereinfacht sich die Nernst-Gleichung wie folgt:

$$e = e_0 + 0{,}058 \cdot \lg [H^+]$$

und bei Einführung des pH-Wertes (bei 20 °C):

$$e = (0{,}7027 - 0{,}058 \, \text{pH}).$$

Chin_i_n [nach Quechua quina quina »Chinarinde«]: wichtigstes Alkaloid des Chinarindenbaums, äußerst bitter schmeckende, kristalline Substanz (Abb.). In Form seiner Salze (Sulfat und Hydrochlorid) wurde C. als Heilmittel gegen Malaria verwendet; in geringen Mengen wird es als Bitterstoff bestimmten Getränken (z. B. Bitter Lemon) zugesetzt.

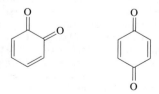

Chinin

chino|ide Struktur: ↑Chinone.

Chin_o_ne: organische Verbindungen, die als Oxidationsprodukte zweiwertiger Phenole anzusehen sind. Charakteristisch sind zwei Carbonylgruppen, die mit mindestens zwei Kohlenstoff-Kohlenstoff-Doppelbindungen ein System konjugierter Doppelbindungen (chinoide Struktur oder chinoides System) bilden, das die besondere Reaktionsfähigkeit dieser Verbindungen bedingt. Die Grundkörper der C. sind die vom Benzol abgeleiteten Verbindungen 1,2- und 1,4-**Benzochinon** (Abb. 1), meist kurz 1,2-Chinon (*o*-Chinon) oder 1,4-Chinon (*p*-Chinon) genannt, zwei in-

Chinone (Abb. 1): chinoide Struktur bei 1,2- und 1,4-Benzochinon

tensiv rot bzw. gelb gefärbte, stechend riechende Substanzen, die z.B. bei der Oxidation (Dehydrierung) von Brenzcatechin und Hydrochinon (↑Phenole) entstehen.
Weitere C. sind u. a. das 1,4-**Naphthochinon** und das 9,10-**Anthrachinon** (Abb. 2), die die Grundkörper zahlreicher Farbstoffe bilden.

Chinone (Abb. 2): 1,4-Naphthochinon und 9,10-Anthrachinon

C. sind starke Oxidationsmittel; 1,4-Benzochinon wird dabei wieder zum Hydrochinon reduziert (Abb. 3).
Diese Redoxreaktion macht die wichtige Rolle bestimmter C. als Elektronenüberträger im Energiestoffwechsel deutlich. Bei der Reduktion von 1,4-Benzochinon zu Hydrochinon tritt als Zwischenstufe dunkelgrünes **Chinhydron** auf, ein Anlagerungskomplex aus einem Molekül C. und einem Molekül Hydrochinon, der durch Wasserstoffbrücken zusätzlich stabilisiert wird (Abb. 4). Chinhydron wird in der ↑Chinhydronelektrode verwendet.

Chinone (Abb. 3): Reduktion von 1,4-Benzochinon zu Hydrochinon

chiral: ↑Isomerie, ↑Chiralität.
Chiralität [zu griech. cheír »Hand«]: die Eigenschaft eines Moleküls, dass es nicht mit seinem Spiegelbild zur Deckung gebracht werden kann. Es gibt also zwei spiegelbildliche Formen dieser Verbindungen (↑Enantiomere). C. geht in den meisten Fällen mit der Anwesenheit eines oder mehrerer ↑asymmetrischer Kohlenstoffatome einher. Chirale Moleküle sind optisch aktiv (↑optische Aktivität), d.h., sie drehen

Chinone (Abb. 4): Chinhydron

die Schwingungsebene des linear polarisierten Lichts um einen bestimmten Winkel.
Chitin [zu griech. chitṓn »Brustpanzer«]: geradkettiges, aus N-Acetylglucosamin-Einheiten aufgebautes Polysaccharid (Abb.) mit einer Molekülmasse bis 400 000. C. ist chemisch und mechanisch sehr widerstandsfähig. Es kommt verbreitet als Gerüststoff bei niederen Tieren vor und bildet z.B. den Hauptbestandteil des Außenskeletts der Gliederfüßer. Auch in den Zellmembranen von Algen und Pilzen findet sich C., wo es eine ähnliche Stützfunktion erfüllt wie die Cellulose in Pflanzen.
Chlor [zu griech. chlōrós »gelbgrün«]: chemisches Element der VII. Hauptgruppe, Zeichen Cl, OZ 17, relative Atommasse 35,45, Mischelement.
Physikalische Eigenschaften: gelbgrünes Gas, das in Form von Chlormolekülen, Cl_2, vorliegt; Dichte 3,21 g/l, Fp.

Chitin: Ausschnitt aus einer Chitinkette

–101,5 °C, Sp. –34,04 °C; in Wasser ist C. mäßig löslich (↑Chlorwasser).

Chemische Eigenschaften: sehr reaktionsfähiges Halogen, das sich mit fast allen Elementen, am heftigsten mit Alkalimetallen, verbindet. C. riecht stechend und ist sehr giftig. Es tritt in Verbindungen in den Wertigkeitsstufen –1, +1, +3, +5 und +7 auf.

Gewinnung: durch ↑Chloralkalielektrolyse aus ↑Natriumchlorid, NaCl.

Verwendung: zur Desinfektion von Wasser, zum Bleichen von Papier und Textilien, zur Herstellung vieler anorganischer und organischer Chlorverbindungen, z. B. Salzsäure, Chloride, Chlorate, Phosgen, Chlorkohlenwasserstoffe usw.

Chlor|alkali|elektrolyse: technisches Verfahren zur Gewinnung von Chlor, Alkalilaugen (v. a. Natronlauge) und Wasserstoff aus Alkalichloriden (v. a. Natriumchlorid) in wässriger Lösung durch ↑Elektrolyse. Dabei scheidet sich an der Anode Chlor ab,

$$Cl^- \rightarrow \tfrac{1}{2} Cl_2 \uparrow + e^-;$$

an der Kathode entsteht zunächst Natrium, das mit dem vorhandenen Wasser zu Natriumhydroxid und Wasserstoff reagiert:

$$Na^+ + e^- \rightarrow Na$$
$$Na + H_2O \rightarrow NaOH + \tfrac{1}{2} H_2 \uparrow.$$

Bei der Durchführung der Elektrolyse muss darauf geachtet werden, dass das kathodisch gebildete Natriumhydroxid nicht mit dem an der Anode gebildeten Chlor in Berührung kommt, da sich sonst Natriumchlorid und Natriumhypochlorit bilden gemäß:

$$2\,NaOH + Cl_2 \rightarrow$$
$$2\,Na^+ + Cl^- + OCl^- + H_2O.$$

Um dies zu verhindern, müssen Anoden- und Kathodenraum voneinander getrennt werden. Beim **Diaphragma-Verfahren** dient zur Trennung ein Diaphragma (z. B. aus Asbest), das den Ionentransport ermöglicht, aber eine Vereinigung der Elektrolyseprodukte verhindert. Beim **Amalgamverfahren** (Quecksilberverfahren) dient ein dünner Quecksilberfilm am Boden der Elektrolysezelle als Kathode. Meist wird eine größere Anzahl von Anoden aus Titan oder Graphit verwendet. Hier wird Chlor abgeschieden; an der Quecksilberkathode werden wegen der hohen ↑Überspannung des Wasserstoffs die Natrium-Ionen entladen und das entstehende Natrium bildet mit dem Quecksilber Natriumamalgam $NaHg_x$ (↑Amalgame). Es kommt dabei zu den folgenden Reaktionen an Anode (A) und Kathode (K):

$$A: 2\,Cl^- \quad Cl_2 + 2\,e^-$$
$$K: 2\,Na^+ + 2\,e^- \rightarrow 2\,Na$$
$$Na + x\,Hg \rightarrow NaHg_x.$$

Das Amalgam wird in einer zweiten Stufe zu Natronlauge und Wasserstoff zersetzt:

$$NaHg_x + H_2O \rightarrow$$
$$NaOH + x\,Hg + \tfrac{1}{2} H_2 \uparrow.$$

Auf diese Weise erhält man eine bis zu 97%ige chloridfreie Natronlauge.

Chlorate: Salze der ↑Chlorsäure, $HClO_3$. Gemische aus C. und oxidierbaren Stoffen, z. B. Schwefel, Phosphor oder Zucker, sind explosiv und sehr reibungs- und stoßempfindlich.
Verwendung: als Oxidationsmittel in der Feuerwerkerei und in der Zündmasse von ↑Zündhölzern, als Antiseptikum und zur Unkrautvernichtung.

Chlor|ethan: ↑Halogenkohlenwasserstoffe.

Chlorfluor|kohlenwasserstoffe: ↑Halogenkohlenwasserstoffe.

Chloride: Salze, in denen das Chlor mit negativer Ladung auftritt. In erster Linie zählen dazu die Salze der Salzsäure, HCl, z. B. Calciumchlorid, $CaCl_2$. Früher wurden auch chlorsubstituierte organische Verbindungen, bei denen das Chloratom kovalent gebunden ist, als C. bezeichnet (↑Halogenkohlenwasserstoffe). Ein Beispiel ist das Methylchlorid, CH_3Cl, das korrekt als Monochlormethan bezeichnet werden muss.

Chlorierung: die Einführung von Chloratomen in eine organische Verbindung mittels ↑Substitution oder ↑Addition.

chlorige Säure: ↑Chlorite.

Chlorite: Salze der nur in verdünnter wässriger Lösung einige Zeit beständigen **chlorigen Säure**, $HClO_2$. Die Alkalichlorite (z. B. Kaliumchlorit, $KClO_2$) stellen in Lösung ausgezeichnete Bleichmittel für Cellulosematerial dar.

Chlorkalk, Ca(OCl)Cl: gemischtes Hypochlorit-Chlorid des Calciums (↑Hypochlorite), das stets noch mehrere Prozent Calciumhydroxid, $Ca(OH)_2$, und Wasser enthält. C. wird durch Einleiten von Chlor in wasserhaltigen gelöschten Kalk hergestellt. Er zersetzt sich langsam unter Abgabe von atomarem Sauerstoff:

$$Ca(OCl)Cl \rightarrow CaCl_2 + O.$$

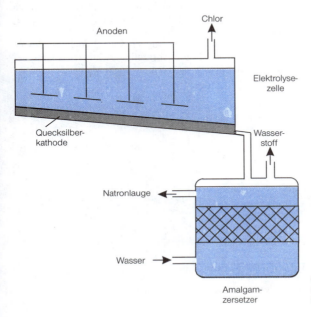

Chloralkalielektrolyse: Amalgamverfahren

Hierauf beruht seine Verwendung als Bleich- und Desinfektionsmittel, die jedoch in letzter Zeit zugunsten chlorfreier Substanzen zurückgegangen ist.

Chlorknallgas: explosives Gemisch aus gleichen Teilen Chlorgas und Wasserstoffgas. Bei Zündung durch Wärmezufuhr oder UV-Bestrahlung verbinden sich die beiden Bestandteile des Gemisches explosionsartig zu Chlorwasserstoffgas:

$$Cl_2 + H_2 \rightarrow 2\ HCl.$$

Chlorkohlenwasserstoffe (chlorierte Kohlenwasserstoffe): Gruppe der ↑Halogenkohlenwasserstoffe.

Chlormethan (Monochlormethan): ↑Halogenkohlenwasserstoffe (Tab.).

Chloro-: Bezeichnung für das Ion Cl⁻ als Ligand in einer Komplexverbindung.

Chloroform: ↑Halogenkohlenwasserstoffe (Tab.).

Chlorophylle [zu griech. chlorós »gelblich grün«, phýllon »Blatt«]: Bezeichnung für eine Gruppe biologisch wichtiger Naturfarbstoffe, die bei grünen Pflanzen sowie fotosynthetisierenden Algen und Bakterien vorkommen. C. befähigen diese zur Fotosynthese, indem sie Licht geeigneter Wellenlänge (Energie) absorbieren. Der Grundbaustein eines Chlorophyllmoleküls ist das Pyrrol; im C. vereinigen sich vier Pyrrolkerne über Methingruppen (–CH=) zu einem ringförmigen **Porphin**-Gerüst. Das Zentrum des Porphinrings ist von einem komplex gebundenen Magnesiumatom besetzt. An einen der Pyrrolringe fügt sich ein fünfgliedriger Ring an, dessen Carboxylgruppe mit Methanol verestert ist. Als Seitenketten sind vier Methyl-, eine Ethyl- und eine Vinylgruppe sowie ein Propionsäurerest vorhanden. Letzterer ist mit dem langkettigen Alkohol Phytol verestert. Das blaugrüne Chlorophyll a (Abb.) findet sich in allen Fotosynthese betreibenden Organismen mit Ausnahme der fototrophen Bakterien; in fast allen höheren Pflanzen und den Grünalgen wird es von gelbgrünem Chlorophyll b begleitet; dieses wird bei mehreren Algenklassen durch die Chlorophylle c und d ersetzt; typisch für die fotosynthetisch tätigen Bakterien sind die Bakteriochlorophylle.

Die Fähigkeit der Chlorophyllmoleküle zur Absorption sichtbaren Lichts beruht v. a. auf dem Vorhandensein der

Chlorophylle: Chlorophyll a. Bei Chlorophyll b ist die CH₃-Gruppe oben rechts durch –CHO ersetzt.

zahlreichen konjugierten Doppelbindungen. Hauptsächlich wird rotes und blaues Licht absorbiert. In den Pflanzenzellen liegt das C. zusammen mit ↑Carotinen und anderen Farbstoffen in Form eines lichtstabilen, gegen Sauerstoff und Kohlenstoffdioxid der Luft beständigen Chromoproteids vor.

Chlorsäure, $HClO_3$: starke einbasige Sauerstoffsäure des Chlors, die nur in wässriger Lösung beständig ist. Das Chlor hat hier die Oxidationszahl +5. Die C. spaltet v. a. in konzentrierten Lösungen sehr leicht Sauerstoff ab und wirkt daher als starkes Oxidationsmittel. Die Salze der C. sind die ↑Chlorate.

Chlorung: die Desinfektion von Trinkwasser durch Zusatz von Chlor, Chlordioxid oder Natriumhypochlorit (↑Hypochlorite), die durch ihre oxidierende Wirkung Mikroorganismen abtöten können.

Chlorwasser: Lösung von Chlor in Wasser; ein Teil der Chlormoleküle, Cl_2, reagiert in Wasser unter ↑Disproportionierung:

$$Cl_2 + 2\,H_2O \rightleftharpoons HOCl + H_3O^+ + Cl^-.$$

Das Gleichgewicht liegt auf der rechten Seite. Die gebildete hypochlorige Säure (unterchlorige Säure), HOCl, zerfällt in Chlorwasserstoff und Sauerstoff (↑Hypochlorite). Der entstehende Sauerstoff verursacht auch die stark oxidierende Wirkung von feuchtem Chlor.

Chlorwasserstoff, HCl: farbloses, stechend riechendes, unbrennbares Gas. Die wässrige Lösung des C. ist die technisch äußerst wichtige ↑Salzsäure (Chlorwasserstoffsäure).

Cholesterin: ↑Steroide.

Chrom [von griech. chrōma »Farbe«]: chemisches Element der VI. Nebengruppe, Zeichen Cr, OZ 24, relative Atommasse 51,99, Mischelement.
Physikalische Eigenschaften: silberglänzendes, zähes Metall, Dichte 7,18 g/cm³, Fp. 1907 °C, Sp. 2671 °C.
Chemische Eigenschaften: C. ist bei normalen Temperaturen beständig gegen Luft und Wasser, mit oxidierenden Säuren bildet es eine sehr widerstandsfähige Oxidhaut.
Herstellung: durch Reduktion von Chromit, $FeCr_2O_4$, mit Kohle in Form der Legierung Ferrochrom oder nach Überführung des Chromit in Chrom(III)-oxid durch Reduktion mit Aluminium. In seinen Verbindungen tritt C. in den Oxidationsstufen +2 bis +6 auf, die beständigsten sind +3 und +6.
Verwendung: als Legierungsbestandteil (↑Legierungen) und als Oberflächenschutz, wobei bis 500 μm dicke Chromschichten auf Stahl galvanisch aufgetragen werden (Hartverchromung) bzw. 0,3 μm auf eine vor Korrosion schützende Nickelzwischenschicht (Dekorverchromung).
Verbindungen: Die meisten Chromverbindungen sind intensiv gefärbt. Viele Chromverbindungen, v. a. die Chrom(VI)-Verbindungen (Chromate), sind sehr giftig.
Das wenig lösliche, grüne Chrom(III)-oxid, Cr_2O_3, dient als Farbpigment (Chromoxidgrün) in Malerfarben. Das wasserlösliche, rotviolette Kaliumchromsulfat, $KCr(SO_4)_2 \cdot H_2O$, ein ↑Alaun, findet in der Gerberei Verwendung.
Das tiefrote Chrom(IV)-oxid sowie die gelben Chromate (z. B. Kaliumchromat, K_2CrO_4) und die orangen Dichromate (z. B. Kaliumdichromat, $K_2Cr_2O_7$) sind starke Oxidationsmittel. Das Chromat-Dichromat-Gleichgewicht ist pH-abhängig:

$$2\underset{\text{gelb}}{CrO_4^{2-}} + 2H_3O^+ \rightleftharpoons \underset{\text{orange}}{Cr_2O_7^{2-}} + 3H_2O.$$

Chromschwefelsäure, ein Gemisch aus Dichromat mit konzentrierter Schwefelsäure, wird zur Reinigung von

Glasgeräten benutzt. Zahlreiche Chromverbindungen dienen als Farbpigmente für Malerfarben, z. B. Chromgelb (Bleichromat, $PbCrO_4$), Chromrot (basisches Bleichromat, etwa $PbO \cdot PbCrO_4$). Der Nachweis von Chromverbindungen erfolgt durch oxidierende Schmelze mit Salpeter und anschließende Fällung als gelbes Bleichromat, $PbCrO_4$:

$$2 CrO_4^{2-} + Pb^{2+} \rightarrow PbCrO_4^-.$$

Unter den Chrom(IV)-Verbindungen ist v. a. das Chrom(IV)-oxid (Chromdioxid, CrO_2) wichtig, ein braunschwarzes, stark ferromagnetisches Pulver, das zur Herstellung von Tonbändern verwendet wird.

Chromato|graphie [zu griech. chrŏma »Farbe«, gráphein »schreiben«]: Verfahren zur Trennung eines Stoffgemisches in seine Einzelbestandteile. Das zu trennende Gemisch wird dabei über zwei Phasen verteilt. Die eine Phase ist unbeweglich (stationäre Phase), die andere ist beweglich (mobile Phase) und durchwandert die stationäre Phase.

Die stationäre Phase kann ein fein verteilter Feststoff oder eine durch ein festes Trägermaterial stationär gehaltene Flüssigkeit sein.

Bei der mobilen Phase handelt es sich entweder um eine mit der stationären Phase nicht mischbare Flüssigkeit oder um ein in der unbeweglichen Phase nicht lösliches Gas. Wegen der unterschiedlichen Wechselwirkungen mit diesen beiden Phasen wandern die verschiedenen Komponenten des Gemisches mit unterschiedlicher Geschwindigkeit durch die Trennstrecke hindurch, wodurch die Trennung bewirkt wird.

Beispiele sind ↑Dünnschichtchromatographie, ↑Gaschromatographie, ↑Papierchromatographie, ↑Ionenaustausch-Chromatographie und ↑HPLC.

Chromo|ph_o_re: ↑Farbstoffe.

Chromschwefelsäure: ↑Chrom.

cis-: Vorsilbe in Namen chemischer Verbindungen. Sie zeigt an, dass zwei Substituenten, die an je eines der beiden Kohlenstoffatome einer Doppelbindung gebunden sind, sich auf der gleichen Seite befinden (↑Isomerie).

cis-trans-Isomerie: ↑Isomerie.

Citr_a_te: die Salze der ↑Citronensäure.

Citronensäure (Zitronensäure, 2-Hydroxypropantricarbonsäure): in reiner Form farblose, kristalline Substanz, die in Zitronen und anderen Früchten, wie z. B. Johannisbeeren, enthalten ist (Abb.). C. ist ein wichtiges Zwischenprodukt im Stoffwechsel, wo im ↑Citronensäurezyklus Acetyl-Coenzym A (aktivierte Essigsäure) als Spaltprodukt aller Nährstoffe unter Energiegewinn abgebaut wird zu Kohlenstoffdioxid und Wasserstoff unter Rückbildung des Coenzyms A.

$$\begin{array}{c} H_2C-COOH \\ | \\ HO-C-COOH \\ | \\ H_2C-COOH \end{array}$$

Citronensäure

Citronensäurezyklus (Zitronensäurezyklus): Bezeichnung für den komplizierten biochemischen Kreisprozess, in dem das bei der oxidativen ↑Decarboxylierung aus Brenztraubensäure gebildete Acetyl-Coenzym A (CH_3–CO–S–CoA, „aktivierte Essigsäure") als Spaltprodukt aller Nährstoffe (Kohlenhydrate, Fette, Proteine) unter Energiegewinn abgebaut wird zu Kohlenstoffdioxid und Wasserstoff unter Rückbildung des Coenzyms A (Abb.). Der bei der Dehydrierung entstehende Wasserstoff ⟨H⟩ wird an das Coenzym NAD^+ gebunden und in der Atmungskette zu Wasser oxidiert, wobei der Hauptenergiegewinn erfolgt. Alle Teilreaktionen des Zyklus werden durch spezifische Enzyme katalysiert.

Neben dieser Abbaufunktion liefert der C. auch Synthesevorstufen, z. B. entstehen durch Aminierung der Carbonsäuren wichtige Aminosäuren.

$$2\ CH_3\text{–}CO\text{–}SCoA + 6\ H_2O \rightarrow$$
$$4\ CO_2\uparrow + 16\ \langle H \rangle + 2\ HSCoA$$

Citronensäurecyclus: Gesamtreaktion

Cl: Zeichen für ↑Chlor.
Clathrate [zu lat. clatratus »vergittert«]: ↑Einschlussverbindungen.
Claus-Prozess (Claus-Verfahren): von KARL ERNST CLAUS (*1796, †1864) entwickeltes Verfahren zur Entfernung (und Gewinnung) von Schwefel aus schwefelwasserstoffhaltigen Gasen (z. B. Kokereigas, Rauchgas, Erdgas, Synthesegas) durch Oxidation an Katalysatoren (v. a. Bauxit) in einem speziellen Ofen. Der C.-P. arbeitet in zwei Stufen: Ein Drittel des Schwefelwasserstoffs wird zu Schwefeldioxid SO_2 verbrannt und der Rest mit dem entstandenen Schwefeldioxid zu Schwefel oxidiert:

$$H_2S + 3/2\ O_2 \rightarrow SO_2 + H_2O,$$
$$SO_2 + 2\ H_2S \rightarrow 2\ H_2O + 3\ S.$$

Cm: Zeichen für ↑Curium.
Co: Zeichen für ↑Cobalt.
Cobalt (Kobalt) [Kobold (böser Geist)]: chemisches Element der VIII. Nebengruppe, Zeichen Co, OZ 27, relative Atommasse 58,93, Reinelement.
Physikalische Eigenschaften: stahlgraues, glänzendes, ferromagnetisches, sehr hartes und zähes Metall, Dichte 8,9 g/cm³, Fp. 1495 °C, Sp. 2927 °C.
Chemische Eigenschaften: C. ist bei Raumtemperatur luft- und wasserbeständig, nur in oxidierenden Säuren, z.B. in verdünnter Salpetersäure, löslich. Es wird durch konzentrierte Salpetersäure passiviert. In Verbindungen kommt C. hauptsächlich zwei- und dreiwertig vor.

Verwendung: u.a. als wichtiger Legierungsbestandteil in Dauermagneten und Hartmetallen; als Katalysator; zur Herstellung von Pigmenten in der Glas-, Email- und Keramikindustrie. Das durch Neutronenbestrahlung im Kernreaktor künstlich erzeugte radioaktive Isotop ^{60}Co (ein γ-Strahler mit einer Halbwertszeit von 5,3 Jahren) wird in der Materialprüfung und in der Strahlentherapie zur Krebsbehandlung verwendet.
In der belebten Natur ist C. ein Spurenelement. Das für den menschlichen und tierischen Stoffwechsel wichtige Vitamin B_{12} ist ein Cobaltkomplex.
Cocain (Kokain): ein ↑Alkaloid, das aus den Blättern des südamerikanischen Kokastrauchs gewonnen wird. C. ist ein Betäubungs- und Rauschmittel, das in kleinen Mengen Müdigkeit und Hungergefühle unterdrückt und rauschartige Zustände bewirkt, bei längerem Missbrauch zu Sucht und körperlichem Verfall führt. Der Umgang mit C. unterliegt daher dem Betäubungsmittelgesetz. Die Wirkung des C. beruht auf dem Blockieren der Erregungsleitung in den Nerven.

Cocain

Codein: ↑Alkaloide.
Co|enzym: ↑Enzym.
Co|polymere: ↑Polymere.
Cr: Zeichen für ↑Chrom.
Cracken [engl. to crack »spalten«]: Aufspalten von Kohlenwasserstoffen hoher Molekülmasse in kleinere Bruchstücke unter dem Einfluss von hoher Temperatur (thermisches C.) oder durch zusätzliche Anwendung von Katalysatoren (katalytisches C.). Der Vor-

gang verläuft als ↑Kettenreaktion. Die Spaltung erfolgt an einer beliebigen Stelle der Kohlenstoffkette unter Umlagerung von Wasserstoffatomen. Dabei entstehen auch ungesättigte Kohlenwasserstoffe. Das C. ist ein wichtiges Verfahren bei der Erdölverarbeitung, durch das höher siedende Destillate und Destillationsrückstände v. a. in Benzin und Mitteldestillate umgewandelt werden. Ein weiteres Crackverfahren ist das ↑Steamcracken, bei dem v. a. Grundstoffe der ↑Petrochemie wie Ethen und Propen gewonnen werden. Das thermische C. wird bei 450–500 °C durchgeführt und verläuft über einen Radikalmechanismus. Es ist heute für die Verarbeitung von hochviskosen Erdölfraktionen wie z. B. Destillationsrückständen von Bedeutung, aus denen man auf diese Weise niederviskose, als leichte Heizöle geeignete Produkte erhält.

Das katalytische C. ist v. a. zur Gewinnung von Benzin wichtig. Als Katalysatoren werden überwiegend ↑Zeolithe verwendet, an deren sauren Oberflächen die Reaktion über Carbenium-Ionen abläuft. Das thermische C. wird meist im Wirbelschichtverfahren bei 500 °C und Drücken von etwa 2 MPa durchgeführt. Das bei der Destillation der anfallenden Produkte gewonnene Crackbenzin hat einen hohen Anteil an verzweigtkettigen Alkanen, was zu einer hohen ↑Octanzahl führt.

Eine Variante ist das **Hydrocracken,** das in Gegenwart von Wasserstoff bei 275–400 °C und Drücken zwischen 7 und 22 MPa in Gegenwart von Katalysatoren durchgeführt wird. Dabei entstehen überwiegend gesättigte Kohlenwasserstoffe.

Cs: Zeichen für ↑Cäsium.
CSB: ↑Abwasserreinigung.
Cu: Zeichen für ↑Kupfer.
Cumarin: ↑Hydroxysäuren.
Cumol: ↑Aromaten (Tab.).

Curium [nach Marie Curie, *1867, †1934, und Pierre Curie, *1859, †1906]: chemisches Element der ↑Actinoide, Zeichen Cm, OZ 96, Massenzahl des langlebigsten Isotops 247; Fp. ca. 1340 °C, künstlich hergestelltes Metall der Transurane.
Verwendung: als intensive Strahlenquelle; in Isotopenbatterien zur Stromversorgung in Satelliten; bei der Materialprüfung.

Cyanate: die Salze der **Cyansäure,** HO–C–N, bzw. der **Isocyansäure,** O=C=NH. C. enthalten das OCN⁻-Ion.

Cyanhydrinsynthese: ↑Hydroxysäuren.

Cyanide [zu griech. kýanos »Lasurstein«, »blaue Farbe«]: ↑Cyanwasserstoff.

Cyanidlaugung: ↑Gold, ↑Silber.

Cyano-: Bezeichnung für das Ion CN– als Ligand in einer Komplexverbindung (↑Komplexchemie).

Cyansäure: ↑Cyanate.

Cyanwasserstoff (Blausäure), H–C≡N: eine farblose, nach bitteren Mandeln riechende Flüssigkeit. C. ist äußerst giftig; er bildet mit dem dreiwertigen Eisen der Atmungsenzyme einen Eisen-Cyanid-Komplex, sodass kein Sauerstoff mehr vom Hämoglobin auf die Gewebe übertragen werden kann und innerhalb weniger Sekunden Tod durch Ersticken erfolgt.

Die wässrige Lösung des C. (Cyanwasserstoffsäure) reagiert nur sehr schwach sauer:

$$HCN + H_2O \rightleftharpoons CN^- + H_3O^+.$$

Die Salze der Cyanwasserstoffsäure, die **Cyanide,** reagieren deshalb bei der Hydrolyse stark alkalisch:

$$CN^- + H_2O \rightleftharpoons HCN + OH^-.$$

Durch die Salzsäure des Magensaftes wird aus den Cyaniden folglich sofort C. freigesetzt. Deshalb wirken auch diese Salze extrem giftig. Am bekanntesten ist das **Kaliumcyanid (»Zyankali«**, KCN) ein in Wasser leicht lösliches, weißes Pulver.

Cyclam<u>a</u>t: ↑Süßstoffe.

cyclische Verbindungen [zu griech. kýklos »Kreis«] (Ringverbindungen): Bezeichnung für verschiedene, in der Mehrzahl organische Verbindungen, deren Struktur einen oder mehrere Ringe aufweist. Die kleinsten Ringe sind aus drei Atomen aufgebaut, die größten heute bekannten aus mehr als 20.
Zu den organischen c. V. zählen einerseits die carbocyclischen Verbindungen, deren Ringe nur aus Kohlenstoffatomen aufgebaut sind. Dazu gehören die ↑alicyclischen Verbindungen (z. B. die ↑Cycloalkane) und die ↑Aromaten. Andererseits gehören dazu die ↑Heterocyclen, bei denen außer Kohlenstoffatomen noch ein oder mehrere andere Atome am Ringaufbau beteiligt sind.
Anorganische Ringverbindungen sind z. B. die S_8-Ringe des Schwefels, die aus Siliciumatomen gebildeten Cyclosilane und die aus Phosphor- und Sauerstoffatomen bestehenden Ringe bestimmter Phosphorsäuren.

Cyclisierung: Reaktion, die zur Bildung einer ↑cyclischen Verbindung führt.

Cyclo|alk<u>a</u>ne: ringförmige Kohlenwasserstoffe der allgemeinen Summenformel C_nH_{2n}, deren Kohlenstoffatome durch Kohlenstoff-Kohlenstoff-Einfachbindungen verbunden sind. In ihrem chemischen Verhalten stehen sie den ↑Alkanen näher als den ↑Aromaten. Sie werden benannt, indem man dem Namen des entsprechenden Alkans mit gleicher Anzahl von Kohlenstoffatomen die Vorsilbe Cyclo- voranstellt.
Die stabilsten Ringe haben fünf oder sechs Kohlenstoffatome (**Cyclopentan** bzw. **Cyclohexan**). Diese kommen daher in der Natur häufig vor, z. B. im Erdöl. Die kleinsten Ringe mit drei oder vier Kohlenstoffatomen (Cyclopropan oder Cyclobutan) sind wegen unvollkommener Überlappung der sp³-Hybridorbitale (↑Orbitalmodell) und damit geringerer Bindungsfestigkeit sehr reaktionsfreudig. Besonders Cyclopropan reagiert leicht unter Ringöffnung.

Cyclodextr<u>i</u>ne: ↑Zucker.
Cyclohex<u>a</u>n: ↑Cycloalkane.
Cyst<u>ei</u>n: ↑Aminosäuren.
Cyt<u>o</u>sin: ↑Nucleinsäuren.

D

d: ↑Elektronenkonfiguration, ↑Orbitalmodell.
D: Zeichen für ↑Deuterium.
D-: ↑Enantiomere.

daltonsches Gesetz ['dɔːltən-]: von J. DALTON gefundenes Gasgesetz. Es besagt: Der Gesamtdruck eines Gemisches idealer Gase ist gleich der Summe der ↑Partialdrücke der einzelnen Komponenten, d. h. der Summe der Drücke, die jedes Gas ausüben würde, wenn es das Volumen, in dem sich das Gemisch befindet, allein ausfüllen könnte.

daltonsches Modell: ↑Atommodell.

Dampf: Bezeichnung für den gasförmigen Aggregatzustand eines Stoffes, wenn dieser Stoff gleichzeitig auch noch im flüssigen Aggregatzustand vorliegt und beide Phasen miteinander in Kontakt stehen. Zwischen D. und Flüssigkeit erfolgt dabei ein ständiger Energie- und Masseaustausch, d. h., es gehen ständig Moleküle aus der Flüssigkeit in den Dampfraum und aus dem Dampfraum in die Flüssigkeit über. Ist die Zahl der übergehenden Teilchen in einem bestimmten Zeitraum in beiden Richtungen identisch, so liegt ein thermodynamisches Gleichgewicht zwischen den beiden Aggregatzuständen vor. Der D. wird in diesem Falle als **gesättigter Dampf** bezeichnet, sein temperaturabhängiger Druck als **Dampfdruck** oder **Sättigungsdampfdruck**.

Dampfdichtebestimmung: Methode zur Bestimmung der Molekülmasse durch Messung der Dampfdichte. Das Verfahren, das v. a. für die Bestimmung von leicht verdampfbaren Flüssigkeiten und Feststoffen geeignet ist, geht auf VICTOR MEYER (*1848, †1897) zurück. Dabei wird zunächst eine abgewogene Menge der zu prüfenden Substanz verdampft; der dabei entstehende Dampf verdrängt ein entsprechendes Luftvolumen, das in einem Gasmessrohr bestimmt wird. Der Dampf kann (besonders bei hohen Temperaturen) durch die allgemeine Zustandsgleichung der Gase beschrieben werden:

$$pV = nRT$$

(p Druck, V Volumen, n Anzahl der Mole, T absolute Temperatur, R spezielle Gaskonstante). Mit $n = m/M$ (m Masse, M Molekülmasse) gilt dann für die Dampfdichte ($\rho_D = m/V$) die Proportionalität zur Molekülmasse M der Dampfmoleküle.

Daraus kann die Molekülmasse nach der Formel

$$M = mRT/pV$$

berechnet werden.

Dampfdruckerniedrigung: ↑raoultsches Gesetz.

Daniell-Element ['dænjəl; nach JOHN FREDERIC DANIELL; *1790, †1845]: ↑Spannungsreihe.

Db: Zeichen für ↑Dubnium.

DDT, Abk. für **D**ichlor**d**iphenyl**t**richlorethan (1,1,1-Trichlor-2,2-bis(4-chlorphenyl)-ethan): ein zu den Chlorkohlenwasserstoffen zählendes Insektizid (↑Biozide), das sowohl als ↑Kontaktgift wie auch als Fraßgift wirken kann (Abb.).

DDT wurde jahrelang weltweit eingesetzt. Sein Nachteil ist, dass es im Organismus von Säugetieren und Menschen im Fettgewebe gespeichert wird. Da es sehr stabil ist, reichert es sich hier wie in der Natur an. DDT führte weltweit u. a. zu resistenten Insektenstämmen und zur Gefährdung der Vögel (Sterilität und zu dünne Eierschalen). In vielen Ländern ist seine Anwendung inzwischen verboten.

DDT

Debye-Scherrer-Diagramme [də'bɛiə-; nach PETER JOSEPH WILHELM DEBYE; *1884, †1966, und PAUL SCHERRER; *1890, †1969]: ↑Kristallstrukturanalyse.

trans-Decalin

cis-Decalin

Decalin

Decalin [zu griech. deka »zehn«]: Trivialname für Decahydronaphthalin, Summenformel $C_{10}H_{18}$. D. wird aus Naphthalin durch vollständige Hydrierung unter Druck (2,5–4 MPa) bei 200–260 °C in Gegenwart von Nickelkatalysatoren gewonnen. Im Handel ist meist ein Gemisch der beiden Isomere, die als *cis*- und *trans*-Decalin bezeichnet werden (Abb.).

D. wird als Lösungsmittel für Fette,

Depolymerisation

Harze und Öle sowie u. a. zur Herstellung von Bohnerwachsen verwendet.

Decan: ↑Alkane.

De|carboxylierung: die Abspaltung von Kohlenstoffdioxid, CO_2, aus ↑Carbonsäuren. Aliphatische Monocarbonsäuren decarboxylieren nur bei hohen Temperaturen bzw. mithilfe eines Katalysators. Ist dagegen die Carboxylgruppe durch Elektronen ziehende Gruppen, z. B. eine Carbonylgruppe (Abb.) oder eine zweite Säuregruppe, aktiviert, so läuft die Reaktion schon bei niedrigen Temperaturen und ohne Katalysator ab.

$$\begin{array}{c} COOH \\ | \\ CH_2 \\ | \\ COOH \end{array} \longrightarrow \begin{array}{c} COOH \\ | \\ CH_3 \end{array} + CO_2 \uparrow$$

Decarboxylierung: Decarboxylierung von Malonsäure

Im Stoffwechsel spielt die D. eine große Rolle beim Abbau von Aminosäuren zu biogenen Aminen und beim Abbau von Oxosäuren im Citronensäurezyklus.

Decyl-: Bezeichnung für die vom Decan abgeleiteten Radikale und Reste $-C_{10}H_{21}$.

Deformationsschwingungen: ↑Infrarotspektroskopie.

De|hydratisierung: die intramolekulare oder intermolekulare Abspaltung von Wasser aus einer chemischen Verbindung.

De|hydrierung: die Abspaltung von Wasserstoff aus chemischen Verbindungen, entweder mithilfe eines Katalysators bei erhöhter Temperatur, wobei elementarer Wasserstoff freigesetzt wird, oder mittels einer anderen chemischen Verbindung, auf die der Wasserstoff übertragen wird. Letztere Variante ist v. a. bei biochemischen Reaktionen von Bedeutung.

dekantieren: eine Flüssigkeit vorsichtig von einem ↑Bodenkörper abgießen.

De|kontamination: ↑Kontamination.

d-Elemente: ↑Übergangselemente.

De|lokalisation: die Verteilung von Bindungselektronen über mehr als zwei Atomkerne (↑Atombindung). Dies bedeutet, dass die π-Elektronen sich nicht zwischen zwei bestimmten Atomkernen aufhalten, sondern in Form einer Elektronenwolke über einen bestimmten Teil des Moleküls verteilt sind. D. hat z. B. Bedeutung zur Beschreibung von ↑konjugierten Doppelbindungen und ↑Aromaten.

De|naturierung:

◆ *Biochemie:* der Verlust der ursprünglichen Eigenschaften von Naturstoffen, v. a. von Proteinen. Sie kann hervorgerufen werden durch Säuren, Alkalien, Detergenzien oder Wärmezufuhr und ist im Aufbrechen der Tertiär- und Sekundärstruktur der Proteine begründet. Die Peptidketten selbst werden dabei aber nicht angegriffen. Die D. kann bis zur Koagulation der Peptidketten führen und ist meist nicht reversibel.

◆ *Technik* (Vergällen): Bezeichnung für eine Maßnahme, durch die bestimmte Waren, die sowohl als Genussmittel als auch bei technischen Prozessen verwendet werden können (z. B. Alkohol oder Kochsalz), durch Zusatz geringer Mengen übel riechender oder schmeckender, schwer abtrennbarer Stoffe für den Menschen ungenießbar gemacht werden. So wird z. B. Alkohol häufig mit Pyridin vergällt oder Kochsalz durch Farbstoffe als nicht für den menschlichen Verzehr bestimmt gekennzeichnet. Die D. erfolgt dabei aus steuerlichen Gründen.

De|polymerisation: die Umkehrung der ↑Polymerisation, d. h. die Zerlegung makromolekularer Stoffe in kleinere Einheiten, im Extremfall bis zu den ↑Monomeren. Eine D. kann z. B. unter dem Einfluss von Wärme erfolgen.

Derivat

Derivat [zu lat. derivare »ableiten«]: von einer chemischen Verbindung abgeleiteter neuer Stoff, dessen Strukturformel noch das gleiche Grundgerüst zeigt wie die Stammform. D. leiten sich entweder rein formal von der Grundverbindung ab oder lassen sich durch einfache Reaktionen daraus herstellen. In der organischen Chemie werden häufig D. zur Charakterisierung einer Substanz bzw. einer bestimmten funktionellen Gruppe hergestellt.

De|sorption: die Freisetzung eines adsorbierten Stoffes (↑Adsorption), z. B. durch Erwärmen oder Druckverminderung.

Desoxy|ribonucleinsäure: ↑Nucleinsäuren.

Destillation [zu lat. destillare »herabtropfen«]: ein Verfahren zur Trennung von Substanzgemischen, v. a. von Flüssigkeitsgemischen. Bei einer D. wird eine Flüssigkeit (meist durch Erhitzen) zum Sieden gebracht, die entstehenden Dämpfe werden durch Kühlen wieder verflüssigt (kondensiert) und dieses Kondensat in einer Vorlage aufgefangen. Der durch Kondensieren erhaltene Anteil wird **Destillat,** der nicht verdampfende Anteil **Destillationsrückstand** genannt.

Bei der einfachen D. (Abb. 1) ist jedoch keine vollständige Trennung möglich, denn mit der niedrigersiedenden Substanz geht stets auch die höhersiedende in einer ihrem Dampfdruck (↑Dampf) entsprechenden Menge in das Destillat über. Auf diese Weise lasssen sich also nur Destillate bestimmter Siedebereiche (Fraktionen) erzielen, in denen zuerst die niedrigersiedenden, später die höhersiedenden Bestandteile mehr oder weniger angereichert sind (fraktionierte Destillation).

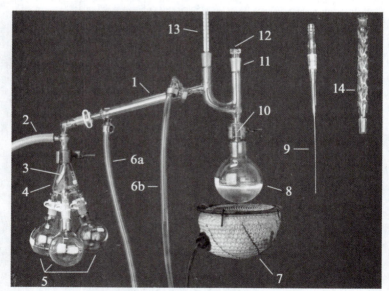

Destillation (Abb. 1): Destillationsapparatur im Labor. 1 Destillationsbrücke, 2 Vakuumschlauch, 3 Vorstoß, 4 Spinne, 5 Rundkolben als Vorlage, 6 Kühlwasserschlauch, a) Zuleitung, b) Ableitung, 7 Heizhaube, 8 Rundkolben, 9 Siedekapillare, 10 Einsatzstelle für eine Kolonne, 11 Einsatzstelle für die Siedekapillare, 12 Schliffstopfen, 13 Thermometer, 14 Vigreux-Kolonne

Eine bessere Trennung der Substanzen lässt sich durch wiederholtes Destillieren der bei verschiedenen Temperaturen aufgefangenen Teildestillate erzielen. Denselben Effekt erreicht man mit Destillationskolonnen (**Rektifikation**). Im Labor ist dies meist eine Füllkörperkolonne (ein mit Füllkörpern versehenes Rohr) oder eine Vigreux-Kolonne (Abb. 1, rechts), in der Technik eine turmartige Kolonne mit Trennböden, z. B. Siebböden oder Glockenböden (Abb. 2). In einer Destillationskolonne kommt der aufsteigende Dampf ständig mit herabfließendem Kondensat in Kontakt, wobei bei starker Durchmischung ein intensiver Stoff- und Wärmeaustausch stattfindet. Beim Verdampfen mitgeführte höhersiedende Anteile bleiben zurück, sodass sich die leichter flüchtigen Komponenten oben, die schwerer flüchtigen unten anreichern.

Die Rektifikation hat, z. B. bei der Verarbeitung von ↑Erdöl und bei der Abtrennung von Gärungsalkohol, große technische Bedeutung.

Für spezielle Stoffgruppen wurden Sonderformen der D. entwickelt. Hochsiedende und temperaturempfindliche Stoffe z. B. werden bei niedrigem Druck (weniger als 25 hPa) destilliert (**Vakuumdestillation**). Als **azeotrope Destillation** bezeichnet man die Trennung eines azeotropen Gemisches (↑Azeotrop) durch Zugabe einer Komponente, die mit dem Azeotrop ein abdestillierbares Gemisch bildet. Bei der **trockenen Destillation** (Trockendestillation), bei der feste Substanzen wie Holz oder Kohle unter Luftabschluss erhitzt und die flüchtigen Bestandteile bzw. Zersetzungsprodukte abgetrennt werden, handelt es sich um eine ↑Pyrolyse und nicht um eine Destillation.

Der Destillationsablauf und damit die Trennbarkeit eines Zweistoffgemisches lassen sich anhand eines **Siedediagramms** verfolgen, in dem auf der Abszisse die Konzentration der Teilkompo-

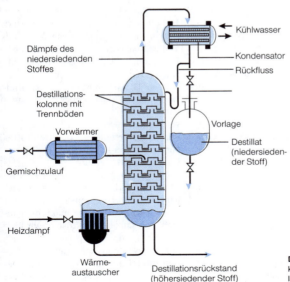

Destillation (Abb. 2): kontinuierliche Destillation in der Technik

Detergenzien

nenten und auf der Ordinate die dazugehörenden Siedepunkte aufgetragen sind. Erwärmt man z. B. eine Mischung von 45 % eines höhersiedenden Stoffes A und 55 % eines niedrigersiedenden Stoffes B (Abb. 3), so siedet sie bei der Temperatur T. Der entstehende Dampf enthält im Beispiel zu 90 % B und zu 10 % A. Die sich daraus ergebende

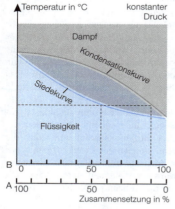

Destillation (Abb. 3): Siedediagramm

Konzentrationsänderung führt zu einer Anreicherung von A in der Flüssigkeit und von B im Dampf, bis alles verdampft ist. Der Dampf hätte dann die gleiche Zusammensetzung wie das Ausgangsgemisch – eine Trennung wäre nicht erreicht! Eine mehrmalige Unterbrechung und Wiederholung des Vorgangs ermöglicht dagegen eine weitgehende Trennung: Kondensiert man den Dampf bei Destillationsbeginn mit 90 % B und 10 % A und destilliert das dabei gewonnene Kondensat erneut, so enthält der neue Dampf bereits 98 % B und nur 2 % A.

Detergenzien [zu lat. detergere »abwischen«, »reinigen«]: ↑Tenside.

Detonation [zu lat. detonare »herabdonnern«]: ↑Explosion.

Deuterium [zu griech. deúteros »zweiter«, »nächster«] (schwerer Wasserstoff): Isotop des Wasserstoffs mit der Massenzahl 2, das im natürlichen Wasserstoff zu etwa 0,016 % enthalten ist; chem. Symbol D oder ^2H. Während der Kern des gewöhnlichen Wasserstoffatoms ^1H nur aus einem Proton besteht, ist der Deuteriumkern (Deuteron) aus einem Proton und einem Neutron zusammengesetzt. In seinem chemischen Verhalten unterscheidet sich das D. nur durch die Reaktionsgeschwindigkeit geringfügig vom gewöhnlichen Wasserstoff. Verwendet wird D. z. B. als Tracer bei der Untersuchung von Reaktionsmechanismen oder biologischen Abläufen, d. h. es wird gezielt an einer bestimmten Stelle eines Moleküls eingebaut, und nach Ablauf der Reaktion wird die Position der Deuteriumatome ermittelt.

Dextrine [zu lat. dexter »rechts«, da wässrige Lösungen von D. die Polarisationsebene des polarisierten Lichts nach rechts drehen]: Oligosaccharide (↑Kohlenhydrate), die beim unvollständigen Abbau von ↑Stärke entstehen. Höhermolekulare, d. h. nicht zu stark abgebaute D., zeigen noch die ↑Iod-Stärke-Reaktion. In der Natur entstehen D. durch enzymatischen Abbau und sind z. B. im Malz enthalten. Technisch werden D. aus Mais- oder Kartoffelstärke durch Erhitzen oder durch säurekatalysierte Hydrolyse hergestellt. D. sind braune, wasserlösliche Pulver, die v. a. zur Herstellung von Klebstoffen verwendet werden.

Di|alkyl|amin: ↑Amine.

Dia|lyse [zu griech. diálysis »Auflösung«]: Verfahren zur Abtrennung niedermolekularer Begleitstoffe aus einer Lösung kolloidaler oder makromolekularer Substanzen. Die Lösung wird dabei durch eine ↑semipermeable Membran vom laufend erneuerten reinen Lösungsmittel getrennt. Die niedermolekularen Stoffe diffundieren durch diese

Membran in das außen vorbeifließende Lösungsmittel; die größeren Kolloidteilchen bzw. die Makromoleküle können die Membran hingegen nicht passieren, sodass es zu einer Trennung kommt.

Diamant [zu griech. adámas »Unbezwingbares«]: eine Modifikation des ↑Kohlenstoffs. Im D. bilden die Kohlenstoffatome ein regelmäßiges dreidimensionales Atomgitter, in dem jedes Kohlenstoffatom tetraedrisch mit vier weiteren Kohlenstoffatomen verbunden ist (Abb.). Die Kohlenstoffatome sind im D. sp^3-hybridisiert (↑Orbital-

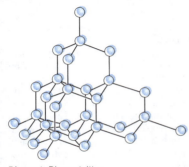

Diamant: Diamantgitter

modell) und somit über σ-Bindungen miteinander verbunden. Auf diese Weise erreicht jedes Atom ein Elektronenoktett und damit einen besonders energiearmen (stabilen) Zustand. Dieses kovalente Gitter ist außerordentlich beständig. D. ist der härteste Stoff (↑Härte) und wird deshalb als Schneid-, Schleif- und Bohrmaterial verwendet. In reinem Zustand ist D. farblos und stark lichtbrechend. Besonders gut kommt diese Lichtbrechung in geschliffenen D., den Brillanten, zur Geltung. Im Gegensatz zum ↑Graphit ist D. ein Nichtleiter, da er keine freien Elektronen hat. Er ist bei Normaltemperatur sehr reaktionsträge, wird jedoch bei höheren Temperaturen von Oxidationsmitteln angegriffen. Oberhalb 800 °C verbrennt D. an der Luft zu Kohlenstoffdioxid. Unter Luftabschluss geht D. beim Erhitzen auf über 1500 °C in Graphit über. Die Umwandlung von Graphit in D. ist bei Temperaturen von ca. 2400 °C und Drücken über 10 000 MPa unter Verwendung von Katalysatoren (z. B. Chrom oder Mangan) möglich.

Dia|phragma [griech. »Zwerchfell«]: poröse Wand, die Kathoden- und Anodenraum einer Elektrolysezelle voneinander trennt. Sie verhindert ein Vermischen der Reaktionsprodukte, gestattet jedoch den notwendigen Stromtransport. Diaphragmen bestehen sind meist aus Ton, Asbest oder Kunststoff.

Dia|phragmaverfahren: ↑Chloralkalielektrolyse.

Dia|stereo|isomere (Diastereomere): Stereoisomere (↑Isomerie), die sich nicht wie Bild und Spiegelbild verhalten. Sie treten u. a. bei Verbindungen mit mehreren ↑asymmetrischen Kohlenstoffatomen auf. Von den drei Isomeren der 2,3-Dihydroxybernsteinsäure (Weinsäure) verhalten sich die beiden optisch aktiven Verbindungen D(−)- und L(+)-Weinsäure wie Bild und

Diastereoisomere: Formeln der verschiedenen Isomere von Weinsäure und deren Beziehungen untereinander

Spiegelbild, d.h., sie sind ↑Enantiomere. Gegenüber der *meso*-Weinsäure sind D(−)- und L(+)-Weinsäure D., d.h., sie sind keine Spiegelbilder der *meso*-Weinsäure (Abb.). Während Enantiomere sich nur in ihrem optischen Drehvermögen voneinander unterscheiden, zeigen D. verschiedene chemische und physikalische Eigenschaften.

Diazoniumsalze: ↑Diazotierung.

Diazospaltung: ↑Diazotierung.

Diazotierung: Bezeichnung für die Umsetzung primärer aromatischer ↑Amine (bzw. der entsprechenden Arylammoniumsalze) mit salpetriger Säure, HNO_2, zu **Diazoniumsalzen** (Diazoniumverbindungen; Abb. 1).

⟨⟩—$\overset{+}{N}H_3\ Cl^-$ + $\overline{O}=\overline{N}-OH$
Anilinhydrochlorid   salpetrige Säure

⟶ ⟨⟩—$\overset{+}{N}\equiv N|\ Cl^-$ + $2\ H_2O$

Benzoldiazoniumchlorid

Diazotierung (Abb. 1)

Die D. wird in stark saurer Lösung und in Kälte durchgeführt, da die entstehenden Diazoniumsalze sich sonst durch Diazospaltung (Abb. 2) zersetzen.

⟨⟩—$\overset{+}{N}\equiv N|\ Cl^-$ + H_2O ⟶

Benzoldiazoniumchlorid

⟨⟩—OH + $N_2\uparrow$ + H^+ + Cl^-

Phenol

Diazotierung (Abb. 2): Diazospaltung

Diese Reaktion wird zur Herstellung bestimmter Phenolderivate aus den entsprechenden Anilinabkömmlingen genutzt.

Die Diazoniumsalze sind wichtige Zwischenprodukte bei der Gewinnung von Azofarbstoffen (↑Farbstoffe) mittels ↑Azokupplung.

Dicarbonsäuren: Gruppe der Carbonsäuren mit zwei Carboxylgruppen, −COOH (Tab.). Geradkettige D. werden benannt, indem an den Namen des entsprechenden Kohlenwasserstoffs die Endung -disäure angehängt wird. Bei cyclischen Säuren werden die Kohlenstoffatome der Carboxylgruppen nicht zur Stammsubstanz gerechnet; hier wird an den Namen der aromatischen oder alicyclischen Stammsubstanz die Endung -dicarbonsäure angehängt.

D. werden analog den Carbonsäuren hergestellt, wobei man jedoch von bifunktionellen Ausgangssubstanzen ausgeht. Infolge gegenseitiger Beeinflussung der beiden Carboxylgruppen sind die niederen D. stärker sauer als die entsprechenden Monocarbonsäuren. Sie dissoziieren in zwei Stufen und bilden dabei saure und neutrale Salze (Abb. 1).

COOH $COO^-\ K^+$ COO^-
| | | Ca^{2+}
COOH   COOH COO^-

Dicarbonsäuren (Abb. 1): Salze der Oxalsäure

Beim Erhitzen decarboxylieren (↑Decarboxylierung) Ethandisäure (Oxalsäure) und Propandisäure (Malonsäure), d.h., sie spalten unter Bildung von Monocarbonsäuren Kohlenstoffdioxid ab (Abb. 2).

HOOC–COOH → HCOOH + $CO_2\uparrow$
 Oxalsäure   Ameisensäure
 (Ethandisäure) (Methansäure)

Dicarbonsäuren (Abb. 2): Decarboxylierung der Oxalsäure

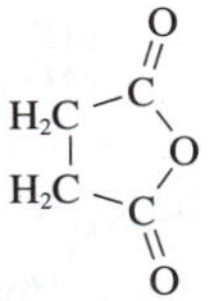

Dicarbonsäuren (Abb. 3): Butandisäureanhydrid (Bernsteinsäureanhydrid)

1,4- und 1,5-Dicarbonsäuren bilden cyclische Anhydride, z. B. die Butandisäure (Bernsteinsäure) das Butandisäureanhydrid (Abb. 3). Die Oxalsäure (Ethandisäure) kommt v.a. in Form ihrer Salze, der ↑Oxalate, verbreitet in der Natur vor. Die Malonsäure (Propandisäure) ist Ausgangsstoff für die Herstellung substituierter Carbonsäuren. Von ihrer CH$_2$-Gruppe kann wegen des –I-Effekts (↑induktiver Effekt) der beiden Carboxylgruppen ein Proton unter Bildung eines Carbanions abgespaltet werden (C-H-Acidität).

Di|chlordifluormethan: ↑Halogenkohlenwasserstoffe (Tab.).
Di|chlorethan: ↑Halogenkohlenwasserstoffe (Tab.).
Di|chlormethan: ↑Halogenkohlenwasserstoffe (Tab.).
Dichte, Formelzeichen ρ: Quotient aus der Masse m und dem Volumen V eines Körpers:

$$\rho = m/V.$$

Die SI-Einheit der D. ist »Kilogramm pro Kubikmeter«, jedoch wird die D. häufig auch in g/cm^3 oder bei Gasen in g/l angegeben.
Die D. ist eine Materialkonstante (Beispiele siehe Tab. 1 und 2), die von der

systematischer Name	herkömmlicher Name	vereinfachte Strukturformel	Name des Salzes
Ethandisäure	Oxalsäure	HOOC–COOH	Oxalat (Ethandiat)
Propandisäure	Malonsäure	HOOC–CH$_2$–COOH	Malonat (Propandiat)
Butandisäure	Bernsteinsäure	HOOC–(CH$_2$)$_2$–COOH	Succinat (Butandiat)
Hexandisäure	Adipinsäure	HOOC–(CH$_2$)$_4$–COOH	Adipat (Hexandiat)
cis-2-Butendisäure	Maleinsäure	HOOC_/COOH HC=CH	Maleinat
trans-2-Butendisäure	Fumarsäure	HOOC_ HC=CH _COOH	Fumarat
1,2-Benzoldicarbonsäure	Phthalsäure	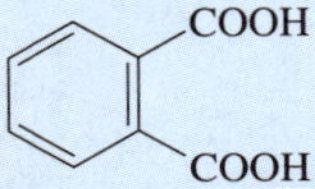 C$_6$H$_4$(COOH)$_2$ (ortho)	Phthalat
1,4-Benzoldicarbonsäure	Terephthalsäure	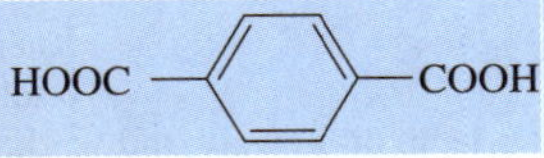 HOOC–C$_6$H$_4$–COOH (para)	Terephthalat

Dicarbonsäuren: wichtige Beispiele

Diels-Alder-Reaktion

Stoff	Dichte bei 20 °C in g/cm³
Aluminium	2,699
Ethylalkohol	0,7893
Blei	11,35
Eisen	7,86
Gold	19,3
Kupfer	8,93
Quecksilber	13,54
Silber	10,5
Wasser	0,998
Zink	7,13

Dichte (Tab.1): Dichte einiger fester und flüssiger Stoffe

Stoff	Dichte bei 0 °C und 1013 hPa in g/l
Ammoniak	0,7713
Argon	1,784
Ethan	1,3566
Chlor	3,214
Helium	0,1785
Methan	0,7168
Sauerstoff	1,42895
Luft	1,2930
Stickstoff	1,2505
Wasserstoff	0,08988

Dichte (Tab.2): Dichte einiger gasförmiger Stoffe

Temperatur und, insbesondere bei gasförmigen Körpern, vom Druck abhängt.

Diels-Alder-Reaktion (Diensynthese): eine von O. DIELS und K. ALDER entwickelte Synthese zur Herstellung von cyclischen Verbindungen. Unter der D.-A.-R. versteht man die Addition einer Verbindung mit einer Doppel- oder Dreifachbindung (**»Dienophil«**) an Kohlenwasserstoffe mit ↑konjugierten Doppelbindungen (↑Diene). Dabei muss das Dienophil durch benachbarte Elektronen anziehende Gruppen (z. B. eine Carboxylgruppe oder Aminogruppe) aktiviert sein (Abb.). Die Reaktion läuft synchron ab, d.h., alle Bindungen werden gleichzeitig geschlossen bzw. geöffnet

Diels-Alder-Reaktion

Di|ene [Kw. aus griech. di- »zwei« und -en (von Alken)]: ungesättigte aliphatische Kohlenwasserstoffe mit der allgemeinen Summenformel C_nH_{2n-2}, die im Molekül zwei Doppelbindungen aufweisen (↑Alkene). Sie sind den ↑Alkinen isomer. Im engeren Sinn versteht man unter D. Verbindungen mit ↑konjugieren Doppelbindungen.

Das technisch wichtigste Dien ist das 1,3-Butadien (meist kurz ↑Butadien). Das 1,3-Butadienmolekül ist eben gebaut und jedes der vier Kohlenstoffatome ist sp²-hybridisiert (↑Orbitalmodell). Die p-Orbitale bilden nicht zwei getrennte Doppelbindungen, sondern überlappen ober- und unterhalb der Molekülebene zu Elektronenwolken, die das ganze Molekül umfassen (↑Delokalisation). Dies zeigt sich u. a. darin, dass die Doppelbindungen hier etwas länger sind als isolierte Doppelbindungen, die Einfachbindung zwischen den beiden mittleren Kohlenstoffatomen dagegen etwas verkürzt ist (Abb. 1).

Das 1,3-Butadienmolekül kann mit einer Formel allein nicht vollständig beschrieben werden, es lässt sich nur durch eine Reihe von mehreren mesomeren (↑Mesomerie) Grenzformeln wiedergeben (Abb. 2), wobei die polaren Grenzstrukturen die verschiedenen Reaktionsmöglichkeiten z. B. bei der ↑Addition von Brom deutlich machen. Die 1,4-Addition (↑Diels-Alder-Reaktion) von aktivierten Alkenen oder Alkinen an D. führt zu Ringverbindungen.

Dienophile [Kw. aus Dien und griech. phílos »Freund«]: ↑Diels-Alder-Reaktion.

Diensynthese: ↑Diels-Alder-Reaktion.

Dieselkraftstoff [benannt nach RUDOLF DIESEL; *1858, †1913]: ein Gemisch aus schwer entflammbaren Kohlenwasserstoffen, das aus den bei der fraktionierten Destillation von Erdöl zwischen 200 und 350 °C anfallenden Gasölen (oder auch durch ↑Cracken der Destillationsrückstände) gewonnen wird.

Den Hauptanteil bilden Alkane, wodurch die hohe Cetanzahl (↑Octanzahl) bewirkt wird. Der Anteil an Alkenen und Aromaten ist gering. D. entzündet sich im Dieselmotor durch die verglichen mit dem Ottomotor wesentlich höhere Verdichtung der angesaugten Luft und die damit verbundene Temperaturerhöhung auf 700 bis 900 °C von selbst.

Diethylenglykol (Diglykol), HO–CH$_2$–CH$_2$–O–CH$_2$–CH$_2$–OH: ein zweiwertiger Alkohol. D. ist ein Nebenprodukt bei der Herstellung von ↑Glykol und wird als Weichmacher verwendet.

Diethylether: ↑Ether.

Diethylketon: ↑Ketone.

Diethylsulfat: ↑Ester.

Diffusion [zu lat. diffundere »ausströmen«]: Transportvorgang, in dessen Verlauf Teilchen (Atome, Moleküle) infolge ihrer Wärmebewegung (↑brownsche Bewegung) auf unregelmäßigen (Zickzack-)Bahnen von Orten höherer Konzentration zu Orten niedrigerer Konzentration gelangen, sodass allmählich ein Dichte- bzw. Konzentrationsausgleich stattfindet. Werden beispielsweise zwei Gase getrennt in einen Raum gebracht, so bewirkt die D., dass nach einiger Zeit die Teilchen beider Gase gleichmäßig im ganzen zur Verfügung stehenden Raum verteilt sind.

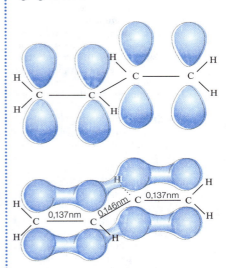

Diene (Abb. 1): π-Orbitale im Butadien (oben) und delokalisierte π-Elektronenwolke (unten)

$$H_2C=CH-\overset{+}{C}H-\overset{-}{C}H_2$$
$$\updownarrow$$
$$\overset{+}{H_2C}-CH=CH-\overset{-}{C}H_2$$
$$\updownarrow$$
$$H_2C=CH-CH=CH_2$$
$$\updownarrow$$
$$H_2\dot{C}-CH=CH-\dot{C}H_2$$
$$\updownarrow$$
$$H_2C=CH-\dot{C}H-\dot{C}H_2$$

} polare Grenzstrukturen

} biradikalische Grenzstrukturen

Diene (Abb. 2): mesomere Grenzformeln für Butadien

Auf der D. beruht z. B. die Verteilung von Geruchsstoffen. D. tritt auch zwischen den Teilchen von Flüssigkeiten und in Lösungen auf. Im Prinzip gibt es auch eine (wenn auch extrem langsame) D. in Festkörpern.

Digerieren [lat. digerere »auseinandertragen«, »zerteilen«]: das Ausziehen (Herauslösen) löslicher Bestandteile aus einem Stoffgemisch (z. B. auch aus Pflanzenmaterial) durch Übergießen mit einem geeigneten Lösungsmittel und anschließendes Dekantieren.

Di|hydrogenphosphate: ↑Phosphate.

Di|hydrogenphosphite: ↑Phosphite.

Di|hydroxybenzole: ↑Phenole.

Di|hydroxybutandisäure: ↑Hydroxysäuren.

Di|merisation (Dimerisierung): Vereinigung zweier gleicher Moleküle zu *einem* Molekül, dem Dimer, durch eine Additionsreaktion. Beispiele sind die Aldoladdition von zwei Molekülen Ethanal (Acetaldehyd) zu Acetaldol (↑Aldehyde) oder die Reaktion von 2-Methylpropen zu 2,2,4-Trimethyl-3-penten (↑Erdöl).

Auch eine Aneinanderlagerung von zwei Molekülen etwa durch Dipol-Dipol-Kräfte wie Wasserstoffbrücken wird als D. bezeichnet; sie ist z. B. bei ↑Carbonsäuren verantwortlich für den gegenüber den entsprechenden Alkanen höheren Siedepunkt der Säuren und kann durch Messung der ↑Gefrierpunktserniedrigung nachgewiesen werden.

Di|methylbenzole: ↑Aromaten.

Di|methylform|amid: ↑Amide.

Di|methylketon: ↑Ketone.

Di|oxan: farblose, brennbare, schwach etherartig riechende Flüssigkeit; ein Ether, der z. B. durch Wasserabspaltung aus ↑Diethylenglykol gewonnen werden kann. Wegen seiner guten Lösungseigenschaften wird D. als Lösungsmittel für Celluloseprodukte, Fette, Öle und Wachse verwendet. Es steht im Verdacht, Krebs zu erregen.

Dioxan

Di|oxine: chemische Verbindungen, die sich vom *Dioxin,* einem sechsgliedrigen Heterocyclus mit zwei Sauerstoffatomen ableiten. Diese Verbindung ist als solche nicht bekannt, liegt aber in kondensierten Ringsystemen, z. B. im Dibenzodioxin (Abb.), vor. Als D. werden heute v. a. die mehrfach chlorierten Derivate des Dibenzodioxins bezeichnet. Diese sind extrem giftige Substanzen, die z. B. beim Verbrennen von Chlorkohlenwasserstoffen (z. B. ↑PCB) entstehen können. Am giftigsten ist das 2,3,7,8-Tetrachlordibenzo-1,4-dioxin, kurz **TCDD** (Abb.),

Dibenzodioxin

2,3,7,8-Tetrachlordibenzo-1,4-dioxin (TCDD)

Dioxine

gelegentlich auch »Seveso-Gift« genannt, da es 1976 bei einem Unfall in einer Fabrik im italienischen Seveso freigesetzt wurde und verheerende Schäden anrichtete.

Di|phenylketon: ↑Ketone.

Di|phosphate: ↑Phosphate.

Di|phosphorsäure: ↑Phosphor.

Dipol-Dipol-Kräfte: ↑zwischenmolekulare Kräfte.

Dipolmolekül (polares Molekül): ein Molekül, in dem der Schwerpunkt der negativen Ladungen der Atomhüllen nicht mit dem Schwerpunkt der positiven Ladungen der Atomkerne zusammenfällt. Demnach hat ein D. eine negative und eine positive Seite, die in Formeln mit den Symbolen $\delta+$ und $\delta-$ gekennzeichnet werden:

$$\overset{\delta+}{H} - \overset{\delta-}{F}$$

Ein Beispiel für einen solchen permanenten Dipol ist das Fluorwasserstoffmolekül HF. Hier wird das bindende gemeinsame Elektronenpaar vom Fluoratom stärker angezogen als vom Wasserstoffatom (↑Elektronegativität). Das Fluoratom erhält dadurch eine geringe negative, das Wasserstoffatom eine geringe positive Überschussladung (Partialladung, Teilladung).

Di|saccharide: süß schmeckende ↑Kohlenhydrate, die aus zwei Monosaccharidmolekülen aufgebaut sind. Meist sind beide Bausteine Hexosen (↑Monosaccharide). Die Summenformel eines aus zwei Hexosen aufgebauten D. ist $C_{12}H_{22}O_{11}$. Die beiden Monosaccharidmoleküle sind durch eine glykosidische Bindung verknüpft, die durch eine Kondensationsreaktion (↑Kondensation) zwischen zwei Hydroxylgruppen zustande kommt. Mindestens eine der beiden ist eine acetalische Hydroxylgruppe, also eine Hydroxylgruppe, die durch den Ringschluss gebildet wird. In einigen Fällen, wie z. B. bei der ↑Saccharose, sind an der Glykosidbindung beide acetalischen Hydroxylgruppen beteiligt, sodass das Molekül nicht mehr reduzierend wirkt. In der Natur vorkommende D. sind Saccharose (Rohrzucker), Maltose (Malzzucker) und Lactose (Milchzucker) (Abb.).

Di|säuren: ↑Pyrosäuren.

Di|schwefelsäure: ↑Schwefelsäure.

diskontinuierliches Spektrum: ↑Spektrum.

dis|perse Systeme (Dispersion) [zu lat. dispergere, dispersum »zerstreuen«, »verteilen«]: aus zwei oder mehreren Phasen bestehende Stoffgemische, bei denen ein Stoff (die dispergierte oder disperse Phase) in einem anderen (dem Dispersionsmittel oder Dispergens) fein verteilt (dispergiert) ist.

Dispergens und disperse Phase können fest, flüssig oder gasförmig sein (Tab.). Nach dem Zerteilungsgrad (Dispersi-

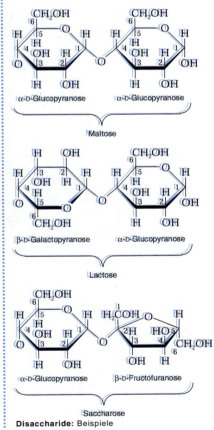

Disaccharide: Beispiele

Dispersion

Aggregatzustand		Dispersitätsgrad		
Dispersionsmittel	dispergierter Stoff	grobdisperses (heterogenes) System	kolloiddisperses System	molekulardisperses (homogenes) System
gasförmig	gasförmig	–	–	Gasgemisch
gasförmig	flüssig	Nebel	Nebel, Wolke	
gasförmig	fest	Rauch	Rauch (z.B. Zigarettenrauch)	Aerosole
flüssig	gasförmig	wenig haltbarer Schaum (z.B. Bierschaum)	haltbarer Schaum (z.B. Schlagsahne)	Gaslösung (z.B. Sauerstoff in Wasser)
flüssig	flüssig	wenig haltbare Emulsion (z.B. Öl in Wasser)	haltbare Emulsion (z.B. Milch)	Flüssigkeitsgemisch (z.B. Ethanol in Wasser)
flüssig	fest	Suspension (z.B. Lehmwasser)	kolloide Lösung (z.B. Dispersionsfarben)	Lyosole / Feststofflösung (z.B. Zuckerwasser)
fest	gasförmig	–	fester Schaum (z.B. Bimsstein, Schaumgummi)	z.B. Wasserstoff in Palladiumschwamm (poröses Palladium)
fest	flüssig	Brei	feste Emulsion (z.B. Butter, Quecksilber im Gestein)	wasserhaltiger Kristall
fest	fest	Mischkristalle	z.B. Goldrubinglas	Legierungen (z.B. Zink in Kupfer = Gelbmessing)

disperse Systeme: Kombination verschiedener Phasen

tätsgrad) des dispergierten Stoffes unterscheidet man zwischen grobdispersen (Teilchendurchmesser größer als 10^{-4} cm), kolloiddispersen (Teilchendurchmesser zwischen 10^{-4} und 10^{-7} cm; ↑Kolloid) und molekulardispersen (Teilchendurchmesser kleiner als 10^{-7} cm) Systemen. Die Übergänge zwischen grob-, kolloid- und molekulardispersen Systemen sind fließend.

Dis|persi̱o̱n: ↑disperses System.

Dis|proportioni̱e̱rung [zu lat. dis- »auseinander«, und proportio »Ebenmaß«]: Reaktion, bei der ein Element (in elementarer Form oder in einer Verbindung) aus einer mittleren Oxidationszahl teilweise in eine höhere und teilweise in eine niedrigere Oxidationsstufe übergeht. Eine D. liegt z. B. bei der Umsetzung von Stickstoffdioxid mit Wasser zu salpetriger Säure und Salpetersäure vor:

$$2 \overset{+4}{N}O_2 + H_2O \longrightarrow H\overset{+3}{N}O_2 + H\overset{+5}{N}O_3 .$$

Ein Beispiel aus der organischen Chemie ist die Reaktion von Aldehyden zu Alkoholen und Carbonsäuren unter dem Einfluss von Basen (↑Cannizzaro-Reaktion).

Dis|similation: Bezeichnung für den Abbau von organischen Substanzen, z. B. Kohlenhydraten, Fetten und Proteinen zum Zweck der Gewinnung biologisch verwertbarer Energie in Form von ↑ATP.

Dis|soziation [zu lat. dissociare »trennen«]: der Zerfall von Molekülen in einfachere Moleküle, Atome, Ionen oder Radikale. Man unterscheidet die thermische und die elektrolytische D.: Bei der **thermischen Disssoziation** wird das Molekül durch den Einfluss von Wärme gespalten.
Unter der **elektrolytischen Dissoziation** versteht man den Zerfall eines ↑Elektrolyten beim Lösen oder Schmelzen in mehr oder weniger frei bewegliche Ionen, z. B.:

NaCl + $(x+y)$ H$_2$O →
 [Na(H$_2$O)$_x$]$^+$ + [Cl(H$_2$O)$_y$]$^-$.

Dis|soziationsgrad: Maß für die Dissoziation eines Elektrolyten. Der D. α ist der Quotient aus der Anzahl der dissoziierten Moleküle n_d und der Anzahl der ursprünglich vorhandenen Moleküle n:

$$\alpha = n_d/n$$

Da die elektrische Leitfähigkeit von Lösungen der Konzentration der frei beweglichen Ionen proportional ist, kann der D. durch Leitfähigkeitsmessungen bestimmt werden. Allerdings erhält man dabei nicht den *wahren* D., sondern nur den *wirksamen* D. Dieser ist etwas niedriger, da sich die Ionen in ihrer Beweglichkeit gegenseitig etwas behindern.
Der wahre D. hängt von der Dissoziationskonstanten K_a und der Konzentration des Elektrolyten ab.

Wenn c die Konzentration einer schwachen Säure HA ist, dann gilt:

$$\alpha = \frac{[H^+]}{c} = \frac{[A^-]}{c}$$

bzw.

$$[H^+] = [A^-] = c \cdot \alpha.$$

Die Konzentration an undissoziierten Molekülen HA ist dann:

$$[HA] = c - \alpha \cdot c = c(1-\alpha).$$

Durch Einsetzen in das ↑Massenwirkungsgesetz erhält man:

$$K_a = \frac{[H^+][A^-]}{[HA]} = \frac{\alpha^2 \cdot c^2}{c(1-\alpha)} = \frac{\alpha^2}{1-\alpha} \cdot c.$$

Die Gleichgewichtskonstante K_a heißt in diesem Fall **Dissoziationskonstante**. Der Zahlenwert der Dissoziationskonstanten ist ein Maß für die Stärke des Elektrolyten. Die Beziehung zwischen D. und Dissoziationskonstante nennt man das **Ostwald-Verdünnungsgesetz**. Mit abnehmender Gesamtkonzentration, d. h. mit zunehmender Verdünnung der Lösung wird danach der Quotient $\alpha^2/(1-\alpha)$ größer und damit auch der Dissoziationsgrad.

Di|stickstoffmonoxid: ↑Stickstoff.

DL-: ↑Racemate.

DNA, Abk. für engl. **d**eoxyribo**n**ucleic **a**cid (DNS, Abk. für **D**esoxyribo**n**ucleinsäure): ↑Nucleinsäuren.

Don|ator (Donor) [zu lat. donare »geben«]: Molekül, das ein oder mehrere Elektronen, Protonen, Atome oder Ionen an einen geeigneten ↑Akzeptor abgeben kann.

Doppelbindung (Zweifachbindung): ↑Atombindung, ↑Alkene.

Doppelbindungsisomerie: ↑Isomerie.

Doppelsalze: Verbindungen, die entstehen, wenn aus einer Lösung oder Schmelze zwei Salze in einem einfachen stöchiometrischen Verhältnis unter Bildung eines besonderen Kristallgitters auskristallisieren. Ein Beispiel dafür ist die Entstehung von Alaun $KAl(SO_4)_2 \cdot 12\,H_2O$ aus Kaliumsulfat K_2SO_4 und Aluminiumsulfat $Al_2(SO_4)_3$ und Wasser. In Lösung zerfallen D. in der Regel wieder in einzelne Ionen.

Mit der Bezeichnung D. können Salze aus zwei verschiedenen Kationen und einer Anionenart ($MgCl_2 \cdot CaCl_2$), Salze aus einer Kationenart und zwei verschiedenen Anionen ($KCl \cdot KBr$) oder auch Salze mit zwei verschiedenen Kationen und zwei verschiedenen Anionen ($KCl \cdot MgSO_4$) gemeint sein.

Dralon®: ↑Kunststoffe.
Dreh|impuls: ↑Spin.
Dreh|impulsquantenzahl: ↑Quantenzahlen.
Drehwinkel: ↑optische Aktivität.
Dreifachbindung: ↑Atombindung, ↑Alkine.
Dreifuß: metallenes Laborgerät, das meist einen Aufsatz in Form eines Drahtnetzes oder Tondreiecks trägt, unter dem ein Brenner platziert wird (Abb. ↑Tiegel).
Dreiwege|katalysator: ↑Katalyse.
Drogen: Teile von Pflanzen oder Tieren, die für die Verwendung als Arzneimittel vorbereitet sind, z. B. getrocknete Kräuter oder Ochsengalle.
In neuerer Zeit wird der Begriff auch unkorrekt für Rauschmittel verwendet.
Dubnium [nach der russischen Stadt Dubna]: chemisches Element der V. Hauptgruppe, Zeichen Db, OZ 105, Massenzahl des langlebigsten Isotops 262 (Halbwertszeit 35 s). D. ist ein künstlich hergestelltes Metall der Transactinoide.
Düngemittel (Dünger): Substanzen oder Gemische, die den Pflanzen – meist über den Boden – zugeführt werden, um deren Wachstum zu fördern und die Erträge zu steigern. Die wichtigsten Komponenten der D. sind Verbindungen des Stickstoffs (z. B. Ammoniumsalze, Nitrate und sog. Amiddünger wie Harnstoff und Kalkstickstoff), des Phosphors (Phosphate), des Kaliums (Kaliumsalze) und des Calciums (Kalk). Man unterscheidet zwischen organischen D., anorganischen D. und organisch-mineralischen Mischdüngern.

Organische D. bestehen aus tierischen Ausscheidungen oder Pflanzenrückständen und werden gelegentlich auch als Wirtschaftsdünger bezeichnet, da sie vom landwirtschaftlichen Betrieb selbst erzeugt werden. Beispiele sind Mist, Jauche, Kompost oder Guano.

Anorganische (mineralische) D. werden in großen Mengen industriell hergestellt. Sie kommen als Einzeldünger, wie z. B. **Kalidünger,** oder häufiger gemischt (als Mehrstoff- oder **Mischdünger**) in den Handel. So wird z. B. ein Mischdünger, der Stickstoff-(N-), Phosphor-(P-) und Kalium-(K-)Verbindungen enthält, als **NPK-Dünger** bezeichnet. Voll- und Spezialdüngemittel enthalten darüber hinaus noch Verbindungen der für den Pflanzenwuchs notwendigen Spurenelemente, z. B. Magnesium, Eisen, Mangan, Kupfer.

Der Vorteil der industriell hergestellten mineralischen D. ist, dass die Komponenten im idealen Verhältnis gemischt und das D. genau dosierbar ist. Nachteilig ist jedoch, dass sie leichter ausgewaschen werden. Günstig ist eine ausgewogene Mischung aus organischen und synthetischen D., welche die benötigte Nährstoffmenge nicht überschreitet und zur richtigen Zeit ausgebracht wird.

Dünnschichtchromatographie: ein physikalisch-chemisches Trennverfahren (↑Chromatographie). Bei der D. bringt man eine aus feinkörnigem Material (z. B. Kieselgel oder Aluminiumoxid) bestehende Trennschicht (stationäre Phase) auf eine Trägerplatte aus

Glas, Metall oder auf eine geeignete Folie. Dann wird am unteren Rand die Lösung der zu trennenden Substanzen punkt- oder bandförmig aufgetragen und die Trägerplatte oder Folie in eine dicht schließende Trennkammer gestellt, deren Boden mit einem Laufmittel (mobile Phase) bedeckt ist. Durch das Laufmittel werden dabei die verschiedenen Bestandteile unterschiedlich weit nach oben transportiert. Nach Beendigung der Trennung können die getrennten Substanzen durch Ansprühen mit geeigneten Reagenzien oder durch UV-Bestrahlung als Flecken sichtbar gemacht werden.

Durchdringungskomplexe: ↑Komplexchemie

Duro|plaste: ↑Kunststoffe.

Dy: Zeichen für ↑Dysprosium.

dynamisches Gleichgewicht: ↑Massenwirkungsgesetz.

Dynamit: ↑Nitroglycerin.

Dysprosium [zu griech. dysprósitos »schwer zugänglich«]: chemisches Element der Lanthanoide, Zeichen Dy, OZ 66, relative Atommasse 162,50, Mischelement; Dichte 8,55 g/cm^3, Fp. 1411°C, Sp. 2561 °C. D. wird in magnetischen Legierungen und in Abschirmstoffen beim Reaktorbau verwendet.

e (*e*): Formelzeichen für die Elementarladung.

e⁻: Symbol für das ↑Elektron.

Eau de Javelle [oːdəʒaˈvɛl, franz. »Wasser von Javelle«]: wässrige Lösung von Kaliumhypochlorit KOCl, die als Oxidations-, Bleich- und Desinfektionsmittel dient.

Ebullio|skopie: ↑Siedepunkterhöhung.

Ecstasy [ˈɛkstəsɪ] (XTC, 3,4-Methylendioxy-*N*-methylamphetamin, MD-MA): synthetisch hergestelltes Rauschmittel (»Designer-Droge«) mit aufputschender Wirkung (Abb.). E. ist ein Amphetaminderivat, das zu schweren psychischen Schäden führen kann.

$$H_3C-\overset{*}{C}H-CH_2-\text{(benzodioxol)}$$
$$H_3C-NH$$

Ecstasy: Strukturformel

Edelgase: die Elemente der VIII. Hauptgruppe im ↑Periodensystem der Elemente: Helium (He), Neon (Ne), Argon (Ar), Krypton (Kr), Xenon (Xe) und Radon (Rn). Die E. sind Bestandteile der Luft. Als einzige Elemente kommen sie unter normalen Bedingungen atomar vor, sie vereinigen sich also nicht mit sich selbst zu Molekülen. Die Erscheinung ist auf den Bau ihrer Atome zurückzuführen: Mit Ausnahme der Heliumatome besitzen alle Edelgasatome in ihren Außenschalen die Elektronenkonfiguration ns^2np^6, die Heliumatome haben die Elektronenkonfiguration $1s^2$. Diese ↑Elektronenkonfigurationen sind energetisch besonders günstig, sodass die Außenschalen äußerst stabil sind. Deshalb zeigen die Edelgasatome keine Neigung, sich untereinander oder mit Atomen anderer Elemente zu Molekülen zu verbinden. Erst 1962 gelang es, Edelgasverbindungen herzustellen, z. B. Xenontetrafluorid XeF$_4$ und Kryptondifluorid KrF$_2$.

Edelgasgitter: ↑Kristallgitter.

Edelgaskonfiguration: ↑Achterschale; ↑Elektronenkonfiguration.

Edelmetalle: wenig reaktive, sehr beständige Metalle, die meist gediegen vorkommen. Zu den E. gehören die Elemente Gold, Silber, Quecksilber, Rhenium und die Platinmetalle (Ruthenium, Rhodium, Palladium, Osmium, Iridium und Platin). Von nichtoxidie-

Edelstahl

renden Säuren, z. B. verdünnter Salzsäure, werden sie nicht gelöst; von oxidierenden Säuren dagegen können sie in Lösung gebracht werden, so z. B. Silber durch Salpetersäure, HNO_3, Gold und Platin durch ↑Königswasser.
Edelstahl: ↑Stahl.
EDTA, Abk. für Ethylendiamintetraacetat: ↑Komplexometrie.
E|dukt [zu lat. educere, eductum »herausführen«]: Ausgangsstoff; ↑chemische Reaktionen.
Eicosan: ↑Alkane (Tab.).
einengen (konzentrieren): die Konzentration einer Lösung erhöhen, indem man das Lösungsmittel teilweise abdampft.
Einfachbindung: ↑Atombindung.
Einfachzucker: ↑Monosaccharide.
Einkristall (Monokristall): ein einzelner homogener Kristall. Für gewöhnlich ist kristalline Materie nicht mono-, sondern polykristallin, d. h. aus vielen kleineren Kristallen zusammengesetzt. Zur Züchtung großer E. sind besondere Methoden erforderlich. Siliciumeinkristalle haben als Ausgangsmaterial bei der Herstellung von Halbleiterchips in der Mikroelektronik große Bedeutung.
Einlagerungskomplexe: ↑Komplexchemie.
einsame Elektronen: ↑Radikal.
einsame Elektronenpaare: ↑Atombindung, ↑chemische Formeln.
Einschlussverbindungen (Clathrate): Verbindungen, die aus einem Molekülgitter bestehen, in dessen Hohlräume kleinere Moleküle eingeschlossen sind. Diese sind dabei nicht durch chemische Bindungen an das Gitter gebunden. Die Hohlräume können die Form von Schichtenzwischenräumen, Kanälen oder Käfigen haben. So kann Harnstoff, $CO(NH_2)_2$, ein Kristallgitter mit kanalförmigen Hohlräumen bilden, in das sich z. B. unverzweigte Kohlenwasserstoffe einlagern können. Dadurch ist es möglich, verzweigte Kohlenwasserstoffe von unverzweigten zu trennen. Auch Zeolithe, die käfigartige Hohlräume haben, können E. bilden.
Einsteinium [nach ALBERT EINSTEIN; *1879, †1955]: chemisches Element der ↑Actinoide, Zeichen Es, OZ 99, Massenzahl des langlebigsten Isotops 252; künstlich hergestelltes Metall der Transurane.
einzähnig: ↑Komplexchemie.
Einzelpotenzial: ↑Bezugselektrode.
Eis: ↑Wasser.
Eisen: chemisches Element der VIII. Nebengruppe, Zeichen Fe, OZ 26, relative Atommasse 55,85, Mischelement.
Physikalische Eigenschaften: silberweißes, verhältnismäßig weiches Metall, Dichte 7,87 g/cm³, Fp. 1538 °C, Sp. 2861 °C.
Chemische Eigenschaften: E. überzieht sich an trockener Luft mit einer zusammenhängenden Oxidhaut, die es bei Raumtemperatur gegen Sauerstoff, konzentrierte oxidierende Säuren oder trockenes Chlor schützt. In Gegenwart von Wasser geht diese Schutzschicht aber verloren. Von feuchter Luft und salz-, säure- und sauerstoffhaltigem Wasser wird E. daher angegriffen. Nicht oxidierende Säuren lösen E. unter H_2-Entwicklung auf. In seinen Verbindungen ist E. v. a. zwei-, drei- und sechswertig; von praktischer Bedeutung sind nur Eisen(II)- und Eisen(III)-Verbindungen.
Gewinnung: aus oxidischen und sulfidischen Erzen (↑Roheisenerzeugung).
Bedeutung: E. ist ein Bestandteil des roten Blutfarbstoffs, des ↑Hämoglobins.
Verwendung: E. ist in Form von Gusseisen und v. a. als ↑Stahl eines der wichtigsten Gebrauchsmetalle.
Eisencarbid: ↑Stahlhärtung.
Eis|essig: reine, wasserfreie ↑Essigsäure, die bei 16,6 °C zu eisartigen Kristallen erstarrt.

Eiweiße: ↑Proteine.
Elastomere (Elaste): ↑Kunststoffe.
Elektrochemie: Teilgebiet der physikalischen Chemie. Die E. beschäftigt sich mit der gegenseitigen Umwandlung von chemischer und elektrischer Energie. Sie umfasst damit alle Vorgänge, bei denen es zur Wanderung von Elektronen oder Ionen oder zur Bildung von elektrischen Potenzialen kommt, z. B. Elektrolyse, galvanische Elemente, Brennstoffzellen, elektrolytische Dissoziation.

elektrochemisches Äquivalent: ↑Faraday-Gesetze.

elektrochemische Spannungsreihe: ↑Spannungsreihe.

elektrochemische Wertigkeit: ↑Wertigkeit.

elektrochemische Zelle: Vorrichtung, die aus zwei Elektroden und einem Elektrolyten besteht, wobei die Elektroden in den Elektrolyten eintauchen. Eine e. Z., in der die freie Energie eines chemischen Vorgangs in elektrische Energie umgewandelt wird, bezeichnet man als ↑galvanisches Element. Wird dagegen mithilfe einer äußeren Stromquelle eine chemische Reaktion in einer e. Z. hervorgerufen, so spricht man von einer elektrolytischen Zelle (↑Elektrolyse).

Elektroden [Kw. aus Elektron und zu griech. hodós »Weg«]: feste elektrische Leiter (meist Metalle), die den Übergang elektrischer Ladungsträger zwischen zwei Medien vermitteln, so z.B. in einer elektrochemischen Zelle zwischen Metall und Lösung. Man unterscheidet ↑Anode und ↑Kathode.
Im weiteren Sinne werden auch bestimmte Halbelemente als E. bezeichnet (elektrochemische E.), z. B. die ↑Bezugselektroden.

Elektrolyse [Kw. aus Elektron und griech. lýein »(auf)lösen«]: eine mithilfe von elektrischem Strom hervorgerufene chemische Umwandlung eines Elektrolyten, bei der elektrische Energie direkt in chemische Energie umgewandelt wird. Der Vorgang ist somit die Umkehrung des in einem ↑galvanischen Element ablaufenden. Eine einfache Elektrolysezelle besteht aus Anode (positiver Pol) und Kathode (negativer Pol), die in einen ↑Elektrolyten (wässrige Lösung oder Schmelze; Schmelzflusselektrolyse) eintauchen. Beim Anlegen einer Gleichspannung an die Elektroden wandern die positiv geladenen Ionen (Kationen) zur Kathode und die negativ geladenen Ionen (Anionen) zur Anode. Oberhalb einer bestimmten, für jeden Elektrolyten charakteristischen Spannung (↑Zersetzungsspannung) wird an der Anode eine Oxidation und an der Kathode eine Reduktion der Ionen erzwungen. Die dabei entstandenen Atome oder Moleküle werden an den Elektroden abgeschieden oder gehen Sekundärreaktionen mit dem Elektrodenmaterial ein. Die Beziehung zwischen der Masse der umgesetzten Stoffe und dem Stromverbrauch beschreiben die ↑Faraday-Gesetze.
Die E. wird in der Technik vielfältig angewandt, z. B. beim Galvanisieren, bei der Herstellung sehr reiner Metalle und bei der Gewinnung von Fluor, Chlor (↑Chloralkalielektrolyse) sowie von Wasserstoff und Sauerstoff aus Wasser.

Elektrolyt: Stoff, dessen wässrige Lösungen oder Schmelzen frei bewegliche Ionen enthalten. Diese wandern beim Anlegen einer elektrischen Spannung in Richtung der Elektroden. Abhängig vom Dissoziationsgrad unterscheidet man starke und schwache Elektrolyte. Zu den starken E. gehören alle starken Basen (z. B. Natronlauge, NaOH, Kalilauge, KOH, und Bariumhydroxid, $Ba(OH)_2$) und Säuren (z. B. Salzsäure, HCl, Salpetersäure, HNO_3 und Schwefelsäure, H_2SO_4), da sie in verdünnter wässriger Lösung vollständig dissoziieren, sowie alle Salze. Auch

elektromotorische Kraft

die schwer löslichen Salze wie $BaSO_4$ und Silberchlorid, AgCl, sind starke E., denn der kleine Teil, der in Lösung geht, ist vollständig dissoziiert. Schwache E. dissoziieren in wässriger Lösung nur teilweise, sodass ein Teil der Substanz in Form von »ganzen« (undissoziierten) Molekülen vorliegt. Hierzu gehören schwache Basen wie Ammoniak, NH_3, Hydrazin, H_2N-NH_2, und Anilin, $C_6H_5-NH_2$, sowie schwache Säuren wie Kohlensäure, H_2CO_3, Borsäure, H_3BO_3, und Essigsäure, CH_3COOH.

elektromotorische Kraft, Abk. EMK: Urspannung eines ↑galvanischen Elements. Die in einem Stromkreis tatsächlich auftretende Klemmenspannung liegt niedriger, weil der Innenwiderstand des galvanischen Elements berücksichtigt werden muss. Die EMK lässt sich durch stromlose Messung bestimmen.

Elektron [griech. élektron »Bernstein«]: Symbol e⁻ oder e: Elementarteilchen, das neben dem Proton und dem Neutron der wichtigste Baustein aller ↑Atome ist. Das E. trägt eine negative ↑Elementarladung ($e = 1,602177 \cdot 10^{-19}$ Coulomb), seine Ruhemasse beträgt $m_e = 9,1094 \cdot 10^{-31}$ kg, also nur rund den 2000sten Teil der Masse eines Protons oder Neutrons. Die Ruheenergie des E. ist $e = 0,511$ MeV. Das E. ist ein stabiles Elementarteilchen. Es kann als geladener Massenpunkt oder als Materiewelle betrachtet werden.

Elektro|negativität, Abk. EN: ein von L. PAULING eingeführtes Maß für das Bestreben eines Atoms, innerhalb eines Moleküls Bindungselektronen anzuziehen. Die E. ist eine dimensionslose Zahl. Sie ist nicht direkt messbar, sondern nur indirekt aus verschiedenen anderen Größen wie ↑Bindungsenergie oder ↑Ionisierungsenergie und ↑Elektronenaffinität zu ermitteln. Dem Atom mit der höchsten E., dem Fluoratom, wird willkürlich die EN 4,0 zugeordnet. Die Werte aller anderen Atome beziehen sich darauf. Die niedrigste EN hat Cäsium mit 0,7.

Mithilfe der E. kann man u. a. abschätzen, ob zwei Elemente miteinander eine Molekül- oder eine Ionenverbindung bilden. Ein großer Unterschied der EN-Werte (Faustregel: größer als 1,9) zwischen den an der Verbindung beteiligten Atomen lässt eine Ionenbindung vermuten, ein kleinerer Unterschied eher eine (eventuell polare) Atombindung.

Element	EN
Fluor	4,0
Sauerstoff	3,5
Chlor	3,0
Stickstoff	3,0
Brom	2,8
Schwefel	2,5
Kohlenstoff	2,5
Iod	2,4
Phosphor	2,1
Wasserstoff	2,1
Bor	2,0
Silicium	1,8
Magnesium	1,2
Cäsium	0,7

Elektronegativität: Elektronegativitätswerte einiger Elemente (nach Pauling)

Elektronen|affinität [zu lat. affinis »angrenzend«, »beteiligt«, »verwandt«]: die Energie, die bei Anlagerung eines Elektrons an ein Atom, Ion oder Molekül frei wird bzw. aufgewendet werden muss. Ein hoher Wert deutet also auf die leichte Bildung eines Anions hin.

Während beim Sauerstoff oder Schwefel bei Aufnahme eines Elektrons noch

Elektronenkonfiguration

Energie frei wird, muss zur Aufnahme eines zweiten Elektrons, also zur Bildung von S^{2-}- bzw. O^{2-}-Ionen, ein hoher Energiebetrag aufgewendet werden, da das zweite Elektron in ein bereits negativ geladenes Ion eingebaut werden muss.

Element	Elektronen-affinität in kJ/mol
$H + e^- \rightarrow H^-$	72
$F + e^- \rightarrow F^-$	338
$Cl + e^- \rightarrow Cl^-$	367
$O + e^- \rightarrow O^-$	222
$S + e^- \rightarrow S^-$	251

Elektronenaffinität: Beispiele

Elektronengas: ↑Metallbindung.
Elektronenhülle: ↑Atomhülle.
Elektronen|konfiguration [zu lat. configurare »gleichförmig bilden«] (Elektronenverteilung): die Verteilung der Elektronen eines Atoms auf die ↑Orbitale der Atomhülle.
Der Aufbau der Atomhülle erfolgt nach bestimmten Prinzipien:

- Die Anzahl der Elektronen in der Atomhülle eines neutralen Atoms ist gleich der Anzahl der Protonen im Kern des betreffenden Atoms (Ordnungszahl Z).
- Jeder in der Atomhülle mögliche, durch die vier ↑Quantenzahlen n, l, m und s festgelegte Zustand kann nur von einem einzigen Elektron besetzt werden (↑Pauli-Prinzip). Folglich können sich in einem ↑Orbital, das stets durch die drei ersten Quantenzahlen charakterisiert ist, maximal zwei Elektronen aufhalten; sie unterscheiden sich in der vierten Quantenzahl, der Spinquantenzahl s.
- Ein in die Atomhülle neu eingebautes Elektron besetzt stets das energieärmste der noch freien Orbitale. Die Reihenfolge, in der die Orbitale nach steigendem Energiegehalt gefüllt werden, lässt sich aus dem Schema (Abb. 1) entnehmen. Die Besetzung erfolgt in der Reihenfolge der diagonalen Pfeile. Bei einigen Atomen treten allerdings Abweichungen von der angegebenen Reihenfolge auf, so z. B. bei Atomen der ↑Lanthanoide und ↑Actinoide.
- Aus dem Schema ergibt sich, dass z. B. nach dem Auffüllen der drei 3p-Orbitale zuerst das 4s-Orbital besetzt wird; erst danach werden die etwas energiereicheren fünf 3d-Orbitale aufgefüllt.
- Die Orbitale der jeweils im Aufbau befindlichen, durch die Nebenquantenzahl l definierten Unterschalen, z. B. die fünf 3d-Orbitale, werden zunächst nacheinander mit nur je einem Elektron besetzt, da so eine geringere Wechselwirkung zwischen den Elektronen besteht. Mit der Aufnahme des zweiten Elektrons in ein Orbital wird erst dann begonnen, wenn alle Orbitale dieser Unterscha-

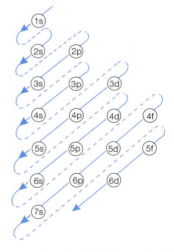

Elektronenkonfiguration (Abb. 1): Reihenfolge der Besetzung der Atomorbitale

le schon ein Elektron aufweisen (↑Hund-Regel). So befinden sich z. B. die zwei 2p-Elektronen eines Kohlenstoffatoms nicht etwa beide im p_x-Orbital, sondern eines im $2p_x$-Orbital und eines im $2p_y$-Orbital. Erst beim Sauerstoff wird das p_x-Orbital doppelt besetzt, nachdem beim Stickstoff alle drei p-Orbitale einfach besetzt wurden.

Besonders stabil sind solche E., bei denen die äußeren Schalen mit acht Elektronen besetzt sind, wie dies bei den Edelgasen der Fall ist (Edelgaskonfiguration).

Um die E. eines Atoms darzustellen, gibt es eine zahlenmäßige und eine grafische Darstellungsweise. Bei der zahlenmäßigen Darstellung (Abb. 1) werden die Haupt- und Nebenquantenzahlen der einzelnen Elektronen eines Atoms der Reihe nach aufgeschrieben, wobei die Hauptquantenzahlen als arabische Ziffern und die Nebenquantenzahlen als kleine Buchstaben angegeben werden. Die Zahl der Elektronen in jeder Unterschale wird oben rechts neben das Symbol für die Nebenquantenzahl geschrieben.

Ein Sauerstoffatom z. B. besitzt zwei 1s-Elektronen, zwei 2s-Elektronen und vier 2p-Elektronen, seine E. wird also durch den Ausdruck $1s^2\ 2s^2\ 2p^4$ (oder kürzer $1s^2\ 2s^2 p^4$) wiedergegeben. Ein Bromatom hat die E. $1s^2\ 2s^2\ 2p^6\ 3s^2\ 3p^6\ 3d^{10}\ 4s^2\ 4p^5$ bzw. $1s^2\ 2s^2 p^6\ 3s^2 p^6 d^{10}\ 4s^2 p^5$. Häufig wird die E. noch kürzer angegeben: Man stellt die E. des dem betreffenden Atom vorangehenden Edelgasatoms durch das eingeklammerte Symbol dieses Edelgases dar und gibt lediglich die Konfiguration der noch hinzukommenden Elektronen an.

Elektronenkonfiguration (Abb. 2): grafische Darstellung am Beispiel des Sauerstoff-, Titan- und Bromatoms

So ergibt sich für das Sauerstoffatom die E. (He) $2s^2 p^4$ und für das Bromatom (Ar) $d^{10}\ 4s^2 p^5$.

In der grafischen Darstellung, wie sie in Abb. 2 gezeigt wird, ist jedes Orbital durch ein Kästchen und jedes Elektron durch einen Pfeil symbolisiert. Die beiden Richtungen der Pfeile kennzeichnen den unterschiedlichen Spin der Elektronen.

Elektronenpaar: ↑Atombindung.

Elektronenpaarabstoßungsmodell (VSEPR-Modell; Abk. für engl. **v**alence **s**hell **e**lectron **p**air **r**epulsion model): ein Modell zur Erklärung und Vorhersage von Molekülgeometrien. Das E. geht davon aus, dass alle ein Atom umgebenden Elektronenpaare (sowohl Bindungselektronenpaare als auch freie Elektronenpaare) sich wegen der gegenseitigen Abstoßung so anordnen, dass sie einen maximalen Abstand voneinander haben. Dieser größtmögliche Abstand wird durch die Anordnung der Atome auf den Ecken regelmäßiger geometrischer Körper erreicht (siehe Abb. 1). Da freie Elektronenpaare mehr Raum beanspruchen als bindende, ist die Geometrie mancher Moleküle, z. B. Wasser H_2O, verzerrt (Abb. 2).

Elektronenpaar|akzeptor [zu lat. accipere, acceptum »annehmen«]: ↑Säuren und Basen.

Elektrophorese

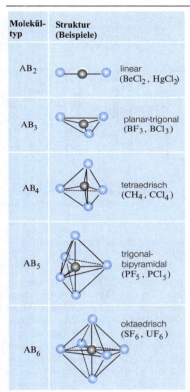

Molekül-typ	Struktur (Beispiele)	
AB_2		linear ($BeCl_2$, $HgCl_2$)
AB_3		planar-trigonal (BF_3, BCl_3)
AB_4		tetraedrisch (CH_4, CCl_4)
AB_5		trigonal-bipyramidal (PF_5, PCl_5)
AB_6		oktaedrisch (SF_6, UF_6)

Elektronenpaarabstoßungsmodell
(Abb. 1): Struktur von Molekülen in Abhängigkeit von der Zahl der bindenden Elektronenpaare

Lewis-Formel	Struktur	Bindungs-winkel
H–C(H)(H)–H		109,5°
H–N̄–H, H		107°
H–Ō–H		104,5°
H–C̄l|		–

Elektronenpaarabstoßungsmodell (Abb. 2): Verzerrung des regulären Tetraeders durch freie Elektronenpaare

E. gleich der ↑Ordnungszahl, also der Anzahl der im Atomkern enthaltenen Protonen. Bei einem positiven (einatomigen) Ion ist sie kleiner, bei einem negativen größer als die Ordnungszahl.

elektrophil [Kw. aus Elektron und griech. phílos »Freund«]: das Streben eines Moleküls, ein anderes Molekül an einem Ort hoher Elektronendichte anzugreifen. Als e. Reaktion können ↑Additionen, ↑Substitutionen und andere Reaktionen verlaufen.

Elektro|phorese [Kw. aus Elektron und griech. phóresis »das Tragen«]: die Wanderung kolloidaler Teilchen unter der Einwirkung eines elektrischen Feldes. Die E. wird v. a. in der analytischen und präparativen Chemie zur Analyse von Stoffgemischen und zur Trennung geringer Substanzmengen verwendet. Eine besonders große Trennschärfe wird mit der **Trägerelektrophorese** erzielt, bei der man die zu trennenden Substanzen auf mit Lösungsmitteln getränkte Träger (Papierstreifen, Kieselgur u. a.) aufbringt. Eine

Elektronenpaarbindung: ↑Atombindung.
Elektronenpaardonator [zu lat. donare »schenken«]: ↑Säuren und Basen.
Elektronenschale: ↑Orbitalmodelle.
Elektronenübergang: ↑Atommodell.
Elektronenverteilung: ↑Elektronenkonfiguration.
Elektronenwolke: ↑Atommodell, ↑Orbitalmodelle.
Elektronenzahl: Anzahl der Elektronen in der ↑Atomhülle eines ↑Atoms oder Ions. Bei neutralen Atomen ist die

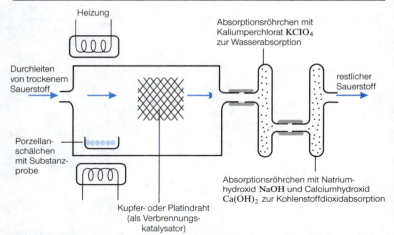

Elementaranalyse (Abb. 1): schematische Darstellung der Apparatur zur quantitativen Bestimmung des Kohlenstoffs und des Wasserstoffs in organischen Verbindungen

besondere Form der Trägerelektrophorese ist die **Gelelektrophorese,** bei der z.B. Dextrangele als Trägermaterial verwendet werden. Die E. eignet sich besonders zur Trennung von Makromolekülen.

Element [zu lat. elementum »Urstoff«]:
- ↑chemische Elemente.
- *Elektrochemie:* ↑elektrochemische Zelle, ↑galvanisches Element, ↑Trockenelement.

Elementar|analyse: quantitative Bestimmung der in einer organischen Verbindung enthaltenen Elemente zur Ermittlung der Summenformel. Um die in einer Substanz enthaltenen Elemente quantitativ zu erfassen, ist es nötig, das Molekül durch oxidierende und reduzierende Maßnahmen zu zerstören und die Anteile der einzelnen Elemente getrennt zu bestimmen. Neben Kohlenstoff und Wasserstoff sind in organischen Verbindungen am häufigsten Sauerstoff, Stickstoff, Schwefel und Phosphor enthalten; andere Elemente sind seltener.

Bestimmung des Kohlenstoffs und des Wasserstoffs (Abb. 1): Eine kleine Menge der Analysensubstanz wird bei 650–700 °C in einem Rohr im Sauerstoffstrom zu Kohlenstoffdioxid und Wasser verbrannt. Die entstehenden Gase werden über einen Katalysator, der zur Vervollständigung der Umsetzung dient, in zwei Absorptionsröhrchen geleitet. Das erste Röhrchen enthält z.B. trockenes Kaliumperchlorat, $KClO_4$, das zur Absorption des Wassers dient. Im zweiten Röhrchen wird das Kohlenstoffdioxid z.B. mit einem Gemisch von Natriumhydroxid, $NaOH$, und Calciumhydroxid, $Ca(OH)_2$, absorbiert. Durch Differenzwägung wird die Menge des absorbierten Wassers bzw. Kohlenstoffdioxids ermittelt und daraus der Gehalt der Analysensubstanz an Kohlenstoff und Wasserstoff berechnet.

Bestimmung des Stickstoffs (Abb. 2): Ähnlich wie beim Kohlenstoff und Wasserstoff wird hier die Analysensubstanz zunächst im Sauerstoffstrom vollständig oxidiert. Mischen der Probe mit

Kupferoxid gewährleistet eine vollständige Umsetzung. Die Verbrennungsgase werden durch ein mit 50%iger Kalilauge gefülltes Absorptionsgefäß geleitet, das alle Verbrennungsgase mit Ausnahme des Stickstoffs absorbiert, der auf diese Weise direkt volumetrisch bestimmt wird.

Bestimmung von Halogenen: Die Halogene werden gravimetrisch (↑Gravimetrie) in Form der Silberhalogenide bestimmt, die sich beim Erhitzen der Analysensubstanz mit Silbernitrat und rauchender Salpetersäure bilden.

Bestimmung von Schwefel, Phosphor und Sauerstoff: Schwefel und Phosphor werden nach Oxidation als Sulfat bzw. Phosphat bestimmt. Der Anteil an Sauerstoff ergibt sich meist rechnerisch aus der Menge der anderen Elemente als Differenz zur Gesamtmenge an Analysensubstanz.

Elementarladung, Formelzeichen e: kleinste bisher nachgewiesene und in freier Form auftretende negative oder positive elektrische Ladung:

$e = 1{,}060\ 217\ 7 \cdot 10^{-19}$ Coulomb.

Träger der E. sind die ↑Elementarteilchen. So trägt das Elektron eine negative, das Proton eine positive Elementarladung. Jede elektrische Ladung ist ein ganzzahliges Vielfaches der E.

Elementar|reaktion: ↑Reaktionskinetik.

Elementarteilchen: die kleinsten Bausteine der Materie.

Außer den Protonen, Neutronen und Elektronen, den klassischen E., aus denen die ↑Atome aufgebaut sind, sowie den Photonen sind bis heute weit über 100 weitere E. bekannt. Diese können unter ganz bestimmten Bedingungen aus anderen E. entstehen. Zumeist sind diese E. instabil, d. h., sie zerfallen innerhalb kurzer Zeit spontan (ohne äußere Einwirkung) in andere Teilchen. So entstehen z. B. aus einem freien Neutron ein Proton, ein Elektron und ein Antineutrino. Bei einem Zerfall werden die E. erst im Moment der Umwandlung gebildet; sie waren nicht schon vorher in den sich umwandelnden Teilchen vorhanden. Stabile E. sind nur die Elektronen, Photonen, Protonen und Neutrinos, durch äußere Einwirkung können jedoch auch sie sich in andere Teilchen umwandeln.

Zur Charakterisierung der E. dienen u. a. ihre Masse, ihre elektrische Ladung und ihr Spin. Mit der Masse eines E. ist i. d. R. seine Ruhemasse gemeint (mit steigender Geschwindigkeit wird die Masse größer). Die elektrische Ladung eines E. kann nur gleich null oder gleich einer positiven bzw. negativen ↑Elementarladung sein. Der Spin der E. ist eine unanschauliche Größe. Betrachtet man die E. modellhaft als winzige Kugeln, die sich mit konstanter Winkelgeschwindigkeit um ihre eigene Achse drehen, so kann ihr Drehimpuls mit dem Spin des realen Teilchens identifiziert werden. Der Spin der E. kann null oder Vielfache von $\hbar/2$ annehmen (↑plancksches Wirkungsquantum). Weitere, zumeist recht unanschauliche Eigenschaften von E., die zu deren Charakterisierung herangezogen werden, sind z. B. das magnetische Mo-

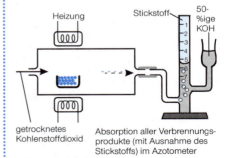

Elementaranalyse (Abb. 2): Apparatur zur quantitativen Bestimmung des Stickstoffs in organischen Verbindungen

ment, der Isospin, die Parität, die Strangeness, die Leptonenzahl und die Baryonenzahl.

Elementgruppen: ↑Periodensystem der Elemente.

Elementsymbole (Elementzeichen, chemisches Zeichen): in ↑chemischen Formeln gebräuchliche, international vereinbarte Abk. für die Namen der chemischen Elemente.

Eliminierung [zu lat. eliminare »entfernen«]: Reaktion einer organischen Verbindung, bei der aus einem Molekül zwei Atome oder Atomgruppen abgetrennt werden, ohne dass an deren Stelle andere in das Molekül eintreten. Bei der eher seltenen 1,1- oder α-Eliminierung werden beide Gruppen von demselben Atom abgespalten und dabei ↑Carbene gebildet. Ebenfalls selten ist eine 1,3- oder γ-Eliminierung, die zu

$$(H_3C)_3C-Br \rightleftharpoons (CH_3)_3C^+ + Br^-$$
Carbenium-Ion

$$(CH_3)_3C^+ \xrightarrow[-H_2O]{+OH^-} H_2C=C(CH_3)_2$$
Alken

Eliminierung (Abb. 1): Dehydrohalogenierung von 2-Methyl-2-brompropan

Cyclopropanderivaten führt. Am häufigsten ist die 1,2- oder β-Eliminierung. Hier werden die zwei Atome bzw. Atomgruppen von zwei benachbarten Kohlenstoffatomen unter Bildung einer Mehrfachbindung abgespalten. Die β-Eliminierung kann also als Umkehrung einer ↑Addition betrachtet werden. Beispiele sind die Dehydratisierung von Alkoholen und die Dehydrohalogenierung von Halogenalkanen.

Nach dem Reaktionsmechanismus unterscheidet man die mono- und bimolekularen Eliminierungsreaktionenen.

Bei der **monomolekularen Eliminierung** (kurz als E1 bezeichnet) hängt die Reaktionsgeschwindigkeit ausschließlich von der einleitenden Bildung eines Carbenium-Ions ab. Dieser erste Reaktionsschritt erfolgt langsam, reversibel und seine Geschwindigkeit ist der Konzentration des Substrats proportional. Im zweiten, raschen Schritt entsteht dann unter Abspaltung eines Protons die Mehrfachbindung. Abb. 1 zeigt dies am Beispiel der Dehydrohalogenierung von 2-Methyl-2-brompropan. E1-Reaktionen sind typisch für tertiäre Halogenalkane, da ein relativ stabiles, tertiäres ↑Carbenium-Ion entsteht.

Die **bimolekulare Eliminierung** (E2) ist typisch für primäre, aber auch sekundäre Halogenalkane. Sie verläuft unter Beteiligung einer Base in einem Schritt. Die Geschwindigkeit ist den Konzentrationen des Substrats und der Base proportional und nimmt mit wachsender Basenstärke zu (Abb. 2).

$$HO^- + H-C-C-Br \longrightarrow$$
Base

$$H_2O + C=C + Br^-$$
Alken

Eliminierung (Abb. 2): bimolekulare Eliminierung

Das Proton, H^+, wird dabei bevorzugt vom wasserstoffärmeren der beiden infrage kommenden Kohlenstoffatome abgespalten.

Bei allen Eliminierungsreaktionen führt die nukleophile ↑Substitution als Konkurrenzreaktion zu Nebenprodukten; höhere Temperaturen und eine starke Base begünstigen die E. (Abb. 3).

Eloxalverfahren [Eloxal®: Kw. aus **el**ektrolytische **Ox**idation des **Al**uminiums]: Verfahren zur Erhöhung der Korrosionsbeständigkeit und Oberflächenhärte von Aluminium durch Erzeugung einer Aluminiumoxid-Schutzschicht mittels elektrolytischer Oxidation

Enantiomere

$$R-CH_2-CH_2-Br \xrightarrow{+OH^-} \begin{cases} \text{Eliminierung} \rightarrow R-CH=CH_2 + H_2O + Br^- \quad \text{Alken} \\ \text{nukleophile Substitution} \rightarrow R-CH_2-CH_2-OH + Br^- \quad \text{Alkohol} \end{cases}$$

Halogenalkan

Eliminierung (Abb. 3): Eliminierung und Substitution als Konkurrenzreaktionen

(↑Elektrolyse). Der Aluminiumgegenstand wird hierzu als Anode geschaltet, als Elektrolyt dient meist Oxalsäure, HOOC–COOH, Schwefelsäure, H_2SO_4, eine Mischung beider oder Chromsäure, H_2CrO_4. Die Dicke der entstehenden Oxidschicht beträgt durchschnittlich 0,015 mm. Wird Schwefelsäure als Elektrolyt verwendet, so wird das gebildete Oxid, Al_2O_3, teilweise wieder aufgelöst, da die Oxid-Ionen, O^{2-}, mit den Hydronium-Ionen, H_3O^+, reagieren. Die Schicht wird dadurch porös. In die Poren einer solchen Schicht lassen sich Kunstharze einlagern. Die Poren können durch nachträgliches Behandeln mit einer Lösung aus Natriumdichromat, $Na_2Cr_2O_7$, geschlossen werden.

Emission [zu lat. emittere, emissum »ausschicken«]:
◆ Aussenden einer Wellen- oder Teilchenstrahlung.
◆ das Ausströmen luftverunreinigender Stoffe aus einer Quelle (z.B. ein Schornstein, eine industrielle Anlage).

Emissionsgrenzwerte: in der »Technischen Anleitung zur Reinhaltung der Luft« (TA Luft) festgelegte Grenzwerte (zugelassene Höchstmengen) für die Emission luftverunreinigender Stoffe.

Emissionsspektralanalyse: ↑Spektralanalyse.

Emissionsspektrum: ↑Spektrum.

EMK: Abk. für ↑elektromotorische Kraft.

Emulgatoren: ↑Emulsion.

Emulsion [zu lat. emulgere, emulsum »abmelken« (in Bezug auf Milch, die eine E. ist)]: ein ↑disperses System, bei dem Flüssigkeitströpfchen in einer anderen, mit der ersten nur begrenzt mischbaren Flüssigkeit sehr fein verteilt (dispergiert) sind. Beispiele sind Milch, Mayonnaise, Latex, Kosmetika. Flüssige grobdisperse E. mit dispersen Tröpfchen größer als 100 nm entmischen sich mit der Zeit von selbst, und zwar umso schneller, je größer die dispergierten Tropfen sind. Die Stabilität (Beständigkeit) einer grobdispersen E. kann verbessert werden durch den Zusatz kleiner Mengen sog. **Emulgatoren** oder Stabilisatoren. Diese setzen die Grenzflächenspannung zwischen den Flüssigkeiten herab und erleichtern damit die Tröpfchenbildung. Eine der wichtigsten grobdispersen E. ist die Milch, in der Fetttröpfchen in einer wässrigen Lösung verschiedener organischer und anorganischer Stoffe verteilt sind. Eiweißstoffe dienen hier als Emulgator. Haben die Tröpfchen einen Durchmesser zwischen 1 und 100 nm, so handelt es sich um eine kolloidale Emulsion. Beispiele hierfür sind Mayonnaise, Margarine und Lebertran.

EN: Abk. für ↑Elektronegativität.

Enantio|mere [zu griech. enantios »entgegengesetzt« und méros »Teil«] (optische Antipoden): Bezeichnung für zwei Isomere, welche die Polarisationsebene des linear polarisierten Lichts um genau gleich große Beträge, aber in entgegengesetzte Richtung drehen, während sie in allen anderen physikalischen und chemischen Eigenschaften übereinstimmen (optische Isomere, ↑Iso-

Enantiotropie

merie). Die Moleküle jedes E. sind spiegelbildlich zueinander (Abb. 1).

```
      COOH              COOH
       |                 |
   H—C*—OH         HO—C*—H
       |                 |
      CH₃              CH₃
  D-Milchsäure       L-Milchsäure
```

Enantiomere (Abb. 1): Das asymmetrische Kohlenstoffatom ist mit * gekennzeichnet.

Die absolute Konfiguration der E. wird unabhängig von der Drehrichtung gemäß den ↑Sequenzregeln durch Voranstellen der Bezeichnung R oder S gekennzeichnet. Zucker und Aminosäuren werden mit den Präfixen D und L bezeichnet (↑Fischer-Projektion). Die Drehrichtung des polarisierten Lichts wird durch Voranstellen von (+) und (−) angegeben. Dabei bedeutet (+), dass die Polarisationsebene des polarisierten Lichts nach rechts gedreht wird, (−) zeigt eine Drehung gegen den Uhrzeigersinn an. Die Drehrichtung lässt sich von der absoluten Konfiguration nicht ableiten. So ergeben sich z. B. für D(+)-Glycerinaldehyd und D(−)-Milchsäure trotz gleicher Konfiguration verschiedene Drehrichtungen (Abb. 2).

```
       CHO                COOH
        |                  |
    H—C*—OH            H—C*—OH
        |                  |
       CH₂OH             CH₃
 D(+)-Glycerinaldehyd   D(−)-Milchsäure
```

Enantiomere (Abb. 2): Beispiel für unterschiedlichen Drehsinn bei sonst gleicher Konfiguration

Enantio|tropie [zu griech. tropé »Wendung«]: ↑Allotropie, ↑Polymorphie.

end|ergonisch [zu griech. éndon »innen« und érgon »Arbeit«]: das Gegenteil von ↑exergonisch; ↑Enthalpie.

endo|therm [zu griech. thermós »warm«]: ↑Enthalpie; ↑Reaktionswärme.

Energie [zu griech. enérgeia »wirkende Kraft«], Formelzeichen W oder E: die Fähigkeit eines Systems, Arbeit zu leisten. Die Gesamtenergie eines Systems setzt sich aus den verschiedenen Energieformen zusammen, wie z. B. kinetischer E. (Bewegungsenergie), thermischer E. (Wärmeenergie), elektrischer E., potenzieller E. (Lageenergie). Die Einheit der Energie ist das Joule (J).

Gemäß dem 1. ↑Hauptsatz der Thermodynamik bleibt die Summe aller Energiearten in einem abgeschlossenen ↑System immer konstant (Energieerhaltungssatz), d. h., es kann keine E. vernichtet oder neu geschaffen werden. Es ist lediglich möglich, eine Energieart in eine andere umzuwandeln.

In der Thermodynamik ist die **innere Energie** U eines Systems eine wichtige ↑Zustandsgröße. Sie umfasst die kinetische E. der Systemteilchen, die Bindungsenergien, Schwingungs- und Rotationsenergien, die E. angeregter Zustände der Elektronen usw.; nicht zur inneren E. gehört z. B. die kinetische E. des gesamten Systems.

Die **freie Energie** (Helmholtz-Energie) $F = U − T \cdot S$ entspricht demjenigen Anteil an innerer E., der sich isotherm, d. h. bei konstanter Temperatur T, in Arbeit umwandeln lässt (T absolute Temperatur, S ↑Entropie).

Absolutwerte von innerer und freier E. sind nur schwer zu bestimmen, doch sind meist (z. B. bei der Beobachtung chemischer Reaktionen) auch nur die Änderungen dieser Größen von Interesse.

Energie|inhalt: die gesamte in einem ↑System enthaltene Energie; sie setzt sich aus potenzieller, kinetischer, elektrischer usw. Energie zusammen.

Energieniveau (Energiezustand, Energiestufe): in Bezug auf Elektronen die möglichen Energiegehalte in der Atomhülle (↑Orbitalmodell).

Energiequant: die kleinste, nicht weiter teilbare Energieportion z. B. einer elektromagnetischen Welle oder einer Materiewelle. Die Größe des E. ist der Frequenz ν der betreffenden Welle proportional: $E = h \cdot \nu$ (h ↑Planck-Wirkungsquantum). Die gesamte Energie der Welle kann also nur ein ganzzahliges Vielfaches dieses E. sein.

Energiespeicher: siehe S. 120.

En|ole [Kw. aus -en (wie in Alken) und -ol (wie Alkohol)]: organische Verbindungen, welche die Gruppierung –C(OH)=CH– enthalten. Sie sind tautomer zu den entsprechenden Carbonylverbindungen mit der Gruppierung –CO–CH$_2$– (Keto-Enol-Tautomerie; ↑Tautomerie). Zwischen beiden Formen besteht ein Gleichgewicht, das meist weit auf der Seite des Ketons liegt.

Enthalpie [zu griech. enthálpein »darin erwärmen«], Formelzeichen H: eine thermodynamische ↑Zustandsgröße, die zur Beschreibung von Vorgängen herangezogen wird, die man bei konstantem Druck ablaufen lässt. Die Einheit der E. ist J (Joule). Die E. hängt mit der inneren ↑Energie U, die für Vorgänge bei konstantem Volumen verwendet wird, über die Definitionsgleichung $H = U + p \cdot V$ zusammen (p Druck, V Volumen). Da fast alle chemischen Reaktionen in offenen Gefäßen (konstanter Druck!) stattfinden, betrachtet man meist die E. bzw. deren Änderung ΔH, die der Vorgang bewirkt.

Nur ein Teil der E. kann bei einem reversiblen Prozess zur Verrichtung von Arbeit genutzt werden. Dieser Teil ist die **gibbssche** oder **freie Enthalpie** G, die analog zur E. definiert ist: $G = F + p \cdot V$ (F freie Energie). Der Zusammenhang zwischen G und H ist: $G = H - T \cdot S$ (T absolute Temperatur, S ↑Entropie). Für die Änderung dieser Größen im Verlauf einer chemischen Reaktion gilt die **Gibbs-Helmholtz-Gleichung:** $\Delta G = \Delta H - T \cdot \Delta S$.

ΔG ist gleichsam die Triebkraft einer chemischen Reaktion. Eine **exergonische** Reaktion, d. h. eine solche, die spontan bzw. freiwillig abläuft, ist durch einen negativen Wert von ΔG gekennzeichnet. Die Rückreaktion, für die ΔG positiv ist und die daher nicht freiwillig abläuft, nennt man **endergonisch**.

Betrachtet man die bei konstantem Druck umgesetzten Wärmemengen, so unterscheidet man **exotherme** Reaktionen, bei denen ΔH negativ ist (es wird Wärme frei) und **endotherme** Reaktionen (Wärmeaufnahme aus der Umgebung; ΔH positiv).

Es gibt auch freiwillig ablaufende (exergonische) Reaktionen, die endotherm sind, z. B. das Auflösen von Ammoniumchlorid in Wasser, das zu einer Abkühlung der Lösung führt. Hier wird der positive ΔH-Wert durch eine Zunahme der Entropie und damit einen hohen Wert des Terms $T \cdot \Delta S$ überkompensiert.

Auch Phasenübergänge gehen mit Enthalpieänderungen einher. Man spricht dann von Verdampfungsenthalpie, Kondensationsentalpie usw.

Entropie [zu griech. tropé »Wendung«, »Umkehr«], Formelzeichen S: thermodynamische Zustandsgröße, die als Maß für die »Unordnung« eines Systems bzw. (statistisch betrachtet) für die Wahrscheinlichkeit eines Zustandes angesehen werden kann.

Die Moleküle eines Gases drängen sich in einem Gefäß aller Erfahrung nach nicht in einem kleinen Volumen zusammen, sondern füllen den ganzen ihnen zur Verfügung stehenden Raum gleichmäßig aus. Dieser Zustand ist der wahrscheinlichste Zustand bzw. der Gleichgewichtszustand. Gleichzeitig ist er der Zustand geringster »Ordnung« bzw. maximaler »Unordnung«.

Energiespeicher

Damit Energie jederzeit und über einen längeren Zeitraum möglichst wirtschaftlich in der gewünschten Menge zur Verfügung steht, muss sie in geeigneter Weise gespeichert sein oder gespeichert werden. Die wichtigsten natürlichen chemischen Speicher sind die fossilen Brennstoffe Kohle, Erdöl und Erdgas. Da die Vorkommen jedoch begrenzt sind und in absehbarer Zeit erschöpft sein werden, muss die Suche nach anderen Energiequellen vorangetrieben werden.

Kohle, Erdöl und Erdgas sind in einem Jahrmillionen dauernden Prozess entstanden. Ihre Grundlagen bilden Pflanzen, die mithilfe der Fotosynthese Sonnenenergie chemisch speichern. Pflanzen können jedoch auch ohne den »Umweg« über Kohle und Erdöl als Energielieferanten eingesetzt werden.

■ Nachwachsende Rohstoffe

In den nachwachsenden Rohstoffen steht gespeicherte Sonnenenergie kurzfristig zur Verfügung. Um diese Rohstoffe in der erforderlichen Menge zu produzieren, sind eine intensive Landwirtschaft und eine aufwendige Weiterverarbeitung der Pflanzen zu Ölen oder Kohlenhydraten, die weiter zu Alkohol vergoren werden können, erforderlich. Öle und Alkohole können v. a. als Kraftstoffe (Biodiesel, Bioalkohol) in umgerüsteten Verbrennungsmotoren eingesetzt werden.

■ Wasserstoff als Energieträger

Vergleicht man die Brennwerte von verschiedenen Brennstoffen, so erreicht Wasserstoff, bezogen auf die Masse, den ungewöhnlich hohen Wert von 142,3 kJ/g; Benzin (48,1 kJ/g) und Alkohol (29,7 kJ/g) liegen z. B. weit darunter. Diese Tatsache macht Wasserstoff als chemischen Energiespeicher für die Zukunft interessant. Allerdings ist seine technische Nutzung zurzeit noch mit erheblichen Problemen verbunden.

Gasförmiger Wasserstoff etwa hat eine sehr geringe Dichte (0,09 g/l) und folglich ein großes Volumen, was eine Platz sparende Lagerung erschwert. Das Volumen lässt sich zwar durch hohen Druck wesentlich verringern, aber dies macht druckfeste, schwere Speicher notwendig, deren Bau entsprechend aufwendig ist. Eine Verflüssigung des Wasserstoffs tritt unterhalb −240 °C bei erhöhtem Druck ein. Allerdings ist eine solche Kühlung bisher technisch noch sehr aufwendig. Deshalb wird diese Lagerungsmöglichkeit zurzeit nur in Raumschiffen genutzt. Eine viel versprechende Möglichkeit sind Metallhydridspeicher (↑Hydride), bei denen Wasserstoff in Metalllegierungen in beträchtlichen Mengen gelöst ist.

Ein weiterer Grund, Wasserstoff als Energieträger zu favorisieren, ist sein weltweites Vorhandensein in Form von Wasser. Die Wasserstoffgewinnung aus Wasser wäre das ideale Verfahren, da der Ausgangsstoff beliebig verfügbar und billig ist. Zur Spaltung des Wassers in Wasserstoff und Sauerstoff wird jedoch die hohe Energiemenge von −285 kJ/mol benötigt:

$$H_2O \rightarrow H_2 + \tfrac{1}{2}O_2;$$
$$\Delta H = -285 \text{ kJ/mol}.$$

Dieses Verfahren setzt deshalb den Einsatz einer primären Energieform wie Wärme oder Elektrizität voraus.
Eine direkte Spaltung der H-O-Bindung durch Sonnenlicht ist an der Erdoberfläche kaum möglich, da die Bindungsenergie von $7,69 \cdot 10^{-19}$ J aufgebracht werden muss. Die dazu nötige Ultraviolettstrahlung mit einer Wellenlänge von 285 nm ist im natürlichen Sonnenlicht aber zu schwach vertreten. Soll trotzdem Sonnenenergie eingesetzt

werden, muss der Umweg über die Erzeugung von elektrischer Energie durch Solarzellen und anschließende ↑Elektrolyse gewählt werden oder durch Hitzespaltung von Wasserdampf bei hoher Temperatur an einem Kontakt.

Elektrolyse von Wasser ist die erzwungene Umkehrung der spontan ablaufenden Redoxreaktion zwischen Wasserstoff und Sauerstoff. Die Elektrodenpotenziale bei der Elektrolyse von Wasser (pH 7) stellen sich folgendermaßen dar:

Kathode:
$$2\,H^+ + 2\,e^- \rightarrow H_2; \quad E = -0{,}42\,V;$$

Anode:
$$4\,OH^- \rightarrow O_2 + 2\,H_2O + 4e^-;$$
$$E = +0{,}81\,V; U = 1{,}23\,V.$$

Eine zwar schon im 19. Jh. erfundene, aber erst heute zur Praxisreife gebrachte Einsatzmöglichkeit des Wasserstoffs als chemischen Energieträgers ist die Brennstoffzelle.

■ Brennstoffzellen

Brennstoffzellen sind elektrochemische Stromerzeuger, die ohne den Umweg über die Wärmeenergie und den Dynamo direkt aus Redoxvorgängen z. B. der Verbrennung von Wasserstoff mit Sauerstoff, Elektrizität erzeugen. Der eigentliche Antrieb besteht aus einem Elektromotor.

WILLIAM ROBERT GROVE (*1811, †1896) hatte bereits 1839 die Grundidee einer galvanischen, gasbetriebenen Batterie beschrieben. Die ersten funktionsfähigen Brennstoffzellen wurden allerdings erst in den 1950er-Jahren im Rahmen des amerikanischen Raumfahrtprogramms entwickelt. Der Aufbau einer Brennstoffzelle entspricht dem Bauprinzip einer galvanischen Zelle. In zwei Halbzellen befinden sich jeweils eine Wasserstoff- und eine Sauerstoffelektrode, die in einen Ionen leitenden Elektrolyten eintauchen. Zwischen den Halbzellen ist eine poröse Membran, die einen Ladungsausgleich zulässt, aber die beiden Reaktionsgase voneinander trennt.

Das Elektrodenmaterial besteht aus Metallen oder Metalllegierungen, die in der Lage sind, deutliche Mengen der Gase zu lösen, und so eine Art Gaselektrode bilden. Die ersten Brennstoffzellen enthielten wässrige Kalilauge als Elektrolyt und Nickel oder Platin

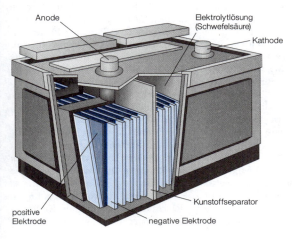

(Abb. 1) Schema eines Bleiakkumulators

Minuspol:	$PbSO_4 + 2H^+ + 2e^- \underset{\text{Entladen}}{\overset{\text{Laden}}{\rightleftarrows}} Pb + H_2SO_4$
Pluspol:	$PbSO_4 + 2H_2O \underset{\text{Entladen}}{\overset{\text{Laden}}{\rightleftarrows}} PbO_2 + 2H^+ + H_2SO_4 + 2e^-$
Gesamt:	$2PbSO_4 + 2H_2O \underset{\text{Entladen}}{\overset{\text{Laden}}{\rightleftarrows}} Pb + PbO_2 + 2H^+ + 2H_2SO_4$

(Tab. 1) Reaktionsschema des Beladens (Speicherns) und Entladens (Stromentnahme) eines Bleiakkumulators

Minuspol:	$2Ni(OH)_2 + 2OH^- \underset{\text{Entladen}}{\overset{\text{Laden}}{\rightleftarrows}} 2NiO(OH) + 2e^- + 2H_2O$
Pluspol:	$Cd(OH)_2 + 2e^- \underset{\text{Entladen}}{\overset{\text{Laden}}{\rightleftarrows}} Cd + 2OH^-$
Gesamt:	$2Ni(OH)_2 + Cd(OH)_2 \underset{\text{Entladen}}{\overset{\text{Laden}}{\rightleftarrows}} 2NiO(OH) + Cd + 2H_2O$

(Tab. 2) Reaktionsschema des Beladens (Speicherns) und Entladens (Stromentnahme) eines Ni/Cd-Akkumulators

als Elektroden, sie konnten nur mit reinstem Wasserstoff und Sauerstoff arbeiten. Zu den neuesten Entwicklungen zählen die PEM-Zellen (Polymer-Elektrolytmembranzellen) sowie die Phosphorsäure- und Schmelzcarbonatbrennstoffzellen.

Der Brennstoffzelle werden im 21. Jh. die größten Chancen als Antrieb von Kraftfahrzeugen eingeräumt. Der direkte Einsatz von Wasserstoff in Kraftfahrzeug-Brennstoffzellen macht wegen der schwierigen Speicherung im Tank allerdings noch technische Probleme. In verschiedenen Entwicklungskonzepten wird der Wasserstoff deshalb durch einen vorgeschalteten Reformingprozess erzeugt, bei dem der Wasserstoff aus einem anderen chemischen Energieträger wie Methan oder Methanol hergestellt wird.

■ **Der Bleiakkumulator**

Eine andere Möglichkeit, Energie auf chemischem Weg zu speichern, wurde bereits 1859 entwickelt, als G. PLANTÉ den ersten Bleiakkumulator konstruierte. Er gehört zu den galvanischen Zellen, deren freiwillig ablaufende Redoxreaktion durch Elektrolyse wieder rückgängig gemacht werden kann. In bis zu 1000 Be- und Entladezyklen kann elektrische Energie als chemische Energie gespeichert und wieder abgerufen werden.

Trotz vieler technischer Verbesserungen blieb der Grundaufbau des Bleiakkumulators im Wesentlichen erhalten: Zwei gleich große Bleiplatten tauchen in einen Elektrolyten aus Schwefelsäure. Auf der Oberfläche der Platten bildet sich eine dünne Schicht aus Bleisulfat. Beim Laden des Bleiakkumulators wird das Bleisulfat am Minuspol in Blei und am Pluspol in Bleidioxid umgewandelt. Damit haben sich zwei unterschiedliche Elektroden gebildet. Bei der Stromentnahme kehrt sich die Redoxreaktion um und es entsteht an beiden Elektroden wieder Bleisulfat (Tab. 1). Der Elektrolyt nimmt aktiv an der Reaktion teil, wodurch sich die Konzentration der Säure verändert.

Bleiakkumulatoren werden u. a. für die elektrische Versorgung in Kraftfahrzeugen oder als Stromlieferanten in

Notfällen eingesetzt. Ihre große Stärke als Autobatterie liegt in der hohen Energiedichte, die es erlaubt, kurzfristig einen starken Strom bereitzustellen, wie er z. B. beim Starten benötigt wird. Bei der Autobatterie (Abb. 1) bestehen die Elektroden aus einer Bleilegierung mit Zusätzen von Antimon und Calcium, welche die notwendige mechanische Stabilität und eine gute elektrische Leitfähigkeit gewährleisten. In das Gitter ist eine Schicht aus Bleidioxid bzw. Blei gepresst, die eigentlichen reagierenden Massen. Als Elektrolyt dient eine 20%ige wässrige Schwefelsäure. Die maximale Entladespannung beträgt 2 V. Mehrere, durch Separatoren getrennte Platten werden zu Plattenblöcken zusammengefasst und zur Erhöhung der Gesamtspannung je nach Bedarf hintereinander geschaltet.

■ **Nickel-Cadmium- und Nickel-Metallhydrid-Akkumulatoren**

In kleineren elektronischen Geräten wie schnurlosen Telefonen, Handys, Laptops sowie in tragbaren Geräten der Unterhaltungselektronik (Spielgeräten, portable CD-Spieler), deren Energiequelle möglichst klein und handlich sein muss, haben sich Nickel-Cadmium- (Ni-Cd) oder Nickel-Metallhydrid-Akkumulatoren (Ni-MH) durchgesetzt. Gemeinsam ist beiden die Verwendung von Nickelhydroxid als Elektrodenmaterial am Pluspol. Der Minuspol hingegen besteht entweder aus Cadmium (Tab. 2) oder aus einer Metalllegierung, die unter Bildung von Metallhydriden große Mengen Wasserstoff aufnehmen kann (Abb. 2); faktisch erhält man auf diese Weise eine Wasserstoffelektrode. Der Elektrolyt besteht aus Kalilauge. ■

🔖 Batterien enthalten Schwermetalle, die als Zellgifte Tiere und Pflanzen schädigen, wenn sie in die Umwelt und damit in die Nahrungskette gelangen. Deshalb solltest du leere Batterien immer an den entsprechenden Sammelstellen abgeben.
Abbildungen von Akkumulatoren und Batterien sowie ein Lexikon gibt es unter http//: www.varta.de.

🔖 DICKERSON, RICHARD E. und GEIS, IRVING: *Chemie. Eine lebendige und anschauliche Einführung.* Weinheim (VCH) [3]1990. ▪ *Praxis der Naturwissenschaften. Chemie.* Band 45, Heft 6. Köln (Aulis) 1996.

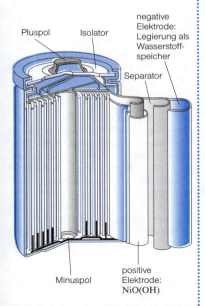

(Abb. 2) Aufbau eines Nickel-Metallhydrid-Akkumulators

Im Prinzip kann man die Wahrscheinlichkeit dafür, dass ein physikalisches System einen bestimmten Zustand einnimmt, dadurch quantitativ erfassen, dass man alle möglichen Kombinationen der einzelnen Molekülzustände zählt, durch die der Zustand des Gesamtsystems realisiert werden kann. Mit der so bestimmten thermodynamischen Wahrscheinlichkeit W lässt sich nach L. BOLTZMANN die E. definieren als $S = k \cdot \ln W$ (k ↑Boltzmann-Konstante).

Die E. nimmt also im Gleichgewichtszustand eines Systems den größten Wert an. Alle Systeme, die sich nicht im Gleichgewicht befinden, sind bestrebt, den Gleichgewichtszustand einzunehmen, umgekehrt wird der Gleichgewichtszustand praktisch nicht mehr verlassen. Daraus lässt sich der 2. ↑Hauptsatz der Thermodynamik wie folgt formulieren: Die E. eines abgeschlossenen Systems kann nur gleich bleiben (bei reversiblen Zustandsänderungen) oder zunehmen (bei irreversiblen Zustandsänderungen), sie kann nicht abnehmen.

Die Einheit für die E. ist J/K (Joule durch Kelvin). Bei chemischen Reaktionen ist nicht der Absolutbetrag, sondern die Änderung der E. ΔS von Interesse. Da es sich in der Praxis meist nicht um abgeschlossene Systeme handelt, kann die E. bei einer Reaktion auch abnehmen. Die E. der Umgebung nimmt dann entsprechend zu.

Entschwefelung: ↑Rauchgasentschwefelung und -entstickung; ↑Brennstoffentschwefelung.

Entwickler: Lösung von Chemikalien, die das latente Bild auf einer belichteten fotografischen Schicht (↑Fotografie) sichtbar machen können, indem sie die in Silberhalogenidkristallen vorliegenden Silber-Ionen zu metallischem Silber reduzieren. Nicht belichtetes Silberhalogenid wird im Fixierbad gelöst bzw. durch anschließendes Wässern entfernt. Die verwendeten Lösungen enthalten z. B. Hydrochinon oder p-Aminophenol sowie Alkalien als Beschleuniger und ↑Antioxidanzien.

Entwicklungsfarbstoffe: ↑Farbstoffe.

Entzündungstemperatur (Zündtemperatur, Zündpunkt): Mindesttemperatur, die ein brennbarer Stoff in Kontakt mit Luft bzw. Sauerstoff erreicht haben muss, damit die ↑Verbrennung einsetzt und fortschreitet.

Stoffe mit niedriger E. neigen zur Selbstentzündung. Bei brennbaren Flüssigkeiten wird nicht der Zündpunkt angegeben, sondern man unterscheidet zwischen dem Flammpunkt und dem Brennpunkt. Der **Flammpunkt** ist die Temperatur, bei der sich aus einer brennbaren Flüssigkeit eine genügend große Dampfmenge entwickelt hat, damit diese im Gemisch mit Luft durch eine Flamme entzündet werden kann. Ein kurzes Aufflammen genügt hier. Im Unterschied dazu kommt es oberhalb des **Brennpunkts,** der bei etwas höherer Temperatur liegt, zu einer bleibenden Flamme. Benzin mit einem Siedebereich von 100–150 °C hat z. B. einen Flammpunkt unter 10 °C, aber einen Brennpunkt von 16 °C.

Enzyme [zu griech. en »in« und zýme »Sauerteig«] (veraltet: Fermente): Biokatalysatoren mit sehr spezifischer Wirkung in Bezug auf den Reaktionstyp und die umgesetzte Substanz (**Substratspezifität**). Bislang sind weit mehr als 3000 E. bekannt. Gruppen von E., die zusammengehörende Reaktionsfolgen katalysieren, werden als Enzymsysteme bezeichnet (z. B. die E. der Atmungskette).

E. bestehen aus einer hochmolekularen Proteinkomponente, welche für die spezielle räumliche Form sorgt, und einer Wirkgruppe, die nicht aus Protein besteht und unmittelbar an der Katalysereaktion beteiligt ist. Ist die Wirkgruppe fest an den Proteinrest gebunden, so bezeichnet man sie als **prosthetische Gruppe;** kann sie reversibel abdissoziieren, so spricht man von **Coenzymen.** Dies sind niedermolekulare Verbindungen, die sich häufig von Vitaminen ableiten.

Die Wirkungsweise der E. beruht auf einer Herabsetzung der Aktivierungsenergie, die für die Reaktion benötigt wird (↑Katalyse), indem eine intermolekulare Wechselwirkung zwischen Substrat und E. zustande kommt. Dabei lagert sich das Substrat am aktiven Zentrum des E. an, dessen räumliche Struktur exakt auf die des Substrats abgestimmt ist (Schlüssel-Schloss-Prinzip). Es bildet sich ein Enzym-Substrat-Komplex. Das Substrat reagiert mit der prosthetischen Gruppe, die dabei verändert wird. Anschließend wird die veränderte Wirkgruppe durch Umsetzung mit einem anderen Substrat regeneriert.

Coenzyme dagegen vermitteln zwischen mehreren E. Nach Bildung des Enzym-Substrat-Komplexes löst sich das chemisch veränderte Coenzym ab und wird dann durch Reaktion mit einem zweiten Enzymprotein regeneriert. E. können ihre Wirkung nur innerhalb eines schmalen pH- und Temperaturbereichs entfalten. Menschliche E. z. B. denaturieren bei Temperaturen oberhalb 40 °C durch Zerstörung ihrer räumlichen Struktur. Wird das Wirkungszentrum eines E. durch ein Molekül blockiert, das in seiner räumlichen Struktur dem Substrat ähnelt, so spricht man von kompetitiver Hemmung. Bei der allosterischen Hemmung verursacht ein Hemmstoff, der außerhalb des aktiven Zentrums gebunden wird, eine Strukturänderung des Enzyms und einen Aktivitätsverlust. Solche Hemmstoffe heißen Inhibitoren. Auch der umgekehrte Fall ist möglich: Ein Aktivator fördert die Enzymwirkung indirekt durch Strukturänderung. Aktivatoren und Inhibitoren fasst man unter dem Begriff Effektoren zusammen.

Die E. werden nach dem Reaktionstyp unterteilt:
- Oxidoreduktasen katalysieren Redoxreaktionen;
- Transferasen übertragen Molekülgruppen von einer Verbindung auf die andere;
- Hydrolasen katalysieren hydrolytische Spaltungen;
- Lyasen katalysieren Eliminierungen unter Bildung von C-C-Doppelbindungen oder Additionen an C-C-Doppelbindungen;
- Isomerasen katalysieren Isomerisierungen;
- Ligasen katalysieren die Verknüpfung zweier Substratmoleküle.

Epi|chlorhydrin: ↑Epoxide.

Epi|mere [zu griech. epi »darauf«, »darüber« und méros »Teil«]: ein Paar von ↑Diastereoisomeren, die sich nur in der Konfiguration eines asymmetrischen Kohlenstoffatoms (von mehreren) unterscheiden. Beispielsweise sind die beiden ↑Monosaccharide Glucose und Mannose E.; sie unterscheiden sich nur in der Konfiguration am zweiten Kohlenstoff. Die Konfigurationsumkehr an nur einem von mehreren asymmetrischen Kohlenstoffatomen wird **Epimerisierung** genannt. Sie ist ein Sonderfall der Isomerisierung.

Ep|oxide (systematischer Name: Oxirane): dreigliedrige heterocyclische Verbindungen, die ein Sauerstoffatom enthalten (Abb. 1). Sie lassen sich auch als cyclische ↑Ether auffassen. Das einfachste E. ist **Ethenoxid** (Ethylenoxid; Abb. 1), ein farbloses, giftiges Gas, das meist aus Ethen durch katalytische An-

$$H_2C \underset{O}{\overset{\diagdown\ \diagup}{-}} CH_2$$

Epoxide (Abb. 1): Ethenoxid

Epoxide (Abb. 2): Struktur eines Epoxidharzes, gebildet durch Umsetzung eines zweiwertigen Phenols mit Epichlorhydrin

lagerung von Sauerstoff an die Doppelbindung gewonnen wird.

Weitere wichtige E. sind Propenoxid (Propylenoxid) und Epichlorhydrin (1-Chlor-2,3-epoxypropan).

E. sind Ausgangsstoffe zur Herstellung von Kunststoffen. Epoxidharze entstehen durch Polyaddition und -kondensation aus Epichlorhydrin und mehrwertigen Phenolen in Gegenwart von Alkalilauge (Abb. 2). Epoxidharze werden u. a. als Gießharze und Lackrohstoffe verwendet, außerdem für Klebstoffe, die v. a. Metalle, Glas und keramische Materialien äußerst fest miteinander verbinden können.

Er: Zeichen für ↑Erbium.

Erbium [zu -erb-, einem Wortbestandteil von Ytterbit (ältere Bezeichnung des Minerals Gadolinit)]: chemisches Element der ↑Lanthanoide, Zeichen Er, OZ 68, relative Atommasse 167,26, Mischelement. Erbiumverbindungen sind meist rötlich gefärbt; E. tritt hier stets dreiwertig auf.

Erd|alkalimetalle: die Elemente der II. Hauptgruppe im ↑Periodensystem der Elemente: Beryllium (Be), Magnesium (Mg), Calcium (Ca), Strontium (Sr), Barium (Ba) und Radium (Ra). Die Atome der E. besitzen nur zwei Außenelektronen. Diese Valenzelektronen bedingen, ähnlich wie bei den Alkalimetallen, eine starke Reaktivität.

In allen ihren Verbindungen haben die Erdalkalimetallatome die Oxidationsstufe +2.

An der Luft werden die E. sehr schnell oxidiert; mit Wasser reagieren sie schon bei Raumtemperatur sehr heftig, wobei Wasserstoff und das entsprechende Erdalkalihydroxid entstehen.

Calcium, Strontium und Barium verleihen einer Flamme charakteristische Färbungen, durch die sie in ihren Verbindungen leicht nachweisbar sind (↑Flammenspektroskopie).

Erdgas: ein brennbares Gas, das – häufig zusammen mit Erdöl – in porösen Sanden der Erdkruste vorkommt und sich unter ähnlichen Bedingungen wie ↑Erdöl bildet.

E. besteht vorwiegend aus Methan (80–95%). Daneben enthält es Ethan, Propan, Butan Pentan, Kohlenstoffdioxid, Stickstoff, Wasser, Schwefelwasserstoff und Helium. Während »trockenes E.« fast ausschließlich aus Methan besteht, enthält »nasses E.« größere Mengen höherer gesättigter Kohlenwasserstoffe, die leicht kondensieren. Aus angebohrten Lagerstätten strömt E. durch Eigendruck aus. Verunreinigungen werden durch Kühlen, Waschen und fraktionierte Destillation entfernt. Es wird als Heizgas sowie als Rohstoff in der ↑Petrochemie verwendet.

Erdöl: ein in natürlichen Lagerstätten vorkommendes flüssiges Gemenge, das hauptsächlich aus Kohlenwasserstoffen besteht. Je nach Herkunft enthält es daneben noch unterschiedliche Mengen an Schwefel-, Stickstoff- und Sauerstoffverbindungen sowie Spuren von Metallverbindungen.

Zu seiner Verarbeitung wird das Öl zunächst von Wasser, gelösten Salzen, Sand und Schlamm gereinigt; die niedrigsiedenden Bestandteile werden als Erdölgas abgetrennt (ähnliche Zusammensetzung wie ↑Erdgas, jedoch weniger Methan und mehr Ethan, Propan und Butan). In den Raffinerien wird es nach Entfernung von Schwefelverbin-

Kp. [°C]	Kohlenwasserstoffe	Verarbeitung	Verwendung
< 20	Topgase (C_1–C_4)	–	Heizgase
< 100	Leichtbenzin	Stabilisieren (Abtrennen gasförmiger Bestandteile	Flüssiggas, Lösungsmittel
< 100	Leichtbenzin	Feinfraktionierung (Abtrennung geradkettiger Alkane wie n-Pentan, n-Hexan)	Flüssiggas, Lösungsmittel
< 100	Leichtbenzin	katalytisches Isomerisieren (Bildung von verzweigtkettigen Alkanen)	hochwertige Treibstoffe
100–180	Schwerbenzin (Naphtha)	Fraktionierung	Lösungsmittel, Waschbenzin, Terpentinölersatz usw.
100–150	Schwerbenzin (Naphtha), 1. Fraktion	katalytisches Reformieren (Bildung von aromatischen Verbindungen und wasserstoffhaltigen Spaltgasen)	Rohstoffe für chem. Industrie, Reformatbenzine
150–180	Schwerbenzin (Naphtha), 2. Fraktion	thermisches Cracken u.a. Verfahren (Bildung von Alkenen und Alkadienen)	Rohstoffe für chem. Industrie
180–250	Petroleum	Fraktionierung	Treibstoffe (Kerosin, Diesel), leichtes Heizöl, Lampenöl
250–350	Gasöl	Fraktionierung	leichtes Heizöl, Dieseltreibstoff
250–350	Gasöl	katalytisches Cracken (Bildung von Isoalkanen, Alkenen, Aromaten)	Crackgase als Rohstoffe für chem. Industrie, zur katalyt. Polymerisation (Polymerbenzin) oder Alkylierung (Alkylatbenzin); flüssige Crackprodukte als Crackbenzin
>350	Bunkeröl	thermisches Cracken	leichtes und schweres Heizöl
>350	Bunkeröl	Vakuumdestillation	schweres Dieselöl, Schmieröle; schweres Heizöl, Bitumen (>550 °C)

Erdöl: Fraktionen der Erdöldestillation unter atmosphärischem Druck und deren Weiterverarbeitung

dungen mit Triethanolaminlösung durch fraktionierte ↑Destillation bei Normaldruck in Fraktionen verschiedener Siedebereiche gespalten.

Aus dem Destillationsturm werden dabei einzelne Seitenströme unterschiedlicher Siedetemperatur abgezogen (Tab.). An der Spitze der Destillations-

Erdöl

$$H_2C=C(CH_3)(CH_3) + H_2C=C(CH_3)(CH_3) \longrightarrow H_3C-C(CH_3)(CH_3)-CH=C(CH_3)(CH_3)$$

2,2,4-Trimethyl-3-penten

$$\xrightarrow{+H_2} H_3C-C(CH_3)(CH_3)-CH_2-CH(CH_3)(CH_3)$$

Isooctan
(2,2,4-Trimethylpentan)

Erdöl (Abb. 1): katalytische Polymerisation, Bildung von Isooctan aus Isobuten

kolonne entweichen die Topgase (Methan, Ethan, Propan, Butan), die als Heizgase bzw. als Ausgangsstoffe für die Petrochemie dienen. Bei einer Temperatur bis 100 °C wird das **Leichtbenzin,** bei 100–180 °C das **Schwerbenzin,** bei 180–250 °C das **Petroleum** und bei 250–350 °C das **Gasöl** gewonnen. Der unter Normaldruck nicht weiter zerlegbare Destillationsrückstand wird entweder durch thermisches ↑Cracken in leichtere Moleküle gespalten oder durch Vakuumdestillation weiterzerlegt. Aus dem nicht auftrennbaren Rückstand wird **schweres Heizöl** gewonnen sowie **Bitumen,** ein dunkles, halbfestes Produkt, das z. B. in der Bautechnik als Dichtungsmasse verwendet wird. Eine Mischung von Bitumen mit mineralischen Bestandteilen, z. B. Sand, wird als **Asphalt** bezeichnet und zur Herstellung von Straßenbelägen u. Ä. verwendet.

Alle Destillate werden vor der Weiterverarbeitung einer Raffination unterworfen. Durch Feinfraktionierung des Leichtbenzins werden geradkettige Alkane abgetrennt; nach Isomerisierung, d. h. Umlagerung in kurze, verzweigtkettige Alkane, ergeben diese Motorbenzin mit hoher ↑Octanzahl. Cycloalkane und die Schwerbenzinfraktion werden durch ↑Reformieren in aromatenreiches und damit hoch klopffestes Motorbenzin (**Reformatbenzin**) übergeführt. Die weitere Auftrennung der Petroleum- und der Gasölfraktion liefert **Kerosin** (bis 280 °C) und Dieselkraftstoff (über 280 °C) sowie **leichtes Heizöl.** Durch katalytisches Cracken werden aus den Kohlenwasserstoffen der Gasölfraktion niedrigersiedende Kohlenwasserstoffe gewonnen. Das bei der Destillation der Crackprodukte erhaltene Crackbenzin zeichnet sich durch eine hohe Octanzahl aus; es enthält v. a. Isoalkane, Aromaten und Alkene. Die Crackgase bestehen aus ungesättigten gasförmigen Kohlenwasserstoffen (u. a. Propen, Butene), die in der ↑Petrochemie verwendet werden. Aus ihnen werden auch klopffeste Benzine mit einem hohen Gehalt an Isoalkanen gewonnen. So entsteht durch katalytische Polymerisation (Oligomerisierung) von Alkenen (z. B. Isobuten) an Phosphorsäurekatalysatoren das **Polymerbenzin** (Abb. 1) und durch Alky-

$$H_3C-CH(CH_3)(CH_3) + H_2C=CH-CH_3 \longrightarrow H_3C-C(CH_3)(CH_3)-CH_2-CH_2-CH_3$$

Isobutan
(2-Methylpropan)

Propen

2,2-Dimethylpentan
(+ Isomere)

Erdöl (Abb. 2): Alkylierung von Isobutan mit Propen

lierung von niederen Alkanen (z. B. Isobutan) mit Alkenen (z. B. Propen) mit Fluorwasserstoff oder Schwefelsäure als Katalysator das **Alkylatbenzin** (Abb. 2).

Erhärten: ↑Mörtel.

Erlenmeyerkolben [nach E. ERLENMEYER]: feuerfester, im unteren Teil kegelförmiger Glaskolben, der im Labor zum Erhitzen von Flüssigkeiten dient (Abb. ↑Titration).

Erlenmeyer-Regel: von E. ERLENMEYER aufgestellte Regel, nach der Verbindungen mit mehreren Hydroxylgruppen am gleichen Kohlenstoffatom nicht stabil sind und unter Bildung einer Carbonylgruppe Wasser abspalten:

$$RR'C(OH)_2 \xrightleftharpoons{-H_2O} RR'CO.$$

Ausnahmen zur E.-R. sind z. B. Chloralhydrat $CCl_3-CH(OH)_2$ und Ninhydrin (↑Ninhydrinreaktion).

Erstarren: Phasenübergang vom flüssigen in den festen ↑Aggregatzustand. Die Temperatur, bei der das E. erfolgt (Erstarrungstemperatur), stimmt bei konstantem Druck mit der Schmelztemperatur überein. Die beim E. frei werdende Wärmemenge (Erstarrungswärme) ist dem Betrag nach identisch mit der ↑Schmelzwärme.

Erze: Gesteine oder Minerale, aus denen Metalle gewonnen werden können. Neben den nutzbaren Metallverbindungen haben E. auch nicht nutzbare Bestandteile (**Gangart** oder **taubes Gestein**), die vor der eigentlichen Metallgewinnung abgetrennt werden müssen.

Es: Zeichen für ↑Einsteinium.

essenziell [zu lat. essentia »Wesen(heit)«]: lebensnotwendig. Essenzielle Stoffe kann der Organismus nicht selbst synthetisieren, sondern muss sie mit der Nahrung aufnehmen. E. für den Menschen sind z. B. verschiedene Spurenelemente, die ↑Vitamine, einige ↑Aminosäuren und mehrfach ungesättigte Fettsäuren (↑Carbonsäuren).

Essigsäure (systematischer Name: Ethansäure), CH_3-COOH: wichtige Monocarbonsäure (↑Carbonsäuren); farblose, hygroskopische Flüssigkeit mit durchdringendem Geruch, die mit Wasser und den meisten organischen Lösungsmitteln mischbar ist. Die stark ätzend wirkende reine E. erstarrt bei 16,6 °C zu eisähnlichen Kristallen und wird daher auch Eisessig genannt. E. kommt in Form ihrer Salze und Ester, der ↑Acetate, verbreitet in der Natur vor; in freier Form findet sie sich in manchen Pflanzensäften und tierischen Sekreten. Im menschlichen und tierischen Stoffwechsel spielt die aktivierte E. (Acetyl-Coenzym A) eine Rolle.

E. bildet sich durch Gärung verdünnter wässriger Lösungen von Ethanol unter dem Einfluss von Essigsäurebakterien (Essigsäuregärung); im Speiseessig ist sie zu etwa 5 % enthalten.

Technisch wird E. nach mehreren Verfahren synthetisch hergestellt, v. a. durch Oxidation von Acetaldehyd, durch katalytische Umsetzung von Methanol mit Kohlenmonoxid unter Druck (Carbonylierung) und durch Direktoxidation von Kohlenwasserstoffen (u. a. Butan, Buten). Sie dient u. a. zur Herstellung von Essigsäureestern, die v. a. als Lösungsmittel eingesetzt werden.

Essigsäure|anhydrid: ↑Säureanhydride.

Essigsäure|ethylester: ↑Ester.

Essigsäuregärung: ↑Essigsäure; ↑Gärung.

essigsaure Tonerde: ↑Aluminiumacetat.

Ester [Kw. aus Essigäther]: Gruppe von Verbindungen, die aus organischen oder anorganischen Säuren und Alkoholen unter Wasserabspaltung entstehen (↑Veresterung) und auch wieder in Säure und Alkohol gespalten werden können (↑Verseifung).

E. werden benannt, indem man den Namen des Alkylrests aus dem Alkohol

Ester

Name	vereinfachte Strukturformel
Diethylsulfat (Schwefelsäurediethylester)	$H_5C_2-O-SO_2-O-C_2H_5$
Ethylacetat (Ethylethanat, Essigsäureethylester)	$H_5C_2-O-CO-CH_3$
Propylbenzoat (Benzoesäurepropylester)	$H_5C_2-O-CO-C_6H_5$

Ester: Nomenklatur von Estern

vor den Namen des Säurerestes stellt, z. B. Ethylacetat; es ist auch möglich, zuerst den Namen der Säure, dann den Namen der Alkylgruppe zu nennen und die Endung -ester anzuhängen, z. B. Essigsäureethylester (Tab.).

1) *E. anorganischer Säuren:* Sauerstoffhaltige Säuren bilden mit Alkoholen E. mit einer Sauerstoffbrücke, z. B. Alkylnitrat:

$$\underset{\text{Alkohol}}{R-OH} + \underset{\text{Salpetersäure}}{HO-NO_2} \rightleftharpoons$$
$$\underset{\text{Alkylnitrat}}{R-O-NO_2} + H_2O.$$

Halogenalkane können als E. der Halogenwasserstoffsäure mit dem entsprechenden Alkohol aufgefasst werden:

$$\underset{\text{Alkohol}}{R-OH} + \underset{\text{Halogenwasserstoff}}{HX} \rightleftharpoons$$
$$\underset{\text{Halogenalkan}}{R-X} + H_2O.$$

2) *E. organischer Säuren (Carbonsäureester):* Diese werden aus einer Carbonsäure und einem Alkohol oder Phenol gebildet und haben die charakteristische Gruppierung –CO–O–.

Wichtige Herstellungsmethoden sind:
- die ↑Veresterung der Carbonsäuren mit Alkoholen (Abb. 1);
- die Umsetzung von Säurehalogeniden oder -anhydriden mit Alkoholen (Abb. 2);
- die Umsetzung der Silbersalze von Carbonsäuren mit Halogenalkanen.

Die E. einfacher Säuren mit einfachen Alkoholen sind farblose, brennbare, niedrigsiedende Flüssigkeiten mit obstartigem Geruch; sie werden u. a. als Lösungsmittel und in der Parfümindustrie verwendet. ↑Hydroxysäuren können intramolekulare E. (Lactone) bilden. Esterwachse sind E. langkettiger primärer Alkohole mit langkettigen einwertigen Carbonsäuren (↑Wachse).

Mehrwertige Carbonsäuren können mit mehreren Alkoholen Esterbindungen bilden. So bilden die E. von Glycerin (Propantriol) mit höheren einwertigen Carbonsäuren die ↑Fette und fetten ↑Öle. Technische Bedeutung als ↑Kunststoffe haben die aus mehrwertigen Carbonsäuren und mehrwertigen Alkoholen hergestellten ↑Polyester.

Ester (Abb. 1): Bildung von Estern aus Carbonsäure und Alkohol

Ester (Abb. 2): Bildung von Estern aus einem Säurehalogenid und Alkohol

Ethan [zu Ether], CH_3-CH_3: ein ↑Alkan. Ethan ist ein farb- und geruchloses Gas, das v. a. im Erdgas und auch (gelöst) im Erdöl vorkommt und daraus gewonnen wird. Gemische mit Luft oder Sauerstoff sind explosiv.
Ethanal (Acetaldehyd): ↑Aldehyde.
Ethan|diol: ↑Glykol.
Ethan|disäure (Oxalsäure): ↑Dicarbonsäuren.
Ethanol: ↑Alkohole.
Ethansäure: ↑Essigsäure.
Ethen (Ethylen), $CH_2=CH_2$: schwach süßlich riechender, gasförmiger Kohlenwasserstoff; ein ↑Alken. E. ist sehr reaktionsfähig; es geht Additions- und Polymerisationsreaktionen ein. Es ist das wichtigste Zwischenprodukt der ↑Petrochemie und dient v. a. zur Herstellung von Kunststoffen (Polyethylen und Mischpolymerisate); es ist Ausgangsstoff für die Herstellung zahlreicher wichtiger organischer Verbindungen (z. B. Acetaldehyd, Ethanol, Ethenoxid, Styrol und Vinylchlorid).
E. wird technisch durch thermische Spaltung von höheren Kohlenwasserstoffen (v. a. aus Flüssiggasen) bei etwa 850 °C (↑Steamcracken) gewonnen. Im Labor kann es durch Wasserabspaltung aus Ethanol mit Schwefelsäure oder Phosphorsäure gewonnen werden.
Ethen|oxid: ↑Epoxide.
Ethenyl-: ↑Vinyl-.
Ethenylbenzol: ↑Aromaten (Tab.).
Ether [zu griech. aither »obere, feine Luftschicht«]: Verbindungen mit der allgemeinen Formel R–O–R′ (R Alkyl, R′ Aryl). Sind R und R′ gleich, so liegt ein einfacher (symmetrischer) E. vor, bei ungleichen Resten ein gemischter (unsymmetrischer) E.; sind R und R′ Bestandteile *eines* Moleküls, so ist dies ein cyclischer Ether. Zur Benennung der E. wird entweder an den Namen der beiden Reste die Endung -ether angehängt oder der Name der einen Alkoxygruppe wird als Substituent verwendet. Die Verbindung $CH_3-CH_2-O-CH_3$ heißt demnach Ethylmethylether oder Ethoxymethan.
Symmetrische E. werden durch Abspaltung von Wasser aus Alkoholen mithilfe konzentrierter Schwefelsäure hergestellt (Abb. 1). Analog lassen sich cyclische E. aus mehrwertigen Alkoholen gewinnen.

$$2\,C_2H_5-OH \xrightarrow[-H_2O]{[H_2SO_4]}$$
Ethanol

$$C_2H_5-O-C_2H_5$$
Diethylether

Ether (Abb. 1): Synthese durch Wasserabspaltung aus Alkoholen

Durch Umsetzung von Alkoholaten mit Monohalogenalkanen sind auch unsymmetrische E. zugänglich (Abb. 2).

$$H_5C_2-O^-Na^+ + I-C_2H_5 \longrightarrow$$
Natriumalkoholat Iodethan

$$C_2H_5-O-C_2H_5 + Na + I^-$$
Diethylether

Ether (Abb. 2): Synthese aus Alkoholaten und Monohalogenalkanen

E. sieden wesentlich tiefer als Alkohole mit der gleichen Anzahl von Kohlenstoffatomen, da sie keine Wasserstoffbrücken ausbilden können. Aus demselben Grund sind sie auch nicht mit Wasser mischbar.
Die niederen E. sind wichtige Lösungsmittel für Fette und Öle, v. a. der **Diethylether** (meist kurz Ether oder Ethylether genannt), eine farblose, süßlich riechende, leicht entzündliche Flüssigkeit, Sp. 34,5 °C. Bei längerem Stehen bildet Diethylether in Gegenwart von Luft und Licht explosive Peroxide und muss deshalb in dunklen Flaschen aufbewahrt werden. Sein Dampf bildet mit Luft explosive Gemische, daher ist beim Arbeiten mit ihm größte Vorsicht erforderlich.
etherische Öle: ↑Öle
Ethin (Trivialname: Acetylen),

Ethinylierung

CH≡CH: wichtigster Kohlenwasserstoff aus der Reihe der ↑Alkine. E. ist ein farbloses Gas, das mit rußender Flamme brennt. Reines E. ist fast geruchlos, aus Carbid entwickeltes hat durch Spuren von Phosphin, Schwefelwasserstoff und anderen Verbindungen einen unangenehmen, charakteristischen Geruch. Mit Luft bildet E. explosive Gemische. Aufgrund seiner hohen Bindungsenergie entstehen beim Verbrennen sehr hohe Temperaturen, beim Verbrennen mit reinem Sauerstoff bis 3000 °C, was beim autogenen Schweißen genutzt wird.

E. kommt handhabungssicher in gelben Stahlflaschen, die mit Kieselgur und Aceton gefüllt sind, in den Handel. Bei $15 \cdot 10^5$ Pa löst Aceton das 350fache seines Volumens an E.

Das Molekül des E. ist aufgrund seiner Kohlenstoff-Kohlenstoff-Dreifachbindung linear gebaut (Alkine). Die Wasserstoffatome im E. haben schwach sauren Charakter und können daher durch Metallatome ersetzt werden. Es entstehen Salze (**Acetylide**) mit den Anionen C_2H^- bzw. C_2^{2-}, z. B.:

$$C_2H_2 + NaNH_2 \longrightarrow$$
Ethin Natriumamid

$$HC{\equiv}C^-Na^+ + NH_3$$
Natriumacetylid Ammoniak

Die schwer löslichen Silber- und Kupferacetylide sind in trockenem Zustand hochexplosiv. Die Bildung dieser Salze dient auch als Nachweis für Ethin.

E. ist sehr reaktionsfähig, es addiert z. B. leicht Halogene, Halogenwasserstoffe und Wasserstoff und reagiert mit zahlreichen weiteren Substanzen.

Herstellung: E. kann durch Umsetzen von Calciumcarbid mit Wasser erhalten werden:

$$CaC_2 + 2 H_2O \rightarrow C_2H_2 + Ca(OH)_2$$

Eine zweite Möglichkeit ist die Hochtemperaturpyrolyse von Kohlenwasserstoffen (Methan, Erdgas, Leichtbenzin) bei etwa 1500 °C. Diese hohen Temperaturen können z. B. durch einen elektrischen Lichtbogen oder durch partielle Verbrennung der eingesetzten Kohlenwasserstoffe erzeugt werden. Dabei ergeben sich folgende Reaktionen:
- bei Umsetzung im Lichtbogen:
$$2 CH_4 \rightarrow C_2H_2 + 3 H_2,$$
- bei partieller Verbrennung:
$$4 CH_4 + 3 O_2 \rightarrow 2 C_2H_2 + 6 H_2O.$$

Wichtig ist das sofortige Abschrecken des Reaktionsgemisches, da das E. über 1000 °C zerfällt.

Verwendung: Die hohe Reaktionsbereitschaft des E. konnte technisch erst genutzt werden, nachdem es W. REPPE in den 1930er-Jahren gelungen war, den explosionsartigen Zerfall von E. bei Erhöhung von Temperatur oder Druck durch geeignete Reaktionsführung zu verhindern. Besonders wichtig für die Verwendung des E. als Grundstoff der technischen organischen Chemie wurden mehrere unter Druck verlaufende Reaktionen, die unter der Bezeichnung Reppe-Chemie oder Acetylenchemie (↑Reppe-Synthesen) zusammengefasst werden. Die Bedeutung des E. als Ausgangsstoff für chemische Produkte ist jedoch stark zurückgegangen, da für viele Produkte andere Verfahren entwickelt wurden, die meist von dem billigeren und leichter zu handhabenden Ethen ausgehen.

Ethinylierung: ↑Reppe-Synthesen.
Eth|oxymethan: ↑Ether.
Ethyl-: ↑Alkane.
Ethyl|acetat: ↑Ester.
Ethyl|alkohol: ↑Alkohole.
Ethylen: ↑Ethen.
Ethylen|diamintetraessigsäure: ↑Komplexometrie.
Ethylen|glykol: ↑Glykol.
Ethylen|oxid: ↑Epoxide.
Eu: Zeichen für ↑Europium.
Europium [nach dem Erdteil Europa]: chemisches Element der ↑Lanthanoide,

Zeichen Eu, OZ 63, relative Atommasse 151,96, Mischelement.
Verwendung: wegen seines hohen Neutroneneinfangquerschnitts zur Regelung in Kernreaktoren; in Form mancher Verbindungen für Spezialleuchtstoffe.

Eu|tektikum [zu griech. eútektos »leicht zu schmelzen«]: Gemisch aus zwei oder mehreren Bestandteilen (z. B. Legierung oder Lösung) in genau dem Mischungsverhältnis, das den niedrigsten Erstarrungspunkt (eutektische Temperatur, eutektischer Punkt) aller Mischungen dieser Stoffe hat. Ein solches Gemisch erstarrt beim Abkühlen einheitlich, während bei allen anders zusammengesetzten Mischungen dieser Stoffe zuerst ein Stoff rein ausgeschieden wird, und zwar so lange, bis die verbleibende flüssige Mischung genau die Zusammensetzung des E. hat.

Eu|trophierung [zu griech. eu »gut« und trophé »Nahrung«]: ↑Abwasserreinigung.

ex|ergonisch [zu griech. érgon »Arbeit«]: die Eigenschaft einer chemischen Reaktion, spontan abzulaufen. Eine Reaktion ist dann e., wenn die Änderung der freien ↑Enthalpie ΔG kleiner als null ist. Reaktionen mit $\Delta G > 0$ nennt man endergonisch.

exo|therm: ↑Enthalpie.

Explosion [zu lat. explodere »unter Druck entweichen«]: im *engeren* Sinne eine sich extrem schnell fortpflanzende chemische Reaktion, die mit starker Gas- und Hitzeentwicklung verbunden ist, wodurch es zu einem großen Druckanstieg kommt. Die entstehende Druckwelle kann unter lautem Knall in der Umgebung große Zerstörungen hervorrufen.
Die Fortpflanzungsgeschwindigkeit der Reaktion beträgt z. B. bei Schwarzpulver 400 m/s, bei Knallgas 2820 m/s, bei Nitroglycerin 7450 m/s.
Die damit verbundene Ausdehnung bzw. Verdichtung der entstehenden Gase kann eine Geschwindigkeit von bis zu 10000 m/s erreichen. Bei über 1000 m/s spricht man von einer **Detonation**, bei 1–1000 m/s von einer E. und bei 0,01–1 m/s von einer **Verpuffung**.

brennbares Gas	Explosionsgrenze in Vol.-%	
	untere	obere
Benzindampf	0,7	8,0
Methan	5,0	15,0
Schwefelkohlenstoffdampf	0,8	52,6
Wasserstoff	4,1	75,0

Explosion: Explosionsgrenzen einiger Stoffe bei 10^5 Pa und 20 °C

Gemenge aus brennbaren Gasen oder Dämpfen und Luft sind nur innerhalb bestimmter Mischungsverhältnisse explosionsfähig. Es gibt deshalb für jedes dieser Gas-Luft-Gemische eine obere und eine untere **Explosionsgrenze** (Zündgrenze), die temperatur- und druckabhängig ist. Diese werden als Konzentration des brennbaren Gases oder Dampfes in Vol.-% oder g/m^3 angegeben.

E. im *weiteren* Sinne sind alle physikalischen und chemischen Vorgänge, bei denen sich Gase oder Dämpfe extrem schnell ausdehnen. Dies schließt z. B. auch eine Kesselexplosion ein, bei der ein vorher komprimiertes Gas sich plötzlich ausdehnt.

Explosionsgrenzen: ↑Explosion.

Explosivstoffe (Sprengstoffe): Verbindungen oder Gemenge, die bei Entzündung, z. B. durch Erwärmen, Schlag oder Initialzündung, durch eine schnelle Umsetzung innerhalb kürzester Zeit eine große Wärme- und Gasmenge freisetzen, also eine ↑Explosion hervorrufen.

Exsikkator

Man unterscheidet:
Schießstoffe wie ↑Schwarzpulver oder Schießbaumwolle (↑Nitrocellulose), bei denen die Fortpflanzungsgeschwindigkeit der Reaktion etwa zwischen 300 und 500 m/s liegt;
Sprengstoffe im engeren Sinne, wie Glycerintrinitrat (↑Nitroglycerin) und Trinitrotoluol (↑TNT), deren Reaktion sich wesentlich schneller, und zwar mit Geschwindigkeiten bis zu 9000 m/s fortpflanzt;
Zündstoffe wie ↑Quecksilberfulminat und Bleiazid (↑Azide), die sehr stoß- und wärmeempfindlich sind. Diese werden als Initialzünder verwendet, da ihr äußerst heftiger Zerfall reaktionsträgere E. zur Explosion bringen kann.

Ex|sikkator [zu lat. exsiccare »austrocknen«]: Gefäß zum Trocknen oder Aufbewahren feuchtigkeitsempfindlicher Stoffe.
Im Labor wird meist ein E. in Form eines Topfes (Abb.) verwendet. Im unteren Teil befindet sich ein Trockenmittel; es werden (nach zunehmender Wirksamkeit geordnet) Calciumchlorid, $CaCl_2$, Silicagel, konzentrierte Schwefelsäure, H_2SO_4, oder Phosphorpentoxid, P_2O_5, verwendet. Darüber liegt der durchlöcherte Exsikkatoreinsatz, auf dem sich in Tiegeln oder Schalen die zu trocknenden Substanzen befinden. Durch Evakuieren des E. kann die trocknende Wirkung noch gesteigert werden.

Exsikkator

Ex|tinktion: ↑Lambert-Beer-Gesetz.
Ex|traktion [zu lat. extrahere, extractum »herausziehen«]: Herauslösen einzelner Stoffe aus einem flüssigen oder festen Gemenge, dem Extraktionsgut,

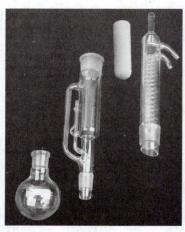

Extraktion: Soxhlet-Extraktionsapparat.
Von links nach rechts: Rundkolben, Soxhleth-Extraktor, Papierhülse, Rückflusskühler.

mithilfe geeigneter Lösungsmittel (Extraktionsmittel). Der herausgelöste (extrahierte) Stoff heißt **Extrakt** oder **Auszug.** Die Diffusion des Stoffes vom Extraktionsgut in das Lösungsmittel erfolgt dabei umso schneller, je größer der Konzentrationsunterschied zwischen beiden ist. Das einfachste Extraktionsverfahren besteht darin, dass das Extraktionsmittel mit dem Extraktionsgut in einem dicht verschlossenen Gefäß wiederholt ausgeschüttelt wird. Dabei geht jedes Mal ein Teil des zu extrahierenden Stoffes in das Lösungsmittel über. Dieses Verfahren wird bei Fest-flüssig-Extraktionen **Auslaugen** oder **Mazeration,** bei Flüssig-flüssig-Extraktionen **Ausschütteln** genannt.
Sollen schwer lösliche Bestandteile oder unlösliche Feststoffe abgetrennt werden, benützt man häufig den **Soxh-**

let-Extraktionsapparat (Abb.). Das Extraktionsgut wird hierbei durch einen ständig kreisenden Flüssigkeitsstrom ausgelaugt. Das Lösungsmittel verdampft in einem Kolben, steigt durch ein Dampfleitungsrohr zum Kühler, kondensiert hier und tropft auf das in einer Papphülse befindliche Extraktionsgut. Das heiße Lösungsmittel entzieht dem Extraktionsgut den löslichen Stoff; der Extrakt sammelt sich im nach unten abgeschlossenen Extraktionsraum, der mit einem Heberohr verbunden ist. Immer dann, wenn das Niveau des Extraktes den höchsten Punkt des als Heber wirkenden dünnen U-Rohrs erreicht hat, fließt der gesamte angesammelte Extrakt in den Kolben, wo das Lösungsmittel wieder verdampft. Auf diese Weise wird, trotz unter Umständen mehrtägiger Extraktionsdauer, nur relativ wenig Lösungsmittel benötigt.

F

f: ↑Elektronenkonfiguration; ↑Orbitalmodell.
F: Zeichen für ↑Fluor.
Fällen (Ausfällen): das Abscheiden meist fester Substanzen aus Lösungen in Form eines ↑Niederschlags durch Zugabe von Reagenzien, Abkühlung oder Erwärmung.
faradaysche Gesetze [færədɪ-]: zwei von M. FARADAY gefundene Gesetze zur quantitativen Beschreibung von ↑Elektrolysen.
Das **1. faradaysche Gesetz** besagt, dass die beim Durchgang von Gleichstrom durch einen Elektrolyten an den Elektroden abgeschiedenen Stoffmassen m der Stromstärke I und der Zeit des Stromflusses t direkt proportional sind:
$m = c \cdot I \cdot t$.
Der materialabhängige Proportionalitätsfaktor c wird als **elektrochemisches Äquivalent** bezeichnet und lässt sich berechnen als:

$$c = \frac{M}{z \cdot F}.$$

Dabei ist M die Molmasse, z die Wertigkeit des betreffenden Elements und F die Faraday-Konstante ($F = 96\,485$ C/mol). Das elektrochemische Äquivalent hat die Einheit 1 Kilogramm durch Coulomb (kg/C).
Das **2. faradaysche Gesetz** sagt aus, dass die durch gleich große Elektrizitätsmengen (Ladungen) aus verschiedenen Elektrolyten abgeschiedenen Stoffmengen m sich wie die **Äquivalentmassen** (Quotient aus Atom- bzw. Molekülmasse M und Wertigkeit z) dieser Stoffe verhalten:

$$\frac{m_1}{m_2} = \frac{M_1 \cdot z_2}{z_1 \cdot M_2}.$$

Farbstoffe: siehe S. 136.
Fasern: ↑Chemiefasern.
Faulgas: ↑Biogas.
Faulschlamm: ↑Abwasserreinigung.
FCKW, Abk. für Fluorchlorkohlenwasserstoffe: ↑Halogenkohlenwasserstoffe.
Fe [Abk. von lat. ferrum »Eisen«]: Zeichen für ↑Eisen.
Fehling-Probe: ein von H. CH. VON FEHLING entwickelter Nachweis von reduzierenden Stoffen, vor allem von reduzierenden Mono- und Disacchariden. Das Reagens, die **Fehling-Lösung,** wird immer erst unmittelbar vor Gebrauch aus zwei Komponenten hergestellt: aus einer Lösung von Kupfersulfat $CuSO_4$ in Wasser (Fehling I) und einer wässrigen Lösung von Kaliumnatriumtartrat $KNaC_4H_4O_6$ und Natronlauge (Fehling II). Dabei bildet sich der tiefblaue Kupfer(II)-tartrat-Komplex (Abb.).
Das Tartrat verhindert, dass die Kupfer(II)-Ionen als Kupfer(II)-hydroxid ausfallen.

Farbstoffe

Farbstoffe im allgemeinen Sinn sind alle Substanzen, die uns farbig erscheinen. In diesem Sinn sollte man allerdings besser von Farbmitteln sprechen. Im engeren Sinn sind Farbstoffe zumeist organische Substanzen, die in einem Anwendungsmedium wie Wasser oder Öl löslich sind und die sich mit den Stoffen, die sie färben sollen, etwa Textilfasern, verbinden. Im Gegensatz dazu sind Pigmente unlösliche anorganische oder organische Farbmittel. Sie werden meist als Pulver eingesetzt. Farbtöne lassen sich als Gemisch unterschiedlicher Farbmittel herstellen.

Farbigkeit

Im Gegensatz zu den Regenbogenfarben, die im weißen Licht enthalten sind (additive Farbmischung), entsteht Farbigkeit durch Absorption von Licht bestimmter Wellenlängenbereiche, also von bestimmten Farben. Das restliche Licht wird reflektiert. Da ihm nun aber ein Anteil fehlt, nimmt man die Komplementärfarbe des absorbierten Bereichs wahr. Der grüne Blattfarbstoff Chlorophyll absorbiert z. B. blaues und rotes Licht (bei ca. 460 bzw. 660 nm Wellenlänge), sodass Pflanzen und Blätter grün erscheinen.

Das absorbierte Licht überträgt gemäß der Gleichung $E = h\nu$ (h ist das plancksche Wirkungsquantum und ν die Frequenz des absorbierten Lichts) einen genau bestimmten Energiebetrag an das Molekül. Dadurch werden bestimmte Elektronen angeregt. Die Anregung von Elektronen in σ-Bindungen erfordert sehr viel Energie, π-Bindungen werden dagegen leichter angeregt. Farbigkeit, also die Anregung durch sichtbares Licht, kann dann auftreten, wenn in einem Molekül mehrere Doppelbindungen in Konjugation stehen.

Ab einer gewissen Anzahl konjugierter Doppelbindungen führen diese zur Farbigkeit, so etwa beim ↑Carotin. Andere Molekülbestandteile, die **Chromophore**, bewirken, dass auch kleinere Moleküle mit konjugierten Doppelbindungen farbig erscheinen (Abb. 1). Ein Chromophor ist eine Gruppe von Atomen, z. B. eine Carbonylgruppe oder eine Azogruppe –N=N–, die Teil des Farbstoffmoleküls ist. Sie enthält Mehrfachbindungen, die mit den konjugierten Doppelbindungen der Farbstoffmoleküle in Konjugation stehen. Im Vergleich zu einem analogen Molekül ohne chromophore Gruppe wird dadurch meist eine Verschiebung der Absorptionswellenlänge zu größeren Wellenlängen und damit in den Bereich des sichtbaren Lichts bewirkt.

(Abb. 1) chromophore und auxochrome Gruppen in einem Farbstoffmolekül

Oft befindet sich noch eine weitere Atomgruppe mit freien Elektronenpaaren an den Farbmolekülen, die als **auxochrome Gruppe** bezeichnet wird, Beispiele sind –OH und –NH$_2$. Sie verändern oft die Farbe des zugrunde liegenden Moleküls durch Verschiebung des Absorptionsmaximums zu größeren Wellenlängen hin (**bathochromer Effekt**) oder machen die Farben intensiver. Zudem verändern auxochrome Gruppen die Wasserlöslichkeit von Farbstoffen oder ermöglichen die chemische Bindung von Farbstoffmolekülen an die zu färbenden Substanzen.

Einteilung der Farbstoffe

Farbstoffe lassen sich einerseits nach den Färbemethoden, andererseits nach der chemischen Struktur unterscheiden.

Farbstoffe

$$\text{C}_6\text{H}_5-\overset{+}{\text{N}}\equiv\text{N } \text{Cl}^- + \text{C}_6\text{H}_5-\text{NH}_2 \xrightarrow{-\text{HCl}} \text{C}_6\text{H}_5-\text{N}=\text{N}-\text{C}_6\text{H}_4-\text{NH}_2$$

Benzoldiazoniumchlorid Anilin Azoverbindung (gelb)

(Abb. 2) Bildung von Azofarbstoffen

Hinsichtlich der färbetechnischen Verfahren, die meist auf das Färben von Textilien zurückgehen, kennt man:
- substantive Farbstoffe (Direktfarbstoffe), die direkt aus einer wässrigen Lösung heraus die Substanzen und Stoffe einfärben.
- Beizenfarbstoffe, die nur auf einer Faser haften, wenn diese mit einem Beizmittel (z. B. Lösungen von Eisen(III)- oder Chrom(III)-Salzen) getränkt wurde. Die Farbstoffe bilden dann Komplexverbindungen mit den entsprechenden Hydroxiden, die auf Fasern u. Ä. fixiert werden können.
- Entwicklungsfarbstoffe, die sich erst durch chemische Reaktionen aus einem farblosen Vorprodukt entwickeln.
- Küpenfarbstoffe, die zunächst in einer farblosen Variante (der Leukoform) auf die Substanzen aufgetragen werden und erst durch Oxidation in die farbige Variante übergehen. (Der Begriff Küpen bezeichnet die Tonnen, in denen die mittelalterlichen Färber die Farbstoffe herstellten und die Stoffe einfärbten.)
- Dispersionsfarbstoffe, die in Wasser nicht oder nur wenig löslich sind. Zusammen mit einem Dispergiermittel bilden sie eine Dispersion (↑disperses System), die z. B. in Kunstfasern eingebaut wird.
- Reaktionsfarbstoffe, die mit den zu färbenden Substanzen eine chemische Verbindung eingehen.

Aufgrund der chemischen Struktur lassen sich die Farbstoffe ebenfalls in unterschiedliche Gruppen einteilen. Die wichtigsten sind:
- **Azofarbstoffe** enthalten eine Azogruppe $-\bar{\text{N}}=\bar{\text{N}}-$ (manchmal auch mehrere) als chromophore Gruppe. Azofarbstoffe werden durch ↑Diazotierung aromatischer Amine und ↑Azokupplung mit aromatischen Aminen oder Phenolen gebildet (Abb. 2). Auf diese Weise erhält man Farbstoffe für fast alle Färbetechniken. Einige Azofarbstoffe wie z. B. Methylorange dienen auch als Indikatoren in der Chemie.
- **Anthrachinonfarbstoffe** leiten sich vom 9,10-Antrachinon ab (↑Chinone). Charakteristisch für diese Verbindungen ist das sog. chinoide System, ein cyclisches System mit zwei Carbonylgruppen, die mit mindestens zwei Kohlenstoffdoppelbindungen in Konjugation stehen (Abb. 3). Anthrachinonfarbstoffe liefern Färbungen hoher Licht- und Waschechtheit, was unter der Bezeichnung **Indanthrenfarben** als Qualitätsbegriff geschützt wird.
- **Triphenylmethanfarbstoffe** basieren auf dem Grundgerüst des farblosen Triphenylmethans. Letzteres ist so abgewandelt, dass das Molekül mesomere chinoide Strukturen ausbilden kann, die den Substanzen ihre Farbigkeit verleihen. Triphenylmethanfarbstoffe werden wegen ih-

Farbstoffe

(Abb. 3) Alizarin, ein Anthrachinonfarbstoff

rer geringen Lichtechtheit als Druck- und Stempelfarben eingesetzt, wie das ↑Malachitgrün oder das Fuchsin.

■ **Indigofarbstoffe** basieren auf dem Ringsystem des Indigo (Abb. 4). Als Küpenfarbstoffe werden sie in der farblosen Leukoform auf die zu färbenden Substanzen aufgebracht und wandeln sich durch Oxidation in die farbige Komponente um.

■ **Phthalsäurefarbstoffe:** Hierzu zählen der rote Farbstoff Eosin, der in der Biologie (zum Anfärben von Zellorganellen), aber auch als rote Tinte eingesetzt wird, sowie der Indikator Phenolphthalein. In trockenem Zustand sowie in saurer oder neutraler Lösung ist dieser Farbstoff farblos. Erst in alkalischer Lösung bildet sich durch Öffnen des Lactonrings ein farbiges Ion.

■ **Phthalocyaninfarbstoffe** werden besonders als Pigmente in der Kunststoffverarbeitung eingesetzt, da diese Farbstoffe gegen die Bleichwirkung von Licht, Säuren und Basen beständig sind. Zusammen mit auxochromen Gruppen, die die Löslichkeit und die Bindungsfähigkeit verbessern, dienen sie auch als Textilfarbstoffe.

■ Geschichtlich bedeutende Farbstoffe

Von den indigoartigen Farbstoffen haben Indigo sowie der antike (violette) Purpur eine besondere Bedeutung. Wegen der hohen Farbqualität und des hohen Preises dienten das aus der indischen Indigopflanze gewonnene Indigoblau sowie der echte Purpur als Kennzeichen von Adligen und Reichen. Hochwertige Stoffe wie Seide wurden mit indischem Indigo eingefärbt, was der Farbe eine besondere Leuchtkraft verlieh. Die qualitativ schlechteren Stoffe des einfachen Volks wurden mit Indigo gefärbt, das aus dem in Europa heimischen Färberwaid gewonnen wurde. Durch ständige Beanspruchung bleichten diese Stoffe bald aus, ein Effekt, der heute in Jeans wieder angestrebt wird.

Die Herstellung war ein wahrhaft anrüchiger Prozess: Die Blätter des im Mittelalter großflächig angebauten Färberwaids wurden in Bottichen zusammen mit Urin vergoren und dabei gründlich zerstampft (meist mit den Füßen). Der Gärprozess benötigte Sonnenwärme und Licht und wurde meist im Sommer durchgeführt. In die blassgelbe Brühe wurden die Fasern eingelegt und wieder mit Urin bedeckt. Die Fasern wurden schließlich dem Sonnenlicht und der Luft ausgesetzt, das Indigo oxidier-

wasserunlöslicher Farbstoff   wasserlösliche Leukoform

(Abb. 4) wasserlösliche farblose Leukoform und wasserunlösliche farbige Form des Indigo

Farbstoffe

te und färbte die Stoffe blau. Dabei konnten die Färber »blaumachen«. Später wurde Indigo fast nur noch aus Indien ausgeführt, da die Preise trotz des langen Transportwegs wegen der großen Plantagen und der niedrigen Löhne unter denen des Färberwaids lagen. Doch Ende des 19. Jahrhunderts gelang die großindustrielle Herstellung des synthetischen Indigo nach dem Bayer-Verfahren. Die Farbproduktion in Indien brach zusammen.

Der Purpurfarbstoff (Dibromindigo) wurde seit der Antike in einem sehr mühsamen Prozess aus Meeresschnecken der Gattung Murex gewonnen. Er war hohen Würdenträgern vorbehalten. Mit der Eroberung von Byzanz durch die Türken im Jahre 1453 brach dessen hoch entwickelte Purpurindustrie zusammen, und der Farbstoff wurde so kaum mehr hergestellt. Papst PAUL II. ordnete daraufhin an, dass die Gewänder der Kardinäle mit Scharlach zu färben seien. Den roten Farbstoff Scharlach gewann man ebenfalls seit der Antike aus den Leibern verschiedener Schildlausarten, die auf bestimmten Eichenarten gehalten wurden.

Das rote Alizarin ist ein bedeutender Anthrachinonfarbstoff, der heute nur noch synthetisch hergestellt wird. Alizarin lässt sich durch Beizen der Fasern mit Aluminium-, Zink- oder Eisensalzen und die nachfolgende Ausbildung von Komplexbindungen auf der Faser fixieren, er gehört also zu den Beizenfarbstoffen.

Der Farbstoff wurde in früheren Jahrhunderten aus der Färberröte (der Krapppflanze) gewonnen, die besonders in Südfrankreich und Thüringen großflächig angebaut wurde und ein bedeutender Wirtschaftsfaktor war. Der Farbton ändert sich mit dem Einsatz der verschiedenen Metall-Ionen von Rot über Pink nach Braun. Nachdem Mitte des 19. Jh. die Synthese von Alizarin gelungen war, wurde der Krappanbau zunehmend unwirtschaftlicher, ein ganzer landwirtschaftlicher Produktionszweig brach zusammen. Zahlreiche arbeitslos gewordene Landarbeiter zogen damals in die Städte und vermehrten das Industrieproletariat. Gleichzeitig war die Alizarinsynthese der Grundstein für die Entstehung praktisch aller heute noch existierenden großen Chemieunternehmen. ■

Stelle einige Farbstofflösungen her. Koche oder presse dazu geeignete Pflanzen aus, verdünne Tinte und löse Bunt- und Markierstiftfarbe in Wasser. Versetze die Lösungen mit verdünnter Salzsäure und/oder Natronlauge. Welche Farbänderungen sind zu beobachten? Trage eine Farblösung auf Papier auf und setze sie dem Sonnenlicht aus. Wie lichtecht ist die Farbe?
Weitere Hinweise auf Internetmaterialien, Experimente und Unterrichtshilfen findest du im Internet unter der Adresse http://educeth.ethz.ch. sowie bei http://dcbwww.unibe.ch

Farbstoffe und Pigmente, herausgegeben von dem FONDS DER CHEMISCHEN INDUSTRIE. Frankfurt am Main (Fonds der Chemischen Industrie) ^{2}1986. ■ *Praxis der Naturwissenschaften.* Köln (Aulis). Heft 5/46 1997. ■ *Praxis der Naturwissenschaften.* Chemie, Band 46, Heft 5. Köln (Aulis) 1997. ■ *Praxis der Naturwissenschaften. Chemie*, Band 47, Heft 2. Köln (Aulis) 1998.

Gibt man nun einige Tropfen der Fehling-Lösung zu einer Aldehyd enthaltenden Probe und erhitzt die Mischung, so wird der Aldehyd zur Carbonsäure oxidiert und das Kupfer(II)-Ion zum Kupfer(I)-Ion reduziert. Kupfer(I)-oxid, Cu_2O, fällt als roter Niederschlag aus:

$$R-CHO + 2\,Cu^{2+} + 4\,OH^- \rightarrow R-COOH + Cu_2O + 2\,H_2O.$$

Fehling-Probe: Kupfer(II)-tartrat-Komplex

f-Elemente: die inneren ↑Übergangselemente.

Fermentation [zu lat. fermentare »gären«] (Fermentierung): biochemische Vorgänge, bei denen unter dem Einfluss von Enzymen von Mikroorganismen Metabolite gebildet werden; im engeren Sinne die Bildung bestimmter Aromastoffe beim Lagern von Tee, Kaffee, Tabak oder Kakao.

Fermente: veraltete Bezeichnung für ↑Enzyme.

$$\begin{array}{l} CH_2-OH \\ |\\ CH-OH \\ |\\ CH_2-OH \end{array} + \begin{array}{l} HOOC-C_3H_7 \\ HOOC-C_{15}H_{31} \\ HOOC-C_{17}H_{33} \end{array} \underset{+3\,H_2O}{\overset{-3\,H_2O}{\rightleftharpoons}} \begin{array}{l} CH_2-OOC-C_3H_7 \\ |\\ CH-OOC-C_{15}H_{31} \\ |\\ CH_2-OOC-C_{17}H_{33} \end{array}$$

Fette: Beispiel für einen gemischten Ester

Fermium [nach ENRICO FERMI; *1901, †1954]: chemisches Element der ↑Actinoide, Zeichen Fm, OZ 100, Massenzahl des langlebigsten Isotops 257; künstlich hergestelltes Metall der Transurane.

Ferrate [zu lat. ferrum »Eisen«]: anionische Komplexverbindungen des Eisens; im engeren Sinne anionische Sauerstoffkomplexe, in denen Eisen die Oxidationsstufen 3, 5 und 6 haben kann, z. B. das stark oxidierend wirkende $K_2[Fe^{VI}O_4]$. Im weiteren Sinne auch andere komplexe Anionen des Eisens, z. B. die Hexacyanoferrate (↑Blutlaugensalz).

Ferroin: ↑Indikatoren.

fest: ↑Aggregatzustände.

Fette: ↑Ester des dreiwertigen Alkohols ↑Glycerin (1,2,3-Propantriol) mit höheren Monocarbonsäuren gerader Kohlenstoffzahl, den Fettsäuren, die entweder gesättigt sein können oder eine oder mehrere Doppelbindungen enthalten. F. kommen als Stoffwechselprodukte von Pflanzen und Tieren weit verbreitet in der Natur vor. Natürliche F. bestehen meist aus gemischten Estern, d. h., mit einem Molekül Glycerin sind verschiedene Carbonsäuremoleküle verbunden (Abb.). Symmetrische Ester, die drei gleiche Fettsäuren enthalten, sind dagegen in der Natur sehr selten. Am häufigsten sind in den F. Fettsäuren mit 16 oder 18 Kohlenstoffatomen enthalten; in den tierischen F. überwiegen Palmitin-, Stearin- und Ölsäure (↑Carbonsäuren, Tab.), z. B. Rindertalg: 28 % Palmitinsäure, 24 % Stearinsäure, 44 % Ölsäure. In der Butter (Milchfett) kommen noch Buttersäure und einige weitere niedere Carbonsäuren dazu. Pflanzliche F. enthalten neben den gesättigten und einfach ungesättigten Fettsäuren auch mehrfach ungesättigte. Diese kann der tierische Organismus nicht synthetisieren, muss sie also mit der Nahrung aufnehmen (essenzielle Fettsäuren). F. mit einem hohen Anteil an ungesättigten

Fettsäuren haben einen niedrigen Schmelzpunkt; bei Raumtemperatur flüssige F. bezeichnet man als ↑Öle.

F. haben eine Dichte zwischen 0,90 und 0,97 g/cm³; sie lösen sich nicht in Wasser, aber gut in organischen Lösungsmitteln wie Benzin, Chloroform oder Benzol. Zur Charakterisierung von F. sind die ↑Verseifungszahl und die ↑Iodzahl wichtige Kenngrößen. Bei längerem Stehen an der Luft werden F. ranzig infolge von Autoxidation der ungesättigten Säuren und nachfolgenden Abbaus zu übel riechenden niederen Carbonsäuren. Beim Erhitzen mit Alkalien werden die F. zu Seifen und Glycerin gespalten (↑Verseifung). Erhitzt man F. über ihren Siedepunkt hinaus, so bildet sich u.a. das giftige **Acrolein**, ein stechend riechender, zu Tränen reizender ungesättigter ↑Aldehyd:

$$H_2COH-CHOH-CH_2OH \longrightarrow$$
Glycerin

$$H_2C=CH-CHO + 2\,H_2O\,.$$
Acrolein

F. und Öle werden durch Ausschmelzen oder Auspressen aus tierischen und pflanzlichen Geweben gewonnen; sie sind als Reservestoffe der Lebewesen besonders in tierischen Fettgeweben und in pflanzlichen Samen gespeichert. Mit der Nahrung aufgenommene F. werden durch ↑Enzyme (Lipasen) im Darm gespalten; nach Passieren der Darmwand werden aus den Bestandteilen körpereigene F. synthetisiert und in Depots als Wärmeisolatoren und Reservestoffe gespeichert. F. setzen bei der Verbrennung mit 39 kJ pro Gramm etwa doppelt so viel Energie frei wie gleiche Mengen Kohlenhydrate oder Proteine.

F. werden vorwiegend als Lebensmittel verwendet, darüber hinaus zur Herstellung von ↑Seifen, trocknenden ↑Ölen und Anstrichstoffen.

Fetthärtung: Verfahren zum Überführen flüssiger fetter ↑Öle in feste Fette durch Anlagerung von Wasserstoff an die Kohlenstoff-Kohlenstoff-Doppelbindung in Gegenwart von Nickel als Katalysator und bei erhöhtem Druck (katalytische Hydrierung). Dabei entstehen aus ungesättigten Fettsäuren gesättigte, die einen höheren Schmelzpunkt des Fetts bedingen. Auch eine Teilhärtung (selektive Härtung) ist möglich, bei der ein Teil der essenziellen Fettsäuren erhalten bleibt. Die in den Fetten enthaltenen Vitamine A und D werden bei der F. zerstört. Gehärtete Fette werden zur Herstellung von Margarine verwendet.

Fettsäuren: Sammelbezeichnung für gesättigte und ungesättigte aliphatische Monocarbonsäuren (↑Carbonsäuren). Die F. bilden einen wesentlichen Bestandteil der ↑Fette.

Fettspaltung: die Hydrolyse von Fetten zu Glycerin und Fettsäuren bzw. deren Salzen (↑Verseifung).

Feuerlöscher: ↑Brandbekämpfung.

Feuerwerkskörper: Körper aus Pulversätzen mit starkwandigen Papphülsen. Grundbestandteil aller F. ist der Treibsatz, meist ↑Schwarzpulver, der den F. in die Höhe bringt; ein Sprengsatz lässt ihn dort explodieren. Zusätze aus Metallsalzen bewirken die Leucht-, Knall- und Raucheffekte; intensive karminrote Färbung wird z. B. durch Strontiumsalze, Gelbfärbung durch Natriumsalze, Grünfärbung durch Bariumnitratzusatz erzielt.

Filter: eine poröse Schicht zum Trennen fester Stoffe von Flüssigkeiten oder von Gasen. Im Labor sind meist Feststoffe von Flüssigkeiten zu trennen. Für einfache Filtrationen werden üblicherweise Rund- oder Faltenfilter aus Papier in Verbindung mit einem **Trichter** passender Größe verwendet (Abb. 1). Rundfilter formt man durch zweimaliges Falten zu einer Tüte und legt sie in

Filtration

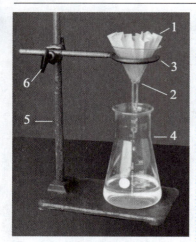

Filter (Abb. 1): Trichter und Faltenfilter.
1 Faltenfilter, 2 Trichter, 3 Haltering,
4 Erlenmeyerkolben, 5 Stativ, 6 Muffe

Filter (Abb. 2): Vakuumfiltration mit Büchner-Trichter

den Trichter ein. Das Filterpapier wird nun angefeuchtet und die Außenfläche an den Trichter angedrückt, um Luftblasen zwischen Papier und Trichter zu entfernen. Die zu filtrierende Flüssigkeit lässt man am besten an einem Glasstab in den F. laufen. Zum Filtrieren größerer Flüssigkeitsmengen sind Faltenfilter wegen der größeren Oberfläche gut geeignet.

Für **Vakuumfiltrationen** sind gehärtete Rundfilter geeignet. Als Filtriergerät dient hier ein **Büchner-Trichter** (Nutsche). Dieser wird auf eine Saugflasche gesetzt, die mit einer Wasserstrahlpumpe verbunden ist (Abb. 2). Anstelle des Papierfilters werden im Labor auch Glassinterplatten (poröse Glasplatten), sog. **Fritten,** zum Filtrieren verwendet, die in Filtriergeräte **(Nutschen)** eingeschmolzen sind. Für verschiedene Anwendungsbereiche gibt es Fritten mit unterschiedlicher Porengröße.

Filtration: mechanisches Verfahren zum Trennen fester Bestandteile von Flüssigkeiten mithilfe von ↑Filtern. Dabei wird der feste Stoff (Filterrückstand, Filterkuchen) vom Filter zurückgehalten, die Flüssigkeit (Filtrat) passiert ihn.

Firnis [mhd. virnis »Lack«]: pigmentloses Anstrichmittel aus trocknenden Ölen und Trockenstoffen (Sikkativen). Der F. härtet nach dem Auftragen durch Autoxidation bzw. Polymerisation der ungesättigten Carbonsäuren im Öl.

Fischer-Projektion [nach E. FISCHER]: Methode zur grafischen Darstellung dreidimensionaler Moleküle in der Ebene und zur Benennung von optisch aktiven Molekülen (↑Enantiomere), hauptsächlich Kohlenhydraten und Aminosäuren. Die Kohlenstoffkette wird dabei senkrecht angeordnet, das Ende mit der höheren Oxidationszahl liegt oben. Jedes ↑asymmetrische Kohlenstoffatom wird so dargestellt, dass die nach oben und unten verlaufenden

Bindungsstriche nach hinten weisende Bindungen darstellen und die nach rechts und links gezeichneten Bindungsstriche nach vorn verlaufende Bindungen (Abb.). Kommt auf diese Weise eine OH-Gruppe oder NH$_2$-Gruppe nach rechts, so wird die Konfiguration des entsprechenden asymmetrischen Kohlenstoffatoms als D-Form bezeichnet, kommt sie nach links, als L-Form. Eine F.-P. kann in eine andere korrekte F.-P. desselben Moleküls übergeführt werden, indem man zwei Substituentenpaare (am gleichen Kohlenstoffatom) vertauscht. Dies kann z. B. hilfreich sein, wenn man F.-P. vergleichen will. Das Vertauschen nur eines Substituentenpaars erzeugt die Projektion des Enantiomers. Die F.-P. ist widerspruchsfrei nur für Glycerinaldehyd (↑Enantiomere) und dessen Derivate anwendbar. Ein allgemeiner anwendbares System stellen die ↑Sequenzregeln nach ROBERT SIDNEY CAHN (*1899, †1981), CHRISTOPHER KELK INGOLD (*1893, †1970) und VLADIMIR PRELOG (*1906, †1998) dar, die zur Festlegung der absoluten Konfiguration dienen.

Fischer-Tropsch-Synthese: ein von F. FISCHER und H. TROPSCH 1922 bis 1926 entwickeltes Verfahren zur Synthese von Kohlenwasserstoffen (insbesondere zur Herstellung von Benzin) durch katalytische Reduktion von Kohlenmonoxid. Ausgangsmaterial war ein auf der Basis von Kohle erzeugtes ↑Synthesegas, das an modifizierten Cobaltkatalysatoren bei Drücken von 0,5–5 MPa und Temperaturen von 150–350 °C zu einem Alkangemisch (bis zu C$_{26}$-Ketten) umgesetzt wurde:

$$n\, CO + (2n+1)H_2 \rightarrow C_nH_{2n+2} + n\, H_2O.$$

Aufgrund der sehr geringen ↑Octanzahl konnte dieses Gemisch erst nach einer Weiterbehandlung durch ↑Cracken als Benzin verwendet werden.

In neuerer Zeit wurden modifizierte F.-T.-S. entwickelt, durch die eine gezielte Herstellung von kurz- und langkettigen Olefinen, aber auch von sauerstoffhaltigen Verbindungen möglich ist. Die Zusammensetzung des entstehenden Produkts wird hauptsächlich durch die Wahl des Katalysators bestimmt. So bilden sich z. B. an Rhodiumkatalysatoren überwiegend sauerstoffhaltige Produkte, an Rutheniumkatalysatoren vermehrt Polymethylene.

Heute hat die F.-T.-S. nur noch wenig Bedeutung, da billiges Erdöl verfügbar und somit die Petrochemie kostengünstiger ist.

Fixieren [zu lat. fixus »fest«]: der abschließende Arbeitsgang bei der Entwicklung von fotografischen Materialien.

Um ein entwickeltes Negativ dem Licht aussetzen zu können, muss das unbelichtete und somit noch lichtempfindliche Silberbromid AgBr aus der Gelatineschicht herausgelöst werden. Als Fixiermittel dient ↑Natriumthiosulfat (Fixiersalz) Na$_2$S$_2$O$_3$, das in wässriger Lösung das Silberbromid in Natrium-

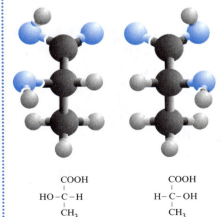

Fischer-Projektion: Veranschaulichung der Fischer-Projektion von Milchsäure

dithionatoargentat, ein lösliches Silberkomplexsalz, überführt:

$$AgBr + 2\,S_2O_3^{2-} \rightarrow [Ag(S_2O_3)_2]^{3-} + Br^-.$$

Nach gründlichem Wässern ist der Film gegen Licht beständig.

Flamme: unter Leuchterscheinungen und Hitzeentwicklung brennende Gase bzw. Dämpfe. Mit F. verbrennen alle brennbaren Gase sowie solche Flüssigkeiten und Feststoffe, die oberhalb ihrer ↑Entzündungstemperatur brennbare Dämpfe bzw. brennbare dampfförmige Zersetzungsprodukte entwickeln. Gewöhnlich sind an der Flammenbildung zwei Reaktionspartner beteiligt, ein ↑Brennstoff und ein Oxidationsmittel. Bei den Oxidationen kommt es zu Kettenraktionen von ↑Radikalen. Die Wirkung von Feuerlöschmitteln beruht u. a. darauf, dass sie Radikale wegfangen.

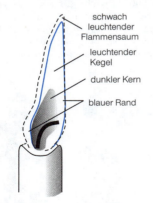

Flamme (Abb. 1): verschiedene Zonen einer Kerzenflamme

Streng genommen beschränkt sich der Begriff F. auf die **Reaktionszone**. Üblicherweise werden zur F. aber auch noch andere gasförmige Bereiche gezählt, nämlich diejenigen, die von der Reaktionszone umschlossen werden oder diese von außen umgeben, und zwar dann, wenn sie leuchten oder wenn in ihnen noch in geringem Umfang Reaktionen ablaufen. So besteht z. B. eine ruhig brennende Kerzenflamme (Abb. 1) aus drei einander umhüllenden Zonen. Die innere Zone, der dunkle Kern, wird hauptsächlich aus den durch thermische Zersetzung des Kerzenmaterials entstandenen gasförmigen Kohlenwasserstoffen gebildet; diese verbrennen hier nicht, da der dazu nötige Sauerstoff fehlt; die Temperatur liegt zwischen 300 und 520 °C. Die vollständige Verbrennung der Kohlenwasserstoffe zu Kohlenstoffdioxid und Wasser erfolgt im nahezu unsichtbaren Flammensaum, dem Außenmantel, da hier genügend Sauerstoff vorhanden ist. In dieser Zone, dem heißesten Bereich der F., wird eine Temperatur von bis zu 1 100 °C erreicht. In der mittleren Zone, dem gelb leuchtenden Kegel, herrscht Sauerstoffmangel, sodass hier nur eine unvollkommene Verbrennung stattfinden kann, die gasförmigen Kohlenwasserstoffe werden hier zersetzt, wobei auch freier Kohlenstoff entsteht. Die festen Kohlenstoffteilchen werden so stark erhitzt, dass sie glühen und somit das Leuchten der F. verursachen.

Die Kerzenflamme sowie die leuchtende F. des Gasbrenners (Abb. 2, links) (↑Brenner) zählen zu den Diffusionsflammen, bei denen Brennstoff und Oxidationsmittel erst in der Reaktionszone vermischt werden. Die schwach leuchtende Brennerflamme (Abb. 2, rechts) ist hingegen eine vorgemischte F., bei der ein homogenes Brennstoff-Luft-Gemisch verbrennt. Stark leuchtende F., die den von ihnen benötigten Sauerstoff sauerstoffhaltigen Verbindungen entziehen, diese also reduzieren können, werden Reduktionsflammen genannt. Umgekehrt bezeichnet man sauerstoffreiche F., wie z. B. die schwach leuchtende Bunsenbrenner-

Flammenspektroskopie

Flamme (Abb. 2): Je nach Einstellung der Regulierungsplatte des Brenners erhält man eine sauerstoffarme, leuchtende Reduktionsflamme (links) oder eine sauerstoffreiche, schwach leuchtende Oxidationsflamme (rechts).

flamme, als Oxidationsflammen. In Oxidationsflammen werden Temperaturen von 1300–2000 °C erreicht, in Reduktionsflammen 1000–1100 °C.

Flammenfärbung: Färbung der nichtleuchtenden Flamme des Gasbrenners (↑Brenner), die auftritt, wenn Substanzen, v. a. die Salze bestimmter Metalle (Tab.), hineingebracht werden. In der chemischen ↑Analyse ist die F. eine wichtige Vorprobe auf diese Metalle.

Flammenfotometrie: Intensitätsbestimmung von Spektrallinien (↑Spektrum), die von den Atomen in einer Flamme emittiert werden. Die Methode ermöglicht eine quantitative chemische Analyse. Die zur Messung verwendeten Geräte (Flammenfotometer) bestehen aus einem Zerstäuber, einer Flamme, einem Monochromator und einem Fotoelement.

Flammenspektroskopie: spektroskopische Untersuchung des Lichtes, das von Atomen, die in eine Flamme gebracht werden, ausgestrahlt wird. Die F. dient zum qualitativen Nachweis bestimmter chemischer Elemente, die in einer chemischen Verbindung oder in einem Substanzgemisch enthalten sind. Bei der F. werden ↑Valenzelektronen des betreffenden Atoms in höhere Bahnen angehoben (angeregter Zustand; ↑Anregung). Nach kürzester Zeit kehren die Elektronen unter Aussendung von Lichtquanten (↑Energiequant) in die ursprüngliche Bahn (den Grundzustand) zurück (Abb. 1). Dabei zeigt jedes Element ein charakteristisches Linienspektrum (Abb. 2).

Metall	Flammenfärbung
Lithium	rot
Natrium	gelb
Kalium	violett
Calcium	ziegelrot
Barium	gelbgrün
Kupfer	grün

Flammenfärbung: Flammenfärbung einiger Metalle

Fließgleichgewicht

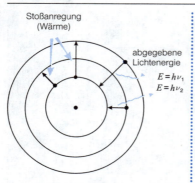

Flammenspektroskopie (Abb. 1): stoßinduzierte Emission (schematisch)

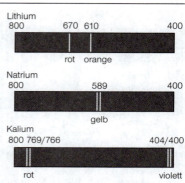

Flammenspektroskopie (Abb. 2): Beispiele für Linienspektren (Wellenlängen in nm)

Fließgleichgewicht (stationärer Zustand, Steady State): Zustand eines offenen ↑Systems, bei dem ständig Substanz oder Energie zu- bzw. abfließt und beide Ströme sich kompensieren; somit bleibt die Menge der betreffenden Substanzen bzw. der Energie in diesem System immer gleich groß. F. treten besonders in allen Organismen auf, etwa bei Stoffwechselvorgängen.

Fließmittel: die mobile Phase bei der ↑Chromatographie (v. a ↑Dünnschichtchromatographie, ↑Papierchromatographie). Als F. werden organische Lösungsmittel wie Benzol, n-Butanol, Pyridin etc. einzeln oder als Gemische eingesetzt.

Fluor [lat. fluor »das Fließen«]: chemisches Element der VII. Nebengruppe, Zeichen F, OZ 9, relative Atommasse 19,00, Reinelement.

Physikalische Eigenschaften: schwach gelbliches Gas, Fp. −219,62 °C, Sp. −188,12 °C, Dichte 1,70 g/l.

Chemische Eigenschaften: sehr giftiges, ätzend wirkendes Halogen mit stechendem Geruch; reaktionsfähigstes Element, reagiert mit Wasserstoff selbst bei einer Temperatur von −252 °C explosionsartig, setzt sich bereits bei Temperaturen um −200 °C mit Schwefel und Phosphor um, reagiert mit Wasser heftig zu Fluorwasserstoff HF und Sauerstoff (das Oxid-Anion des Wassers wird dabei oxidiert). Selbst Platin, auf 500 °C erhitzt, verbrennt in F.; Magnesium und Kupfer bilden im Fluorstrom Fluoridüberzüge und werden dann nicht weiter angegriffen; sie sind deshalb als Material für Fluorentwicklungsapparaturen geeignet.

Darstellung: durch Elektrolyse von wasserfreiem, flüssigem Fluorwasserstoff oder von wasserfreien Fluoridschmelzen.

Verwendung: zur Herstellung zahlreicher Fluorverbindungen (u. a. Fluorchlorkohlenwasserstoffe, ↑Uranhexafluorid).

Fluor|chlorkohlenwasserstoffe: ↑Halogenkohlenwasserstoffe.

Fluoreszenz: durch Licht oder Röntgenstrahlung hervorgerufene Leuchterscheinung, die an verschiedenen festen, flüssigen oder gasförmigen Substanzen auftreten kann. Durch die einfallende Strahlung (Primärstrahlung) wird der fluoreszierende Stoff angeregt; durch Aussenden der sog. Sekundärstrahlung innerhalb von 10^{-9} bis 10^{-6} Sekunden gibt dieser wieder Energie ab. Im Gegensatz zur ↑Phosphoreszenz gibt es bei der F. also kein Nachleuchten. Die Sekundärstrahlung ist von gleicher oder größerer Wellenlänge als die Primärstrahlung (gleiche oder geringere Energie). Es ist daher möglich, unsichtbare UV- oder Röntgenstrahlung durch F. sichtbar zu machen (z. B. beim fluoreszierenden Röntgenschirm). Zu den fluoreszierenden Stoffen gehören z. B. Flussspat, Uranylsalze, Salze der Metalle der seltenen Erden, Anthracen, Naphthalin und Stilben. F. wird in der Chemie zur Analyse verwendet. Bei der **Fluoreszenzanalyse** wird das durch UV-Strahlung erregte Fluoreszenzlicht mithilfe eines Spektrographen untersucht.

Fluoreszenz|analyse: ↑Fluoreszenz.

Fluoride: Verbindungen des Fluors, v. a. die Salze des Fluorwasserstoffs, HF, z. B. Natriumfluorid, NaF, oder Calciumfluorid, CaF$_2$. Im **Bortrifluorid**, BF$_3$, ist das Fluor durch polare Atombindungen an das Bor gebunden. Bortrifluorid ist ein erstickend riechendes Gas; es wirkt als Lewis-Säure (↑Säuren und Basen). Verwendet wird es u.a. als Fluorierungsmittel und als Katalysator.

Fluoridierung: die Zugabe von Fluoriden, z.B. Natriumhexafluorosilicat, NaSiF$_6$, zum Trinkwasser oder zu Zahnpflegeprodukten. Die F. dient der Karies-Prophylaxe.

Fluorierung: die Einführung von Fluoratomen in eine organische Verbindung, z. B. durch ↑Addition oder ↑Substitution.

Fluorkohlenwasserstoffe: ↑Halogenkohlenwasserstoffe.

Fluorwasserstoff, HF: farblose, stechend riechende, giftige Flüssigkeit, die z. B. durch Einwirken von Schwefelsäure auf Calciumfluorid, CaF$_2$, gewonnen werden kann:

$$CaF_2 + H_2SO_4 \rightarrow CaSO_4 + 2\ HF\uparrow.$$

Trotz seiner sehr geringen Molekülmasse hat F. einen Siedepunkt von +19,5 °C. Dieser hohe Siedepunkt ist auf die Wasserstoffbrückenbindungen zwischen den stark polaren Fluorwasserstoffmolekülen zurückzuführen (↑Assoziation, ↑zwischenmolekulare Kräfte). Beim Sieden müssen diese Bindungen erst unter Energieaufwand gespalten werden.

F., der sich leicht in Wasser löst, ist eine Brønsted-Säure (↑Säuren und Basen). Die wässrige Lösung ist die stark ätzend wirkende **Fluorwasserstoffsäure** oder **Flusssäure.** Diese ist in der Lage, Quarz (Siliciumdioxid) und Silicate anzugreifen. Die Reaktion mit Quarz (SiO$_2$) beruht auf der Bildung von gasförmigem Siliciumtetrafluorid SiF$_4$:

$$SiO_2 + 4\ HF \rightarrow SiF_4 + 2\ H_2O.$$

Diese Reaktion wird zum Ätzen von Glas genutzt, dessen Hauptbestandteil Siliciumdioxid ist. Die Salze des F. sind die ↑Fluoride.

flüssig: ↑Aggregatzustände.

Flüssiggas ↑Alkane.

Flüssigkristalle: Verbindungen, die in einem bestimmten Temperaturbereich sowohl Eigenschaften einer Flüssigkeit (z. B. Formunbeständigkeit) als auch Eigenschaften von Kristallen (z. B. Anisotropie) besitzen. Das Auftreten solcher Eigenschaften kann bei diesen Substanzen als Ausbildung einer besonderen Phase angesehen werden, die als **Mesophase** bezeichnet wird. Zur Bildung von F. sind vor allem organische Substanzen befähigt, deren Mo-

H$_3$CO—⟨⟩—CH=N—⟨⟩—C$_4$H$_9$

N-(4-Methoxybenzyliden)-4-butylanilin

Flüssigkristalle (Abb. 1): Beispiel für eine bei Raumtemperatur flüssigkristalline Verbindung

Flusssäure

leküle stäbchenförmig (Abb. 1) oder scheibchenförmig sind und meist aromatische Ringe sowie polare oder leicht polarisierbare Gruppen aufweisen. Diese Moleküle richten sich dann parallel zueinander aus und rufen dadurch die Anisotropie hervor.

Oberhalb einer bestimmten Temperatur, dem Klärpunkt, ist die Bewegung der Moleküle so stark, dass die F. in eine »normale«, isotrope Flüssigkeit übergehen, in der die Moleküle völlig ungeordnet sind (Abb. 2).

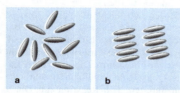

Flüssigkristalle (Abb. 2): **a** regellose Anordnung der Moleküle in einer isotropen Flüssigkeit; **b** Ausrichtung der Moleküle in einer flüssigkristallinen Phase

Anwendung: zur Herstellung von Flüssigkristallanzeigen (LCD, Abk. f. engl. **l**iquid **c**rystal **d**isplay) werden F. in dünner Schicht zwischen zwei Glasplättchen gegeben. Eine elektrische Spannung kann die Orientierung der Moleküle beeinflussen. Kombiniert man diese Anordnung mit Polarisationsfiltern, so kann durch Ein- und Ausschalten der Spannung Lichtdurchlass oder Auslöschung erzielt werden.

Flusssäure: wässrige Lösung von ↑Fluorwasserstoff.

Folsäure [zu lat. folium »das Blatt«]: ↑Vitamine.

Form|aldehyd: der einfachste ↑Aldehyd.

formale Ladung (Formalladung): Zahl der fiktiven Ladungen eines Atoms in einem Molekül.

Man erhält diese Zahl, indem man zunächst die zu dem betreffenden Atom gehörenden Außenelektronen zusammenzählt: Dabei werden freie Elektronenpaare ganz gerechnet, von den Bindungselektronenpaaren, die von dem Atom ausgehen, wird jeweils nur ein Elektron dazugezählt (das andere Elektron wird dem anderen Bindungspartner zugeordnet). Danach bildet man die Differenz zwischen der so erhaltenen Elektronenzahl und der Zahl der Außenelektronen, die das betreffende Atom im freien, neutralen Zustand hat.

Im Wassermolekül H–Ō–H kommen auf das Sauerstoffatom sechs Elektronen (zwei freie Elektronenpaare und von jeder der beiden Bindungen ein Elektron). Die Zahl der Außenelektronen im freien Sauerstoffatom beträgt ebenfalls sechs. Das Sauerstoffatom trägt im Wassermolekül also die f. L. 0.

Im Nitrat-Ion (Abb. 1) entfallen auf das Stickstoffatom vier Elektronen (je ein Elektron von jedem der vier Bindungselektronenpaare). Das freie Stickstoffatom besitzt fünf Elektronen, im Nitrat-Ion erhält Stickstoff daher die f. L. +1. Auf den doppelt gebundenen Sauerstoff entfallen sechs Elektronen, er besitzt somit die f. L. 0. Die beiden ein-

formale Ladung (Abb. 1): Beispiel Nitrat-Ion

fach gebundenen Sauerstoffatome besitzen sieben Elektronen, sie erhalten daher die f. L. –1. Die Summe der f. L. aller Atome des Ions ergibt dann die Ionenladung –1.

In der Realität trifft es jedoch nicht zu, dass die Sauerstoffatome verschiedene Ladungen tragen; vielmehr sind alle Sauerstoffatome in gleicher Weise gebunden (↑Mesomerie), und die vorhandene negative Ladung ist gleichmäßig auf die Sauerstoffatome verteilt. Die in einer Strukturformel berechenbare Ladung hat somit nur formalen Charakter. Die f. L. bedeutet nicht, dass die Ladung auf diesem Atom lokalisiert ist, sondern deutet nur eine Polarität innerhalb des Moleküls oder Ions an. Bei mesomeren Grenzstrukturen findet sich die f. L. daher oft auf verschiedenen Atomen (Beispiel in Abb. 2).

Auch den Atomen in neutralen Molekülen kann man manchmal von 0 verschiedene Formalladungen zuschreiben (Abb. 3). Der Wert der f. L. besteht hier darin, dass sie vorhandene Polaritäten andeutet.

$$\left[\begin{array}{c} {}^{-1}\underline{\text{O}}{-}\overset{+1}{\text{S}}{=}\underset{-}{\overset{0}{\text{O}}} \end{array} \longleftrightarrow \begin{array}{c} \underset{-}{\overset{0}{\text{O}}}{=}\overset{+1}{\text{S}}{-}{}^{-1}\underline{\text{O}} \end{array} \right]$$

formale Ladung (Abb. 3): Formalladung im Schwefeldioxidmolekül

Formalin®: ↑Aldehyde.
Formeln: ↑chemische Formeln.
Formi|ate [zu nlat. formica »Ameise«]: Salze und Ester der Ameisensäure (↑Carbonsäuren).
fossile Brennstoffe: ↑Energiespeicher.
Fotochemie [zu griech. phõs, photós »Licht«]: Teilgebiet der Chemie, das die Wirkung des Lichts (sichtbares und ultraviolettes Licht) auf chemische Prozesse erforscht und nutzt.
fotochemische Reaktion: Reaktion, die unter Lichteinwirkung abläuft. Das bekannteste Beispiel einer f. R. ist die in den Pflanzen stattfindende ↑Fotosynthese, weitere f. R. spielen sich z. B. bei der ↑Fotografie, der Chlorierung von Benzol, der Reaktion zwischen Chlor und Wasserstoff (↑Kettenreaktion) oder der Ozonbildung (↑Ozon) ab.
Fotografie [zu griech. gráphein »schreiben«, »zeichnen«]: Herstellung von Abbildungen auf lichtempfindlichen Schichten auf fotochemischem Weg. Der wesentliche Bestandteil des Aufnahmematerials ist der lichtempfindliche Stoff. Er ist in der Regel in einem besonderen Einbettungsmittel, meist Gelatine, untergebracht, mit dem zusammen er die eigentliche lichtemp-

$$\left[\begin{array}{c} {}^{-1}\underline{\text{O}}{=}\overset{\overset{0}{\underset{\|}{\text{O}}}}{\underset{\underset{\|}{\text{O}}}{\text{S}}}{-}{}^{-1}\underline{\text{O}}{-} \end{array} \longleftrightarrow \begin{array}{c} {}^{-1}\underline{\text{O}}{=}\overset{\overset{0}{\|}}{\underset{{}^{-1}\underline{\text{O}}{-}}{\text{S}}}\overset{+1}{-}{}^{-1}\underline{\text{O}}{-} \end{array} \longleftrightarrow \cdots \right]$$

formale Ladung (Abb. 2): Formalladung im Sulfat-Ion

findliche Schicht bildet, die ihrerseits auf eine Unterlage, dem Träger (Film, Papier), aufgetragen ist. Die heute verwendeten fotografischen Schichten sind Silberbromid-Gelatine-Suspensionen (unkorrekt meist fotografische Emulsionen genannt), z. T. mit geringen Zusätzen von Silberchlorid und Silberiodid. Man erhält sie aus warmen, gelatinehaltigen Silbernitrat- und Ammoniumbromidlösungen. Die entstehenden winzigen Silberbromidteilchen sind in der Gelatine kolloidal verteilt. Die frische »Bromsilbergelatine« ist noch wenig lichtempfindlich und muss einen anschließenden Reifungsprozess durchmachen. Hierzu wird die Masse längere Zeit erwärmt, wobei die Silberbromidteilchen zu größeren Kriställchen (0,003 mm) koagulieren. (Zur Erhöhung der Lichtempfindlichkeit durch Zusatz von Sensibilisatoren ↑Sensibilisierung.)

Beim Belichten des Films wirken Photonen auf die in der Gelatineschicht befindlichen Silberbromidkriställchen ein und lösen von den Bromid-Ionen je ein Elektron:

$$2\,\text{Br}^- \xrightarrow{\text{Licht}} \text{Br}_2 + 2\,\text{e}^-.$$

Das entstandene Brom wird, damit es den Vorgang nicht mehr rückgängig machen kann, durch in der Gelatineschicht befindliche Brom-Akzeptoren

Fotometrie

entfernt. Die freigesetzten Elektronen reduzieren die Silber-Ionen zu Silberatomen. Auf diese Weise entstehen Silberkeime (Entwicklungskeime). Da diese unsichtbar bleiben, sieht der belichtete Film unverändert aus, enthält aber ein verborgenes oder **latentes Bild**.

Durch nachfolgendes Entwickeln werden die Silberbromidkristalle, die Silberkeime enthalten, vollständig zu Silber reduziert. Von der Entwicklersubstanz werden dabei Elektronen abgegeben, welche die Silber-Ionen entladen. Die Brom-Ionen werden ihrerseits durch alkalische Bestandteile des Entwicklers neutralisiert. Bei Verwendung von Hydrochinon verläuft der Reduktionsvorgang gemäß dem oben stehenden Reaktionsschema.

Die Reduktion erfolgt dabei selektiv, d. h. im Wesentlichen an den Entwicklungskeimen, nicht dagegen an unbelichteten Silberbromidkörnern. Die Selektivität kann mit dem größeren Absorptionsvermögen des Keims für die Entwicklermoleküle erklärt werden.

Damit nun das Negativ ans Licht gebracht werden kann, muss das noch unverändert gebliebene und daher noch lichtempfindliche Silberbromid durch den Fixierprozess (↑Fixieren) herausgelöst werden.

Bei der Farbfotografie durchläuft das Licht drei für verschiedene Wellenlängenbereiche sensibilisierte lichtempfindliche Schichten. Diesen sind Substanzen (Farbbildner) beigegeben, die sich beim Entwickeln parallel zur Entstehung des Schwarz-Weiß-Bildes in entsprechende Farbstoffe umwandeln. Durch anschließendes Bleichen wird die störende Silberschwärzung entfernt und nur die Farbstoffe bleiben übrig.

Fotometrie [zu griech. métron »Maß«]: Methode zur Bestimmung der Konzentration farbiger Lösungen mithilfe des Lichts. Dabei wird ein Lichtstrahl durch die Lösung geschickt und infolge Absorption durch die farbige Lösung geschwächt. Die Intensität des Lichtstrahls wird vor und nach dem Durchtritt gemessen. Aus dem Quotienten der beiden Intensitäten kann der Transmissionsgrad t errechnet werden:

$$t = \frac{\text{durchgelassene Lichtmenge}}{\text{eingestrahlte Lichtmenge}}.$$

Die Anzahl der absorbierten Lichtquanten ist von der Konzentration c der Lösung und von der Länge des Weges, den der Lichtstrahl durch die Lösung zurücklegt (Schichtdicke d), abhängig. Bei bekannter Schichtdicke kann somit nach dem ↑Lambert-Beer-Gesetz die Konzentration der Lösung errechnet werden:

$$E = -\log t$$
$$E = \varepsilon \, c \, d$$
$$c = E/(\varepsilon \, d)$$

(E Extinktion, ε Extinktionskoeffizient). In der Praxis verwendet man monochromatisches Licht (Licht einer Wellenlänge), dessen Wellenlänge mit dem Absorptionsmaximum der zu bestimmenden Substanz identisch ist.

Foto|oxidanzien: eine Gruppe äußerst reaktionsfähiger, oxidierend wirkender Substanzen unterschiedlicher Zusammensetzung, die sich in der Atmosphäre aus Kohlenwasserstoffen, Stickoxiden und Luftsauerstoff unter dem Einfluss von kurzwelligem Licht (Wellenlänge unter 430 nm) bilden. Zu den F. gehören u. a. Ozon, Salpetersäure und Peroxyacetylnitrat (PAN). F. kommen besonders im fotochemischen ↑Smog vor, lassen sich aber auch in Reinluftgebieten nachweisen. Den F. wird als Schadstoffen eine steigende Bedeutung zugemessen; sie verursachen auch Gesundheitsschäden.

Fotophosphorylierung: ↑Fotosynthese.

Fotosmog: ↑Smog.

Fotosynthese: im weiteren Sinn eine chemische Reaktion, die unter dem Einfluss von Licht oder anderer elektromagnetischer Strahlung abläuft. Die Strahlung kann dabei entweder nur die für den Reaktionsablauf notwendige ↑Aktivierungsenergie liefern (↑Kettenreaktion) oder sie wird durch Synthese energiereicherer Verbindungen in chemische Energie umgewandelt.
Im engeren Sinn versteht man unter F. den Aufbau von Kohlenhydraten aus Kohlenstoffdioxid und Wasser, der in grünen Pflanzen mit Sonnenlicht unter Mitwirkung von ↑Chlorophyll erfolgt (↑Assimilation). Diese Form der F. ist die wichtigste biochemische Reaktion; sie liefert pro Jahr auf der Erde etwa 10^{11} t organische Substanz. Das Ergebnis der F. läßt sich in einer einfachen Summengleichung ausdrücken, welche die Umkehrung zum Glucoseabbau (Zellatmung) darstellt (Abb. 1).

$$6\,CO_2 + 12\,H_2O \underset{\text{Atmung}}{\overset{\text{Fotosynthese}}{\rightleftarrows}}$$
$$C_6H_{12}O_6 + 6\,O_2 + 6\,H_2O;$$
$$\Delta H = 2\,870\text{ kJ/mol}$$

Fotosynthese (Abb. 1): Summengleichung

Tatsächlich verläuft diese Reaktion recht kompliziert, sie gliedert sich in eine Lichtreaktion und eine lichtunabhängige Dunkelreaktion.
In der Lichtreaktion wird chemische Energie in Form von ↑ATP gewonnen (Fotophosphorylierung), und zwar durch einen vom Licht angeregten Elektronentransport von einem Pigmentsystem zu einem zweiten (mit fotochemisch aktivem Chlorophyll). Darüber hinaus wird dabei durch Fotolyse des Wassers Reduktionsenergie bereitgestellt in Form von $NADPH^+ + H^+$, die dann die Assimilation des Kohlenstoffdioxids ermöglicht. Als Nebenprodukt fällt hier der für alle Lebewesen wichtige Sauerstoff an (Abb. 2).

$$H_2O + NADP + n\,ADP + n\,\text{-}PO_2OH \rightarrow$$
$$NADPH + H^+ + \overset{\bullet}{n}\,ATP + \tfrac{1}{2}O_2$$

Fotosynthese (Abb. 2): Summengleichung der Lichtreaktion

In der Dunkelreaktion erfolgt der Einbau von Kohlenstoffdioxid, wobei in einem komplizierten Prozess (Calvin-Zyklus) unter Verbrauch der in der Lichtreaktion gebildeten Reduktionsenergie ($NADPH + H^+$) Glucose entsteht (Abb. 3). Die Reduktion von sechs Molekülen Kohlenstoffdioxid ergibt ein Molekül Glucose. Diese wird in den Pflanzen in Form von ↑Stärke

$$CO_2 + 2\,NADPH + 2\,H^+ + 3\,ATP \rightarrow$$
$$>CH(OH) + H_2O + 3\,ADP +$$
$$3\,PO_2OH + 2\,NADP$$

Fotosynthese (Abb. 3): Summengleichung der Dunkelreaktion

gespeichert.

Fp.: Abk. für Fusions- oder Schmelzpunkt.

Fr: Zeichen für ↑Francium.

Fraktionierung [zu lat. fractio »Brechen«, »Bruch«]: stufenweise Trennung eines Stoffgemisches in mehrere Teilgemische (Fraktionen), z. B. durch fraktionierte Kristallisation, fraktionierte Fällung oder fraktionierte ↑Destillation.

Francium [zu mlat. francia »Frankreich«]: chemisches Element der I. Hauptgruppe, Zeichen Fr, OZ 87; Massenzahl des langlebigsten Isotops: 223. F. ist ein Alkalimetall, das als intermediäres Zerfallsprodukt des Urans (^{235}U) in der Actiniumreihe (↑Zerfallsreihen) auftritt. Es hat den ausgeprägtesten alkalischen und metallischen Charakter unter allen Alkalimetallen und ist das reaktionsfreudigste Metall.

Fraunhofer-Linien [nach Joseph von Fraunhofer; *1787, †1826]: ↑Spektrum.

freie Elektronenpaare: ↑Atombindung, ↑chemische Formeln.

freie Enthalpie: ↑Enthalpie.

Fremdatome: ↑Störstellen.

Freon®: ↑Halogenkohlenwasserstoffe.

Frequenzbedingung [zu lat. frequentia »Häufigkeit«]: ↑Atommodell.

Friedel-Crafts-Reaktion: die nach C. Friedel und J. M. Crafts benannte, in Gegenwart von Lewis-Säuren (z. B. Aluminiumchlorid, $AlCl_3$, Eisen(III)-chlorid, $FeCl_3$, oder Bortrifluorid, BF_3) ablaufende Reaktion zur Alkylierung (Abb. 1) bzw. Acylierung aromatischer Verbindungen (Abb. 2).

$$R\text{–}Cl + AlCl_3 \rightleftharpoons R^+ + [AlCl_4]^-$$
Halogenalkan

$$R^+ + C_6H_5\text{–}H \rightleftharpoons C_6H_5\text{–}R + H^+$$
Alkylbenzol

Friedel-Crafts-Reaktion (Abb. 1):
Beispiel für eine Friedel-Crafts-Alkylierung

$$CH_3COCl + AlCl_3 \rightleftharpoons$$
Acetylchlorid
$$CH_3C^+O + [AlCl_4]^-$$

$$CH_3C^+O + C_6H_5\text{–}H \rightleftharpoons$$
$$C_6H_5\text{–}COCH_3 + H^+.$$
Acetylbenzol

Friedel-Crafts-Reaktion (Abb. 2):
Beispiel für eine Friedel-Crafts-Acylierung

Als Alkylierungsmittel werden Halogenalkane, Alkanole oder Alkene eingesetzt. Als Acylierungsmittel dienen insbesondere Säurechloride oder -anhydride.

Frigen®: ↑Halogenkohlenwasserstoffe.

Frostschutzmittel (Gefrierschutzmittel): Substanzen, die bei Zugabe zu Wasser dessen Gefrierpunkt herabsetzen. Als F. für Kühlwasser (z. B. in Kraftfahrzeugen) werden meist Glycerin, Glykol oder Methanol verwendet. Eine 30%ige wässrige Lösung von Glycerin beispielsweise gefriert erst bei $-11\,°C$. In der Bauindustrie werden dem Wasser z. B. Calciumchlorid, $CaCl_2$, oder Magnesiumchlorid, $MgCl_2$, als F. zugegeben, um auch bei Temperaturen unter $0\,°C$ noch betonieren zu können.

Fructose [zu lat. fructus »Frucht«] (Fruchtzucker): ↑Monosaccharide.

Fuchsin [nach der Pflanzengattung Fuchsie]: ein Triphenylmethanfarbstoff (↑Farbstoffe), der sich in Wasser oder Alkohol mit intensiv blauroter Farbe löst.

fuchsinschweflige Säure: ↑Schiff-Reagenz.

Fullerene [nach dem amerikanischen Architekten Richard Buckminster Fuller; *1895, †1983]: eine 1985 entdeckte Modifikation des Kohlenstoffs, bei dem die Kohlenstoffatome in Großmolekülen, sog. Clustern, angeordnet sind.

Am bekanntesten und auch stabilsten ist das aus 60 Kohlenstoffatomen aufgebaute Buckminsterfulleren (Abb.). Das Molekül hat die Form eines aus 20 Sechsecken und 12 Fünfecken bestehenden Polyeders (»Fußballkohlenstoff«).

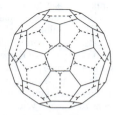

Fullerene: Buckminsterfulleren

Ebenso wie beim Graphit sind auch bei Fullerenen nicht alle Elektronen in festen Bindungen lokalisiert, sondern ein Teil der Elektronen ist delokalisiert,

d. h. im ganzen Großmolekül bzw. Festkörper mehr oder weniger frei beweglich.
F. haben interessante Eigenschaften: Man kann Molekülkristalle aus C_{60}-Molekülen bilden, die Halbleiter sind, aber durch Dotierung mit Alkalimetallen (Lithium, Natrium, usw.) zu Supraleitern gemacht werden können. Es ist auch möglich, andere Atome oder Moleküle in das Innere der hohlen »Minifußbälle« einzubringen. Weitere F. sind die langgestreckten Varianten C_{70}, C_{82}, C_{84}, ..., C_{240}, ... Indem man die F. immer länglicher werden lässt, kann man sog. **Nanoröhrchen** erzeugen. Das sind Kohlenstoffröhren von wenigen Nanometern Durchmesser, aber mit Längen von einigen Mikrometern oder gar Zentimetern.

Fulminsäure [zu lat. fulmen »der Blitz«]: ↑Knallsäure.

Fumarsäure [nach der Pflanzengattung Fumaria (Erdrauch)]: ↑Dicarbonsäuren (Tab.).

Fungizide [zu lat. fungus »Pilz« und caedere »töten«]: ↑Biozide.

Funke:
◆ bei Verbrennungsprozessen oder anderen Vorgängen, die mit starker Wärmeentwicklung verbunden sind (z. B. Reibung), auf Rot- oder Weißglut erhitztes festes Teilchen, das vom Entstehungsort fortgeschleudert oder fortgetragen wird.
◆ beim zeitlich begrenzten Durchgang (»Durchschlag«) elektrischen Stroms durch ein Gas, z. B. die Luft, entstehende Leuchterscheinung (als Folge der ↑Anregung der Gasmoleküle).

Funkenspektrum (Funkenentladungsspektrum): das ↑Spektrum eines elektrischen ↑Funkens, der zwischen zwei Metallelektroden überspringt.

funktionelle Gruppen: Atome oder Atomgruppen, die die Struktur organischer Verbindungsklassen und deren Eigenschaften weitgehend bestimmen (Tab.). So prägt z. B. die Hydroxylgruppe das Verhalten der Alkohole, die Carboxylgruppe das der Carbonsäuren. In den Namen der chemischen Verbindungen erscheinen die Bezeichnungen der f. G. als Vorsatzsilben oder Endungen. Dabei bezeichnet eine vorangestellte Ziffer die Stellung der Gruppe an der Kohlenstoffkette (↑Nomenklatur).

Furan [zu lat. furfur »Hülse«, »Kleie«]: ↑Heterocyclen.

Furanosen: ↑Monosaccharide.

Struktur	Name	Vorsatzsilbe	Endung
–OH	Hydroxylgruppe	Hydroxy-	-ol
–CHO	Aldehydgruppe	Formyl-	-al
$>$C=O	Carbonylgruppe	Oxo-	-on
–X	Halogen (X = F, Cl, Br, I)	Halogen-	-halogenid
–COOH	Carboxylgruppe	Carboxy-	-säure
–NH$_2$	Aminogruppe	Amino-	-amin
–NO$_2$	Nitrogruppe	Nitro-	-
–C=C–	Doppelbindung	–	-en
–C≡C–	Dreifachbindung	–	-in
–SO$_3$H	Sulfogruppe	–	-sulfonsäure
–C≡N	Nitrilgruppe	Cyano-	-nitril

funktionelle Gruppen: Übersicht

G (*G*): Formelzeichen für die freie ↑Enthalpie.
Ga: Zeichen für ↑Gallium.
Gadolinium [nach JOHANN GADOLIN; *1760, †1852]: chemisches Element der ↑Lanthanoide, Zeichen Gd, OZ 64, relative Atommasse 157,25, Mischelement; ein ferromagnetisches Metall.
Verwendung: in der Kerntechnik für Regelstäbe sowie in der Mikrowellen- und Hochfrequenztechnik.
Galactose [zu griech. gála, gálaktos »Milch«]: ↑Monosaccharide.
Gallerte: ↑Gel.
Gallium [zu lat. Gallia »Gallien«]: chemisches Element der III. Hauptgruppe, Zeichen Ga, OZ 31, relative Atommasse 69,72, Mischelement.
Physikalische Eigenschaften: silberglänzendes Metall; beim Schmelzen erfolgt wie beim Bismut und beim Eis eine Volumenkontraktion; Dichte des festen Metalls: 5,91 g/cm^3, Dichte des geschmolzenen Metalls (am Schmelzpunkt): 6,1 g/cm^3; Fp. 29,76 °C, Sp. 2 204 °C.
Chemische Eigenschaften: An der Luft ist G. beständig; von Wasser und Salpetersäure wird es kaum angegriffen, dagegen aber von Chlor, Brom, Iod, Kalilauge, Salzsäure und Schwefelsäure. In seinen Verbindungen ist G. meist dreiwertig.
Darstellung: durch Elektrolyse der Verhüttungsrückstände der Zinkblende und als Nebenprodukt bei der Gewinnung von Aluminium.
Verwendung: in der Halbleiterindustrie (in Form von Galliumarsenid, GaAs, oder Galliumphosphid, GaP), als Thermometerflüssigkeit für Hochtemperaturthermometer, als Bestandteil niedrig schmelzender Legierungen sowie als Wärmeaustauscher in Kernreaktoren.

galvanisches Element [nach LUIGI GALVANI; *1737, †1798]: elektrochemische Zelle, in der die freie Energie eines chemischen oder physikalischen Vorgangs in freie elektrische Energie umgewandelt wird.
G. E. bestehen im einfachsten Fall aus zwei verschiedenen Metallen (Kathode und Anode), die miteinander sowohl elektrolytisch als auch metallisch leitend (über einen Verbraucher) verbunden sind. Zwischen den Metallen tritt dabei eine Spannung auf, die eine Folge der zwischen Metallen und Flüssigkeiten entstehenden Berührungsspannung ist. Diese Berührungsspannungen werden elektrolytische Potenziale (**Galvani-Potenziale**) genannt.
Da aus jedem Metall geringe Mengen von positiven Metall-Ionen in die umgebende Flüssigkeit treten, lädt sich das Metall jeweils gegen den Elektrolyten negativ auf. An der Grenze zwischen Metall und Flüssigkeit entsteht eine elektrische Doppelschicht, deren elektrisches Feld die Ionen wieder auf das Metall zurücktreibt. Das elektrische Feld ist umso größer, je höher die Ionendichte in der Flüssigkeit ist.
Außerdem werden auch durch Diffusion in Lösung befindliche Ionen an das Metall zurückgetrieben und treten in dieses wieder ein. Ist die Anzahl der in der Zeiteinheit durch Rückdiffusion und durch die Wirkung des elektrischen Feldes in der Grenzschicht wieder in das Metall eintretenden Ionen gleich der in Lösung gehenden, so stellt sich ein Gleichgewichtszustand ein. Zwischen Metall und Flüssigkeit herrscht dann ein elektrolytisches Potenzial, das von der Art des Metalls und der Flüssigkeit abhängt.
Befinden sich nun zwei verschiedene Metalle in einer Flüssigkeit, so sind ihre elektrolytischen Potenziale φ_1 und φ_2 gegen die Flüssigkeit im Allgemeinen voneinander verschieden. Zwi-

schen den Metallen herrscht dann eine Spannung oder Potenzialdifferenz $U_{12} = \varphi_1 - \varphi_2$. Ist $\varphi_1 > \varphi_2$, so ist das Metall 2 die positive Elektrode.

Werden die beiden Elektroden leitend miteinander verbunden, so fließt ein Strom. Dabei wandern im äußeren Leiter Elektronen von der positiven Elektrode (Minuspol im äußeren Leiter) zur negativen Elektrode (Pluspol); sie werden dort auf die Ionen des Metalls 1 übertragen, das abgeschieden wird. Zum Ausgleich gehen wieder Ionen von Metall 2 in Lösung; ein Strom fließt so lange, bis sich entweder die positive Elektrode vollständig aufgelöst hat oder die Ionen von Metall 1 verbraucht sind.

Es gibt auch g. E., bei denen beide Elektroden aus dem gleichen Metall bestehen, die aber in Metallsalzlösungen unterschiedlicher Konzentration eintauchen (Konzentrationselemente). Die Lösungen müssen dabei durch ein Diaphragma oder einen Stromschlüssel voneinander getrennt sein, damit eine Durchmischung unterbleibt. In den Lösungen entstehen wegen des Konzentrationsunterschieds verschiedene Galvani-Potenziale, weshalb zwischen den Elektroden eine Spannung herrscht.

Von der technischen Ausführung her wird zwischen nicht regenerierbaren Primärelementen (z. B. ↑Trockenelement, Daniell-Element) und den regenerierbaren Sekundärelementen (Akkumulator, ↑Energiespeicher) unterschieden. Das historisch älteste g. E. ist das **Volta-Element**. Bei ihm tauchen ein Zink- und ein Kupferstab in eine Kupfer(II)-sulfatlösung. Zwischen den Elektroden herrscht eine Spannung von 1 Volt.

galvanisieren: Gegenstände aus Metall durch elektrolytische Abscheidung mit Metall überziehen. Ein Stück Eisenblech beispielsweise kann mit Kupfer überzogen (**verkupfert**) werden, indem man es zusammen mit einer Kupferplatte in eine Lösung von Kupfersulfat $CuSO_4$ hängt; dieses ist in Kupfer-Ionen Cu^{2+} und Sulfat-Ionen SO_4^{2-} dissoziiert. Schaltet man nun die Kupferplatte als Anode und das Eisenblech als Kathode (Abb.), so wandern die Kupfer-Ionen der Lösung zum Eisenblech und werden dort unter Aufnahme von zwei Elektronen in elementares Kupfer überführt ($Cu^{2+} + e^- \rightarrow Cu$). Dieses schlägt sich auf dem Eisenblech als dünne, fest haftende Schicht nieder. An der Anode (Kupferblech) gehen gerade so viele Kupfer-Ionen in Lösung, dass ihr Gehalt in der Lösung gleich bleibt.

Auf gleiche Weise können Gegenstände auch vernickelt, verchromt, verzinkt, verzinnt, versilbert oder vergoldet werden. Nicht leitende Gegenstände werden vor dem G. durch Bestreichen mit Graphit elektrisch leitend gemacht.

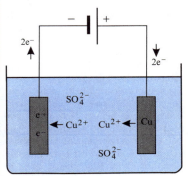

galvanisieren: Verkupfern eines Eisenblechs

Gammastrahlen (γ-Strahlen): ↑Radioaktivität.

Gang|art: ↑Erze.

Gärung: der anaerobe (d. h. ohne Sauerstoff ablaufende) Abbau von Kohlenhydraten durch ↑Enzyme von Mikroorganismen oder von Zellen höherer Organismen. Erster Reaktionsschritt der

Gaschromatographie

Gärung ist die ↑Glykolyse. Im Gegensatz zur Zellatmung (↑Atmung) erfolgt der Abbau nicht vollständig zu Kohlenstoffdioxid und Wasser, sondern es bleiben relativ energiereiche Endprodukte zurück; entsprechend ist die Energieausbeute bei der G. wesentlich geringer. Die Gärungsarten werden nach den Endprodukten benannt, z. B.

alkoholische G.:

$C_6H_{12}O_6 \rightarrow 2\ C_2H_5OH\ +\ 2\ CO_2\uparrow$.

Milchsäuregärung:

$C_6H_{12}O_6 \rightarrow 2\ CH_3-CHOH\ +2\ CO_2\uparrow$.

Bis zur Brenztraubensäure (2-Oxopropansäure) verlaufen beide über die gleichen Abbaustufen. Bei der Milchsäuregärung wird die Brenztraubensäure durch Hydrierung in Milchsäure (↑Hydroxysäuren) übergeführt. Bei der alkoholischen G. wird Brenztraubensäure zuerst zu Acetaldehyd decarboxyliert, der anschließend zu Ethanol (↑Alkohole) reduziert wird. Die frei werdende Energie wird in Form von ↑ATP gespeichert. Für beide Gärungsarten beträgt der Energiegewinn pro Glucosemolekül zwei ATP.
Gärungsprozesse haben große wirtschaftliche Bedeutung, die alkoholische G. z. B. bei der Herstellung von Bier und Wein, die Milchsäuregärung bei der Konservierung von Futterpflanzen in Silos und bei der Bereitung von Sauerkraut. In Kläranlagen entsteht durch G. Methangas (↑Biogas), das als Heizgas verwendet wird.

Gas|chromatographie: Verfahren der ↑Chromatographie zur Trennung von Substanzgemischen, die gasförmig vorliegen oder sich unzersetzt verdampfen lassen. Als mobile Phase dient bei der G. ein inertes Trägergas (Helium, Argon oder Stickstoff). Dieses transportiert die in eine Kammer eingespritzte Probe in eine Trennsäule (Abb.). Die darin befindliche stationäre Phase besteht entweder aus einem festen Adsorptionsmittel (Aktivkohle, Aluminiumoxid) oder aus einem Trägermaterial, das mit einer nicht flüchtigen Flüssigkeit imprägniert ist. Da die einzelnen Komponenten des Substanzgemisches unterschiedlich stark an der stationären Phase festgehalten werden, treten sie am Ende der Säule getrennt aus.

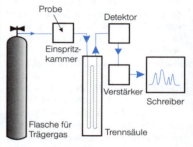

Gaschromatographie

Der Nachweis der einzelnen Bestandteile erfolgt mittels eines Detektors, der z. B. die Veränderung der Wärmeleitfähigkeit des austretenden Gases gegenüber dem reinen Trägergas misst. Diese Veränderungen werden über einen Verstärker auf einen Schreiber übertragen und dort als Gaschromatogramm festgehalten.
Die getrennten Substanzen erscheinen im Chromatogramm als Peaks (Banden mit einer ausgeprägten Spitze), wobei jede Spitze einer bestimmten Komponente des Substanzgemisches entspricht. Die Fläche eines Peaks ist der Menge des betreffenden Stoffes proportional.
Als **Retentionszeit** bezeichnet man die Zeit, die von der Injektion bis zum Auftreten des Peaks verstreicht. Die Retentionszeiten sind unter Standardbedingungen für jede Substanz charakteristisch.

Noch wesentlich erweitert werden die Möglichkeiten der G., wenn man direkt an den Gaschromatographen ein ↑Massenspektrometer anschließt (**GC/MS-Kopplung**). Die Substanzen, die den Gaschromatographen getrennt verlassen, werden nacheinander massenspektrometrisch untersucht. Diese Methode ist auch zur Untersuchung kleinster Mengen geeignet.

Gas|entwickler: Apparatur zur Freisetzung von Gasen aus Feststoffen und Flüssigkeiten (Abb.). Beispielsweise lässt sich in einem G. durch Zutropfen von verdünnter Salzsäure zu Calciumcarbonat Kohlenstoffdioxid darstellen.

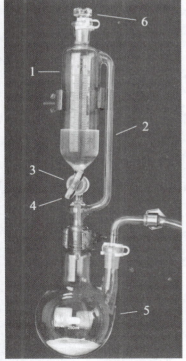

Gasentwickler: 1 Tropftrichter, 2 Druckausgleich, 3 Hahn, 4 Küken, 5 Zweihalsrundkolben, 6 Schliffglasstopfen

Durch Einstellen der Zutropfgeschwindigkeit kann die Intensität der Gasentwicklung gesteuert werden.

gasförmig: ↑Aggregatzustände.

Gasgesetze: Gesetze, die den Zusammenhang zwischen Volumen, Druck und Temperatur eines (idealen) Gases beschreiben. Zu den G. gehören das amontonssche Gesetz, das ↑boyle-mariottesche Gesetz, das ↑gay-lussacsche Gesetz sowie deren zusammenfassende Formulierung, die ↑Zustandsgleichung der Gase.

Gaskonstante, Formelzeichen R: ↑Zustandsgleichung.

Gas|theorie: ↑kinetische Gastheorie.

gay-lussacsches Gesetz [gely'sak-, nach J. L. GAY-LUSSAC]: ein Gesetz, das besagt: Bei konstantem Druck p ist das Volumen V einer bestimmten Menge eines idealen Gases der absoluten Temperatur T direkt proportional (Zustandsgleichung):

$$\frac{V}{T} = \text{konst. (für } p = \text{konst.).}$$

GC/MS-Kopplung: ↑Gaschromatographie.

Gd: Zeichen für ↑Gadolinium.

Ge: Zeichen für ↑Germanium.

Gefahrensymbole: ↑Sicherheit im Labor.

Gefahrstoffverordnung: ↑Sicherheit.

Gefrierpunkts|erniedrigung: die Absenkung des Gefrierpunkts einer Lösung gegenüber dem des reinen Lösungsmittels. So liegt beispielsweise der Gefrierpunkt einer Kochsalz-Wasser-Lösung mehr als 20 °C niedriger als der des reinen Wassers.
Mithilfe der G. kann die Molekülmasse eines löslichen Stoffes bestimmt werden (**Kryoskopie**). Dabei ist die G. Δt_g der Konzentration des gelösten Stoffes, angegeben als Molalität b, proportional:

$$\Delta t_g = E_g \cdot b.$$

Gefrierschutzmittel

Der Proportionalitätsfaktor E_g wird kryoskopische Konstante genannt. Diese ist für jedes Lösungsmittel eine charakteristische Größe; sie beträgt z. B. für Wasser 1,86, für Benzol 5,12. Alle Nichtelektrolyte (z. B. Glucose) gleicher Molalität zeigen die gleiche Gefrierpunktserniedrigung. Elektrolyte zeigen ein ganzzahliges Vielfaches dieser Erniedrigung, entsprechend der Anzahl der Ionen, in die sie in Lösung dissoziieren (z. B. bei Natriumchlorid das Doppelte).

Die Molekülmasse ergibt sich dann wie folgt:

$$\Delta t_g = E_g \cdot \frac{m}{M \cdot m_L} \; ;$$

$$M = E_g \cdot \frac{m}{\Delta t_g \cdot m_L} \; .$$

(m Masse der gelösten Substanz, m_L Masse des Lösungsmittels).

Gefrierschutzmittel: ↑Frostschutzmittel.

Gel [Kw. aus Gelatine]: ein ↑disperses System, in dem die dispergierten kolloidalen Teilchen im Gegensatz zum Sol (↑Kolloid) im Dispersionsmittel dreidimensional vernetzt sind. Die dispergierte Substanz ist also im Dispersionsmittel nicht mehr frei beweglich; daher sind G. relativ formbeständig.

Nach der Art des Dispersionsmittels unterscheidet man **Aerogele** mit Luft als Dispersionsmittel, z. B. Silicagele (↑Kieselsäuren), und **Lyogele** (Gallerten) mit flüssigem Dispersionsmittel (z. B. Kieselsäuregele, Pudding, Tortenguss). **Xerogele** entstehen aus Lyogelen, z. B. durch Abpressen oder Verdampfen ihrer Flüssigkeit, wobei sich die räumliche Anordnung der dispergierten Substanz verändert (z. B. getrockneter Leim). Manche Xerogele können bei Zusatz eines Dispersionsmittels ihr Volumen vergrößern. Diese Erscheinung nennt man Quellung. Sie tritt z. B. bei Leim in Wasser oder Gummi in Benzol auf und beruht auf der Bindung der Moleküle des Dispersionsmittels an die Kolloidteilchen.

Im engeren Sinn werden unter G. häufig nur die Lyogele verstanden, z. B. der gallertartige Niederschlag aus einer kolloidalen Lösung.

Gelatine [ʒe-, zu lat. gelatus »gefroren«, »erstarrt«]: geruch- und farblose kolloide Substanz, die aus dem in Knochen und Häuten enthaltenen Gerüsteiweißstoff ↑Kollagen (enthält v. a. die Aminosäuren Glycin, Prolin und Hydroxyprolin) durch Hydrolyse und anschließende Reinigung und Trocknung gewonnen wird. Die Molekülmasse der G. liegt je nach Herstellung zwischen 400 000 und 1 000 000. In warmem Wasser löst sich G. unter starkem Aufquellen, beim Erkalten erstarrt die Lösung zu einer gallertartigen Masse. Man verwendet G. zum Gelieren von Speisen, zur Stabilisierung von Kolloiden, als Trägermaterial für lichtempfindliche Filme und zur Herstellung von Nährböden in der Bakteriologie.

Gel|elektrophorese: ↑Elektrophorese.

Gemisch (Mischung): Bezeichnung für eine (im Gegensatz zum ↑Reinstoff) aus zwei oder mehreren Bestandteilen bestehende Substanz, die sich durch physikalische Trennmethoden, z. B. durch Sedimentieren, Extrahieren, Destillieren, Sublimieren oder Filtrieren, in ihre einzelnen Bestandteile (**Komponenten**) zerlegen lässt. Homogene G. bestehen aus nur einer Phase (z. B. Gasgemische wie Luft, Flüssigkeitsgemische, Lösungen, Legierungen), heterogene Gemische (**Gemenge**) aus mehreren Phasen, z. B. Suspensionen, Emulsionen, Aerosole).

Generatorgas (Luftgas): durch unvollständige Verbrennung beim Durchleiten von Luft durch hohe Lagen von Kohle oder Koks entstehendes Gas.

Der Verbrennungsprozess findet in einem hohen Schachtofen (Generator) statt, wobei Temperaturen zwischen 1 000 und 1 500 °C erreicht werden. Der Kohlenstoff setzt sich hierbei mit dem Sauerstoff der Luft zu Kohlenstoffmonoxid CO um:

$$\underbrace{4\,N_2 + O_2}_{\text{Luft}} + 2\,C \rightleftharpoons \underbrace{4\,N_2 + 2\,CO}_{\text{Generatorgas}}$$

Dabei spielt das ↑Boudouard-Gleichgewicht eine entscheidende Rolle. Das G. enthält neben Kohlenstoffmonoxid und Stickstoff auch geringe Mengen Kohlenstoffdioxid und Wasserstoff; es wird als ↑Synthesegas sowie zum Antrieb von Gasmotoren verwendet.

Genfer Nomenklatur: ↑Nomenklatur.

Gerbstoffe: Substanzen, die zur Umwandlung von tierischen Häuten in Leder verwendet werden. Man unterscheidet pflanzliche G., die Tannin oder ähnliche Stoffe enthalten, synthetische organische G. (meist auf der Basis von phenolischen Verbindungen hergestellt) und anorganische G. (v. a. Chrom(III)-Salze). G. bewirken u. a. die Fällung der Proteine in der tierischen Haut.

Germanium [nach dem Mineral Germanit]: chemisches Element der IV. Hauptgruppe, Zeichen Ge, OZ 32, relative Atommasse 72,61, Mischelement.
Physikalische Eigenschaften: sprödes, grauweißes, glänzendes Metall, Halbleiter; Dichte 5,32 g/cm^3, Fp. 938,25 °C, Sp. 2 833 °C.
Chemische Eigenschaften: Bei gewöhnlichen Temperaturen ist G. an der Luft beständig; erst bei starkem Glühen im Sauerstoffstrom wird es zu Germaniumdioxid GeO$_2$ oxidiert; es ist unlöslich in nicht oxidierenden Säuren.
Darstellung: Aus Germanit Cu$_6$FeGeS$_8$ gewinnt man zunächst Germaniumdioxid GeO$_2$, das durch Glühen mit Koks oder durch Erhitzen im Wasserstoffstrom zum Metall reduziert wird. Hochreines G. wird im ↑Zonenschmelzverfahren gewonnen.
Verwendung: aufgrund seiner Halbleitereigenschaften zur Herstellung von Dioden, Transistoren und Fotozellen.

Gerüst|silicate: ↑Silicate.

gesättigte Kohlenwasserstoffe: ↑Kohlenwasserstoffe.

gesättigte Lösung: eine Lösung, welche bei der betreffenden Temperatur höchstmögliche Menge eines gelösten Stoffes enthält. Eine g. L. enthält also die Menge an gelöstem Stoff, die der ↑Löslichkeit entspricht. Bei weiterer Zugabe des zu lösenden Stoffes ändert sich die Konzentration nicht mehr, der überschüssige Stoff fällt als fester ↑Bodenkörper aus. In Einzelfällen kann eine Lösung übersättigt sein, dabei ist mehr Stoff gelöst, als der Löslichkeit bei dieser Temperatur entspricht. In diesem Fall kann durch kleine Störungen (z. B. Schütteln) der gesamte überschüssige Stoff auf einmal ausfallen.

gesättigte Verbindungen: organische Stoffe, die keine Mehrfachbindung enthalten. Gesättigte Kohlenwasserstoffe sind die Alkane und die Cycloalkane. Ihre Kohlenstoffatome sind nur durch Einfachbindungen verbunden.

Geschmacksverstärker: Stoffe, die den sensorischen Eindruck von Geschmacksstoffen verstärken. Ein häufig eingesetzter G. für den Eindruck »salzig« ist Natriumglutamat, das Natriumsalz der Glutaminsäure, einer ↑Aminosäure.

Geschwindigkeit: ↑Reaktionskinetik.

Gewichtsprozent: ↑Konzentration.

gibbssche Enthalpie [gɪbz-, nach J. W. GIBBS]: ↑Enthalpie.

Gibbs-Helmholtz-Gleichung [nach J. W. GIBBS und HERMANN LUDWIG FERDINAND VON HELMHOLTZ; *1821, †1894]: ↑Enthalpie.

Gifte [ahd. gift »das Geben«, »Gabe«]: Stoffe, die einen lebenden Organismus schon in verhältnismäßig kleinen Mengen schädigen können. Abhängig von der Art des G. und der Dosis können sie vorübergehende Störungen verursachen, den Organismus dauerhaft schädigen oder zum Tode führen. Je nach Wirkungsort unterscheidet man verschiedene Arten von G.:

Kontaktgifte wirken lokal, d. h., sie schädigen bei Berührung die Haut oder Schleimhaut (z. B. Ätzgifte).

Dem gegenüber stehen innerlich wirkende G., die durch Atemwege, Verdauungstrakt, unverletzte Haut oder Wunden in den Körper gelangen und dort verschiedene Organe angreifen können. Sie werden nach ihrem Hauptwirkungsort benannt:

Blutgifte, welche die Bildung von Blutzellen im Knochenmark beeinträchtigen oder Blutzellen, beispielsweise die roten Blutkörperchen, schädigen, z. B. Benzol bzw. Kohlenstoffmonoxid;

Lebergifte, die u. a. Gelbsucht und Leberzirrhose hervorrufen können, z. B. Tetrachlorkohlenstoff, viele Pilzgifte;

Herzgifte, die den Herzmuskel schädigen, z. B. Digitalis;

Magen- und Darmgifte, z. B. Arsenik;

Nervengifte, die entweder durch Übererregung des Zentralnervensystems Krämpfe auslösen können, z. B.

Gift	Herkunft	Verbindungsklasse	LD_{50} in µg/kg
Botulinustoxin	Bakterium	Protein	0,00003
Tetanustoxin	Bakterium	Protein	0,0001
Kobratoxin	Schlange	Glycoprotein	0,3
Aflatoxin B_1	Schimmelpilz	Cumarin-Derivat	10
2,3,7,8-TCDD	synthetisch	polychlorierte Dibenzodioxine	22
Digitoxin	Pflanze	Glykosid	180
Muscarin	Pflanze	quaternäre Ammoniumbase	230
Tetrodotoxin	Fisch	Saccharid	320
Batrachotoxin	Frosch	Steroid-Alkaloid	540
Curare	Pflanze	Alkaloid	500
Strychnin	Pflanze	Alkaloid	500
Atropin	Pflanze	Alkaloid	750
Amanitin	Pilz	Peptid	920
Nicotin	Pflanze	Alkaloid	1000
$HgCl_2$ (Sublimat)		Salze	1000
Palytoxin	Koralle	Polyketid	2680
Parathion (E 605)	synthetisch	Organophosphorverbindung	3600
KCN (Cyankali)		Salze	10000
As_2O_3 (Arsenik)	Mineral	Metalloxid	14500
Phenobarbital	synthetisch	Barbiturat	100000

Gifte: verschiedene natürliche und synthetische Giftstoffe

Strychnin, oder durch Atem- und Kreislauflähmung zu Bewusstlosigkeit führen, z. B. Alkohol, Benzin, oder periphere Nerven schädigen, z. B. Alkohol.
Im weiteren Sinne zählen zu den G. auch die ↑Kanzerogene. Darüber hinaus unterscheidet man bei G. **akute Toxizität**, d. h., die Wirkung tritt innerhalb kurzer Zeit nach der Aufnahme ein, und **chronische Toxizität**, bei der das G. noch nach Jahren wirken kann. Tierische G. wirken i. A. in geringerer Dosis als pflanzliche Gifte. Besonders wirksam sind Bakteriengifte; die mittlere letale Dosis LD_{50} (diejenige Dosis, bei der 50 % aller Versuchstiere, denen diese Giftmenge verabreicht wurde, sterben) bei Botulinustoxin beträgt nur 0,00003 µg/kg Körpergewicht. Das G. der Kobra wirkt dagegen »erst« bei einer Dosis von 0,3 µg/kg Körpergewicht tödlich (Tab.). Aber auch Chemikalien, die nicht zu den G. zählen, können gesundheitsschädliche Wirkung haben. In den Handel gebrachte giftige Stoffe müssen außer der Bezeichnung des Stoffes und dem Namen des Vertreibers auch Gefahrensymbole, Hinweise auf besondere Gefahren und Sicherheitsratschläge gut sichtbar tragen (↑Sicherheit im Labor).

Gips, $Ca(SO_4) \cdot 2\,H_2O$: in der Natur als Mineral vorkommendes Calciumsulfat, dessen Kristallgitter 2 Mol Wasser je Mol Calciumsulfat enthält. Beim Erhitzen auf 180 °C (Brennen) verliert der G. ¾ seines Kristallwassers und wird zu pulverförmigem Stuckgips (**gebranntem Gips**). Beim Anrühren mit Wasser wird das beim Brennen abgegebene Kristallwasser innerhalb von 10 bis 20 Minuten wieder aufgenommen (Abbinden), wobei wieder das ursprüngliche Kristallgefüge entsteht:

$$CaSO_4 \cdot 2\,H_2O \underset{\text{Abbinden}}{\overset{\text{Brennen}}{\rightleftarrows}} CaSO_4 \cdot 1/2\,H_2O + 3/2\,H_2O.$$

Da der Stuckgips winzige, miteinander verfilzende Kristalle bildet, die zu einer festen Masse werden, wird er den Luftmörteln (↑Mörtel) zugeordnet.

Gitter: periodische Anordnung von Atomen, Ionen oder Molekülen im kristallinen Zustand (Atomgitter, Ionengitter, Molekülgitter). In der Regel ist mit Gitter ein sich wiederholendes, in drei Richtungen periodisches Raumgitter gemeint. Den Abstand der Gitterpunkte bezeichnet man als Gitterkonstante; sie hat i. A. in jeder Periodizitätsrichtung einen anderen Wert (↑Kristallgitter).

Gitterbaufehler: ↑Störstelle.

Gitter|energie: die Energie, die frei wird, wenn sich ein Mol einer kristallinen Substanz aus den völlig getrennten (d. h. unendlich weit voneinander entfernt gedachten) Ionen, Atomen oder Molekülen bildet: Da die Bildung des Kristallgitters exotherm verläuft, ist die G. immer negativ (Tab.). Bei Ionengittern ist sie umso größer, je kleiner und je höher geladen die Ionen des Kristalls sind. Da sie ein Maß für die Kräfte ist, mit denen die Ionen in einem Ionengitter zusammengehalten werden, und damit für die Stabilität einer Kristallstruktur, besteht ein enger Zusammenhang zwischen der G. und den physikalischen Eigenschaften des Kristalls, wie z. B. Schmelztemperatur und Siedetemperatur.

Verbindung	Gitterenergie
Al_2O_3	−15100
BaS	−2710
CaO	−3480
LiF	−1020
MgO	−3930
NaCl	−767
ThO_2	−20100

Gitterenergie: Beispiele für einige Ionenverbindungen in kJ/mol

Gitterkräfte

Die G. lässt sich meist nicht direkt bestimmen, kann für Ionengitter aber mithilfe des ↑Born-Haber-Kreisprozesses indirekt ermittelt werden.

Gitterkräfte: anziehende Kräfte zwischen den Bausteinen (Atomen, Ionen, Molekülen) eines Gitters. In Ionengittern sind das die Coulomb-Kräfte, in Molekül- und Edelgasgittern die Van-der-Waals-Kräfte ↑(zwischenmolekulare Kräfte), in Atomgittern die Kräfte der Atombindungen, in Metallgittern die der Metallbindungen.

Gitterstruktur: die Anordnung der Gitterbausteine (Atome, Ionen, Moleküle) in einem ↑Gitter.

Gittertypen: ↑Kristallgitter.

Gläser: im weiteren Sinne alle erstarrten Schmelzen, die sich im sog. glasartigen Zustand (Glaszustand) befinden, d. h., die ↑amorph sind. Deshalb schmelzen G. auch nicht bei einer bestimmten Temperatur, sondern erweichen langsam.

Im engeren Sinne versteht man unter G. nur die erstarrten glasartigen Schmelzen bestimmter Silicate. In diesen sind die aus SiO_4-Tetraedern aufgebauten Silicat-Anionen völlig unregelmäßig angeordnet und werden durch eingelagerte Metall-Kationen zusammengehalten.

Die wichtigsten Rohstoffe für die Herstellung von gewöhnlichen G. (Kalknatronglas, z. B. für Fensterglas) sind Quarzsand, SiO_2, Natriumcarbonat, Na_2CO_3, und Calciumcarbonat, $CaCO_3$. Sie werden fein gemahlen, vermischt und zu einer einheitlichen, zähflüssigen Masse verschmolzen, wobei Natrium- und Calciumsilicate entstehen. Wenn man Natrium- und Calciumcarbonat zumindest teilweise durch andere Verbindungen ersetzt, z. B. durch Kaliumcarbonat, K_2CO_3, Bortrioxid, B_2O_3, oder Aluminiumoxid, Al_2O_3, dann erhält man G. mit besonderen Eigenschaften (Tab.). Die Färbung der G. erfolgt durch Zusatz gewisser Schwermetallverbindungen (v. a. Oxide), so färbt z. B. Eisen(II)-oxid FeO das Glas blaugrün, Kupfer(I)-oxid, Cu_2O, rot.

Borosilicatgläser (Boratgläser), zu denen auch das Jenaer Glas® gehört, sind gegen Chemikalien und starke Temperaturschwankungen besonders widerstandsfähig und finden deshalb als Labor- und Haushaltsgläser (feuerfeste Formen) Verwendung. Bleiglas wird wegen seines starken Lichtbrechungsvermögens als Schmuckglas geschätzt (»Bleikristall«). Daneben wird Bleiglas wegen seiner Absorption energiereicher Strahlen auch als Strahlenschutzglas verwendet.

G. gehören zu den ältesten künstlich hergestellten Werkstoffen der Menschheit.

Glaubersalz: ↑Natriumsulfat.

Gleichgewicht (thermodynamisches Gleichgewicht, chemisches Gleichgewicht): Zustand in einem abgeschlossenen System, das sich makroskopisch betrachtet mit der Zeit nicht ändert, in

Glasart	SiO_2	B_2O_3	Al_2O_3	PbO	CaO	MgO	BaO	Na_2O	K_2O
Fensterglas	72	–	0,3	–	9	4	–	14	–
Flaschenglas	73	–	1,5	–	10	0,1	–	14	0,6
Glasfaser	54	10	14	–	17,5	4,5	–	–	–
Bleikristallglas	60	1	–	24	–	–	1	1	13
Laborgeräteglas	81	13	2	–	–	–	–	4	–

Gläser: Zusammensetzung einiger Glasarten in Gewichts-%

dem mikroskopisch betrachtet jedoch eine umkehrbare Reaktion stattfindet, die mit gleicher Geschwindigkeit in beide Richtungen abläuft. Befinden sich z. B. in einem geschlossenen Gefäß Iodwasserstoff, Iod und Wasserstoff, so zerfällt ständig Iodwasserstoff zu Iod und Wasserstoff, gleichzeitig bildet sich auch ständig Iodwasserstoff neu aus Iod und Wasserstoff. Trotzdem ist im Laufe der Zeit keine Konzentrationsänderung der drei Komponenten mehr festzustellen, wenn sich der **Gleichgewichtszustand** eingestellt hat.

$$2\,HI \rightleftharpoons H_2 + I_2.$$

Dabei ist die Lage des G. unabhängig von den Anfangskonzentrationen der beteiligten Stoffe.
Überwiegen in einem Gleichgewichtszustand die Stoffe der linken oder der rechten Seite, so sagt man, das G. ist nach links oder rechts verschoben (↑Massenwirkungsgesetz, ↑chemische Gleichung).
Analog spricht man bei Zweiphasensystemen auch von Phasengleichgewichten, z. B. finden in einem Gefäß mit Flüssigkeit und darüber stehendem gesättigtem Dampf andauernd Kondensations- und Verdampfungsvorgänge statt.

Gleichgewicht, dynamisches: ↑Massenwirkungsgesetz.

Gleichgewichtskonstante: ↑Massenwirkungsgesetz.

Gleichgewichtsreaktion: eine Reaktion, die zu einem Gleichgewichtszustand führt (↑Gleichgewicht).

Gleichgewichtszustand: ↑Gleichgewicht.

Glimmer: Gruppe blättchenförmiger, glänzender, kristalliner Minerale, die zu den Schichtsilicaten zählen (↑Silicate).

Glimmspanprobe: einfaches qualitatives Verfahren zum Nachweis von Sauerstoff. Hierzu wird ein glühender Holzspan in das mit dem zu untersuchenden Gas gefüllte Reaktionsgefäß eingeführt; bei Aufleuchten des Spans (Sauerstoffgehalt mindestens 30 Vol.-%) ist die G. positiv, bei Erlöschen (z. B. bei Stickstoff) negativ.

Gluc<u>o</u>se [zu griech. glykýs »süß«]: ↑Monosaccharide.

Glut|am<u>a</u>te: die Salze der Glutaminsäure (↑Aminosäuren; ↑Geschmacksverstärker).

Glut|am<u>i</u>nsäure: ↑Aminosäuren.

Glycer<u>i</u>n (1,2,3-Propantriol) [zu griech. glykýs »süß«]: einfachster dreiwertiger ↑Alkohol, eine farb- und geruchlose, süß schmeckende, sehr viskose Flüssigkeit mit Wasser anziehender Wirkung; Sp. 290 °C.
G. kommt in der Natur v. a. als Bestandteil der tierischen und pflanzlichen ↑Fette und fetten ↑Öle vor und entsteht in großen Mengen als Nebenprodukt bei deren ↑Verseifung. Synthetisch wird es aus Propen durch Chlorierung und anschließende Hydrolyse (über mehrere Verfahrensschritte) hergestellt. In seinen chemischen Eigenschaften entspricht G. den einwertigen Alkoholen. Es wird als Bremsflüssigkeit und als ↑Frostschutzmittel, als Textilhilfsmittel sowie als feucht haltender Zusatz in der Lebensmittel-, Kosmetik- und Tabakindustrie verwendet. Es ist ein wichtiger Grundstoff bei der Herstellung von Alkydharzen (↑Kunststoffe); ca. 4 % der Produktion gehen in die Sprengstoffindustrie (↑Nitroglycerin).

Glycer<u>i</u>n|aldehyd: ↑Enantiomere.

Glycer<u>i</u>n|trinitrat: ↑Nitroglycerin.

Glyc<u>i</u>n: ↑Aminosäuren.

Glyko|gen: aus bis zu 100 000 D-Glucosebausteinen in der Leber und im Muskel aufgebautes Polysaccharid, das als rasch mobilisierbares Reservekohlenhydrat im Stoffwechsel bei Mensch und Tier eine große Rolle spielt. Die Struktur des G. ähnelt der des Amylopektins (↑Stärke), ist jedoch stärker verzweigt. Die Glucosereste sind in 1,4-Bindungen α-glucosidisch zu Ketten verknüpft, die Verzweigungen kommen durch 1,6-Bindungen zustande. Mit Iodlösung tritt eine rotbraune Färbung auf, im Gegensatz zu Stärke (Blaufärbung).

Glykokoll [zu griech. kólla »Leim«]: ↑Aminosäuren (Tab.).

Glykol (Glycol, Ethylenglykol, 1,2-Ethandiol), HO–CH$_2$–CH$_2$–OH: einfachster zweiwertiger ↑Alkohol, eine farblose, süß schmeckende, giftige Flüssigkeit. G. findet Verwendung als ↑Frostschutzmittel sowie bei der Herstellung von Polyestern (↑Kunststoffe).

Glyko|lyse: der enzymatische Abbau von Glucose oder ihren Speicherformen (z. B. ↑Glykogen) im lebenden Organismus unter Mitwirkung von Enzymen. Dabei wird ein Molekül Glucose zu zwei Molekülen Brenztraubensäure abgebaut, gleichzeitig entstehen zwei Moleküle ↑ATP als Energiegewinn:

$C_6H_{12}O_6 \rightarrow$
  2 CH$_3$–CO–COOH + 4 ⟨H⟩.
  Brenztraubensäure übertragbarer Wasserstoff

Die gebildete Brenztraubensäure kann anaerob z. B. im Muskel bei starker Arbeitsleistung zu Milchsäure oder in Hefen zu Alkohol abgebaut werden (↑Gärung); ihr aerober Abbau mündet nach oxidativer Decarboxylierung im ↑Citronensäurezyklus. Die G. ist der wichtigste Abbauweg der Kohlenhydrate im Organismus.

Glykoside: Gruppe von Naturstoffen und synthetischen organischen Verbindungen, die aus einem Kohlenhydratanteil und einem als **Aglykon** oder **Genin** bezeichneten Nichtkohlenhydratanteil bestehen.

Als Kohlenhydratbestandteil treten v. a. niedere Zucker (Mono-, Di-, Trisaccharide), als Aglykone v. a. Verbindungen mit Hydroxyl- oder Aminogruppen (Alkohole, Phenole, Amine) auf. Die Bindung zwischen den beiden Komponenten (Glykosidbindung, glykosidische Bindung) erfolgt unter Austritt eines Wassermoleküls aus einer am Kohlenstoffatom 1 oder 2 des Zuckers gebundenen (halbacetalischen) Hydroxylgruppe und der Hydroxyl- bzw. Aminogruppe des Aglykons. Nach dem in G. vorliegenden Zucker unterscheidet man Glucoside, Fructoside, Riboside usw.; entsprechend der Konfiguration des Zuckers wird weiter zwischen α- und β-Glykosiden unterschieden.

Zu den G. zählen auch die Oligo- und Polysaccharide, bei denen die halbacetalische Hydroxylgruppe jeweils mit einer Hydroxylgruppe eines weiteren Zuckermoleküls durch eine Glykosidbindung verbunden ist.

Gold [ahd. »das Glänzende«, »das Blanke«]: chemisches Element der I. Nebengruppe, Zeichen Au, OZ 79, relative Atommasse 196,97, Reinelement.

Physikalische Eigenschaften: weiches, gelbrotes Edelmetall, das sehr gut walzbar ist (bis zu einer Dicke von 0,000 1 mm, sog. Blattgold); Dichte 19,30 g/cm^3, Fp. 1 064,18 °C, Sp. 2 856 °C.

Chemische Eigenschaften: G. ist gegenüber Luft und den meisten Säuren beständig. Es löst sich nur in starken Oxidationsmitteln, z. B. ↑Königswasser. G. bildet ein- oder dreiwertige Verbindungen. Die einwertigen sind wenig stabil, die dreiwertigen meist beständiger; sie treten zumindest in wässriger Lösung nahezu alle in Form ihrer Komplexsalze auf. Die wichtigste Goldverbindung ist Gold(III)-chlorid AuCl$_3$.

Vorkommen: meist gediegen (elementar) mit geringen Verunreinigungen an Silber, Kupfer u. a.

Gewinnung: früher häufig durch Legieren mit Quecksilber (Amalgamieren)

und anschließendes Verdampfen des Quecksilbers. Außerdem kann G. mit Kaliumcyanid in Gegenwart von Luftsauerstoff als Goldkomplex in Lösung gebracht (Cyanidlaugerei) und anschließend durch Elektrolyse oder Ausfällen mit Zink gewonnen werden. Gediegenes G. (Seifen- oder Waschgold) kann durch Abschlämmen oder Auswaschen mit Wasser vom Begleitgestein getrennt werden, das stets eine geringere Dichte hat (Goldwäscherei).
Verwendung: zur Herstellung von Schmuck; kolloidal verteiltes G. wird zur Färbung von Glas und Porzellan (Goldrubinglas) benutzt.

Gonan (Perhydrocyclopenta[a]phenanthren): Grundgerüst der ↑Steroide.

Gonan

good laboratory practise [gʊd 'læbrə,tɔːrɪ 'præktɪs] (Gute Laborpraxis), Abk. GLP: ein im Chemikaliengesetz festgelegtes Regelwerk auf der Basis internationaler Standards, das sich mit dem organisatorischen Ablauf und den Rahmenbedingungen befasst, unter denen Laborprüfungen von chemischen Verbindungen geplant, durchgeführt und überwacht werden.

Granit [zu mlat. granitum »gekörnt «]: v. a. aus Feldspat, Quarz und Glimmer bestehendes Tiefengestein. Die Färbung wird vom Feldspat bestimmt, der manchmal in großen Kristallen ausgebildet ist. G. ist das häufigste Gestein der Erdkruste.

Granulate: körnige Materialien mit Korndurchmessern, die zwischen 0,1 mm und einigen mm liegen.

Graphit [zu griech. gráphein »schreiben«]: hexagonal kristallisierende Modifikation des Kohlenstoffs, die als Mineral in derben schuppigen oder blättrigen Massen vorkommt. Im G. bilden die Kohlenstoffatome ein Schichtgitter, das aus übereinander liegenden Schichten von Sechsringen besteht, die gegeneinander versetzt sind und sich relativ leicht verschieben lassen (Abb.). In den Ringen sind die Kohlenstoffatome mit je drei anderen Atomen durch σ-Bindungen verbunden (sp^2-Hybridisierung); die vierten Valenzelektronen befinden sich in p-Orbitalen und sind über die ganze Schicht delokalisiert. Dies bedingt die elektrische Leitfähigkeit. G. ist schwarz und sehr weich. Verwendet wird G. als Elektrodenmaterial, als Schmiermittel sowie als Moderator in

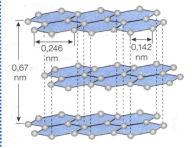

Graphit: Struktur

Kernreaktoren. Künstlicher G. wird u. a. aus Koks im Lichtbogenofen hergestellt.

Grauguss: ↑Legierungen.

Gravimetrie: ein quantitatives Analysenverfahren; dabei werden die zu bestimmenden Ionen oder Moleküle als schwer lösliche Verbindung ausgefällt (Fällungsform); diese wird abfiltriert, gewaschen und durch Trocknen oder Glühen in speziellen Öfen in eine definierte Wägeform überführt. Beispiel: Bestimmung des Eisengehaltes einer Eisen(III)-Salzlösung:

$Fe^{3+} \xrightarrow[\text{Fällen}]{NH_3} Fe(OH)_3 \cdot x\,H_2O$
Lösung   Fällungsform

$\xrightarrow[\text{Glühen}]{800°C} Fe_2O_3.$
                       Wägeform

Die Masse A (in mg) erhält man durch **Auswaage**; A multipliziert mit einem Faktor λ liefert die Masse a des zu bestimmenden Elements (in mg):

$$A \cdot \lambda = a.$$

Der Faktor λ berechnet sich nach der Beziehung $\lambda = k \cdot m_s/m_w$ (k stöchiometrischer Koeffizient, m_s Molekülmasse der gesuchten Substanz, m_w Molekülmasse der Wägeform); für das Beispiel ergibt sich demnach:

$$\lambda = 2\,\frac{m_{Fe}}{m_{Fe_2O_3}} = 0{,}699\,43.$$

Der Koeffizient k gibt an, wie viele Mol der gesuchten Substanz in einem Mol der Wägeform enthalten sind.
Aus dem Gewicht der bestimmten Stoffmenge ergibt sich der Anteil des betreffenden Stoffes (in %) an der eingewogenen Analysenprobe.

grenzflächenaktive Stoffe: organische Verbindungen, die sich an Grenzflächen (z. B. zwischen Gefäßwand und Wasser, zwischen Schmutzteilchen und Wasser) anreichern und die Grenzflächenspannung bzw. ↑Oberflächenspannung des Wassers herabsetzen. Die Moleküle von g. S. (z. B. ↑Tenside) bestehen aus einer ↑hydrophilen Gruppe, die Wasserlöslichkeit bewirkt, und einem ↑hydrophoben Rest, der für die Anlagerung an einer Grenzfläche verantwortlich ist. Die g. S. bewirken eine bessere Benetzbarkeit, Emulgierbarkeit und Dispergierbarkeit. Sie werden daher v. a. in ↑Waschmitteln und Reinigungsmitteln verwendet.

Grenzformeln: ↑Mesomerie.
Grenzstrukturen: ↑Mesomerie.
Grignard-Reaktion: [gri'ɲa:r-, nach V. GRIGNARD]: ↑Magnesium.

Grubengas: ein bei der ↑Inkohlung entstehendes Gas, das überwiegend aus Methan besteht. Das farb-, geruch- und geschmacklose Gas ist in Hohlräumen der Kohlelagerstätten eingeschlossen und wird beim Kohleabbau freigesetzt. Ein Gemisch mit Luft ist bei einem Anteil zwischen 4,5 und 14,5 % G. explosiv und Ursache der schlagenden Wetter:

CH_4 + 2 O_2 →
Methan Luftsauerstoff
                   CO_2 + 2 H_2O.
             Kohlenstoffdioxid Wasser

Die Bergwerke müssen daher ständig mit Frischluft versorgt werden, um die Konzentration an G. unterhalb der unteren Explosionsgrenze zu halten.

Grundzustand: derjenige Zustand eines Moleküls, Atoms oder Ions, der die geringstmögliche Energie besitzt. Der G. ist der Zustand, in dem sich die Teilchen meist befinden. Durch Zufuhr von Energie (↑Anregung) können sie in einen angeregten Zustand, also einen energetisch höher liegenden Zustand gebracht werden. Im Allgemeinen kehren sie nach extrem kurzer Zeit wieder in den G. zurück.

Grünspan: basisches Kupferacetat; es entsteht als grüner, giftiger Überzug an kupferhaltigen Gegenständen, die mit Essigsäure(dämpfen) in Kontakt kamen. Früher wurde G. als Pigment (»spanisches Grün«) in der Malerei verwendet.

Gruppen: ↑Periodensystem.
Guanin: ↑Nucleinsäuren.
Gummi [lat.]: aus natürlichem oder synthetischem ↑Kautschuk durch ↑Vulkanisieren hergestelltes Material, das wegen seiner außerordentlichen elastischen Eigenschaften zu vielfältigen Produkten verarbeitet wird. Die Elastizität wird durch den gewinkelten Bau der Gummimoleküle und das Vorhandensein polarer Gruppen bedingt. Beim Dehnen des G. werden die Win-

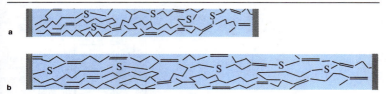

Gummi: Elastizität; Gummi im entspannten (a) und gespannten (b) Zustand

kel verändert und die ineinander verknäulten Kautschukmoleküle auseinander gezogen. Lässt der Zug nach, so wird die Ausgangsform wieder hergestellt (Abb.). Der Vorgang lässt sich im Prinzip beliebig oft wiederholen. Durch Sauerstoff oder starke Lichteinwirkung altert G. und wird rissig.

Guss|eisen: ↑Roheisenerzeugung.

$$\left[\begin{array}{c} \diagup\diagdown\diagup\diagdown\diagup\diagdown\diagup\diagdown \\ CH_3 \quad\quad CH_3 \end{array} \right]_x$$

Guttapercha: Ausschnitt aus einem Guttaperchamolekül

Gutta|percha [zu malaisisch getah »Gummi« und percha »Baum«]: ein dem Naturkautschuk ähnliches aus Isopreneinheiten aufgebautes Produkt, das durch Eintrocknen des Milchsaftes bestimmter Bäume (z. B. *Palaquium gutta*) gewonnen wird. Im Unterschied zum ↑Kautschuk weisen die Moleküle im G. *trans*-Konfiguration auf (Abb.). G. ist weniger elastisch als Kautschuk und erweicht beim Erwärmen.

H

H [Abk. von griech. hydrogenium »Wasserbildner«]: Zeichen für ↑Wasserstoff.
H: Formelzeichen für die ↑Enthalpie.
h: Zeichen für das ↑Planck-Wirkungsquantum.
Haber-Born-Kreisprozess: ↑Born-Haber-Kreisprozess.

Haber-Bosch-Verfahren: das bedeutendste Verfahren zur Herstellung von ↑Ammoniak, das von F. HABER und C. BOSCH entwickelt wurde und seit 1913 großtechnisch eingesetzt wird. Es beruht auf der Synthese des Ammoniaks durch Vereinigung der Elemente Stickstoff, N_2, und Wasserstoff, H_2, in einer stark exothermen Reaktion:

$$N_2 + 3 H_2 \rightleftharpoons 2 NH_3;$$
$$\Delta H = -92{,}28 \text{ kJ}.$$

Wegen der hohen Dissoziationsenergie des Stickstoffmoleküls ist die ↑Aktivierungsenergie der Reaktion sehr hoch. Eine starke Temperaturerhöhung hat jedoch den Nachteil, dass sich das Gleichgewicht der (exothermen) Reaktion nach links auf die Seite der Edukte verschiebt. Durch den Einsatz von Katalysatoren kann die Aktivierungsenergie gesenkt werden. Optimale Ergebnisse erzielt man unter Einsatz von Eisenkatalysatoren, aktiviert z. B. mit Aluminium-, Calcium oder Kaliumoxid bei etwa 400–500 °C und 20 MPa. Für die Ammoniaksynthese setzt man heute meist durch Luftzerlegung (Destillation verflüssigter ↑Luft) gewonnenen Stickstoff ein. Der benötigte Wasserstoff wird aus Erdgas oder Erdölprodukten durch katalytische Umsetzung mit Wasserdampf gewonnen, z. B. nach der Reaktion:

$$CH_4 + 2 H_2O \rightarrow CO_2 + 4 H_2.$$

Bei der Synthese wird das gereinigte und im richtigen Verhältnis von Stickstoff zu Wasserstoff (1:3) vorliegende

Habitus

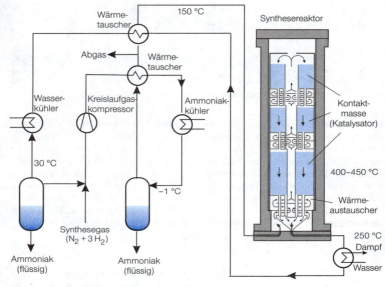

Haber-Bosch-Verfahren: Anlage zur Herstellung von Ammoniak

Synthesegas in besonders konstruierten (über 20 m hohen) Synthesereaktoren, so genannten Kontaktöfen, zur Reaktion gebracht (Abb.). Die Öfen enthalten in einem Druckrohr ein System von Wärmeaustauschrohren und Kontaktrohren. In den Wärmeaustauschrohren nimmt das eintretende Gasgemisch die Reaktionswärme des bereits umgesetzten Gases auf. Da die Reaktion unter Wärmeentwicklung abläuft, ist eine zusätzliche Heizung nicht mehr erforderlich, nachdem die Reaktion durch eine elektrische Heizvorrichtung einmal in Gang gebracht worden ist. Unter den Reaktionsbedingungen werden ca. 11 % des eingesetzten Synthesegases zu Ammoniak umgesetzt. Das den Ofen verlassende Gemisch (Ammoniak, nicht umgesetztes Synthesegas) wird zunächst mit Wasser in einem Schlangenkühler abgekühlt. Dabei fällt Ammoniak flüssig an. Die Kühlung des Tiefkühlers wird durch Verdampfen von flüssigem Ammoniak erzeugt, das der Produktion entnommen wird. Nicht umgesetztes Synthesegas wird über eine Umlaufpumpe wieder in den Kontaktofen gedrückt, die fehlende Menge durch Frischgas ersetzt.

Habitus [zu lat. habere »haben«, »an sich tragen«]: ↑Kristall.

Hafnium: chemisches Element der IV. Nebengruppe, Zeichen Hf, OZ 72, relative Atommasse 178,49, Mischelement.

Physikalische Eigenschaften: glänzendes, leicht walz- und ziehbares Metall; Dichte 13,31 g/cm³, Fp. 2233 °C, Sp. 4603 °C.

Chemische Eigenschaften: An der Luft überzieht sich H. mit einer Oxidhaut (HfO_2); es reagiert mit Chlor beim Erwärmen und bildet mit Stickstoff und Kohlenstoff bei hohen Temperaturen Hafniumnitrid bzw. -carbid.

Darstellung: Zur Gewinnung von H. aus zirkoniumhaltigen Mineralen werden beide Metalle zunächst in Verbindungen überführt, die durch Extraktionsverfahren oder mithilfe von Ionenaustauschern getrennt werden können, z. B. in Chloride.

Die Gewinnung des metallischen H. erfolgt durch Reduktion des Tetrachlorids $HfCl_4$ oder des Oxids mit Magnesium, Calcium oder Natrium. Das auf diese Weise gewonnene Rohhafnium wird wie ↑Titan über das Tetraiodid rein dargestellt.

Verwendung: für Kontrollstäbe in Kernreaktoren sowie als Legierungsmetall.

Halb|acetal: ↑Acetale.

Halb|element (Halbzelle): eine in einen geeigneten Elektrolyten eintauchende ↑Elektrode.

Halbleiter: Stoffe, deren leitende Eigenschaften zwischen denen von ↑Leitern und denen von Isolatoren liegen (z. B. Silicium, Galliumarsenid). Im Unterschied zu den Metallen müssen bei H. die Ladungsträger erst durch Zuführung thermischer Energie oder elektromagnetischer Strahlungsenergie aktiviert werden, bevor sie zur Leitfähigkeit beitragen können. Die Leitfähigkeit von H. nimmt daher mit steigender Temperatur zu. Durch Zugabe geringer Mengen von Fremdatomen (Dotierung) kann die Leitfähigkeit von H. beeinflusst werden.

Halbmetalle: chemische Elemente, die teils metallische, teils nichtmetallische Eigenschaften aufweisen. Im ↑Periodensystem der Elemente sind die H. zwischen den Metallen und den Nichtmetallen (angenähert) auf einer Diagonalen von links oben nach rechts unten zu finden; dazu gehören die Elemente Bor, Silicium, Germanium, Arsen, Antimon, Bismut, Selen und Tellur. Sie kommen meist in metallischen und nichtmetallischen Modifikationen vor; in der nichtmetallischen sind sie ↑Halbleiter.

Halbwertszeit, Formelzeichen $T_{½}$: diejenige Zeitspanne, innerhalb der beim radioaktiven Zerfall (↑Radioaktivität) von den ursprünglich vorhandenen Atomen die Hälfte zerfallen ist.

Nuklid	Zerfallsart	Halbwertszeit
^{215}At	α	0,1 ms
^{140}Ba	β⁻	12,8 d
^{14}C	β⁻	5730 a
^{60}Co	β⁻	5,26 a
^{134}Cs	β⁻	2,05 a
^{137}Cs	β⁻	30,23 a
^{131}I	β⁻	8,07 d
^{40}K	β⁻, β⁺, EC	$1,28 \cdot 10^9$ a
^{209}Pb	β⁻	3,3 h
^{210}Pb	β⁻, α	21 a
^{211}Pb	β⁻	36,1 m
^{210}Po	α	138,4 d
^{239}Pu	α, SF	24 400 a
^{216}Ra	α	182 ns
^{224}Ra	α	3,64 d
^{228}Ra	β⁻	5,77 a
^{220}Rn	α	55 s
^{222}Rn	α	3,82 d
^{90}Sr	β⁻	28,1 a
^{128}Te	β⁻	$7,7 \cdot 10^{24}$ a
^{228}Th	α	1,91 a
^{229}Th	α	7400 a
^{235}U	α, SF	$710 \cdot 10^6$ a
^{238}U	α, SF	$4,51 \cdot 10^9$ a

Halbwertszeit: Halbwertszeiten einiger Nuklide (s Sekunden, m Minuten, h Stunden, d Tage, a Jahre; α Alphazerfall, β⁻ Emission eines Elektrons, β⁺ Emission eines Positrons, EC Elektroneneinfang, SF spontane Spaltung)

Die H. eines Isotops mit der Zerfallskonstante λ beträgt:

$$T_{½} = \frac{\ln 2}{\lambda} = 0{,}6931/\lambda.$$

Die H. ist eine für jedes radioaktive Isotop charakteristische Konstante. Sie kann Bruchteile von Sekunden betragen oder auch viele Millionen Jahre (Tab.). Durch äußere Bedingungen wie Temperatur oder Druck kann sie nicht beeinflusst werden.

Halbelement: ↑Halbelement.

Halluzinogene [zu lat. hallucinari »gedankenlos sein«]: eine Gruppe von Rauschmitteln, die beim Genuss das Zentralnervensystem beeinflussen und so Sinnestäuschungen hervorrufen und das Bewusstsein verändern können. Es sind im Wesentlichen pflanzliche Drogen mit bestimmten Wirkstoffen oder von diesen abgeleitete synthetische Stoffe. H. machen in den meisten Fällen selbst nicht süchtig, doch unterliegt der Handel mit H., u. a. wegen der Gefahr des »Umsteigens« auf andere körperliche Abhängigkeit erzeugende Rauschmittel, dem Betäubungsmittelgesetz. Bekannte H. sind **Mescalin** (ein ↑Alkaloid aus einer mexikanischen Kaktusart), **Psilocybin** (Alkaloid in einem mexikanischen Pilz), **Haschisch** (im indischen Hanf enthaltenes Wirkstoffgemisch mit der Hauptkomponente Δ^9-Tetrahydrocannabinol, THC) und das halbsynthetische **LSD** (Abk. für Lysergsäurediethylamid). Letzteres zeigt bereits in Mengen von 0,02 g Wirkung.

Halogen|alkane: ↑Halogenkohlenwasserstoffe.

Halogene [zu griech. háls »Salz« und gennan »erzeugen«]: die VII. Hauptgruppe im ↑Periodensystem der Elemente, d. h. die Elemente Fluor (F), Chlor (Cl), Brom (Br), Iod (I) und Astat (At). Die H. sind sehr reaktionsfähige Nichtmetalle, die sich mit Metallen unter Salzbildung vereinigen.

Halogenide: Verbindungen, in denen ein Halogenatom als negativer Bestandteil vorkommt, v. a. die Salze der Halogenwasserstoffsäuren. Zu den H. gehören die ↑Fluoride, ↑Chloride, ↑Bromide und ↑Iodide.

Halogenierung: Einführung eines Halogenatoms in eine organische Verbindung, z. B. durch Addition oder Substitution.

Halogenkohlenwasserstoffe: Derivate der Kohlenwasserstoffe mit einem oder mehreren Halogenatomen als Substituenten. Sie werden benannt, indem vor den Namen des Kohlenwasserstoffs der Halogenname mit entsprechender Stellungsbezeichnung (und Angabe der Anzahl der Halogenatome) gesetzt wird. H. können gesättigt (**Halogenalkane**) oder ungesättigt sein.
Hergestellt werden H. durch ↑Substitution anderer Gruppen (z. B. Hydroxylgruppen) oder durch ↑Addition von Halogenwasserstoffen an Alkene. Die starke Polarisierung der Kohlenstoff-Halogen-Bindung, die in der Reihenfolge vom Iod über Brom und Chlor zum Fluor zunimmt, ist die Ursache für die hohe Reaktivität der H., durch die sie für zahlreiche Synthesen geeignet sind, z. B. ↑Wurtz-Synthese, Grignard-Reaktion (↑Magnesium), ↑Friedel-Crafts-Reaktion.
Unter den H. (Tab.) haben v. a. die mit Chlor und Fluor gebildeten Verbindungen (Chlorkohlenwasserstoffe bzw. Fluorkohlenwasserstoffe) große Bedeutung. Einfache, von den aliphatischen oder aromatischen Kohlenwasserstoffen abgeleitete Verbindungen dienen v. a. als Lösungsmittel (z. B. Methylenchlorid, Chloroform, Tetrachlorkohlenstoff, Ethylchlorid, Chlorbenzol) oder sind wichtige Ausgangssubstanzen für die Herstellung von Kunststoffen (z. B. Vinylchlorid, Te-

Name	herkömmlicher Name	vereinfachte Strukturformel	Sp. in °C
Monochlormethan	Methylchlorid	CH_3Cl	–24,2
Dichlormethan	Methylenchlorid	CH_2Cl_2	40,0
Trichlormethan	Chloroform	$CHCl_3$	61,7
Tetrachlormethan	Tetrachlorkohlenstoff	CCl_4	76,5
Monochlorethan	Ethlychlorid	$CH_3–CH_2Cl$	12,3
1,2-Dichlorethan	Ethylendichlorid	$CH_2Cl–CH_2Cl$	83,5
1,1,2-Trichlorethen	Trichlorethylen	$CHCl=CCl_2$	87,0
Monochlorethen	Vinylchlorid	$CH_2=CHCl$	–13,4
Monochlorbenzol	Chlorbenzol	C_6H_5Cl	132,2
Tetrafluorethen	Tetrafluorethylen	$CF_2=CF_2$	–76,3
Dichlordifluormethan		CCl_2F_2	–29,8
Trichlorfluormethan		CCl_3F	23,7
Dichlortetrafluorethan		$CClF_2–CClF_2$	3,6

Halogenkohlenwasserstoffe: Übersicht

trafluorethen). Einige haben spezielle Anwendungsgebiete, wie z. B. **Halothan** (Halan®) $BrClCH–CF_3$, das als Inhalalationsnarkotikum verwendet wird. Eine Reihe von gemischthalogenierten H. (Chlorfluorkohlenwasserstoffe oder Fluorchlorkohlenwasserstoffe, Abk. **FCKW**), die sich vom Methan oder Ethan ableiten, werden als Treibmittel für Spraydosen und zur Herstellung von Schaumstoffen sowie als Kältemittel in Kühlschränken und Kühlanlagen verwendet: Beispiele sind Dichlordifluormethan, Trichlorfluormethan oder Dichlortetrafluorethan; diese und andere wurden teilweise unter den Handelsnamen **Freone**® oder **Frigene**® vertrieben. Eigenschaften wie niedere Siedepunkte, chemische Beständigkeit und Unbrennbarkeit machten die FCKW für obige Anwendungen geeignet. Allerdings sind sie mitverantwortlich für die Zerstörung der Ozonschicht der Erdatmosphäre (↑Atmosphärenchemie). Die meisten dürfen in Deutschland seit 1995 nicht mehr verwendet werden, verschiedene weitere seit 2000.

Eine Reihe von alicyclischen und aromatischen Chlorkohlenwasserstoffen, z. B. ↑DDT oder **Lindan**® (auch γ-HCH), eines von acht isomeren **Hexachlorcyclohexanen,** wurde v. a. als Schädlingsbekämpfungsmittel bekannt. Viele sind inzwischen in Deutschland verboten, da diese Insektizide biochemisch nur sehr langsam abgebaut werden und sich daher z. T. in der belebten und unbelebten Natur anreicherten und auch in die Nahrungskette gelangten (v. a. Speicherung im Fettgewebe). Zudem beobachtet man immer öfter, dass Schädlinge gegen viele dieser Verbindungen resistent sind.

Halogenwasserstoffe: die Wasserstoffverbindungen der Halogene: ↑Bromwasserstoff, ↑Chlorwasserstoff, ↑Fluorwasserstoff, ↑Iodwasserstoff.

Halothan: ↑Halogenkohlenwasserstoffe.

Häm: ↑Hämoglobin.

Hämatit

Hämoglobin: Formel des Oxyhämoglobins

Hämatit: ↑Eisen.

Hämo|globin [zu griech. haima, haímatos »Blut«], Abk. Hb: ein Chromoprotein (↑Proteine), das aus der Farbkomponente **Häm** (4 %) und der Eiweißkomponente Globin (96 %) besteht und den Farbstoff der roten Blutkörperchen bildet. Die Molekülmasse des Humanhämoglobins beträgt etwa 68 000. Bei den verschiedenen Tierarten unterscheidet sich das H. oft nur geringfügig durch die Aminosäuresequenz des Proteins. Das Häm ist ein Eisen(II)-Komplex mit sechs Koordinationsstellen; vier davon sind von einem Porphyrin, einem Derivat des aus vier miteinander verbundenen Pyrrolkernen bestehenden Porphins, besetzt; an eine weitere ist das Globin gebunden (Abb.). Die sechste Koordinationsstelle kann von Sauerstoff besetzt werden. Im H. liegen vier solcher Häme vor. Die Funktion des H. im tierischen Organismus besteht im Sauerstofftransport zu den Geweben, in deren Zellen der Sauerstoff umgesetzt wird. Der Sauerstoff ist beim Transport locker an das Eisenatom gebunden (Oxyhämoglobin) und reversibel abspaltbar:

$$Hb(H_2O) + O_2 \rightleftharpoons Hb-O_2 + H_2O.$$

Wesentlich fester als Sauerstoff wird z. B. Kohlenstoffmonoxid an H. gebunden. Deshalb kommt es beim Einatmen dieses Gases infolge kompetitiver Hemmung (↑Enzyme) zu Sauerstoffmangel im Blut und damit zu tödlichen Vergiftungen.

Harnstoff, $CO(NH_2)_2$: das Diamid der Kohlensäure, wichtigstes Endprodukt des Proteinstoffwechsels bei Säugetieren. Technisch wird H. aus Ammoniak und Kohlenstoffdioxid unter Druck hergestellt:

$$2\ NH_3 + CO_2 \rightarrow$$
Ammoniak Kohlenstoffdioxid

$$H_2N-CO-NH_2 + H_2O.$$
Harnstoff Wasser

Verwendung findet H. als Düngemittel sowie zur Herstellung von Aminoplasten (↑Kunststoffe). H. wurde erstmals 1828 von dem deutschen Chemiker F. WÖHLER durch Umlagerung von Ammoniumcyanat, $NH_4(OCN)$, künstlich hergestellt. Durch diese Synthese wurde bestätigt, dass sich organische Substanzen aus anorganischen Stoffen herstellen lassen (↑vis vitalis).

Härte:
♦ *Werkstoffkunde* und *Mineralogie:* derjenige Widerstand, den ein Körper dem Eindringen eines anderen Körpers entgegensetzt. Von zwei verschieden harten Körpern bezeichnet man denjenigen als härter, mit dem man den anderen ritzen kann. Da man beispielsweise

Hauptsätze der Thermodynamik

Mineral	Härte nach Mohs
Talk	1
Gips	2
Kalkspat	3
Flussspat	4
Apatit	5
Orthoklas	6
Quarz	7
Topas	8
Korund	9
Diamant	10

Härte: Mohs-Härteskala

Glas mit einem Diamanten ritzen kann (nicht aber umgekehrt), ist Diamant härter als Glas. Zur Bestimmung der H. eines Körpers verwendet man häufig die **Mohs-Härteskala.** In ihr sind zehn Minerale steigender H. so zusammengestellt, dass jeweils das folgende seinen Vorgänger ritzen kann (Tab.).
Die H. eines Versuchskörpers liegt zwischen der H. desjenigen Minerals aus der Mohs-Härteskala, das er gerade noch ritzt und demjenigen, von dem er gerade noch geritzt wird. Für genauere Härtemessungen gibt es andere Verfahren (Brinell-Verfahren, nach JOHAN AUGUST BRINELL; *1849, †1925; Vickers-Verfahren, nach EDWARD VICKERS; *1804, †1897), die im Wesentlichen darauf beruhen, dass man einen möglichst harten Körper mit einer bestimmten Kraft senkrecht auf die Oberfläche des Versuchskörpers drückt und aus der Eindruckoberfläche die H. des untersuchten Körpers bestimmt.
◆ *Wasser:* ↑Wasserhärte.
Harze: amorphe, organische, zähflüssige bis feste, meist transparente Stoffe, die ohne festen Schmelzpunkt vom festen in den flüssigen Zustand übergehen. Reine H. sind geruch- und farblos, in Wasser unlöslich, in Alkohol, Ether u. a. löslich. Naturharze kommen z. B. in Ausscheidungsprodukten von Bäumen vor und fließen bei Rindenverletzungen aus; sie werden u. a. zur Herstellung von Lacken verwendet (z. B. Kolophonium). Als **Kunstharze** bezeichnet man Kunststoffe, die eine ähnliche Konsistenz haben und sich wie Naturharze als Lackrohstoffe eignen.
Haschisch [arab. »Gras«, »Heu«]: ↑Halluzinogene.
Hassium [nach Hassia, dem nlat. Namen für das Land Hessen]: chemisches Element der VIII. Nebengruppe, Zeichen Hs, OZ 108, Massenzahl des langlebigsten Isotops 265 (Halbwertszeit 1,8 ms); künstlich hergestelltes Metall.
Hauptgruppen: ↑Periodensystem der Elemente.
Hauptquantenzahl: ↑Atommodell, ↑Quantenzahlen.
Hauptsätze der Thermodynamik (Hauptsätze der Wärmelehre): drei grundlegende Erfahrungssätze, auf denen sich die gesamte Thermodynamik (Wärmelehre) aufbaut.
1. Hauptsatz der Thermodynamik: Wärme ist eine Form der Energie; sie kann in andere Energieformen umgewandelt werden und umgekehrt. In einem abgeschlossenen System bleibt die Summe aller Energiearten (mechanische, thermische, elektrische, magnetische, chemische Energie etc.) konstant (Energieerhaltungssatz).
2. Hauptsatz der Thermodynamik (auch Entropiesatz genannt; ↑Entropie): Wärme kann nicht von selbst von einem kälteren auf einen wärmeren Körper übergehen.
3. Hauptsatz der Thermodynamik (Nernst-Wärmetheorem): Der absolute Nullpunkt (0 K = –273,15 °C) ist prinzipiell nicht erreichbar.
Als *nullten Hauptsatz der Thermodynamik* nimmt man häufig den folgenden Satz hinzu: Bringt man zwei Körper verschiedener Temperatur genü-

gend lange in Berührung, so gleichen sich ihre Temperaturen einander an. Alle Hauptsätze können auf sehr verschiedene Weise formuliert werden, da sie wegen ihrer grundsätzlichen Bedeutung in verschiedenen (nur scheinbar voneinander unabhängigen) Phänomenen) zum Ausdruck kommen.

Hauptschale: ↑Atommodell, ↑Orbitalmodell.

He: Zeichen für ↑Helium.

Heisenberg-Unbestimmtheitsbeziehung: ↑Unschärferelation.

Heizöl: ↑Erdöl.

Helium: chemisches Element der VIII. Hauptgruppe, Zeichen He, OZ 2, relative Atommasse 4,00, Mischelement.
Physikalische Eigenschaften: farbloses Gas mit hoher Wärmeleitfähigkeit; Dichte 0,18 g/l; Fp. −272,2 °C (bei 2,6 MPa), Sp. −268,93 °C.
Chemische Eigenschaften: Edelgas, das keine Verbindungen eingeht.
Verwendung: aufgrund seiner geringen Dichte als Füllgas für Ballons; ferner für Kühlzwecke und als Trägergas in der ↑Gaschromatographie.

Henderson-Hasselbalch-Gleichung: ↑Puffer.

Heptan: ↑Alkane (Tabelle).

Herbizide: ↑Biozide.

hessscher Satz [nach G. H. HESS] (Wärmesummensatz): Gesetzmäßigkeit der chemischen Thermodynamik, die besagt, dass die von einem chemischen System aufgenommene oder abgegebene Wärmemenge unabhängig vom Weg der Reaktion ist. Begründet liegt dies im 1. ↑Hauptsatz der Thermodynamik, denn man könnte sonst beim mehrfachen Durchlauf einer Abfolge von Reaktionsschritten, die nach jedem Durchlauf wieder zum Ausgangsstoff führen, Energie gewinnen.

Aufgrund des h. S. lassen sich Reaktionsenthalpien, die nur schwer direkt messbar sind, aus anderen Reaktionen berechnen.

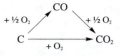

hessscher Satz: Bestimmung der Bildungsenthalpie von Kohlenstoffmonoxid

Zum Beispiel kann man die Bildungsenthalpie von Kohlenstoffmonoxid nicht unmittelbar bestimmen, da bei der Verbrennung von Kohlenstoff in jedem Fall auch Kohlenstoffdioxid entsteht. Die Bestimmung der Bildungsenthalpie ist jedoch unmittelbar möglich bei den Reaktionen:

$C + O_2 \rightarrow CO_2$; $\Delta H = -394$ kJ
$CO + \frac{1}{2} O_2 \rightarrow CO_2$; $\Delta H = -283$ kJ.

Nach dem h. S. (Abb.) ergibt sich die Bildungsenthalpie von Kohlenstoffmonoxid als Differenz bei beiden direkt gemessenen Bildungsenthalpien:

$C + \frac{1}{2} O_2 \rightarrow CO$;
$\Delta H = -394 + 283$ kJ $= -111$ kJ.

Auch die Bestimmung von Gitterenergien mithilfe des ↑Born-Haber-Kreisprozesses beruht auf dem hessschen Satz.

Hetero|atome [zu griech. héteros »der andere von beiden«]: von Kohlenstoff verschiedene Atome (häufig Sauerstoff-, Stickstoff- Schwefelatome), die als Ringteil in einer cyclischen organischen Verbindung eingebaut sind.

Hetero|cyclen: organische Ringverbindungen, die außer Kohlenstoff noch andere Elemente (↑Heteroatome) enthalten (Abb.). Die kleinsten Ringe sind dreigliedrig, wie z. B. Oxirane (↑Epoxide).

Die größte Bedeutung haben Fünfring- und Sechsring-Heterocyclen. Bei manchen Fünfring-Heterocyclen, z. B. Furan, Thiophen und Pyrrol, ist ein freies Elektronenpaar am Aufbau eines π-Elektronensextetts beteiligt; sie sind

Heterocyclen: Beispiele — Furan, Thiophen, Pyrrol, Pyridin, Pyrimidin, Purin

daher aromatisch (↑Aromaten). Sehr große H. sind z. B. die ↑Kronenether.

hetero|gen: uneinheitlich zusammengesetzt; Eigenschaft eines Stoffes, aus mehreren Phasen zusammengesetzt zu sein (heterogenes Gemisch). Der Gegensatz von h. ist homogen.

Hetero|lyse: die Spaltung eines Moleküls in zwei Fragmente, und zwar so, dass das Bindungselektronenpaar bei einem der Fragmente verbleibt.

hetero|polare Bindung: ↑Ionenbindung.

Hexa|chlorcyclohexan [zu griech. héx »sechs«]: ↑Halogenkohlenwasserstoffe.

Hexa|decan: ↑Alkane (Tab.).

Hexa|decansäure: ↑Carbonsäuren (Tab.).

hexa|gonal: ↑Kristallklassen.

Hexamethylendi|amin (1,6-Diaminohexan), $H_2N-(CH_2)_6-NH_2$: stark basisch reagierende Verbindung mit zwei Aminogruppen; ein wichtiges Zwischenprodukt bei der Herstellung von Polyamiden (↑Kunststoffe).

Hexan: ↑Alkane (Tab.).

Hexan|disäure: ↑Dicarbonsäuren (Tab.).

Hexansäure: ↑Carbonsäuren.

Hexosen: ↑Monosaccharide der Summenformel $C_6H_{12}O_6$; sie können als Aldosen (z. B. Glucose und Mannose) oder Ketosen (z. B. Fructose, Sorbose) vorliegen.

Hf: Zeichen für ↑Hafnium.
Hg: [Abk. von griech. hydrargyrum »flüssiges Silber«]: Zeichen für ↑Quecksilber.
Hinreaktion: ↑umkehrbare Reaktion.
Hitzespaltung: ↑Thermolyse.
Ho: Zeichen für ↑Holmium.
Hochofen: ↑Roheisenerzeugung.
Hofmann-Abbau: von dem deutschen Chemiker A. W. VON HOFMANN entwickelte Methode zur Herstellung von ↑Aminen, ausgehend von Säureamiden (↑Amide), die ein Kohlenstoffatom mehr in der Kette enthalten:

$$R-CONH_2 \xrightarrow[-2HBr]{+Br_2} R-NCO;$$
Amid — Isocyanat

$$R-NCO \xrightarrow{+H_2O} R-NH_2 + CO_2\uparrow;$$
Isocyanat — Amin

Holmium: chemisches Element der ↑Lanthanoide, Zeichen Ho, OZ 67, relative Atommasse 164,93, Reinelement; Dichte 8,80 g/cm³, Fp. 1 472 °C, Sp. 2 694 °C.
Holmium wird hauptsächlich als Bestandteil von Cer-Mischmetall (↑Cer) verwendet.

Holzverzuckerung: ↑Cellulose.

homo|gen [zu griech. homós »gemeinsam«, »gleichartig«]: aus nur einer Phase bestehend. H. Gemische sind z. B. Lösungen oder Gase. Gegensatz: heterogen.

homo|loge Elemente: Elemente, die im ↑Periodensystem der Elemente untereinander stehen. Da ihre Atome i. A. die gleiche Anzahl von ↑Valenzelektronen aufweisen, besitzen diese Elemente oft sehr ähnliche chemische Eigenschaften.

homo|loge Reihe: Stoffklassenreihe, deren Glieder sich jeweils um einen bestimmten Molekülanteil unterscheiden. In der organischen Chemie speziell eine Gruppe von Verbindungen, in der sich jeweils die benachbarten Glieder um eine CH_2-Gruppe unterscheiden,

z. B. die Reihe der ↑Alkane. CH_4 (Methan), C_2H_6 (Ethan), C_3H_8 (Propan) usw.; die Summenformeln einzelner Glieder der Reihe können aus der allgemeinen Summenformel der Reihe (hier C_nH_{2n+2}) abgeleitet werden.

Homo|lyse: die Spaltung eines Moleküls in zwei Fragmente derart, dass je ein Elektron des Bindungselektronenpaares bei jedem der Fragmente verbleibt.

homöo|polare Bindung: ↑chemische Bindung, ↑Atombindung.

HPLC, Abk. für engl. **h**igh **p**erformance **l**iquid **c**hromatography, (Hochleistungsflüssigkeitschromatographie): eine Variante der ↑Chromatographie, bei der die mobile Phase mit hohem Druck (bis 60 MPa) durch die Säule gepresst wird. Die Säulen bestehen meist aus Stahl, die Säulenfüllung aus sehr kleinen Partikeln. Die Vorteile der HPLC sind ihre hohe Trennfähigkeit und schnelle Durchführung. Sie eignet sich auch zur Trennung sehr kleiner Mengen und wird hauptsächlich in der Analytik angewandt.

Hs: Zeichen für ↑Hassium.

Hückel-Regel: ↑Aromaten.

Hund-Regel [nach FRIEDRICH HUND; *1896, †1997] (Prinzip der größten Multiplizität): empirische Regel, nach der beim Auffüllen der Atomhülle in Energiestufen jedes Orbital mit den gleichen Quantenzahlen n und l zunächst mit je einem Elektron besetzt wird. Erst wenn alle zur gleichen Haupt- und Nebenquantenzahl gehörenden Orbitale einfach besetzt sind, werden sie mit Elektronen von entgegengesetztem Spin aufgefüllt. Zum Beispiel hat ein Kohlenstoffatom im Grundzustand die Elektronenkonfiguration $1s^2 2s^2 p_x^1 p_y^1$ und nicht $1s^2 2s^2 p_x^2$. Die Regel gilt analog auch für die Besetzung der d- und f-Orbitale.

Hybridisierung: ↑Orbitalmodelle.

Hydratation (Hydration): Anlagerung von Wassermolekülen an im Wasser verteilte Ionen, Moleküle oder Kolloidteilchen. Die H. ist ein Spezialfall der ↑Solvatation.

Das Anlagern der Wassermoleküle erfolgt durch Ionen-Dipol-Kräfte, Wasserstoffbrückenbindungen oder Van-der-Waals-Kräfte. Das angelagerte Wasser wird **Hydratwasser** genannt. Die Bildung einer solchen **Hydrathülle** verläuft exotherm, es wird die **Hydratationsenthalpie** frei. Besonders stark sind die Kräfte bei der H. von Ionen, da sich zwischen diesen und den Wassermolekülen, die ↑Dipolmoleküle sind, elektrostatische Wechselwirkungen ausbilden (Abb.); man spricht von Ionen-Dipol-Bindungen. Ihre Stärke hängt von der Größe und der Ladung des Ions ab. Je kleiner ein Ion und je höher seine Ladung, desto stärker werden die Wassermoleküle der Hydrathülle von ihm festgehalten. Die frei werdende Hydratationsenthalpie kann dann recht hoch sein. So werden beispielsweise bei Natrium-Ionen $[Na(H_2O)_6]^+$ für jedes gebundene Wassermolekül 66 kJ/mol frei, bei Aluminium-Ionen $[Al(H_2O)_6]^{3+}$ sind es sogar 767 kJ/mol.

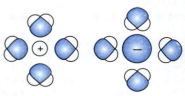

Hydratation: Kation und Anion mit Hydrathülle

Die Löslichkeit eines Salzes hängt in erster Linie von der Hydratationsenthalpie der Ionen und der Gitterenergie ab. Wird bei der Hydratisierung mehr Energie frei als zum Lösen der Gitterkräfte erforderlich ist, so ist das Salz gut wasserlöslich. An hoch geladene, kleine Ionen ist ein Teil des Hydratwassers so fest gebunden, dass es beim Auskristallisieren des Salzes an diesen Ionen verbleibt und als ↑Kristallwasser in das Ionengitter eingebaut wird.

Sehr stark hydratisiert sind viele Ionen der Übergangselemente, denn hier können sich die freien Elektronen des Sauerstoffatoms im Wassermolekül mit dem Elektronensystem des Ions, das noch unbesetzte Orbitale enthält, überlagern (koordinative Bindung; ↑Komplexchemie). Dadurch kommt es im Ion zu einer Änderung der Elektronenstruktur, die häufig durch eine Farbveränderung sichtbar wird. So sind z. B. freie Kupfer(II)-Ionen (Cu^{2+}) farblos, Tetraaquakupfer(II)-Ionen $[Cu(H_2O)_4]^{2+}$ dagegen blau.

Die genaue Anzahl der um ein Ion gruppierten Wassermoleküle, die Hydratationszahl, kann in Lösungen nicht angegeben werden, da um die innerste Hydrathülle (mit direkter Anlagerung der Wassermoleküle an das Ion) sich noch äußere Hüllen anordnen. Deshalb ist für solche Ionen die Schreibweise z. B. $Na^+ \cdot aq$ (von lat. aqua »Wasser«) üblich.

Hydrate: Verbindungen, in denen infolge ↑Hydratation Wassermoleküle an andere Moleküle oder an Ionen angelagert sind. In den H. kann der Anlagerung der Wassermoleküle entweder koordinativ erfolgen oder durch Ionen-Dipol-Bindungen, Wasserstoffbrückenbindungen bzw. Van-der-Waals-Kräfte. Feste H. enthalten das Wasser als sog. Kristallwasser in stöchiometrischen Verhältnissen; im Nickel(II)-sulfat-heptahydrat $NiSO_4 \cdot 7\,H_2O$ wurden z. B. beim Auskristallisieren pro Mol Nickelsulfat sieben Mol Wasser als Kristallwasser in das Gitter mit eingebaut.

Hydrathülle: ↑Hydratation.

Hydratisierung: die ↑Addition von Wasser an reaktionsfähige organische Verbindungen; dabei werden kovalente Bindungen von H und OH (aus Wasser) an zwei benachbarte Atome einer organischen Verbindung gebildet.

Hydratwasser: ↑Hydratation.

Hydrazin, H_2N-NH_2: farblose, giftige Flüssigkeit, Fp. 2 °C, Sp. 113,5 °C. Hydrazin entsteht durch Oxidation von Ammoniak NH_3 mit Natriumhypochlorit NaOCl; es bildet zwei Reihen von Salzen, die einfach geladene $[H_2N-NH_3]^+$- oder aber doppelt geladene $[H_3N-NH_3]^{2+}$-Ionen enthalten.
Verwendung: als Reduktionsmittel und Raketentreibstoff.

Hydride: Verbindungen des Wasserstoffs; i. A. versteht man darunter jedoch nur diejenigen Wasserstoffverbindungen, in denen der Wasserstoff der elektronegativere Partner ist. Man unterscheidet kovalente, salzartige und metallische H., allerdings sind die Grenzen zwischen diesen fließend.

Kovalente Hydride bildet Wasserstoff vor allem mit Nichtmetallen. Die Verbindungspartner werden durch (mehr oder weniger polare) Atombindungen zusammengehalten, wobei das Wasserstoffatom eine negative Teilladung trägt (z. B. ↑Silane). Kovalente H. sind oft flüchtige Verbindungen.

Salzartige Hydride werden vorwiegend von Alkali- und Erdalkalimetallen gebildet, z. B. Lithiumhydrid, LiH, oder Calciumhydrid, CaH_2. Es sind typische Salze von exakt stöchiometrischer Zusammensetzung. Ihre Ionengitter enthalten neben den Metall-Ionen einfach negativ geladene Hydrid-Ionen H^-.

Metallische Hydride werden vor allem zwischen Wasserstoff und Nebengruppenelementen gebildet. Sie können nahezu stöchiometrisch zusammengesetzt sein wie im Kupferhydrid, CuH, und im Zinkhydrid, ZnH_2. In der Regel sind die metallischen H. jedoch nicht stöchiometrische Verbindungen, d. h., die Zahl der Wasserstoff- und der Metallatome

Hydrierung

kann variieren; diese stehen zueinander nicht in einem konstanten, einfachen Zahlenverhältnis. Metallische H. entstehen aus Metall und elementarem Wasserstoff; die Wasserstoffatome werden vom Metallgitter aufgenommen, wobei dieses meist etwas aufgeweitet oder leicht verändert wird. Oft bleiben die metallischen Eigenschaften in diesen H. teilweise erhalten; verglichen mit den entsprechenden Metallen sind sie aber spröder und haben eine geringere Dichte.

Besonders viel Wasserstoff vermag Palladium zu binden: Ein Volumenteil Palladium absorbiert bis zu 900 Volumenteile Wasserstoff. Diese Eigenschaft kann zur Wasserstoffspeicherung genutzt werden.

Hydrierung: Einführung von Wasserstoff in eine chemische Verbindung, im Allgemeinen durch Addition, z. B. Anlagerung von Wasserstoff an ungesättigte Kohlenwasserstoffe (Alkene, Alkine), Aldehyde, Ketone u. a. In der Regel wird die H. bei erhöhter Temperatur und erhöhtem Druck unter Einsatz von Katalysatoren (meist Übergangsmetalle wie Platin, Nickel oder Kupfer) durchgeführt.

Hydro|chinon (1,4-Dihydroxybenzol): aus 1,4-Benzochinon (↑Chinone) durch Reduktion mit schwefliger Säure gewonnene Verbindung aus der Gruppe der ↑Phenole. H. bildet farblose, nadelförmige Kristalle (Fp. 173,5 °C) und wird wegen seiner reduzierenden Eigenschaften in der Fotografie als Entwickler verwendet.

Hydro|cracken ['haɪdrəʊ'krækən]: ↑Cracken.
Hydro|forming ['haɪdrəʊ'fɔːrmɪŋ]: ↑Reformieren.
Hydroformylierung: ↑Oxosynthese.
Hydrogen|carbonate: ↑Carbonate.
Hydrogen|phosphate: ↑Phosphate.
Hydrogen|sulfate: ↑Sulfate.
Hydrogen|sulfite ↑Sulfite.

Hydro|lyse:
♦ *molekulare Verbindungen:* die Spaltung einer Atombindung durch die Reaktion mit Wasser. Eine H. verläuft nach dem allgemeinen Schema:

$$A-B + H-O-H \rightarrow A-H + B-OH.$$

Ein Beispiel für eine derartige H. ist die ↑Verseifung eines Esters zu Alkohol und Säure.
♦ *Ionenverbindungen:* Reaktion des Wassers mit einem Salz, an dessen Bildung eine schwache (Arrhenius-)Säure und eine starke Base oder eine starke Säure und eine schwache Base beteiligt waren. Die wässrigen Lösungen solcher Salze reagieren nicht neutral, sondern im ersten Fall alkalisch und im zweiten Fall sauer. Nach der Säure-Base-Theorie von Brønstedt sind solche Reaktionen als ↑Protolyse aufzufassen.

Beispiele: Natriumcarbonat ist das Salz der schwachen Kohlensäure und der starken Base Natriumhydroxid. Es löst sich im Wasser gemäß der Gleichung:

$$Na_2CO_3 + (2n + m) H_2O \rightarrow$$
$$2 [Na(H_2O)_n]^+ + [CO_3(H_2O)_m]^{2-}.$$

Das hydratisierte Natrium-Ion $[Na(H_2O)_n]^+$ ist eine so schwache Brønsted-Säure, dass es praktisch nicht protolysiert, d. h. einem Wassermolekül ein Proton liefert.

Das Carbonat-Ion CO_3^{2-} ist hingegen eine starke Brønstedt-Base (Anionbase), die einem Wassermolekül ein Proton entzieht:

$$CO_3^{2-} + H_2O \rightleftharpoons OH^- + HCO_3^-.$$

Base 1   Base 2   Säure 2   Säure 1

Da durch die Protolyse zusätzlich Hydroxid-Ionen entstehen, reagiert die wässrige Natriumcarbonatlösung alkalisch.

Eisen(III)-chlorid-Lösung reagiert sauer. Cl⁻ ist eine schwache Brønstedt-Base, das Ion protolysiert daher in Wasser nicht. Das Hexaaquaeisen(III)-Ion ist eine starke Brønsted-Säure und unterliegt in wässriger Lösung einer Protolyse:

$[Fe(H_2O)_6]^{3+}$ + H_2O $\rightleftharpoons$
Säure 1   Base 2

$[Fe(H_2O)_5(OH)]^{2+}$ + H_3O^+.
Base 1   Säure 2

Hydronium-Ion: gebräuchliche Bezeichnung für das ↑Oxonium-Ion H_3O^+, das als einfach hydratisiertes Proton anzusehen ist. In wässriger Lösung lagert das Ion H_3O^+ über Wasserstoffbrücken stets noch weitere Wassermoleküle an, wobei sich Ionen der Zusammensetzung $H_5O_2^+$, $H_7O_3^+$, $H_9O_4^+$ usw. bilden. Ist der Hydratationsgrad des Protons unbestimmt, so wird der Ausdruck ↑Wasserstoff-Ion gebraucht.

hydro|phil: Bezeichnung für die Eigenschaft einer Verbindung oder einer Gruppe innerhalb einer Verbindung, mit Wassermolekülen starke Wechselwirkungen (meist Dipol-Dipol-Wechselwirkungen) einzugehen und dadurch Wassermoleküle »anzuziehen«.

hydro|phob: Gegenteil von ↑hydrophil.

Hydroxide: Verbindungen, die ein oder mehrere frei abdissoziierbare Hydroxid-Ionen OH^- enthalten, wie z. B. Natriumhydroxid NaOH oder Aluminiumhydroxid $Al_2(OH)_3$.

Hydroxid-Ion: Bezeichnung für das Anion OH^-.

Hydroxo-: Bezeichnung für das Hydroxid-Ion OH^- als Ligand in Koordinationsverbindungen, z. B. Natriumtrihydroxozinkat(II) $Na[Zn(OH)_3]$.

Hydroxy-: Präfix in Namen organischer Verbindungen, die eine ↑Hydroxylgruppe –OH als Substituent tragen.

Hydroxy|carbonsäuren: ↑Hydroxysäuren.

Hydroxyl|apatit: ↑Phosphor.

Hydroxylgruppe: Bezeichnung für die OH-Gruppe als Substituent in organischen Verbindungen. Die H. ist charakteristisch für ↑Alkohole und ↑Phenole.

Hydroxysäuren (Hydroxycarbonsäuren): Carbonsäuren, die neben der Carboxylgruppe –COOH eine oder mehrere Hydroxylgruppen –OH enthalten. H. zeigen daher Reaktionen, die typisch für Alkohole sind, und solche, die typisch für Carbonsäuren sind. Die Stellung der Hydroxylgruppe wird durch dem Namen vorangestellte Ziffern angegeben; auch griech. Buchstaben sind gebräuchlich (Abb. 1).

$$\overset{n}{\underset{\omega}{C}H_3} - - - \overset{3}{\underset{\beta}{C}H_2} - \overset{2}{\underset{\alpha}{C}H} - \overset{1}{C}OOH$$
$$|$$
$$OH$$

Hydroxysäuren (Abb. 1): Bezifferung

H. werden hergestellt aus Halogencarbonsäuren durch nukleophilen Austausch des Halogens gegen die Hydroxylgruppe oder aus Aldehyden und Cyanwasserstoff durch die Cyanhydrinsynthese (Abb. 2).

H. sind stärker sauer als entsprechende Carbonsäuren (–I-Effekt, ↑induktiver Effekt). Besonders die 4- und 5-Hydroxysäuren bilden beim Erhitzen unter Wasserabspaltung innere Ester, die

$$R-C\overset{H}{\underset{\underset{|}{\overset{\|}{O}|}}{}} + H-C\equiv N| \longrightarrow R-\underset{\underset{OH}{|}}{CH}-C\equiv N| \xrightarrow[-NH_3]{+2H_2O} R-\underset{\underset{OH}{|}}{CH}-COOH$$

Hydroxyalkannitril   Hydroxycarbonsäure

Hydroxysäuren (Abb. 2): Cyanhydrinsynthese

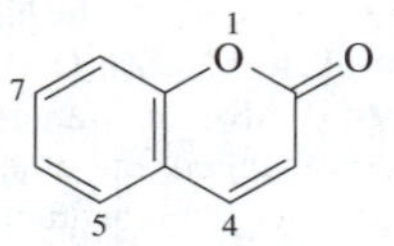

Hydroxysäuren (Abb. 3): Cumarin, das Lacton der 2-Hydroxyzimtsäure

Lactone. So kann beispielsweise das in Pflanzen (z. B. Waldmeister) vorkommender **Cumarin** als Lacton der 2-Hydroxyzimtsäure aufgefasst werden (Abb. 3).

Die meisten H. haben asymmetrische Kohlenstoffatome und zeigen ↑optische Aktivität.

Wichtige in der Natur vorkommende H. sind ↑Citronensäure, Milchsäure, Weinsäure und Salicylsäure (Abb. 4).

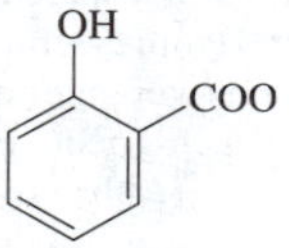

Hydroxysäuren (Abb. 4): wichtige Beispiele

Milchsäure (2-Hydroxypropansäure) entsteht beim anaeroben Abbau von Glucose bei der ↑Glykolyse und bei der ↑Gärung. Weinsäure (2,3-Dihydroxybutandisäure) hat drei isomere Formen (↑Diastereoisomere); sie kommt in vielen Früchten vor. Ihre Salze (z. B. ↑Weinstein, ↑Seignette-Salz) heißen **Tartrate**. Die in Weidenblättern vorkommende **Salicylsäure** (2-Hydroxybenzolcarbonsäure) wird nach der Kolbe-Schmitt-Synthese hergestellt (Abb. 5). Sie ist Ausgangsstoff für viele Arzneimittel; z. B. entsteht durch Esterbildung zwischen Essigsäure und der phenolischen −OH-Gruppe der Salicylsäure die **Acetylsalicylsäure (Aspirin®)**.

hygro|skopisch: die Eigenschaft vieler fester oder flüssiger Verbindungen, Wasser aus der Umgebung (z. B. der Raumluft) anzuziehen. Hygroskopische Flüssigkeiten verdünnen sich dadurch allmählich, hygroskopische Feststoffe lösen sich auf oder verklumpen.

H. sind z. B. Calciumchlorid, $CaCl_2$, Phosphor(v)-oxid, P_4O_{10}, und konzentrierte Schwefelsäure, H_2SO_4. Sie werden daher als Trockenmittel z. B. in Exsikkatoren, Trockentürmen und Waschflaschen verwendet.

Hyper|oxide: salzartige Verbindungen der Alkali- und Erdalkalimetalle, in deren Kristallgitter Hyperoxid-Ionen O_2^-

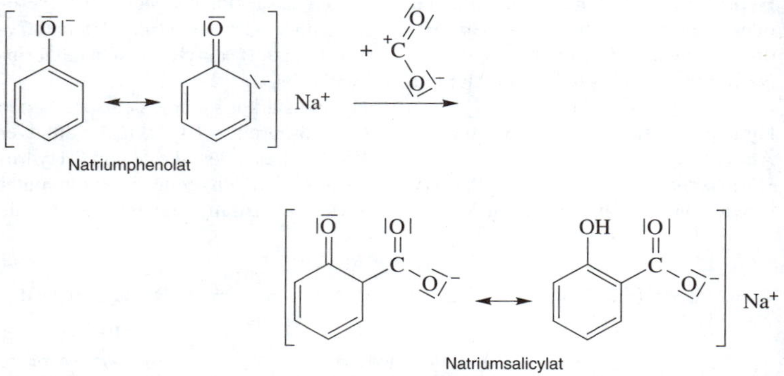

Natriumphenolat

Natriumsalicylat

Hydroxysäuren (Abb. 5): Herstellung von Salicylsäure durch Kolbe-Schmitt-Synthese

vorhanden sind, z. B. Kaliumhyperoxid KO$_2$.

hyper|tonische Lösung: ↑hypotonische Lösung.

Hypo- [zu griech. hypó »unter«, »unterhalb«]: Präfix in Namen von Verbindungen (Säuren oder Salzen), in denen sich das zentrale Atom in einer wesentlich niedrigeren als der maximalen Oxidationsstufe befindet (z. B. ↑Hypochlorite).

Hypochlorite: die Salze der nur in wässriger Lösung beständigen hypochlorigen (unterchlorigen) Säure HOCl. In wässriger Lösung stehen die H. im Gleichgewicht mit der hypochlorigen Säure, die sich unter Freisetzung von Sauerstoff zersetzt:

$$OCl^- + H_2O \rightleftharpoons HOCl + OH^-$$
$$HOCl \rightarrow Cl^- + \tfrac{1}{2} O_2.$$

Daher wirken H. stark oxidierend.

hypo|tonische Lösung [zu griech. tónos »das Spannen«]: eine Lösung, die aufgrund geringer Konzentration der osmotisch wirksamen gelösten Stoffe einen geringeren osmotischen Druck (↑Osmose) besitzt als eine durch eine ↑semipermeable Membran von ihr getrennte Vergleichsflüssigkeit.

Als Folge dieser Hypotonie geht reines Lösungsmittel in die angrenzende **hypertonische Lösung** (größerer osmotischer Druck) über, wobei ein Ausgleich der unterschiedlichen Konzentrationen der Lösungen erreicht wird.

I: Zeichen für ↑Iod.

ideales Gas: eine für viele Untersuchungen, insbesondere theoretischer Art, verwendete Modellvorstellung eines Gases. Abweichend von den realen Gasen betrachtet man beim i. G. die Gasmoleküle als Massepunkte ohne Ausdehnung, d. h., sie haben kein Eigenvolumen; außerdem sollen keine anziehenden oder abstoßenden Kräfte zwischen den Gasteilchen wirken. Die Vorstellung des i. G. liegt der allgemeinen ↑Zustandsgleichung der Gase und damit auch dem boyle-mariotteschen, dem gay-lussacschen und dem amontonsschen Gesetz zugrunde. Deshalb gelten diese Gesetze exakt nur für das ideale Gas. Die Eigenschaften realer Gase nähern sich jedoch denen des i. G. umso mehr, je geringer ihr Druck und je höher ihre Temperatur ist, also je weiter das betreffende Gas von seinem Kondensationspunkt entfernt ist. Für viele Gase sind bei Normaltemperatur die Gesetze des i. G. eine gute Näherung.

I-Effekt: ↑induktiver Effekt.

Imide:

♦ *(Säureimide, Imidoverbindungen):* Verbindungen, die sich durch den Ersatz zweier Hydroxylgruppen einer mehrbasigen Säure oder je einer Hydroxylgruppen zweier Säuren durch die Imidogruppe –NH– ableiten; z. B. Imidoschwefelsäure HN(SO$_3$H)$_2$ oder Phthalimid.

Imide: Phthalimid

♦ *(Metallimide):* Verbindungen, in denen NH-Gruppen anionisch an Metallatome gebunden sind; z. B. Natriumimid Na$_2$NH.

Imine: organische Verbindungen, die eine Iminogruppe, =NH bzw. –NH–, enthalten.

Sie entstehen z. B. durch Umsetzung von Aldehyden oder Ketonen mit Ammoniak; dabei wird das Sauerstoffatom der Carbonylgruppe durch die =NH-Gruppe ersetzt unter Bildung von **Aldi-**

minen bzw. **Ketiminen** (Abb.). Cyclische Verbindungen mit der Gruppe –NH– werden manchmal auch als I. bezeichnet, z. B. das Ethenimin (systematischer Name: Aziridin)

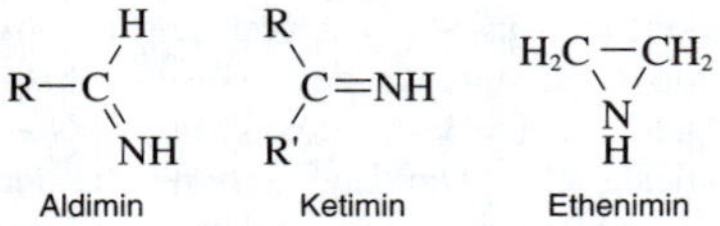

R—CH(NH) R₂C=NH H₂C—CH₂(NH)
Aldimin   Ketimin Ethenimin

Imine

Immission [zu lat. immissio »Hereinlassen«]: das Einleiten luftverunreinigender Stoffe in ein Luftvolumen (meist in die Umwelt). Die Immissionskonzentration (häufig auch kurz I. genannt) ist die Menge eines verunreinigenden Spurenstoffes (in mg), die in einer bestimmten Volumeneinheit (meist 1 m^3) Luft enthalten ist. Grenzwerte für I. sind die ↑MIK-Werte.

In: Zeichen für ↑Indium.

Inden: bicyclischer Kohlenwasserstoff, der in geringen Mengen im Steinkohlenteer vorkommt und daraus gewonnen werden kann.

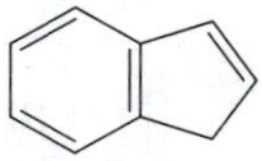

Inden

Indigo: ↑Farbstoffe.
Indigofarbstoffe: ↑Farbstoffe.
Indikator|elektrode [zu lat. indicare »anzeigen«]: ↑Messelektrode.

Indikatoren: Substanzen, mit deren Hilfe der Verlauf einer chemischen Reaktion (z. B. ↑Titration) verfolgt werden kann. Sie lassen sich entsprechend der titrimetrischen Verfahren in verschiedene Gruppen einteilen:

Neutralisationsindikatoren: organische Farbstoffe, die in Abhängigkeit vom pH-Wert, d. h. von der Hydroniumionen-Konzentration, unterschiedliche Farben zeigen. Die meisten Neutralisationsindikatoren gehören in die Gruppe der Azofarbstoffe (z. B. Methylrot), der Phthalsäurefarbstoffe (z. B. Phenolphthalein) und der Nitrophenole. Der Farbumschlag, z. B. beim Nitrophenol (Umschlagsbereich pH 5,4–7,5), wird heute meist dadurch erklärt, dass im basischen Bereich die tautomere farblose Säureform des Nitrophenols (»aci«-Form) unter Abgabe eines Protons in ein gelb gefärbtes Anion übergeht (Abb. 1).

Redoxindikatoren: organische Farbstoffe, die durch Oxidation oder Reduktion reversibel ihre Farbe ändern können; sie bilden selbst ein Redoxsystem. Der Farbwechsel ist z. B. bei Ferroin (Abb. 2) auf den Übergang des chelatgebundenen Eisens von der Oxidationsstufe +2 in die Oxidationsstufe +3 zurückzuführen.

Fällungsindikatoren: Verbindungen, die mit der zugesetzten Maßlösung, sobald der Äquivalenzpunkt erreicht ist, einen deutlich gefärbten, schwer löslichen Niederschlag bilden. Bei der ar-

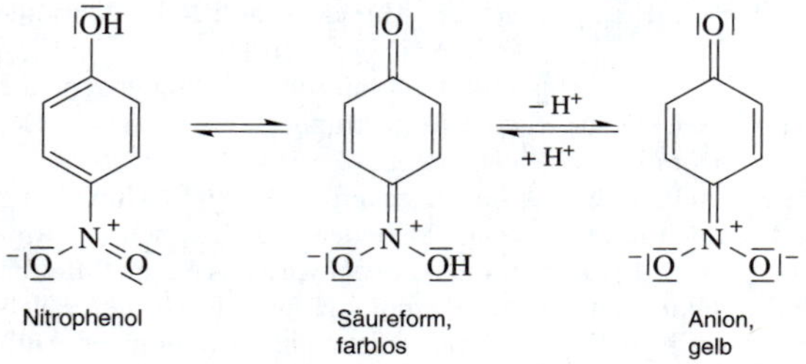

Nitrophenol ⇌ Säureform, farblos ⇌ (−H⁺ / +H⁺) Anion, gelb

Indikatoren (Abb. 1): Farbumschlag beim Nitrophenol

gentometrischen Halogenidbestimmung nach CARL FRIEDRICH MOHR (*1806, †1879) dient z. B. Kaliumchromat, K_2CrO_4, als I. und Silbernitrat, $AgNO_3$, als Maßlösung. Das Chromat-Ion CrO_4^{2-} bildet mit dem Silber-Ion Ag^+ in neutraler oder sehr schwach alkalischer Lösung einen rotbraunen Niederschlag von Silberchromat, Ag_2CrO_4.

Indikatoren (Abb. 2): Ferroin (n = 2 oder 3)

Metallindikatoren: organische Verbindungen mit komplexbildenden Eigenschaften (↑Komplexchemie).
Indium: chemisches Element der III. Hauptgruppe, Zeichen In, OZ 49, relative Atommasse 114,82, Mischelement.
Physikalische Eigenschaften: silberweißes, weiches Metall; Dichte 7,31 g/cm³, Fp. 156,60 °C, Sp. 2 072 °C.
Chemische Eigenschaften: bei Zimmertemperatur in Luft beständig, verbrennt bei hohen Temperaturen zu Indiumoxid In_2O_3.
Darstellung: durch Elektrolyse einer Lösung von Indiumsulfat $In_2(SO_4)_3$.
Verwendung: als korrosionsvermindernder Legierungszusatz v. a. bei Lagermetallen (Bleilegierungen), für Schmelzsicherungen; Indiumverbindungen wie Indiumarsenid in der Halbleitertechnik.
induktiver Effekt [zu lat. inducere »hineinführen«] (I-Effekt): der Einfluss, den ein Atom oder eine Atomgruppe innerhalb eines Moleküls auf die Elektronendichte an benachbarten (oder auch entfernt liegenden) Atomen aufgrund elektrostatischer Kräfte ausüben.
Der i. E. beruht auf der unterschiedlichen ↑Elektronegativität der Atome. Ist die Elektronegativität eines Atoms oder einer ↑funktionellen Gruppe größer als die des Kohlenstoffs, so bewirkt diese einen –I-Effekt (»Minus-I-Effekt«): Sie verringert die Elektronendichte am benachbarten Kohlenstoffatom. Von geringerer Bedeutung ist der meist schwächere +I-Effekt (»Plus-I-Effekt«), der zur Erhöhung der Elektronendichte am benachbarten Kohlenstoffatom führt, da die Elektronegativität des Atoms oder der Atomgruppe geringer ist als die des Kohlenstoffatoms. Der so entstehende Elektronensog oder -druck wirkt sich auf die Reaktivität benachbarter Atome aus. Der i. E. wird zur Erklärung von Reaktionsabläufen herangezogen; er wird durch Bindungspfeile (Abb.) oder durch δ^+ und δ^- angegeben.
Gruppen mit –I-Effekt sind: Halogene, Hydroxylgruppe –OH, Nitrogruppe

induktiver Effekt: Beispiele für –I-Effekt (links) und +I-Effekt (rechts)

$-NO_2$, Nitrilgruppe –CN, Aminogruppe $-NH_2$, Doppelbindung –CH=CH–, Carbonylgruppe $>C=O$ und Phenylgruppe $-C_6H_5$. Ein +I-Effekt tritt z. B. bei der $-SiR_3$-Gruppe auf.
Der i. E. beeinflusst besonders die ↑Substitution an Aromaten oder die Stärke von Carbonsäuren.
induzierter Dipol: ↑zwischenmolekulare Kräfte.

in|erte Stoffe: extrem reaktionsträge Stoffe, d. h. Stoffe, die sich mit anderen Stoffen fast nicht umsetzen, wie z. B. die Edelgase, Porzellan, Glas.

Infrarot [zu lat. infra »unterhalb«], Abk. IR: der Spektralbereich, der sich zwischen dem langwelligen Ende (rot) des sichtbaren Lichts bei ca. 760 nm Wellenlänge und dem Mikrowellengebiet bei 1 mm Wellenlänge erstreckt.

Infrarotspektroskopie (IR-Spektroskopie): eine Methode der Spektroskopie, die sich der Absorption von Infrarotstrahlung (↑Infrarot) durch chemische Substanzen bedient; die Moleküle werden dabei von der IR-Strahlung zu Schwingungen angeregt.

Zur anschaulichen Beschreibung verwendet man als Modell der Moleküle Kugeln, die durch Federn zusammengehalten werden (Abb. 1). Die Masse der Kugeln sei dabei proportional der Masse der betreffenden Atome, die Kugeln können gegebenenfalls auch (bei Ionenverbindungen) eine Ladung tragen, die Federn veranschaulichen die Bindungskräfte im Molekül.

Wird ein solches System angestoßen, so führt es Schwingungen aus, die (so regellos sie auch erscheinen) durch Überlagerungen einfacher periodischer Schwingungen entstehen. Diese einfachen Schwingungen können Streck- oder **Valenzschwingungen** (abwechselndes Strecken und Stauchen von Bindungen) oder, bei Molekülen mit mehr als zwei Atomen, auch Beugungs- oder **Deformationsschwingungen** (mit Schwankungen der Bindungswinkel) sein.

Jede dieser Schwingungen (**Eigenschwingungen**) kann nur ganz bestimmte Frequenzen ν annehmen, die ganz bestimmten Energiewerten entsprechen. Die charakteristischen Frequenzen eines Moleküls hängen dabei von den Atommassen, der Ladungsverteilung, der Stärke der Bindungskräfte und den Winkeln im Molekül ab.

Ein schwingendes Molekül kann nun eine nächsthöhere der möglichen Frequenzen erlangen, indem es genau die dafür erforderliche Energie $\Delta E = h \cdot \nu$ aufnimmt (↑Anregung). Die typischen Energiedifferenzen ΔE hierfür liegen im Infrarotbereich ($0{,}6{-}12 \cdot 10^{13}$ Hz; Wellenlänge 2,5–50 µm).

Durchstrahlt man eine Substanz mit infrarotem Licht, so werden verschiedene Schwingungen der Moleküle angeregt, wobei die entsprechende charakteristische Frequenz absorbiert wird. Frequenzen, welche die Moleküle nicht anregen, treten ungehindert hindurch. Das so erhaltene Infrarotspektrum weist für die Substanz charakteristische Absorptionslinien (-banden) auf.

Die Aufnahme des Infrarotspektrums erfolgt in einem Spektrometer, das eine Strahlungsquelle mit dem gesamten Frequenzbereich des Infrarot besitzt. Mithilfe eines Monochromators (Pris-

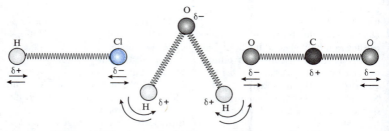

Infrarotspektroskopie (Abb. 1): modellhafte Darstellung der Schwingungen von Molekülen

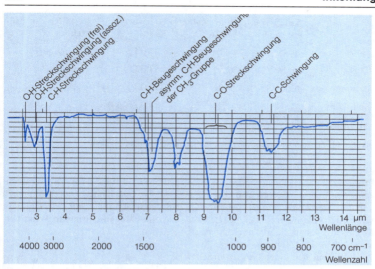

Infrarotspektroskopie (Abb. 2): IR-Spektrum von CH_3-CH_2-OH

ma oder Gitter) wird im zeitlichen Ablauf immer nur mit einer einheitlichen Wellenlänge die feste, flüssige oder auch gasförmige Probe durchstahlt. Als Strahlungsempfänger dienen in der Regel Thermoelemente, Fotozellen oder Radiometer. Die Absorption wird durch Vergleichsstrahlmessungen ermittelt und über einen Schreiber registriert. In der Praxis gibt man den Kehrwert der Wellenlänge, die **Wellenzahl,** (in cm^{-1}) an.

Die wichtigsten Grundschwingungen organischer Moleküle liegen im Bereich zwischen 4000 und 600 cm^{-1}. Bei Wellenzahlen von 4000 bis 1450 cm^{-1} erhält man charakteristische Absorptionsfrequenzen, die Aussagen über das Vorliegen einzelner funktioneller Gruppen erlauben (Gruppenfrequenzen). Von 1450 bis 600 cm^{-1} erhält man komplexe Schwingungen, die schwieriger zu interpretieren, aber für jede Verbindung charakteristisch sind (»Fingerprint-Gebiet«). Durch Vergleich mit anderen Spektren kann eine Verbindung eindeutig charakterisiert werden (Abb. 2). Die IR-Spektroskopie ist eine zerstörungsfreie Analysenmethode; sie dient v. a. zur Strukturaufklärung von Verbindungen, daneben zur Beobachtung von Reaktionsmechanismen und nicht isolierbaren Zwischenstufen.

Inhibitoren [zu lat. inhibere »hemmen«]: verschiedene Stoffe, die chemische Reaktionen verzögern oder ganz unterbinden. Zu den I. gehören die ↑Antioxidanzien, die z. B. in Nahrungsmitteln unerwünschte Veränderungen durch Abfangen von Oxidationsmitteln verhindern. Polymerisierbaren Stoffen werden I. als Radikalfänger zugesetzt, um eine radikalische Polymerisation zu verhindern. In der Biochemie blockieren I. vollständig oder auch teilweise die Aktivität von ↑Enzymen.

Inkohlung: ein seit der Besiedlung des Festlandes (vor ca. 400 Millionen Jahren) durch Landpflanzen ablaufender

innere Energie

	Anteil Wasser in %	Anteil Kohlenstoff in %	Heizwert in kJ/kg	Zeitalter der Entstehung
Holz	ca. 50	ca. 49	15 500	Gegenwart
Torf	ca. 50	ca. 50	16 000	Gegenwart
Braunkohle	40–60	65–70	25 000–28 000	Karbon bis Tertiär
Steinkohle	1–4	ca. 85	30 000–35 000	Karbon
Anthrazit	<1	>92	36 000	Karbon

Inkohlung: Zusammensetzung und Heizwert in verschiedenen Stadien

Prozess, der aus abgestorbenen Pflanzenresten über die Stufen Torf, Braunkohle, Steinkohle und Anthrazit schließlich Graphit entstehen lässt. Der Kohlenstoffgehalt steigt dabei auf nahezu 100 %. Der Vorgang ist eine Art Pyrolyse, bei der unter hohem Druck und bei erhöhter Temperatur Wasserstoff und Sauerstoff in Form von Kohlenstoffdioxid CO_2, Kohlenstoffmonoxid CO, Wasser H_2O und Methan CH_4 abgespalten wird.
Die I. findet mit der Torfbildung auch heute noch statt.

innere Energie: ↑Energie.
Insektizide: ↑Biozide.
instabil: ↑Stabilität.
inter|molekular [zu lat. inter »zwischen«]: zwischen zwei oder mehreren Molekülen.
inter|molekulare Kräfte: ↑zwischenmolekulare Kräfte.
intra|molekular [zu lat. intra »innerhalb«, »hinein in«]: innerhalb der einzelnen Moleküle.
Invar® [Kw. zu invariant (unveränderlich)]: ↑Legierungen.
Inversion [zu lat. inversio »Umkehrung«, »Versetzung«]:
◆ die Änderung der Konfiguration am Kohlenstoffatom im Verlauf einer chemischen Reaktion. Eine I. lässt sich z. B. bei der nukleophilen Substitution einer optisch aktiven Halogenverbindung beobachten (Abb.). Dieser stereochemische Effekt wird als ↑Walden-Umkehr bezeichnet. Im räumlichen Bild lässt sich die I. mit dem Umklappen eines Regenschirms im Wind vergleichen.

Inversion: Inversion bei der nukleophilen Substitution

◆ Änderung des optischen Drehsinns bei der hydrolytischen Spaltung der rechtsdrehenden Saccharose. Dabei entsteht ein Gemisch aus der rechtsdrehenden D-Glucose und der wesentlich stärker linksdrehenden D-Fructose. Bei der Produktion von Honig durch Bienen wird dieser Vorgang durch Enzyme beschleunigt. Bienenhonig ist ein Gemisch aus der besonders süßen D-Fructose und D-Glucose.

Invert|zucker: das bei der Saccharosespaltung (durch ↑Inversion) entstehende süße Gemisch aus Glucose und Fructose.

Iod: chemisches Element der VII. Hauptgruppe, Zeichen I, OZ 53, relative Atommasse 126,90, Reinelement.

Physikalische Eigenschaften: dunkelgraue, metallisch glänzende, kristalline Substanz, Dichte 4,93 g/cm³, Fp. 113,5 °C, Sp. 184,35 °C. I. sublimiert bereits etwas bei Raumtemperatur unter Bildung von violetten Dämpfen; in organischen Lösungsmitteln löst es sich mit brauner (z. B. in Alkohol, Ether) oder mit violetter Farbe (z. B. in Benzol).

Chemische Eigenschaften: I. ist wesentlich reaktionsträger als die übrigen Halogene.

Gewinnung: aus iodhaltigen Salzen im Meerwasser; aus Chilesalpeter $NaNO_3$, in dem es als ↑Iodat enthalten ist. Nach Anreicherung gewinnt man es durch nachfolgende Reduktion mit schwefliger Säure H_2SO_3.

Verwendung: I. und Iodverbindungen werden in der Fotografie sowie in der Medizin als Desinfektionsmittel, zur Behandlung von Schilddrüsenunterfunktion, als Röntgenkontrastmittel eingesetzt.

Iodate: Salze der in Form farbloser Kristalle auftretenden Iodsäure HIO_3, z. B. Natriumiodat $NaIO_3$.
Die meisten I. sind, mit Ausnahme der Alkaliiodate, in Wasser schwer löslich. Beim Erhitzen entwickeln sie Sauerstoff, sind aber keine so starken Oxidationsmittel wie die Chlorate und Bromate.

Iodide: Salze der Iodwasserstoffsäure HI (z. B. Silberiodid AgI). Im weiteren Sinne werden auch organische Iodverbindungen mit direkter Kohlenstoff-Iod-Bindung als I. bezeichnet, z. B. Methyliodid CH_3I, das besser Monoiodmethan genannt wird.

Iod|iod|kaliumlösung (Kaliumpolyiodidlösung): dunkelbraune Lösung von etwa drei Teilen Kaliumiodid (KI) und zwei Teilen Iod in 45 Teilen Wasser. Durch das Kaliumiodid wird die Löslichkeit des Iods erhöht; durch Anlagerung von Iodmolekülen an Iodid-Ionen bilden sich Triiodid-Ionen (I_3^-). Die Lösung dient zum Nachweis von Stärke (Iod-Stärke-Reaktion).

Iodo|formprobe: eine qualitative Nachweisreaktion für Verbindungen, die die Gruppierung CH_3-CO- enthalten, z. B. Acetaldehyd oder Aceton. Auch 1-Hydroxyethylgruppen $CH_3-CH(OH)-$ enthaltende Verbindungen, z.B. Ethanol, reagieren nach Oxidation durch Iod positiv. Der zu prüfenden Lösung werden Kalilauge und Iod zugesetzt. Dabei werden die durch die benachbarte Carbonylgruppe aktivierten Wasserstoffatome durch Iodatome substituiert (Tab.). Die so entstehende Tri-

$CH_3-CH(OH)-R + I_2 + 2\,OH^-$	$\longrightarrow$	$CH_3-CO-R + 2\,I^- + 2\,H_2O$	
$CH_3-CO-R + 3\,I_2 + 3\,OH^-$	$\longrightarrow$	$CI_3-CO-R + 3\,I^- + 3\,H_2O$	
$CI_3-CO-R + OH^-$	$\longrightarrow$	$CH_3I\downarrow + R-COO^-$	

Iodoformprobe: Reaktionen

iodverbindung ist instabil, beim Zerfall entsteht ein gelber, kristalliner Niederschlag von Iodoform CHI_3.
Da Iod unter dem Einfluss der Kalilauge zu Iodid-Ionen und oxidierend wirkenden Hypoiodit-Ionen OI^- disproportioniert, werden Alkohole des Typs $CH_3-CHOH-R$ zur Ketoverbindung CH_3-CO-R oxidiert und zeigen ebenfalls eine positive Iodoformreaktion.

Iodometrie: titrimetrische Bestimmung (↑Maßanalyse) von Stoffen mithilfe von Iod, das gemäß der Gleichung $I_2 + 2\,e^- \rightleftharpoons 2\,I^-$ als freies Iod oxidierend oder als Iodid-Ion reduzierend wirken kann.
Somit sind zwei iodometrische Verfahren zu berücksichtigen:

Iod-Stärke-Reaktion

1. Reduktionsmittel können direkt mit Iodlösung titriert werden. Sie selbst werden dabei oxidiert, die Iodmoleküle werden zu Iodid-Ionen reduziert. Ein Beispiel ist die Bestimmung des Schwefelwasserstoffgehaltes im Schwefelwasserstoffwasser:

$$S^{2-} \rightleftharpoons S + 2\,e^-$$
$$I_2 + 2\,e^- \rightleftharpoons 2\,I^-$$
$$\overline{S^{2-} + I_2 \rightleftharpoons 2\,I^- + S}$$

Sind sämtliche Sulfid-Ionen zu Schwefelatomen oxidiert, dann fällt bei weiterer Zugabe von Iodlösung elementares Iod aus, sodass mit dem Auftreten der ersten schwachen Gelbfärbung der Endpunkt der Titration erreicht ist.

2. Oxidationsmittel werden mit überschüssiger Kaliumiodidlösung versetzt. Sie werden dabei reduziert, die Iodid-Ionen werden zu Iodmolekülen oxidiert. Ein Beispiel ist die Bestimmung des Kupfergehaltes einer Kupfer(II)-Salzlösung:

$$2\,Cu^{2+} + 2\,e^- \rightleftharpoons 2\,Cu^+$$
$$2\,I^- \rightleftharpoons I_2 + 2\,e^-$$
$$\overline{2\,Cu^{2+} + 2\,I^- \rightleftharpoons 2\,Cu^+ + I_2}$$

Das ausgeschiedene Iod wird mit eingestellter Natriumthiosulfatlösung, Na_2S_2O, titriert. Dabei geht das Thiosulfat-Ion $S_2O_3^{2-}$ in das Tetrathionat-Ion $S_4O_6^{2-}$ über:

$$2\,S_2O_3^{2-} + I_2 \rightleftharpoons S_4O_6^{2-} + 2\,I^-.$$

Die Endpunktbestimmung erfolgt durch Zusatz von Stärkelösung, die durch Spuren von Iod tiefblau gefärbt wird (↑Iod-Stärke-Reaktion). Das Verschwinden der Blaufärbung zeigt den Endpunkt der Titration an.
Die I. gestattet z. B. die Analysen von Sulfiten, Chloraten, Bromaten, Iodaten, Cyaniden, Peroxiden, Hydrazin, den höheren Oxiden von Mangan, Blei, Selen, Tellur sowie den Ionen Sn^{2+}, As^{3+}, Sb^{3+}, Hg^+ und Hg^{2+}.

Iod-Stärke-Reaktion: sehr empfindlicher Nachweis auf elementares Iod durch Stärkelösung. Bei der I.-S.-R. entsteht eine intensiv blau gefärbte Einschlussverbindung, die das Iod mit dem unverzweigten Bestandteil der Stärke, der Amylose, bildet.
Da die Glucoseeinheiten der Amylose nicht geradlinig, sondern spiralförmig angeordnet sind, entsteht ein kanalartiger Hohlraum, in den die Iodatome – perlschnurartig aneinander gereiht – eingelagert werden (Abb.). Die blaue Farbe ist auf eine weitgehend freie Beweglichkeit der Valenzelektronen des Iods (ähnlich wie bei Metallen) zurückzuführen. Beim Erhitzen wird die Einschlussverbindung abgebaut und die blaue Farbe verschwindet; sie tritt jedoch beim Erkalten wieder auf, falls nicht zu lange erhitzt wurde.

Iod-Stärke-Reaktion: Iod-Stärke-Einschlussverbindung

Iodtinktur: ein äußerlich anzuwendendes Desinfektionsmittel, bestehend aus einer Lösung von 7% Iod und 3% Kaliumiodid in 90%igem Ethanol.
Iodwasserstoff, HI: farbloses, stechend riechendes Gas, das sich in Wasser sehr gut löst. Im Gegensatz zu den übrigen Halogenwasserstoffen ist I. sehr unbeständig und zerfällt bei mäßig

hoher Temperatur z. T. wieder in die Elemente. Iodwasserstoff ist eine Säure, seine Salze sind die Iodide.

Iodzahl: Maßzahl aus der Fettanalyse, die über die Anzahl der in den Fettsäuren enthaltenen Kohlenstoff-Kohlenstoff-Doppelbindungen Auskunft gibt. Die I. ist die Menge Iod (in Gramm), die von 100 g Fett addiert wird. Man bestimmt die I. heute meist mit Iodmonochlorid ICl, da dieses rascher reagiert als das Iod.

Ion [von griech. ión »Wanderer«]: Atom oder Atomgruppe, die eine oder mehrere positive oder negative elektrische Elementarladungen trägt. I. gehen durch Abgabe oder Aufnahme von Elektronen aus elektrisch neutralen Atomen bzw. Molekülen hervor. Der Vorgang der Ionenbildung heißt ↑Ionisation oder Ionisierung. Je nach der Anzahl der abgegebenen bzw. aufgenommenen Elektronen spricht man von einfach, zweifach usw. positiv oder negativ geladenen Ionen. Die **Ionenladung** wird auch als Ionenwertigkeit bezeichnet. Zur Kennzeichnung der I. werden die Art und die Anzahl der Elementarladungen rechts oben neben dem Symbol des betreffenden Elements angegeben, z. B. Na^+, Al^{3+}, F^-. Aus mehreren Atomen zusammengesetzte Ionen tragen die Bezeichnung ihrer Ladung am rechts stehenden Elementsymbol, z. B. NH_4^+, SO_4^{2-} oder an der eckigen Schlussklammer, z. B. $[Co(H_2O)_6]^{3+}$ oder $[Fe(CN)_6]^{3-}$.

Ionen bewegen sich in einem elektrischen Feld: Ein positiv geladenes I. wandert zur negativ geladenen Kathode und heißt deshalb Kation, ein negativ geladenes I. wandert zur positiv geladenen Anode und heißt Anion.

Ionenaustausch-Chromato|graphie: ein Verfahren der ↑Chromatographie, bei dem die stationäre Phase von einem ↑Ionenaustauscher mit gebundenen Festionen und beweglichen Gegenionen gebildet wird. Beim Durchgang einer ionenhaltigen Probe passieren Ionen mit gleicher Ladung wie die Festionen die Austauschersäule ungehindert, entgegengesetzt geladene Ionen werden mehr oder weniger stark festgehalten.

Ionenaustauscher: anorganische oder organische, meist in Form von Körnern vorliegende Feststoffe, die aus Elektrolytlösungen positive oder negative Ionen aufnehmen und dafür eine gleichwertige Menge Ionen gleichen Vorzeichens abgeben.
Die I. bestehen vorwiegend aus einem hochmolekularen, dreidimensionalen, wasserunlöslichen Gerüst (z. B. einem Kunstharz), an das zahlreiche Ankergruppen (z. B. $-SO_3^-$ bzw. $-NH_3^+$) fest gebunden sind, während die entsprechenden Gegenionen beweglich sind. Diese Ionen können leicht gegen andere gleichsinnig geladene Ionen ausgetauscht werden.
Erfolgt ein Austausch von Kationen (z. B. Hydronium-Ionen H_3O^+ gegen Natrium-Ionen Na^+ oder Calcium-Ionen Ca^{2+}), so handelt es sich um einen **Kationenaustauscher**, werden Anionen ausgetauscht (z. B. Hydroxid-Ionen OH^- gegen Chlorid-Ionen Cl^- oder Sulfat-Ionen SO_4^{2-}), so wird von einem **Anionenaustauscher** gesprochen.
I. werden u. a. zur Enthärtung von Wasser und zur Reinigung von Lösungen verwendet.

Ionenbindung: ↑chemische Bindung.
Ionen-Dipol-Kräfte: ↑zwischenmolekulare Kräfte.
Ionengitter: ↑Kristallgitter.
Ionengleichung: ↑Ionenreaktionen.
Ionenkristall: ↑chemische Bindung.
Ionenladung: ↑Ion.
Ionenleiter: ↑Leiter.
Ionenradius: der Radius der als starre Kugeln gedachten Ionen. Wie die Atomradien haben auch die Ionenradien nur eine bedingte Genauigkeit. Im

Allgemeinen sind die Radien positiv geladener Ionen kleiner und die der negativ geladenen Ionen größer als die Radien der entsprechenden Atome. So haben z. B. die Natriumatome, Na, einen Radius von $1{,}86 \cdot 10^{-10}$ m, die Natrium-Ionen, Na^+, dagegen nur einen Radius von $0{,}97 \cdot 10^{-10}$ m. Generell lässt sich sagen, dass die Ionenradien mit zunehmender negativer Ladung größer und mit zunehmender positiver Ladung kleiner werden, z. B.:

Mn^{2+}: $0{,}80 \cdot 10^{-10}$ m,
Mn^{4+}: $0{,}60 \cdot 10^{-10}$ m.

Außerdem erhöhen sich die Ionenradien bei gleicher Ladung innerhalb einer Gruppe des Periodensystems von oben nach unten, z. B.:

Li^+: $0{,}68 \cdot 10^{-10}$ m,
Na^+: $0{,}97 \cdot 10^{-10}$ m,
K^+: $1{,}33 \cdot 10^{-10}$ m,

Ionenreaktionen: Reaktionen, die zwischen Ionen ablaufen. Viele Reaktionen der anorganischen Chemie sind solche I. Typisch für sie ist eine außerordentlich hohe Geschwindigkeit. Werden z. B. wässrige Lösungen von Natriumchlorid NaCl und Silbernitrat $AgNO_3$ zusammengegeben, so fällt augenblicklich das schwer lösliche Silberchlorid, AgCl, aus. Der gleiche Niederschlag von Silberchlorid bildet sich,

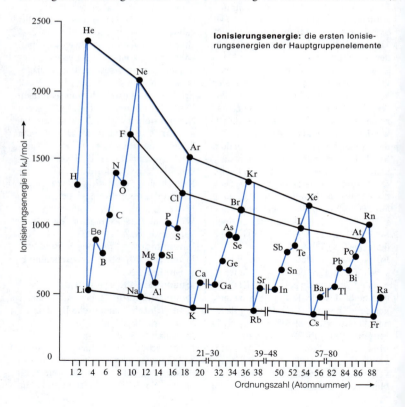

Ionisierungsenergie: die ersten Ionisierungsenergien der Hauptgruppenelemente

wenn man eine Silbernitratlösung mit Salzsäure, HCl, oder einer Kaliumchloridlösung, KCl, zusammengibt:

$$KCl + AgNO_3 \rightarrow AgCl\downarrow + KNO_3$$
$$HCl + AgNO_3 \rightarrow AgCl\downarrow + HNO_3$$

Da bei den genannten Reaktionen stets nur Silber-Ionen Ag^+ mit Chlorid-Ionen Cl^- zu in Wasser fast unlöslichem Silberchlorid zusammentreten, während die übrigen Ionen unverändert in der wässrigen Lösung verbleiben, kann der wesentliche Vorgang der angeführten Reaktionen in einer kürzeren und allgemeinen Ionengleichung ausgedrückt werden: $Ag^+ + Cl^- \rightarrow AgCl\downarrow$.

Ionenverbindung: eine Verbindung, die aus ↑Kationen und ↑Anionen besteht, z. B. Natriumchlorid NaCl, Aluminiumsulfat $Al_2(SO_4)_3$ oder Calciumoxid CaO. Beide Ionenarten sind stets in einem solchen Mengenverhältnis enthalten, dass sich die positiven Ladungen der Kationen und die negativen Ladungen der Anionen ausgleichen. Deshalb sind I. nach außen hin neutral. I. (↑Salze) sind i. A. spröde Feststoffe, die einen hohen Schmelzpunkt haben und sich (wenn auch oft nur in geringer Menge) in polaren Lösungsmitteln (z. B. Wasser) lösen. Wie die Schmelzen leiten auch diese Lösungen den elektrischen Strom.

Ionenwertigkeit: ↑Ion, ↑Wertigkeit.

Ionisation (Ionisierung): Bildung von positiven Ionen durch Abtrennung eines oder mehrerer Elektronen aus einem neutralen Atom oder Molekül. Die I. erfolgt bei chemischen Reaktionen, z. B. bei der Bildung von Salzen aus den Elementen, spontan durch Übertragung eines oder mehrerer Elektronen auf ein anderes Atom, das dann zum Anion wird.
Bei physikalischen Prozessen wird die I. durch Zufuhr von Energie, z. B. in Form von Wärme oder elektromagnetischer Strahlung, erreicht. Die zur I. benötigte Energie wird ↑Ionisierungsenergie genannt.
Unter dem Begriff I. wird im weiteren Sinne gelegentlich auch die Bildung von Anionen mit eingeschlossen.

Ionisierungsenergie (Ionisationspotenzial): die Energie, die aufgewendet werden muss, um ein Elektron aus der Hülle eines Atoms (bzw. Ions) zu lösen. Dabei spricht man beim Herauslösen eines Elektrons aus einem neutralen Atom von der ersten I., wird aus einem einfach positiv geladenen Ion ein weiteres Elektron herausgelöst, so benötigt man dafür die zweite I. usw. Die Größe der I. hängt stark von der Elektronenkonfiguration des betreffenden Atoms ab (Abb.).
Die geringsten (ersten) I. haben Alkalimetalle, die nur ein Elektron in der äußersten Schale haben, die also durch Ablösen dieses Elektrons eine Edelgaskonfiguration erreichen. Die höchste I. haben die Edelgase, da sie eine sehr stabile Elektronenkonfiguration haben. Die Maxima und Minima werden von Periode zu Periode geringer, da die Elektronen weiter vom Atomkern entfernt sind und sich somit leichter abtrennen lassen.

Ir: Zeichen für ↑Iridium.

Iridium: chemisches Element der VIII. Nebengruppe, Zeichen Ir, OZ 77, relative Atommasse 192,22, Mischelement.

Physikalische Eigenschaften: grauweißes, sehr hartes, sprödes Edelmetall, Dichte 22,5 g/cm³, Fp. 2 446 °C, Sp. 4 428 °C.

Chemische Eigenschaften: sehr reaktionsträges Platinmetall; wird von keiner Säure (auch nicht von ↑Königswasser) angegriffen. Es tritt in Verbindungen (z. B. Halogeniden) v. a. drei- und vierwertig auf.

Verwendung: wegen seiner Sprödigkeit nur in Legierungen, u.a. für Injektionsnadeln, Instrumententeile, Juwelierwa-

N	El.	Ionisierungsenergie in eV									
		1.	2.	3.	4.	5.	6.	7.	8.	9.	10.
		abgespaltenes Elektron									
1	H	13,6									
2	He	24,6	54,4								
3	Li	5,4	75,6	122,4							
4	Be	9,3	18,2	153,9	217,7						
5	B	8,3	25,1	37,9	259,3	340,1					
6	C	11,3	24,4	47,9	64,5	391,9	489,8				
7	N	14,5	29,6	47,4	77,5	97,9	551,9	666,8			
8	O	13,6	35,2	54,9	77,4	113,9	138,1	739,1	871,1		
9	F	17,4	35,0	62,6	87,2	114,2	157,1	185,1	953,6	1100,0	
10	Ne	21,6	41,0	64,0	97,1	126,4	157,9	207,0	238,0	1190,0	1350,0
11	Na	5,1	47,3	71,6	98,9	138,6	172,4	208,4	264,1	299,9	1460,0
12	Mg	7,6	15,0	80,1	109,3	141,2	186,7	225,3	266,0	328,2	367,0

Ionisierungsenergie: Werte für die ersten 12 Elemente des Periodensystems; *N* Ordnungszahl, El. Elementsymbol

ren, Thermoelemente und als Katalysator.

ir|reversibel: nicht umkehrbar. In der Thermodynamik werden Reaktionen dann als i. bezeichnet, wenn sie von einem Ungleichgewichtszustand zu einem Gleichgewichtszustand führen.

IR-Spektroskopie: ↑Infrarotspektroskopie.

Iso- [zu griech. ísos »gleich«]: Vorsilbe in den Namen von chemischen Verbindungen, die anzeigt, dass eine zu einer anderen (Bezugs-)Verbindung isomere Verbindung (↑Isomerie) vorliegt. Zum Beispiel ist die Isocyansäure O=C=NH ein Isomer der Cyansäure HO–C≡N. Bei aliphatischen (offenkettigen) organischen Verbindungen wird dasjenige Isomer durch den Vorsatz Iso- (häufig abgekürzt *i*-) gekennzeichnet, dessen Kohlenstoffkette eine einzige einfache Verzweigung am Ende aufweist. Ein Beispiel dafür ist das Isobutan (nomenklaturgerechte Bezeichnung: 2-Methylpropan).

isobar: eine Zustandsänderung eines Gases bei konstantem Druck. Isobare Zustandsänderungen eines idealen Gases werden durch das ↑gay-lussacsche Gesetz beschrieben (↑Zustandsgleichung der Gase).

Isobuten: ↑Alkene (Tabelle).

isochor [zu griech. chóra »Platz«]: eine Zustandsänderung eines Gases bei konstantem Volumen. Isochore Zustandsänderungen eines idealen Gases werden durch das Amontons-Gesetz beschrieben (↑Zustandsgleichungen).

Iso|cyansäure: ↑Cyanate.

iso|elektrischer Punkt: derjenige pH-Wert, bei dem eine gelöste amphotere Verbindung (↑Ampholyt) im elektrischen Feld weder zur Anode noch zur Kathode wandert.

Betrachtet man z. B. eine Aminosäure, so kann ein intramolekularer Protonenübergang stattfinden, wobei ein Zwitterion entsteht. Dieses Ion ist nun in der Lage, sowohl Protonen aufzunehmen als auch abzugeben (Abb.).

$$R-\underset{NH_3^+}{CH}-COOH \xrightleftharpoons[-H_2O]{+H_3O^+} R-\underset{NH_3^+}{CH}-COO^- \xrightleftharpoons[-H_2O]{+OH^-} R-\underset{NH_2}{CH}-COO^-$$

Kation, wandert in saurer Lösung zur Kathode

Zwitter-Ion

Anion, wandert in alkalischer Lösung zur Anode

isoelektrischer Punkt: Gleichgewicht zwischen Kation, Zwitter-Ion und Anion bei einer Aminosäure

Zwischen Anion, Zwitterion und Kation stellt sich ein Gleichgewicht ein, das pH-abhängig ist. Durch Erniedrigung des pH-Wertes (Erhöhung der Wasserstoff-Ionen-Konzentration) erhält man die Aminosäure hauptsächlich als Kation, da die Carboxylatgruppe $-COO^-$ protoniert wird. In dieser Form wandert die gelöste Aminosäure im elektrischen Feld zur Kathode. Bei höherem pH-Wert spaltet die Ammoniumgruppe $-NH_3^+$ ein Proton ab; die Aminosäure liegt dann als Anion vor und wandert im elektrischen Feld zur Anode.

Bei einem ganz bestimmten pH-Wert, dem i. P., ist die Konzentration der Anionen- und der Kationenform gleich groß, sodass sich die Konzentration der Aminosäuren im Fließgleichgewicht nicht ändert, da jeweils gleich viele Aminosäuren zur Anode und zur Kathode wandern.

iso|elektronisch: Bezeichnung für verschiedene Atome bzw. Ionen, welche die gleiche Anzahl und Anordnung der Elektronen haben; z. B. sind das Natrium- und das Fluorid-Ion i. mit dem Neonatom:

$:\overset{..}{\underset{..}{Na}}:^+ \quad :\overset{..}{\underset{..}{Ne}}: \quad :\overset{..}{\underset{..}{F}}:^-$

isolierte Doppelbindungen: Kohlenstoff-Kohlenstoff-Doppelbindungen, die durch mindestens zwei C–C-Einfachbindungen voneinander getrennt sind. Das einfachste Molekül mit i. D. ist das 1,4-Pentadien:

$CH_2=CH-CH_2-CH=CH_2$.

Isomere: ↑Isomerie.

Isomerie: das Auftreten von Verbindungen mit gleicher Summenformel, aber mit verschiedenem Molekülbau und verschiedenen physikalischen und (mit Ausnahme der optischen I.) auch unterschiedlichen chemischen Eigenschaften. Die entsprechenden Verbindungen werden isomere Verbindungen oder **Isomere** genannt. Man unterscheidet:
1. **Strukturisomerie** (Konstitutionsisomerie) liegt vor, wenn Molekülteile unterschiedlich verknüpft sind. Bei der **Kettenisomerie** entstehen Isomere durch Verzweigungen in der Kohlenstoffkette (Abb. 1). Diese Form der I. tritt besonders bei höheren Gliedern homologer Kohlenwasserstoffe und ihren Derivaten auf.

$H_3C-CH_2-CH_2-CH_3$

Butan

$H_3C-\underset{CH_3}{CH}-CH_3$

Isobutan
(2-Methylpropan)

Isomerie (Abb. 1): Kettenisomere

Die Zahl der isomeren Verbindungen nimmt hier mit steigender Anzahl der Kohlenstoffatome rasch zu: So gibt es beim Butan C_4H_{10} nur zwei Isomere (Butan und Isobutan), bei Eicosan $C_{20}H_{42}$ sind bereits 366319 isomere Verbindungen möglich (↑Alkane). Bei der **Stellungsisomerie** entstehen Isomere durch Platzwechsel von funktionellen Gruppen (Abb. 2).

I

H₃C—CH₂—CH₂—CH₂OH
1-Butanol
H₃C—CH₂—CH—CH₃ OH
2-Butanol
H₃C—O—CH₂—CH₂—CH₃
Methylpropylether
H₃C—CH₂—O—CH₂—CH₃
Diethylether
OH
OH
1,2-Dihydroxybenzol
OH
OH
1,3-Dihydroxybenzol
OH
OH
1,4-Dihydroxybenzol

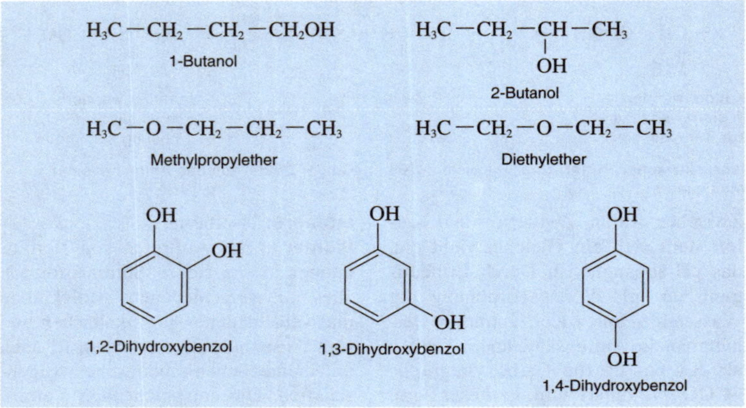

Isomerie (Abb. 2): Stellungsisomere

Bei der **Doppelbindungsisomerie** entstehen Isomere durch unterschiedliche Lage der Doppelbindung im Molekül (Abb. 3).

$CH_3–CH{=}CH–CH_2–CH_2–CH_3$

2-Hexen

$CH_3–CH_2–CH{=}CH–CH_2–CH_3$

3-Hexen

Isomerie (Abb. 3): Doppelbindungsisomere

Eine Sonderform der Strukturisomerie ist die ↑Tautomerie.

2. **Stereoisomerie** liegt bei unterschiedlicher räumlicher Anordnung der Atome im Molekül vor. Hierzu gehört die geometrische oder ***cis-trans*-Isomerie,** bei der die Isomere (*cis*- und *trans*-Form) durch die Einschränkung der Rotationsmöglichkeit zwischen den Kohlenstoffatomen einer Doppelbindung durch die π-Elektronenwolke entstehen (Abb. 4).

H (CH₂)₇—COOH
C
C
H (CH₂)₇—CH₃
cis-9-Octadecensäure
(Ölsäure)
H (CH₂)₇—COOH
C
C
H₃C—(H₂C)₇ H
trans-9-Octadecensäure
(Elaidinsäure)

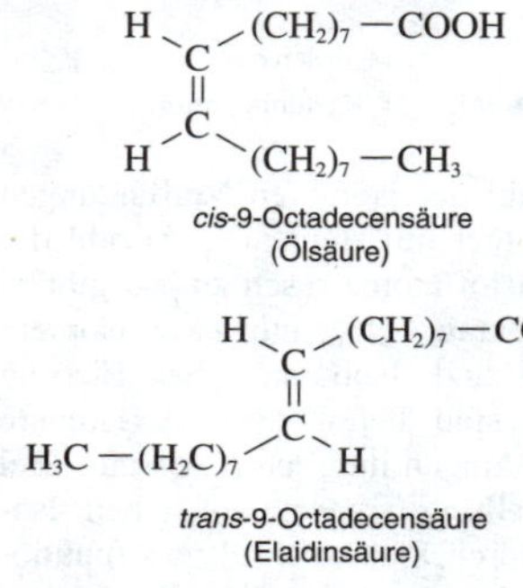

Isomerie (Abb. 4): cis-trans-Isomere

Die *cis-trans*-Isomerie tritt auch bei cyclischen Verbindungen auf. Die Isomere entstehen dabei durch unterschiedliche Stellung von Substituenten über bzw. unter der Molekülebene (Abb. 5).

Optische Isomerie (Spiegelbildisomerie; Abb. 6) tritt auf, wenn in einem Molekül ↑asymmetrische Kohlenstoffatome vorhanden sind. Optische Isomere unterscheiden sich nur in der Drehrichtung des linear polarisierten Lichts (↑optische Aktivität), sie verhalten sich wie Bild und Spiegelbild

Cl
Cl
Cl
Cl

cis-1,2-Dichlorcyclohexan *trans*-1,2-Dichlorcyclo

Isomerie (Abb. 5): *cis-trans*-Isomerie bei cyclischen Verbindungen

```
    COOH                COOH
     |                    |
H — C — OH          HO — C — H
     |                    |
    CH₃                  CH₃

L-2-Hydroxy-        D-2-Hydroxy-
propansäure         propansäure
(L-Milchsäure)      (D-Milchsäure)
```

Isomerie (Abb. 6): optische Isomere

(↑Enantiomere). Die Benennung der Antipoden als *R*- oder *S*-Konfiguration erfolgt gemäß den ↑Sequenzregeln. Bei Zuckern und Aminosäuren wird die Konfiguration noch nach der älteren Methode durch Voranstellen von D- und L- vor den Stoffnamen bezeichnet (↑Fischer-Projektion).

Sind bei Vorhandensein von zwei oder mehreren asymmetrischen Kohlenstoffatomen die Moleküle räumlicher Isomere nicht spiegelbildlich zueinander, so liegt Diastereoisomerie (Diastereomerie) vor. Derartige Verbindungen werden als ↑Diastereoisomere bezeichnet. Die Zahl der Isomeriemöglichkeiten nimmt mit der Zahl der asymmetrischen Kohlenstoffatome sehr rasch zu. Beispiele für das Auftreten diastereoisomerer Verbindungen sind v. a. die Zucker aus der Reihe der ↑Monosaccharide.

Bei der **Konformationsisomerie** lassen sich die Isomere ohne Lösen einer Bindung und oft mit nur geringem Energieaufwand ineinander überführen, sie sind daher meist nicht isolierbar. Ein Beispiel ist die bei substituierten ketenförmigen Alkanen auftretende Rotationsisomerie. Bei Vorliegen von zwei Substituenten (z. B. zwei Chloratomen im 1,2-Dichlorethan) unterscheidet man die in Abb. 7 gezeigten, im Energieminimum befindlichen Rotationsisomere (**Rotamere**), wobei die stabilste Konformation hier die Staffelform ist, in der die Chloratome am weitesten voneinander entfernt sind.

Sonderformen der Konformationsisomerie sind die bei Cyclohexan und seinen Derivaten auftretenden, als **Sessel-**

Staffelform
(»anti« oder »antiperiplanar«)

Schrägform
(»gauche« oder synclinal)

Isomerie (Abb. 7): Rotationsisomere des 1,2-Dichlorethans

selform und **Wannenform** bezeichneten Isomere (Abb. 8). Die Sesselform ist im allgemeinen die stabilere.

Sesselform   Wannenform

Isomerie (Abb. 8): Konformationsisomere des Cyclohexans

Iso|octan: ↑Octanzahl.

Isopren (2-Methyl-1,3-butadien), $CH_2=C(CH_3)–CH=CH_2$: zweifach ungesättigter Kohlenwasserstoff, der als monomerer Baustein vieler in der Natur vorkommender Substanzen (Naturkautschuk, Terpene, Carotinoide) auftritt. I. wird technisch z. B. aus Fraktionen des Erdöls bzw. aus Crackgasen gewonnen; es ist eine leicht polymerisierende flüssige Substanz, die v. a. zur Herstellung von ↑Synthesekautschuk verwendet wird.

Iso|sterie: Bezeichnung für den Zustand, dass Moleküle oder Ionen bei gleicher Anzahl an Atomen die gleiche Gesamtzahl an Elektronen, die gleiche Elektronenkonfiguration und die gleiche Gesamtladung besitzen. Isoster sind z. B. das Stickstoffmolekül |N≡N| und das Kohlenstoffmonoxidmolekül |C≡O|. Isostere Verbindungen zeigen oft ähnliche physikalische Eigenschaften. So besitzt z. B. die kubische Modifikation des Borstickstoffs BN das gleiche Aussehen und die gleiche Härte wie der isostere Diamant C (eine B–N-Gruppe ist isoster zu einer C–C-Gruppe).

isotaktisch: ↑Kunststoffe.

isotherm: der Verlauf der Zustandsänderung eines Gases bei konstanter Temperatur. I. Zustandsänderungen eines idealen Gases werden durch das boyle-mariottesche Gesetz beschrieben.

Isotope: verschiedene Atomsorten eines Elements. I. sind also ↑Nuklide mit gleicher ↑Ordnungszahl (Protonenzahl, Kernladungszahl), aber verschiedener Neutronenzahl und somit auch verschiedener Massenzahl.
Da die I. in der Anzahl von Protonen und damit auch von Elektronen übereinstimmen, verhalten sie sich chemisch gleich und gehören zum selben chemischen Element. Sie sind deshalb im Periodensystem der Elemente an der gleichen Stelle einzuordnen. Vom Element Chlor existieren z. B. zwei in der Natur auftretende I., deren Kerne sich folgendermaßen zusammensetzen:
$^{35}_{17}Cl$: 17 Protonen und 18 Neutronen (35 Nukleonen);
$^{37}_{17}Cl$: 17 Protonen und 20 Neutronen (37 Nukleonen).
Mit Ausnahme der 20 Reinelemente (↑chemische Elemente) kommen alle Elemente als natürliche Isotopengemische vor (Mischelemente). Das Mischungsverhältnis der I. eines Elements ist überall auf der Erde gleich. Chlor besteht z. B. aus einem Gemisch von 75,53% ^{35}Cl und 24,47% ^{37}Cl. Daraus kann man die mittlere relative Atommasse von Chlor berechnen:

(75,53 · 34,96 + 24,47 · 36,96)/100
= 35,45.

Iso|tropie [zu griech. tropé »Drehung«]: die Richtungsunabhängigkeit der physikalischen Eigenschaften von Stoffen, insbesondere von Kristallen. Der Gegensatz zur I. ist die ↑Anisotropie.

IUPAC, Abk. für **I**nternational **U**nion of **P**ure and **A**pplied **C**hemistry (Internationale Union für Reine und Angewandte Chemie): eine Organisation, welche die internationale Zusammenarbeit auf allen Gebieten der Chemie fördert, unter anderem durch die Erarbeitung einer international gültigen Nomenklatur für chemische Verbindungen.

J

Jod: ↑Iod.

Joule [dʒuːl, nach JAMES PRESCOTT JOULE; *1818, †1889]: Einheit der ↑Energie.

Joule-Thomson-Effekt [dʒuːl'tɔmsn-, nach J. P. JOULE; *1818, †1889; und W. THOMSON (Lord KELVIN); *26. 6. 1824, †17. 12. 1907]: Drosseleffekt, der bei realen Gasen eine Temperaturänderung bewirkt. Wird ein Gasstrom an einer Stelle einer Leitung gedrosselt, so führt die ↑adiabatische Entspannung des Gases nach der Drosselstelle zu einer Temperaturerniedrigung im Gas; der Grund hierfür sind die zwischenmolekularen Anziehungskräfte in realen Gasen. Vor der Drosselstelle herrscht ein hoher Druck, und das Gas nimmt ein kleines Volumen ein, hat also eine hohe Dichte, nach der Ex-

pansion dagegen eine niedrigere Dichte mit größerem mittleren Abstand der Moleküle. Dadurch erhöht sich deren potenzielle Energie; wegen der Energieerhaltung muss aber gleichzeitig die kinetische Energie und damit die Temperatur abnehmen.
Der J.-T.-E. ist die Grundlage für die Verflüssigung von Gasen, u. a. des Linde-Verfahrens zur Verflüssigung der ↑Luft (nach CARL V. LINDE; *1842, †1934).

K

k (k): Formelzeichen für die ↑Boltzmann-Konstante (↑kinetische Gastheorie, ↑Zustandsgleichungen).
K:
◆ Zeichen für Kalium.
◆ Einheitenzeichen für Kelvin.
◆ Kennbuchstabe für die zur Hauptquantenzahl $n = 1$ gehörende ↑Elektronenschale (↑Orbitalmodell).
◆ (K): Formelzeichen für die Gleichgewichtskonstante (↑Massenwirkungsgesetz).
Kadmium: ↑Cadmium.
Kali|lauge: wässrige Lösung von ↑Kaliumhydroxid, KOH. Die stark alkalisch reagierende, ätzend wirkende, farblose Flüssigkeit nimmt Kohlenstoffdioxid, CO_2, unter Bildung von Kaliumcarbonat, K_2CO_3, auf:

$$2\,KOH + CO_2 \rightarrow K_2CO_3 + H_2O.$$

Verwendung: als Absorptionsmittel für Kohlenstoffdioxid; in der Seifen- und Farbenindustrie.
Kalisalpeter: ↑Kaliumnitrat, ↑Salpeter.
Kalium [lat., zu arab. qali »Alkali«]: chemisches Element der I. Hauptgruppe, Zeichen K, OZ 19, relative Atommasse 39,10, ↑Mischelement.
Physikalische Eigenschaften: sehr weiches Metall, frische Schnittflächen silbrig-bläulich glänzend, Dichte 0,86 g/cm³, Fp. 63,38 °C, Sp. 759,5 °C.
Chemische Eigenschaften: Alkalimetall, reaktiver als Natrium; wird an der Luft sofort oxidiert und muss deswegen unter Petroleum aufbewahrt werden. Mit Wasser reagiert es äußerst lebhaft zu Kaliumhydroxid und Wasserstoff:

$$2\,K + 2\,H_2O \rightarrow 2\,KOH + H_2\uparrow.$$

Die Reaktion ist stark exotherm. Der Wasserstoff entzündet sich dabei und brennt mit rotvioletter Flamme (Färbung durch mitgerissene Dämpfe von Kaliumsalzen). In Verbindungen ist K. stets einwertig.
Herstellung: hauptsächlich durch ↑Schmelzflusselektrolyse von wasserfreiem Kaliumhydroxid KOH:

$$4\,KOH \rightarrow 4\,K + 2\,H_2O + O_2\uparrow.$$

Kaliumcarbonat (veraltet: Pottasche), K_2CO_3: Kaliumsalz der Kohlensäure; es wird zur Herstellung von Glas verwendet.
Kaliumchlorat, $KClO_3$: Kaliumsalz der Chlorsäure (↑Chlorate).
Kaliumchlorid, KCl: Kaliumsalz der ↑Salzsäure; es kristallisiert aus seiner wässrigen Lösung in Form farbloser Würfel aus.
Verwendung: als Düngemittel sowie als Ausgangsstoff zur Darstellung anderer Kaliumverbindungen.
Kaliumcyanid (veraltet: Cyankali): Kaliumsalz des ↑Cyanwasserstoffs.
Kalium-hexa|cyanoferrate: ↑Blutlaugensalze.
Kaliumhydroxid, KOH: ein fester, spröder, aus Kalium-Ionen, K^+, und Hydroxid-Ionen, OH^-, bestehender Stoff. Wie seine Entstehung aus Kalium und Wasser zeigt, kann er als Kaliumsalz der (Arrhenius-) Säure Wasser aufgefasst werden:

$$2\,K + 2\,H_2O \rightarrow 2\,KOH + H_2\uparrow.$$

K. löst sich in Wasser und zerfällt dabei

vollständig in seine ionischen Bestandteile (↑Kalilauge). Das feste Salz zieht an der Luft Feuchtigkeit und Kohlenstoffdioxid an.
Herstellung: durch Elektrolyse von wässriger Kaliumchloridlösung.
Verwendung: als Trockenmittel; als Absorptionsmittel für Kohlenstoffdioxid; zur Herstellung von Schmierseife (↑Seife).

Kaliumhypochlorit, KOCl: Kaliumsalz der hypochlorigen Säure (↑Hypochlorite).
Verwendung: in wässriger Lösung (veraltet: **Eau de Javelle**) als Oxidations-, Bleich- und Desinfektionsmittel.

Kaliumnatriumtartrat (veraltet: Seignettesalz), KOOC–(CHOH)$_2$–COONa: das Kaliumnatriumsalz der Weinsäure (↑Hydroxysäuren).
Verwendung: zur ↑Fehling-Probe.

Kaliumnitrat (veraltet: Salpeter oder Kalisalpeter), KNO$_3$: das Kaliumsalz der ↑Salpetersäure, HNO$_3$. Es ist ein kräftiges Oxidationsmittel. Das geschmolzene Salz geht bei stärkerem Erhitzen unter Sauerstoffabspaltung in Kaliumnitrit, KNO$_2$, über.
Verwendung: als Düngemittel; als Bestandteil von ↑Schwarzpulver.

Kaliumpermanganat: ↑Mangan.
Kaliumsulfat, K$_2$SO$_4$: das Kaliumsalz der ↑Schwefelsäure.
Verwendung: als Düngemittel.

Kalk [zu lat. calx »Kalkstein«] (Calciumcarbonat), CaCO$_3$: häufigste Verbindung des Calciums, Hauptbestandteil von **Kalkstein, Kreide** und **Marmor.** K. ist nahezu wasserunlöslich und scheidet sich beim Erhitzen der Lösung ab (**Kesselstein**). Bei hoher Temperatur (Brennen) geht fester K. unter Kohlenstoffdioxidabgabe in **gebrannten Kalk** (Calciumoxid, veraltet: Branntkalk, Ätzkalk), CaO, über:

$$CaCO_3 \xrightarrow{900-1\,000\,°C} CaO + CO_2\uparrow.$$

Durch Zugabe von Wasser entsteht daraus **gelöschter Kalk** (Calciumhydroxid, veraltet: Löschkalk) Ca(OH)$_2$:

$$CaO + H_2O \rightarrow Ca(OH)_2.$$

Ca(OH)$_2$ löst sich mäßig gut in Wasser (bei 20 °C 1,3 g in 1 l Wasser), die Lösung heißt Kalkwasser. Eine Suspension von Calciumhydroxid in Kalkwasser wird **Kalkmilch** genannt. Calciumhydroxid dient hauptsächlich zur Herstellung von Kalkmörtel (↑Mörtel).
Verwendung: als Düngemittel; in der Bauindustrie; bei der Herstellung von Glas und Keramik; in Zahnpasta.

Kalkmilch: ↑Kalk.
Kalkstein: ↑Kalk.
Kalkstickstoff (Calciumcyanamid), CaCN$_2$: in reiner Form ein farbloses Pulver. Das technische Produkt ist infolge des beigemengten Kohlenstoffs grau bis schwarz gefärbt. Es wird durch Umsetzung von Calciumcarbid mit Stickstoff bei 1 200 °C gewonnen:

$$CaC_2 + N_2 \rightarrow CaCN_2 + C.$$

Verwendung: als Stickstoffdünger, da CaCN$_2$ im Boden unter der Einwirkung von Wasser und Bakterien in Ammoniak und Calciumcarbonat übergeht:

$$CaCN_2 + 3\,H_2O \rightarrow 2\,NH_3 + CaCO_3.$$

Kalomel [zu griech. kálos »schön« und mélas »schwarz«]: veraltete Bezeichnung für Quecksilber(I)chlorid, Hg$_2$Cl$_2$, das im Unterschied zu Quecksilber(II)chlorid, HgCl$_2$, mit Ammoniak, NH$_3$, einen schwarzen Niederschlag ergibt.

Kalomel|elektrode: Standard- oder Vergleichselektrode von bekanntem und konstantem Potenzial. Sie besteht aus zwei ineinander gesteckten Glaszylindern. Der Boden des inneren Zylinders ist mit metallischem Quecksilber bedeckt, das mit einer Paste aus Quecksilber(I)chlorid (Kalomel), Hg$_2$Cl$_2$ überschichtet ist. Darüber befindet sich eine mit Quecksilberchlorid gesättigte Lösung von Kaliumchlorid, KCl, bestimmter Konzentration. In den Glaszylinder ist ein Glasrohr mit einem eingeschmolzenen Platindraht eingeführt, der an beiden Enden herausragt und unten in die Quecksilberschicht eintaucht. Das Quecksilber bildet zusammen mit dem Platindraht die Elektrode. Der äußere Glaszylinder ist mit wässriger KCl-Lösung gefüllt, die einerseits über ein kleines Loch mit der KCl-Lösung im inneren Zylinder und andrerseits über ein Diaphragma mit der Messumgebung in Kontakt steht. Der potenzialbildende Vorgang der K. ist folgende Reaktion:

$$Hg \rightarrow Hg^+ + e^-.$$

Das Einzelpotenzial beträgt somit:

$$e = e_0 + \frac{0{,}058}{2} \lg\left(\frac{a_{Hg_2Cl_2}}{a_{Hg^+}^2 \cdot a_{Cl^-}^2}\right) V$$

(a Aktivität, die effektive Ionenkonzentration). Die Aktivitäten des Quecksilbers und des Quecksilberchlorids sind dabei gleich 1 (reine, kondensierte Stoffe). Daraus folgt:

$$e = e_0 - 0{,}058 \lg a_{Cl^-} V$$

mit $e_0 = 0{,}2690$ V.
Das Einzelpotenzial der K. ist nur abhängig von der Chlorid-Ionen-Aktivität. Als Kaliumchloridlösungen werden 0,1 N, 1 N oder gesättigte Lösungen verwendet. Die entsprechenden Einzelpotenziale besitzen bei 20 °C folgende Werte:
0,1-N-KCl-Lösung $\quad e = 0{,}3338$ V,
1-N-KCl-Lösung $\quad e = 0{,}2814$ V,
gesättigte KCl-Lösung $e = 0{,}2450$ V.
In ihrer Funktion entspricht die K. der ↑Normalwasserstoffelektrode, sie ist jedoch einfacher zu handhaben.
Kalorie [zu lat. calor »Wärme«]: nicht mehr zugelassene Einheit der (Wärme-)Energie.
Es gilt: 1 cal = 4,1868 J.

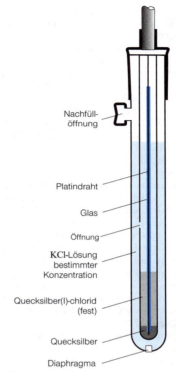

Kalomelelektrode

Kalorimeter: Gerät zur Bestimmung der Wärmemenge, die bei einem physikalischen oder chemischen Prozess erzeugt oder verbraucht wird, sowie der spezifischen Wärme von Körpern oder Stoffen. Im Wesentlichen ist es ein gut wärmeisoliertes Gefäß, in dem man physikalische und chemische Vorgänge ablaufen lässt. Die dabei erzeugte oder verbrauchte Wärmemenge bewirkt eine genau messbare Temperaturänderung. Kennt man die von den Versuchsbedingungen abhängigen übrigen Größen (z. B. den **Wasserwert,** d. h. die Wärmemenge, die dem Kalorimeter zugeführt werden muss, um seine Temperatur um 1 °C zu erhöhen), so lässt sich die gesuchte Größe daraus berechnen. Die Methode wird **Kalorimetrie** genannt.

Kältemischung: Mischung aus Wasser oder Eis und solchen Salzen, die eine negative ↑Lösungsenthalpie besitzen (z. B. Kochsalz, Ammoniumchlorid oder Kaliumcarbonat). Ihre Auflösung entzieht dem Wasser Lösungswärme, wodurch die Temperatur sinkt. Mischungen derartiger Stoffe mit Wasser haben darüber hinaus i. d. R. eine geringere Erstarrungstemperatur als reines Wasser. Bringt man solche Stoffe mit Eis in Berührung, so schmilzt das Eis, sofern seine Temperatur nicht zu tief ist. Auf diesem Effekt beruht die Wirkung des **Tausalzes.** Durch das Schmelzen wird die Temperatur noch weiter erniedrigt, weil dem Gemisch nicht nur Lösungswärme, sondern auch Schmelzwärme (333,7 kJ pro kg Eis) entzogen wird. Das beim Streuen von Tausalz entstehende salzhaltige Wasser ist daher wesentlich kälter als 0 °C.

Kalzium: ↑Calcium.

Kanzerogene [zu lat. cancer »Krebs« und griech. gennan »erzeugen«] (Karzinogene, Krebs erregende Stoffe): Substanzen, die beim Menschen und beim Tier Krebs hervorrufen können. Sie lösen unter bestimmten Bedingungen Mutationen aus, die zu fehlgesteu-

Kautschuk: Ausschnitt aus einer Naturkautschukkette

erter Zellteilung führen. Bekannte K. sind polycyclische Kohlenwasserstoffe wie 1,2-Benzopyren (↑Aromaten) sowie die ↑Nitrosamine.

Kaolin [nach dem Berg Kaoling in China]: ↑Ton.

Kapillar|aszension [zu lat. capillus »Haar« und ascendere »aufsteigen«]: ↑Benetzung.

Kapillar|depression [zu lat. deprimere »niederdrücken«]: ↑Benetzung.

Karzinogene [zu griech. karkínos »Krebs« und gennan »erzeugen«]: ↑Kanzerogene.

Katalysatorgift (Kontaktgift): Stoff, der bereits in geringer Menge die Wirkung eines Katalysators (Kontakt) aufheben kann. Als K. wirken bei manchen Kontakten Arsenverbindungen, Blausäure, HCN, Kohlenstoffmonoxid, CO, oder Schwefelwasserstoff, H_2S.

Katalyse [zu griech. katálysis »Auflösung«]: siehe S. 202.

Kathode [zu griech. káthodos »Hinabweg«]: die negative ↑Elektrode (z. B. in Gasentladungsröhren oder elektrolytischen Zellen). Von der K. werden Elektronen abgegeben; an der K. finden Reduktionsvorgänge statt (kathodische Reduktion), wenn die bei Stromfluss (z. B. bei der Elektrolyse) zur K. wandernden Kationen entladen werden.

Kation [Kw. aus Kathode und Ion]: positiv geladenes ↑Ion, z. B. K^+ (Kalium-Ion) oder NH_4 (Ammonium-Ion). Ein K. wandert bei einer Elektrolyse zur Kathode.

Kationen|austauscher: ↑Ionenaustauscher.

Kautschuk (Naturkautschuk) [zu peruan.-indian. caa o-chu »tränender Baum«]: ein in reiner Form plastischer Naturstoff, der aus natürlichem ↑Latex gewonnen wird. K. ist ein hochmolekularer, aus Isopreneinheiten (C_5H_8-Einheiten) aufgebauter ungesättigter Kohlenwasserstoff mit einer mittleren Molekülmasse von 350 000, dessen C=C-Doppelbindungen alle *cis*-Konfiguration (↑Isomerie) aufweisen (Abb.).

K. lässt sich stark strecken und nimmt danach wieder weitgehend die ursprüngliche Form an (Elastizität). Bei längerem Lagern an der Luft wird er aber durch Vernetzung der linearen

Makromoleküle hart und spröde. Durch ↑Vulkanisieren erhält man aus Rohkautschuk den vielseitig verwendbaren ↑Gummi. Neben Naturkautschuk gibt es mehrere Arten von künstlichem K. (↑Synthesekautschuk).

Keil-Strich-Formel: ↑chemische Formeln.

Kelvin [nach SIR WILLIAM THOMSON LORD KELVIN OF LARGS; *1824, †1907]: SI-Einheit der ↑Temperatur, Einheitenzeichen K.
Festlegung: Ein K. ist der 273,16te Teil der thermodynamischen Temperatur des Tripelpunkts von Wasser (273,16 K = 0,01 °C).

Keramik [zu griech. kéramos »Töpferton«]: ↑Tonwaren.

Kern:
◆ ↑Atomkern.
◆ Ring oder Ringsystem eines ↑Aromaten, zur Unterscheidung von dessen Seitenkette(n).

Kern-Hüllen-Modell: ↑Atommodell.

Kernladung: die durch die Protonenzahl bestimmte positive Ladung eines Atomkerns.

Kernladungszahl: ↑Ordnungszahl.

Kernresonanz|spektroskopie [zu lat. resonare »widerhallen«] (NMR-Spektroskopie): physikalische Methode zur Aufklärung der Konstitution und Bindungsverhältnisse in chemischen Verbindungen. Besonders die Protonenresonanzspektroskopie (anhand von ^1H) ist für die Untersuchung von organischen Verbindungen wichtig. Auch die ^{13}C-NMR-Spektroskopie besitzt hier eine große Bedeutung.

Protonen und andere Atomkerne mit einer Kernspinquantenzahl von ½ richten ihren ↑Kernspin in einem starken äußeren Magnetfeld entweder parallel oder antiparallel zu diesem aus. Die beiden möglichen Zustände entsprechen geringfügig verschiedenen Energien (Abb. 1). Kerne im unteren Energieniveau können hochfrequente elektromagnetische Strahlung geeigneter Frequenz (Radiowellenbereich) absorbieren und in den energetisch höheren Zustand übergehen.

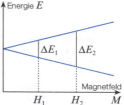

Kernresonanzspektroskopie (Abb. 1): Je stärker das Magnetfeld H ist, das auf Atomkerne mit verschiedenem Kernspin einwirkt, desto deutlicher unterscheiden sich die Energiezustände der Kerne (Aufspaltung ΔE).

Während der Messung befindet sich die meist gelöste Probesubstanz in einem homogenen Magnetfeld. Die Probe ist von einer Sende- und einer Empfangsspule umgeben. Zur Messung wird entweder die Frequenz der elektromagnetischen Strahlung bei konstantem Magnetfeld oder das Magnetfeld bei konstanter Frequenz variiert. Sind die Resonanzbedingungen erreicht, so ergibt sich durch Absorption ein Signal (Peak, Abb. 2).

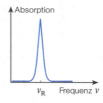

Kernresonanzspektroskopie (Abb. 2): Absorptionspeak. Die Strahlungsabsorption ist bei der Resonanzfrequenz ν_R am intensivsten.

Die Elektronenhüllen um die Atomkerne eines Moleküls schwächen das äußere Magnetfeld nach innen durch Induktion ab (Abschirmung). Kerne in unterschiedlicher elektronischer Umgebung sind verschieden stark abgeschirmt.

Katalyse

Man kennt heute eine große Zahl chemischer Reaktionen, deren Geschwindigkeit durch die Anwesenheit einer geringen Menge eines bestimmten Stoffes erhöht wird, der stöchiometrisch gesehen an der Reaktion unbeteiligt ist. Dieser geht also am Ende der Reaktion wieder »unverbraucht« aus dieser hervor. Man spricht hier von Katalysen oder von katalysierten chemischen Reaktionen und bezeichnet die wirksamen Stoffe als **Katalysatoren**. Die Wirkungsweise des Katalysators beruht darauf, dass die ↑Aktivierungsenergie der Reaktion herabgesetzt wird (Abb. 1).

Prinzipiell wird zwischen homogener und heterogener Katalyse unterschieden.

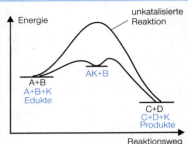

(Abb. 1) Energiediagramm für eine Reaktion A + B → C + D mit und ohne Katalysator (K)

■ Homogene Katalyse

Hier liegen die Reaktionsteilnehmer und der Katalysator in gleicher ↑Phase vor (z. B. gelöster Katalysator in gelöster Reaktionsmischung). Anstelle der direkten Reaktion

A + B → C + D
Edukte   Produkte

reagiert nun zunächst einer der Ausgangsstoffe mit dem Katalysator unter Bildung eines kurzlebigen Zwischenprodukts, welches spontan mit dem anderen Ausgangsstoff zu den entsprechenden Produkten und unter Rückbildung des Katalysators weiterreagiert.

A + K → AK   (1);
Edukt A Katalysator Zwischenprodukt

AK + B → C + D + K   (2).
Edukt B Produkte Katalysator

Jeder der Teilschritte (1) und (2) besitzt eine geringere Aktivierungsenergie E_1 als die unkatalysierte Reaktion, und somit ist auch die Reaktionsgeschwindigkeit bei einer bestimmten Temperatur höher als bei der unkatalysierten Reaktion.

Ein Beispiel in wässriger Lösung ist die durch Iodid katalysierte Zersetzung von Wasserstoffperoxid (3%ig). Eine Wasserstoffperoxidlösung zersetzt sich beim Erhitzen erst bei Temperaturen von 80–90 °C merklich zu Wasser und Sauerstoff. Die Aktivierungsenergie beträgt hierbei 75,4 kJ/mol. Bei Zusatz geringer Mengen einer wässrigen Iodidlösung hingegen erfolgt eine spontane Zersetzung der Wasserstoffperoxidlösung gemäß

$$H_2O_2 + I^- \rightarrow H_2O + IO^- \quad (1)$$
$$H_2O_2 + IO^- \rightarrow H_2O + O_2\uparrow + I^- \quad (2)$$

$$2\,H_2O_2 \rightarrow 2\,H_2O + O_2\uparrow.$$

Bei dieser Katalyse ist die Aktivierungsenergie auf 56,5 kJ/mol herabgesetzt.

Im Teilschritt (1) wird das Iodid-Ion zum Hypoiodit-Ion oxidiert. Dieses reagiert dann im Teilschritt (2) mit noch nicht umgesetztem Wasserstoffperoxid zu Wasser und Sauerstoff unter Freisetzung von Iodid. Es bedarf daher nur einer geringen Menge an katalytisch wirksamen Iodid-Ionen, da sie am Ende der Reaktion wieder zurückgeliefert werden.

Katalyse

■ Heterogene Katalyse

Bei der heterogenen Katalyse liegen Katalysator und Reaktanden in unterschiedlichen Phasen vor (z. B. gasförmige Reaktanden und fester Katalysator). Da sich bei der heterogenen Katalyse die Reaktionen an der Oberfläche des Katalysators abspielen, spricht man auch von Kontaktkatalyse. Viele großtechnisch bedeutsame chemische Verfahren bedienen sich einer heterogenen Katalyse (z. B. ↑Haber-Bosch-Verfahren, ↑Ostwald-Verfahren, ↑Cracken). Bei den industriell eingesetzten Katalysatoren (oft **Kontakte** genannt) handelt es sich überwiegend um Gemische verschiedener Stoffe (Mischkatalysatoren), die zusammen eine synergetische Wirkung zeigen. Dabei besitzen Trägerkatalysatoren besonders große katalytisch wirksame Oberflächen. Sie bestehen aus einem Grundgerüst aus Stoffen wie Aluminiumoxid, Kieselgur, Bentoniten, Alumosilicaten oder Aktivkohle. Auf diese werden katalytisch wirksame Metalle wie Platin, Palladium, Rhodium, Nickel usw. fein verteilt aufgebracht.

■ Heterogene Katalyse bei der Ammoniaksynthese

Bei der Herstellung von Ammoniak nach dem Haber-Bosch-Verfahren verwendet man einen Mischkatalysator, der durch Zusammenschmelzen von Magnetit (Fe_3O_4) mit einem geringen Zuschlag an Aluminium-, Kalium- und Calciumoxid hergestellt wird.

Der Mechanismus dieser Katalyse setzt sich aus folgenden Teilschritten zusammen (Abb. 2):

1. Diffusion der Wasserstoff- und Stickstoffmoleküle an die Katalysatoroberfläche; physikalische Adsorption: schwache elektrostatische Wechselwirkung zwischen Katalysatoroberfläche und den Gasmolekülen;
2. aktivierte Adsorption (Chemisorption): Die Bindungen innerhalb der Gasmoleküle werden gelockert, sodass im Extremfall Atombindungen der Gase zur Katalysatoroberfläche geknüpft werden;
3. Oberflächenreaktion in drei Stufen: In dem nun vorliegenden aktivierten Zustand vermögen die Wasserstoff- und die Stickstoffatome an der Katalysatoroberfläche miteinander über die Stufen –NH, –NH$_2$ bis hin zum fertigen NH$_3$-Molekül zu reagieren;
4. Desorption der Ammoniakmoleküle von der Katalysatoroberfläche;
5. Diffusion der Ammoniakmoleküle weg vom Katalysator.

■ Bau und Funktion eines modernen Abgaskatalysators

Der ständig wachsende Kraftfahrzeugverkehr belastet durch den Ausstoß schädlicher Abgase wie Kohlenstoffmonoxid, Stickstoffoxide und unver-

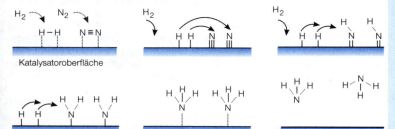

(Abb. 2) Katalyse beim Haber-Bosch-Verfahren

brannte Kohlenwasserstoffe die Atmosphäre erheblich. Die Ausrüstung der Kraftfahrzeuge mit Abgaskatalysatoren ist eine wirksame Maßnahme, den Schadstoffausstoß zu reduzieren.

Als Träger eines Abgaskatalysators dient ein Keramikblock mit wabenartigen Kanälen. Ein poröser Aluminiumoxidüberzug bewirkt eine Oberflächenvergrößerung um den Faktor 7000. Auf die Oxidschicht ist als eigentliche katalytisch aktive Schicht eine Platin-Rhodium-Legierung aufgetragen. Der Dreiwegekatalysator oxidiert Kohlenstoffmonoxid zu Kohlenstoffdioxid und unverbrannte Kohlenwasserstoffe (Benzin) zu Kohlenstoffdioxid und Wasser; Stickstoffoxide werden mithilfe von Kohlenstoffmonoxid zu Stickstoff und Kohlenstoffdioxid reduziert. Mithilfe

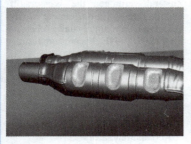

(Abb. 3) typischer Katalysator, wie er in modernen Pkw eingesetzt wird. Das Gehäuse ist aufgeschnitten, sodass man den keramischen Wabenkörper erkennen kann, auf dem sich die dünne katalytisch aktive Schicht befindet.

der Lambdasonde und eines Regelkreises wird dafür gesorgt, dass in die Brennkammer des Motors genau so viel Sauerstoff gelangt, wie für die vollständige Verbrennung der eingespritzten Benzinmenge nötig ist.

■ **Enzyme als Biokatalysatoren**

So gut wie alle biochemischen Prozesse, die in lebenden Organismen ablaufen, werden durch ↑Enzyme katalysiert. Diese setzen als sog. Biokatalysatoren die Aktivierungsenergien von Stoffwechselreaktionen so weit herab, dass sie schon bei Körpertemperatur mit ausreichender Geschwindigkeit ablaufen können. ■

🔖 Schulversuche zur Katalyse – **Herstellung von »Elefantenzahnpasta«** (homogene Katalyse): In eine große Plastikwanne als Auffanggefäß stellt man ein hohes Becherglas (2 l). Auf den Boden bringt man etwa 5 ml eines Geschirrspülmittels (als Tensid). Nach Zusatz von 50 ml Wasserstoffperoxid (30%ig) fügt man unter Rühren eine wässrige Kaliumiodidlösung (10 g Kaliumiodid in 10 ml Wasser) hinzu. Es bildet sich spontan Schaum, der das ganze Becherglas ausfüllt und noch ins Auffanggefäß überquillt.

Zersetzung von Wasserstoffperoxid durch Braunstein (heterogene Katalyse): Man bringt in ein Reagenzglas einige ml Wasserstoffperoxid (3%ig) und setzt dann eine Spatelspitze Braunsteinpulver zu. Unter Aufschäumen wird Sauerstoffgas freigesetzt, das sich mithilfe der Glimmspanprobe leicht nachweisen lässt.

🔖 BRANDL, HERBERT: *Trickkiste Chemie.* (Bayerischer Schulbuchverlag) 1998. ■ FLÖRKE/WOLFF: *Chemie für die Sekundarstufe II,* begründet von WILHELM FLÖRKE und ROBERT WOLFF, herausgegeben von ERWIN GLAUM. Bonn (Dümmler) [4]2000. ■ *Katalyse,* herausgegeben von dem FONDS DER CHEMISCHEN INDUSTRIE. Frankfurt am Main (Fonds der Chemischen Industrie) [2]1986.

Um bei einem abgeschirmten Kern Resonanzabsorption zu erzielen, muss von außen ein stärkeres Magnetfeld angelegt werden als bei einem hypothetischen »nackten« Kern. Die Lage der Resonanzabsorption im Vergleich zum Signal einer Referenzsubstanz nennt man **chemische Verschiebung**. Alle Kerne, die sich in der gleichen Umgebung befinden, tragen zum selben Signal bei; die Signalfläche ist zur Anzahl dieser Atome proportional. Atome in unterschiedlicher Umgebung liefern verschiedene Signale, so z. B. die im Ethanol vorliegenden Wasserstoffkerne (Abb. 3). Der –I-Effekt der OH-Gruppe bewirkt bei den Methylenwasserstoffkernen eine im Vergleich zu den Methylwasserstoffkernen verminderte Abschirmung. Die Absorptionsfrequenz der Methylenprotonen ist daher in Richtung geringerer Magnetfeldstärke verschoben.

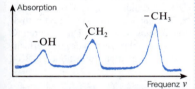

Kernresonanzspektroskopie (Abb. 3): Kernresonanzspektrum des Ethanols, CH_3–CH_2–OH. Die drei Signale entsprechen den unterschiedlich (in den Gruppen –OH, –CH_2– und –CH_3) gebundenen Wasserstoffkernen.

Wird das NMR-Spektrum mit einem Gerät höherer Auflösung aufgenommen, so erkennt man eine Aufspaltung der Signale in Gruppen mehrerer dicht nebeneinander liegender Teilsignale. Dieses Phänomen beruht auf der gegenseitigen Beeinflussung (Kopplung) benachbarter Wasserstoffkernspins über die Spins der Bindungselektronen: H–C–C–H′. Je nach der Orientierung des einen Protonspins ergeben sich dadurch am Nachbarproton eine geringfügige Verstärkung oder Abschwächung des einwirkenden Magnetfelds und somit veränderte Resonanzbedingungen. Liegen n gleichartige benachbarte Protonen vor, so ergeben sich bei der Aufspaltung $n + 1$ Peaks. Beim Ethanol erhält man z. B. das in Abb. 4 wiedergegebene Spektrum. Hier entspricht der Methylgruppe –CH_3 ein dreigipfeliges, der Methylengruppe –CH_2– ein viergipfeliges Signal.

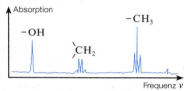

Kernresonanzspektroskopie (Abb. 4): Kernresonanzspektrum des Ethanols bei höherer Auflösung

Kerne mit ganzzahligem Spin zeigen ein komplizierteres Verhalten; Kerne ohne Spin lassen sich nicht zur K. nutzen.

Kern|spin: Eigendrehimpuls (↑Spin) der Atomkerne, der sich als Resultierende aus den Spins der ↑Nukleonen ergibt und ein magnetisches Moment hervorruft. Der K. hängt mit der Kernspinquantenzahl zusammen. Beide werden null, wenn die Protonen- und Neutronenzahl eines Kerns gerade sind (z. B. ^{12}C, ^{16}O). Atome, deren Kerne eine ungerade Anzahl von Protonen und eine ungerade Anzahl von Neutronen enthalten (Deuterium ^{2}H oder ^{14}N), besitzen eine ganzzahlige Kernspinquantenzahl. Wenn gerade und ungerade Protonen- und Neutronenzahlen kombiniert sind, so ergibt sich eine halbzahlige Kernspinquantenzahl, die z. B. bei ^{1}H und ^{13}C ½ beträgt.

Kerosin [zu griech. kerós »Wachs«]: ↑Erdöl, ↑Petroleum.
Kesselstein: ↑Kalk.
Ketale: ↑Acetale.

Ketene

Ketene: äußerst reaktionsfähige organische Verbindungen mit der allgemeinen Formel RR'C=C=O (R und R' Wasserstoff oder organische Reste).

$$CH_2=C=\overline{\underline{O}} \begin{array}{l} \xrightarrow{+H_2O} CH_3COOH \text{ Essigsäure} \\ \xrightarrow{+ROH} CH_3COOR \text{ Essigsäureester} \\ \xrightarrow{+NH_3} CH_3CONH_2 \text{ Essigsäureamid} \end{array}$$

Keten

Ketene: wichtige Umsetzungen

Die hohe Reaktivität der K. ist in den zwei kumulierten Doppelbindungen begründet, wobei meist die CO-Gruppe in Reaktion tritt. Die K. können als innere ↑Anhydride der ↑Carbonsäuren aufgefasst werden. Entsprechend wird die einfachste (und wichtigste) Verbindung dieser Gruppe, das K. (Ethenon) $CH_2=C=O$, ein farbloses, sehr giftiges Gas von stechendem Geruch, durch Wasserabspaltung aus Essigsäure hergestellt:

$$CH_3COOH \xrightarrow[-H_2O]{[H_3PO_4]\,700\,°C} CH_2=C=O.$$

K. ist ein wichtiges Acetylierungsmittel für protonenaktive Substanzen.

Ketimine: ↑Imine.

Keto- (oder Ket-) [zu lat. acetum »Essig«]: Vorsatz in Namen von organischen Verbindungen, der das Vorliegen einer Ketogruppe oder eines Ketonderivats anzeigt (z. B. bei Ketimin, Ketoxim). In systematischen Namen muss statt Keto- der Vorsatz ↑Oxo- verwendet werden.

Ketocarbonsäuren: ↑Oxosäuren.

Keto-Enol-Tautomerie: ↑Tautomerie.

Ketone: organische Verbindungen, die im Molekül die ↑Carbonylgruppe $\mathord{>}C=O$ als funktionelle Gruppe zwischen zwei Alkyl- oder Arylresten tragen.

Sie werden entweder benannt, indem an den Namen des zugrunde liegenden Kohlenwasserstoffs die Endung -on angehängt wird, oder (besonders bei den höheren K.) indem vor die Silbe -keton die Namen der beiden Reste in alphabetischer Reihenfolge gestellt werden. Die Verbindung CH_3–CH_2–CO–CH_3 z. B. kann Butanon oder Ethylmethylketon genannt werden. Die niederen K. sind angenehm riechende, wasserlösliche Flüssigkeiten, die höheren sind

systematischer Name	herkömmlicher Name	vereinfachte Strukturformel
Propanon	Aceton, Dimethylketon	CH_3–CO–CH_3
Butanon	Ethylmethylketon	CH_3–CH_2–CO–CH_3
2-Pentanon	Methylpropylketon	CH_3–CH_2–CH_2–CO–CH_3
3-Pentanon	Diethylketon	CH_3–CH_2–CO–CH_2–CH_3
Phenylethan-1-on	Acetophenon, Methylphenylketon	C₆H₅–CO–CH₃
Diphenylmethanon	Benzophenon, Diphenylketon	C₆H₅–CO–C₆H₅

Ketone: einige Beispiele

Feststoffe. In der Natur sind K. weit verbreitet, z. B. als Duftstoffe, z. T. auch als Stoffwechselprodukte.
K. sind durch Oxidation sekundärer ↑Alkohole oder durch Umsetzung von ↑Nitrilen in der Grignard-Reaktion leicht herzustellen (↑Magnesium).
K. wirken nicht reduzierend, da sie im Gegensatz zu ↑Aldehyden kein leicht angreifbares Wasserstoffatom besitzen. Ihre gegenüber den Aldehyden geringere Reaktivität zeigt sich auch in fehlenden Polymerisationsreaktionen. Die Additionsbereitschaft beruht wie bei den Aldehyden auf der polaren Carbonylgruppe, die einen nukleophilen Angriff an ihrem Kohlenstoff- bzw. einen elektrophilen Angriff an ihrem Sauerstoffatom begünstigt. Die Addition von Blausäure, HCN, führt zu Cyanhydrinen, RR'C(OH)–CN (Hydroxyalkannitrilen). Die Addition von Wasserstoff ergibt sekundäre ↑Alkohole. Mit Grignard-Reagenzien liefern K. tertiäre Alkohole. **Propanon (Aceton)**, das einfachste K., ist eine farblose, aromatisch riechende, leicht entzündliche Flüssigkeit. Es wird in großen Mengen durch katalytische Oxidation von Propen hergestellt und als vielseitig verwendbares, mit Wasser und organischen Lösungsmitteln in jedem Verhältnis mischbares Lösungsmittel gebraucht. Bei Zuckerkrankheit tritt Aceton als Stoffwechselprodukt im Harn auf.

Keto|säuren: ↑Oxosäuren.

Ketosen: eine Gruppe der ↑Monosaccharide.

Ket|oxime: ↑Oxime.

Kettenreaktion: eine besondere Reaktionsart, deren wesentliches Merkmal das Auftreten von instabilen Zwischenprodukten (Kettenträgern) ist, die an den einzelnen Kettenschritten teilnehmen und dabei immer wieder neu gebildet werden. Eine K. besteht aus der Startreaktion, der Wachstumsreaktion und der Abbruchreaktion. Die Startreaktion besteht in der Bildung von Kettenträgern, meist freien ↑Radikalen, aus den Ausgangsstoffen (Zerfall organischer Peroxide, Radikalbildung durch Redoxreaktion, Einstrahlung von Licht). Daran schließt sich die eigentliche K., d. h. die Wachstumsreaktion, mit einer Vielzahl von Elementarreaktionen an. Die Abbruchreaktion kann durch Rekombination zweier Radikale (oder auch durch Disproportionierung) erfolgen. Ein Beispiel ist die bei der Einstrahlung von Licht geeigneter Energie $h\nu$ einsetzende Chlorknallgasreaktion:

$Cl_2 \xrightarrow{h\nu} Cl^{\bullet} + Cl^{\bullet}$ Start
$Cl^{\bullet} + H_2 \rightarrow HCl + H^{\bullet}$
$H^{\bullet} + Cl_2 \rightarrow HCl + Cl^{\bullet}$
$H^{\bullet} + Cl^{\bullet} + X \rightarrow HCl + X$ Abbruch

(X = Reaktionspartner, der die freiwerdende Energie aufnimmt, z. B. Wand, Inhibitor).
Als K. verlaufen viele Gasreaktionen und Reaktionen in Lösungen, z. B. Crackreaktionen, Oxidationen, Isomerisierungen, Halogenierungen, Polymerisationen. Auch im Kernreaktor laufen K. ab, es handelt sich dabei aber nicht um chemische Reaktionen.

Kieselgel: ↑Kieselsäuren.

Kieselsäuren: die Sauerstoffsäuren des Siliciums. Sie kommen in der Natur v. a. in Form ihrer Salze, der ↑Silicate, vor; synthetisch sind sie z. B. durch Hydrolyse von Siliciumhalogeniden (wie Siliciumtetrachlorid, $SiCl_4$) zugänglich. Die am einfachsten gebaute K. ist die Mono- oder Orthokieselsäure, H_4SiO_4 bzw. $Si(OH)_4$. Sie besteht aus Molekülen, in denen ein Siliciumatom tetraedrisch von vier Hydroxylgruppen umgeben ist (Abb. 1).
Die Monokieselsäure ist nur in wässriger Lösung bei pH 2 kurze Zeit beständig. Bei Änderung des pH-Werts spalten ihre Moleküle intermolekular Wassermoleküle ab (Kondensation), wobei

Kieselsäuren

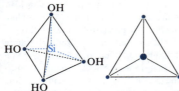

Kieselsäuren (Abb. 1): links: räumliche Anordnung eines Moleküls der Orthokieselsäure. Die vier OH-Gruppen liegen auf den Ecken eines regulären Tetraeders, in dessen Mittelpunkt das Siliciumatom liegt; rechts: Tetraeder von oben gesehen (das Siliciumatom ist nicht eingezeichnet)

sich zunächst die Moleküle der Dikieselsäure, $H_6Si_2O_7$, bilden (Abb. 2). Durch fortschreitende Kondensation entstehen dann die Moleküle längerkettiger Polykieselsäuren der allgemeinen Formel $H_{2n+2}Si_nO_{3n+1}$, vereinfacht $(H_2SIO_3)_n$ (Abb. 3).

$$HO-\underset{\underset{OH}{|}}{\overset{\overset{OH}{|}}{Si}}\!\!-\!O\!-\!H + H\!-\!O\!-\!\underset{\underset{OH}{|}}{\overset{\overset{OH}{|}}{Si}}\!\!-\!OH$$

Orthokieselsäure

$$\xrightarrow{-H_2O} HO-\underset{\underset{OH}{|}}{\overset{\overset{OH}{|}}{Si}}\!\!-\!O\!-\!\underset{\underset{OH}{|}}{\overset{\overset{OH}{|}}{Si}}\!\!-\!OH$$

Dikieselsäure

Kieselsäuren (Abb. 2): Kondensation von Orthokieselsäure zu Dikieselsäure

Die Wasserabspaltung ist an allen vier Ecken der Orthokieselsäuremoleküle möglich. Deshalb können sich zwei Ketten zu einem Band und mehrere Bänder zu einem Blatt (einer Schicht) zusammenlagern (Abb. 4). Als Endstufe der Kondensation entsteht das dreidimensional vernetzte (häufig ebenfalls K. genannte) ↑Siliciumdioxid, SiO_2.
Im Gegensatz zu ihren Salzen, den ↑Silicaten, konnte von den vielen möglichen Polykieselsäuren bisher keine einzeln isoliert werden. Die bei der stu-

$$HO-\underset{\underset{OH}{|}}{\overset{\overset{OH}{|}}{Si}}\!\!-\!\!\left[O-\underset{\underset{OH}{|}}{\overset{\overset{OH}{|}}{Si}}\right]_{n-2}\!\!-\!O-\underset{\underset{OH}{|}}{\overset{\overset{OH}{|}}{Si}}\!\!-\!OH$$

Kieselsäuren (Abb. 3): Polykieselsäure

fenweisen Kondensation der Orthokieselsäuremoleküle zunächst entstehenden niedermolekularen Polykieselsäuren lösen sich im Wasser. Die sich dann bildenden Kondensationsprodukte mittlerer Molekülgröße bleiben kolloidal in Lösung. Die noch höher molekularen K. und die Endstufe Siliciumdi-

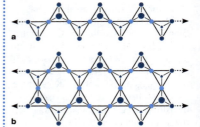

● Hydroxylgruppe über der Papierebene
● Hydroxylgruppe in der Papierebene
· Hydroxylgruppe unter der Papierebene
● Sauerstoffatom

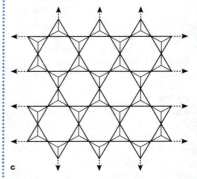

Kieselsäuren (Abb. 4): Anordnung der $Si(OH)_4$-Tetraeder bei Polykieselsäuren; **a** Kettenstruktur; **b** Bandstruktur; **c** Blatt- oder Schichtstruktur (vereinfacht)

oxid fallen als gallertige, stark wasserhaltige Masse aus, die Kieselsäuregel oder **Kieselgel** genannt wird (↑Kolloide). Bei dessen Erhitzen entweicht das eingeschlossene Wasser langsam und ein weißes, trübes, stark poröses Produkt, das **Silicagel,** $SiO_2 \cdot xH_2O$, bleibt zurück. Dieses wird seiner großen inneren Oberfläche wegen als Adsorptionsmittel verwendet.

Kinetik [zu griech. kinein »bewegen«]: ↑Reaktionskinetik.

kinetische Gastheorie: eine Theorie, mit deren Hilfe die makroskopischen, also unmittelbar messbaren Eigenschaften eines Gases aus den nicht beobachtbaren, nur statistisch erfassbaren Molekülbewegungen gedeutet und berechnet werden können. Man geht dabei von den folgenden Annahmen aus:
- Alle Moleküle eines Gases haben die gleiche Masse.
- Die Moleküle des Gases üben keine Kräfte aufeinander aus, solange sie sich nicht berühren (stoßen).
- Zwischen zwei Zusammenstößen bewegen sich die Moleküle eines Gases unabhängig voneinander, gleichförmig und auf geradlinigen Bahnen, ohne eine bestimmte Raumrichtung zu bevorzugen.
- Der Zusammenstoß der Moleküle untereinander und mit den Gefäßwänden gehorcht den Gesetzen des elastischen Stoßes.

Mit diesen Annahmen lässt sich der Druck p, den ein Gas auf die Gefäßwandung ausübt, als Impuls der auf die Wand prallenden und dort reflektierten Moleküle deuten. Es gilt dann:

$$p = \frac{1}{3} \frac{Nm\overline{v}}{V}$$

(N Anzahl der im Gefäß befindlichen Moleküle, m Masse eines Moleküls, $\overline{v}$ mittlere Geschwindigkeit der Moleküle, V Volumen des Gases).

Setzt man diesen Wert in die allgemeine Zustandsgleichung der Gase $pV = nR_0T$ (V Volumen des Gases, n Anzahl der Mole des Gases, R_0 universelle Gaskonstante, T absolute Temperatur des Gases) ein, dann erhält man:

$$pV = \frac{1}{3}Nm\overline{v}^2 = nR_0T.$$

Durch Umformung ergibt sich:

$$\frac{1}{2}m\overline{v}^2 = \frac{3}{2}\frac{nR_0}{N}T.$$

Die Größe nR_0/N wird als Boltzmann-Konstante k bezeichnet. Ersetzen liefert:

$$\frac{1}{2}m\overline{v}^2 = \frac{3}{2}kT.$$

Die linke Seite dieser Gleichung stellt gerade die mittlere kinetische Energie (Bewegungsenergie) der einzelnen Gasmoleküle dar. Diese ist also der absoluten Temperatur T direkt proportional.

Auflösen der Gleichung nach $\overline{v}$ ergibt:

$$\overline{v} = \sqrt{\frac{3kT}{m}},$$

d. h. die mittlere Geschwindigkeit der einzelnen Moleküle ist der Wurzel aus der absoluten Temperatur T direkt proportional.

KKK-Regel: Regel, die besagt, dass bei niedrigen Temperaturen (Kälte) und gleichzeitiger Anwesenheit eines Katalysators (z. B. Eisen(III)bromid) bei Alkylbenzolen die ↑Substitution am aromatischen Kern stattfindet. Unter anderen Bedingungen (↑SSS-Regel) läuft eine Substitution an der Seitenkette ab.

Kläranlage: ↑Abwasserreinigung.

Klebstoffe: makromolekulare Bindemittel, die feste Körper durch ↑Adhäsion miteinander verbinden. Die Moleküle enthalten zu diesem Zweck polare Gruppen. Oft ist ein Lösungsmittel beigegeben, das für eine gute Benetzung der zu verbindenden Oberflächen sorgt (Ausnahme: Schmelzkleber). Die Klebewirkung setzt beim Aushärten ein. Physikalisch aushärtende K. (**Kontaktkleber**) enthalten das Polymer in Lösung oder Dispersion (z. B. Leim oder Kautschuk) oder zum Aufschmelzen (z. B. Polyester-Schmelzkleber). Bei chemisch aushärtenden K. (**Reaktionskleber**) wird das makromolekulare Bindemittel erst beim Auftragen gebildet (Ein- oder Zweikomponentenkleber, z. B. Cyanacrylate bzw. Epoxidharze).

Kleesalz: ↑Oxalate.

Klopffestigkeit: Eigenschaft von Treibstoffen, im Gemisch mit Luft in Kolbenmotoren besonders gleichmäßig zu verbrennen. Minderwertiges Benzin neigt infolge von Crackprozessen an besonders heißen Stellen des Brennraums zur Bildung von Alkanen mit niederem Flammpunkt, bei deren Verbrennung hohe Druckspitzen entstehen. Dies äußert sich durch ein klopfendes oder klingelndes Geräusch und geht mit Beschädigungen an den Motorkolben einher. Klopffestes Benzin erhält man durch ↑Reformieren oder durch Zusatz von ↑Antiklopfmitteln. Eine Maßzahl für die K. eines Kraftstoffs ist die ↑Octanzahl.

Knallgas: Gemisch aus gasförmigem Wasserstoff und Sauerstoff, das bei 500 – 600 °C mit lautem Knall explodiert. Am heftigsten verläuft die Knallgasexplosion, wenn ein Gemisch aus zwei Teilen Wasserstoff und einem Teil Sauerstoff entzündet wird.

Knallgasprobe: Methode zur Überprüfung der Sauerstofffreiheit von mit Wasserstoffgas gefüllten Gefäßen oder Apparaturen.
Gemische von Wasserstoff und Sauerstoff explodieren nur innerhalb bestimmter Explosionsgrenzen (↑Explosion). Für die K. fängt man in einem Reagenzglas Gas aus der Apparatur auf und entzündet es, indem man die Öffnung des Glases an eine Flamme hält. Besteht das Gas nur aus Wasserstoff, so brennt es ruhig und fast geräuschlos ab. Enthält es dagegen genügend Sauerstoff, so ist bei der explosionsartigen Verbrennung ein pfeifendes Geräusch zu hören.

Knallsäure (Fulminsäure), HCNO; giftiges, sich leicht zersetzendes Gas; in wässriger Lösung schwache Säure. Die Salze heißen **Fulminate**; einige sind explosiv, z. B. das Quecksilberfulminat (Knallquecksilber) und das Silberfulminat (Knallsilber), die sich bei der Reaktion des Metalls mit Salpetersäure und Ethanol bilden. Alkalifulminate gehen beim Erwärmen in die isomeren Cyanate über.

Knopfzelle: ↑Silberoxid-Batterie.

Knotenfläche: ↑Orbital.

Ko|agulation [zu lat. coagulare »gerinnen«]: Umkehrung der Peptisation (↑Kolloide).

Kobalt: ↑Cobalt.

Kochsalz: ↑Natriumchlorid.

Kohäsionskräfte [zu lat. cohaesio »Zusammenhang«]: zwischenmolekulare Anziehungskräfte, die für den inneren Zusammenhalt eines Körpers sorgen und die beim Zerteilen des Körpers überwunden werden müssen. Bei festen Körpern sind diese Kräfte groß, bei flüssigen wesentlich kleiner und bei gasförmigen Körpern verschwindend. K. wirken nur über sehr geringe Entfernungen hinweg. So lässt sich ein zerbrochener fester Gegenstand selbst ohne Adsorption von Gasteilchen aus der Luft durch einfaches Zusammenpressen der Bruchstellen nicht wieder vereinigen, denn die für das Wirken der Kohäsionskräfte erforderlichen sehr geringen Molekülabstände lassen sich nur unter extrem hohem Druck erreichen. Alternativ kann man die Bruchflächen während des Zusammenpressens kurzzeitig aufschmelzen, wodurch sich die Moleküle so nahe kommen, dass die Kohäsionskräfte wieder wir-

Kohle: im weiteren Sinn Bezeichnung für alle kohlenstoffreichen festen Brennstoffe, die durch (thermische) Zersetzung (↑Verkohlung) organischer Stoffe entstanden sind (z. B. Holzkohle); im engeren Sinn Bezeichnung für die brennbaren kohlenstoffreichen Überreste von Pflanzen und anderen organischen Substanzen, die in langen geologischen Zeiträumen durch ↑Inkohlung in braune bis schwarze Sedimentgesteine umgewandelt wurden. Nach dem Inkohlungsgrad teilt man die K. in Braun- und Steinkohlen ein, bei denen man weitere Untergruppen unterscheidet (Tab.).

Die chemische Zusammensetzung der K. ist kompliziert. Bei den Steinkohlen liegen nur 10 % des Kohlenstoffs elementar vor; der Rest ist in einem Verbindungsgemisch enthalten, das v. a. aus aliphatischen und aromatischen Kohlenwasserstoffen besteht, in denen außer Sauerstoff z. T. auch Schwefel und Stickstoff chemisch gebunden sind. Bei Braunkohlen bestehen die organischen Bestandteile aus dem Bitumenanteil (v. a. Harze und Wachse) sowie aus Huminstoffen (dunkel gefärbte, aus Pflanzenstoffen entstandene hochmolekulare Substanzen). Daneben enthält jede K. anorganische Ballaststoffe (Aschebestandteile).

K. kann als Heizmaterial im Haus oder zur Energiegewinnung in Kraftwerken genutzt werden. Daneben ist K. ein wichtiger Grundstoff der Schwerindustrie und der chemischen Industrie, da aus ihr zahlreiche wichtige Rohstoffe gewonnen werden. Wichtige Verfahren zur Verarbeitung von K. sind die Verschwelung, die Verkokung einschließlich der Aufbereitung hierbei anfallender Produkte wie Rohteer und Rohbenzol, die Kohlevergasung sowie die ↑Kohlehydrierung. Diese Prozesse werden mit einer Reihe weiterer technischer Verfahren unter dem Begriff **Kohleveredelung** zusammengefasst.

Durch **Verschwelung** (Schwelung, Tieftemperaturentgasung) bei etwa 500 °C entstehen pro Tonne Steinkohle:
■ 800 kg Schwelkoks, der zur Stromerzeugung verwendet wird,

	Kohlenstoff	Wasserstoff	Sauerstoff	Heizwert in kJ/kg
Braunkohlen:				
Weichbraunkohle	65–70	5–9	18–30	25 100–26 800
Hartbraunkohle	70–75	5–6	12–18	26 800–28 500
Steinkohlen:				
Flammkohle	75–82	5,8–6,0	> 9,8	< 32 850
Gasflammkohle	82–85	5,6–5,8	9,8–7,3	< 33 900
Gaskohle	85–87	5,0–5,6	7,3–4,5	< 35 000
Fettkohle	87–69	4,5–5,0	4,5–3,2	< 35 400
Esskohle	89–90	4,0–4,5	3,2–2,8	35 400
Magerkohle	90–91,5	3,75–4,0	2,8–2,5	< 35 600
Anthrazit	> 91,5	< 3,75	< 2,5	< 36 000

Kohle: Arten von Kohle (Zusammensetzung in %, bezogen auf wasser- und aschefreie Substanz)

- 110 m³ Schwelgas (besonders Methan und Wasserstoff) mit einem Heizwert von 7200 bis 11300 kJ/m³,
- 8 kg Schwelteer und Schwelwasser, aus denen v. a. Phenole gewonnen werden können.

Durch **Verkokung** (Hochtemperaturentgasung) bei ca. 1 000 °C gewinnt man pro Tonne Steinkohle:

- 600 bis 800 kg **Koks,** der u. a. als Reduktionsmittel bei der Verhüttung von Metallen verwendet wird,
- 40–60 kg Teer, aus dem durch fraktionierte ↑Destillation Aromaten wie Benzol, Kresole usw. sowie Pech gewonnen werden,
- und Rohgas, das als Stadtgas Verwendung findet.

Bei der **Kohlevergasung,** einer Umsetzung von K. oder Koks mit Vergasungsmitteln wie Luft oder Wasserdampf, entstehen z. B. ↑Generatorgas und ↑Wassergas, die v. a. als Brenn- und Synthesegase dienen (früher z. B. bei der ↑Fischer-Tropsch-Synthese zur Benzinerzeugung und beim ↑Haber-Bosch-Verfahren zur Herstellung von Ammoniak verwendet).

Kohlehydrierung: ein Verfahren zur Gewinnung von flüssigen Treibstoffen (v. a. ↑Benzin) und anderen Mineralölprodukten aus Braun- und Steinkohle, das vor dem zweiten Weltkrieg im erdölarmen Deutschland zur Sicherung des Treibstoffbedarfs entwickelt wurde. Bei der K. wird fein vermahlene ↑Kohle mit Schweröl oder Teer vermengt und in Hochdrucköfen an fein verteiltem Katalysator (v. a. Eisenoxid) mit Wasserstoff bei 460 °C und 20–70 MPa umgesetzt. Durch fraktionierte Destillation und nochmalige Umsetzung mit Wasserstoff an Katalysatoren (u. a. Molybdän, Wolfram) erhält man Benzine mit hoher Octanzahl (etwa 1 t Benzin aus 4 t Kohle und 2 000 m³ Wasserstoff). Die K. ist heute weltweit nahezu vollständig zugunsten der billigeren Benzinproduktion aus ↑Erdöl eingestellt.

Kohlendioxid: ↑Kohlenstoffdioxid.

Kohlenhydrate: Sammelbezeichnung für eine weit verbreitete Gruppe von Naturstoffen, zu der z. B. alle Zucker-, Stärke- und Celluloasearten gehören. Sie haben die allgemeine Summenformel $C_n(H_2O)_m$ (n und m entweder gleich oder nur wenig verschieden), weshalb sie früher fälschlich als »Hydrate des Kohlenstoffs« aufgefasst wurden. K. sind jedoch chemisch Polyole, bei denen eine primäre oder eine sekundäre Hydroxylgruppe zur Aldehydgruppe bzw. Ketongruppe (Carbonylgruppe) oxidiert ist.

Entsprechend ihrer Molekülgröße unterscheidet man Mono-, Oligo- und Polysaccharide: Die ↑Monosaccharide stellen die Grundbausteine der K. dar; sie bestehen aus jeweils einem Polyhydroxyaldehyd bzw. -keton und werden entsprechend in Aldosen und Ketosen unterteilt; das ihnen zugrunde liegende Kohlenstoffgerüst enthält meist fünf oder sechs Kohlenstoffatome; man unterscheidet danach v. a. ↑Pentosen und ↑Hexosen mit den Summenformeln $C_5H_{10}O_5$ bzw. $C_6H_{12}O_6$. Die K. besitzen (meist mehrere) ↑asymmetrische Kohlenstoffatome und treten in zahlreichen Stereoisomeren auf. Beim Zusammenschluss von zwei oder mehreren Monosacchariden (durch Wasserabspaltung und unter Ausbildung einer glykosidischen Bindung) entstehen ↑Disaccharide, Trisaccharide usw., allgemein **Oligosaccharide,** die zusammen mit den Monosacchariden wegen ihres (meist) süßen Geschmacks auch als Zucker bezeichnet werden. Die Namen dieser Verbindungen werden durch die Endung -ose gekennzeichnet. Vereinigen sich viele Monosaccharideinheiten miteinander, so entstehen die höher- bis hochmolekularen Polysaccharide (z. B. ↑Glykogen, ↑Stärke, ↑Cellulose). Neben den einfachen Monosacchariden werden auch Abwandlungsprodukte dieser Verbindungen mit z. T. abweichender Zusammensetzung oder Struktur zu den K. gezählt, z. B. Aminozucker, Desoxyzucker und Zuckeralkohole, die z. T. auch als Bausteine von Polysacchariden auftreten (Aminozucker z. B. im Chitin). Durch chemische Abwandlung gelingt es, Derivate der K. herzustellen; technisch wichtig sind z. B. die ↑Celluloseester und ↑Celluloseether.

Die K. treten in der Natur als Energielieferanten (Zucker), Reservestoffe (Stärke) und Stützsubstanzen (Cellulose) auf. Sie werden von grünen Pflanzen aus Kohlenstoffdioxid und Wasser durch ↑Fotosynthese aufgebaut, wichtigster Abbauweg ist die ↑Glykolyse. Die K. sind neben Proteinen und Fetten eine der drei für den Menschen wichtigsten Nahrungsmittelgruppen, jedoch können manche K. (z. B. Cellulose) nicht vom menschlichen Körper verdaut werden.

Kohlenmonoxid: ↑Kohlenstoffmonoxid.

Kohlensäure, H_2CO_3: chemische Verbindung, die in kleinen Mengen beim Auflösen von Kohlenstoffdioxid in Wasser entsteht:

$$CO_2 + H_2O \rightleftharpoons H_2CO_3,$$

$$H_2CO_3 + H_2O \rightleftharpoons H_3O^+ + HCO_3^-,$$

$$HCO_3^- + H_2O \rightleftharpoons H_3O^+ + CO_3^{2-}.$$

Das Gleichgewicht der ersten Reaktion liegt sehr weit auf der linken Seite. Da demnach aus Kohlenstoffdioxid- und Wassermolekülen nur sehr wenige Kohlensäuremoleküle entstehen (über 99 % der Kohlenstoffdioxidmoleküle sind nur physikalisch gelöst), erscheint die Stärke der K. gering. Als zweiprotonige (zweibasige, zweiwertige) Säure bildet sie zwei Reihen von Salzen, die Hydrogencarbonate der Formel $M^I HCO_3$ und die ↑Carbonate der Formel $M^I_2 HCO_3$. Alle Hydrogencarbonate bis auf das Natriumhydrogencarbonat, $NaHCO_3$, sind leichter wasserlöslich als die jeweiligen Carbonate. Von diesen lösen sich nur die Alkalicarbonate, z. B. das Kaliumcarbonat, K_2CO_3, leicht, alle übrigen schwer in Wasser.

Kohlensäure|dichlorid: ↑Phosgen.

Kohlenstoff: chemisches Element der IV. Hauptgruppe, Zeichen C, OZ 6, relative Atommasse 12,01, ↑Mischelement, Nichtmetall.

Natürlicher K. ist ein Isotopengemisch aus 98,89 % ^{12}C, 1,11 % ^{13}C und Spuren von ^{14}C. Die Masse des Isotops ^{12}C wird seit 1961 als Bezugsmasse für die ↑Atommasse verwendet. ^{14}C bildet sich unter dem Einfluss der Höhenstrahlung in der Atmosphäre; es ist ein Betastrahler mit einer Halbwertszeit von 5 730 Jahren und wird zur Altersbestimmung benutzt (↑Radiocarbonmethode). ^{14}C wird auch künstlich aus ^{14}N hergestellt und als radioaktiver Indikator (Tracer) in der organischen Chemie zur Aufklärung von Reaktionsmechanismen verwendet.

Physikalische Eigenschaften: Es gibt drei Modifikationen von K., den kubisch kristallisierten, elektrisch isolierenden ↑Diamant, den hexagonalen, Strom leitenden ↑Graphit und die molekularen ↑Fullerene. Diamant ist ein sehr guter Wärmeleiter.

Ruß und Glanzkohlenstoff stellen eine feinkristalline Form des Graphits dar; Fp. > 3 550 °C, Sp. 4 827 °C.

Chemische Eigenschaften: reaktionsträge; reagiert bei Raumtemperatur nur mit Fluor. Bei höheren Temperaturen bildet es mit vielen Elementen Verbindungen, wobei v. a. die Wasserstoffverbindungen (↑Kohlenwasserstoffe), die Sauerstoffverbindungen (↑Kohlenstoffmonoxid, ↑Kohlenstoffdioxid) und die ↑Carbide von großer Bedeutung sind. In den Verbindungen tritt K. meist vierwertig, daneben auch zweiwertig auf. Er ist das einzige Element, dessen Atome sich zu Ketten und Ringen von beliebiger Länge und Anordnung verbinden. In diesen können nicht nur Einfach-, sondern auch Doppel- oder Dreifachbindungen vorliegen.

Vorkommen: in kohlenstoffhaltigen Lagerstätten in Form von ↑Kohle, ↑Erdöl und ↑Erdgas; selten rein (Graphit und Diamant); gebunden in Carbonatgestein, als Kohlenstoffdioxid (CO_2) im Wasser und in der Atmosphäre und als wesentlicher Bestandteil aller lebenden Organismen.

Kohlenstoffdioxid (Kohlendioxid), CO_2: farb-, geruch- und geschmackloses Gas, das unter Normalbedingungen bei $-78,5$ °C sublimiert. Nur unter hohem Druck, z. B. bei 5,75 MPa und 20 °C, kann es verflüssigt werden. Tritt flüssiges K., das in grauen Stahlflaschen gehandelt wird, aus, so verdampft ein Teil unter starker Abkühlung, sodass der Rest zu einer schneeartigen Masse erstarrt, die unter der Bezeichnung ↑Trockeneis als Kühlmittel verwendet wird.

K. entsteht u. a. bei der vollständigen Verbrennung kohlenstoffhaltiger Brennstoffe, bei der Atmung von tierischen Organismen und bei der alkoholischen Gärung. Es ist 1,5-mal schwerer als Luft und kann sich in geschlossenen Räumen, z. B. in Gärkellern, am Boden anreichern. Es kommt frei in der Luft vor (0,03–0,04 Vol.-%, in ausgeatmeter Luft etwa 4 Vol.-%). In höherer Konzentration wirkt es erstickend. Mehr als 10 % führen zu Bewusstlosigkeit und Krämpfen, ab 15 % kommt es zu Lähmungserscheinungen, sehr hohe Konzentrationen führen rasch zum Tod.

Außer als Trockeneis wird K. als Feuerlöschmittel und zur Herstellung kohlensäurehaltiger Getränke verwendet.

Es löst sich recht gut in Wasser; die Lösung reagiert schwach sauer, da sich ein geringer Teil (weniger als 1 %) des gelösten K. mit Wasser zu ↑Kohlensäure umsetzt. K. ist also das Anhydrid dieser Säure, es wird aber auch selbst als Kohlensäure bezeichnet.

K. ist ein klimarelevantes Gas (↑Atmosphärenchemie).

Kohlenstoffgerüst: ↑Kohlenwasserstoffe.

Kohlenstoffgruppe: die IV. Hauptgruppe des ↑Periodensystems der Elemente, d. h. die Elemente Kohlenstoff (C), Silicium (Si), Germanium (Ge), Zinn (Sn) und Blei (Pb).

Kohlenstoffmonoxid (Kohlenmonoxid), CO: farb-, geruch- und geschmackloses, sehr giftiges Gas, das bei der unvollständigen Verbrennung kohlenstoffhaltiger Brennstoffe entsteht. Bestandteil der Abgase von Benzinmotoren. In der Technik wird K. in großen Mengen in Form von ↑Generatorgas und ↑Wassergas erzeugt.

Eine Dauerkonzentration von 0,05 Vol.-% K. in der Luft wirkt tödlich, da es anstelle von Sauerstoff an den Blutfarbstoff ↑Hämoglobin angelagert und dadurch der Sauerstofftransport durch das Blut zu den Körperzellen blockiert wird.

Kohlenwasserstoff, Abk. KW: Sammelname für organische Verbindun-

Kohlenwasserstoff: Kohlenstoffgerüste

Name	Summen-formel	charakteristisches Merkmal	Name des Radikals	Trivialname
acyclische Kohlenwasserstoffe				
Alkane	C_nH_{2n+2}	Kettenform, gesättigt, Einfachbindungen	Alkyl	Paraffine, Grenzkohlenwasserstoffe
Alkene	C_nH_{2n}	Kettenform, ungesättigt, 1 Doppelbindung	Alkenyl	Olefine
Alkine	C_nH_{2n-2}	Kettenform, ungesättigt, 1 Dreifachbindung	Alkinyl	Acetylene
Alkadiene	C_nH_{2n-2}	Kettenform, ungesättigt, 2 Doppelbindungen	Alkadienyl	Diolefine, Diene
cyclische Kohlenwasserstoffe				
Cycloalkane	C_nH_{2n}	Ringform, gesättigt	Cycloalkyl	Naphthene
Cycloalkene	C_nH_{2n-2}	Ringform, ungesättigt	Cycloalkenyl	–
Aromaten	–	Benzolring(e), ungesättigt	–	–

Kohlenwasserstoff: Einteilung

gen, die nur aus Kohlenstoff und Wasserstoff bestehen. Es handelt sich dabei um verzweigte oder unverzweigte Ketten- oder Ringstrukturen, deren Grundgerüst nur durch C-C-Bindungen zustande kommt. Zur Verdeutlichung des **Kohlenstoffgerüsts** werden die Wasserstoffatome in der Strukturformel eines Kohlenwasserstoffmoleküls entweder ganz weggelassen oder nur durch freie Valenzstriche angedeutet (Abb.).
K. zeigen aufgrund der vielfältigen Möglichkeiten der Bindungsknüpfung verschiedene Formen von ↑Isomerie. Je nach Anordnung der Kohlenstoffatome unterscheidet man acyclische K. (↑aliphatische Verbindungen) mit offener Kohlenstoffkette und cyclische K. mit ringförmig angeordneten Kohlenstoffatomen (s. Tab.). Letztere gliedern sich in die alicyclischen K. (↑alicyclische Verbindungen), die in ihren chemischen Eigenschaften den acyclischen K. ähneln, und die ↑Aromaten, deren vom Benzol abgeleitete Elektronenstruktur ihnen große Stabilität verleiht. Gesättigte K. enthalten nur Einfachbindungen, ungesättigte dagegen auch Mehrfachbindungen (Doppel-, Dreifachbindungen). Die Vielzahl der K. fasst man in ↑homologen Reihen zusammen. Die Benennung der einzelnen K. ist durch internationale Vereinbarungen festgelegt (↑Nomenklatur). Durch ↑Substitution von Wasserstoffatomen lässt sich formal eine Vielzahl an neuen Verbindungen (Derivaten) von den K. ableiten. K. kommen v. a. in fossilen Brennstoffen (z. B. Erdöl, Erdgas) vor.

Koks: ↑Kohle.
Kolben: kugelförmiges Glasgefäß mit Einfüllöffnung (Hals), das meist mit einem Schliff versehen ist (Abb. ↑Destillation).
Kolla|gene [zu griech. kólla »Leim« und gennan »erzeugen«]: Gerüsteiweiße (Skleroproteine; ↑Proteine), die den

Kolloid

Hauptbestandteil des Bindegewebes und der organischen Knochensubstanz bilden.

K. enthalten v. a. die Aminosäuren Glycin, Prolin und Hydroxyprolin. Bindegewebe hat eine große Zugfestigkeit, ist aber nur wenig elastisch.

Kollo|id (kolloiddisperses System) [zu griech. kólla »Leim« und eidés »ähnlich«]: Dispersion (↑disperse Systeme) aus 1 bis 100 nm großen Teilchen in einem Dispersionsmittel. Dispersionsmittel und disperse Phase können fest, flüssig oder gasförmig sein. Kolloidteilchen sind so klein, dass sie unter einem Lichtmikroskop nicht zu erkennen sind. Von Papierfiltern werden sie nicht zurückgehalten. Zu ihrer Abtrennung benötigt man Ultrafilter (↑Dialyse). Kolloide zeigen den ↑Tyndall-Effekt, d. h. die Streuung eines einfallenden Lichtstrahls, der dadurch – von der Seite betrachtet – sichtbar wird.

Ein kolloiddisperses System kann in zwei Zustandsformen vorliegen: als **Sol** und als **Gel**. In einem Sol sind die kolloidalen Teilchen nahezu frei beweglich, während sie in einem Gel zu einem räumlichen Netz verbunden sind. Gele sind daher im Unterschied zu Solen formbeständig. Bei flüssigen Dispersionsmitteln spricht man von **Lyosolen** bzw. **Lyogelen**, bei gasförmigen von **Aerosolen (Aerogelen)**. Der Übergang vom Sol- in den Gelzustand wird **Koagulation** (Ausflockung, Gerinnung) genannt, der umgekehrte Vorgang heißt **Peptisation:**

$$\text{Sol} \xrightleftharpoons[\text{Peptisation}]{\text{Koagulation}} \text{Gel}.$$

In Lyosolen kann die Koagulation durch Wärmeeinwirkung oder durch Zusatz von Elektrolyten zu entgegengesetzt geladenen K. verursacht werden. Die gleichartig geladenen und dadurch in der Schwebe gehaltenen Kolloidteilchen treten dabei zu Flocken oder Klümpchen zusammen, die dann ausfallen.

Die große Bedeutung der K. zeigt sich z. B. daran, dass in den Organismen fast alle chemischen Reaktionen in kolloidalen Lösungen verlaufen.

Kolorimetrie [zu lat. color »Farbe« und griech. métron »Maß«]: ↑Fotometrie mit sichtbarem Licht.

Komplexchemie: siehe S. 218.

Komplexe (Komplexverbindungen) [zu lat. complexus »Umarmung«]: ↑Komplexchemie.

Komplexometrie: Titrationsverfahren (↑Titration) zur quantitativen Bestimmung von Metall-Ionen mithilfe von Maßlösungen, die Verbindungen mit komplexbildenden Liganden enthalten. Große Bedeutung als derartige Verbindungen besitzen z. B. die Ethylendiamintetraessigsäure (EDTA, Komplexon II) sowie ihr Dinatriumsalz (Komplexon III, hier kurz als Na_2H_2Y

Komplexometrie (Abb. 1): Bildung des Chelatkomplexes mit Komplexon III

bezeichnet). Das Dinatriumsalz dissoziiert in wässriger Lösung:

$$Na_2H_2Y \rightarrow 2\,Na^+ + H_2Y^{2-}.$$

Die beiden nicht neutralisierten Carboxylgruppen geben ihre Protonen an die Stickstoffatome ab (intramolekulares Salz, Abb. 1). Mit Metall-Ionen, z. B. M^{2+}, bilden die **Komplexone** stabile Chelate (↑Komplexchemie).

Die Erkennung des ↑Äquivalenzpunkts erfolgt mithilfe von ↑Indikatoren, die auf eine Änderung der Metallionen-Konzentration ansprechen. Diese Indikatoren bilden mit den Metall-Ionen ebenfalls Komplexe, die anders gefärbt sind als die freien Indikatoren. Der Farbumschlag am Äquivalenzpunkt erfolgt durch den Zerfall des Metallindikator-Komplexes, wobei die freie Indikatorfarbe auftritt. Ein wichtiger Metallindikator ist das Eriochromschwarz T (ErioT), ein Azofarbstoff (Abb. 2). Als dreibasige Säure H_3Ind bildet dieser Indikator in Abhängigkeit vom pH-Wert folgende Farbstoff-Ionen:

H_2Ind^-	rot	pH < 6,
$H\,Ind^{2-}$	blau	pH 7–11,
Ind^{3-}	gelborange	pH > 12.

In ammoniakalischer Lösung bilden viele Metall-Ionen intensiv gefärbte Komplexe:

$$M^{2+} + H\,Ind^{2-} \rightarrow M\,Ind^- + H^+.$$
blau   weinrot

Komplexometrie (Abb. 2): Eriochromschwarz T

Eine komplexometrische Titration im pH-Bereich 7–11 lässt sich für ein n-wertiges Kation wie folgt beschreiben:

$$M^{n+} + H_2Y^{2-} \rightarrow MY^{(n-4)} + 2\,H^+,$$
Hauptreaktion

$$M\,Ind^{(n-3)} + H_2Y^{2-} \rightarrow$$
rot   Indikatorreaktion

$$H\,Ind^{2-} + MY^{(n-4)} + H^+.$$
blau

Die bei der Hauptreaktion pro Metall-Ion entstehenden zwei Wasserstoff-Ionen rufen eine Änderung des pH-Werts hervor. Um diesen störenden Faktor auszuschalten, lässt man die Reaktion in einem Puffersystem (↑Puffer) ablaufen. Bei der Titration mit Eriochromschwarz verwendet man hierzu den Puffer NH_4^+/NH_3 im Verhältnis 1:5. Damit wird ein pH-Bereich von 10,1 bis 10,5 stabilisiert.

Komplexone: ↑Komplexometrie.

Kom|proportionierung: ↑Synproportionierung.

Kondensation (Kondensieren) [zu lat. condensare »verdichten«]:
◆ chemische Reaktion, bei der sich zwei Moleküle unter Abspaltung eines Moleküls einer chemisch einfachen Substanz (z. B. H_2O, NH_3) zu einem größeren Molekül vereinigen. Bei Verbindungen mit mehreren ↑funktionellen Gruppen kann sich die K. vielfach wiederholen (Polykondensation, ↑Kunststoffe). Auch intramolekulare K. sind möglich; diese laufen i. d. R. unter Bildung einer Ringverbindung (Cyclisierung) ab.
◆ Übergang eines Körpers aus dem gasförmigen in den flüssigen (bzw. bei sublimierbaren Substanzen in den festen) ↑Aggregatzustand. Die Temperatur, bei der sich dieser Übergang vollzieht (Kondensationstemperatur), stimmt bei konstantem Druck mit der Siedetemperatur überein. Die bei der K. frei werdende Wärmemenge (Konden-

Komplexchemie

Verbindungen, die man heute als **Komplexe** oder **Koordinationsverbindungen** bezeichnen würde, sind bereits seit mehreren Hundert Jahren bekannt. Es handelte sich meist um komplexe Ammoniakverbindungen, die im 19. Jh. Ammoniakate genannt wurden. Sie entstehen durch Kombination von valenzchemisch gesättigten Verbindungen und weisen völlig andere Eigenschaften als die Ausgangsverbindungen auf. Charakteristisch für die Komplexverbindungen ist das Ausbleiben charakteristischer Reaktionen der beteiligten Metall-Ionen. So dissoziieren diese Verbindungen nicht oder nur in geringem Ausmaß in die Ionen oder Moleküle, aus denen sie entstanden sind, und entziehen sich komplex gebunden den üblichen Nachweisreaktionen.

■ Die Modellvorstellung von Alfred Werner

Eine Erklärung für die Bindungsverhältnisse in Komplexverbindungen lieferte ALFRED WERNER (*1866, †1919) im Jahr 1893. Er postulierte, dass ein **Zentralatom** jenseits seiner normalen Wertigkeit über »Nebenvalenzen« weitere Bindungen tätigen kann. Die in der »inneren Sphäre« direkt an das Zentralatom gebundenen Ionen oder Moleküle heißen **Liganden**. Die Anzahl der Liganden wird als **Koordinationszahl** (KoZ) bezeichnet. Die Liganden sind meist so fest an das Zentralatom gebunden, dass dieses nicht mehr in freier Form auftritt. Bei der Verbindung $CuSO_4 \cdot 4\,NH_3$ bilden die vier Ammoniakmoleküle mit dem Kupfer(II)-Ion eine Einheit. Nach WERNER werden solche Einheiten in der chemischen Formelschreibweise mit einer eckigen Klammer umgeben: $[Cu(NH_3)_4]SO_4$. In der äußeren Sphäre sind die einzelnen Teilchen, hier die Sulfat-Ionen, SO_4^{2-}, klassisch ionisch gebunden.

Die Hypothesen von WERNER wurden u. a. anhand von Leitfähigkeitsuntersuchungen bestätigt. So müsste die Leitfähigkeit der Komplexverbindung $K_4[Fe(CN)_6]$ (gelbes Blutlaugensalz), wenn sie die Ionen K^+, Fe^{2+} und CN^- enthielte, in etwa mit der Summe der Leitfähigkeiten entsprechender Mengen der beiden Einzelsalze KCN und $Fe(CN)_2$ übereinstimmen. Da aber obige Komplexverbindung nur die Ionen K^+ und $[Fe(CN)_6]^{4-}$ enthält, ist aufgrund der verminderten Ionenzahl auch die Leitfähigkeit vermindert.

Eine der auffälligsten Eigenschaften vieler Komplexe ist ihre Farbe. Während normale Alkali- und Erdalkalimetall-Ionen in wässriger Lösung farblos sind, sind die hydratisierten Ionen (mit Wasser als Komplexligand) der Übergangsmetalle fast ausnahmslos farbig. Ein Beispiel ist das Tetraaquakupfer(II)-Ion, das in Lösung und im kristallwasserhaltigen Feststoff blau ist, in wasserfreien Kristallen jedoch farblos.

Die aussagekräftigste Bestätigung fanden die Vorstellungen WERNERS durch die ↑Kristallstrukturanalyse von Komplexverbindungen.

■ Zusammensetzung von Komplexverbindungen

Die meisten Komplexverbindungen enthalten als Zentralatome Übergangsmetalle bzw. ihre Ionen. Als Liganden fungieren Anionen oder Dipolmoleküle wie Wasser, Ammoniak und Kohlenstoffmonoxid.

Am häufigsten treten in Komplexen die Koordinationszahlen (KoZ) 4 und 6 auf. Komplexe mit KoZ 4 können entweder tetraedrisch oder quadratisch-planar gebaut sein. In Komplexverbindungen mit KoZ 6 liegt ein oktaedrischer Bau vor (Abb. 1).

Bei oktaedrischen Komplexen vom Typ MeA_2B_4 wie auch bei quadratisch-

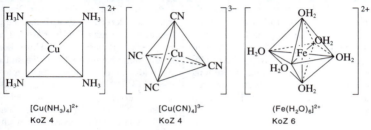

| [Cu(NH$_3$)$_4$]$^{2+}$ | [Cu(CN)$_4$]$^{3-}$ | (Fe(H$_2$O)$_6$)$^{2+}$ |
| KoZ 4 | KoZ 4 | KoZ 6 |

(Abb. 1) Beispiele für quadratisch-planare, tetraedrische und oktaedrische Komplexe

planaren Komplexen vom Typ MA$_2$B$_2$ (M = Metall; A, B = Liganden) können *cis*- und *trans*-Isomere auftreten (↑Isomerie), d. h. die Liganden A können entweder zwei benachbarte oder zwei gegenüberliegende Ecken besetzen (Abb. 2).

■ Nomenklatur der Komplexverbindungen

Bei der Benennung von Komplexen werden die Liganden in alphabetischer Reihenfolge vor dem Zentralatom genannt. Hinter dem Namen des Zentralatoms gibt man dessen Oxidationszahl an. Die Zahl der jeweiligen Liganden wird in griechischen Zahlwörtern angegeben: mono, di, tri, tetra, penta, hexa usw.

An den Namen eines anionischen Liganden wird ein -o angehängt. Beispiele: F$^-$ = fluoro, Cl$^-$ = chloro, O^{2-} = oxo, OH$^-$ = hydroxo, S^{2-} = thio, CN$^-$ = cyano usw. Die neutralen Liganden Wasser, Ammoniak und Kohlenstoffmonoxid werden mit Aqua, Ammin und Carbonyl bezeichnet. Beispiele hierfür zeigt die folgende Tabelle:

Hexaaquaeisen(II)-Ion	[Fe(H$_2$O)$_6$]$^{2+}$
Tetraamminkupfer(II)-Ion	[Cu(NH$_3$)$_4$]$^{2+}$
Nickeltetracarbonyl	[Ni(CO)$_4$]
Eisenpentacarbonyl	[Fe(CO)$_5$]

Bei anionischen Komplexen des Typs [ZL]$^{m-}$ wird an das Zentral-Ion die Endung »at« angehängt:

Tetrahydroxoaluminat(III)	[Al(OH)$_4$]$^-$
Hexachloroplatinat(IV)	[PtCl$_6$]$^{2-}$

Bei allen Komplexverbindungen wird das Kation zuerst genannt:

Kaliumhexacyanoferrat(II)	K$_4$[Fe(CN)$_6$]
Natriumtetrahydroxoaluminat(III)	Na[Al(OH)$_4$]
Tetraamminkupfer(II)-chlorid	[Cu(NH$_3$)$_4$]Cl$_2$

cis-[Pt(NH$_3$)$_2$Cl$_2$]   *trans*-[Pt(NH$_3$)$_2$Cl$_2$]

(Abb. 2) *cis-trans*-Isomerie bei Komplexverbindungen. Das *cis*-Isomer (»Cisplatin«) zeigt cytostatische Wirkung.

■ Theorien zur Komplexbildung

Nach NEVIL VINCENT SIDGWICK (*1837, †1952) beruht die Komplexbildung darauf, dass jeder Ligand dem Zentralatom ein freies Elektronenpaar zur Verfügung stellt, damit dessen äußere Elektronenschale bis zum Erreichen einer Edelgaskonfiguration aufgefüllt wird.

Komplexchemie

L. C. PAULINGS **Valence-Bond-Theorie** (VB-Theorie) geht ebenfalls davon aus, dass die Bindung der Liganden an das Zentralatom über freie Elektronenpaare der Liganden erfolgt. Dabei gibt es zwei Möglichkeiten der Verteilung der d-Elektronen des Zentralatoms, die am Beispiel des $[Fe(H_2O)_6]^{2+}$-Ions gezeigt werden:

1. Die ungepaarten Elektronen (Einzelelektronen) in den d-Orbitalen des Zentralatoms bleiben ungepaart (Abb. 3). Die freien Elektronenpaare der Liganden besetzen freie Orbitale der nächsthöheren Schale. Dabei entstehen sog. **Anlagerungskomplexe.** Man bezeichnet sie auch als **High-Spin-Komplexe.** Sie sind paramagnetisch.

```
   3d        4s    4p        4d
↑↓|↑|↑|↑|↑  ↑↓  ↑↓|↑↓|↑↓  ↑↓|↑↓|  |  |
```

(Abb. 3) Elektronenkonfiguration (ab der 3d-Schale) für den Anlagerungskomplex $[Fe(H_2O)_6]^{2+}$

2. Die ungepaarten Elektronen in den d-Orbitalen des Zentralatoms paaren sich so weit wie möglich (Abb. 4). Dadurch werden in diesen d-Orbitalen Plätze für die Aufnahme einzelner Elektronenpaare der Liganden frei. Es entstehen **Durchdringungskomplexe**, auch **Low-Spin-Komplexe** genannt. Sie sind diamagnetisch.

```
   3d         4s    4p        4d
↑↓|↑↓|↑↓|↑↓  ↑↓  ↑↓|↑↓|↑↓  |  |  |  |
```

(Abb. 4) Elektronenkonfiguration (ab der 3d-Schale) für den Durchdringungskomplex $[Fe(CN)_6]^{4-}$

Nach der **Kristallfeldtheorie** (bzw. der aus ihr entwickelten **Ligandenfeldtheorie**) hingegen bilden Zentralatom und Liganden kein gemeinsames Orbital aus, sondern werden nur durch elektrostatische Kräfte zusammengehalten. Da jeder elektrisch geladene Körper ein elektrisches Feld erzeugt, sind auch die Liganden – egal ob Anion oder Dipolmolekül – von einem elektrischen Feld umgeben. In einem Komplex kommt es zu einer Überlagerung der elektrischen Felder der beteiligten Liganden unter Ausbildung eines gemeinsamen Ligandenfeldes. Das Feld der Liganden spaltet die ursprünglich energiegleichen (entarteten) fünf d-Orbitale des Zentral-Ions auf. Bei oktaedrischen Komplexen werden dabei beispielsweise zwei der d-Orbitale energetisch angehoben, während die anderen drei d-Orbitale energetisch so weit abgesenkt werden, dass die Gesamtenergie erhalten bleibt (Abb. 5).

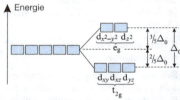

(Abb. 5) Aufspaltung der d-Orbitale im oktaedrischen Feld

Anhand dieser Aufspaltung ist nun die Entstehung von High- und Low-Spin-Komplexen erklärbar. Im schwachen Feld der Wassermoleküle als Liganden ordnen sich alle Elektronen in den d-Orbitalen des Zentralatoms nach der ↑Hund-Regel an, die d-Orbitale werden wie im freien Ion einfach besetzt. Schwache Liganden wie Wassermoleküle führen also nur zu einer geringen Aufspaltung und zu High-Spin-Komplexen.

Liganden mit hoher Feldstärke wie Cyanid-Ionen bewirken eine große Aufspaltung der d-Orbitale, sodass die 3d-Elektronen zuerst die energetisch niederen t_{2g}-Orbitale vollständig besetzen. Da sich die Spinmomente der Elektronen im Fall des Hexacyanoferrats(II) kompensieren, ergibt sich ein Low-Spin-Komplex.

Chelatkomplexe

Beim $[Cu(NH_3)_4]^{2+}$-Komplex geht die Bindung an das zentrale Cu^{2+}-Ion von je einem freien Elektronenpaar der vier Stickstoffatome der beteiligten vier Ammoniakmoleküle aus. Solche Liganden nennt man **einzähnig** (mono- oder unidentat). Bestimmten Liganden ist es jedoch auch möglich, simultan zwei oder mehr Bindungen zu einem Zentral-Ion zu unterhalten. Das erfordert, dass solche Liganden kettenförmig und biegsam sind und an weit voneinander entfernten Atomen je ein freies Elektronenpaar besitzen. Eine Komplexbildung bei solchen zwei- oder **mehrzähnigen** (bi- bzw. multidentaten) Liganden führt zu einer Ringbildung, die vorzugsweise erfolgt, wenn sich ein spannungsfreier 5- oder 6-Ring bilden kann. Solche mehrzähnigen Komplexe heißen Chelate (griech. chelé »Krebsschere«, Abb. 6).

Bedeutung von Komplexverbindungen

Komplexverbindungen sind in der Natur weit verbreitet. Die wichtigsten Komplexe sind die für die Fotosynthese unentbehrlichen grünen Blattfarbstoffe (die ↑Chlorophylle) mit Magnesium als Zentralatom und die Cytochrome und das ↑Hämoglobin jeweils mit Eisen als Zentralatom. ■

Ein quantitativer Nickelschnelltest: Modeschmuckstücke oder auch Münzen enthalten häufig Nickel als Legierungsbestandteil. Bei empfindlichen Personen kann dies zu allergischen Reaktionen führen. Nickel lässt sich mit einem käuflichen oder selbst leicht herzustellenden Nickeltest-Set nachweisen. Es besteht aus Wattestäbchen, die mit einer alkoholischen Dimethylglyoximlösung (Diacetyldioxim) imprägniert sind, und einem Plastiktropfflächchen mit 10%iger Ammoniaklösung. Man feuchtet die Teststäbchen mit einigen Tropfen der Ammoniaklösung an und reibt dann damit 30 Sekunden lang kräftig die Oberfläche einer Münze bzw. eines Schmuckstücks ab. Wenn in der Probe Nickel enthalten ist, färbt sich das Wattestäbchen rosa bis himbeerrot.

BRANDL, HERBERT: *Trickkiste Chemie*. (Bayerischer Schulbuchverlag) 1998. ■ *Chemie heute, Sekundarbereich II*, herausgegeben von MANFRED JÄCKEL u. a. Neuausgabe Hannover (Schroedel) 1998. ■ DEMUTH, REINHARD und KOBER, FRIEDHELM: *Komplexchemie – experimentell*. Frankfurt am Main (Diesterweg) 1980. ■ JANDER, GERHART und BLASIUS, EWALD: *Einführung in das anorganisch-chemische Praktikum*. Stuttgart (Hirzel) [14]1995.

Ethylendiamin Bipyridin 1,10-Phenanthrolin

Diacetyldioxim Oxalat
(2,3-Butandiondioxim)

(Abb. 6) Beispiele für häufig verwendete mehrzähnige Liganden

sationswärme) ist betragsgleich der Verdampfungswärme. Die durch Kondensieren niedergeschlagene Substanz wird Kondensat genannt.

kondensierte Ringsysteme: ↑Aromaten.

Konduktometrie: ↑Leitfähigkeitstitration.

Konfiguration [zu lat. configurare »nach einem Muster bilden«]: räumliche Anordnung der Atome oder Atomgruppen eines Moleküls (ohne Berücksichtigung der verschiedenen Anordnungen, die möglich sind durch die Drehung von Atomen um Einfachbindungen; ↑Konformation). Zur Überführung eines Moleküls mit einer bestimmten K. in ein Molekül von anderer K. müssen Atombindungen getrennt werden.

Konfigurationsformeln: ↑chemische Formeln.

Konformation [zu lat. conformare »formen«]: Bezeichnung für die räumlichen Anordnungsmöglichkeiten der Atome, die bei einem Molekül durch Drehung um eine Einfachbindung auftreten können.

Beim Ethanmolekül ist z. B. nur eine ↑Konstitution (d. h. eine Reihenfolge der Atomverknüpfung) möglich; es sind aber unendlich viele räumliche Stellungen der Atome zueinander, also K., denkbar, wenn die Methylgruppen ($-CH_3$) gegeneinander verdreht werden. Die Moleküle in den einzelnen Stellungsmöglichkeiten werden als Konformationsisomere (**Konformere**) bezeichnet.

Konformationsformeln: ↑chemische Formeln.

Konformations|isomerie: ↑Isomerie.

Konformere: ↑Konformation.

Königswasser: Gemisch aus einem Teil konzentrierter Salpetersäure, HNO_3, und drei Teilen konzentrierter Salzsäure, HCl; K. löst aufgrund seines Gehaltes an freiem Chlor, Cl^-, und Nitrosylchlorid, NOCl, die nach der Reaktionsgleichung

$$HNO_3 + 3\,HCl \rightarrow NOCl + 2\,Cl^- + 2\,H_2O$$

entstehen, sogar Platin und Gold, den »König« der Metalle:

$$Au + 3\,Cl^- \rightarrow AuCl_3.$$

konjugierte Doppelbindungen [zu lat. coniugare »verbinden«]: Doppelbindungen (meist in einem Kohlenstoffgerüst), die jeweils durch eine Einfachbindung getrennt sind.

Die einfachste Verbindung mit k. D. ist das 1,3-Butadien, $H_2C=CH-CH=CH_2$. Verbindungen mit k. D. unterscheiden sich aufgrund der bei ihnen vorliegenden Bindungsverhältnisse (↑Diene) durch ihre größere Reaktivität von den übrigen ungesättigten Verbindungen.

Konservierung: die Haltbarmachung von verderblichen Gegenständen, von tierischen und pflanzlichen Objekten (z. B. für wissenschaftliche Sammlungen) oder besonders von Nahrungsmitteln; Letztere sind v. a. von der Zersetzung durch Mikroorganismen bedroht. Bei Lebensmitteln kennt man als physikalische Konservierungsmethoden Kühlen, Gefrieren, Wärmebehandlung (z. B. Pasteurisieren), Trocknen und Vakuumlagerung. Chemische Konservierungsmethoden sind das Salzen, Räuchern, Einlegen in Fett, Essig oder Alkohol. Die Zugabe selbst kleinster Mengen chemisch wirksamer Konservierungsstoffe, die das Wachstum von Mikroorganismen durch Störung ihrer Enzymsysteme hemmen, muss nach gesetzlicher Verordnung an den Lebensmitteln vermerkt sein. Heute sind nur noch wenige Konservierungsstoffe zugelassen, v. a. **Sorbinsäure** (2,4-Hexadiensäure), Benzoesäure, **PHB-Ester** (Ester der p-Hydroxybenzoesäure = 4-Hydroxybenzoesäure), Ameisensäure, Propionsäure sowie die Natrium-, Kalium- und Calciumsalze dieser Säuren. Der Gebrauch von Biphenyl, $C_6H_5-C_6H_5$ (früher Diphenyl genannt; für Zitrusfrüchte), und Schwefeldioxid bzw. schwefliger Säure (v. a. für die Weinbereitung, für Früchte) ist gestattet. Antibiotika (für Frischfleisch) sind in der Bundesrepublik Deutschland verboten.

Konstantan®: ↑Legierungen.

Konstitution [zu lat. constituere, constitutum »aufbauen«] (Struktur): Verknüpfung der Atome in einem Molekül. Unter der K. eines Moleküls ist also die Reihenfolge der Atome in diesem Molekül sowie die Art der Bindungen (Einfach- oder Mehrfachbindungen), durch die diese Atome verknüpft sind, zu verstehen.

Konstitutionsformeln: ↑chemische Formeln.

Kontakt: ↑Katalyse.

Kontaktgifte:
♦ Berührungsgifte; chemische Stoffe, die bei Berührung auf Organismen schädigend oder tödlich wirken.
♦ ↑Katalysatorgift.

Kontaktkleber: ↑Klebstoffe.

Kontaktverfahren: technisches Verfahren zur Herstellung von ↑Schwefelsäure.

Kontamination [zu lat. contaminare »beflecken«]: Verschmutzung von Lebensmitteln, Gegenständen und Räumen sowie von Luft, Wasser und Boden durch Mikroorganismen, chemische Gifte oder radioaktive Stoffe. Die Beseitigung von K. wird als **Dekontamination** bezeichnet.

Konvertierung [zu lat. convertere »umkehren«, »verwandeln«]: ↑Wasserstoff (Darstellung).

Konzentration [zu lat. con »zusammen« und griech. kéntron »Mittelpunkt«]: Anteil einer Komponente an der Masse oder am Volumen eines Gemisches. Die K. kann in verschiedener Weise angegeben werden. Bei Gasgemischen wird die K. eines Bestandteils ausgedrückt in Volumenprozent (Vol.-%, z. B. Kubikzentimeter je 100 cm³ Mischung) oder in Massenprozent (Masse-%, z. B. Gramm je 100 g Mischung; häufig auch als Gewichtsprozent, Gew.-%, bezeichnet). So enthält die Luft z. B. 20,95 Vol.-% bzw. 23,16 Masse-% Sauerstoff.

Die gebräuchlichsten Konzentrationsangaben für Lösungen sind:

Volumenprozent: Kubikzentimeter gelöster Stoff in 100 cm³ Lösung; Symbol: cm³/100 cm³ oder Vol.-%. In 100 cm³ eines beispielweise 40 Vol.-%igen Branntweins sind 40 cm³ Ethanol enthalten.

Massenprozent: Gramm gelöster Stoff in 100 g Lösung; Symbol: % oder Masse-%. Eine 8%ige Kochsalzlösung wird also aus 8 g Natriumchlorid und 92 g Wasser oder einem Vielfachen dieser Massen hergestellt.

Weitere Konzentrationsangaben: ↑Molalität, ↑Molarität, ↑Normalität, ↑ppm.

Konzentrationskette: Spezialfall einer galvanischen Zelle, deren Halbzellen das gleiche Metall, jedoch verschiedene Metallsalzkonzentrationen enthalten. Die elektromotorische Kraft einer K. lässt sich durch die ↑Nernst-Gleichung berechnen und wird durch das Bestreben nach Konzentrationsausgleich hervorgerufen.

konzentrieren: ↑einengen.

Koordinationsverbindungen [zu lat. coordinare »zuordnen«]: ↑Komplexchemie.

Koordinationszahl (Abk. KoZ):
♦ Zahl, die angibt, wie viele Atome (bzw. Ionen oder Moleküle) einem Atom (bzw. Ion oder Molekül) in einem Kristallgitter benachbart sind. Jedes Kristallgitter besitzt eine bestimmte Koordinationszahl. So hat z. B. das Diamantgitter die K. 4 und das Natriumchloridgitter die K. 6.

koordinative Bindung

♦ Zahl, die angibt, wie viele Liganden sich bei einer Komplexverbindung (↑Komplexchemie) in räumlich regelmäßiger Anordnung um das Zentralion oder Zentralatom gruppieren. Im Tetracyanokupfer(I)-Ion, $[Cu(CN)_4]^{3-}$, z. B. beträgt die K. des Zentralions Cu^+ vier (das Cu^+-Ion ist koordinativ vierwertig).

koordinative Bindung (semipolare Bindung): Variante der ↑Atombindung, bei der das bindende Elektronenpaar von einem der beiden Bindungspartner allein zur Verfügung gestellt wird:

$$A: + B \rightarrow A^+ - B^-$$
koordinative Bindung

$$A \cdot + B \cdot \rightarrow A - B$$
»normale« Atombindung

Die in den beiden Fällen resultierenden Bindungen sind gleich, was sich am Beispiel des ↑Oxonium-Ions, H_3O^+, zeigt. Seine Bindungen sind gleichwertig, obwohl sie auf verschiedene Weise zustande gekommen sind: Zwei der Wasserstoffatome sind »normal« an das Sauerstoffatom gebunden (Wassermolekül H_2O), das dritte aber koordinativ: Es wird als Proton an eines der freien Elektronenpaare des Sauerstoffatoms im Wassermolekül angelagert (Abb.).

$$H-\overline{\underline{O}}| + H^+ \longrightarrow \left[H-\overline{\underline{O}}-H \right]^+$$
$$\;\;\;\;\;|\;|$$
$$\;\;\;\;\;H\;H$$

koordinative Bindung: Bildung eines Oxonium-Ions

koordinative Wertigkeit: ↑Wertigkeit.

korrespondierendes Säure-Base-Paar [zu mlat. correspondere »übereinstimmen«]: ↑Säuren und Basen.

korrespondierendes Redoxpaar: ↑Reduktion und Oxidation.

Korrosion [zu lat. corrodere, corrosum »zernagen«]: im engeren Sinn Zerstörung von metallischen Werkstoffen durch chemische oder elektrochemische Reaktion mit Oxidationsmitteln.

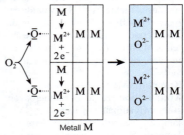

Korrosion (Abb. 1): Chemisorption von Sauerstoff

Die *chemische* K. wird durch die Anlagerung des Oxidationsmittels, z. B. Sauerstoff, an die Metalloberfläche eingeleitet (Chemisorption, Abb. 1). Die Sauerstoffmoleküle werden gespalten und adsorbiert, wobei die entstehenden Sauerstoffatome Elektronen aufnehmen, die von Metallatomen (M) unter Ionenbildung geliefert werden. Die Ionisierung eines Metallatoms erfolgt am Ort der Elektronenaufnahme:

$$M + ½ O_2 \rightarrow M^{2+} O^{2-}.$$

Es bildet sich eine oxidische Deckschicht, die oft ein Fortschreiten der Oxidation verhindert. In einigen Fällen können die Reaktionsteilnehmer aber durch das Oxidgitter diffundieren, sodass die Oxidschicht weiter wächst.

Häufiger als die chemische K. tritt die *elektrochemische* auf, die in Gegenwart eines Elektrolyten (z. B. salzhaltiges Wasser) abläuft und durch ein Korrosionselement (z. B. einen Kontakt zwischen Eisen und Kupfer) gefördert wird.

Dabei findet gleichzeitig, aber räumlich getrennt eine anodische, Elektronen liefernde Reaktion (am Eisen) und eine kathodische, Elektronen verbrauchende Reaktion (am Kupfer) statt, wobei

Anode und Kathode leitend verbunden sind. Findet die K. in Anwesenheit eines neutralen Elektrolyten statt, z. B. in Gegenwart einer Natriumchloridlösung, und ist darin Sauerstoff gelöst, so bilden sich an der nur als Elektronenleiter beteiligten Kathode durch Sauerstoffreduktion Hydroxid-Ionen, OH⁻:

$1/2\, O_2 + H_2O + 2e^- \rightarrow 2\,OH^-$,

während sich die aus dem unedleren Metall bestehende Anode auflöst:

$Fe \rightarrow Fe^{2+} + 2e^-$

und die für die Kathodenreaktion benötigten Elektronen liefert. Die Reaktionsprodukte fallen als Eisen(II)-hydroxid, $Fe(OH)_2$, aus, das weiter oxidiert wird:
$2\,Fe(OH)_2 + ½\,O_2 + H_2O \rightarrow 2\,Fe(OH)_3$, was zum Fortschreiten der Rostbildung beiträgt:

$Fe + 2\,Fe(OH)_3 \rightarrow 3\,Fe(OH)_2$.

In saurer Lösung (schwache Säuren wie schweflige Säure, H_2SO_3, oder Kohlensäure, H_2CO_3, genügen) nehmen die H_3O^+-Ionen an der Kathode Elektronen auf und werden zu freiem Wasserstoff reduziert (Abb. 2):

$2\,H_3O^+ + 2e^- \rightarrow H_2\uparrow + 2\,H_2O$.

Gleichzeitig wird das anodische Eisen wie schon beschrieben oxidiert. In unzureichend saurer Lösung bildet sich ebenfalls Eisen(II)hydroxid:

$Fe^{2+} + 4\,H_2O \rightarrow Fe(OH)_2\downarrow + 2\,H_3O^+$.

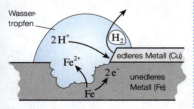

Korrosion (Abb. 2): elektrochemische Korrosion in sauren Elektrolyten

Korrosionsschutz: Bezeichnung für eine Reihe von Verfahren, die zur Verhinderung der ↑Korrosion dienen. Sie lassen sich aufgrund ihrer Funktion in verschiedene Gruppen einteilen:

■ *Schutzschichten* und *Überzüge* wie a) künstlich verstärkte Oxidschichten (durch anodische Oxidation z. B. beim ↑Eloxalverfahren), b) Chromatschichten (auf Zink, Magnesium und Eisen) und Phosphatschichten auf Eisen (Phosphatieren), c) Metallüberzüge (durch elektrolytische Metallabscheidung wie beim Verchromen, durch Aufdampfen, Flammspritzen, Plattieren oder Eintauchen in Metallschmelzen wie beim Verzinken), d) Anstriche mit anorganischen oder organischen Deckschichten (z. B. Rostschutzanstrich mit Mennige), e) Kunststoffüberzüge und f) Emaillen.

■ *Korrosionsinhibitoren*, die z. B. die Deckschichtenbildung auf dem Metall fördern oder die Abscheidung anderer korrosionshemmender Schichten ermöglichen.

■ *Kathodischer K.* durch Schaltung des Werkstoffs als Kathode in einem galvanischen Element. Die Voraussetzung hierfür ist das Vorhandensein eines gut leitenden Elektrolyten sowie die Möglichkeit, die erforderliche kathodische Stromdichte durch eine Gegenelektrode (Opferanode) aus einem unedleren Metall (Magnesium, Zink) oder durch Einbau einer unangreifbaren Gegenelektrode mit entsprechender Fremdstrombelastung zu erreichen. Auf diesem Prinzip basiert auch der Schutz des (edleren) Eisens durch Überzüge aus dem (unedleren) Zink, das auch dann noch seinen Schutz ausübt, wenn der Verzinkungsüberzug das Eisen nicht mehr völlig bedeckt.

Korund [zu sanskr. kuruvinda »Rubin«]: aus Aluminiumoxid, Al_2O_3, be-

stehendes, in reinem Zustand farbloses, sehr hartes Mineral (Härtestufe 9), das als Schleifmittel dient.
K. kommt mineralisch vor, wird aber meist synthetisch hergestellt. Durch Metalloxide gefärbte Varietäten sind der tiefrote Rubin und der meist blaue Saphir, die als Schmucksteine verwendet werden.

Kovalenzbindung: ↑Atombindung.
Kr: Zeichen für ↑Krypton.
Kraftstoff: ↑Treibstoff.
Krapp: ↑Farbstoffe.
Kreide: ↑Kalk.
Kresol [Kw. aus Kreosot (zu griech. kréas »Fleisch« und sozein »schützen«) und Phenol]: ↑Phenole.
Kristall [zu griech. krýstallos »Eis«]: fester Körper, dessen Bausteine (Atome, Ionen oder Moleküle) eine ganz bestimmte, dreidimensional-periodische Anordnung einnehmen.
Bei ungehindertem Wachstum bedingt diese Anordnung die Ausbildung von Würfeln, Quadern, Pyramiden und ähnlichen Körpern mit Ecken, geraden Kanten und ebenen Flächen. Aufgrund ungünstiger Umstände (z. B. Platzmangel) können K. bei ihrer Entstehung oft keine regelmäßige Form ausbilden. Charakteristisch für einen K. ist also nicht die äußere **Kristallform**, der **Ha-bitus,** sondern sein innerer Bau, d. h. die Anordnung seiner Bausteine in einem bestimmten ↑Kristallgitter. Modellhaft betrachtet man häufig Idealkristalle; die in der Natur vorkommenden Realkristalle weisen jedoch fast immer Baufehler auf, deren Ursache Unregelmäßigkeiten beim Wachstum und mangelnde Reinheit der Grundsubstanzen sind.
K. können mikroskopisch klein, aber auch einige Meter lang sein: Ein in sich einheitlich orientierter und meist auch nach außen durch regelmäßige Flächen abgegrenzter K. heißt ↑Einkristall. Zwei an einer gemeinsamen Fläche verwachsene K. nennt man Zwillinge.

Kristallfeldtheorie: ↑Komplexchemie.
Kristallform (Habitus): ↑Kristall.
Kristallgitter (Raumgitter): dreidimensional-periodische Anordnung von Materieteilchen (Atome, Ionen oder Moleküle).
Eine möglichst kleine Baueinheit, aus der sich durch Verschieben das ganze Gitter aufbauen lässt, heißt Elementarzelle. Gitter verschiedener ↑Kristallklassen haben Elementarzellen, deren Achsenkreuze sich unterscheiden.
Ein reales K. ist nicht starr, sondern die Teilchen schwingen infolge ihrer Wär-

Gitter	Gitterbausteine	Gitterkräfte	Beispiel
Ionengitter	Kationen und Anionen	elektrostatische Bindungskräfte (Coulomb-Kräfte), ungerichtet	Natriumchlorid, Bariumsulfat
Molekülgitter	Moleküle	Van-der-Waals-Kräfte, ungerichtet	Zucker, Iod
Atomgitter	Atome	Bindungskräfte kovalenter Bindungen, gerichtet	Diamant, Siliciumdioxid
Metallgitter	Metallatome	Bindungskräfte der Metallbindung, ungerichtet	Natrium, Kupfer
Edelgasgitter	Atome	Van-der-Waals-Kräfte, ungerichtet	Helium, Xenon

Kristallgitter: Übersicht der Gittertypen

meenergie um die Gitterpunkte. Mit zunehmender Temperatur werden die Schwingungsamplituden größer. Schließlich können die ↑Gitterkräfte die Teilchen nicht mehr zusammenhalten, das Raumgitter bricht zusammen, d. h. der Kristall schmilzt.
Nach der Art der vorhandenen Gitterbausteine und der zwischen ihnen wirkenden Gitterkräfte können verschiedene Gittertypen unterschieden werden (Tabelle).
Nach dem räumlichen Bau sind folgende Gittertypen möglich.

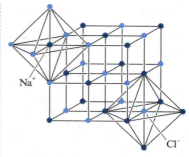

Kristallgitter (Abb. 1): NaCl-Gitter mit hervorgehobenen Koordinationsoktaedern

- Koordinationsgitter: Dreidimensionale unbegrenzte Gitterverbände, in denen keine kleineren, in sich abgegrenzten Atomverbände vorhanden sind. Beispiele: Metallgitter, Diamantgitter, Kochsalzgitter.
- Schichtengitter: Bei ihnen sind die Gitterbausteine zu Schichten geordnet, da in zwei Dimensionen besonders starke Gitterkräfte wirken. Beispiel: Graphitgitter.

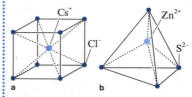

Kristallgitter (Abb. 2): a) Würfel des CsCl-Gitters; b) Tetraeder des ZnS-Gitters

- Kettengitter: Hier sind die Gitterbausteine zu Ketten geordnet, da in einer Dimension besonders starke Gitterkräfte wirken. Beispiel: Kupfer(II)-chloridgitter.

Bei den Schichten- und Kettengittern wirken chemische Bindungen nur in zwei bzw. einer Richtung des Raumes; die einzelnen Schichten bzw. Ketten werden häufig nur durch Van-der-Waals-Kräfte zusammengehalten. Dementsprechend besitzen Stoffe mit Schichten- oder Kettengittern oft eine ausgesprochen blättrige bzw. faserige Struktur und sind leicht spaltbar.
Typische Ionengitter sind das Natriumchlorid- oder Steinsalzgitter mit der Koordinationszahl (KoZ 6, Abb. 1), das Cäsiumchloridgitter (KoZ 8, Abb. 2a) und das Zinkblende- oder Zinksulfidgitter (KoZ 4, Abb. 2b).
kristallin: Eigenschaft eines Feststoffs, die sich auf die Ordnung seiner Bausteine (Atome, Ionen, Moleküle) bezieht. Im Unterschied zu ↑amorphen Stoffen weist ein k. Körper nicht nur eine Nah-, sondern auch eine Fernordnung auf, besitzt also ein ↑Kristallgitter.
Stoffe, die aus vielen kleinen, unregelmäßig gelagerten Kristalliten bestehen, heißen polykristallin. Sind die ↑Kristallite besonders klein, so nennt man sie mikro- oder **kryptokristallin.**
Kristallisation (Kristallisieren): Vorgang, bei dem sich durch das Eindampfen oder Abkühlen einer Lösung, durch das Abkühlen einer Schmelze oder durch das Kondensieren eines Dampfes bzw. Gases Kristalle bilden. Dabei wird Kristallisationswärme frei. Die K. setzt erst in Anwesenheit von Kristallkeimen (feste Kristall- oder Fremdpartikel) ein, weshalb Lösungen und Dämpfe zur **Übersättigung** und Schmelzen zur **Un-**

Kristallite

terkühlung neigen. Die K. setzt dann verzögert ein.

Kristallite: mikroskopisch kleine Kristalle mit meist unregelmäßiger Oberfläche.

Kristallklassen (Symmetrieklassen): Klassen, die sich bei der Einteilung der Kristalle nach ihren Symmetrieeigenschaften (Lageidentität nach Spiegelungen oder Drehungen) ergeben. Es werden 32 K. unterschieden. Sie verteilen sich auf sieben Kristallsysteme (Tab.), nämlich auf das **kubische** (5 Klassen), das **hexagonale** (7 Klassen), das **rhomboedrische** (5 Klassen), das **tetragonale** (7 Klassen), das **ortho-** **rhombische** (3 Klassen), das **monokline** (3 Klassen) und das **trikline** Kristallsystem (2 Klassen).

Jede K. lässt sich einem bestimmten **Kristallsystem** zuordnen. Diese Kristallsysteme unterscheiden sich nach der Länge der Achsen und nach den Winkeln, die diese Achsen untereinander bilden (Abb.).

Kristallstruktur: regelmäßige Anordnung der Teilchen, aus denen ein Kristall besteht.

Kristallstruktur|analyse (frühere Bezeichnung: Röntgenstrukturanalyse): Verfahren zur Ermittlung der Kristallstruktur mithilfe von Röntgen- oder

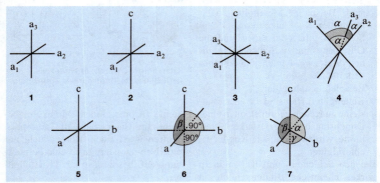

System	Achsen
kubisch (**1**)	drei gleich lange, senkrecht aufeinander
tetragonal (**2**)	zwei von gleicher und eine anderer Länge, senkrecht aufeinander
hexagonal (**3**)	drei gleich lange in einer Ebene, 120° zueinander, die vierte mit anderer Länge senkrecht zur Ebene
rhomboedrisch (**4**)	drei gleich lange, die sich in gleichen schiefen Winkeln schneiden
(ortho)rhombisch (**5**)	drei verschieden lange, senkrecht aufeinander
monoklin (**6**)	drei verschieden lange, zwei senkrecht aufeinander, eine in schiefem Winkel
triklin (**7**)	drei verschieden lange, in verschiedenen schiefen Winkeln

Kristallklassen: Achsenkreuze und Kristallsysteme

Partikularstrahlung, die am Kristallgitter gebeugt wird. Aus der Lage und Stärke der resultierenden Interferenzmaxima lässt sich die Anordnung der Atome im Kristall berechnen. Zur Verfügung stehen die Pulvermethode nach MAX VON LAUE (*1879, †1960), für die ein mikrokristallines Pulver genügt, und die (leistungsfähigere) Drehkristallmethode nach WILLIAM LAWRENCE BRAGG (*1862, †1942), zu der man einen ↑Einkristall von geeigneter Größe benötigt.

Kristallsysteme: ↑Kristallklassen.

Kristallviolett: ↑Triphenylmethanfarbstoff, der durch Kondensation von ↑Michlers Keton mit Dimethylanilin dargestellt wird. Das Chlorid bildet bronzefarbene Kristalle, die sich in Wasser mit violetter Farbe lösen. Es dient u. a. zur Herstellung von Kopierstiften.

Kristallviolett: eine von mehreren Grenzformeln

Kristallwasser: in ein Kristallgitter eingebaute Wassermoleküle. Die Bindung der Wassermoleküle an die Gitterbausteine kann dabei koordinativ sein oder durch Ionen-Dipol-Kräfte, Wasserstoffbrückenbindungen bzw. Van-der-Waals-Kräfte erfolgen (↑Hydratation). Beim Erhitzen oder bei Druckminderung entweicht das K., meist in mehreren Stufen. Manchmal erfolgt im Zusammenhang mit der Wasserabspaltung eine Farbveränderung, so z. B. beim Kupfer(II)sulfat. Dieses kristallisiert aus wässriger Lösung in blauen Kristallen als Kupfer(II)-sulfat-Pentahydrat, $CuSO_4 \cdot 5\,H_2O$. Die blaue Farbe ist dabei auf die im Pentahydrat vorhandenen Tetraaquakupfer(II)-Ionen, $[Cu(H_2O)_4]^{2+}$, zurückzuführen; das fünfte Wassermolekül ist über Wasserstoffbrücken an das Sulfat-Ion gebunden. Beim Erhitzen werden die Tetraaqua-Ionen unter Wasserabspaltung und Farbverlust zerstört:

$$CuSO_4 \cdot 5\,H_2O \xrightarrow{200\,°C} CuSO_4 + 5\,H_2O.$$
blau — farblos

Kristallzüchtung: Methode zur Erzeugung wohl ausgebildeter Kristalle (Einkristalle). Im Experiment hängt man hierzu an einem Faden einen kleinen Kristall (Impfkristall) in eine schwach übersättigte Lösung der betreffenden Substanz, die man langsam abkühlen oder aus der man Lösungsmittel verdunsten lässt.

Stoff	kritischer Druck in MPa	kritische Temperatur in K
Wasser	22,1	647,3
Ammoniak	11,3	405,6
Propan	4,2	370,0
Kohlenstoffdioxid	7,3	304
Sauerstoff	5,0	154,6
Neon	2,7	44,5
Wasserstoff	1,3	33,2
Helium	0,2	5,2

kritischer Punkt: Beispiele für die kritischen Daten einiger Stoffe

kritischer Punkt (kritischer Zustand): im weiteren Sinn Bezeichnung für den Zustand eines Stoffes, in dem zwei verschiedene Aggregatzustände gleichzei-

Kunststoffe

Kunststoffe sind makromolekulare Kohlenstoffverbindungen, d. h. bei ihren Molekülen handelt es sich um lange Ketten, die vorwiegend aus Kohlenstoffatomen aufgebaut sind. Die meisten Kunststoffe werden vollsynthetisch aus niedermolekularen Stoffen hergestellt, von denen viele aus Erdöl gewonnen werden. Andere Kunststoffe entstehen halbsynthetisch durch Umwandlung makromolekularer Naturstoffe. Zu diesen zählen frühe Kunststoffe auf der Basis von ↑Casein oder ↑Cellulose wie Kunsthorn oder ↑Celluloid.

Heutige Kunststoffe konnten sich als Ersatz für Glas, Metall und Naturtextilfasern nicht nur dank der beliebigen Formgebung durch Gießen und Extrudieren, sondern auch wegen einer Reihe weiterer Eigenschaften durchsetzen, zu denen v. a. Widerstandsfähigkeit gegen ätzende Chemikalien, hohe Bruch- und Reißfestigkeit, geringes Gewicht und geringe Wärme- und Stromleitfähigkeit gehören. Der Nachteil vieler Kunststoffe im Vergleich zu Metall, Glas und Keramik liegt in der geringeren Temperaturbeständigkeit, der Löslichkeit in verschiedenen organischen Lösemitteln, der gegen Kratzer empfindlichen Oberfläche, der Neigung zu elektrostatischer Aufladung, der Entwicklung gefährlicher Gase beim Erhitzen und Verbrennen und der schlechten biologischen Abbaubarkeit von Kunststoffabfällen. Trotz dieser Nachteile traten die Kunststoffe einen Siegeszug an, dem das 20. Jh. die Bezeichnung »Zeitalter des Kunststoffs« verdankt.

■ Polyreaktionen

Bei der Synthese der Makromoleküle von Kunststoffen unterscheidet man drei Arten chemischer Reaktionen: die Polymerisation, die Polykondensation und die Polyaddition. Die Art der Reaktion und ihre technische Ausführung beeinflussen maßgeblich die Eigenschaften der hergestellten Kunststoffe. Ausschlaggebend sind die Länge der Molekülketten und das Vorhandensein von Querverbindungen zwischen den einzelnen Strängen.

Bei der **Polymerisation** verbinden sich die Ausgangsstoffe (Monomere) untereinander unter Absättigung ihrer Doppelbindungen. Diese Reaktion kann auf drei verschiedene Weisen ausgeführt werden, wobei es sich aber immer um Kettenreaktionen handelt. Daher lässt sich kein sehr einheitlicher Polymerisationsgrad erreichen – die Länge der entstehenden Makromoleküle ist recht unterschiedlich. Nach dem Reaktionsmechanismus unterscheidet man hier zwischen radikalischer, ionischer und koordinativer Polymerisation.

Die **radikalische Polymerisation** wird durch Radikalbildner ausgelöst. An ein

$$\text{Start: } BF_3 + HO-R \longrightarrow [BF_3OR]^- H^+ \quad \text{(Komplexbildung)}$$

$$[BF_3OR]^- H^+ + H_2C=C(CH_3)_2 \longrightarrow H_3C-\overset{+}{C}(CH_3)_2 + [BF_3OR]^-$$

2-Methylpropen

$$H_3C-\overset{+}{C}(CH_3)_2 + n\,H_2C=C(CH_3)_2 \longrightarrow$$

$$H_3C-C(CH_3)_2 {\Big[} CH_2-C(CH_3)_2 {\Big]}_{n-1} CH_2-\overset{+}{C}(CH_3)_2$$

(Abb. 1) ionische Polymerisation

Kunststoffe

wachstumsfähiges Primärradikal lagern sich so lange Monomere an, bis der Radikalcharakter durch Kombination zweier Radikale verloren geht. Dies kann durch die Zugabe von Radikalfängern bewusst herbeigeführt werden.

Die Träger der Kettenreaktion bei der **ionischen Polymerisation** sind meist Carbenium-Ionen, die sich durch Anlagerung von Protonen an ungesättigte Verbindungen bilden. Der Kettenabbruch erfolgt durch Abspalten und Abfangen der Protonen mit Basen. Ionische Polymerisationen laufen bei sehr niedrigen Temperaturen ab (Abb. 1).

Bei der **koordinativen Polymerisation** wird das Kettenwachstum durch Zugabe von ↑Ziegler-Natta-Katalysatoren ausgelöst. Die Anlagerung der Monomere erfolgt hier in einer durch den Katalysator vorgegebenen räumlichen Orientierung und führt, anders als bei radikalischer und ionischer Polymerisation, bei der eine ataktische (regellose) Anordnung entsteht, zu einheitlich isotaktisch oder syndiotaktisch angeordneten Seitengruppen (Abb. 2).

Bei der **Mischpolymerisation** werden zwei oder mehr verschiedene Monomere eingesetzt, wodurch sich die Produkteigenschaften in weiten Grenzen variieren lassen.

Wichtige Polymerisate sind z. B. ↑Polyethen und ↑Polystyrol.

Für eine **Polykondensation** setzt man in der Regel bifunktionelle (zwei funktionelle Gruppen enthaltende) Ausgangsverbindungen ein, deren Moleküle unter Abspaltung eines kleineren Moleküls zusammentreten. So bilden sich bei der Reaktion von Dicarbonsäuren mit zweiwertigen Alkoholen unter Austritt von Wasser langkettige ↑Polyester (Abb. 3). Ein Beispiel für ein solches Polykondensat ist ↑Polyethenterephthalat.

Verwendet man anstelle der Diole Diamine, so erhält man ↑Polyamide (z. B. Nylon®).

Auch bei der **Polyaddition** enthalten die Ausgangsmoleküle mehrere reaktionsfähige Gruppen. Wenn diese miteinander reagieren, erfolgt eine Umlagerung durch Protonenwanderung (Abb. 4). Technisch wichtige Polyaddukte sind z. B. die ↑Polyurethane.

Sind die Edukte bifunktionell, so bilden sich lineare Makromoleküle, bei tri-

(Abb. 2) unterschiedlich angeordnete Substituenten

(Abb. 3) Polykondensation. ⌇ kurze Kohlenstoffkette oder ⌇●⌇ aromatischer Ring.

$$\cdots + O=C=N-\underset{}{\underset{}{\bigcirc}}-N=C=O + HO-CH_2-CH_2-OH + \cdots$$

$$\downarrow$$

$$\cdots-\left[-O-\overset{O}{\underset{}{C}}-\overset{H}{\underset{}{N}}-\underset{}{\underset{}{\bigcirc}}-\overset{H}{\underset{}{N}}-\overset{O}{\underset{}{C}}-O-CH_2-CH_2-O-\right]_n-\cdots$$

(Abb. 4) Beispiel einer Polyaddition

funktionellen Ausgangsverbindungen entstehen raumvernetzte Strukturen.

■ Struktur und Eigenschaften von Kunststoffen

Die Kunststoffe lassen sich – unabhängig von ihrer Herstellung – aufgrund ihrer physikalischen Eigenschaften in Thermoplaste, Duroplaste und Elastomere einteilen.

Thermoplaste bestehen aus langkettigen, unverzweigten Molekülen, die miteinander »spaghettiartig« verflochten sind (Abb. 5). Zwischen den Ketten bestehen keine kovalenten Bindungen. Erwärmt man Thermoplaste, so erweichen sie und werden plastisch verformbar. Nach dem Abkühlen erhärten sie wieder. Sie lassen sich somit leicht in Formen gießen, zu Fäden ziehen oder zu Folie auswalzen (Tab. 1).

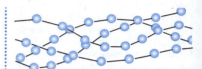

(Abb. 5) Ketten in einem Thermoplast

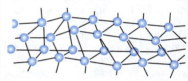

(Abb. 6) Verknüpfung in einem Duroplast

In **Duroplasten** sind die Molekülketten stark miteinander vernetzt (Abb. 6). Daher sind solche Kunststoffe hart, spröde und nicht in der Wärme verformbar. Nach der Herstellung können sie nur noch mechanisch bearbeitet werden (Tab. 2).

Die Ketten von **Elastomeren** sind nur locker miteinander vernetzt und daher weitgehend gegeneinander verschiebbar (Abb. 7).

Name	Verwendung
Polyethen (PE)	Plastikbeutel, Eimer
Polyvinylchlorid (PVC)	Fußbodenbeläge, Elektrokabel, Schallplatten
Polystyrol (PS)	Dämm- und Verpackungsmaterial (Styropor®)
Polyethenterephthalat (PET)	Textilfasern, Getränkeflaschen
Polyamide (PA)	Strumpfhosen, Dübel, Angelschnur

(Tab. 1) Beispiele für Thermoplaste

Name	Verwendung
Phenoplaste (PF)	Gehäuseteile, elektrisches Isoliermaterial
Aminoplaste (MF)	Kochlöffel, Kunststofffurniere

(Tab. 2) Beispiele für Duroplaste

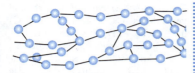

(Abb. 7) Schema eines Elastomers

Wird die äußere Krafteinwirkung aufgehoben, so gleiten die Moleküle wieder in ihre alte Lage zurück und der Kunststoff nimmt seine frühere Form an. Elastomere lassen sich nicht schmelzen, sondern zersetzen sich beim Erhitzen (Tab. 3).

Name	Verwendung
Polyurethane (PU)	Matratzen, Schwammtücher
Kautschuk	Schläuche, Autoreifen

(Tab. 3) Beispiele für Elastomere

■ Entsorgung

Die enormen Kunststoffmengen, die in Form von Verpackungsmaterial, Haushaltsgegenständen oder im Automobilbau anfallen, führen zu schwerwiegenden Entsorgungsproblemen. Nur wenige Kunststoffe sind biologisch leicht abbaubar und dürfen kompostiert werden. Beispiele sind die meisten halbsynthetischen Kunststoffe. Viele andere Polymere verrotten jedoch nicht oder nur extrem langsam, weshalb sie getrennt entsorgt und einer Zweitverwertung zugeführt werden müssen.

1. Werkstoffliches Recycling: Für dieses Verfahren eignen sich v. a. sortenreine Thermoplaste. Sie werden eingeschmolzen und zu Granulat verarbeitet, aus dem wieder neue Kunststoffartikel hergestellt werden. Manche Kunststoffe lassen sich fein zerkleinert als Füllstoff in eine Matrix aus anderem Kunststoff einbetten und so als Baumaterial weiter verwenden.

2. Rohstoffliches Recycling: Einige Polyamide und Polyester können durch Hydrolyse oder schonende Pyrolyse in die Ausgangsmaterialien zerlegt werden, die dann erneut zur Synthese von Kunststoff genutzt werden können. Durch Hydrieren von Kunststoffabfällen entsteht ein erdölähnliches Produkt, das als Energieträger eingesetzt wird.

3. Energetische Verwertung: Beim Verbrennen liefern Kunststoffabfälle in etwa die Energie, die in einer vergleichbaren Menge Erdöl oder Erdgas enthalten ist. In Kommunen mit Müllverbrennungsanlagen werden sie daher mit dem Hausmüll entsorgt. Allerdings kann die Verbrennung in Gegenwart von chlorhaltigen Verbindungen zur Bildung von Dioxinen führen, weshalb die Kunststoffverbrennung nur in speziellen Verbrennungsanlagen erfolgen darf.

Kunststoffabfälle werden auch bei der Eisengewinnung in Hochöfen zugesetzt, wo sie bei ihrer Verbrennung Energie freisetzen und zugleich als Reduktionsmittel dienen. Diese Nutzungsart lässt sich daher sowohl als Rohstoffrecycling als auch als energetische Verwertung ansehen. ■

Untersuche im Schullabor einige Haushaltskunststoffe auf ihr Verhalten beim Erhitzen (Heißluftpistole; Schutzhandschuhe, **nur unter dem Abzug durchzuführen!**) und ihre Verformbarkeit hin. Sind es Thermoplaste, Duroplaste, Elastomere oder Grenzfälle zwischen diesen Kategorien?

KRÄTZ, OTTO: *7000 Jahre Chemie.* Lizenzausgabe Hamburg (Nikol) 2000. ■ SAECHTLING, HANSJÜRGEN: *Kunststoff-Taschenbuch,* bearbeitet von KARL OBERACH. München (Hanser) [27] 1998. ■ TIEKE, BERND: *Makromolekulare Chemie. Eine Einführung.* Weinheim (VCH) 1997.

tig nebeneinander existieren, die jedoch physikalisch nicht mehr voneinander unterscheidbar sind. Im engeren Sinn versteht man unter dem k. P. denjenigen Zustand, an dem der flüssige und der gasförmige Aggregatzustand nicht mehr unterscheidbar sind. Dieser Punkt ist für jede Substanz durch einen bestimmten Druck, den **kritischen Druck,** und eine bestimmte Temperatur, die **kritische Temperatur,** gekennzeichnet (Tab.). Das Volumen, das 1 mol des betreffenden Stoffes bei dieser Temperatur und diesem Druck einnimmt, wird als **kritisches Volumen** bezeichnet.

Kronenether: ringförmige Polyether, in deren Öffnung Kationen, insbesondere Alkali-Ionen, unter Komplexbildung selektiv eingelagert werden können. Zur Benennung wird dem Wort Krone die Anzahl der Ringglieder vorangestellt und die Zahl der Sauerstoffatome nachgestellt. Ein Beispiel ist 18-Krone-6, $C_{12}H_{24}O_6$, mit dessen Hilfe sich Kaliumsalze in unpolaren Lösungsmitteln lösen lassen. In solchen Lösungen liegen »nackte« (kaum solvatisierte) Anionen vor.

Kronenether: 18-Krone-6

Kryo|skopie [zu griech. krýos »kalt« und skopein »betrachten«]: ↑Gefrierpunktserniedrigung.

kryptokristallin [zu griech. krýptos »verborgen«]: ↑kristallin.

Krypton: chemisches Element der VIII. Hauptgruppe, Zeichen Kr, OZ 36, relative Atommasse 83,80, ↑Mischelement.

Physikalische Eigenschaften: farb- und geruchloses Gas, Dichte (bei 0 °C) 3,73 g/l, Fp. –157,36 °C, Sp. –153 °C.

Chemische Eigenschaften: Edelgas, sehr reaktionsträge; die einzige Verbindung ist das Kryptondifluorid KrF_2, das sich aber schon bei Zimmertemperatur zersetzt.

Gewinnung: als Nebenprodukt bei der Sauerstoffgewinnung aus flüssiger Luft.

Verwendung: als inertes Füllgas für Glühlampen.

kubisch [zu lat. cubus »Würfel«]: ↑Kristallklassen.

Kugelmodell: ↑Atommodell.

Kugelpackungen: Arten der Anordnung gleich großer Kugeln, die beim Aufeinanderschichten eine hohe Koordinationszahl (KoZ) und Raumerfüllung f ergeben. Die meisten Metallgitter sind kubisch oder hexagonal dichteste K. (KoZ 12; $f = 74\%$), die sich in ihrer Schichtfolge unterscheiden, s. Abb. 1. In der kubisch dichtesten K. kristallisierte Metalle (z. B. Gold) sind gut schmiedbar. Außer den beiden dichtesten K. gibt es noch die kubisch innenzentrierte (KoZ 8; $f = 68\%$) und die primitiv kubische K. (KoZ 6; $f = 52\%$), s. Abb. 2.

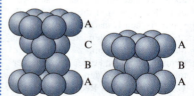

Kugelpackungen (Abb. 1): Schichten der kubisch (links) und hexagonal (rechts) dichtesten Kugelpackung

Kumulationsgifte [zu lat. cumulare »(an)häufen«]: Giftstoffe, die nach der Aufnahme in einen Organismus nicht oder nur schwer ausgeschieden werden und sich deshalb in bestimmten Gewe-

Kugelpackungen (Abb. 2): primitiv kubische (links) und kubisch innenzentrierte (rechts) Kugelpackung

ben anreichern. Zu ihnen gehören z. B. Chlorkohlenwasserstoffe wie ↑DDT, die sich im Fettgewebe anreichern.
Kumulene: Verbindungen mit kumulierten C–C-Doppelbindungen, d. h. mit Doppelbindungen, die direkt benachbart sind (↑Alkene). Das einfachste K. ist das ↑Allen (Propadien), $H_2C=C=CH_2$.
Kunstfasern: veraltete Bezeichnung für ↑Chemiefasern.
Kunstharze: ↑Harze.
Kunststoffe: siehe S. 230.
Küpenfarbstoffe [zu lat. cuba »Tonne«, »Kübel«]: ↑Farbstoffe.
Kupfer [zu lat. cuprum »Kupfer« bzw. aes cyprium »Zypern-Erz«]: chemisches Element der I. Nebengruppe, Zeichen Cu, OZ 29, relative Atommasse 63,55, ↑Mischelement.
Physikalische Eigenschaften: rötlich glänzendes, verhältnismäßig weiches, dehnbares Metall, das Wärme und Strom sehr gut leitet; Dichte 8,96 g/cm³, Fp. 1 084 °C, Sp. 2 562 °C.
Chemische Eigenschaften: K. bildet mit vielen Metallen nützliche ↑Legierungen, z. B. mit Zinn Bronze, mit Zink Messing. In Verbindungen kann K. ein- und zweiwertig auftreten. Die blaue bzw. grüne Farbe vieler zweiwertiger Kupfersalze geht auf hydratisierte Kupfer(II)-Ionen, $[Cu(H_2O)_4]^{2+}$, zurück; einwertige Kupfersalze sind farblos. An feuchter Luft überzieht sich K. mit einer graugrünen, schützenden **Patina** aus basischem Kupfercarbonat, -sulfat und/oder -chlorid; mit essigsäurehaltigen Lösungen bildet sich basisches Kupferacetat (**Grünspan**).
Darstellung: Sulfidische Erze werden geröstet, das Kupferoxid mit Kohle reduziert und durch Umsetzen mit Schlacke bildenden Zusätzen oder elektrolytisch gereinigt. Bei der elektrolytischen Reinigung löst sich eine Anode aus Rohkupfer auf, während sich das K. auf einer Kathode aus Reinkupfer abscheidet. Im **Anodenschlamm**, dem von der Anode abfallenden Rückstand, sammeln sich die Edelmetalle (Silber u. a.) an; die unedleren Begleitmetalle bleiben in Lösung.
Verbindungen: Rotes Kupfer(I)oxid, Cu_2O, fällt in Gegenwart von Zucker bei der ↑Fehling-Probe aus. Kupfer(II)-oxid, CuO, ist schwarz. Weißes Kupfersulfat, $CuSO_4$, geht unter Wasseraufnahme in das blaue Pentahydrat, $CuSO_4 \cdot 5\,H_2O$, über. Wasserfreies Kupfer(II)chlorid, $CuCl_2$, ist gelbbraun, wasserhaltiges grün. Kupferhalogenide geben schon in Spuren eine grüne Flammenfärbung (↑Beilstein-Probe). In Kupfer(II)salzlösungen bildet sich mit Ammoniak das tiefblaue Tetramminkupfer(II)-Ion, das auch in ↑Schweizers Reagenz enthalten ist.
Verwendung: aufgrund seiner guten elektrischen und Wärmeleitfähigkeit für Elektroartikel, Heiz- und Kühlanlagen, zur Verkupferung in der Galvanotechnik sowie zur Herstellung wertvoller Legierungen. Verbindungen des K. sind besonders für niedere Pflanzen und Tiere sehr giftig, man verwendet sie daher als Zusatz zu Pflanzenschutzmitteln (z. B. Kupferkalkbrühe). Höhere Lebewesen sind weniger empfindlich, oft sind geringe Mengen K. sogar lebensnotwendig. Kupferverbindungen dienen darüber hinaus als Katalysatoren (Kupfercarbid) und als Farbkomponenten (grüne Flammenfärbung) in der Feuerwerkerei.
Kupplungsreaktion: ↑Azokupplung.

l (*l*): Formelzeichen für die Nebenquantenzahl (↑Quantenzahlen).
L: Bezeichnung für eine Elektronenschale (↑Orbitalmodell).
L-: ↑Enantiomere, ↑Fischer-Projektion.
La: Zeichen für ↑Lanthan.
Labor (chemisches Laboratorium): Raum mit besonderen technischen Einrichtungen, der zur Ausführung chemischer Reaktionen dient. Zur Ausrüstung gehören neben den Laborgeräten i. d. R. ein gekachelter Arbeitsplatz, ein Abzug (ein mit einem Schiebefenster verschließbarer und mit einer Absaugeinrichtung versehener Raum) und Sicherheitsvorrichtungen wie eine Notbrause.
Lachgas: frühere Bezeichnung für Distickstoffmonoxid (↑Stickstoff).
Lacke: Stoffe zur Erzeugung von Anstrichen mit besonderen Eigenschaften, z. B. mechanischer Beständigkeit, Witterungsbeständigkeit, dekorativem Aussehen.
L. bestehen aus echten oder kolloidalen Lösungen von festen Stoffen, den Lackbindemitteln (meist Natur- und Kunstharze), in flüchtigen Lösungsmitteln, die nach dem Auftragen und Trocknen einen geschlossenen, auf der Unterlage haftenden Film bilden. Der Trockenprozess kann physikalisch durch Verdunsten des Lösungsmittels oder chemisch durch Polymerisation, Polykondensation oder Polyaddition erfolgen. Neben den Bindemitteln enthalten die L. Lackhilfsmittel, Farbpigmente u. a., als Lösungsmittel z. B. Alkohole, Ketone, Ester, Terpentinöl.
Lackmus: Naturfarbstoff, dessen wässrige Lösungen vor der Entwicklung empfindlicherer synthetischer Farbstoffe als Indikator zum Nachweis von (Arrhenius-)Säuren (Rotfärbung) und (Arrhenius-)Basen (Blaufärbung) dienten.
Lactame: aus Aminosäuren durch intramolekulare Wasserabspaltung entstehende, meist feste und farblose Verbindungen (cyclische innere Amide der Aminosäuren).
Je nach Stellung der Aminogruppe in den Aminosäuren unterscheidet man α-, β-, γ-Lactame usw. Technisch wichtig ist v. a. das ε-Caprolactam (6-Aminohexansäurelactam) als Vorprodukt für Polyamid 6 (↑Polyamide, ↑Kunststoffe).
Lactone: ↑Hydroxysäuren.
Lactose [zu lat. lac »Milch«]: ↑Disaccharide.
Ladungszahl: ↑Wertigkeit.
Lagermetall: ↑Legierungen.
Lambert-Beer-Gesetz: nach JOHANN HEINRICH LAMBERT (*1728, †1777) und AUGUST BEER (*1825, †1863) benanntes physikalisches Gesetz, das den Zusammenhang zwischen der Absorption eines Lichtstrahls (auch UV- oder IR-Licht) in einer Lösung und deren Konzentration beschreibt:

$$E = \log(I_0/I) = \varepsilon\, c\, d$$

(E Extinktion, I_0, I Intensität des Lichtstrahls vor bzw. hinter der absorbierenden Lösung, d Weglänge des Strahls in der Lösung, c Konzentration der Lösung, ε stoffspezifischer molarer Extinktionskoeffizient). Das L.-B.-G. bildet die Grundlage der ↑Fotometrie.
Landolt-Zeitreaktion: von HANS HEINRICH LANDOLT (*1831, †1910) entdeckte Reaktion, die einige Aspekte der chemischen ↑Reaktionskinetik veranschaulicht. Zur Durchführung des Versuches werden folgende Lösungen verwendet:
Lösung I: 1,16 g Natriumsulfit, Na_2SO_3, 10 ml Ethanol, C_2H_5OH, 4 g konzentrierte Schwefelsäure, H_2SO_4, in 1 l destilliertem Wasser.

Lösung II: 4,3 g Kaliumiodat, KIO_3, in 1 l destilliertem Wasser.
Lösung III: 5 g wasserlösliche Stärke (reinst) in 1 l destilliertem Wasser.
Die einzelnen Lösungen werden in den in der Tab. angegebenen Mengenverhältnissen in der Reihenfolge von links nach rechts zu der angegebenen Menge Wasser gegossen (nach dem Zugießen der Lösung II wird das Reaktionsgemisch mit einem Glasstab kräftig umgerührt). Nach verschiedenen Zeiten tritt eine plötzliche Blaufärbung auf, die als Maß für die Reaktionszeit gilt.

dest. Wasser (ml)	55	50	40
Lösung III (ml)	5	5	5
Lösung I (ml)	10	10	10
Lösung II (ml)	5	10	20
Reaktionszeit (s)	60	30	15

Landolt-Zeitreaktion

In der Lösung spielen sich folgende Teilreaktionen ab:

1) $IO_3^- + 3\,SO_3^{2-} \rightarrow I^- + 3\,SO_4^{2-}$
(langsam)

2) $IO_3^- + 6\,H_3O^+ + 5\,I^- \rightarrow 9\,H_2O + 3\,I_2$
(schnell)

3) $SO_3^{2-} + I_2 + 3\,H_2O \rightarrow SO_4^{2-} + 2\,I^- + 2\,H_3O^+$
(unmessbar schnell)

Wenn alle Sulfit-Ionen verbraucht sind (1+3), kann das in 2) gebildete Iod nicht mehr nach 3) abreagieren und ergibt durch die ↑Iod-Stärke-Reaktion eine Blaufärbung.
Das Versuchsergebnis zeigt, dass die Reaktionsgeschwindigkeit von der Konzentration der beteiligten Stoffe abhängt.

Lanthan [zu griech. lanthánein »sich verbergen«]: chemisches Element der ↑Lanthanoide, Zeichen La, OZ 57, relative Atommasse 138,91, ↑Mischelement.
Physikalische Eigenschaften: dehnbares Metall, Dichte 6,15 g/cm³, Fp. 920 °C, Sp. 3 455 °C.
Chemische Eigenschaften: L. reagiert ähnlich wie ↑Aluminium.
Darstellung: aus dem Chlorid durch ↑Schmelzflusselektrolyse oder durch Reduktion mit Alkalimetall.

Lanthano|ide: Gruppenbezeichnung für die 14 auf das Lanthan (Ordnungszahl 57) folgenden Elemente des Periodensystems mit den Ordnungszahlen 58 (Cer) bis 71 (Lutetium). Nach den IUPAC-Regeln wird auch das Lanthan in die Gruppe der L. einbezogen.
Sie gehören zu den ↑Seltenerdmetallen. Den Atomen der L. kommt die Elektronenkonfiguration [Xe] $4f^{0-14}\,5d^1\,6s^2$ zu (allerdings treten wegen des geringen Energieunterschieds zwischen dem 4f- und dem 5d-Energieniveau in einigen Fällen abweichende Konfigurationen auf). Bei diesen Atomen werden also in der drittäußersten Elektronenschale die sieben 4f-Orbitale aufgefüllt; die zweitäußerste und die äußerste Schale sind (mit wenigen Ausnahmen) gleich. Deshalb ähneln sich die Elemente der Lanthanreihe in ihren chemischen Eigenschaften stark.

latentes Bild: ↑Fotografie.

Latex [zu lat. latex »Flüssigkeit«]: wässrige Dispersion von natürlichen oder synthetischen Elastomeren. Natürlicher L. ist der Milchsaft eines südamerikanischen Kautschukbaums. Synthetischer L. entsteht bei der Polymerisation bestimmter emulgierter Monomere.

Laufmittel: ↑Dünnschichtchromatographie, ↑Papierchromatographie.

Lauge:
◆ die wässrige Lösung einer deutlich alkalisch reagierenden (Arrhenius-)Ba-

se. Häufig wird die Bezeichnung nur für die wässrigen Lösungen von Natrium- und Kaliumhydroxid (Natron- bzw. Kalilauge) verwendet.

◆ wässrige Lösung, die beim Auskristallisieren oder bei technischen Prozessen zurückbleibt (Mutterlauge bzw. Sulfitablauge, Bleichlauge, Waschlauge u. Ä.).

Lawrencium [nach ERNEST ORLANDO LAWRENCE; *1901, †1958]: chemisches Element der ↑Actinoide, Zeichen Lr, OZ 103, Massenzahl des langlebigsten Isotops: 260; künstlich hergestelltes Metall.

LD-Verfahren: ↑Stahl.

Le-Chatelier-Braun-Prinzip [ləʃatəˈlje-] (Prinzip des kleinsten Zwangs): von H. L. LE CHATELIER und KARL FERDINAND BRAUN (*1850, †1918) aufgestellte Regel zur Voraussage, wie ein im Gleichgewicht befindliches System auf einen äußeren Zwang (Änderung des Drucks, der Temperatur oder der Konzentration) reagiert: Das Gleichgewicht verschiebt sich derart, dass das System dem äußeren Zwang ausweicht.

Der *Einfluss des Drucks* spielt bei Reaktionen zwischen Gasen eine Rolle, bei denen sich die Zahl der Moleküle ändert. Eine Druckerhöhung verschiebt die Gleichgewichtslage auf die Seite der geringeren Teilchenzahl. Umgekehrt bedingt eine Druckerniedrigung eine Reaktion im Sinne einer Volumenvermehrung. Ein Beispiel ist die Ammoniaksynthese nach dem ↑Haber-Bosch-Verfahren:

$$N_2 + 3\,H_2 \rightleftharpoons 2\,NH_3;$$
$$\Delta H = -92{,}28\ \text{kJ/mol}.$$

Hohe Drücke erhöhen hier die Ausbeute.

Der *Einfluss der Temperatur* macht sich bei endothermen oder exothermen Reaktionen bemerkbar. Bei Letzteren ist die Ausbeute bei tieferen Temperaturen höher. Dies zeigt sich in der Gleichgewichtsreaktion

$$2\,NO_2 \rightleftharpoons N_2O_4;\ \Delta H = -58\ \text{kJ/mol}.$$
braun   farblos

Bei tiefen Temperaturen ist hier die Bildung von Distickstofftetroxid begünstigt, bei hohen die Zersetzung.

Einfluss der Konzentration: Wird bei einer umkehrbaren Reaktion die Konzentration eines Reaktionspartners erniedrigt, so wird die Reaktion, die zur Bildung dieser Substanz führt, begünstigt; erhöht man die Konzentration eines Reaktionspartners, so wird diejenige Reaktion begünstigt, bei der diese Substanz verbraucht wird. Löst man z. B. ein Dichromat in Wasser, so stellt sich folgendes Gleichgewicht ein:

$$Cr_2O_7^{2-} + 3\,H_2O \rightleftharpoons$$
orange
$$2\,CrO_4^{2-} + 2\,H_3O^+.$$
gelb

Dieses liegt fast vollständig auf der linken Seite. Durch Zugabe von Lauge werden die im Gleichgewicht vorhandenen Hydronium-Ionen neutralisiert, was zur Folge hat, dass sie durch die obige Reaktion nachgeliefert werden, bis es zur Einstellung eines neuen Gleichgewichts kommt. Allerdings ist jetzt die Konzentration der Chromat-Ionen größer als zuvor.

Setzt man dem Gemisch Säure zu, so wird die Konzentration der Hydronium-Ionen wieder erhöht und die Reaktion läuft in die Gegenrichtung ab, d. h. die Konzentration der Dichromat-Ionen nimmt wieder zu.

Leclanché-Element [ləklãˈʃe-]: ↑Trockenelement.

Legierungen: Gemische aus zwei oder mehreren Metallen, oft auch unter Zusatz nicht metallischer Stoffe wie Kohlenstoff, Silicium, Phosphor oder Stickstoff.

L. können u. a. durch Zusammenschmelzen der einzelnen Bestandteile, durch Sintern oder durch Reduzieren der entsprechenden Ausgangsrohstoffe hergestellt werden. Entstehen beim Abkühlen in einer L. einheitliche Mischkristalle, in denen sämtliche Legierungsbestandteile vertreten sind, dann spricht man von einer homogenen L. Eine heterogene L. liegt dagegen vor, wenn die Kristalle der einzelnen Legierungsbestandteile unverändert nebeneinander im Gemisch enthalten sind. Eine L. kann sich in ihren physikalischen, chemischen und mechanischen Eigenschaften erheblich von ihren Bestandteilen unterscheiden. So sind z. B. Bronzen härter als ihre Ausgangsstoffe Kupfer und Zinn. In der Tabelle sind einige wichtige L. aufgeführt.

Leichtmetalle: Metalle (oder Metalllegierungen), deren Dichte geringer als 4,5 g/cm^3 ist. Zu den l. gehören die Alkalimetalle, die Metalle der Erdalkaligruppe (mit Ausnahme des Radiums), ferner Aluminium, Scandium, Yttrium und Titan. Einige L. wie Aluminium und Titan werden v. a. im Flugzeugbau verwendet.

Leim: ↑Klebstoffe.

Leiter: ein Stoff oder Körper, der (im Gegensatz zu einem Isolator) den elektrischen Strom gut leitet. Erfolgt der Transport der Ladungen in Form von Elektronen, so spricht man von L. erster Ordnung oder Elektronenleitern; zu ihnen gehören die Metalle, Halbleiter und der Kohlenstoff (Graphit). Der Stromtransport erfolgt hierbei ohne chemische Veränderung des L. Werden

Name der Legierung	Zusammensetzung	Eigenschaften
Neusilber	77–30 % Kupfer 11–26 % Nickel 12–44 % Zink	silberfarben, zäh, schlecht leitend
Britanniametall	70–94 % Zinn 5–24 % Antimon 0,2–5 % Kupfer	silberglänzend
Bronze	80–75 % Kupfer 20–25 % Zinn	älteste Legierung; rötlich, schmiedbar, mäßig hart
Gusseisen	97,3–91,2 % Eisen 2–4 % Kohlenstoff 0,3–1,2 % Mangan 0,1–0,6 % Phosphor 0,3–3 % Silicium (< 0,15 % Schwefel)	grau, weder schmied- noch schweißbar, Schmelze gießbar, Erstarrung unter Volumenerhaltung
Stahl (Invar®)	66–64 % Eisen 34–36 % Nickel 0,3–0,5 % Kohlenstoff	sehr geringe Wärmeausdehnung, schlecht elektrisch und Wärme leitend
Konstantan®	54 % Kupfer 45 % Nickel 1 % Mangan	nahezu temperaturunabhängiger elektrischer Widerstand
Lagermetall	20–90 % Blei 10–80 % Zinn < 1 % Kupfer o. Cadmium	gutes Gleitverhalten (notfalls auch ohne Schmiermittel)

Legierungen: einige wichtige Beispiele (Fortsetzung nächste Seite)

Leitfähigkeitstitration

Name der Legierung	Zusammensetzung	Eigenschaften
Letternmetall	96–55 % Blei 2,5–29 % Antimon 1,5–16 % Zinn	hart, Schmelze gut gießbar
Weichlot (Lötzinn)	97 % Zinn 3 % Antimon	Fp. < 450 °C
Messing	60–70 % Kupfer 40–30 % Zink < 3 % Blei	hellgelb bis rotgelb, hart, gut korrosionsbeständig
Stahl (V2A®)	73–74 % Eisen 18 % Chrom 8 % Nickel < 1,2 % Kohlenstoff	sehr hart, nicht rostend, schweißbar
Widia®	95–35,6 % Wolfram 0–11 % Eisen 0–25 % Cobalt 5–8 % Kohlenstoff 0–6 % Nickel 0–14 % Titan 0–0,4 % Vanadium	Sintermetall, sehr hart
Wood-Metall	50 % Bismut 25 % Blei 12,5 % Cadmium 12,5 % Zinn	Fp. 60 °C

Legierungen: einige wichtige Beispiele (Fortsetzung)

die Ladungen in Form von Ionen transportiert, dann handelt es sich um L. zweiter Ordnung oder Ionenleiter. Die Stromleitung ist dabei mit einer stofflichen Veränderung des L. verbunden.

Leitfähigkeitstitration (Konduktometrie): maßanalytisches Verfahren, bei dem der ohmsche Widerstand der Analysenlösung bzw. dessen reziproker Wert, die Leitfähigkeit, gemessen wird. Durch grafisches Auftragen der Leitfähigkeit gegen die Menge an zugesetzter Titrierflüssigkeit erhält man Geraden, die sich im Äquivalenzpunkt schneiden (Abb.). Bedeutung besitzt dieses Verfahren besonders bei Titrationen, für die keine geeigneten ↑Indikatoren zur Verfügung stehen, bzw. wenn es sich um trübe oder farbige Lösungen handelt, durch welche die Farbe des Indikators verfälscht wird. Der Nachteil der L. besteht darin, dass Fremdelektrolyte stören, da ja die Leitfähigkeit einer Lösung von allen anwesenden Ionen abhängig ist. Zur Durchführung der L. dienen gewöhnlich Glasgefäße mit Pla-

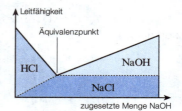

Leitfähigkeitstitration: Verlauf der Leitfähigkeit während der Titration von Salzsäure. Die farbigen Bereiche zeigen Stoffe an, die bei der zugegebenen Menge an Natronlauge zur Leitfähigkeit beitragen.

tinelektroden. Größe und Abstand der Elektroden richten sich dabei nach dem zu erwartenden Widerstand der Lösung. Je schlechter eine Lösung leitet, umso größer sollten die Elektroden und umso kleiner ihr Abstand sein.

Leuko|form [zu griech. leukós »weiß«]: ↑Farbstoffe.

Lewis-Säuren und -Basen: ↑Säuren und Basen.

Li: Zeichen für ↑Lithium.

Liganden [zu lat. ligare »(an)binden«]: Atome, Ionen oder Moleküle, die sich in einer Komplexverbindung (↑Komplexchemie) um ein Zentralatom bzw. Zentral-Ion herum in regelmäßiger Anordnung gruppieren. Die Anzahl der ein zentrales Teilchen umgebenden L. wird durch die ↑Koordinationszahl angegeben.

Ligandenfeldtheorie: ↑Komplexchemie.

Lignin [zu lat. lignum »Holz«] (Holzstoff): neben der ↑Cellulose mit etwa 30 % der wichtigste Bestandteil des Holzes. L. ist eine farblose, feste, hochpolymere Substanz (Molekülmasse 10^4), die in der Pflanze aus phenolischen Vorprodukten aufgebaut wird. L. bewirkt die Verholzung (Lignifizierung) der Pflanzenzellen. Bei der Gewinnung von ↑Zellstoff aus Holz wird das L. herausgelöst.

Lindan: ↑Halogenkohlenwasserstoffe.

Linde-Verfahren [nach CARL VON LINDE; *1842, †1934]: Verfahren zur Verflüssigung der ↑Luft (Sp. −194,5 °C) durch wiederholte Kompression mit Abkühlung und anschließende Expansion.

Linolensäure [zu lat. linum oleum »Leinöl«]: ↑Carbonsäuren (Tabelle).

Linolsäure: ↑Carbonsäuren (Tabelle).

Lipoide [zu griech. lípos »Speck« und eidés »ähnlich«]: biologisch wichtige Stoffe, die v. a. in Zellmembranen vorkommen und in ihren Löslichkeitseigenschaften (unlöslich in Wasser, löslich in lipophilen Lösungsmitteln) den ↑Fetten ähneln. Zu den L. gehören u. a. die Phospholipide (Lecithine, Kephaline) und die ↑Carotinoide. Die L. und die Fette werden unter der Bezeichnung *Lipide* zusammengefasst.

lipophil [zu griech. phílos »Freund«]: Bezeichnung für die Eigenschaft von Verbindungen oder Molekülgruppen, sich in Fetten, Ölen u. a. fettähnlichen Substanzen leicht zu lösen oder derartige Substanzen selbst zu lösen; weitgehend synonym zu ↑hydrophob. L. Lösungsmittel sind z. B. Ether, Tetrachlormethan, Benzin und Benzol.

lipophob [zu griech. phóbos »Hass«]: Bezeichnung für die Eigenschaft von Verbindungen oder Molekülgruppen, sich in Fetten, Ölen u. a. fettähnlichen Substanzen nicht zu lösen; weitgehend synonym zu ↑hydrophil.

Lithium [zu griech. líthos »Stein«]: chemisches Element der I. Hauptgruppe, Zeichen Li, OZ 3, relative Atommasse 6,94, ↑Mischelement.

Physikalische Eigenschaften: an frischen Schnittflächen silberweiß glänzendes Metall, Dichte 0,53 g/cm³ (leichtestes Metall), Fp. 180,54 °C, Sp. 1 342 °C.

Chemische Eigenschaften: Alkalimetall, weniger reaktiv als Natrium; an trockener Luft stabil; verbrennt beim Erhitzen an feuchter Luft mit karmesinroter Flamme zu Lithiumoxid Li_2O; reagiert mit Wasser unter Wasserstoffentwicklung zu Lithiumhydroxid, LiOH:

$$2\,Li + 2\,H_2O \rightarrow 2\,LiOH + H_2\uparrow.$$

L. ist in allen seinen Verbindungen einwertig.

Gewinnung: durch Schmelzelektrolyse eines Gemisches aus Lithiumchlorid und anderen Alkalisalzen.

Verwendung: besonders als Legierungszusatz, da geringe Lithiumzuschläge z. B. zu Aluminium und Ma-

gnesium deren Säure- und Laugenbeständigkeit und Festigkeit erhöhen; ferner als Katalysator; in der Reaktortechnik als Neutronenabsorber.
Lithiumbatterie: Batterie, deren Anode aus Lithium besteht; als Elektrolyt/Kathodenmaterial dient z. B. $SOCl_2$ (↑Energiespeicher).
Löschkalk: ↑Kalk.
Loschmidt-Konstante, Formelzeichen N_L: zuerst von J. LOSCHMIDT berechnete Konstante, die angibt, wie viele Atome oder Moleküle in 1 cm³ eines idealen Gases unter Normalbedingungen (101325 Pa; 0 °C) enthalten sind:

$$N_L = 2{,}686754 \cdot 10^{19} \text{ cm}^{-3}.$$

Die Maßzahl dieser Größe, also ihr reiner Zahlenwert, wird manchmal als Loschmidt-Zahl bezeichnet. Meist wird diese Bezeichnung jedoch für den Zahlenwert der ↑Avogadro-Konstante verwendet.
Löschmittel: ↑Brandbekämpfung.
Löslichkeit: die Konzentration eines Stoffs, die in einem Lösungsmittel eine gesättigte Lösung ergibt. Die gelöste Substanz kann dabei fest, flüssig oder gasförmig sein. Beim Überschreiten dieser Konzentration fällt überschüssig gelöste feste Substanz aus (Bodenkörper), flüssige scheidet sich ab (Entmischung) und gasförmige entweicht. Die L. ist meist stark temperaturabhängig (Tab.). Während die L. fester Stoffe in Flüssigkeiten mit steigender Temperatur größer wird, nimmt die L. von Gasen in Flüssigkeiten in der Regel bei steigender Temperatur ab.

Löslichkeitsprodukt, Formelzeichen L: Produkt der Konzentrationen der ↑Kationen und ↑Anionen eines Elektrolyten in einer gesättigten wässrigen Lösung bei konstanter Temperatur. In einer gesättigten Salzlösung besteht zwischen dem Bodenkörper und der Lösung ein chemisches ↑Gleichgewicht, d. h., es verlassen in der Zeiteinheit ebenso viele Ionen das Ionengitter (↑Kristallgitter) wie umgekehrt in das Gitter eintreten.
Bei einem Salz vom Typ BA (B^+: Kation, A^-: Anion) stellt sich hier folgendes heterogenes Gleichgewicht ein:

$$BA \rightleftharpoons B^+ + A^-.$$

Dieser Gleichgewichtszustand lässt sich mit Hilfe des ↑Massenwirkungsgesetzes beschreiben:

$$\frac{[B^+][A^-]}{[BA]} = K_L.$$

Das Massenwirkungsgesetz lässt sich wie folgt umformen:

$$[B^+][A^-] = K_L[BA].$$

Da die Konzentration eines festen Stoffes als konstant angesehen werden kann, kann man $K_L[BA] = L_{BA} = $ const. setzen; damit ergibt sich die Beziehung

$$L_{BA} = [B^+][A^-].$$

Das L. ist temperaturabhängig und wird mit zunehmender Temperatur größer. Schwer lösliche Elektrolyte besitzen ein kleines L. Oft gibt man den negativen Logarithmus des L. an und nennt diese Größe den pK_L-Wert.

Löslichkeit in g pro 100 g Wasser						
	0 °C	20 °C	40 °C	60 °C	80 °C	100 °C
Kaliumiodid KI	128	145,0	161	176	192	208
Natriumchlorid NaCl	–	35,8	36,4	37,1	38,1	39,2
Bariumchlorat Ba(ClO$_3$)$_2$	17	25	33	40	46	51

Löslichkeit: Temperaturabhängigkeit der Löslichkeit einiger Salze

Aus dem L. eines Salzes lässt sich seine Löslichkeit berechnen. Die molare Löslichkeit c_S eines Salzes BA entspricht dabei der Konzentration (in mol/l) an B^+- oder A^--Ionen: $[B^+] = [A^-] = c_S$.
Daraus folgt: $c_S^2 = [B^+][A^-] = L_{BA}$ oder $c_S = \sqrt{L_{BA}}$ (gilt nur für Elektrolyte des Typs BA).
Für Elektrolyte vom Typ $B_m A_n$ gilt folgende Formel:

$$c = \sqrt[m+n]{\frac{L}{m^m n^n}}.$$

Salz	Löslichkeits-produkt in mol²/l²	pK_L-Wert
Ag^+Cl^-	$1{,}1 \cdot 10^{-10}$	9,96
$Ba^{2+}SO_4^{2-}$	$1{,}0 \cdot 10^{-10}$	10
$Ca^{2+}CO_3^{2-}$	$2{,}1 \cdot 10^{-8}$	7,92
$Ni^{2+}S^{2-}$	$1{,}0 \cdot 10^{-21}$	21
$Zn^{2+}S^{2-}$	$1{,}0 \cdot 10^{-23}$	23
$Hg^{2+}S^{2-}$	$2{,}0 \cdot 10^{-52}$	51,7

Löslichkeitsprodukt: Daten einiger schwer löslicher Salze

Lösung: ein homogenes Gemisch verschiedener Stoffe, in dem die Zerteilung bis zur Stufe der Moleküle, Atome oder Ionen reicht. So sind z. B. in einer wässrigen Zuckerlösung die Zuckermoleküle zwischen den Wassermolekülen so gleichmäßig verteilt, dass jeder Volumenteil der L. gleich viele Zucker- und Wassermoleküle enthält. Die L. ist also überall gleichartig zusammengesetzt (homogen). Der Begriff L. ist nicht auf Flüssigkeiten als Lösungsmittel und Feststoffe als Gelöstes beschränkt (Tab.).
Das Mengenverhältnis von Gelöstem zu Lösemittel wird durch die ↑Konzentration der L. angegeben.
In der Regel meint man mit L. solche, die durch Auflösen und gleichmäßige Verteilung eines gasförmigen, flüssigen oder festen Stoffes in einem flüssigen Lösungsmittel entstehen.
Eine »echte« L. unterscheidet sich von einer kolloidalen L. (↑Kolloid), einer Suspension oder einer ↑Emulsion durch die Teilchengröße des gelösten Stoffs, die unter 10^{-7} cm (1 nm) liegt.
Nach der Konzentration des gelösten Stoffes unterscheidet man ↑hypotonische Lösung, gesättigte Lösung (↑Sättigung), ↑ungesättigte Lösung.
Lösungsdruck: Bezeichnung für die Neigung von Metallen sowie von Wasserstoff und einigen anderen Nichtmetallen, sich in einer Flüssigkeit zu lösen, indem sie Elektronen abgeben und in Form von Ionen in das angrenzende Lösungsmittel übertreten. Der L. ist keiner direkten Messung zugänglich.
Lösungs|enthalpie: die beim Auflösen eines (festen, flüssigen oder gasförmigen) Stoffs in einem (flüssigen) Lösungsmittel frei werdende oder verbrauchte Wärmemenge.

	Lösungsmittel fest	Lösungsmittel flüssig	Lösungsmittel gasförmig
Gelöstes fest	Messing (Zink in Kupfer)	Zuckerwasser (Zucker in Wasser)	–
Gelöstes flüssig	–	verdünntes Ethanol (Ethanol in Wasser)	–
Gelöstes gasförmig	Palladiumschwamm (Wasserstoff in Palladium)	Chlorwasser (Chlor in Wasser)	Knallgas (Wasserstoff und Sauerstoff)

Lösung: Arten und Beispiele

Lösungsmittel

Lösungsmittel (Lösemittel, Solvens): die Substanz (das Medium), in dem ein Stoff aufgelöst wird (↑Lösung). Man unterscheidet nach dem Dipolcharakter der Moleküle polare und unpolare (**apolare**) L., die jeweils bevorzugt ähnliche Stoffe lösen, sowie nach ihrer Fähigkeit zur ↑Protolyse protische und aprotische L. Beispiele: Wasser ist polar und protisch, Aceton polar und aprotisch, Schwefelkohlenstoff, CS_2, unpolar und aprotisch.

Lötrohrprobe: qualitatives anorganisch-chemisches Vorprüfverfahren mit Hilfe eines »Lötrohrs«, eines gebogenen Metallrohrs, mit dessen Hilfe man so in eine (Brenner-)Flamme hineinblasen kann, dass sich eine feine, je nach Ort oxidierende oder reduzierende Stichflamme ergibt. Diese wird auf die

Lösungsmittel	vereinfachte Strukturformel	Siedepunkt in °C	Flammpunkt in °C	Eigenschaften
Aceton	$CH_3-CO-CH_3$	56,2	−19	polar, aprotisch
Anilin	$C_6H_5NH_2$	184	–	polar, aprotisch
Benzol	C_6H_6	80,1	−8	unpolar, aprotisch
Chloroform	$CHCl_3$	61,7	–	polar, aprotisch
Cyclohexan	C_6H_{12}	80,7	4,5	unpolar, aprotisch
Dichlormethan	CH_2Cl_2	40	–	polar, aprotisch
Dimethylformamid (DMF)	$H-CO-N(CH_3)_2$	153	67	polar, aprotisch
Dimethylsulfoxid (DMSO)	$CH_3-SO-CH_3$	189	–	polar, aprotisch
Essigsäure (Eisessig)	CH_3COOH	117,9	42	polar, protisch
Essigsäureethylester	$C_2H_5-O-CO-CH$	77,1	−2	polar, aprotisch
Ethanol	C_2H_5OH	78,5	18	polar, protisch
Ethylenglykol (Glykol)	$HO-CH_2-CH_2-OH$	198	117	unpolar, protisch
2-Propanol (Isopropylalkohol)	$(CH_3)_2COH$	82,4	14–18	polar, protisch
Methanol	CH_3OH	65	6,5	polar, protisch
1-Propanol (*n*-Propylalkohol)	C_3H_7OH	97,4	23–25	polar, protisch
Tetrachlorethen (Perchlorethylen, Per)	$Cl_2C=CCl_2$	121	–	unpolar, aprotisch
Tetrachlormethan (Tetrachlorkohlenstoff, Tetra)	CCl_4	76,5	–	unpolar, aprotisch
Toluol	$C_6H_5-CH_3$	110,6	7	unpolar, aprotisch
1,1,1-Trichlorethan	Cl_3C-CH_3	74,1	–	polar, aprotisch
Wasser	H_2O	100,0	–	polar, protisch

Lösungsmittel: Daten einiger wichtiger Lösungsmittel

zu untersuchende Substanz geleitet, die auf einem Stück Holzkohle liegt. Die Schmelzrückstände der Probe (auch die entweichenden Gase, Dämpfe, Sublimate usw.) lassen Rückschlüsse auf die Zusammensetzung der Probe zu.
Löt|zinn: ↑Legierungen.
Lr: Zeichen für ↑Lawrencium.
LSD: ↑Halluzinogene.
Lu: Zeichen für ↑Lutetium.
Luft: Gasgemisch der Erdatmosphäre (↑Atmosphärenchemie). Trockene, reine L. der Troposphäre ist im Durchschnitt zusammengesetzt aus:

Stickstoff	78,09 Vol.-%
Sauerstoff	20,95 Vol.-%
Argon	0,93 Vol.-%
Kohlenstoffdioxid	0,03 Vol.-%.

Der Rest besteht aus weiteren Edelgasen und Wasserstoff. In unterschiedlichen Mengen können Wasserdampf und Spurengase wie Stickstoff- und Schwefeloxide, Kohlenstoffmonoxid oder Ozon hinzukommen. Die Gase können durch fraktionierte Destillation (Luftzerlegung) aus flüssiger Luft (Sp. −195 °C) gewonnen werden.
Luftverbrennung: vor der Entwicklung des ↑Ostwald-Verfahrens übliche Methode zur Darstellung von Salpetersäure gemäß:

$$N_2 + O_2 \rightleftharpoons 2\,NO;$$
$$4\,NO + 3\,O_2 + 2\,H_2O \rightleftharpoons 4\,HNO_3.$$

Das Verfahren ist energetisch sehr aufwendig, da im ersten Schritt nur durch starkes Erhitzen der Gase (Lichtbogen) und nachfolgendes rasches Abkühlen brauchbare Ausbeuten zu erzielen sind.
Luftverschmutzung: ↑Atmosphärenchemie.
Lumineszenz: ↑Chemolumineszenz.
Lutetium [nach dem alten Namen von Paris, Lutetia]: chemisches Element der ↑Lanthanoide, Zeichen Lu, OZ 71, relative Atommasse 174,97, ↑Mischelement; Metall.
Lycopin [nach Solanum lycopersicum, der Tomate]: roter Naturfarbstoff, ein ↑Carotinoid und ↑Terpen.
Lysergsäurediethyl|amid [zu griech. lýsis »(Auf-)Lösung« und franz. ergot »Mutterkorn«]: ↑Halluzinogene.
Lysin: ↑Aminosäuren.

M

m (m): Formelzeichen für
♦ die Masse,
♦ die magnetische ↑Quantenzahl.
m- (m-): Abk. für ↑*meta*-.
M:
♦ (M): Formelzeichen für die ↑Molarität.
♦ gebräuchliches Symbol für ein Metallatom oder -Ion, oft mit Wertigkeitsangabe als M^I, M^{II}, M^{III} usw.
♦ Bezeichnung für eine Elektronenschale (↑Orbitalmodell).
Magensäure: 0,3%ige Salzsäure im Magen der Wirbeltiere; liefert das saure Milieu für das bei pH 1,5–2,5 wirksame proteinspaltende Enzym Pepsin; wirkt außerdem sterilisierend.
Magnesium [zu griech. magnesíe líthos »Magnetstein«]: chemisches Ele-

Lycopin: das Molekül $C_{40}H_{56}$

ment, Zeichen Mg, OZ 12, relative Atommasse 24,31, ↑Mischelement.
Physikalische Eigenschaften: silberglänzendes, relativ weiches Metall, Dichte 1,74 g/cm^3, Fp. 650 °C, Sp. 1 090 °C.
Chemische Eigenschaften: Erdalkalimetall, unedel, wird schon von verdünnten Säuren unter Wasserstoffentwicklung aufgelöst. Es überzieht sich an der Luft mit einer dichten, mattweißen Oxidschicht und verbrennt bei über 500 °C grell weiß leuchtend zu Magnesiumoxid, MgO.
Darstellung: durch Schmelzflusselektrolyse aus Magnesiumchlorid.
Verwendung: als Legierungsbestandteil, als Reduktionsmittel, in der Pyrotechnik u. a.
Bedeutung: Pflanzennährstoff (Bestandteil von ↑Chlorophyll), Spurenelement im tierischen Metabolismus.
Verbindungen: Magnesiumchlorid, $MgCl_2$, erhöht den Siedepunkt von Wasser deutlich. Magnesiumnitrid entsteht beim Erhitzen von M. unter Stickstoff und liefert mit Wasser Ammoniak. Magnesiumoxid (Magnesia) ist ein Bestandteil von Feuerfestkeramiken. Es reagiert mit Wasser schwach basisch. Magnesiumorganische Verbindungen sind v. a. die für die organische Synthese bedeutenden **Grignard-Verbindungen,** die sich bei der Reaktion von Magnesiumflocken mit Alkyl- oder Arylhalogeniden, RX, bilden:

$$RX + Mg \rightarrow RMgX.$$

Ein Synthesebeispiel ist die Darstellung von tertiären Alkoholen aus Ketonen (Abb.)
In etherischer Lösung liegt das **Schlenk-Gleichgewicht** (Dismutation) auf der Seite der Grignard-Verbindungen:

$$2 \, RMgX \rightleftharpoons R_2Mg + MgX_2.$$

Magnetquantenzahl: ↑Quantenzahlen.

MAK, Abk. für **m**aximale **A**rbeitsplatz**k**onzentration: die höchste zulässige Konzentration eines Stoffes in der Luft am Arbeitsplatz. Sie ist diejenige Konzentration, die nach dem gegenwärtigen Stand der Kenntnisse auch bei langfristiger Exposition die Gesundheit des Beschäftigten nicht beeinträchtigt. Die MAK-Werte werden von einer Kommission der Deutschen Forschungsgemeinschaft (DFG) alljährlich festgelegt.

Makromoleküle [zu griech. makrós »groß«]: Riesenmoleküle mit Molekülmassen von mehreren Tausend bis zu vielen Millionen. Eine scharfe Grenze zwischen niedermolekularen Verbindungen und M. gibt es jedoch nicht. Die Atome in M. können linear zu Ketten, flächig zu Schichten oder räumlich zu Netzen verknüpft sein. In den meisten synthetischen M. wiederholt sich eine Gruppe von Atomen periodisch (↑Polymere, ↑Kunststoffe), während natürliche M. oft weniger regelmäßig aufgebaut sind. Makromolekulare Stoffe weisen in der Regel eine Molekülmassenverteilung auf, d. h. nicht alle Moleküle haben die gleiche Molekülmasse, sodass sich hier nur ein Mittelwert angeben lässt. Dies gilt für die meisten synthetischen Polymere, aber

$$R-Mg-X + \underset{R''}{\overset{R'}{C}}=O$$

$$\longrightarrow R'-\underset{R''}{\overset{R}{C}}-O-Mg-X$$

$$\xrightarrow[-Mg(OH)_2]{H_2O} R'-\underset{R''}{\overset{R}{C}}-OH$$

Magnesium: Darstellung von tertiären Alkoholen aus Ketonen

auch z. B. für Stärke und Cellulose. Andere natürliche M. wie Proteine und Nucleinsäuren weisen dagegen einheitliche Molekülmassen auf.

Malachitgrün: ↑Triphenylmethanfarbstoff, dessen Leukobase unter Säureeinwirkung aus Dimethylanilin und Benzaldehyd dargestellt wird. Die Leukobase wird anschließend mit Bleidioxid oder Braunstein zu M. oxidiert. Das Chlorid bildet messingfarbene Kristalle, die sich in Wasser mit blaugrüner Farbe lösen. Obwohl der Farbstoff wenig lichtecht ist, dient er u. a. zum Bedrucken von Stoffen und zum Färben von Leder.

Malachitgrün

Malonsäure: ↑Dicarbonsäuren (Tab.).
Maltose: ↑Disaccharide.
Mangan [zu ital. manganese bzw. lat. magnes »Magnet«]: chemisches Element der VII. Nebengruppe, Zeichen Mn, OZ 25, relative Atommasse 54,94, ↑Reinelement.
Physikalische Eigenschaften: in reinem Zustand silberweißes Metall, Dichte 7,44 g/cm^3, Fp. 1 246°C, Sp. 2 061 °C, hart und spröde.
Chemische Eigenschaften: unedles Metall, löst sich leicht in verdünnten Säuren unter Bildung von Mangan(II)-Salzlösungen und Wasserstoff; wird schon von Wasser bei Raumtemperatur langsam angegriffen; an offener Luft verbrennt es zu Mangan(II,III)oxid, Mn$_3$O$_4$.
Gewinnung: im Hochofen zusammen mit Eisen als Eisen-Mangan-Legierung.
Verwendung: zur Desoxidation von Eisen und Stahl sowie als Legierungsbestandteil; Mangandioxid in galvanischen Elementen und als »Glasmacherseife« zur Entfärbung von Glasschmelzen, Kaliumpermanganat als Oxidationsmittel, früher auch als Antiseptikum.
Verbindungen: M. kann zwei- bis siebenwertig auftreten, am häufigsten findet man die Oxidationsstufen zwei, vier und sieben. Mangandioxid, MnO$_2$, (**Braunstein**) ist dunkelbraun und wird von schwefliger Säure aufgelöst. Die tiefpurpurnen Kristalle von **Kaliumpermanganat,** KMnO$_4$, einem starken Oxidationsmittel, lösen sich in Wasser mit rotvioletter Farbe. Das farblose Mangancarbonat, MnCO$_3$, ist ein relativ schwer lösliches Salz, das zur Düngung dient.
Bedeutung: Spurenelement in der belebten Natur, dessen Fehlen bei Pflanzen mangelndes Wachstum, bei Tier und Mensch Stoffwechselstörungen bewirkt.

Manganometrie: ein titrimetrisches Verfahren (↑Maßanalyse), das die oxidierende Wirkung des Permanganat-Ions, MnO$_4^-$, ausnutzt. Die Bestimmung wird i. A. in saurer Lösung vorgenommen, wobei das violette Permanganat-Ion in das farblose Mangan(II)-Ion, Mn^{2+}, übergeht:

$$MnO_4^- + 8 H_3O^+ + 5 e^- \longrightarrow Mn^{2+} + 12 H_2O.$$

Die zugetropfte Permanganatlösung bekannten Gehalts entfärbt sich so lange, bis in der Probelösung sämtliche zu bestimmenden Reduktionsmittel oxidiert ist. Man titriert also, bis die violette Farbe gerade nicht mehr verschwindet.

Markownikow-Regel: VON WLADIMIR

WASSILJEWITSCH MARKOWNIKOW (*1838, †1904) aufgestellte Regel über den Verlauf der elektrophilen ↑Addition protonenaktiver Substanzen an ↑Alkene. Der Wasserstoff wird danach stets an das wasserstoffreichere Kohlenstoffatom angelagert, wie die Umsetzung von Propen zu 2-Propanol zeigt:

$$CH_3-CH=CH_2 + H_2O \rightarrow CH_3-CH(OH)-CH_3.$$

Bei radikalisch verlaufenden Additionen erfolgt die Anlagerung in umgekehrter Weise (Anti-Markownikow-Addition).

Marmor: ↑Kalk.

Marsh-Probe [maːʃ-]: nach J. MARSH benannter Nachweis von Arsen. Man gibt der zu untersuchenden Substanz in einem Reagenzglas mit gläsernem Gasableitungsrohr Zinkkörner und Salzsäure zu und erhitzt das gasdurchströmte Rohr an einer Stelle leicht mit einer Flamme. Wenn in der Probe Arsenverbindungen enthalten sind, dann bildet sich flüchtiger Arsenwasserstoff, der an der erhitzten Stelle zersetzt wird. Das entstandene Arsen schlägt sich im Rohr als dunkler Arsenspiegel nieder. Dieses Verfahren eignet sich auch zum Nachweis von Antimon. Im Unterschied zu Arsen löst sich aber der Metallspiegel des Antimons nicht in wässriger Lösung von Natriumhypochlorit, NaClO.

Maskieren von Kationen: Methode bei der chemischen Analyse in wässriger Lösung, um Störungen durch Begleitkationen mithilfe von Komplexbildnern auszuschalten. Dadurch werden diese Ionen »maskiert«, d. h. sie werden in stabile Komplexe übergeführt, die nicht an der Analysereaktion teilnehmen. Ein Beispiel ist die selektive Fällung von Cadmiumsulfid in Gegenwart von Kupfersalzen, die nach Zugabe von Cyanid und Bildung von stabilen Cyanocupraten(I), $[Cu(CN)_2]^-$ und $[Cu(CN)_4]^{3-}$, gelingt (Vorsicht wegen gleichzeitiger Bildung des giftigen Gases Dicyan, $(CN)_2$!).

Maßanalyse (Titrimetrie, Volumetrie): Verfahren zur Ermittlung einer gelösten Stoffmenge durch Messung eines geeigneten Reagenzumsatzes. Für die Bestimmung (Titration) benötigt man eine Reagenzlösung (Maßlösung) bekannter Konzentration (Titer) sowie auf Auslauf geeichte Gefäße (Büretten, Pipetten usw.). Als Maßlösungen werden meist Normallösungen (z. B. 1 N, 0,1 N oder 0,01 N) verwendet. Zur M. eignen sich Fällungsreaktionen (Fällungstitration) und Farbreaktionen. Bei den Fällungsreaktionen ist der Titrationsendpunkt erreicht, wenn bei weiterem Reagenzzusatz kein Reaktionsprodukt mehr ausfällt. Bei den Farbreaktionen ist die Reaktion am ↑Umschlagspunkt des Indikators zu erkennen. Eine Alternative besteht hier in der ↑Leitfähigkeitstitration.

Masseneinheit: ↑atomare Masseneinheit.

Massenprozent: ↑Konzentration.

Massenspektrometer: ein Analysegerät, mit dem die Masse und Häufigkeit von Molekülfragmenten aus einer Substanzprobe bestimmt wird. Das dabei erhaltene **Massenspektrum** lässt

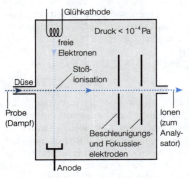

Massenspektrometer (Abb. 1): Ionenquelle eines Massenspektrometers

Massenspektrometer

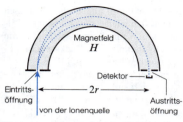

Massenspektrometer (Abb. 2): Analysator eines Massenspektrometers

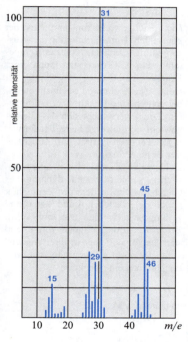

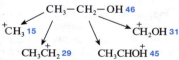

Massenspektrometer (Abb. 3): Massenspektrogramm des Ethanols und Schema der gebildeten Ionen

Rückschlüsse auf den molekularen Aufbau der Probe zu. Die Fragmente durchlaufen als Strahl gasförmiger Ionen ein Magnetfeld und werden entsprechend ihrem Masse-Ladung-Verhältnis (m/e) aufgetrennt. Dazu wird die Probe zunächst verdampft. Der Dampf strömt durch eine enge Öffnung in die evakuierte Ionisierungskammer, wo er mit Elektronen »bombardiert« wird (Abb. 1). Diese werden von einer Glühkathode emittiert und auf eine Energie von etwa 70 eV beschleunigt. Dabei bilden sich positive Molekül-Ionen gemäß $M + e^- \rightarrow M^+ + 2\,e^-$. Um diese Ionen zu trennen, werden sie auf eine vorgegebene Anfangsgeschwindigkeit beschleunigt und als gebündelter Strahl durch einen Spalt in den Analysator des M. gesandt. Die erreichte Geschwindigkeit v der einzelnen Ionen hängt von der Ladung e, der Masse m der Ionen und der Beschleunigungsspannung U ab. Dabei gilt:

$$v = \sqrt{\frac{2eU}{m}}.$$

Im Analysator durchlaufen die Ionen ein starkes Magnetfeld (Abb. 2), in dem sie unterschiedlich abgelenkt werden. Bei einer Feldstärke H des Magnetfelds hängt der Ablenkungsradius r von der Geschwindigkeit v und dem Verhältnis Masse zu Ladung m/e der Ionen ab:

$$r = \frac{mv}{eH}.$$

Ersetzt man v durch den obigen Wert, so erhält man für jede Masse m einen bestimmten Bahnradius r:

$$r = \sqrt{\frac{2mU}{eH^2}}.$$

Dabei werden die Ionen nach dem Verhältnis m/e getrennt, was bedeutet, dass z. B. ein einfach geladenes Ion der Masse 48 und ein doppelt geladenes

Ion der Masse 96 den gleichen Bahnradius beschreiben.
Die Ionen, welche durch die Austrittsöffnung gelangen, werden auf der Detektorplatte registriert. Dabei lässt die Öffnung nur Ionen mit einem bestimmten Ablenkungsradius r_0 hindurch. Zum Erfassen von Ionen unterschiedlicher Massen müssen diese nacheinander so abgelenkt werden, dass ihr Bahnradius r zu r_0 wird. Dazu verändert man kontinuierlich entweder U oder H.
In Abb. 3 ist als Beispiel das Massenspektrogramm des Ethanols wiedergegeben.

Massenwirkungsgesetz, Abk. MWG: fundamentales Gesetz der Kinetik homogener chemischer Reaktionen. Es besagt, dass für ein im Gleichgewicht befindliches homogenes Reaktionssystem verschiedener Stoffe

$$A + B \rightleftharpoons C + D$$

der Quotient aus dem Produkt der Konzentrationen der Endprodukte und dem der Ausgangsstoffe bei einer bestimmten Temperatur und einem bestimmten Druck eine Konstante ist:

$$\frac{[C][D]}{[A][B]} = K.$$

Herleitung: Im obigen Reaktionsschema ergibt sich für die Geschwindigkeit der Hinreaktion $v_H = k_H [A] [B]$. Die Geschwindigkeit v_H hängt von der Zahl der Zusammenstöße zwischen den Teilchen A und B ab. (Ohne Wechselwirkung der Teilchen findet keine Reaktion statt.) Die Anzahl der Zusammenstöße ist direkt proportional den Konzentrationen von A und B. Der Proportionalitätsfaktor k_H ist eine Materialkonstante, die angibt, wie viele der Zusammenstöße erfolgreich sind und zur Bildung von C und D führen. Da i. A. die meisten chemischen Reaktionen umkehrbar (reversibel) sind, werden die Moleküle C und D das Bestreben haben, sich wieder rückwärts unter Bildung von A und B umzusetzen. Für die Geschwindigkeit der Rückreaktion gilt entsprechend: $v_R = k_R [C] [D]$.
Wenn beide Reaktionsgeschwindigkeiten gleich groß sind, hat sich ein Gleichgewichtszustand eingestellt. Für diesen gilt: $v_H = v_R$, d. h. $k_H [A] [B] = k_R [C] [D]$.
Hieraus ergibt sich schließlich die Beziehung:

$$\frac{[C][D]}{[A][B]} = \frac{k_H}{k_R} = K.$$

Die Gleichgewichtskonstante K ist bei konstanten Konzentrationen der Ausgangsstoffe abhängig von der Temperatur, bei Gasreaktionen auch vom Druck.
Höhere Temperaturen begünstigen dabei endotherme Reaktionen, bei höherem Druck verschiebt sich das Gleichgewicht auf diejenige Seite, auf der die weniger Teilchen auftreten (↑Le-Chatelier-Braun-Prinzip).
Es handelt es sich hier nicht um ein statisches, sondern um ein dynamisches Gleichgewicht, in dem pro Zeiteinheit gleich viele Teilchen A und B zu C und D umgesetzt werden wie umgekehrt. Beide Reaktionen finden fortlaufend statt, heben sich aber in ihrer Auswirkung gegenseitig quantitativ auf. Betrachtet man eine Reaktion

$$m\,A + n\,B \rightleftharpoons x\,C + y\,D,$$

so lautet das M.:

$$\frac{[C]^x[D]^y}{[A]^m[B]^n} = K.$$

Massenzahl (Nukleonenzahl), Formelzeichen A: die Anzahl der ↑Nukleonen in einem Atomkern; sie ist gleich der Summe aus der Protonenzahl Z und der Neutronenzahl N: $A = Z + N$.
Die M. wird zur Kennzeichnung eines Atomkerns als linker oberer Index vor

das chemische Symbol des Elements gesetzt, zu dem das Atom gehört, z. B. ^{4}He, ^{16}O, ^{232}U, ^{235}U.
Durch die M. unterscheiden sich die verschiedenen Atomsorten (↑Isotope) derselben Atomart eines Elements.

Maßlösung: ↑Maßanalyse.

maximale Arbeitsplatzkonzentration: ↑MAK.

maximale Immissionskonzentration: ↑MIK.

Md: Zeichen für ↑Mendelevium.

M-Effekt: ↑Substitution.

Mehrfachbindung: ↑Atombindung.

Meitnerium [nach LISE MEITNER; *1883, †1968]: chemisches Element der sog. Transactinoide, Zeichen Mt, OZ 109; künstlich hergestelltes Metall.

Melaminharze: mit Carbonylverbindungen (Aldehyde, Ketone) polykondensiertes Melamin (↑Kunststoffe).

Memory-Effekt ['mɛmɔrɪ-, zu engl. »Gedächtnis«]: unerwünschtes Phänomen bei Nickel-Cadmium-Akkumulatoren (↑Energiespeicher), das die Kapazität einschränkt. Es tritt auf, wenn der Akkumulator bereits vor der vollständigen Entleerung aufgeladen oder mit niedrigen Strömen dauergeladen wird. Dabei bilden sich auf der negativen Elektrode Cadmiumkristalle, welche bewirken, dass bei der Stromentnahme die restliche Ladung, die zu Beginn der Teilaufladung enthalten war, nicht mehr genutzt werden kann.

Mendelevium [nach D. MENDELEJEW]: chemisches Element der ↑Actinoide, Zeichen Md, OZ 101, Massenzahl des langlebigsten Isotops: 258; künstlich hergestelltes Metall.

Meniskus [zu griech. menískos »kleiner Mond«]: halbmondförmige Krümmung der Oberfläche einer Flüssigkeit in engen stehenden Röhren infolge der ↑Oberflächenspannung und ↑Benetzung. Bei Glas benetzenden Flüssigkeiten ergibt sich eine konkave Wölbung (Abb.), bei nicht benetzenden (z. B. Quecksilber) eine konvexe Form. Die Meniskusbildung muss bei Präzisionsmessungen z. B. mit Büretten, Pipetten, Flüssigkeitsthermometern berücksichtigt werden.

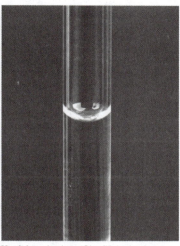

Meniskus: konkave Oberfläche in einem wassergefüllten Glasrohr

Mennige [zu ahd. minig bzw. lat. minium »Zinnober«]: ↑Blei.

Mer|captane [zu lat. mercurius »Quecksilber« und aptus »verbunden«]: ↑Thiole.

meso- [zu griech. mésos »Mitte«]: Vorsilbe in der chemischen Nomenklatur; sie bezeichnet Verbindungen mit mehreren asymmetrischen Kohlenstoffatomen, die eine innere Spiegelebene besitzen und daher optisch inaktiv sind, z. B. meso-Weinsäure (2,3-Dihydroxybutandisäure; ↑Diastereoisomere).

Mesomerie [zu griech. méros »Teil«] (Resonanz): Elektronenverteilung eines Elektronensystems zwischen mehreren Grenzstrukturen (mesomere Strukturen, Resonanzstrukturen, Grenzzustände). In manchen Molekü-

Mesomerie

len oder mehratomigen Ionen können die Bindungsverhältnisse nicht durch eine einzige Strukturformel dargestellt werden, sondern nur angenähert durch mehrere Grenzformeln. Keine von diesen gibt die Bindungsverhältnisse allein korrekt wieder; die tatsächliche Elektronenverteilung liegt zwischen den von den Grenzformeln angegebenen Zuständen. Ein Beispiel einer solchen mesomeren Verbindung ist das Schwefeldioxid, SO_2 (Abb. 1).

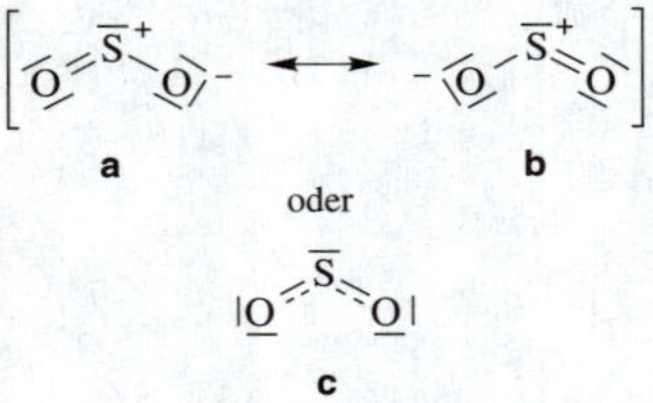

$$\left[\overline{\underline{O}}=\overset{+}{\overline{S}}-\overline{\underline{O}}|^{-} \longleftrightarrow {}^{-}|\overline{\underline{O}}-\overset{+}{\overline{S}}=\overline{\underline{O}} \right]$$

    a   b

oder

$$|\underline{O}\overset{\overline{S}}{\cdots}\underline{O}|$$

c

Mesomerie (Abb. 1): Grenzzustände bei Schwefeldioxid SO_2

Gemäß der Oktettregel (↑Atombindung) lässt sich für das Schwefeldioxidmolekül die Elektronenformel (a) aufstellen. Da eine Doppelbindung kürzer ist als eine Einfachbindung, müssten die Abstände beider Sauerstoffatome vom Schwefelatom verschieden lang sein. Tatsächlich sind die beiden Sauerstoff-Schwefel-Bindungen aber völlig gleichwertig. Auch die zu (a) gleichwertige Strukturformel (b) trifft nicht zu.

Die Bindungsverhältnisse lassen sich nur verstehen, wenn angenommen wird, dass jedes Sauerstoffatom mit dem Schwefelatom durch ein Elektronenpaar verbunden ist, und ein weiteres Elektronenpaar über alle drei Atome delokalisiert, d. h. verteilt ist. Dieser Bindungszustand kann durch die Valenzstrichformeln nicht wiedergegeben werden.

Um die tatsächlichen Bindungsverhältnisse formelmäßig zu beschreiben, kann man delokalisierte Elektronen durch gestrichelte Linien darstellen (c) oder man setzt zwischen die beiden Valenzstrichformeln einen speziellen Pfeil, den Mesomerie- oder Resonanzpfeil: ⟷, um anzudeuten, dass die tatsächliche Elektronenverteilung zwischen derjenigen der Grenzformeln liegt, denen keine physikalische Realität zukommt.

Der wirkliche Zustand eines Moleküls, d. h. der Zwischenzustand zwischen den Grenzstrukturen, wird als **mesomerer Zustand** oder mesomerer Zwi-

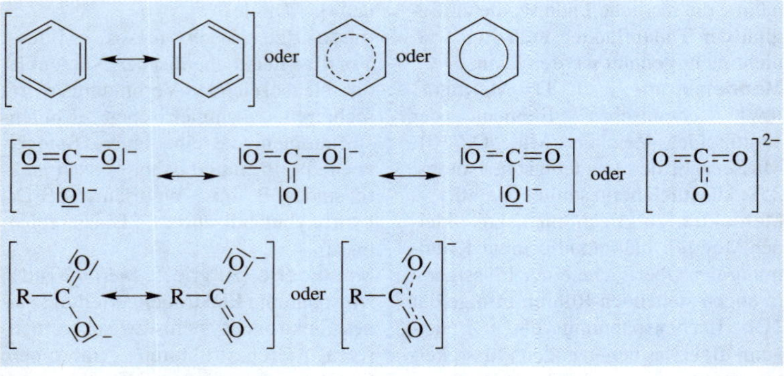

Mesomerie (Abb. 2): Grenzstrukturen des Benzolmoleküls (oben), des Carbonat-Ions (Mitte) und der Carbonsäureanionen (unten)

schenzustand oder als **Resonanzhybrid** bezeichnet. Mesomere Moleküle oder Ionen besitzen über mehr als zwei Atome delokalisierte Elektronen, bei denen es sich um p-Elektronen handelt. Sie sind besonders stabil, d. h. energiearm, da die Energie der delokalisierten Elektronen umso geringer ist, je größer der Raum ist, in dem sie sich bewegen können. Jede der fiktiven Grenzstrukturen wäre energiereicher als der mesomere Zustand. Die Energiedifferenz zwischen jeder der Grenzstrukturen und dem tatsächlichen mesomeren Zustand wird als Mesomerie- oder Resonanzenergie bezeichnet.

Mesomere Zustände liegen z. B. in den Molekülen des Benzols, der Carbonsäure und Anionen des Carbonat-Ions vor (Abb. 2).

Mess|elektrode (Indikatorelektrode): ↑Halbelement, dessen Elektrodenpotenzial der Aktivität eines zu bestimmenden Ions proportional ist. Ein Beispiel ist die Glaselektrode zur Messung der Protonenaktivität.

Messing: ↑Legierungen.

Messkette: Kombination aus einer ↑Messelektrode, z. B. Chinhydron- oder Wasserstoffelektrode, und einer ↑Bezugselektrode, z. B. Kalomel- oder Normalwasserstoffelektrode. Beispiel: ↑Potenziometrie.

Messzylinder: Glasgerät zur Abschätzung einer umzufüllenden Flüssigkeitsmenge (Abb.).
Die Teilstriche nennt man **Graduierung**. Abgelesen wird am untersten Punkt des ↑Meniskus.

meta- [zu griech. metá »zwischen, nach«], Abk. *m*-: herkömmliche Bezeichnung der 1,3-Stellung von zwei Substituenten am Benzolring (↑Aromaten).

Met|aldehyd: ↑Aldehyde.

Metallbindung: die Art der ↑chemischen Bindung, die für Metalle und Legierungen spezifisch ist. Die Atome eines Metalls sind zu einem Metallgitter zusammengelagert, in dem leicht bewegliche Elektronen vorhanden sind. Auf diese ist die hohe elektrische Leitfähigkeit zurückzuführen.

Im klassischen Modell der M. wird angenommen, dass die Metallatome alle ihre Valenzelektronen abgeben und ein Gitter aus positiven Ionen bilden. Die abgelösten Elektronen bewegen sich wie Gasteilchen frei zwischen den regelmäßig angeordneten Atomrümpfen und bewirken dadurch deren Zusammenhalt. Die Gesamtheit der frei beweglichen Elektronen wird in diesem Modell als Elektronengas bezeichnet. Die Elektronen stehen allerdings in steter elektrostatischer Wechselwirkung mit den Metall-Ionen.

Nach einem neueren Modell, dem die Orbitaltheorie zugrunde liegt und das diese elektrostatische Wechselwirkung berücksichtigt, besitzt die M. eine gewisse Ähnlichkeit mit der Atombin-

Messzylinder

Metalle

dung. Anders als bei diesem Bindungstyp gehören aber die bindenden Elektronen bei der M. nicht nur zwei bestimmten Atomen an, sondern allen Atomen des Gitters: Sie sind delokalisiert. Das Elektronengas kann mit sehr geringem Energieaufwand im Metallgitter verschoben werden.

Metalle: Sammelbezeichnung für solche chemischen Elemente und ihre ↑Legierungen, die eine mit steigender Temperatur abnehmende, bei Raumtemperatur jedoch noch verhältnismäßig große Leitfähigkeit für elektrischen Strom besitzen, die auf der freien Beweglichkeit von Elektronen beruht. Die M. sind mit Ausnahme des Quecksilbers bei Raumtemperatur fest; sie glänzen stark und lassen sich durch Krafteinwirkung mechanisch verformen. Die Atome eines M. werden durch die ↑Metallbindung zusammengehalten.

Von den bis heute bekannten 115 chemischen Elementen zählen 89 (alle Elemente der ersten und zweiten Hauptgruppe, aus der dritten Hauptgruppe Aluminium, Gallium, Indium und Thallium, aus der vierten Hauptgruppe Zinn und Blei sowie sämtliche Elemente der Nebengruppen, einschließlich der Lanthanoide und Actinoide und der Transactinoide) zu den M., die übrigen zu den ↑Halbmetallen bzw. ↑Nichtmetallen. Allerdings gilt eine solche Einteilung der Elemente, die sich im Wesentlichen auf deren Leitfähigkeit gründet, nicht streng, da es Elemente gibt, die in mehreren ↑Modifikationen existieren, die sich u. a. gerade bezüglich der elektrischen Leitfähigkeit erheblich unterscheiden (z. B. weißes und graues Zinn).

Je nach Dichte wird zwischen ↑Leichtmetallen und ↑Schwermetallen unterschieden. M., die sich schon von verdünnter Salzsäure oxidieren lassen, zählen zu den unedlen M. (z. B. Aluminium, Eisen, Magnesium, Natrium und Zink). M., die gegen Salzsäure beständig sind, werden als halbedle M. (z. B. Kupfer, Nickel, Zinn) oder als ↑Edelmetalle (z. B. Gold, Silber, Platin) bezeichnet. Halbedle M. werden z. B. von konzentrierter Schwefelsäure oxidiert, Edelmetalle hingegen nicht.

In der Technik wird zwischen Eisen und seinen Legierungen einerseits und den Nichteisen-(NE-)Metallen andererseits unterschieden. Die wichtigsten NE-Metalle sind Aluminium, Magnesium, Blei, Zinn, Zink, Kupfer, Silber, Gold, Platin, Chrom, Molybdän, Wolfram, Tantal, Titan und Uran. M. werden aus Erzen durch ↑Rösten oder mit dem ↑Röstreduktionsverfahren gewonnen.

Metallgitter: ↑Kristallgitter (Tab.), ↑Metallbindung, ↑Kugelpackungen.

metall|organische Verbindungen (Organometallverbindungen): Verbindungen, in denen eine oder mehrere Metall-Kohlenstoff-Bindung(en) vorliegen. Zu den wichtigsten gehören die Organometallverbindungen des Aluminiums und Titans (↑Ziegler-Natta-Katalysatoren), des ↑Bleis und des ↑Magnesiums.

Metasäuren: Bezeichnung für diejenigen anorganischen Sauerstoffsäuren, die formal um ein Molekül Wasser ärmer sind als die entsprechenden ↑Orthosäuren, z. B.:

$$H_3BO_3 \rightarrow HBO_2 + H_2O$$
Orthoborsäure   Metaborsäure

meta|stabil: ↑Stabilität.
Methan: ↑Alkane (Tab.).
Methanal: ↑Aldehyde (Tab.).
Methanol (Methylalkohol), CH_3OH: einfachster ↑Alkohol, farblose, sehr giftige, mit Wasser und organischen Lösungsmitteln mischbare Flüssigkeit, Sp. 64,5 °C. M. wird technisch aus Kohlenstoffmonoxid oder -dioxid und Wasserstoff unter Einwirkung von Druck und Katalysatoren hergestellt.

Es ist ein wichtiges Lösungsmittel sowie Zwischenprodukt u. a. bei der Herstellung von Formaldehyd und Methylaminen.

Methansäure: ↑Carbonsäuren.
Methoxy-: ↑Alkoxy-.
Methyl- [zu frz. méthyle »Holzgeist« bzw. griech. méthy »Wein« und hýle »Holz«]: Bezeichnung für die vom Methan, CH_4, abgeleitete einwertige Gruppe $-CH_3$.
Methyl|alkohol: ↑Methanol.
Methylchlorid: ↑Halogenkohlenwasserstoffe (Tab.).
Methylen-: Bezeichnung für die zweiwertige Gruppe $-CH_2-$.
Methylenblau: wichtigster basischer ↑Thiazinfarbstoff.
Methylenchlorid: ↑Halogenkohlenwasserstoffe (Tab.).
Methylorange: ↑Farbstoffe.
Mg: Zeichen für ↑Magnesium.
Michlers Keton [nach WILHELM T. MICHLER; *1846, †1889]: Zwischenprodukt bei der Synthese verschiedener Farbstoffe. Die farblose, vermutlich karzinogene Verbindung wird aus Phosgen und *N,N,*-Dimethylanilin hergestellt.
MIK: [Abk. für **m**aximale **I**mmissions**k**onzentration]: Bezeichnung für diejenige Konzentration luftverunreinigender Stoffe in bodennahen Schichten der Atmosphäre, die für Mensch, Tier oder Pflanze bei Einwirken über einen bestimmten Zeitraum bei bestimmter Häufigkeit als unbedenklich gelten kann (angegeben in mg oder cm^3 Substanz pro m^3 Luft), wobei ein Grenzwert für langfristige Einwirkung (über 24 Stunden; als IW1 bezeichnet) und für kurzfristige Einwirkung (maximal 30 Minuten; IW2) unterschieden werden. Für Stickstoffdioxid z. B. beträgt IW1 0,010 mg/m³ und IW2 0,20 mg/m³ Luft.
Milchsäure: ↑Hydroxysäuren.
Milchzucker: ↑Disaccharide.
Minerale (Mineralien) [zu lat. minera »Erzgrube«]: vorwiegend anorganische Substanzen, aus denen die Erdkruste und der Erdmantel bestehen.
Mineral|öle: ↑Öle.
Mineralsäuren: anorganische Säuren, z. B. Salz- oder Schwefelsäure.
Mineralstoffe: im weiteren Sinn natürlich vorkommende oder künstlich hergestellte anorganische Salze; im engeren Sinn die für den Aufbau von Körpersubstanzen und den Ablauf biologischer Reaktionen wichtigen anorganischen Verbindungen, z. B. Natrium-, Kalium-, Calcium-, Magnesium-, Phosphorsalze (für Mensch und Tier) sowie Stickstoffverbindungen für die Pflanzen.
Minuspol [zu lat. minus »weniger« und griech. pólos »Drehpunkt«]: der Pol einer ↑elektrochemischen Zelle,

Michlers Keton: 4,4'-Bis(dimethylamino)-benzophenon

aus dem Elektronen austreten. Beim Entladen wirkt die mit dem M. verbundene Elektrode als ↑Anode (↑galvanisches Element). Beim Laden werden die Pole des Elements gleichnamig mit der äußeren Stromquelle verbunden und Polung und Stromrichtung kehren sich um.
Mischelemente: Elemente mit mehreren Isotopen (↑chemische Elemente, ↑Isotope).
Mischung: ↑Gemisch.
Mn: Zeichen für ↑Mangan.
Mo: Zeichen für ↑Molybdän.
mobile Phase: ↑Chromatographie.
Modifikationen [zu lat. modificare »abmessen«, »anpassen«]: verschiedene Erscheinungsformen eines Elements oder einer Verbindung. Sie unterscheiden sich in Eigenschaften wie Farbe,

Mol

Dichte und Löslichkeit, besitzen aber die gleiche chemische Zusammensetzung. So tritt z. B. das Element Kohlenstoff in den M. Diamant, Graphit und Fulleren auf; die Verbindung Quecksilber(II)sulfid, HgS, z. B. gibt es in einer roten (Zinnober) und einer schwarzen M. Das Phänomen, dass ein und derselbe Stoff je nach seinen Zustandsbedingungen (abhängig von Druck und Temperatur) in verschiedenen M. auftreten kann, bezeichnet man üblicherweise bei Elementen als ↑Allotropie, bei Verbindungen als ↑Polymorphie.

Mol: Einheitenzeichen mol, SI-Einheit der Stoffmenge (Teilchenmenge).
Festlegung: Ein M. ist die Stoffmenge eines Systems bestimmter Zusammensetzung, das aus ebenso vielen Teilchen besteht, wie Atome in 0,012 Kilogramm des Kohlenstoffnuklids ^{12}C enthalten sind.
Die in dieser Definition implizit enthaltene Teilchenzahl ist die ↑Avogadro-Konstante N_A:

$N_A = 6,0221023$ mol^{-1}.

Das Mol hängt eng mit der ↑atomaren Masseneinheit u zusammen, denn es ist: 1 g = $6,022 \cdot 10^{23}$ u.

Molalität: Konzentrationsangabe für Lösungen. Die M. wird gewöhnlich in der Einheit 1 mol/kg gemessen und ist dann zahlenmäßig gleich der Anzahl der Mole, die in 1 kg Lösungsmittel gelöst sind. Beispiel: Eine 1-molale wässrige Lösung von Schwefelsäure, H_2SO_4, wird hergestellt, indem man 1 mol H_2SO_4 (98,08 g) zu 1 000 g Wasser gibt. Das Volumen spielt dabei (im Gegensatz zur ↑Molarität) keine Rolle. Die M. einer Lösung ist daher temperaturunabhängig.

molare Masse: stoffspezifische Größe in der Einheit 1 g/mol, deren Zahlenwert mit dem der ↑Molekülmasse übereinstimmt.

molares Volumen: ↑Molvolumen.

Molarität (Stoffmengenkonzentration): Konzentrationsangabe für Lösungen; SI-Einheit: 1 mol/m^3 (gebräuchlicher: 1 mol/l); Quotient aus der gelösten Stoffmenge (in mol) und des Volumens (in m^3 bzw. l) der Lösung (nicht des Lösungsmittels!). Eine einmolare Salzsäure (1 M Salzsäure) z. B. besitzt die Konzentration $c = 1$ mol/l. Da die M. einer Lösung temperaturabhängig ist, bezieht man die Angabe der molaren Konzentration üblicherweise auf eine Temperatur von 20 °C.

Molekül [zu lat. molesculus »kleine Masse«] (Molekel): in sich abgeschlossenes, aus einer charakteristischen Anzahl gleichartiger oder verschiedenartiger Atome aufgebautes neutrales, seltener geladenes Masseteilchen, das als individuelle Einheit existieren kann. Der Zusammenhalt der Atome in einem M. erfolgt durch ↑Atombindungen. M. aus gleichartigen Atomen liegen z. B. in den elementaren Gasen wie Wasserstoff, H_2, oder Chlor, Cl_2, vor, aber auch bei anderen Stoffen, z. B. bei Phosphor P_4 oder Schwefel S_8. Aus verschiedenartigen Atomen sind die M. von Verbindungen aufgebaut. Die Art und Anzahl der am Aufbau eines M. beteiligten Atome gibt die Molekülformel (↑chemische Formeln) an. So besteht z. B. das M. des Wassers mit der Formel H_2O aus zwei Wasserstoffatomen und einem Sauerstoffatom. Die Zahl der in einem M. gebundenen Atome reicht von zwei bis zu mehreren Millionen (↑Makromoleküle). Die Masse der meisten M. beträgt zwischen 10^{-24} g und 10^{-20} g; bei Makromolekülen reicht sie bis etwa 10^{-8} g. Die Größe der M., die von der Anzahl der sie aufbauenden Atome und von deren Anordnung abhängt, schwankt zwischen 0,1 nm bis 1 nm bei gewöhnlichen M. und 10 mm bei Makromolekülen. M. sind energieärmer als die freien Atome, aus denen sie aufgebaut sind. Bei der Vereinigung von Atomen zu einem M. wird also Energie frei, bei der Zerlegung dieses M. in die Atome muss diese Energie wieder aufgewendet werden. Die Stabilität der einzelnen M. ist sehr unterschiedlich, einige reagieren bereits spontan an der Luft oder zerfallen bereits bei schwacher mechanischer Einwirkung, andere – wie die Stickstoff-, Sauerstoff-, Wasser- und Kohlenstoffdioxidmoleküle – sind sehr beständig. Geladene M. nennt man Molekül-Ionen.

Molekularität: Anzahl der an einem Reaktionsschritt beteiligten Moleküle. Man unterscheidet z. B. uni-, bi-, trimolekulare Reaktionsschritte. Die M. ist etwas anderes als die Reaktionsordnung (↑Reaktionsgeschwindigkeit), die sich auf die Bruttoreaktion bezieht.

Molekülbewegung: ↑brownsche Bewegung.

Molekülgitter: ein Kristallgitter, dessen Bausteine Moleküle sind. Der Gitterverband wird im Wesentlichen durch ↑zwischenmolekulare Kräfte wie Van-der-Waals-Kräfte aufrechterhalten. Die regelmäßige Anordnung der Moleküle im Gitter wird v. a. von der Gestalt und der Symmetrie der Moleküle bestimmt.

Molekülmasse: Masse eines Moleküls, ausgedrückt in ↑atomaren Masseneinheiten (u). Die M. ist die Summe der ↑Atommassen der in einem Molekül gebundenen Atome. Die relative M. ist eine Verhältnisgröße und gleicht dem Zahlenwert der in atomaren Masseneinheiten gemessenen M. Beispielsweise hat das Wassermolekül H_2O die M. $(1 + 1 + 16)$ u = 18 u und die relative M. 18.

Molekülorbital: ↑Atombindung.
Molekülstruktur: ↑Konstitution.
Molekülverbindung: Substanz, die aus einzelnen Molekülen zusammengesetzt ist. Dies trifft für alle gasförmigen und viele flüssige und feste Verbindungen zu. Der Begriff dient zur Abgrenzung von ↑Ionenverbindungen.

Molenbruch: ↑raoultsches Gesetz.

Molvolumen (molares Volumen), Formelzeichen V_m: Quotient aus dem Volumen V und der Anzahl n der ↑Mole eines Stoffes ($V_m = V/n$). *SI-Einheit:* 1 m³/mol (gebräuchlicher: 1 l/mol).

Das M. des idealen Gases bei einer Temperatur von 0 °C und einem Druck von 101 325 Pa beträgt 22,414 l/mol.

Molybdän [zu griech. *molýbdaina* »Bleiglanz«]: chemisches Element der VI. Nebengruppe, Zeichen Mo, OZ 42, relative Atommasse 95,94, ↑Mischelement.

Physikalische Eigenschaften: silberweißes Metall, Fp. 2 623 °C, Sp. 4 639 °C, Dichte 10,22 g/cm³.

Chemische Eigenschaften: An der Luft und gegen verdünnte Säuren ist M. beständig; in seinen meist farbigen Verbindungen tritt es zwei-, drei-, vier-, fünf- und sechswertig auf, wobei die Mo(VI)-Verbindungen in Übereinstimmung mit der Stellung im Periodensystem (6. Nebengruppe zwischen Chrom und Wolfram) am beständigsten sind. Mit vielen anderen Metallen ist M. gut legierbar.

Gewinnung: meist im Hochofen zusammen mit Eisen als Eisen-Molybdän-Legierung.

Verwendung und Bedeutung: zur Herstellung von hochbeanspruchbaren Molybdänstählen; auch für besonders verschleißfeste Legierungen mit Niob und Wolfram für die Luft- und Raumfahrt; Spurenelement für Pflanze, Tier und Mensch.

mono- [zu griech. *mónos* »allein, einzeln«]: Vorsilbe zur Bezeichnung einzelner Teile.

Monocarbonsäuren: ↑Carbonsäuren.
Monochlor|ethan: ↑Halogenkohlenwasserstoffe (Tab.).
Monochlormethan: ↑Halogenkohlenwasserstoffe (Tab.).

Monokieselsäure: ↑Kieselsäuren.

monoklin [zu griech. klínein »neigen«]: ↑Kristallklassen.

Monomere [zu griech. méros »Teil«]: niedermolekulare reaktionsfähige Verbindungen, die sich durch ↑Polymerisation, Polykondensation, Polyaddition (↑Kunststoffe) oder durch Ausbilden von Nebenvalenzbindungen zu ↑Polymeren verbinden. M. sind meist ungesättigte Verbindungen (z. B. Ethen, Vinylbenzol, Butadien), oder sie besitzen mehrere reaktionsfähige Gruppen (z. B. Diamine, Dicarbonsäuren, Diisocyanate).

Monosaccharide [zu griech. sákcharon »Zucker, Grieß« bzw. altind. sárkara] (Einfachzucker): die Grundbausteine der ↑Kohlenhydrate mit der allgemeinen Formel $C_nH_{2n}O_n$ ($3 \leq n \leq 7$). M. sind meist süß schmeckende, farblose, kristalline, leicht wasserlösliche Substanzen. Sie sind in der belebten Natur weit verbreitet; Beispiele sind Glucose (Traubenzucker) und Fructose (Fruchtzucker). Durch Kondensation von zwei oder mehreren M. entstehen ↑Disaccharide bzw. ↑Polysaccharide. Je nach Anzahl n der Kohlenstoffatome im Molekül unterscheidet man Triosen, Tetrosen, ↑Pentosen, ↑Hexosen und Heptosen. Nach der Stellung der Carbonylgruppe gliedert man in **Aldosen** mit einer Aldehydgruppe und **Ketosen** mit einer Ketogruppe.

Da die Moleküle der M. ↑asymmetrische Kohlenstoffatome (C*) enthalten, sind sie optisch aktiv und treten in zahlreichen Stereoisomeren auf; z. B. gibt es bei einer Aldose mit vier asymmetrischen Kohlenstoffatomen (Aldohexose) bereits 16 Stereoisomere (zwei davon sind z. B. die D- und die L-Glucose, eine weitere die D-Galactose). Die M. werden häufig in Form offenkettiger Formeln (Abb. 1) wiedergegeben. Je nach Stellung der Hydroxylgruppe am vorletzten Kohlenstoffatom (↑Fischer-Projektion) unterscheidet man D- und L-Verbindungen.

M. zeigen nicht alle typischen Reaktionen der Carbonylverbindungen, da sie in Wirklichkeit meist nicht in Form der offenkettigen Aldehyd- bzw. Ketonform vorliegen, sondern intramolekulare sechs- oder fünfgliedrige cyclische Halbacetale (**Pyranosen** bzw. **Furanosen**) bilden. Durch den Ringschluss entsteht am Kohlenstoffatom 1 ein weiteres asymmetrisches Kohlenstoffatom, und damit bilden sich zwei Diastereoisomere. Beispielsweise entstehen aus D-Glucose α- und β-D-Glucopyranose (Abb. 2) und aus D-Fructose α- und β-D-Fructofuranose (Abb. 3). Nach Auflösen in Wasser stellt sich all-

Monosaccharide (Abb. 1): einige Beispiele (offenkettige Formeln)

Monosaccharide (Abb. 2): Mutarotation von D-Glucose

Monosaccharide (Abb. 3): Mutarotation von D-Fructose

mählich ein Konzentrationsgleichgewicht zwischen der offenen Form und den cyclischen Formen ein. Dabei beobachtet man, dass sich die Polarisationsebene von linear polarisiertem Licht langsam ändert (**Mutarotation**), denn die einzelnen Isomere haben unterschiedliche optische Drehwerte.

Monotropie: ↑Allotropie.

Morphin [nach dem griech. Gott Morpheus]: ↑Opium.

Mörser (Reibeschale): Gerät, das zusammen mit dem stempelförmigen Pistill zur Zerreibung und Durchmischung grobkörniger Substanzen dient (Abb.).

Mörtel: weiches, streichbares, aus Sand, Bindemittel und Wasser hergestelltes Gemenge, das nach einiger Zeit steinartig erhärtet und zur Verkittung sowie zum Verputzen von Baumaterialien dient. Luftmörtel erhärtet an der Luft, aber nicht unter Wasser. Er enthält als Bindemittel gelöschten ↑Kalk (Calciumhydroxid) oder gebrannten ↑Gips. Das Calciumhydroxid setzt sich mit Kohlenstoffdioxid aus der Luft zu kristallisiertem Calciumcarbonat ($CaCO_3$) um:

$$Ca(OH)_2 + CO_2 \rightarrow CaCO_3 + H_2O$$

Die entstandenen Kristalle verkitten die Sandkörner und die Bausteine. Das frei werdende Wasser verursacht das »Schwitzen« der Wände in Neubauten. Gips wird wesentlich rascher fest als Kalk. Luftmörtel sind nicht wasserbeständig. Dagegen erhärten **Wassermörtel** (hydraulische M.) auch unter Wasser und werden von diesem nicht angegriffen. Sie enthalten ↑Zement als Bindemittel.

Mörser: 1 Mörser, 2 Pistill

MO-Verfahren: ↑Atombindung.
Mt: Zeichen für ↑Meitnerium.
Münzmetalle: die Metalle der ersten Nebengruppe des ↑Periodensystems: Kupfer, Silber, Gold. Aus diesen wurden früher Münzen hergestellt. Heute verwendet man dazu Legierungen oder Verbundstoffe aus Kupfer, Nickel, Zink und Eisen.
Mutagene [zu lat. mutare »ändern« und griech. gennán »erzeugen«]: natürlich vorkommende oder synthetische Substanzen (chemische M.) sowie Strahlen (physikalische M.), die Mutationen (Erbgutänderungen) hervorrufen können. M. wirken häufig zugleich als ↑Kanzerogene.
Mutarotation [zu lat. mutare »ändern« und »rotare« drehen]: ↑Monosaccharide.
Mutterlauge: ↑Lauge.
MWG: Abk. für ↑Massenwirkungsgesetz.

N

n: Symbol für das ↑Neutron.
n (*n*): Formelzeichen für die Hauptquantenzahl (↑Quantenzahlen).
***n-*:** in systematischen Namen von Alkanen mit unverzweigten Kohlenstoffketten Abk. für »normal« (d. h. geradkettig), z. B. *n*-Butan, $CH_3(CH_2)_2CH_3$.

N [Abk. von nlat. nitrogenium »Laugenbildner«]: Zeichen für ↑Stickstoff.
N (*N*): Formelzeichen für
♦ die ↑Normalität.
♦ die ↑Neutronenzahl.
Na: Zeichen für ↑Natrium.
NAD⁺: Abk. für **N**icotinsäureamid-**a**denin-**d**inucleotid: das Coenzym zahlreicher Wasserstoff übertragender Enzyme (Abb.1). Im verwandten NADP⁺ (Abk. für NAD⁺-phosphat) trägt die Ribose am Adenin einen dritten Phosphatrest. Die reversible Wasserstoffübertragung, z. B. bei der Dehydrierung von Alkoholen, unter Bildung von NADH erfolgt an der Nicotinsäureamidgruppe (Abb. 2).
Naphtha [zu babylonisch naptu »Erdöl«] (Straight-Run-Benzin, Rohbenzin): durch einfache Destillation aus ↑Erdöl gewonnenes Benzin von breitem Siedebereich (40–220 °C). N. ist eine bedeutende Rohstoffquelle der ↑Petrochemie.
Naphthalin [zu babylonisch naptu »Erdöl«]: $C_{10}H_8$, ein aus Steinkohlenteer oder Kokereigas gewonnener, farbloser, charakteristisch (»nach Mottenpulver«) riechender, kristalliner, aromatischer Kohlenwasserstoff (↑Aromaten); bildet zwei verschiedene Monosubstitutionsprodukte (z. B. 1- und 2-Bromnaphthalin).

NAD⁺ (Abb. 1): Struktur

$$NAD^+ + 2\langle H\rangle \rightleftharpoons NADH + H^+$$

NAD⁺ (Abb. 2): Wasserstoffübertragung

N. ist ein wichtiges Ausgangsprodukt für die Herstellung von Lösungsmitteln (↑Decalin) und Farbstoffen.

Naphthochinon (1,4-Naphthochinon): ↑Chinone.

Natrium [zu ägyptisch ntry, arabisch natrun »Laugensalz«]: chemisches Element der I. Hauptgruppe, Zeichen Na, OZ 11, relative Atommasse 22,99; Reinelement (tritt in der Natur nur in Form des Isotops 23 auf).

Physikalische Eigenschaften: sehr weiches, mit einem Messer schneidbares, an frischen Schnittflächen silberweiß glänzendes Metall, das in feuchter Luft rasch infolge oberflächlicher Bildung von Natriumhydroxid, NaOH, matt anläuft, wobei – in Dunkelheit – ein grünes Leuchten beobachtet wird (↑Chemolumineszenz) Fp. 97,72 °C, Sp. 883 °C, Dichte 0,97 g/cm³.

Chemische Eigenschaften: Alkalimetall, sehr reaktionsfähig (Aufbewahrung unter Paraffinöl), verbrennt beim Erhitzen an der Luft mit intensiv gelber Flamme zu Natriumperoxid Na_2O_2. Es reagiert heftig mit Wasser zu Natriumhydroxid und Wasserstoff:

$2\,Na + 2\,H_2O \rightarrow 2\,NaOH + H_2\uparrow$;
$\Delta H = -285{,}5$ kJ.

In seinen Verbindungen ist N. stets einwertig. Natriumsalze sind meist farblos und wasserlöslich.

Darstellung: durch Elektrolyse von geschmolzenem Natriumhydroxid oder Natriumchlorid.

Verwendung: u. a. zur Herstellung von Natriumverbindungen wie Natriumamid, $NaNH_2$, zur Trocknung z. B. von Ether, zur Reindarstellung schwer reduzierbarer Metalle, in flüssiger Form in Kernreaktoren zur Wärmeableitung.

Natrium|acetat: Natriumsalz der ↑Essigsäure; farblose, hygroskopische Kristalle. Die wässrige Lösung reagiert infolge von Hydrolyse basisch:

$CH_3COO^- + Na^+ + H_2O \rightarrow$
$\quad CH_3COOH + Na^+ + OH^-$.

Eine Lösung, in der äquimolare Mengen Acetat und Essigsäure vorliegen, dient als Acetatpuffer (pH 4,76), ↑Puffer.

Natrium|amid: ↑Amide.

Natriumbicarbonat: veraltete Bezeichnung für ↑Natriumhydrogencarbonat.

Natriumcarbonat (Soda), Na_2CO_3: das Natriumsalz der ↑Kohlensäure, eine kristalline, in Wasser gut lösliche Substanz, deren wässrige Lösung stark basisch reagiert. N. kristallisiert aus

Naphthalin: Stellungsisomerie bei Monosubstitutionsprodukten

1-Bromnaphthalin   2-Bromnaphthalin

wässriger Lösung als Decahydrat, $Na_2CO_3 \cdot 10\,H_2O$ (Kristallsoda), aus; beim Erhitzen verliert dieses stufenweise das Kristallwasser und geht bei 112 °C schließlich in das wasserfreie N., Na_2CO_3 (calcinierte Soda), über.

Verwendung: bei der Seifen-, Glas- und Waschmittelfabrikation, zur Darstellung vieler Natriumverbindungen sowie bei der Wasserenthärtung.

Gewinnung: nach dem Ammoniak-Soda-Verfahren **(Solvay-Verfahren)** aus Natriumchlorid (Kochsalz), NaCl, und Kalk, $CaCO_3$, mit Ammoniak, NH_3, als Hilfsstoff in den folgenden Schritten:

(1) $CaCO_3 \rightarrow CaO + CO_2$
(2) $2\,NaCl + 2\,CO_2 + 2\,NH_3 + 2\,H_2O \rightarrow 2\,NaHCO_3 + 2\,NH_4Cl$
(3) $2\,NaHCO_3 \rightarrow Na_2CO_3 + H_2O + CO_2$
(4) $CaO + 2\,NH_4Cl \rightarrow 2\,NH_3 + CaCl_2 + H_2O$
(5) $CaCO_3 + 2\,NaCl \rightarrow CaCl_2 + Na_2CO_3$.

In eine konzentrierte wässrige Natriumchloridlösung wird Ammoniak eingeleitet. Durch Brennen des Kalks nach Reaktion 1 wird Kohlenstoffdioxid, CO_2, gewonnen. Aus dem Gemisch von Natrium-, Chlorid-, Hydrogencarbonat- und Ammonium-Ionen (Na^+, Cl^-, HCO_3^- und NH_4^+), das sich dabei bildet, fällt das relativ schwer lösliche Natriumhydrogencarbonat, $NaHCO_3$, aus (2). Es wird abgetrennt und durch Erhitzen in einem Drehrohrofen (Calcinierofen) auf 170 bis 180 °C in N. umgewandelt (3). Das dabei anfallende Kohlenstoffdioxid wird wieder in den Prozess zurückgeführt. Das bei Reaktion 1 gebildete Calciumoxid, CaO, dient zur Rückgewinnung des Ammoniaks aus Ammoniumchloridlösung, NH_4Cl (4), die bei der Bildung des Natriumhydrogencarbonats anfällt. Aus den vier Teilreaktionen ergibt sich die Gesamtreaktion 5.

Die Calciumchloridlauge kann noch zur Gewinnung von Calciumchlorid, $CaCl_2$, einem Trockenmittel, eingedampft werden. Das Solvay-Verfahren hat andere Verfahren zur Gewinnung von N. aufgrund seiner Wirtschaftlichkeit völlig verdrängt.

Natriumcellulose|xanthogenat: ↑Viskose.

Natriumchlorid (Kochsalz, Steinsalz), NaCl: das Natriumsalz der ↑Salzsäure; farblose, würfelförmige, gut wasserlösliche Kristalle.

Gewinnung: durch bergmännischen Abbau von Steinsalzlagern, durch Auflösen von Steinsalz unter oder über Tage und Eindampfen der so erhaltenen »Sole« oder durch Eindunsten von Meerwasser. Das Salz kristallisiert bei Raumtemperatur wasserfrei in farblosen regulären Würfeln. In chemisch reiner Form ist es nicht ↑hygroskopisch. Wenn es an der Luft feucht wird, beruht dies auf Beimengungen von Magnesiumchlorid, $MgCl_2$.

Verwendung und *Bedeutung.* Ausgangsmaterial für die Darstellung fast aller Natriumverbindungen, des Natriums selbst, der Salzsäure und des Chlors; zur Zubereitung von Speisen, zur Konservierung von Lebensmitteln (Pökeln) und als Mineralstoff.

Natriumchloridgitter: ↑Ionengitter.

Natriumhydrogencarbonat (Natriumbicarbonat), $NaHCO_3$: das Mononatriumsalz der ↑Kohlensäure; eine kristalline, in Wasser nur wenig lösliche Substanz. N. entsteht beim Einleiten von Kohlenstoffdioxid in eine kaltgesättigte wässrige Natriumcarbonatlösung:

$$Na_2CO_3 + H_2O + CO_2 \rightarrow 2\,NaHCO_3\downarrow.$$

Da N. das schwach basisch wirkende Hydrogencarbonat-Ion, HCO_3^-, enthält, reagiert seine wässrige Lösung leicht alkalisch:

$HCO_3^- + H_2O \rightleftharpoons H_2CO_3 + OH^-$.

Verwendung: als säureabstumpfendes Mittel in der technischen Chemie (früher auch bei Sodbrennen); in Back- und Brausepulver (wegen der Entwicklung von Kohlenstoffdioxid bei Einwirkung von Wärme oder Säure).

Natriumhydroxid, NaOH: ein spröder, aus Natrium-Ionen, Na^+, und Hydroxid-Ionen, OH^-, bestehender Stoff, der als Salz der (Arrhenius-)Säure Wasser aufgefasst werden kann:

$2\,Na + 2\,H_2O \rightarrow 2\,NaOH + H_2\uparrow$.

Es löst sich unter Wärmeentwicklung in Wasser. Die dabei entstehende **Natronlauge** reagiert stark alkalisch. Sie wirkt ätzend, weshalb N. auch Ätznatron heißt. Das feste Salz nimmt bereitwillig Feuchtigkeit und Kohlenstoffdioxid auf.

Verwendung: Trockenmittel; Absorptionsmittel für Kohlenstoffdioxid; zur Herstellung von Seifen, Farbstoffen und Kunststoffen sowie bei der Gewinnung von Zellstoff aus Holz und Stroh. *Herstellung:* durch ↑Chloralkalielektrolyse.

Natriumiodat: ↑Iodate.

Natriumnitrat, $NaNO_3$: das Natriumsalz der ↑Salpetersäure, eine farblose, kristalline, hygroskopische Substanz, die oxidierend wirkt. Die heiße Schmelze gibt Sauerstoff ab, wobei Natriumnitrit, $NaNO_2$, entsteht.

Verwendung: als Düngemittel; in Pökelsalz; als ↑Kältemischung mit Eis. *Herstellung:* durch Auslaugen und Umkristallisieren von Chilesalpeter, einem natürlichen Vorkommen; durch Umsetzen von Salpetersäure (oder Stickstoffoxiden) mit Natriumhydroxid- oder Natriumcarbonatlösung.

Natriumnitrit: ↑Nitrite.

Natriumperborat, $NaH_2BO_4 \cdot 3\,H_2O$: Additionsverbindung von Wasserstoffperoxid, H_2O_2, an Natriummetaborat,

$NaBO_2$. *Verwendung:* in Wasch-, Bleich-, und Desinfektionsmitteln.

Natriumsulfat, Na_2SO_4: ein Natriumsalz der ↑Schwefelsäure. Es kristallisiert aus wässriger Lösung unterhalb der Temperatur von 34,4 °C wasserhaltig als Decahydrat, $Na_2SO_4 \cdot 10\,H_2O$ (Glaubersalz), oberhalb dieser Temperatur dagegen wasserfrei aus und schmeckt leicht bitter.

Verwendung: v. a. in der Glas-, Farbstoff-, Textil- und Papierindustrie, als Stellmittel zur Verbesserung der Rieselfähigkeit von Waschmitteln; auch als Abführmittel.

Natriumsulfid, Na_2S: ein Natriumsalz des Schwefelwasserstoffs, H_2S (Dihydrogensulfid; ↑Schwefel). Es löst sich leicht in Wasser. Die Lösung reagiert infolge von Protolyse (↑Hydrolyse) stark alkalisch:

$Na_2S + H_2O \rightarrow 2\,Na^+ + HS^- + OH^-$.

N. kristallisiert aus wässriger Lösung in Form hygroskopischer, wasserhaltiger Prismen der Zusammensetzung $Na_2S \cdot 9\,H_2O$ aus.

Verwendung: u. a. bei der Herstellung von Farbstoffen und als Fällungsmittel in der analytischen Chemie.

Natriumsulfit: ↑Sulfite.

Natriumthiosulfat, $Na_2S_2O_3$: das wichtigste Salz der Thioschwefelsäure $H_2S_2O_3$, kristallisiert als Pentahydrat, $Na_2S_2O_3 \cdot 5\,H_2O$, aus wässriger Lösung aus.

Verwendung: in der Fotografie als Fixiersalz (↑Fixieren); als »Antichlor« in der Bleicherei, indem es auf dem Gewebe adsorbiertes Chlor reduziert, wobei das Thiosulfat-Ion zum Sulfat-Ion oxidiert wird:

$S_2O_3^{2-} + 4\,Cl_2 + 13\,H_2O \rightarrow 2\,HSO_4^- + 8\,Cl^- + 8\,H_3O^+$.

Außerdem wird es in der ↑Iodometrie verwendet.

Natronlauge: ↑Natriumhydroxid.

Naturstoffe: im weiteren Sinn alle in der Natur vorkommenden Substanzen organischen und anorganischen Ursprungs, im engeren Sinn die von Pflanzen und Tieren erzeugten Verbindungen (Kohlenhydrate, Proteine, Fette, Nucleinsäuren, Hormone, Enzyme, Vitamine, Wuchsstoffe, Naturfarbstoffe, Alkaloide u. a.). Vor allem auf dem Gebiet der pflanzlichen Inhaltsstoffe werden ständig neue N. entdeckt. Über die rationelle Nomenklatur der N. konnte noch keine Einigung erzielt werden.

Nb: Zeichen für ↑Niob.
Nd: Zeichen für ↑Neodym.
Ne: Zeichen für ↑Neon.

Nebel: Gemenge, in dem Flüssigkeitströpfchen in einem Gas oder Gasgemisch feinstverteilt (dispergiert) sind. Je nach der Größe der Flüssigkeitströpfchen handelt es sich bei einem N. um ein grob- oder kolloiddisperses System (↑Kolloid).

Nebengruppen: ↑Periodensystem der Elemente.

Nebengruppenelemente: ↑Übergangselemente.

Nebenprodukt: unerwünschtes oder unbenötigtes Begleitprodukt bei einer chemischen Stoffumsetzung.

Nebenquantenzahl: ↑Atommodell, ↑Quantenzahlen.

NE-Metalle: ↑Metalle.

Neodym [zu griech. néos »neu« und »didýmos« Zwilling]: chemisches Element der ↑Lanthanoide, Zeichen Nd, OZ 60, relative Atommasse 144,24; Mischelement; Metall, Dichte 7,01 g/cm³, Fp. 1 016 °C, Sp. 3 066 °C.
Verwendung: zum Färben von Spezialgläsern, die für UV-Licht undurchlässig sind (z. B. Neophanglas); technisch bedeutend sind N.-Laser, die zu den Feststofflasern gehören.

Neon [griech. »das Neue«]: chemisches Element der VIII. Hauptgruppe, Zeichen Ne, OZ 10, relative Atommasse 20,18; Mischelement.
Physikalische Eigenschaften: farb- und geruchloses Gas, Dichte 0,9 g/l, Fp. −248,59 °C, Sp. −246,08 °C.
Chemische Eigenschaften: Edelgas, äußerst reaktionsträge; es sind keine Verbindungen bekannt.
Gewinnung: bei der fraktionierten Destillation der verflüssigten ↑Luft.
Verwendung: als Füllgas für Leuchtstoffröhren (scharlachrote Färbung) und Glimmlampen.

Neptunium [nach dem Planeten Neptun]: chemisches Element der ↑Actinoide, Zeichen Np, OZ 93, Massenzahl des langlebigsten Isotops: 237; künstlich hergestelltes Metall.

Nernst-Gleichung: von W. NERNST aufgestellte Gleichung, welche die Berechnung des Redoxpotenzials (↑Reduktion und Oxidation) einer ↑Halbzelle sowie der ↑elektromotorischen Kraft EMK einer ↑galvanischen Zelle ermöglicht. Für das Potenzial E eines Redoxpaars

$$Ox + n\,e^- \rightleftharpoons Red$$

gilt:

$$E = E^0 + \frac{RT}{nF} \ln \frac{c_{Ox}}{c_{Red}}$$

(R Gaskonstante, T absolute Temperatur, n Anzahl der übertragenen Elektronen; F Faraday-Konstante, E^0 Normalpotenzial; c_{Ox} bzw. c_{Red} Konzentration der Teilchen im oxidierten und reduzierten Zustand).

Indem man den natürlichen Logarithmus in den dekadischen umrechnet, die Zahlenwerte für die Konstanten einsetzt und 298,15 K für die Temperatur wählt, erhält man:

$$E = E^0 + \frac{0{,}059\,\text{V}}{n} \log \frac{c_{Ox}}{c_{Red}}.$$

Bei einem Metall oder einer Wasserstoffelektrode ist die Konzentration des festen Metalls M bzw. des Wasserstoffs (unter konstantem Druck) konstant. Damit lässt sich die N.-G. weiter vereinfachen:

$$E = E^0 + \frac{0{,}059\,\text{V}}{n}\log\frac{c_{M^{n+}}}{\text{mol/l}}.$$

Verwendet man eine Elektrode aus einem Nichtmetall Nm, z. B. Chlorgas von gleich bleibendem Druck, so ist die Konzentration des Nichtmetalls konstant; damit lautet die N.-G.:

$$E = E^0 - \frac{0{,}059\,\text{V}}{n}\log\frac{c_{Nm^{n-}}}{\text{mol/l}}.$$

Kombiniert man zwei Halbzellen zu einer Zelle, so erhält man als EMK (ΔE) für das resultierende Redoxsystem Ox2 + Red1 → Ox1 + Red2:

$$\Delta E = E_2^0 - E_1^0 + \frac{0{,}059\,\text{V}}{n}\lg\frac{c_{Ox2}\,c_{Red1}}{c_{Ox1}\,c_{Red2}}.$$

nernstsches Wärmetheorem: von W. NERNST aufgestellter ↑Hauptsatz der Thermodynamik.

Nernst-Verteilungssatz (Verteilungsgesetz): von W. NERNST gefundene Gesetzmäßigkeit, welche die Verteilung eines Stoffs zwischen zwei nicht mischbaren Flüssigkeiten beschreibt. Das Verhältnis der Konzentrationen dieses Stoffs in den beiden flüssigen Phasen ist im thermodynamischen Gleichgewicht konstant:

$$\frac{c_{Phase1}}{c_{Phase2}} = k.$$

Die Konstante k ist ein Maß für die relative Löslichkeit des gelösten Stoffs. Es ist somit effizienter, beim ↑Ausschütteln mehrmals nacheinander mit kleinen Mengen Extraktionsmittel zu arbeiten, als mit einer großen Portion.

Neßler-Reagenz: nach JULIUS NESSLER (*1827, †1905) benanntes empfindliches Reagenz zum Nachweis von Ammoniak, NH_3. Das N.-R. ist eine mit Natronlauge alkalisch gemachte Lösung des Komplexsalzes $K_2[HgI_4]$, Kaliumtetraiodomercurat(II), das beim Auflösen von Quecksilber(II)-iodid, HgI_2, in einer Lösung von Kaliumiodid entsteht:

$$HgI_2 + 2\,KI \rightarrow K_2[HgI_4].$$

Bei Zugabe bereits geringster Spuren von Ammoniak bildet sich eine gelbbraune Lösung, aus der sich nach einiger Zeit Flocken abscheiden. Es entsteht ein schwer lösliches Iodid vom Typus eines substituierten Ammoniumsalzes, das ein Mol Wasser gebunden enthält.

$$2\,K_2[HgI_4] + 3\,NaOH + NH_3 \rightarrow$$
$$[Hg_2N]I \cdot H_2O\downarrow + 2\,H_2O + 4\,KI + 3\,NaI.$$

Netzmittel (Benetzungsmittel): natürliche oder synthetische Stoffe, die schon in geringen Konzentrationen zu einer Verminderung der Grenzflächen- bzw. ↑Oberflächenspannung von Flüssigkeiten und damit zu einer besseren ↑Benetzung der mit den Flüssigkeiten in Berührung kommenden Materialien führen.

N. werden u. a. als Zusätze zu Waschmitteln, Farbpulvern, Schädlingsbekämpfungsmitteln, Klebstoffen und galvanischen Bädern verwendet. Die als N. dienenden Substanzen werden heute meist unter der Bezeichnung ↑Tenside zusammengefasst.

Neusilber: ↑Legierungen.

neutrale Lösung [zu lat. neutrum »keins von beiden«]: wässrige Lösung, in der die Konzentration der Hydronium-Ionen, H_3O^+, und der Hydroxid-Ionen, OH^-, 10^{-7} mol/l und somit der pH-Wert 7 beträgt. Eine n. L. reagiert weder sauer noch alkalisch.

Neutralisation: ↑Säuren und Basen.

Neutralisations|enthalpie: Reaktionsenthalpie (↑Reaktionswärme) bei einer Neutralisation.

Neutralisations|indikator: ↑Indikatoren.

Neutralisations|titration: Verfahren der ↑Maßanalyse, bei dem die Konzentration einer Säure (**Acidimetrie**) bzw. die einer Base (**Alkalimetrie**) durch Zugabe einer Normallösung quantitativ bestimmt wird.
Die diesem Verfahren zugrunde liegende Reaktion ist der Zusammentritt von Hydronium-Ionen und Hydroxid-Ionen zu kaum dissoziiertem Wasser. Zur Durchführung einer N. versetzt man eine abgemessene Menge der zu untersuchenden Lösung mit etwas Indikatorlösung (↑Indikatoren) und tropft unter ständigem Rühren so viel ↑Normallösung aus einer Bürette zu, bis ein Farbumschlag bestehen bleibt (Neutralpunkt bzw. Äquivalenzpunkt). Aus dem abgelesenen Verbrauch der Maßlösung wird der Gehalt der Probe berechnet.

Neutralisationswärme: ↑Neutralisationsenthalpie.

Neutralpunkt: ↑Säuren und Basen.

Neutralsalze:

◆ Salze, deren wässrige Lösungen neutral reagieren. Es sind dies Salze einer starken (Arrhenius-)Säure und einer starken (Arrhenius-)Base, z. B. Natriumchlorid, NaCl, bzw. Salze einer schwachen (Arrhenius-)Säure und einer schwachen (Arrhenius-)Base, z. B. Ammoniumacetat, CH_3COONH_4.

◆ Salze, deren Ionen weder ein protolysierbares Wasserstoffatom einer Säure noch eine Hydroxidgruppe einer Base enthalten, die also weder saure noch basische Salze sind.
Ihre wässrige Lösung kann neutral, sauer oder alkalisch reagieren, abhängig von der Stärke der Säure und der Base, aus denen das Salz gebildet wurde. In diesem Sinne ist z. B. Natriumhydrogencarbonat, $NaHCO_3$, kein N., während dies für Natriumcarbonat, Na_2CO_3, zutrifft, dessen wässrige Lösung alkalisch reagiert.

Neutron (Symbol n): Elementarteilchen, das zusammen mit dem Proton Baustein aller zusammengesetzten Atomkerne ist.
Das N. ist elektrisch neutral. Seine Ruhemasse beträgt $1,6749 \cdot 10^{-24}$ g und ist nur wenig größer als die des ↑Protons, aber nahezu 2000-mal so groß wie die des ↑Elektrons.

Neutronenzahl, Formelzeichen N: die Anzahl der ↑Neutronen in einem ↑Atomkern. Mithilfe der Kurzbezeichnung eines ↑Nuklids lässt sich errechnen, wie viele Neutronen sich im Kern des Atoms befinden, da folgende Beziehung gilt:

$$N = A - Z$$

(A Massenzahl, Z Kernladungszahl). Das Nuklid ^{12}C hat z. B. sechs, das Nuklid ^{13}C sieben Neutronen im Kern.

Nicht|elektrolyte: Stoffe, deren wässrige Lösungen und Schmelzen keine frei beweglichen Ionen enthalten und deshalb den elektrischen Strom nicht leiten, z. B. Alkohole, Aldehyde, Kohlenhydrate oder Ester.

Nichtmetalle: chemische Elemente, die nicht die charakteristischen Eigenschaften der Metalle aufweisen und insbesondere den elektrischen Strom nicht leiten. Die N. treten ausschließlich in den Hauptgruppen des ↑Periodensystems der Elemente auf. Zu ihnen zählen neben dem Wasserstoff die Elemente Kohlenstoff, Stickstoff, Phosphor, Sauerstoff, Schwefel, die ↑Halogene und die ↑Edelgase. Einige N. existieren auch in ↑Modifikationen mit metallischem Charakter. So weist z. B. der schwarze Phosphor metallische Eigenschaften auf.

Nickel [nach Kupfernickel »Kupferkobold« (Mineral)]: chemisches Element der VIII. Nebengruppe, Zeichen Ni, OZ 28, relative Atommasse 58,69; Mischelement.
Physikalische Eigenschaften: silberweißes, gut verformbares Metall,

Dichte 8,90 g/cm³, Fp. 1455 °C, Sp. 2913 °C.

Chemische Eigenschaften: sehr resistent gegenüber Sauerstoff, Wasser, nicht oxidierenden Säuren, Alkalien; in Verbindungen meist zweiwertig.

Gewinnung: aus nickelhaltigen Erzen nach der Anreicherung durch Reduktion des Oxids mit Kohle. Reinstes N. wird über das flüchtige, thermisch zersetzbare Nickeltetracarbonyl, $Ni(CO)_4$, gewonnen.

Verwendung: Legierungsmetall v. a. in Stählen.

Nickel-Cadmium-Akkumulator: alkalischer Akkumulator, bei dem in geladenem Zustand Nickel(III)-oxidhydrat als Anodenmaterial, Cadmiumpulver oder -schwamm als Kathodenmaterial und eine 20%ige Kalilauge als Elektrolyt dient. Die Gesamtreaktion verläuft gemäß:

$$Cd + 2\,NiOOH + 2\,H_2O \underset{\text{Laden}}{\overset{\text{Entladen}}{\rightleftharpoons}}$$

$$Cd(OH)_2 + 2\,NiO(OH)_2.$$

Die ↑elektromotorische Kraft beträgt pro Zelle etwa 1,2 V. N.-C.-A. zeigen bei vorzeitigem Aufladen den ↑Memory-Effekt.

Nickel-Metallhydrid-Akkumulator: ↑Energiespeicher.

Nicotin [nach JEAN NICOT; *1530, †1600] (systematischer Name: 3-(1-Methyl-2-pyrrolidinyl)-pyridin):

Nicotin

Hauptalkaloid (↑Alkaloide) der Tabakpflanze, das in der Wurzel gebildet und in den Blättern abgelagert wird. N. ist eine farblose, ölige, wasser- und alkohollösliche Flüssigkeit und eines der stärksten Pflanzengifte (tödliche Dosis für den Menschen etwa 50 mg). N. hemmt die synaptische Übertragung in den Nerven aufgrund seiner chemischen Verwandtschaft mit dem Überträgerstoff Acetylcholin; es führt durch Erhöhung der Adrenalin- und Noradrenalinsekretion zur Steigerung von Blutdruck, Darmbewegung, Schweiß- und Speichelsekretion. N. spielt als Genussgift beim Konsum von Rauchtabak eine wichtige Rolle. Mit dem Rauch z. B. einer Zigarette (Nicotingehalt etwa 10 mg) werden bei Inhalation durchschnittlich 3 mg N. aufgenommen. Die ↑MAK von 0,5 mg/m³ wird bereits mit dem Rauch einer Zigarette in einem 20 m³ großen Raum erreicht. N. wird in der Schädlingsbekämpfung als Insektizid verwendet.

Nicotinsäureamid

Nicotinsäureamid (Nicotinamid, systematischer Name: Pyridin-3-carbonsäureamid): wasserlösliche, zu den ↑Vitaminen zählende Verbindung, die von manchen Organismen aus Tryptophan (einer ↑Aminosäure) gebildet wird. N. spielt biochemisch eine bedeutende Rolle als Baustein Wasserstoff übertragender Coenzyme, z. B. ↑NAD⁺ und NADP⁺.

Niederschlag: amorpher oder kristalliner Feststoff, der aus einer Lösung durch Temperaturerniedrigung oder Konzentrationserhöhung (Einengen) oder nach einer chemischen Reaktion ausfällt.

Ninhydrinreaktion: Nachweisreaktion für ↑Aminosäuren, ↑Peptide und ↑Proteine. Diese Substanzen ergeben beim Erhitzen mit einer 1%igen wässri-

Ninhydrinreaktion

purpur

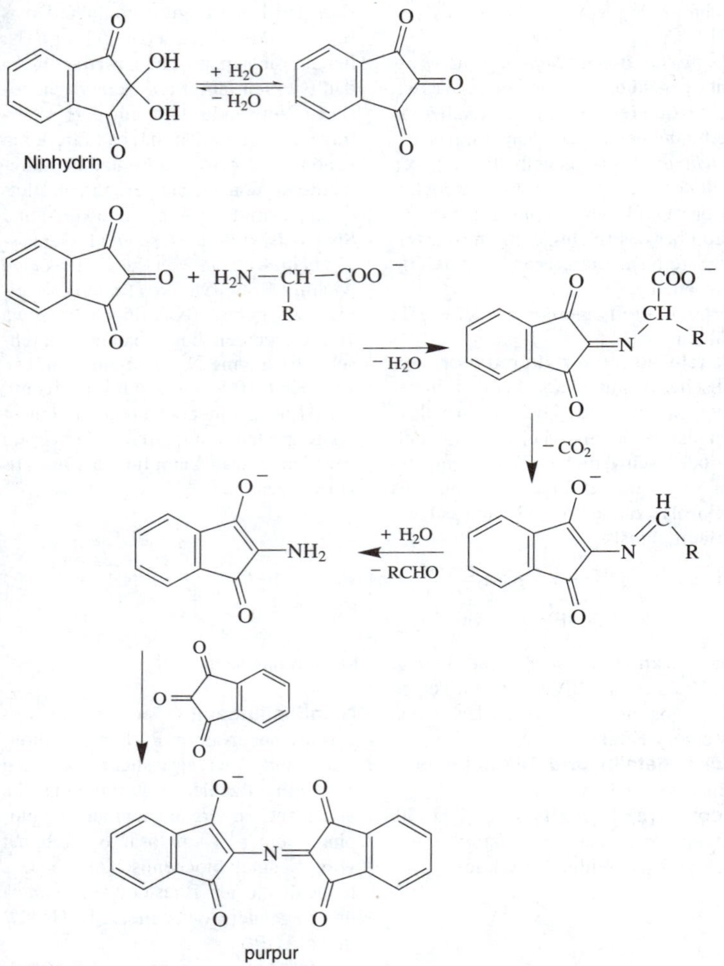

Ninhydrinreaktion

gen Lösung von Ninhydrin eine Blauviolettfärbung. Die Reaktion ist jedoch nicht sehr spezifisch, da Ammoniak, primäre Amine und ihre Salze die gleiche Färbung ergeben. Bei der Reaktion bildet sich (über mehrere Zwischenstufen) aus Ninhydrin durch Reaktion mit den Aminosäuren das Aminoderivat, das mit einem weiteren Molekül Ninhydrin zum blauvioletten Farbstoff reagiert (Abb.). In Form einer 0,1%igen, an Wasser gesättigten Lösung in *n*-Butanol, der einige Tropfen Eisessig zugesetzt wurden, dient Ninhydrin als Sprühreagenz bei der Papierchromatographie und der Dünnschichtchromatographie, um Aminosäuren sichtbar zu machen.

Niob: [nach der griech. Sagengestalt Niobe]: chemisches Element der V. Nebengruppe, Zeichen Nb, OZ 41, relative Atommasse 92,91; Reinelement.
Physikalische Eigenschaften: hellgraues, glänzendes Metall, das sich gut walzen und schmieden lässt; Dichte 8,57 g/cm^3, Fp. 2 477 °C, Sp. 4 744 °C.
Chemische Eigenschaften: sehr resistent gegen Säuren; es wird auch von Königswasser nicht angegriffen. Es tritt in seinen Verbindungen vorwiegend fünfwertig auf.
Verwendung: als Bestandteil hochwertiger Stahllegierungen für Kernenergieanlagen, Gasturbinen, Düsenaggregate u. a.

Nitrate [zu ägyptisch ntry, bzw. griech. nítron »Laugensalz«]:
♦ *Salze der Salpetersäure,* HNO$_3$, allgemeine Formel z. B. M^{I}NO$_3$. Sie wirken als Oxidationsmittel.
Beim Erhitzen über ihren Schmelzpunkt hinaus spalten die N. Sauerstoff ab: Alkalinitrate gehen dabei in -nitrite über, während die N. der anderen Metalle in die entsprechenden Oxide, Stickstoffdioxid und Sauerstoff zerfallen:

2 NaNO$_3$ → 2 NaNO$_2$ + O$_2$↑
Natriumnitrat   Natriumnitrit

2 Pb(NO$_3$)$_2$ → 2 PbO + NO$_2$↑ + O$_2$↑
Blei(II)-nitrat   Blei(II)-oxid

Sämtliche N. lösen sich in Wasser. Ihre Darstellung erfolgt durch Umsetzen von Salpetersäure mit Metallen bzw. Metalloxiden, -hydroxiden oder -carbonaten.

CaCO$_3$ + 2 HNO$_3$ →
　　　　Ca(NO$_3$)$_2$ + H$_2$O + CO$_2$↑.
　　　　Calciumnitrat

In großen Mengen wird ↑Ammoniumnitrat, NH$_4$NO$_3$, hergestellt, das als Stickstoffdünger sowie für Sprengstoffe verwendet wird.
Wegen ihrer leichten Wasserlöslichkeit gelangen N. leicht ins Grundwasser (und somit auch ins Trinkwasser). Sie sind selbst nicht gesundheitsschädlich, können aber durch Reduktion im Verdauungstrakt in Nitrite übergehen, die durch Methämoglobinbildung giftig wirken und mit sekundären Aminen die kanzerogenen ↑Nitrosamine bilden. Deshalb wurde die Nitratkonzentration im Trinkwasser in der Bundesrepublik Deutschland auf 50 mg/l begrenzt.
♦ *Ester der Salpetersäure* der allgemeinen Formel R–O–NO$_2$ (R: Alkylrest), z. B. Glycerintrinitrat (↑Nitroglycerin).

Nitride: binäre Verbindungen des Stickstoffs mit anderen Elementen, v. a. Metallen. Nach den Bindungsverhältnissen lassen sich drei Gruppen unterscheiden:
Salzartige Nitride werden von Metallen der ersten beiden Hauptgruppen, z. B. Lithium (Li$_3$N) und Magnesium (Mg$_3$N$_2$), gebildet. Die salzartigen N. enthalten Nitrid-Ionen, N^{3-}; da diese sehr starke (Brønsted-)Basen sind, entstehen beim Auflösen salzartiger N. in Wasser Ammoniak und das entsprechende Metallhydroxid:

N^{3-} + 3 H$_2$O → NH$_3$ + 3 OH$^-$.

Kovalente Nitride entstehen mit Elementen der dritten bis sechsten Hauptgruppe. Die N. des Bors und Aluminiums z. B. kristallisieren in ähnlichen Gittern wie die beiden Kohlenstoffmodifikationen Graphit und Diamant (eine B–N-Gruppe hat gleich viele Außenelektronen wie eine C–C-Gruppierung). So ist das pulvrige, schuppige hexagonale **Bornitrid**, BN (Borstickstoff), ähnlich aufgebaut wie ↑Graphit. Bei hoher Temperatur und unter hohem Druck kann es in die kubische Modifikation **Borazon** umgewandelt werden, das einen ähnlichen Aufbau und eine ähnliche Härte wie Diamant hat und als Bohr- und Schleifmaterial verwendet werden kann. Zu den flüchtigen kovalenten N., die als Moleküle auftreten, zählen das ↑Ammoniak, NH_3, und das Schwefelnitrid, S_4N_4.

Metallartige (legierungsartige) Nitride werden mit den ↑Übergangselementen gebildet; sie weisen metallische Eigenschaften wie hohen Schmelzpunkt, große Härte und elektrische Leitfähigkeit auf. Auf der Bildung von Eisennitrid beruht ein Verfahren zum oberflächlichen Härten von Stahl (Nitrierhärten oder Aufsticken).

Nitriersäure: ↑Nitrierung.

Nitrierung (Nitrieren): Reaktion zur Einführung der Nitrogruppe $-NO_2$ in organische Verbindungen, wobei (im Gegensatz zu den ↑Estern der Salpetersäure) eine Bindung zwischen dem Stickstoff- und dem Kohlenstoffatom geknüpft wird. Die N. gelingt besonders gut bei Aromaten und wird mit Nitriersäure (Gemisch aus etwa 1 Teil konzentrierter Salpetersäure, HNO_3, und 2 Teilen konzentrierter Schwefelsäure, H_2SO_4) durchgeführt. Die nitrierende Wirkung geht auf das **Nitrylkation**, NO_2^+, zurück, das nach folgender Reaktion entsteht:

$$HNO_3 + 2\,H_2SO_4 \rightleftharpoons NO_2^+ + 2\,HSO_4^- + H_3O^+.$$

Nitrile: organische Verbindungen der allgemeinen Formel $R-C\equiv N$, wobei R ein Alkyl- oder ein Arylrest sein kann. Formal können N. auch als ↑Ester der Blausäure (↑Cyanwasserstoff) aufgefasst werden. N. werden benannt, indem an den Namen des Kohlenwasserstoffs die Endung »-säurenitril« oder »-nitril« angehängt wird oder dem Namen des ein C-Atom weniger enthaltenden Kohlenwasserstoffs die Vorsilbe »Cyano-« vorangestellt wird, z. B. Propansäurenitril, Propionitril oder Cyanoethan für $CH_3-CH_2-C\equiv N$. Das einfachste N. ist das Acetonitril (Ethansäurenitril) $CH_3-C\equiv N$.

N. können z. B. durch Umsetzen von Halogenalkanen mit Natriumcyanid hergestellt werden:

$$R-Cl + NaCN \rightarrow R-C\equiv N + NaCl.$$

Eine Alternative ist die Abspaltung von Wasser aus Säureamiden:

$$R-CO-NH_2 \rightarrow R-C\equiv N + H_2O.$$

Aufgrund ihrer sehr reaktionsfähigen Dreifachbindung stellen N. wichtige Zwischenprodukte in der präparativen Chemie dar. Sie lassen sich z. B. leicht zu ↑Carbonsäuren hydrolysieren. Acrylnitril, $CH_2=CH-C\equiv N$, eine stechend riechende, giftige Flüssigkeit, ist ein wichtiges Zwischenprodukt bei der Herstellung von Kunststoffen (↑Polyacrylnitril).

Nitrilotri|essigsäure, Abk. NTA: Komplexbildner, der auch zur Enthärtung von Wasser dient.

$$HOOC-H_2C-\underset{\underset{\displaystyle CH_2-COOH}{|}}{N}-CH_2-COOH$$

Nitrilotriessigsäure

Nitrite [zu ägyptisch ntry, bzw. griech. nítron »Laugensalz«]:
◆ *Salze der salpetrigen Säure,* HNO_2: Sie haben die allgemeine Formel M^INO_2. Bis auf das in kaltem Wasser nur mäßig lösliche Silbernitrit, $AgNO_2$, sind die N. in Wasser gut löslich. Das Ammoniumnitrit, NH_4NO_2, eine farblose kristalline Substanz, zersetzt sich bereits langsam bei Raumtemperatur, beim Erwärmen explosionsartig zu elementarem Stickstoff und Wasser:

$$NH_4^+ + NO_2^- \rightarrow N_2\uparrow + 2\,H_2O.$$

Diese Reaktion dient im Labor zur Darstellung von reinem Stickstoff.
Natriumnitrit ist in Pökelsalz enthalten

Nitrosamine

(max. 0,5 %), da es Fleisch appetitlich rot färbt (Bildung von Methämoglobin). Es ist jedoch gesundheitlich bedenklich (Reaktion zu ↑Nitrosaminen).
♦ *Ester der salpetrigen Säure* mit der allgemeinen Formel R–O–N=O (R: Alkylrest), z. B. Ethylnitrit, C_2H_5–O–N=O.

Nitro-: ↑Nitroverbindungen.

Nitrobenzol: eine farblose, kaum wasserlösliche, aber mit Wasserdampf flüchtige Flüssigkeit mit Bittermandelgeruch; Sp. 210,8 °C. N. ist ein starkes Blut- und Nervengift, das durch Einatmen und v. a. durch die Haut in den Organismus gelangen kann. N. wird durch ↑Nitrierung von Benzol mit Nitriersäure hergestellt. Weiteres Nitrieren führt zum 1,3-Dinitrobenzol. N. ist ein Zwischenprodukt bei der Herstellung von Anilin und vielen weiteren aromatischen Verbindungen, daneben wird es auch als Lösungsmittel verwendet.

Nitrobenzol und 1,3-Dinitrobenzol

Nitrocellulose: gebräuchliche, jedoch irreführende Bezeichnung für die richtiger **Cellulosenitrat** zu nennende Substanz, die durch Nitrieren von Cellulose (Zellstoff, Baumwolle usw.) gewonnen wird und in der die (drei) freien Hydroxylgruppen der Cellulosemoleküleinheiten (↑Cellulose) mehr oder weniger vollständig mit Salpetersäure verestert vorliegen. N. ist eine weiße, faserige Masse, die beim Entzünden sehr rasch verbrennt. Eine niedrig (zu etwa zwei Dritteln) veresterte N. ist die **Kollodiumwolle,** die u. a. zur Herstellung von Sprenggelatine, Celluloid und Nitrolacken verwendet wird. Eine hoch (zu mehr als zwei Dritteln) veresterte N. ist die **Schießbaumwolle.** In gepresster Form verpufft sie nach Initialzündung explosionsartig; durch Behandeln mit einem Ether-Ethanol-Gemisch erhält man daraus ein rauchschwaches Schießpulver.

Nitroglycerin: gebräuchliche, jedoch irreführende Bezeichnung für den richtiger **Glycerintrinitrat** (1,2,3-Propantrioltrinitrat) zu nennenden Salpetersäureester, der durch Nitrierung von Glycerin gewonnen wird:

$$\begin{array}{l} H_2C-OH \\ | \\ HC-OH \ + \ 3 \ HO-NO_2 \\ | \\ H_2C-OH \end{array}$$

$$\xrightarrow{-3\ H_2O} \begin{array}{l} H_2C-O-NO_2 \\ | \\ HC-O-NO_2 \\ | \\ H_2C-O-NO_2 \end{array}$$

Nitroglycerin

N. ist ein farbloses, giftiges, hochexplosives Öl, das durch Aufquellen mit Kollodiumwolle (↑Nitrocellulose) handhabungssicher gemacht wird **(Sprenggelatine).** Die Sprengkraft beruht auf dem Entstehen ausschließlich gasförmiger Verbrennungsprodukte:

$4\ C_3H_5(ONO_2)_3 \rightarrow$
$\quad 12\ CO_2 + 10\ H_2O\ +\ 5\ N_2\ +\ 2\ NO;$
$\Delta H = -6\ 217\ kJ/kg.$

Durch Aufsaugen von N. in Kieselgur gewinnt man einen erschütterungsunempfindlichen Sprengstoff, das **Dynamit.** Ein Gemisch mit Kollodiumwolle (↑Nitrocellulose) im Verhältnis 1:4 (Nitroglycerinpulver) findet als Treibladung für schwere Geschütze Verwendung.

Nitrogruppe: ↑Nitroverbindungen.
Nitrophenol: ↑Indikatoren.
Nitros|amine: organische Verbindungen mit der allgemeinen Formel R_2N–NO (R: aliphatischer oder aroma-

tischer Rest), die durch Reaktion sekundärer Amine mit salpetriger Säure entstehen:

$R_2NH + HNO_2 \rightarrow R_2N-NO + H_2O$.

Es sind gelbe oder orangefarbene Öle, die sich in Wasser schlecht lösen und Krebs erregen. Besonders gefährlich ist das leicht flüchtige N-Nitrosodimethylamin $(CH_3)_2N-NO$. Sie kommen u. a. in Tabakrauch und in gepökelten, erhitzten Lebensmitteln vor. N. entstehen dabei, indem im Pökelsalz enthaltenes Natriumnitrit, $NaNO_2$, mit sekundären Aminogruppen der Proteine reagiert.

nitrose Gase: Trivialname für Gemische von Stickstoffoxiden, NO_x, meist von Stickstoffmonoxid, NO und Stickstoffdioxid, NO_2. Die n. G. sind Zwischenprodukte bei der Herstellung von Schwefel- und Salpetersäure; sie entstehen aber auch bei Hochtemperaturverbrennungsvorgängen, v. a. bei Luftüberschuss, und sind deshalb in den Emissionen der Schornsteine von Kohlekraftwerken und in den Autoabgasen enthalten. N. G. zählen zu den wichtigsten Luftverunreinigungen. Zur Entfernung von n. G. aus Autoabgasen dient der Dreiwegekatalysator (↑Katalyse), aus Rauchgasen die ↑Rauchgasentschwefelung und -entstickung.

Nitrosoverbindungen: Nitrosobenzol

Nitrosoverbindungen: organische Verbindungen, welche die einwertige Nitrosogruppe –N=O an ein Kohlenstoff- oder Stickstoffatom gebunden enthalten, z. B. Nitrosobenzol.
Nitrosylchlorid: ↑Königswasser.
Nitrosylgruppe: die Gruppe NO (Stickstoffmonoxid) als Ligand in Komplexverbindungen.

Nitroverbindungen: organische Verbindungen, in denen die einwertige Nitrogruppe $-NO_2$ an ein Kohlenstoff- oder Stickstoffatom gebunden ist, z. B. im Nitromethan, H_3C-NO_2.
Nitrylkation: ↑Nitrierung.
NMR, Abk. für engl. »**n**uclear **m**agnetic **r**esonance«: ↑Kernresonanzspektroskopie.
No: Zeichen für ↑Nobelium.
Nobelium [nach A. NOBEL]: chemisches Element der ↑Actinoide, Zeichen No, OZ 102, Massenzahl des langlebigsten Isotops: 259; künstlich hergestelltes Metall.
Nomenklatur [zu lat. nomenclatura »Namensverzeichnis«]: siehe S. 274.
Normalität [zu lat. norma »Richtschnur«, »Regel«], Formelzeichen N: in der Chemie noch vielfach übliche Bezeichnung für die heute **Äquivalentkonzentration** genannte Konzentrationsangabe bei Lösungen. Sie entspricht dem Quotienten aus der Äquivalentmenge n_{eq} des gelösten Stoffes und dem Volumen der Lösung:

$$\text{Normalität} = \frac{\text{Äquivalentmenge}}{\text{Volumen}}.$$

Unter der **Äquivalentmenge** n_{eq} versteht man dabei das Produkt aus der Stoffmenge n (Einheit mol) und der Wertigkeit z:

$$n_{eq} = n \cdot z.$$

Die Wertigkeit entspricht bei Säuren der Anzahl der dissoziierten Protonen (bzw. Hydronium-Ionen), bei Basen der Anzahl der dissoziierten Hydroxid-Ionen, bei Oxidations- und Reduktionsmitteln der Änderung der ↑Oxidationszahl.
Die N. einer Lösung hängt vom Verwendungszweck ab. Verwendet man z. B. Schwefelsäure in einer Neutralisationsreaktion, so gilt:

$$n \cdot z = 1 \text{ mol} \cdot 2 = 2 \text{ mol}.$$

Eine 1 M Schwefelsäure besitzt demnach die N. 2, da die Stoffmenge 1 mol der Äquivalentmenge 2 mol entspricht. Um eine 1 N Schwefelsäure zu erhalten, dürfen demnach nur 0,5 mol H_2SO_4 (49 g) in 1 l Lösungsmittel vorliegen. Entsprechend besitzt z. B. eine 1 M Kaliumpermanganatlösung die N. 5, wenn sie als Oxidationsmittel eingesetzt wird und dabei das Permanganat-Ion (Mangan mit der Oxidationszahl +7) in das Mangan(II)-ion übergeht, sich also die Oxidationszahl um 5 ändert. Um eine 1 N Kaliumpermanganatlösung zu erhalten, muss man demnach 1/5 mol (31,6 g) $KMnO_4$ in 1 l Lösungsmittel lösen.

Die SI-Einheit der N. ist 1 mol/m^3, gebräuchlicher ist 1 mol/l.

Normallösung: wässrige Lösung chemischer Reagenzien für die Maßanalyse, wobei 1 Liter Lösung die in mol gemessene Äquivalentmenge n_{eq} enthält (↑Normalität). So enthält z. B. eine N. von Schwefelsäure 0,5 mol H_2SO_4, da Sulfat zweiwertig ist.

Normalpotenzial (Standard-Elektrodenpotenzial), Formelzeichen e_0: Potenzialdifferenz zwischen der ↑Normalwasserstoffelektrode und einem Halbelement (Metall/Salzlösung) unter Standardbedingungen (bei 25 °C, alle Reaktionspartner in der Konzentration 1 mol/l). Tabellenwerte ↑Spannungsreihe.

Normalwasserstoff|elektrode, Abk. NWE: eine Elektrode aus Platinblech, die von Wasserstoff unter Normdruck umspült wird und in eine Säure der Hydronium-Ionen-Konzentration von 1 mol/l taucht. Zwischen dem vom Platinblech absorbierten Wasserstoff und den in der Lösung befindlichen Hydronium-Ionen (Salz- oder Schwefelsäure) bildet sich ein Potenzial aus, das durch das Gleichgewicht

½ H_2 + H_2O ⇌ H_3O^+ + e^-

bestimmt wird. Das Potenzial dieser Elektrode wird als Normalpotenzial (Standardpotenzial) bezeichnet und vereinbarungsgemäß mit dem Wert null festgesetzt. Die NWE dient als Bezugselektrode für die Messung der Normalpotenziale der übrigen Elemente (ergibt positive oder negative Werte), wodurch die Aufstellung der elektrochemischen ↑Spannungsreihe der Elemente ermöglicht wird. Hierzu wird die NWE mit einem Stromschlüssel (U-Rohr, meist mit Kaliumchloridlösung gefüllt) mit einem beliebigen Halbelement verbunden, wobei ein ↑galvanisches Element entsteht, dessen Potenzialdifferenz (Spannung) nun gemessen werden kann; sie entspricht dem gesuchten ↑Normalpotenzial. Bei den Halbelementen handelt es sich um Normalelektroden, d. h., das Metall M taucht in eine einmolare Salzlösung M^{n+}.

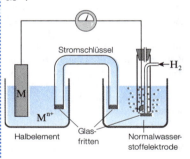

Normwasserstoffelektrode: Messung des Normalpotenzials

Normzustand: Zustand eines festen, flüssigen oder gasförmigen Körpers bei bestimmten, allgemein festgelegten physikalischen Bedingungen. In der Regel wird der N. durch eine bestimmte Temperatur (Normtemperatur) und einen bestimmten Druck (Normdruck) gekennzeichnet. Als physikalischen N. bezeichnet man den Zustand eines festen, flüssigen oder gasförmigen Kör-

Nomenklatur

Wie das Beispiel des Salzes Silbernitrat zeigt, das früher wegen seiner hautverätzenden Wirkung unter Schwarzfärbung Höllenstein genannt wurde, waren die Namen chemischer Verbindungen und Elemente in der Frühzeit der Chemie oft sehr fantasievoll und illustrativ (Tab.). Doch ihre rapide wachsende Zahl erforderte schon bald die Einführung einer Nomenklatur, d. h. systematischer Regeln der Benennung.

Die Nomenklaturregeln werden heute von der ↑IUPAC in internationalen Gremien festgelegt und lassen für die einzelnen Sprachen nur geringfügige Abweichungen der Namen zu. Neben den Nomenklaturregeln legt die IUPAC-Kommission u. a. auch die Namen für neue Elemente fest.

■ Systematik und Trivialnamen

Die chemische Nomenklatur entspricht einer Kunstsprache mit einem Baukastensystem von Vor-, Zwischen- und Nachsilben und anderen Elementen, mit denen man jede Verbindung durch Kombination der Benennungsteile eindeutig definieren kann. Dieser Nomenklaturname (systematischer Name) verrät gleichzeitig Konstitution und Klassenzugehörigkeit chemischer Verbindungen. Leider ergibt auch dieses System bei komplizierten organischen Verbindungen mehrere, wenn auch eindeutige Benennungsmöglichkeiten, je nachdem, welche Molekülteile man als zentrale Teile betrachtet. Daneben gibt es in der Praxis noch viele Trivialnamen, die keinen Hinweis auf Struktur und Zusammensetzung der betreffenden Moleküle geben. In einigen Fällen empfiehlt die IUPAC aus praktischen Gründen die Beibehaltung der gebräuchlichen Trivialnamen anstelle der systematischen Bezeichnung, z. B. Essigsäure (systematisch: Ethansäure), oder Glycerin (systematisch: 1,2,3-Propantriol). Andere Trivialnamen dagegen sind fachlich falsch und sollten nicht verwendet werden, z. B. ↑Nitroglycerin. Weiterhin gibt es Trivialnamen für die Bezeichnung aromatischer Stammverbindungen (↑Aromaten) in der organischen Chemie.

■ Anorganische Chemie

Einfache anorganische Verbindungsnamen werden durch die Angabe der Bestandteile und ihrer Mengenverhältnisse gebildet. Bei mehreren gleichartigen Bestandteilen gilt die alphabetische Reihenfolge. In der Formel und im Namen steht der elektropositive Bestandteil (das Kation) zuerst, dann folgt der elektronegative Teil (das Anion). Bei binären (aus zwei Elementen aufgebauten) Verbindungen erhält der elektronegativere Bestandteil die Endung -id, z. B. NaCl, Natriumchlorid, ClO_2, Chlordioxid.

Besteht der elektronegative Bestandteil aus mehreren verschiedenen Atomen, wird die Endung -it für das Anion mit der niedrigeren Oxidationsstufe verwendet, z. B. $NaNO_2$, Natriumnitrit, $CaSO_3$, Calciumsulfit, für das Anion mit der höheren Oxidationsstufe die

deutsch	lateinisch	englisch	französisch
Höllenstein	lapis infernalis	caustic silver; lunar caustic	pierre infernale
salpetersaures Silber; Silbersalpeter		argentic nitrate; nitric acid, silver (1+)salt	
Silbernitrat; Silber(I)nitrat	argentum nitricum	silver nitrate; silver(I) nitrate; nitrate of silver	nitrate d'argent; azotate d'argent

Internationale Namen von Silbernitrat früher und heute

Endung -at, z. B. NaNO$_3$, Natriumnitrat, CaSO$_4$, Calciumsulfat. Ausnahmen bilden z. B. die Anionen OH$^-$, Hydroxid, und CN$^-$, Cyanid: Obwohl es sich bei solchen Salzen nicht mehr um binäre Verbindungen handelt, endet das Anion dennoch auf -id, z. B. NaOH, Natriumhydroxid, oder KCN, Kaliumcyanid.

Die Mengenverhältnisse der Bestandteile werden durch die multiplikativen Vorsilben mono-, di-, tri-, tetra- usw. angegeben, z. B. SO$_3$ (Schwefeltrioxid), S$_2$Cl$_2$ (Dischwefeldichlorid). Die Vorsilben bis-, tris-, tetrakis- usw. werden verwendet, wenn sie sich auf Gruppen beziehen, die im Namen bereits ein Zahlwort enthalten, z. B. Ca[PCl$_6$]$_2$ (Calcium-bis(hexachlorphosphat)).

Das Mengenverhältnis kann auch indirekt durch die ↑Stock-Bezeichnungsweise angegeben werden. Bei eindeutiger Zusammensetzung bzw. bei Elementen mit konstanter Oxidationszahl können Angaben zu den Mengenverhältnissen entfallen, z. B. Na$_2$SO$_4$ (Natriumsulfat anstatt Dinatriumsulfat), AlCl$_3$ (Aluminiumchlorid anstatt Aluminium(III)-chlorid).

Die IUPAC-Namen sauerstofffreier Säuren werden nach den Regeln für binäre Verbindungen erstellt. Dagegen werden die Wasserstoffverbindungen der Halogene im Deutschen als Halogenwasserstoffe bezeichnet, z. B. HCl, Chlorwasserstoff (systematisch: Hydrogenchlorid). Außerdem werden für Säuren meist Trivialnamen verwendet, z. B. HCl, Salzsäure, HCN, Blausäure. Salze, die noch Säurewasserstoff enthalten, heißen Hydrogensalze, z. B. NaHSO$_4$, Natriumhydrogensulfat.

■ **Komplexchemie**

In Formeln für Komplexverbindungen steht zuerst das Kation, dann das Anion. Komplexe Teilchen werden in eckige Klammern gesetzt. Die Namen von Komplexteilchen werden unter Einhaltung der folgenden Reihenfolge gebildet: Zahl der Liganden – Name des Liganden – Name des Zentralatoms – Oxidationszahl des Zentralatoms (nach STOCK), z. B. [Co(H$_2$O)$_6$]SO$_4$, K$_3$[Fe(CN)$_6$], [PtCl$_2$(NH$_3$)$_2$]: Hexaaquacobalt(II)-sulfat, Kaliumhexacyanoferrat(III), Diammindichloroplatin(II).

■ **Organische Chemie**

Der Name einer organischen Verbindung kann nach verschiedenen Nomenklaturprinzipien gebildet werden. Die größte Bedeutung besitzt dabei die Substitutionsnomenklatur. Dabei gilt, dass – ausgehend vom Stammnamen der Stoffklasse – eventuelle Substituenten mithilfe von Vor-, Nach- und Zwischensilben zugeordnet werden, wobei ihre Position am Stammsystem durch Ziffern angegeben wird. Solange die Eindeutigkeit gewahrt bleibt, sollen möglichst wenig Symbole (Zahlen, Bindestriche) verwendet werden; die Zahl der in einem Namen verwendeten Positionsnummern soll möglichst niedrig sein. Sind mehrere Substituenten vorhanden, werden sie alphabetisch geordnet. Für zahlreiche Stammverbindungen, insbesondere Aromaten, sind auch heute noch die Trivialnamen gebräuchlich.

Systematische Endungen sind -an für Alkane, -en für Alkene, -in für Alkine, und -yl für einwertige Radikale. Die Vorsilbe iso- steht für verzweigte Ketten, die Nachsilben -ol für Alkohole, -al für Aldehyde und -on für Ketone. Einige Beispiele zeigt die Abb.

Ein zweites Prinzip ist die radikofunktionelle Nomenklatur oder Gruppennomenklatur. Hierbei wird der Verbindungsname aus dem Namen eines ↑Rests und dem Namen der funktionellen Gruppe zusammengesetzt, z. B. Acetylchlorid (anstatt Essigsäurechlo-

Nomenklatur

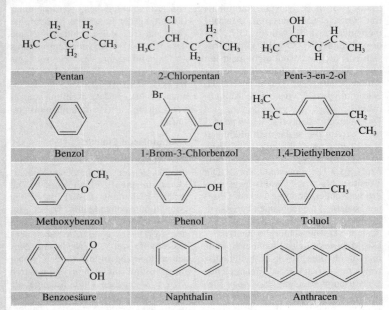

Beispiele für die Benennung von Molekülen in der organischen Chemie

rid). Man sollte den systematischen Namen aber möglichst nach der Substitutionsnomenklatur bilden. Bei Aminen dagegen muss die Gruppennomenklatur verwendet werden, z. B. $C_2H_5NH_2$ (Ethylamin, nicht Ethanamin). Außerdem wurde für viele kompliziert gebaute Verbindungen eine spezielle Nomenklatur entwickelt (z. B. Proteine, Kohlenhydrate, Vitamine).

Stell dir eine Liste mit im Unterricht häufig erwähnten Säuren, Salzen, Trivialnamen und organischen Stammverbindungen zusammen! Suche nach möglichen alternativen Namen!

HELLWICH, KARL-HEINZ: *Chemische Nomenklatur*. Eschborn (Govi-Verlag) ²2000. ▪ HELLWINKEL, DIETER: *Die systematische Nomenklatur der organischen Chemie* (Springer) 1998. ▪ LIEBSCHER, WOLFGANG und FLUCK, EKKEHARD: *Die systematische Nomenklatur der anorganischen Chemie*. Berlin (Springer) 1999. ▪ *Nomenklatur der Anorganischen Chemie,* herausgegeben von LIEBSCHER, WOLFGANG u. a. Weinheim (VCH) 1994.

pers bei einer Temperatur von 0 °C (273,15 K) und bei einem Druck von 101 325 Pa (1,01325 bar).
Novolake: ↑Phenoplaste.
Np: Zeichen für ↑Neptunium.
NTA, Abk. für engl. nitrilotriacetic acid: ↑Nitrilotriessigsäure.
Nucleinsäuren [zu lat. nucleus »Nusskern«]: in den Zellen aller Lebewesen vorkommende, aus Einheiten von ↑Nucleotiden aufgebaute hochpolymere Substanzen (Polynucleotide), welche die genetischen Information tragen. Man unterscheidet **DNA** (von engl. **d**esoxyribo**n**ucleic **a**cid, auch DNS, Abk. für Desoxyribonucleinsäure) und **RNA** (engl. **r**ibo**n**ucleic **a**cid, auch RNS, Abk. für Ribonucleinsäure).
Beide bestehen aus Ketten (die DNS aus Doppelketten) von Nucleotiden, die jeweils aus einer Nucleinsäurebase (bei der DNA den Purinbasen Adenin und Guanin sowie den Pyrimidinbasen Cytosin und Thymin; bei der RNA ersetzt Uracil das Thymin), einem Monosaccharid (Desoxyribose bei DNA, Ribose bei RNA) und einem Phosphorsäurerest zusammengesetzt sind. Ein Nucleotid ist über seinen Phosphorsäurerest mit dem folgenden Nucleotid ver-

Nucleinsäuren (Abb. 1): Ausschnitt aus einem Polynucleotid

Nucleinsäuren (Abb. 2): Basenpaarung in der DNA

bunden. Die Verknüpfung liegt dabei zwischen dem C-Atom 3 der einen und dem C-Atom 5 der anderen Pentose (Abb. 1).
Zwei einzelne DNA-Ketten sind miteinander zu einem verdrillten Doppelstrang verbunden. Die Bindung erfolgt durch Wasserstoffbrücken zwischen komplementären Nucleinsäurebasen (Basenpaarung in der Kopplung Adenin-Thymin bzw. Guanin-Cytosin, Abb. 2). Es ergibt sich eine Doppelhelix, die mit einer gewundenen Strickleiter vergleichbar ist. Bei der DNA-Replikation (Verdoppelung) werden durch Aufspaltung der Doppelhelix und Anlagerung von Komplementärnucleotiden neue DNA-Ketten gebildet.
Die RNA liegt bei den meisten Lebewesen nicht in Form von Doppelsträngen vor. Sie steuert die Proteinbiosynthese der Organismen.
Nucleoside: Verbindungen aus einer Nucleinsäurebase (↑Nucleinsäuren) und einer Pentose (Ribose oder Desoxyribose), die Bestandteile der ↑Nucleotide sind. Die zwischen Nucleinsäurebase und Pentose entstehen-

Nucleotide

R = H: Adenosin (Nucleosid)

R = P(=O)(OH)—OH: Adenosin-5-phosphat (Nucleotid)

Nucleoside: ein Nucleosid und das davon abgeleitete Nucleotid

de glykosidische Bindung erfolgt dabei über das Stickstoffatom der Base.
Die Namen der N. werden nach den zugrunde liegenden Nucleinsäurebasen gebildet, indem man dem Wortstamm der Pyrimidinbasen die Endung -idin, der Purinbasen die Endung -osin anhängt. Ein N. ist z. B. das Adenosin (Abb.).

Nucleotide: im engeren Sinn die Monophosphorsäureester der ↑Nucleoside, im weiteren Sinn auch die Di- und Triphosphorsäureester. N. sind die Bausteine der ↑Nucleinsäuren, sie kommen aber auch frei in der Zelle vor. Einige zu Dinucleotiden verbundene N. spielen eine wichtige Rolle im Zellstoffwechsel, z. B. ↑NAD⁺. Adenosintriphosphat (↑ATP), ein höher phosphoryliertes N., ist ein wichtiger Energieüberträger und -speicher in den Zellen.

Nuklid: Atomart (↑Atom) mit einer ganz bestimmten Anzahl von Protonen und Neutronen. Ein N. wird eindeutig gekennzeichnet durch das entsprechende chemische Elementsymbol sowie die Massenzahl (Nukleonenzahl). Diese wird links oben neben das Elementsymbol gesetzt, z. B. ^{12}C, ^{14}C, ^{81}Br. Zusätzlich kann links unten vor das Elementsymbol noch die ↑Ordnungszahl Z geschrieben werden, z. B. $^{12}_{6}C$, $^{14}_{6}C$, $^{81}_{35}Br$.

N. gleicher Ordnungszahl gehören zum selben chemischen Element und sind deshalb im Periodensystem der Elemente an derselben Stelle einzuordnen. Die zum selben Element zählenden N. werden als ↑Isotope bezeichnet.
Die N., von denen mehr als 2 700 bekannt sind, können eingeteilt werden in natürliche und künstliche oder in stabile und radioaktive. Alle künstlichen und einige natürliche N. sind radioaktiv (Radionuklide), d. h., sie zerfallen unter Aussendung von Strahlen mehr oder minder rasch in andere N. (↑Radioaktivität). Die Elemente bis einschließlich der Ordnungszahl $Z = 80$ weisen in ihrem natürlichen Vorkommen, von wenigen Ausnahmen abgesehen, nur stabile N. auf. Durch Bestrahlung mit energiereichen geladenen Teilchen können jedoch auch von diesen Elementen künstliche Radionuklide hergestellt werden. Die Elemente mit $Z = 81$ bis 92 sind natürliche radioaktive Nuklide.

Nukleonen: Sammelbezeichnung für die als Bausteine der ↑Atomkerne auftretenden Elementarteilchen (Protonen und Neutronen). Die Nukleonenzahl entspricht der ↑Massenzahl.

nukleophile Reaktionen [zu griech. phílos »Freund«]: Reaktionen, bei denen ein nukleophiles Teilchen eine elektrophile Verbindung angreift. (Vom Standpunkt der elektrophilen Verbindung aus handelt es sich um ↑elektrophile Reaktionen.) Als n. R. können ↑Additionen, ↑Substitutionen und andere Umsetzungen verlaufen.

Nullpunkt: ↑Temperatur.
Nutschenfilter: ↑Filter.
Nylon®: Bezeichnung für Synthesefasern aus verschiedenen ↑Polyamiden, v. a. aus Polyamid 6,6.

O

o-: Abkürzung für ↑*ortho*-.
O [Abk. von nlat. oxygenium »Säurebildner«]: Zeichen für ↑Sauerstoff.

oberflächenaktive Stoffe:
♦ andere Bezeichnung für ↑grenzflächenaktive Stoffe.
♦ Stoffe, die eine große Oberfläche mit hoher Adsorptionskraft (↑Adsorption) besitzen, z. B. Aktivkohle, Kieselgel.

Oberflächenkatalyse (heterogene Katalyse): ↑Katalyse.

Oberflächenspannung: Kraft, die an Grenzflächen zwischen verschiedenen Stoffen, insbesondere an Oberflächen von Flüssigkeiten wirkt, und zwar in der Weise, dass die Oberfläche möglichst klein wird. Aus diesem Grund benetzt Wasser glatte Festkörper nur wenig; die Tropfen perlen ab und versuchen, Kugelgestalt anzunehmen.

Der Effekt rührt daher, dass die Anziehungskräfte (z.B. Wasserstoffbrückenbindungen) zwischen den Flüssigkeitsmolekülen im Innern der Flüssigkeit in allen Richtungen wirken, an der Oberfläche aber nur nach innen gerichtet sind (Abb.). Je größer die zwischenmolekularen Kräfte sind, desto größer ist die resultierende O.

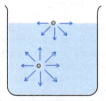

Oberflächenspannung: auf Flüssigkeitsmoleküle wirkende Kräfte

Festlegung: Die O. σ (auch Kapillarkonstante genannt) ist der Quotient aus der Arbeit W, die bei konstantem Druck und konstanter Temperatur zur Vergrößerung der Flüssigkeitsoberfläche um den Betrag A erforderlich ist, und der Größe A dieser Fläche:

$$\sigma = W/A.$$

Die SI-Einheit ist 1 Joule durch Quadratmeter (1 J/m²).
Die O. hängt von der Art der beiden aneinander grenzenden Stoffe ab und

Flüssigkeit	σ in J/m²
Quecksilber	0,465
Wasser	0,073
Olivenöl	0,033
Terpentinöl	0,027
Ethanol	0,022
Diethylether	0,018

Oberflächenspannung einiger Flüssigkeiten gegenüber Luft bei Zimmertemperatur

sinkt mit steigender Temperatur. Sie wird stark durch Verunreinigungen oder ↑Netzmittel beeinflusst. Letztere setzen die O. herab.

oct(o)- [zu griech. októ »acht«]: Silbe zur Bezeichnung von acht Teilen, auch in zusammengesetzten Zahlworten.

Octa|decadiensäure: ↑Carbonsäuren (Tab.).

Octa|decansäure: ↑Carbonsäuren (Tab.).

Octa|decensäure: ↑Ölsäure, ↑Carbonsäuren (Tab.).

Octanzahl (Abk. OZ): eine Maßzahl für die ↑Klopffestigkeit von Benzin. Sie gibt den Vol.-%-Gehalt von »Isooctan« (systematischer Name 2,2,4-Trimethylpentan) in einem Heptan-Isooctan-Gemisch an, das die gleiche Klopffestigkeit besitzt wie der entsprechende Motorkraftstoff. Das besonders klopffreudige *n*-Heptan, C_7H_{16}, (geradkettiger Kohlenwasserstoff aus der Reihe der ↑Alkane), hat demnach die OZ 0, das sehr klopffeste Isooctan die OZ 100. So besitzt z. B. ein Benzin mit der

OZ 82 die Klopffestigkeit eines Gemisches aus 82 Vol.-% Isooctan und 18 Vol.-% *n*-Heptan. Die Klopffestigkeit steigt an in der Reihenfolge *n*-Alkane, verzweigte Alkane, Alkene, Aromaten. Durch Zusatz von ↑Antiklopfmitteln kann sie noch gesteigert werden. Je nach den Messbedingungen ergeben sich verschiedene OZ, von denen die **ROZ** (Research-OZ) die gebräuchlichste ist.

Auf Dieselkraftstoff lässt sich die OZ nicht anwenden, da dieser einen möglichst hohen Anteil geradkettiger Alkane braucht, um sich bei hohem Druck von selbst zu entzünden. Die hier der OZ entsprechende Maßzahl ist die Cetanzahl (Abk. CZ). Sie entspricht dem Gehalt an Hexadecan (Cetan) in einem Gemisch aus Hexadecan und 1-Methylnaphthalin von gleichen Zündungseigenschaften wie der zu prüfende Dieselkraftstoff. Das sehr zündwillige Hexadecan, $C_{16}H_{34}$, hat die Cetanzahl 100, das zündträge 1-Methylnaphthalin die Cetanzahl 0.

Oktettregel: ↑Atombindung.

Öle [zu lat. oleum »(Oliven-)Öl«]:
◆ *fette Ö.*, Ester des Glycerins, die einen wesentlich höheren Anteil an ungesättigten Carbonsäuren enthalten als die festen ↑Fette. Fette Ö. werden aus pflanzlichen oder tierischen Geweben ausgepresst oder ausgeschmolzen.
Man unterscheidet nicht trocknende und trocknende Ö. Die *nicht trocknenden Ö.* enthalten in den Fettsäuren nur wenige Doppelbindungen, ihre ↑Iodzahl ist relativ gering. Die *trocknenden Ö.* dagegen haben einen hohen Gehalt an mehrfach ungesättigten Säuren, die durch Autoxidation und anschließende Polymerisation sehr rasch einen festen, harten Film auf Gegenständen bilden. So verwendet man z. B. Leinöl nach Zusatz von ↑Sikkativen zur Herstellung von ↑Firnis.
◆ *ätherische (etherische) Ö.*, komplizierte Gemische aus verschiedenen Estern, Alkoholen und Ketonen, die vielfach in Pflanzen vorkommen. Sie sind stark flüchtig und hinterlassen auf Papier keine Fettflecken. Aufgrund ihres intensiven Geruchs finden sie Verwendung in der Parfüm- und Kosmetikindustrie.
◆ *Mineralöle*, Gemische aus flüssigen, überwiegend aliphatischen Kohlenwasserstoffen (↑Erdöl).

Olefine [zu frz. oléfiant »Öl machend«]: Trivialname für ↑Alkene.

Oleinsäure: ↑Ölsäure.

Ole|um (rauchende Schwefelsäure): in gereinigtem Zustand farblose, sonst (durch Verkohlung organischer Verunreinigungen) dunkelbraun gefärbte, ölartige Lösung von Schwefeltrioxid, SO_3, in konzentrierter Schwefelsäure, H_2SO_4. O. ist instabil und gibt unter normalen Bedingungen wieder Schwefeltrioxid an die Atmosphäre ab. Da sich Schwefeltrioxid rasch mit dem in der Luft enthaltenen Wasser verbindet, entsteht ein ↑Nebel. Da dieser (fälschlicherweise) oft als Rauch bezeichnet wird, nennt man O. häufig auch *rauchende Schwefelsäure*.

Ölfarbe: Anstrichfarbe, deren Bindemittel aus trocknenden ↑Ölen, in der Regel Leinöl, besteht.

Oligomere [zu griech. oligós »wenig, klein« und méros »Teil«]: größere Moleküle, die durch ↑Polymerisation, Polykondensation oder Polyaddition (↑Kunststoffe) aus niedermolekularen Verbindungen entstanden sind. Bei mehr als einigen Hundert zusammengefügten Bausteinen spricht man von ↑Polymeren.

Oligopeptide: ↑Peptide, ↑Proteine.

Oligosaccharide: ↑Kohlenhydrate.

Ölsäure (Oleinsäure) $C_{17}H_{33}$–COOH: herkömmlicher Name für **Octadecensäure,** eine als Bestandteil der meisten in der Natur vorkommenden ↑Fette auftretende, einfach ungesättigte ↑Carbonsäure. Je höher der Ölsäuregehalt eines Fetts liegt, desto flüssiger ist es. Durch katalytische Hydrierung (↑Fetthärtung) wird Ö. in die gesättigte Octadecansäure (Stearinsäure) übergeführt. Aus ölsäurehaltigen Fetten gewonnene Ö. findet u. a. Verwendung als Schmälzmittel in der Textilindustrie, um die Fasern gleitfähig zu machen.

Opferanode: ↑Korrosionsschutz.

Opiate: Arzneimittel, die Opium oder Opiumalkaloide (v. a. Morphin) enthalten.

Opium [zu griech. ópion »Mohnsaft«]: der an der Luft zu einer plastischen Masse getrocknete, durch Anritzen der unreifen Fruchtkapsel gewonnene Milchsaft des Schlafmohns. Rohopium enthält 20–25% Alkaloide (v. a. 10–12% Morphin). Wegen seiner beruhigenden, schmerzstillenden Wirkung wird O. auch als Rauschmittel missbraucht, indem es geraucht, gegessen oder (in Wasser gelöst) injiziert wird. Gereinigtes O. mit unterschiedlich hohem Morphingehalt wird als schmerzstillendes Arzneimittel verwendet. Daneben dient O. der Gewinnung von Opiumalkaloiden, v. a. von Morphin. Opiumverschreibungen unterliegen dem Betäubungsmittelgesetz.

optische Aktivität: Eigenschaft von Substanzen, die Polarisationsebene des in sie eingestrahlten, linear polarisierten Lichts um einem bestimmten Betrag zu drehen. Ursache dafür kann z. B. ein ↑asymmetrisches Kohlenstoffatom im Molekül sein. Der optische Drehwert wird durch den Drehwinkel α angegeben, der mithilfe eines Polarimeters gemessen wird. Die spezifische Drehung [α] berechnet sich nach der Formel

$$[\alpha] = \frac{\alpha V}{m\, l}$$

(V Volumen der Lösung, m Masse gelöster Substanz, α gemessener Drehwinkel, l Länge des Messrohrs). Aufgrund der Abhängigkeit des optischen Drehwerts von Temperatur und Wellenlänge gibt man die spezifische Drehung normalerweise für 25 °C und die Natrium-D-Linie an ($[\alpha]_D^{25\,°C}$).

In der organischen Chemie spielt die o. A. wegen der Häufigkeit von Verbindungen mit asymmetrischen Kohlenstoffatomen bei der Stoffcharakterisierung eine bedeutende Rolle.

optische Aufheller: Stoffe, die unsichtbares, ultraviolettes Licht absorbieren und sichtbares, blaues Licht zurückstrahlen (↑Fluoreszenz). Sie werden z. B. Waschmitteln zugesetzt und beim Waschen (ähnlich wie Farbstoffe beim Färben) von den Fasern adsorbiert. Durch das blaue Licht werden die Gelbtöne der Wäsche kompensiert, und es kommt zu einer optischen Verstärkung des Weißeffekts. Viele o. A. leiten sich von der Stilben-2,2-disulfonsäure ab:

$$HO_3S-\underset{H}{\overset{}{C}}=\underset{}{\overset{H}{C}}-SO_3H$$

optische Aufheller: Stilben-2,2-disulfonsäure

Orbital [zu lat. orbis »Kreis«]: der Raum im Gebiet um einen Atomkern, in dem sich ein Elektron bestimmten Energiegehalts mit größter Wahrscheinlichkeit aufhält (↑Atommodell). Jedes O. erstreckt sich theoretisch bis ins Unendliche, doch ist bereits die Chance, ein Elektron weiter als in einer Entfernung der Größenordnung von 10^{-10} m vom Atomkern anzutreffen, verschwindend gering. Zur anschaulichen, bildlichen Darstellung wird ein O. willkürlich so begrenzt, dass ein

Orbital

Raumabschnitt entsteht, in dem sich ein Elektron mit z. B. 99%iger Wahrscheinlichkeit aufhält. Dieser *Wahrscheinlichkeitsraum* eines Elektrons wird auch *Elektronenwolke* oder *Ladungswolke* genannt.

Die einzelnen Atomorbitale besitzen jeweils eine ganz bestimmte, räumlich symmetrische Struktur (Abb.). Jeder geometrischen Gestalt entspricht ein ganz bestimmter Energiezustand des Elektrons. Zu jeder durch die Hauptquantenzahl n gekennzeichneten Hauptenergiestufe gehört ein s-Orbital. Es ist kugelsymmetrisch, sein Radius hängt von der Hauptquantenzahl n ab; mit wachsendem n nimmt er zu. Innerhalb der s-Orbitale liegen $n-1$ kugelförmige **Knotenflächen** (d. h. Flächen, in denen die Aufenthaltswahrscheinlichkeit eines Elektrons gleich null ist).

In der zweiten Hauptenergiestufe ($n = 2$) kommen erstmals p-Orbitale vor. In jeder Hauptenergiestufe mit

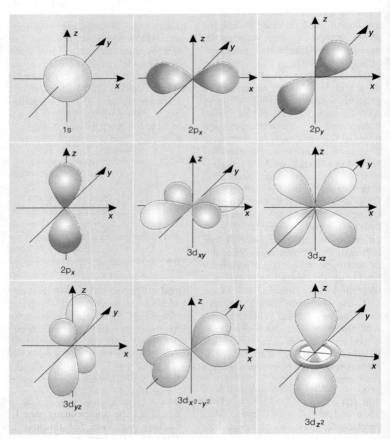

Orbital: Elektronenwolken der s-, p- und d-Orbitale

$n \geq 2$ existieren drei p-Orbitale mit gleicher Energie, Größe und Gestalt. Sie sind nicht mehr kugel-, sondern hantelförmig und stehen senkrecht aufeinander, sind also räumlich gerichtet. Ein p_x-Orbital ist rotationssymmetrisch bezüglich der x-Achse eines dreidimensionalen rechtwinkligen Koordinatensystems, ein p_y-Orbital bezüglich der y-Achse, ein p_z-Orbital bezüglich der z-Achse. Die beiden Orbitallappen eines p-Orbitals werden durch eine ebene Knotenfläche getrennt, die durch den Atomkern geht. Die Ladungswolken der Elektronen befinden sich nur ober- und unterhalb dieser Ebene. Diese Knotenebene ist beim p_x-Orbital mit der yz-Ebene, beim p_y-Orbital mit der xz-Ebene und beim p_z-Orbital mit der xy-Ebene identisch.

Ab der dritten Hauptenergiestufe treten d-Orbitale auf. Zu jeder Hauptenergiestufe mit $n \geq 3$ gehören fünf d-Orbitale. Vier von ihnen sind rosettenförmig: Drei dieser vierlappigen O. liegen in der xy-, yz- bzw. xz-Ebene des Koordinatensystems, beim vierten sind die Orbitallappen nach der x- bzw. y-Achse ausgerichtet. Diese vier d-Orbitale besitzen je zwei Knotenebenen. Das fünfte d-Orbital ist rotationssymmetrisch bezüglich der z-Achse. Es besteht aus einem hantelförmigen Bereich längs der z-Achse und einem Ring in der xy-Ebene. Seine Knotenfläche ist kegelförmig.

Die bisherigen Beschreibungen von O. gelten streng nur für das Wasserstoffatom, denn nur für sein einziges Elektron kann mithilfe der Schrödinger-Gleichung (↑Atommodell) die Aufenthaltswahrscheinlichkeit in den verschiedenen Energiezuständen exakt berechnet werden. Die Berechnung der O. anderer Atome bereitet erhebliche Schwierigkeiten, da bei einem Mehrelektronensystem die einzelnen Elektronen Wechselwirkungen aufeinander ausüben, die mathematisch schwer zu erfassen sind. Die mathematische Behandlung von Mehrelektronensystemen gelang bisher nur näherungsweise. Molekülorbitale sind sogar noch schwieriger zu berechnen. O. spielen bei den Begriffen ↑Atommodell, ↑Atombindung, ↑Elektronenkonfiguration, ↑Elektronenschale und ↑Hybridisierung eine wichtige Rolle.

Orbitalmodell: siehe S. 284.

Ordnungszahl (Kernladungszahl, Protonenzahl, Atomnummer), Abk. OZ, Formelzeichen Z: Anzahl der in einem Atomkern enthaltenen ↑Protonen. Mit der O. ist gleichzeitig die Anzahl der ↑Elektronen in der Atomhülle angegeben. Alle Atome mit derselben O. gehören zum selben Element. Sie haben denselben Namen und dasselbe Symbol. Die Atome zweier verschiedener Elemente haben stets verschiedene O. Die O. bestimmt die Reihenfolge der Elemente im ↑Periodensystem der Elemente. Zur zusätzlichen Kennzeichnung eines Atoms bzw. Elements kann sie dem chemischen Symbol als Index vorangestellt werden, z. B. $_2$He, $_8$O, $_{82}$Pb.

organische Chemie: umfangreichstes Teilgebiet der Chemie, das sich mit den Verbindungen des Kohlenstoffs, den *organischen Verbindungen,* beschäftigt; als Ausnahmen sind lediglich einige einfache Verbindungen wie Kohlenstoffmonoxid, Kohlenstoffdioxid und Schwefelkohlenstoff sowie die von ihnen abgeleiteten Verbindungen (z. B. Carbonate), ferner die Carbide und die Metallcarbonyle zu nennen. Im Jahr 2000 waren etwa 15 Millionen organische Verbindungen bekannt, und jährlich kommen zurzeit rd. 2 Millionen hinzu.

ortho- [griech. »(auf)recht«] Abk. *o*-: herkömmliche Bezeichnung der 1,2-Stellung von zwei Substituenten am Benzolring (↑Aromaten).

Orbitalmodell

Das Orbitalmodell ist ein mathematisches Modell, mit dem die Elektronendichteverteilung in einem Atom (Atomorbitale) oder Molekül (Molekülorbitale) beschrieben werden kann. Unter einem Orbital wird der Raum um einen Atomkern verstanden, in dem sich ein Elektron bestimmten Energiegehaltes mit größter Wahrscheinlichkeit aufhält. Jedes Orbital erstreckt sich theoretisch bis ins Unendliche, doch ist die Chance, dass sich ein Elektron weiter als etwa 10^{-10} m vom Atomkern entfernt, verschwindend gering. Zur bildlichen Darstellung wird ein Orbital willkürlich begrenzt, sodass ein Raumabschnitt entsteht, in dem sich ein Elektron mit z. B. 90%iger Wahrscheinlichkeit aufhält. Dieser Wahrscheinlichkeitsraum eines Elektrons wird auch Elektronenwolke oder Ladungswolke genannt.

■ Theoretische Grundlagen

Das Orbitalmodell kann als Weiterentwicklung des bohrschen ↑Atommodells verstanden werden. Während N. BOHR die Elektronen als Teilchen auffasste, die auf bestimmten Bahnen um den Atomkern kreisen (»Planetenmodell«), werden die Elektronen im Orbitalmodell als räumliche, stehende Wellen im Raum um den Atomkern beschrieben. Dort wo diese Wellen den Wert null annehmen, können keine Elektronen vorhanden sein (Knotenflächen). Das Orbital des Wasserstoffelektrons kann exakt durch die von E. SCHRÖDINGER aufgestellte Wellengleichung beschrieben werden. Aus der Lösung dieser Gleichung ergibt sich ein Satz von Wellenfunktionen mit zugehöriger Energie. Quadriert man diese Funktionen, so erhält man die Wahrscheinlichkeitsverteilung der Elektronendichte, welche die Form des Orbitals beschreibt.

Jedes Orbital kann durch einen Satz von ↑Quantenzahlen eindeutig beschrieben werden: Hauptquantenzahl n (= 1, 2, 3, ...), Nebenquantenzahl l (= 0, 1, ..., $n-1$) und Magnetquantenzahl m (= $-l$, ..., 0, ..., l). Die Hauptquantenzahl entspricht dabei der Schale im bohrschen Atommodell. Neben- und Magnetquantenzahl bestimmen die räumliche Struktur des Orbitals.

Alle Orbitale mit derselben Hauptquantenzahl bilden zusammen die entsprechende Elektronenschale. Die zu einer bestimmten Hauptquantenzahl und ei-

n	l	Unterschale	m	Anzahl der Orbitale	
				in Unterschale	in Schale
1	0	1s	0	1	1
2	0	2s	0	1	4
	1	2p	−1, 0, +1	3	
3	0	3s	0	1	9
	1	3p	−1, 0, +1	3	
	2	3d	−2, −1, 0, +1, +2	5	
4	0	4s	0	1	16
	1	4p	−1, 0, +1	3	
	2	4d	−2, −1, 0, +1, +2	5	
	3	4f	−3, −2, −1, 0, +1, +2, +3	7	

mögliche Werte für l und m in den Elektronenschalen mit den Hauptquantenzahlen 1, 2, 3 und 4

ner bestimmten Nebenquantenzahl gehörenden ↑Orbitale unterscheiden sich in ihrer Magnetquantenzahl und bilden zusammen eine Unterschale.
In der Tab. sind die möglichen Werte für l und m für $n = 1, 2, 3, 4$ zusammengefasst. Aus diesen Werten ergeben sich einige Folgerungen: Eine Schale mit Hauptquantenzahl n besteht aus genau n Unterschalen. Jede dieser Unterschalen besteht aus $2l + 1$ Orbitalen. Die Orbitale einer Unterschale unterscheiden sich in der Magnetquantenzahl. Die Gesamtzahl von Orbitalen in einer Schale beträgt n^2. Da in jedem Orbital maximal zwei Elektronen untergebracht werden können, ergibt sich die Zahl der Elektronen pro Schale zu $2n^2$.

■ Energieniveaus und Aufbau des Periodensystems

Aus der Elektronenverteilung auf die Schalen ergibt sich die Verbindung des Orbitalmodells zum Aufbau des ↑Periodensystems der Elemente. Die Elemente der ersten Periode ($n = 1$, $l = 0$ und $m = 0$) haben genau ein s-Orbital, in dem maximal zwei Elektronen untergebracht werden können. Daher gibt es nur zwei Elemente in der ersten Periode. Entsprechend ergibt sich die Anzahl der Elemente in der zweiten Periode. Geht man logisch weiter, erwartet man 18 Elemente in der dritten Periode – diese enthält aber nur acht. Diese Tatsache wird durch die Energieniveaus der Unterschalen erklärt (Abb. 1). Es zeigt sich, dass die 3d-Orbitale energetisch höher liegen als die 4s-Orbitale. Daher werden in der dritten Periode nur die Orbitale bis zur 3p-Unterschale aufgefüllt, und die 3d-Unterschale wird erst in der vierten Periode mit Elektronen besetzt (↑Elektronenkonfiguration).

■ Grafische Darstellung

Die s-Orbitale (Nebenquantenzahl $l = 0$, Abb. 2) sind kugelsymmetrisch, ihr Radius ist umso größer, je größer die Hauptquantenzahl n ist. Mit steigendem n nimmt der Radius zu. Die Anzahl der innerhalb der s-Orbitale vorhandenen kugelförmigen Knotenflächen beträgt $n-1$.
Die p-Orbitale ($l = 1$) sind hantelförmig und stehen senkrecht aufeinander, sind also räumlich gerichtet (p_x-, p_y- und p_z-Orbital). Jedes p-Orbital ist rotationssymmetrisch bezüglich einer der drei Achsen eines dreidimensionalen rechtwinkligen Koordinatensystems. Die beiden Orbitallappen eines p-Orbitals werden durch eine ebene Knotenfläche getrennt, die durch den Atomkern geht.
Die d-Orbitale ($l = 2$) sind nicht geometrisch identisch. Vier der d-Orbitale sind rosettenförmig, eines eher hantelförmig. Drei der rosettenförmigen d-Orbitale liegen so in den drei Ebenen (xy, yz, xz) des rechtwinkligen Koordinatensystems, dass die Orbitallappen jeweils zwischen den Achsen liegen (d_{xy}, d_{yz} und d_{xz}). Die Orbitallappen des vierten rosettenförmigen d-Orbitals lie-

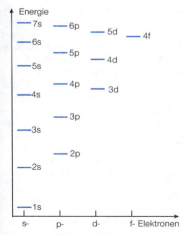

(Abb. 1) Energieverteilung der 1s- bis 7s-Orbitale, nicht maßstabsgerecht

gen auf der x- und y-Achse ($d_{x^2-y^2}$). Das fünfte d-Orbital (d_{z^2}) ist rotationssymmetrisch bezüglich der z-Achse. Es besteht aus einem hantelförmigen Bereich längs der z-Achse und einem Kranz in der xy-Ebene. Die vier rosettenförmigen d-Orbitale besitzen jeweils zwei Knotenebenen, das hantelförmige d_{z^2}-Orbital besitzt eine kegelförmige Knotenfläche. Die Geometrie der f-Orbitale ist noch komplizierter.

Die mathematische Kombination (**Hybridisierung**) verschiedener, energetisch jedoch ähnlicher Orbitale führt zu der gleichen Anzahl gemischter Orbitale (Hybridorbitale), die auch **q-Orbitale** genannt werden. Diese sind untereinander gleichwertig und besitzen eine andere Symmetrie als die Ausgangsorbitale. Mit dieser Methode können Bindungswinkel und die Gleichwertigkeit bestimmter Atombindungen gedeutet werden. Beispielsweise ergibt die Kombination eines s- mit drei p-Atomorbitalen vier gleichwertige sog. sp^3-Hybridorbitale, deren Symmetrieachsen in die vier Ecken eines Tetraeders zeigen (Abb. 2). Auf diese Weise kann z. B. die tetraedrische Anordnung der vier H-Atome im Methan oder anderen gesättigten organischen Verbindungen beschrieben werden.

Bei Kohlenstoffdoppelbindungen hybridisieren ein s- und zwei p-Orbitale zu drei sp^2-Orbitalen (Abb. 3). Sie liegen in einer Ebene und bilden Winkel von 120° miteinander. Das dritte p-Orbital bleibt hierbei unverändert und ist

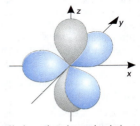

(Abb. 3) ebene Anordnung der drei sp^2-Hybridorbitale (blau). Ein p-Orbital (grau) blieb unverändert.

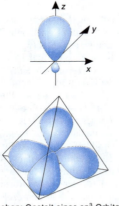

(Abb. 2) oben: Gestalt eines sp^3-Orbitals; unten: tetraedrische Anordnung der vier sp^3-Orbitale. Der besseren Übersichtlichkeit wegen werden bei der Darstellung von Hybridorbitalen die kleineren Orbitallappen meist nicht dargestellt.

z. B. bei den ↑Alkenen an der Bildung einer Doppelbindung beteiligt. An Dreifachbindungen beteiligte Kohlenstoffatome sind sp-hybridisiert. Die beiden sp-Hybridorbitale, die durch Kombination eines s- und eines p-Orbitals entstehen, sind linear angeordnet und weisen in entgegengesetzte Richtungen. Hier bleiben zwei p-Orbitale unverändert, die in ↑Alkinen zur Bildung der beiden π-Bindungen herangezogen werden.

Modelle für die Orbitale kannst du aus Knetmasse und Zahnstochern oder aus Styropor und Holzstäben bauen.

ATKINS, PETER W. UND BERAN, JO A.: *Chemie. Einfach alles.* Weinheim (VCH) ^{2}1998. ▪ WINTER, MARK J.: *Chemical bonding.* Oxford (Oxford University Press) 1994.

ortho|rhombisch: ↑Kristallklassen.
Orthosäuren: Bezeichnung für die Form anorganischer Sauerstoffsäuren (z. B. Orthoborsäure, H_3BO_3, Orthokieselsäure, H_4SiO_4, oder Orthophosphorsäure, H_3PO_4), aus der am meisten Wassermoleküle abgespalten werden können. O. gehen durch Abspaltung von Wasser in ↑Metasäuren oder in ↑Pyrosäuren über.
Os: Zeichen für ↑Osmium.
Osmium [zu griech. osmé »Geruch«]: chemisches Element der VIII. Nebengruppe, Zeichen Os, OZ 76, relative Atommasse 190,2, ↑Mischelement.
Physikalische Eigenschaften: blaugraues, sprödes ↑Platinmetall, Dichte 22,57 g/cm³, Fp. 3033 °C, Sp. 5012 °C.
Chemische Eigenschaften: Fein gepulvertes O. bildet beim Erhitzen an der Luft Osmiumtetraoxid, OsO_4; in dieser Verbindung (farblose, kristalline, relativ leicht flüchtige, stechend riechende, giftige Substanz) liegt O. in der Oxidationsstufe +8 vor. OsO_4 wird in der organischen Chemie als Oxidationsmittel verwendet.
Verwendung: in Legierungen zusammen mit z. B. Platin, Iridium oder Ruthenium zur Herstellung sehr harter Gegenstände, z. B. Füllfederhalterspitzen.
Osmometer: Gerät zur Messung des osmotischen Drucks (↑Osmose) von Lösungen (Abb.). Ein mit einem Steigrohr versehenes Gefäß, das als Boden eine halbdurchlässige (semipermeable) Membran hat, wird mit der zu untersuchenden Lösung gefüllt und in ein mit reinem Lösungsmittel gefülltes Gefäß gestellt. Dabei stehen anfangs die Flüssigkeiten im Steigrohr und im äußeren Gefäß gleich hoch. Durch die Membran diffundiert nun Lösungsmittel in das innere Gefäß, wobei die Lösung im Steigrohr so lange ansteigt, bis hydrostatischer und osmotischer Druck gleich groß sind. Die Steighöhe h der Lösung ist ein Maß für den osmotischen Druck

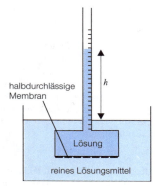

Osmometer

und somit für die Konzentration der Lösung.
Osmose [zu griech. osmós »Stoß«]: auf das Lösungsmittel beschränkter Diffusionsvorgang (↑Diffusion), der auftritt, wenn zwei gleichartige Lösungen unterschiedlicher Konzentration durch eine ↑semipermeable Membran getrennt sind. Durch diese können nur Moleküle des Lösungsmittels von einer Lösung in die andere diffundieren; der gelöste Stoff, dessen Moleküle bzw. Ionen zu groß sind, wird zurückgehalten. Um einen Konzentrationsausgleich zu bewirken, diffundieren mehr Lösungsmittelmoleküle in den Bereich höherer Konzentration als umgekehrt. Die höher konzentrierte Lösung wird dadurch so lange verdünnt, bis ein Gleichgewichtszustand erreicht ist, in dem in beide Richtungen gleich viel Lösungsmittel durch die Membran hindurchtritt. Der zwischen den beiden Seiten entstandene hydrostatische Überdruck wird als *osmotischer Druck* bezeichnet. Er ist umso höher, je größer die Konzentrationsunterschiede sind.
Die Moleküle bzw. Ionen des gelösten Stoffs üben den osmotischen Druck auf die für sie undurchlässige Membran aus und wölben diese zur niedriger konzen-

trierten Seite hin. Biologische Zellen können sich dabei so weit aufblähen, dass sie platzen.
Für den osmotischen Druck p_{osm} einer sehr verdünnten (idealen) Lösung gilt die ↑Zustandsgleichung der Gase, d. h. er ist gleich dem Gasdruck, der sich einstellen würde, wenn der gelöste Stoff als Gas bei gleicher absoluter Temperatur T das Volumen V der Lösung ausfüllen würde:

$$p_{osm} = nRT/V$$

(n/V Konzentration in mol/l, R Gaskonstante). Diese als **Van't-Hoff-Gesetz** bezeichnete Gleichung ist unabhängig von der Art des Lösungsmittels und des gelösten Stoffs. Für höher konzentrierte (reale) Lösungen gilt sie nur annähernd.

Ostwald-Verdünnungsgesetz [nach W. OSTWALD]: spezielle Anwendung des Massenwirkungsgesetzes für verdünnte Elektrolyte (↑Dissoziationsgrad).

Ostwald-Verfahren: Verfahren zur Herstellung von ↑Salpetersäure, HNO_3, durch katalytische Verbrennung von ↑Ammoniak, NH_3. Dabei wird ein Ammoniak-Luft-Gemisch (Luft im Überschuss) bei 600 °C durch heiße Platin-Rhodium-Netzkatalysatoren geleitet, wobei sich Stickstoffmonoxid, NO, bildet:

$$4 NH_3 + 5 O_2 \rightarrow 4 NO + 6 H_2O.$$

Die Oxidation verläuft exotherm, sodass der Katalysator nur zu Beginn erwärmt werden muss. Das Gasgemisch darf den Katalysator nur sehr kurz (10^{-3} s) berühren, da sonst das gebildete Stickstoffmonoxid in seine Elemente zerfällt. Während des Abkühlens vereinigt sich das Stickstoffmonoxid mit noch vorhandenem Sauerstoff zu Stickstoffdioxid, NO_2:

$$2 NO + O_2 \rightarrow 2 NO_2.$$

Dieses wird in Rieseltürmen durch Zufuhr von Luft und Wasser in Salpetersäure übergeführt:

$$4 NO_2 + O_2 + 2 H_2O \rightarrow 4 HNO_3.$$

oszillierende Reaktionen [zu lat. oscillare »schaukeln«]: aus rückgekoppelten Teilreaktionen bestehende chemische Reaktionen in Systemen, die sich weit vom Gleichgewicht entfernt befinden. Die Rückkopplung bewirkt, dass die Produkte von Reaktionsteilschritten die Geschwindigkeit der Anfangsreaktion oder anderer Teilschritte beeinflussen. Tritt eine Beschleunigung ein, so handelt es sich um ↑Autokatalyse, anderenfalls um *Autoinhibition;* in einem System können beide Effekte eine Rolle spielen. Dadurch kommen periodische Konzentrationsschwankungen zustande, die anhalten, bis sich das System dem Gleichgewicht angenähert hat.

Ein Beispiel ist die **Beloúsov-Zhabotinskii-Reaktion,** eine Umsetzung der Komponenten Bromat, BrO_3^-, Malonsäure, $CH_2(COOH)_2$, Cer(IV) Ce^{4+}, und Schwefelsäure, H_2SO_4. Oszillierendes Verhalten zeigen auch viele biochemische Systeme.

Oxalate [zu griech. oxalis »Sauerampfer«]: Salze der ↑Oxalsäure. O. sind in Pflanzen weit verbreitet, z. B. Kleesalz, $KHC_2O_4 \cdot (COOH)_2 \cdot 2 H_2O$, in Rhabarber, Sauerklee und Sauerampfer; es wird z. B. zum Entfernen von Rost- und Tintenflecken verwendet.

Das schwer lösliche **Calciumoxalat,** $CaC_2O_4 \cdot H_2O$, dient zur gravimetrischen Calciumbestimmung; manche Nieren- und Blasensteine bestehen aus diesem Salz.

Oxalsäure (Ethandisäure), $(COOH)_2$: die einfachste ↑Dicarbonsäure. Ihre Salze und Ester heißen ↑Oxalate.

Oxi- (Oxy-) [zu griech. oxýs »sauer«, »scharf«]: Wortteil, welcher (im engeren Sinne) die Beteiligung von Sauer-

stoff an einer Reaktion oder sein Vorhandensein in einer Substanz andeutet.
Oxidation: ↑Reduktion und Oxidation.
Oxidationsflamme: ↑Flamme.
Oxidationsmittel:
- Im engeren Sinne Verbindungen, die leicht Sauerstoff abgeben können. Bekannte O. sind Kaliumchlorat, $KClO_4$, Kaliumpermanganat, $KMnO_4$, Kupfer(II)oxid, CuO, Wasserstoffperoxid, H_2O_2.
- Im weiteren Sinne Substanzen, die Elektronen aufnehmen können oder Elektronen aufnehmende chemische Systeme enthalten. Sie bewirken durch ihre Elektronenaufnahme eine ↑Oxidation der Elektronen abgebenden Stoffe und werden dabei gleichzeitig reduziert (↑Reduktionsmittel, ↑Reduktion und Oxidation). Ein Oxidationsprozess ist daher immer mit einer Reduktion gekoppelt und umgekehrt. Besonders geeignet als O. sind elektronegative Elemente wie Sauerstoff und Halogene. Beispiel:

$$Mg + Cl_2 \rightarrow MgCl_2$$

$$\overset{0}{Mg} \rightarrow \overset{+2}{Mg^{2+}} + 2e^- \text{ (Oxidation)}$$

$$\overset{0}{2Cl} + 2e^- \rightarrow \overset{-1}{2Cl^-} \text{ (Reduktion)}.$$

Oxidationspotenzial: ↑Reduktion und Oxidation.
Oxidationsschmelze: Verfahren der qualitativen Analyse zum Nachweis von oxidierbaren, schwer löslichen Verbindungen durch charakteristische Färbung der erkalteten Schmelze. Hierzu wird die zu untersuchende Substanz feinst gepulvert und in einem Porzellantiegel oder auf einer Magnesiarinne mit der dreifachen Menge einer Mischung aus gleichen Teilen Natriumcarbonat, Na_2CO_3, und Kaliumnitrat, KNO_3, vorsichtig geschmolzen. Reaktionsgleichung am Beispiel von Chrom(III)-oxid, Cr_2O_3:

$$Cr_2O_3 + 3\,KNO_3 + 2\,Na_2CO_3 \rightarrow 2\,Na_2CrO_4 + 3\,KNO_2 + 2\,CO_2.$$

Nach dem Erkalten ist der Schmelzkuchen durch das gebildete Natriumchromat(VI), Na_2CrO_4, gelb gefärbt.

Oxidationszahl (Oxidationsstufe): Ladung eines Atoms in einer Verbindung unter der Annahme, dass alle an der Verbindung beteiligten Elemente als Ionen vorliegen. Man spricht dabei auch von Formalladung. Das Konzept der O. erweist sich als vorteilhaft für das Aufstellen von Redoxgleichungen (↑Reduktion und Oxidation). Bei der Ermittlung der O. werden die Elektronenpaare der Atombindungen jeweils dem elektronegativeren Atom (↑Elektronegativität) vollständig zugeordnet. Im Wassermolekül z. B. befinden sich die Bindungselektronenpaare stark im Anziehungsbereich des Sauerstoffatoms. Spricht man diese ganz dem Sauerstoffatom zu, so besäße dieses 8 Elektronen und wäre damit zweifach negativ geladen. Auf der anderen Seite wäre jedes der Wasserstoffatome einfach positiv geladen. Die so entstehenden Formalladungen (Sauerstoffatom −2, Wasserstoffatome je +1) stellen die O. dar. Sie werden mit kleinen, in der Regel arabischen Ziffern direkt über das jeweilige Element geschrieben.
Die Summe der O. ergibt bei ungeladenen Molekülen null. Für das Wassermolekül gilt demnach:

$$2(+1) + (-2) = 0.$$

In Molekül-Ionen ist die Summe der O. gleich der Ionenladung. Im Sulfat-Ion, SO_4^{2-}, werden die Bindungselektronen stärker von den elektronegativeren Sauerstoffatomen angezogen, bei vollständiger Zuordnung würde jedes Sauerstoffatom zu einem Oxid-Ion. Der Sauerstoff bekommt daher die O. −2. Die O. des Schwefels ergibt sich zu +6, denn seine Formalladung kompensiert die Summe der O. der Sauerstoffatome

Oxide

(−8) bis auf die zweifach negative Ionenladung.
Bei der Ermittlung der O. gelten folgende Regeln:
- Fluor erhält stets die O. −1.
- Sauerstoff erhält die O. −2. Ausnahmen: −1 bei Peroxiden (z. B. H_2O_2), +2 bei Sauerstoffdifluorid, OF_2.
- Wasserstoff erhält die O. +1. Ausnahme: −1 in Metallhydriden sowie in Verbindungen mit Silicium oder Bor.
- Bor, Silicium und alle Metalle erhalten stets positive O.
- Die O. von Atomen in molekularen Elementen ist immer null.

Diese Überlegungen lassen sich auch auf organische Verbindungen anwenden, in denen v. a. die Kohlenstoffatome in verschiedenen O. auftreten können.

Oxide: Verbindungen des Sauerstoffs mit einem anderen Element, in denen der Sauerstoff den elektronegativeren Anteil bildet. (Da Fluor eine größere Elektronegativität besitzt als Sauerstoff, zählt OF_2 nicht zu den O., sondern zu den Fluoriden.) Die O. gehören zu den am häufigsten auftretenden Verbindungen. Mit Ausnahme der Edelgase vereinigen sich alle Elemente mit Sauerstoff, wobei viele von ihnen je nach ihrer Oxidationsstufe verschiedene O. bilden können. Beispiele sind Eisen, von dem es Eisen(II)-oxid, FeO, und Eisen(III)-oxid, Fe_2O_3, gibt, und Kohlenstoff mit den Verbindungen Kohlenstoffmonoxid, CO, und Kohlenstoffdioxid, CO_2. Sauerstoff hat in allen diesen Verbindungen die ↑Oxidationszahl −2.

Die O. können in Metall- und Nichtmetalloxide eingeteilt werden. In **Metalloxiden** herrscht die Ionenbindung (↑chemische Bindung), in **Nichtmetalloxiden** die ↑Atombindung vor. Dies kommt u. a. in der verschiedenartigen Nomenklatur der O. zum Ausdruck.

Bei den Metalloxiden wird (wie bei den übrigen Salzen) die ↑Stock-Bezeichnungsweise verwendet (z. B. Kupfer(I)-oxid, Cu_2O). Im exakten Namen eines Nichtmetalloxids hingegen wird die Zahl der Atome, die in einem Molekül dieses O. miteinander verbunden sind, durch ein vorangestelltes griechisches Zahlwort angegeben, z. B. Dichlormonoxid, Cl_2O, oder Tetraphosphordecaoxid, P_4O_{10}.

Als *saure O.* bezeichnet man diejenigen O., die bei der Reaktion mit Wasser Säuren bilden (↑Säurebildner). Zu dieser Oxidgruppe gehören die meisten Nichtmetalloxide sowie die O. mancher Übergangsmetalle in ihren höchsten Oxidationsstufen (z. B. Mangan(VII)-oxid, Mn_2O_7). O., die sich mit Wasser zu Basen umsetzen, werden als *basische O.* bezeichnet. Diese umfassen die meisten Metalloxide, in denen die Metalle mit niedriger oder mittlerer Oxidationsstufe auftreten (z. B. Calciumoxid, CaO). Amphotere O. bilden mit Säuren und auch mit Basen Salze (z. B. Antimon(III)-oxid, Sb_2O_3).

Besondere Formen von O. sind die ↑Peroxide und die ↑Hyperoxide. Sauerstoff kann sich auch mit organischen Resten verbinden. Ein Beispiel für ein *organisches O.* ist das Ethenoxid (↑Epoxide).

Oxidi|metrie: Oberbegriff für maßanalytische Verfahren, die auf Redoxvorgängen beruhen. Je nach Maßlösung unterscheidet man u. a. ↑Manganometrie, ↑Iodometrie, Bromatometrie, Bromometrie, Cerimetrie und Titanometrie. Allen diesen Verfahren liegt die Reduktion von Elementen mit hohen Wertigkeitsstufen zu Elementen mit niedrigen Wertigkeitsstufen zugrunde, bei der Manganometrie z. B. von Mn(VII) zu Mn(II).

Oxime: organische Verbindungen mit der Gruppierung $\diagup$C=N−OH; sie entstehen durch Umsetzung von Carbonylverbindungen mit Salzen des Hydroxylamins, H_2N-OH. Nach den Ausgangsstoffen (Aldehyde und Ketone) unterscheidet man zwischen **Aldoximen** und **Ketoximen**.

Die Benennung erfolgt, indem an den Namen der Carbonylverbindung die Endung -oxim angehängt wird. Da O. gut kristallisieren, werden sie im Labor zur Isolierung und Identifizierung von ↑Aldehyden und ↑Ketonen herangezogen.

Oxirane: ↑Epoxide.

Oxo-: Silbe, die bei organischen Verbindungen ein doppelt gebundenes Sauerstoffatom, =O, bezeichnet, wie es in der ↑Carbonylgruppe vorliegt. In systematischen Namen wird diese Silbe verwendet, wenn formal ein Keton oder ein Aldehyd vorliegt, jedoch eine andere funktionelle Gruppe bei der Benennung der Verbindung den Vorrang hat (z. B. ↑Oxosäuren).

Oxonium-Ion (H_3O^+): einfach hydratisiertes Proton. Es entsteht, indem sich ein Proton H^+ an ein Sauerstoffatom eines Wassermoleküls bindet. Die Bindung wird dabei von einem vormals freien Elektronenpaar des Sauerstoffs gebildet (↑koordinative Bindung). Die so entstandene Atombindung ist wesentlich fester als die Wasserstoffbrückenbindungen zwischen dem H_3O^+-Ion und weiteren angelagerten Wassermolekülen (↑Hydratation). Sowohl einfache als auch hydratisierte O.-I. werden auch als ↑Hydronium-Ionen bezeichnet (↑Wasserstoff-Ion).

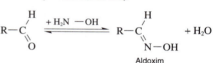

Oxime: Bildung

Oxosäuren (Oxocarbonsäuren; gebräuchlich, aber nicht nomenklaturgerecht: Ketosäuren bzw. Ketocarbonsäuren): ↑Carbonsäuren, die neben der Carboxylgruppe als weitere funktionelle Gruppe eine Oxogruppe (↑Oxo-) enthalten.

Die Benennung erfolgt, indem dem Namen der Carbonsäure die Vorsilbe Oxo- vorangestellt wird; bei einfachen O. werden meist die Trivialnamen bevorzugt. Eine wichtige O. ist z. B. die Brenztraubensäure, $CH_3-CO-COOH$ (2-Oxopropansäure, 2-Ketopropansäure), die v. a. bei der ↑Glykolyse und der ↑Gärung auftritt.

Oxosynthese (Hydroformylierung): Bezeichnung für die Umsetzung von Alkenen mit Kohlenstoffmonoxid und Wasserstoff (Synthesegas) zu Aldehyden gemäß der Gleichung

$$R-CH=CH_2 + CO + H_2 \rightarrow R-CH_2-CH_2-CHO$$

(weiteres Produkt: $R-CH(CHO)-CH_3$). Diese Reaktion wird allgemein bei Temperaturen zwischen 100 und 180 °C sowie bei Drücken zwischen 20 und 45 MPa in Gegenwart von Cobalt-, Rhodium- oder Rutheniumkatalysatoren vorgenommen. Sie ist heute das wichtigste technische Verfahren zur

Oxonium-Ion (hydratisiert)

Herstellung von Aldehyden und (durch anschließende oder gleichzeitige Hydrierung) Alkoholen.

OZ: Abk. für
- ↑Ordnungszahl.
- ↑Octanzahl.

$$\left[-\overline{\underline{O}} - \overset{+}{\overset{\overline{O}}{\underset{\|}{}}} \underline{\overline{O}}| \longleftrightarrow |\underline{\overline{O}} - \overset{+}{\overset{\overline{O}}{\underset{\|}{}}} \underline{\overline{O}}\rangle - \right]$$

Ozon

Ozon: Trivialname für Trisauerstoff, O_3 (Abb.), einer energiereichen Modifikation des Sauerstoffs, die unter Einwirkung von UV-Strahlen oder bei elektrischen Entladungen aus Disauerstoff, O_2, entsteht. Dabei werden zunächst Sauerstoffmoleküle zerlegt. Die entstehenden Sauerstoffatome reagieren mit weiteren Sauerstoffmolekülen zu Ozon.

$$\tfrac{1}{2} O_2 \xrightleftharpoons{h\nu} O^{\cdot}$$
$$O^{\cdot} + O_2 \rightleftharpoons O_3$$
$$1\tfrac{1}{2} O_2 \rightleftharpoons O_3; \Delta H = 142{,}8 \text{ kJ}/\text{mol}.$$

Physikalische Eigenschaften: blaues Gas, Fp. $-192{,}5$ °C, Sp. $-111{,}9$ °C.
Chemische Eigenschaften: bereits in Spuren deutlich riechbar; sehr giftig; bei gewöhnlicher Temperatur und Atmosphärendruck unbeständig (zerfällt langsam wieder in O_2). Es wirkt stark oxidierend (↑Oxidationsmittel), was auf das kurzzeitige Auftreten von Sauerstoffatomen beim Zerfall des O. zurückzuführen ist.
Verwendung: als Oxidations- und Bleichmittel sowie als Desinfektionsmittel bei der Wasseraufbereitung (anstelle von Chlor).

Bedeutung: zur Absorption von schädlichem kurzwelligem UV-Licht der Sonne durch die Ozonschicht in der unteren Stratosphäre; als Schadstoff in den unteren Schichten der Erdatmosphäre (↑Atmosphärenchemie).

Ozonide: ↑Ozonolyse.

Ozonisierung:
- die Anlagerung von Ozon an ungesättigte Verbindungen zu Ozoniden bei der ↑Ozonolyse.
- Methode zur Abtötung von Mikroorganismen, bei der man ein Ozon-Luft-Gemisch verwendet. Die O. wird u. a. zur Desinfektion von Lager- und Kühlräumen und zur Entkeimung von Trinkwasser angewandt.

Ozonolyse: eine wichtige Methode zur Konstitutionsaufklärung ungesättigter organischer Verbindungen; sie beruht auf der Spaltung von C-C-Doppelbindungen durch ↑Ozon.
Durch die Einwirkung von Ozon entstehen **Ozonide**, die dann mit Wasser hydrolysiert werden (↑Hydrolyse). Dabei erhält man je nach Lage der Doppelbindung Aldehyde oder Ketone. Durch Bestimmung der Reaktionsprodukte lassen sich Rückschlüsse auf die Lage der Doppelbindung ziehen (Abb.).
Um das bei der Hydrolyse entstehende Wasserstoffperoxid, H_2O_2, zu zersetzen, das gebildete Aldehyde oxidieren würde, setzt man meist Reduktionsmittel wie z. B. Zink ein:

$$Zn + H_2O_2 \rightarrow ZnO + H_2O.$$

Eine Alternative ist die Spaltung der Ozonide durch katalytische ↑Hydrierung.

$$R-CH=C\begin{smallmatrix}R'\\R''\end{smallmatrix} \xrightarrow{+O_3} R-CH\begin{smallmatrix}O-O\\O\end{smallmatrix}C\begin{smallmatrix}R'\\R''\end{smallmatrix} \begin{smallmatrix}\xrightarrow{+H_2O,\ -H_2O_2}\\ \xrightarrow{+2H(Pd),\ -H_2O}\end{smallmatrix} R-C\begin{smallmatrix}H\\\|\\O\end{smallmatrix} + O=C\begin{smallmatrix}R'\\R''\end{smallmatrix}$$

Alken — Ozonid — Aldehyd — Keton

Ozonolyse: Beispiel

P

p:
- Symbol für das ↑Proton.
- Elektronenschale; ↑Orbitalmodell.
- (p): Formelzeichen für den Druck.

p- (*p*-): Abk. für ↑*para*-.
P: Zeichen für ↑Phosphor.
Pa: Zeichen für ↑Protactinium.
Palladium [nach dem Planetoiden Pallas]: chemisches Element der VIII. Nebengruppe, Zeichen Pd, OZ 46, relative Atommasse 106,42, ↑Mischelement.
Physikalische Eigenschaften: silberweißes, glänzendes, dehnbares ↑Edelmetall; ist etwas härter und zäher als Platin; Dichte: 11,8 g/cm^3, Fp. 1 554,9 °C, Sp. 2963 °C; erweicht vor dem Schmelzen und ist daher schmiedbar.
Chemische Eigenschaften: P. nimmt in kompakter Form bei Raumtemperatur das rund 500fache, als kolloidale Lösung das rund 3 000fache Volumen an Wasserstoff in sich auf; unedelstes der ↑Platinmetalle; löst sich in konzentrierter Salpetersäure; in Verbindungen kommt es in den Oxidationsstufen +2 und +4 vor.
Verwendung: u. a. als Katalysator, als Legierungsbestandteil in Schmuckmetallen (zusammen mit Pt, Ag oder Au), für Elektroden in Brennstoffzellen.

Palmitinsäure [zu lat. palma »Palme«]: ↑Carbonsäuren, ↑Fette.
PAN: Abk. für ↑Polyacrylnitril.
Papier [zu griech. pápyros »Papier«]: ein aus Fasern, vornehmlich Pflanzenfasern (Cellulosefasern), durch Verfilzen, Verleimen und Pressen hergestellter Werkstoff. Die wichtigsten Rohstoffe dazu sind Altpapier, Hadern und Holz, das chemisch zu ↑Zellstoff aufgeschlossen oder mechanisch zu Holzschliff gemahlen wird. Diese Rohstoffe werden zu einem wässrigen Brei angerührt und anschließend zu ungeleimtem P. getrocknet und gepresst. Zur Herstellung hochwertiger P. kommen noch Füllstoffe wie Kaolin, Bariumsulfat, Gips, Talkum u. a. dazu, mit denen eine glattere Oberfläche erzielt und der Farbton aufgehellt wird. Durch Zugabe von Leim und Wachs wird das Auslaufen und Durchschlagen von Tinte verhindert (geleimtes Papier). Zur Herstellung von billigem Zeitungspapier wird dem Zellstoff bis zu 90% Holzschliff zugesetzt, dessen Ligningehalt für das Gelbwerden dieser P. verantwortlich ist. Pergamentpapier erzeugt man durch kurzes Eintauchen von ungeleimtem P. in konzentrierte Schwefelsäure und sofortiges Nachwaschen mit Wasser.

Papierchromato|graphie: Trennung von Stoffgemischen durch ↑Chromatographie an Filterpapier durch unterschiedliche, durch zwei Lösungsmittelphasen bewirkte Verteilung der Substanzen. Als Träger der wässrigen Phase (stationäre Phase) verwendet man ein wasserdampfgesättigtes Filterpapier. Auf dem Papier wird ein Tropfen der gelösten, zu untersuchenden Substanzprobe aufgetragen. Ist der Startfleck eingetrocknet, so lässt man als mobile Phase Butanol oder ein anderes mit Wasser begrenzt mischbares, wassergesättigtes organisches Lösungsmittel durch die Papierkapillaren strömen. Die einzelnen Substanzen des Gemisches verteilen sich zwischen der mobilen Phase und den wasserhaltigen Fasern des Papiers. Dabei werden stärker ↑hydrophile Stoffe von der stationären Phase zurückgehalten, während weniger hydrophile Substanzen mit der beweglichen Phase wandern. Die Wanderungsgeschwindigkeiten der einzelnen Substanzen hängen von ihrer Verteilung zwischen Wasser und dem betreffenden Lösungsmittel ab.
Als Ergebnis erhält man eine Reihe von Substanzflecken, die durch Anfärben mit bestimmten Sprühreagenzien oder

durch ihre Fluoreszenz unter der UV-Lampe sichtbar gemacht werden können. Als Maß für die Wanderungsgeschwindigkeit der Flecke dient der R_f-Wert (Retentionsfaktor), der als Quotient aus der Laufstrecke der Substanz *(S)* und Laufstrecke der mobilen Phase *(M)* definiert ist:

$$R_f = S/M \quad (0{,}1 \leq R_f \leq 1).$$

Die R_f-Werte hängen u. a. vom Lösungsmittel, von der Papiersorte und der Temperatur ab, sind aber bei gleichen Bedingungen für die einzelnen Substanzen charakteristische Konstanten. Häufiger als die P. wird heute die ↑Dünnschichtchromatographie verwendet.

para- [zu griech. pará »neben«, »über«], Abk. *p*-: herkömmliche Bezeichnung für die 1,4-Stellung von zwei Substituenten am Benzolring (↑Aromaten).

Par|affine [zu lat. parum affinis »wenig beteiligt«]:
◆ Trivialname für ↑Alkane, die i. A. sehr reaktionsträge sind;
◆ aus Gemischen von höhermolekularen gerad- oder verzweigtkettigen Kohlenwasserstoffen bestehende farblose bis weiße, salben- bis wachsartige Produkte, die z. B. aus Rückständen der Erdöldestillation gewonnen werden und u. a. als Rohstoffe zur Herstellung von Kerzen und Polituren, zum Beschichten von Papier und Pappe sowie zum Tränken von Zündhölzern dienen.

Para|formaldehyd: durch nukleophile Selbstaddition von Formaldehyd gebildetes Oligomer, das aus der Flüssigkeit nach einiger Zeit als weißer Niederschlag ausfällt und durch Hitze depolymerisiert werden kann.

Par|aldehyd: cyclisches Trimer von Acetaldehyd (↑Aldehyde), das durch nukleophile Selbstaddition gebildet wird (Abb.).

Parathion: ↑Phosphate.

Parkes-Verfahren [pɑːks] (Parkesieren): von ALEXANDER PARKES (*1813, †1890) entwickeltes Verfahren zur Gewinnung von ↑Silber aus silberhaltigem Werkblei.

Partialdruck [zu lat. pars, partis »Teil«] (Teildruck): in einem Gemisch verschiedener Gase der Druck, der von einem der Bestandteile des Gemisches ausgeübt wird. Den Zusammenhang zwischen P. und Gesamtdruck beschreibt das ↑daltonsche Gesetz.

Partialladung: ↑Dipolmolekül, ↑polare Atombindung.

Passivierung [zu lat. passus (sum) »(ich habe) erduldet«]: chemische oder elektrolytische Vorgänge, welche die Oberfläche mancher Metalle so verändern, dass sie weniger reaktionsfähig werden. Ein passiviertes Metall ist wesentlich korrosionsbeständiger (↑Korrosion) als ein nicht passiviertes. Zu den Metallen, bei denen eine P. möglich ist, gehören u. a. Aluminium, Blei, Chrom, Eisen, Cobalt und Nickel. So ist z. B. Chrom nach dem Eintauchen in Salpetersäure HNO_3 vorübergehend chemisch beinahe so korrosionsfest wie Gold: Sein Normalpotenzial von −0,74 V erhöht sich auf +1,3 V.

Bei der P. kommt es meist zur Bildung lückenloser und porenfreier Deck- und Schutzschichten, die entweder aus dünnen Oxidschichten oder schwer löslichen Salzen bestehen. Blei löst sich nicht in Schwefelsäure, weil das sich bildende Bleisulfat $PbSO_4$ als schützende Deckschicht die weitere Einwirkung der Schwefelsäure unterbindet. Salpetersäure kann in Fässern aus Eisen

Paraldehyd

oder Aluminium transportiert werden, weil hier ein dichter Oxidfilm die Passivität hervorruft. Beim ↑Eloxalverfahren wird auf Aluminium durch anodische Oxidation eine verstärkte Oxidschicht gebildet und so eine dauerhafte P. bewirkt.

Patina [ital. »Firnis«]: graugrüner, schützender Überzug auf ↑Kupfer und Kupferlegierungen, der sich in feuchter Luft unter der Einwirkung von Kohlenstoffdioxid CO_2 oder Schwefeldioxid SO_2, in Meeresnähe auch durch Natriumchlorid NaCl bildet. Eine P. besteht aus basischen Kupfer(II)-Salzen wie $CuCO_3 \cdot Cu(OH)_2$, $CuSO_4 \cdot Cu(OH)_2$ oder $CuCl_2 \cdot 3\,Cu(OH)_2$. Die P. besteht *nicht* aus Grünspan.

Pauli-Prinzip (Pauli-Verbot): nach WOLFGANG PAULI (*1900, †1958) benanntes, grundlegendes Prinzip der Quantenmechanik. Es besagt, dass in einem Atom niemals zwei Elektronen im selben Energiezustand sein können; sie müssen sich wenigstens in einer der vier ↑Quantenzahlen unterscheiden. Das P.-P. ist ein Spezialfall eines Naturgesetzes, das für alle Fermionen (Elementarteilchen mit halbzahligem Spin) in einem Quantensystem gilt und das verbietet, dass zwei Fermionen in ihren Quantenzahlen übereinstimmen.

Pb [Abk. für lat. plumbum »Blei«]: Zeichen für ↑Blei.

PCB, Abk. für **p**oly**c**hlorierte **B**iphenyle: durch Chlorieren von Biphenyl (↑Aromaten) hergestellte Verbindungen. Als chemisch und thermisch be-

PCB: allgemeine Formel; Cl_x mehrere Chloratome in verschiedener Stellung

sonders stabile Substanzen wurden sie z. B. als Kühl- und Isoliermittel in Transformatoren oder als Hydraulikflüssigkeiten verwendet.
Die PCB sind ↑persistente Stoffe; sie sind sehr giftig und wirken kanzerogen. Bei ihrer Verbrennung können ↑Dioxine entstehen. Ihre Verarbeitung und Produktion ist in der Bundesrepublik Deutschland seit 1984 verboten.

PE: Abk. für ↑Polyethylen.

Pentan [zu griech. pénte »fünf«]: ↑Alkane (Tab.).

Pentanone: ↑Ketone (Tab.).

Pentansäure: ↑Carbonsäuren (Tab.).

Pentosen: Monosaccharide mit der Summenformel $C_5H_{10}O_5$. P. sind in der Natur weit verbreitet: Arabinose und Xylose sind Bausteine der Hemicellulosen, die Ribose und die von ihr abgeleitete Desoxyribose sind am Aufbau der ↑Nucleinsäuren beteiligt.

Pentyl-: Bezeichnung für den vom Pentan abgeleiteten Rest (bzw. das Radikal) C_5H_{11}.

Peptidbindung: Säureamidbindung –CO–NH–. Sie ist für ↑Peptide und ↑Proteine charakteristisch. Sie entsteht durch Kondensation aus einer Aminogruppe –NH_2 und einer Carboxylgruppe –COOH zwischen zwei ↑Amino-

$$H_2N-\underset{R}{CH}-COOH \;+\; H_2N-\underset{R'}{CH}-COOH$$

Aminosäure   Aminosäure

$$\xrightarrow{-H_2O} \; H_2N-\underset{R}{CH}-CO-NH-\underset{R'}{CH}-COOH$$

Dipeptid

Peptidbindung

Peptide

säuren (Abb.). Die Spaltung der P. erfolgt durch Hydrolyse, z. B. auf enzymatischem Weg.

Peptide [zu griech. peptós »verdaulich«]: Kondensationsprodukte der ↑Aminosäuren mit der charakteristischen ↑Peptidbindung. Nach der Anzahl der Aminosäurereste im Molekül unterscheidet man Oligopeptide (2 bis 9 Aminosäurereste), Polypeptide (10 bis 100 Aminosäurereste) und Makropeptide bzw. ↑Proteine mit mehr als 100 Aminosäureresten. Zahlreiche P. finden sich als Naturstoffe (Hormone, Antibiotika, Gifte). P. können qualitativ durch die Biuretreaktion (Bildung des Biuret-Kupfer-Komplexes bei allen Verbindungen mit mindestens zwei –CO–NH-Gruppen im Molekül, ↑Biuret) nachgewiesen werden; die genaue Zusammensetzung und die Art der Verknüpfung der Aminosäuren lässt sich durch ↑Sequenzanalyse ermitteln.

Peptisation: Umkehrung der Koagulation (↑Kolloide).

Per- [lat. »überaus, völlig«]: Vorsilbe der chemischen Nomenklatur zur Kennzeichnung von

◆ Verbindungen, die ein Element in einer hohen Oxidationsstufe enthalten, z. B. Perchlorsäure $HClO_4$ im Unterschied zu Chlorsäure $HClO_3$;

◆ Verbindungen, deren Moleküle die Atomgruppierung –O–O– enthalten, z. B. Wasserstoffperoxid H_2O_2;

◆ organischen Verbindungen mit maximaler Substitution, z. B. Perchlorethen (↑Tetrachlorethen) $Cl_2C=CCl_2$.

Perhydrol®: ↑Wasserstoffperoxid.

Periodensystem der Elemente: siehe S. 298.

Perlon®: Synthesefaser aus Polyamid (↑Kunststoffe).

permanente Härte [zu lat. permanere »bleiben«, »fortbestehen«]: ↑Wasserhärte.

Permanganat: ↑Mangan.

Peroxide (veraltet: Superoxide): Verbindungen der allgemeinen Formel M_2O_2 bzw. R_2O_2, wobei M ein einwertiges Metall, R einen organischen Rest bedeutet. Die P. leiten sich vom Wasserstoffperoxid H_2O_2 ab. Strukturell sind sie durch das Peroxid-Ion $[O–O]^{2-}$ bzw. durch die Einfachbindung zwischen zwei Sauerstoffatomen –O–O– gekennzeichnet. In beiden Fällen besitzt der Sauerstoff die Oxidationszahl –1. Beispiele für P. sind Bariumperoxid BaO_2 ($Ba^{2+}[O–O]^{2-}$) und Dimethylperoxid CH_3–O–O–CH_3.

Peroxo|dischwefelsäure: ↑Wasserstoffperoxid.

persistente Stoffe (schwer abbaubare Stoffe): organische Verbindungen, die biologisch nur langsam oder überhaupt nicht abgebaut werden (z. B. bei der biologischen ↑Abwasserreinigung). Beispiele sind Chlorkohlenwasserstoffe, Huminsäuren, Sulfonsäuren, v. a. Ligninsulfonsäuren aus Zellstoffwerken, Schwerbenzin, Erdöl (-Verarbeitung). Stoffe gelten dann als schwer abbaubar, wenn innerhalb von zwei Tagen weniger als die Hälfte abgebaut ist.

Pestizide [zu lat. pestis »Seuche« und caedere »töten«]: Teilgruppe der ↑Biozide.

PET: Abk. für ↑Polyethenterephthalat.

Petrochemie (Petrolchemie) [zu griech. pétra »Stein«]: ein Teilgebiet der chemischen Technik, das die Herstellung und Weiterverarbeitung organischer Grundstoffe auf Erdöl- und Erdgasbasis umfasst und damit das Bindeglied zwischen der Erdölverarbeitung (Raffinerie) und der eigentlichen chemischen Industrie ist. Das wichtigste Verfahren der P. ist das ↑Steamcracken, bei dem Rohbenzin (z. T. auch Gasöl oder Flüssiggas) zu Alkenen wie Ethen, Propen, Buten u. a. Produkten gespalten wird. Aus den durch ↑Reformieren oder ↑Cracken von Erdölfraktionen gewonnenen Produkten werden Aromaten isoliert; aus

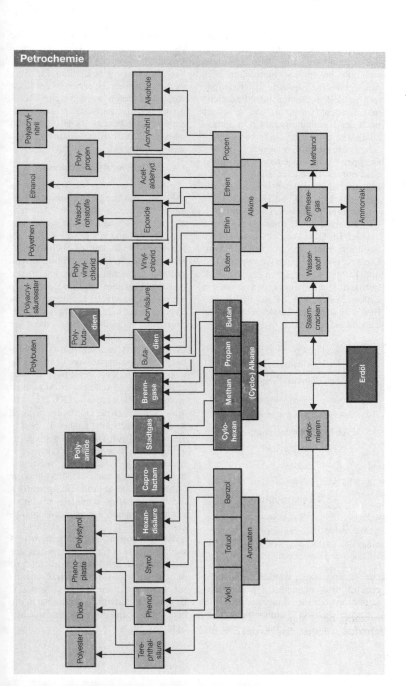

Periodensystem der Elemente

Das Periodensystem der Elemente ist ein grundlegendes Hilfsmittel des Chemikers. Im Periodensystem sind alle bekannten chemischen Elemente tabellenartig aufgelistet, aufgeteilt in Zeilen (Reihen oder Perioden) und Spalten (Gruppen) und geordnet nach der Kernladungszahl (Ordnungszahl). Elemente mit ähnlichen chemischen Eigenschaften werden in den Gruppen untereinander angeordnet, Elemente mit gleicher Zahl von Elektronenschalen nebeneinander in den Perioden. Eine übliche Darstellung ist im vorderen Buchdeckel zu finden.

Es gibt achtzehn Elementgruppen, für die sich im Lauf der Zeit verschiedene Nummerierungsweisen etabliert haben. Die acht Hauptgruppen werden mit 1, 2 und 13 bis 18 bzw. mit I A bis VIII A beziffert. Die Nebengruppen tragen die Ziffern 3 bis 12 bzw. I B bis VIII B. Die Bezeichnungen der Gruppen sind in der Tabelle aufgeführt.

Hauptgruppen	
1 (I A)	Alkalimetalle
2 (II A)	Erdalkalimetalle
13 (III A)	Bor-Aluminium-Gruppe
14 (IV A)	Kohlenstoffgruppe
15 (V A)	Stickstoffgruppe
16 (VI A)	Chalkogene
17 (VII A)	Halogene
18 (VIII A)	Edelgase
Nebengruppen	
3–12 (I B–VIII B)	Übergangselemente

Gruppenbezeichnungen im Periodensystem

Die Nebengruppen werden nach ihrem ersten Vertreter benannt, z. B. die Kupfergruppe oder die Mangangruppe. Sie enthalten auch die ↑Lanthanoiden (Elemente 57 bis 71, La bis Lu) und die ↑Actinoiden (Elemente 89 bis 103, Ac bis Lr). Zurzeit sind keine Elemente jenseits der siebten Periode bekannt. Von den bislang bekannten 115 Elementen kommen die ersten 94 natürlich vor, alle anderen wurden durch Kernverschmelzung künstlich erzeugt. Plutonium als Element 94 ist somit das schwerste, auch in der Natur vorkommende Element.

■ Geschichtliche Entwicklung

Die Entwicklung des Periodensystems hängt eng mit der Entdeckung der Elemente zusammen. Schon im Altertum waren die Elemente C, S, Cu, Ag, Au, Fe, Hg, As und Sb bekannt. Bis zur Mitte des 18. Jh. kamen noch die Elemente P, Bi, Pt, Co und Ni hinzu. Alle anderen Elemente wurden erst ab der zweiten Hälfte des 18. Jh. entdeckt, die meisten radioaktiven Elemente erst zu Beginn des 20. Jh. Im Jahr 1817 entdeckte J. W. DÖBEREINER, dass die Atommassen chemisch verwandter Elemente in Beziehung zueinander stehen: Die Atommasse von Sr beispielsweise ist 87,62 und damit ungefähr das arithmetische Mittel aus der Atommasse von Ca (40,08) und Ba (137,33). Auf diese Weise stellte DÖBEREINER noch weitere Triaden auf: Li–Na–K, S–Se–Te, und Cl–Br–I. Die heute noch gültige Einteilung des Periodensystems entwickelten 1869 unabhängig voneinander J. L. MEYER und D. I. MENDELEJEW (Abb.). Bei dieser Aufstellung wurden die Eigenschaften damals noch unbekannter Elemente mit großer Genauigkeit vorhergesagt.

Viele der international einheitlich verwendeten Elementsymbole gehen auf einen lateinischen Namen zurück (z. B. Au für aurum »Gold«). Diese chemischen Symbole wurden 1811 von J. J. BERZELIUS entwickelt und lösten die bis dahin benutzten alchimistischen Symbole ab.

Periodensystem der Elemente

D. I. Mendelejew in seinem Labor an der Universität St. Petersburg

■ Eigenschaften der Elemente

Manche Eigenschaften der Elemente, z. B. ihr Aggregatzustand bei Raumtemperatur oder ihre Stabilität gegenüber Kernzerfall, sind nicht aus dem Periodensystem abzulesen. Bei Raumtemperatur gasförmig sind H (1), N (7), O (8), F (9), Cl (17) und die Edelgase (Gruppe 18). Flüssig sind Br (35) und Hg (80). Alle anderen Elemente sind Feststoffe. Bi (83) ist das schwerste stabile Element, alle schwereren Elemente sowie Tc (43) und Pm (61) sind radioaktiv. Ablesen lässt sich hingegen aus der Gruppenzuordnung die Anzahl der Valenzelektronen, zumindest in den Hauptgruppen: Z. B. haben Elemente der Gruppe 1 (I A) ein Valenzelektron, die der Gruppe 17 (VII A) haben sieben. Die Edelgase (Gruppe 18 bzw. VIII A) haben acht Valenzelektronen und damit eine vollständig gefüllte äußere Schale, weswegen sie sich inert verhalten. Durch Elektronenaufnahme oder -abgabe können die anderen Elemente ebenfalls eine Edelgaskonfiguration erlangen. Die Anzahl der Valenzelektronen bestimmt somit weitere Eigenschaften.

In den Hauptgruppen nimmt der Metallcharakter von oben nach unten zu und der Nichtmetallcharakter ab. ↑Ionisierungsenergie und ↑Elektronenaffinität nehmen innerhalb einer Periode zu und innerhalb einer Gruppe ab, d. h., die Elemente auf der linken Seite des Periodensystems geben im Grundzustand leichter ein Elektron ab, und die Elemente auf der rechten Seite des Periodensystems nehmen leichter eines auf. Cs gibt am leichtesten sein Elektron ab, F nimmt am leichtesten ein zusätzliches auf. Die ↑Elektronegativität nimmt in den Hauptgruppen von links nach rechts und von unten nach oben zu. Innerhalb einer Hauptgruppe nimmt der Atomradius zu und innerhalb einer Periode ab. Diese Effekte bedingen die chemische Ähnlichkeit diagonal benachbarter Elemente, die sog. **Schrägbeziehung**. Sie ist bei den Elementen Li und Mg sowie bei Be und Al besonders stark. ■

✎ Welche Elemente begegnen dir als Reinstoff und welche in Verbindungen? Online-Periodensysteme findest du bei http://www.uniterra.de, http://www.webelements.com oder bei http://www.chemicool.com.

✎ ATKINS, PETER W.: *Im Reich der Elemente. Ein Reiseführer zu den Bausteinen der Natur.* Neuausgabe Heidelberg (Spektrum Akademischer Verlag) 2000. ■ EMSLEY, JOHN: *Die Elemente.* Berlin (de Gruyter) 1994. ■ HARDT, HORST-DIETRICH: *Die periodischen Eigenschaften der chemischen Elemente.* Stuttgart (Thieme) ²1987.

Phenole (Abb. 1): Bildung eines Phenolats

Phenol–OH + OH⁻ ⟶ H₂O +

[Phenolat mesomerism structures]

Erdgas oder Erdölrückständen wird Synthesegas erzeugt. Diese Primärprodukte der P. werden in weiteren Verfahrensstufen zu Sekundärprodukten (z. B. Styrol, Phenol, Vinylchlorid) verarbeitet, die schließlich zur Herstellung der chemischen Endprodukte dienen (Abb.).
Petrol|ether: irreführender Name für ein etherartig riechendes Gemisch niedrig siedender ↑Alkane, das aus Leichtbenzin gewonnen und als Lösungsmittel verwendet wird (↑Benzin).
Petroleum:
♦ international übliche Bezeichnung für Erdöl;
♦ die bei der Erdöldestillation (↑Erdöl) zwischen 180 und 250 °C übergehende Kohlenwasserstofffraktion; sie diente früher v. a. als Leuchtöl und wird heute als Heizöl und für Turbinentreibstoffe (Kerosin) verwendet.
Pfropfpolymere: ↑Polymere.
pH: ↑pH-Wert.
Phase [zu griech. phásis »regelmäßige Erscheinung«]: in sich homogener, d. h. physikalisch gleichartiger Bereich eines Stoffes. Eine P. ist z. B. ein Kristall, eine Flüssigkeit, ein Gasraum. Einzelne P. sind durch scharfe Trennflächen (Grenzflächen) voneinander abgegrenzt. So sind z. B. ↑Aggregatzustände ein und desselben Stoffes verschiedene P. Wenn etwa in einem Gefäß in flüssigem Wasser Eisbrocken schwimmen und über dem Wasser sich noch Wasserdampf befindet, dann liegen in diesem Gefäß drei P. des Stoffes Wasserstoffoxid H₂O vor.
PHB-Ester, Abk. für *p*-**H**ydroxybenzoesäureester: ↑Konservierung.
Phenolate: Salze der ↑Phenole.
Phenole [zu griech. phaínein »leuchten«]: aromatische Hydroxyverbindungen, bei denen eine oder mehrere Hydroxylgruppen –OH direkt an den aromatischen Kern gebunden sind. Sie werden benannt durch Anhängen der Endung -ol an den Stammnamen oder durch Voranstellen der Vorsilbe Hydroxy-. Die P. sind kristalline Stoffe mit bakterizider Wirkung; die einfachste Verbindung der Reihe, das Phenol, wurde früher unter der Bezeichnung ↑Carbolsäure als Desinfektionsmittel verwendet. Im Unterschied zu den ↑Alkoholen sind die P. aufgrund der Elektronenaffinität des aromatischen Systems schwache Säuren, da das entstehende Anion mesomeriestabilisiert ist. Mit Alkalilaugen bilden sie wasserlösliche Salze, die **Phenolate** (Abb. 1). Phenolether lassen sich nur auf einem Umweg, durch Umsetzung von Phenolaten mit Halogenalkanen (R–X), herstellen (Abb. 2).

Phenolat–Ō|⁻ + R—X ⟶ Phenolether–Ō—R + X⁻

Phenole (Abb. 2): Bildung von Phenolether

Phenoplaste

Name	Strukturformel	Name	Strukturformel
Phenol (–)	(Benzolring mit OH)	1,2-Dihydroxybenzol (Brenzcatechin)	(Benzolring mit 2 OH in 1,2-Stellung)
1,3-Dihydroxybenzol (Resorcin)	(Benzolring mit 2 OH in 1,3-Stellung)	1,4-Dihydroxybenzol (Hydrochinon)	(Benzolring mit 2 OH in 1,4-Stellung)
1,2,3-Trihydroxybenzol (Pyrogallol)	(Benzolring mit 3 OH in 1,2,3-Stellung)	2-Methylphenol (o-Kresol)	(Benzolring mit OH und CH₃)
2,4,6-Trinitrophenol (Pikrinsäure)	(Benzolring mit OH und 3 NO₂ in 2,4,6-Stellung)		

Phenole: einige wichtige Vertreter. Neben dem systematischen Namen ist in Klammern der herkömmliche Name angegeben.

Auch Phenolester sind nur durch Einwirken von Säurechloriden oder -anhydriden auf P. zu erhalten. Die ↑Substitution gelingt bei P. leichter als am Benzol aufgrund der infolge ↑Mesomerie höheren Elektronendichte in 2-, 4- und 6-Stellung am Benzolkern. P. wurden früher v. a. aus Steinkohlenteer (durch Destillation und Extraktion) gewonnen; heute werden die meisten Verbindungen synthetisch hergestellt. Phenol wird z. B. durch oxidative Spaltung von Cumol gewonnen, das aus Benzol und Propen leicht zugänglich ist (Abb. 3). Allgemein können P. aus Sulfonsäuren durch ↑Alkalischmelze hergestellt werden. Phenol ist Ausgangsstoff zur Herstellung von Kunststoffen, Kunstharzen und Farbstoffen. 1,4-Dihydroxybenzol (Hydrochinon) ist ein starkes Reduktionsmittel und dient als fotografischer ↑Entwickler.

Phenolharze: ↑Phenoplaste.

Phenol|phthalein: ↑Indikatoren.

Phenoplaste (Phenolharze): durch Kondensation von Phenolen, v. a. Phenol und Kresolen, mit Aldehyden, besonders Formaldehyd (Methanal), entstehende Kunstharze. Mit sauren Kondensationsmitteln und bei einem Verhältnis zwischen Phenol und Formaldehyd von 4:3 entstehen die weitgehend löslichen Novolake, die nur durch Zusatz von Härtungsmitteln vernetzt werden können. Sie dienen als Polierlacke und Ionenaustauscherharze. In

Phenyl-

Cumol + O₂ → Cumolhydroperoxid →[H₂SO₄] Phenol + Propanon

Phenole (Abb. 3): Herstellung von Phenol aus Cumol

der ersten Reaktionsstufe bilden sich Methylolverbindungen (Phenolalkohole), die weitere Reaktion führt zur Bildung von Methylenbrücken (Abb. 1). Basische Kondensationsmittel bewirken eine dreidimensionale Vernetzung (Härtung) der linearen Vorprodukte durch Methylenbrücken oder auch Methylenetherbrücken, die durch Kondensation mit zusätzlichem Formaldehyd zustande kommen. Das Verhältnis von Phenol zu Formaldehyd beträgt hier 1:3 (Abb. 2).
P. dienen als Gieß- und Edelkunstharze. Durch Zusatz billiger Füllstoffe wie Holzmehl, Quarzmehl oder Textilfasern entstehen Pressmassen. P. sind die am häufigsten hergestellten ↑Duroplaste (z. B. Bakelit).

Phenyl-: einwertiger, vom Benzol C_6H_6 abgeleiteter Rest $-C_6H_5$ (↑Aromaten). Die Bezeichnung hat inhaltlich nichts mit Phenol zu tun.

Phenyl|alanin: ↑Aminosäuren (Tabelle).

Phlogiston [zu griech. phlogistós »verbrannt«]: von G. E. STAHL eingeführtes hypothetisches Element mit negativem Gewicht, von dem angenommen wurde, dass es in brennbaren Metallen enthalten sei und bei Verbrennungsvorgängen freigesetzt wird. Die übrig bleibende schwerere, dephlogistierte Materie, das »Phlegma«, ist un-

Phenol + H₂C=O → »Methylol« (2-Hydroxybenzylalkohol)

... + ... + ... →[−H₂O] lineares Vorprodukt (Novolake)

Phenoplaste (Abb. 1): Kondensation von Phenol und Formaldehyd (Methanal) zu Novolaken

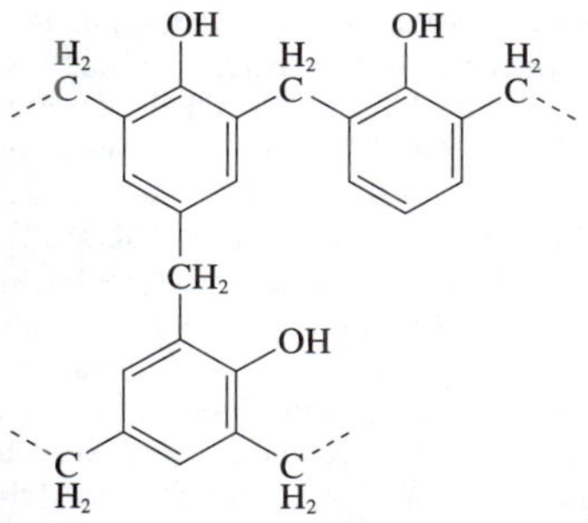

Phenoplaste (Abb. 2): vereinfachtes Vernetzungsschema der Phenoplaste

brennbar. Die Phlogistontheorie trug zur Ablösung der Chemie von der ↑Alchimie bei. Die von 1670 bis 1775 allgemein anerkannte Theorie wurde nach der Entdeckung des Sauerstoffs durch A. L. DE LAVOISIERS durch die noch heute akzeptierte Deutung der Oxidation (↑Reduktion und Oxidation) abgelöst.

Phosgen [zu griech. phōs »Licht« und gennân »erzeugen«]: (Kohlenstoffoxidchlorid, Kohlensäuredichlorid), $COCl_2$: ein farbloses, giftiges, muffig riechendes Gas, das unter Einwirkung von Sonnenlicht und Sauerstoff aus Trichlormethan entsteht und technisch bei der Anlagerung von Chlor an Kohlenstoffmonoxid mit Aktivkohle als Katalysator erzeugt wird:

$$CO + Cl_2 \xrightarrow[\text{Aktivkohle}]{\text{Licht}} COCl_2.$$

Phosgen

P. lässt sich bei 8 °C verflüssigen und kommt in Stahlflaschen komprimiert in den Handel. Es ist sehr reaktionsfähig und wird zur Herstellung von Zwischenprodukten für Farbstoffe und Kunststoffe verwendet. Da es durch Wasser rasch zu Salzsäure hydrolysiert wird, wirkt es als starkes Lungengift (Kampfstoff im Ersten Weltkrieg):

$$COCl_2 + H_2O \rightarrow CO_2 + 2\,HCl.$$

Phosphan [Kw. aus Phosphor und Alkan]: ↑Phosphide.

Phosphate:

◆ allgemein die *Salze der Phosphorsäuren,* im Besonderen die Salze der Orthophosphorsäure H_3PO_4. Die Orthophosphorsäure, eine dreibasige Säure, kann drei Reihen von Salzen bilden: die primären P. (Dihydrogenphosphate) MH_2PO_4, die sekundären P. (Hydrogenphosphate) M_2HPO_4 und die tertiären P. (neutrale P.) M_3PO_4. In Wasser lösen sich alle primären P., ferner die sekundären und tertiären P. der Alkalimetalle. Beim Erhitzen auf Temperaturen zwischen 200 °C und 1000 °C gehen die primären P. unter ↑Kondensation über Di-, Tri-, Tetraphosphate usw. in geradkettige **Polyphosphate** $M_{n+2}P_nO_{3n+1}$ mit je nach Herstellungsbedingungen etwa 10 bis über 10^4 Phosphoratomen über (Abb. 1).

Neben Polyphosphaten existieren auch Metaphosphate der Zusammensetzung $(MPO_3)_n$ ($n = 3$ bis 8), allerdings handelt es sich hierbei nicht um ketten-,

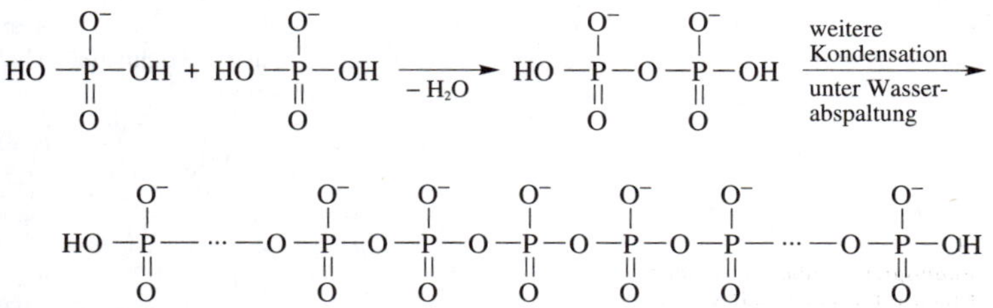

Phosphate (Abb. 1): Kondensation eines Dihydrogenphosphats zu einem Polyphosphat

Phosphate (Abb. 2): Metaphosphat-Anion

sondern um ringförmige Moleküle (Abb. 2).
Die sekundären P. gehen beim Glühen unter Abspaltung eines Mols Wasser in Diphosphate über:

$$2\,K_2HPO_4 \rightarrow K_4P_2O_7 + H_2O.$$

Thermisch beständig sind dagegen nur die tertiären P.
Man erhält die P. durch Umsetzung der Orthophosphorsäure mit stöchiometrischen Mengen der entsprechenden Metallhydroxide, z. B.:

$$H_3PO_4 + NaOH \rightarrow NaH_2PO_4 + H_2O.$$

Die P. werden in großen Mengen als Düngemittel (z. B. Magnesiumphosphat $Mg_3(PO_4)_2$, Superphosphat, bestehend aus 45% Calciumdihydrogenphosphat $Ca(H_2PO_4)_2$ und 50% Calciumsulfat $CaSO_4$, ferner Thomasmehl) verwendet, daneben als Wasserenthärtungsmittel, z. B. Natriumtriphosphat $Na_5P_3O_{10}$, sowie als Flammschutzmittel, z. B. Diammoniumphosphat $(NH_4)_2HPO_4$. Das »Phosphorsalz« NH_4NaHPO_4 dient als Vorprobensubstanz in der analytischen Chemie (↑Phosphorsalzperle).
Wasser enthärtende P. führen zu einer hohen Abwasserbelastung (↑Eutrophierung);

◆ die *Ester der Phosphorsäuren*, insbesondere der Orthophosphorsäure (H_3PO_4). Man unterscheidet drei Reihen von **Phosphorsäureestern:** primäre, $RO–PO(OH)_2$, sekundäre, $(RO)_2PO–OH$, und tertiäre, $(RO)_3PO$. Viele Ester haben technische Bedeutung als Alkylierungsmittel oder als Ausgangsstoffe für Weichmacher, Emulsionsmittel und Flotationsmittel. Bestimmte Phosphorsäureester werden als Insektizide verwendet, z. B. Dichlorvos und Parathion, ein Thiophosphorsäureester (Abb. 3). Sie wirken als Kontakt-, Fraß- und Atemgifte. Noch höhere Toxizität haben die ihnen strukturell nahe stehenden Nervengifte wie Tabun und Sarin. Biologisch wichtige Phosphorsäureester sind z. B. die ↑Nucleotide und die Phospholipide **(Phosphatide)**, eine in tierischen und pflanzlichen Zellen verbreitet vorkommende Gruppe der Lipoide (zu ihnen gehören z. B. die aus Glycerin, Phosphorsäure und Fettsäuren aufgebauten Lecithine).

Phosphatide: ↑Phosphate.
Phosphatieren: ↑Korrosionsschutz.
Phosphatpuffer: ↑Puffer.
Phosphide: Phosphor-Metall-Verbindungen, die von fast allen Metallen gebildet werden. Sie leiten sich (formal) vom **(Mono-)Phosphan** PH_3 (↑Phosphor) ab und lassen sich durch Erhitzen der entsprechenden Metalle mit rotem Phosphor unter Luftabschluss darstellen, z. B. $2\,P + 3\,Mg \rightarrow Mg_3P_2$.
Die Alkali- und Erdalkaliphosphide sind salzartig und werden von Wasser unter Bildung von Phosphan und Metallhydroxid zersetzt:

Dichlorvos

Parathion

Phosphate (Abb. 3): als Insektizide verwendete Phosphorsäureester

$Mg_3P_2 + 6\ H_2O \rightarrow 2\ PH_3 + 3\ Mg(OH)_2$.

P. der Metalle der dritten bis fünften Hauptgruppe haben homöopolare Bindungen (Atombindungen) und reagieren nur langsam mit Wasser. Schwermetallphosphide sind stabile, legierungsartige Verbindungen. Sie besitzen große Härte, hohe Wärmeleitfähigkeit und elektrische Leitfähigkeit.

Phosph<u>i</u>te: ↑Phosphor.
Phospholipide: ↑Phosphate.
Phosph<u>o</u>nate: ↑Phosphor.
Phosph<u>o</u>nsäure: ↑Phosphor.
Phosphor [zu griech. phosphóros »Licht tragend«]: chemisches Element der V. Hauptgruppe, Zeichen P, OZ 15, relative Atommasse 30,97, ↑Reinelement, Nichtmetall.

Physikalische Eigenschaften: P. kommt in mehreren Modifikationen vor: als wachsartiger gelblich weißer P. mit tetraedrischen P_4-Molekülen, der instabilen Ausgangsform der weiteren Modifikationen; als roter amorpher P.; als violetter P. und als metallisch glänzender schwarzer P.; Fp. (des weißen P.) 44,1 °C, Sp. 280 °C.

Chemische Eigenschaften: Der giftige weiße P. entflammt bei etwa 45 °C von selbst an der Luft und verursacht auf der Haut tiefe Brandwunden. Das im Dunkeln wahrnehmbare Leuchten von weißem P. beruht auf allmählicher Oxidation. Er muss daher stets unter Wasser aufbewahrt werden. Roter, violetter und schwarzer P. sind weniger reaktionsfähig und giftig.

In seinen Verbindungen tritt P. in den Oxidationsstufen −3, 3 und 5 auf.

Vorkommen: In der Natur findet sich P. v. a. in Mineralen, darüber hinaus ist sein Vorkommen in Knochen und Zähnen sowie als Phosphorsäureester, z. B. ↑ATP, von großer Bedeutung.

Darstellung: Bei der Reduktion von Phosphatmineralen mit Kohle im Elektroofen entsteht weißer P., der durch Erhitzen und unter Druck in die anderen Modifikationen überführt werden kann.

Verwendung: weißer P. zur Herstellung von Phosphorverbindungen wie Phosphoroxiden und Phosphorsäuren sowie den von ihnen abgeleiteten Verbindungen; roter P. zur Herstellung von Reibflächen für ↑Zündholzer.

Verbindungen: Der einfachste Phosphorwasserstoff, Monophosphan, PH_3, ist ein giftiges, knoblauchartig riechendes, brennbares Gas, das stark reduzierend wirkt. Es entsteht u. a. bei der Hydrolyse von ↑Phosphiden.

Das giftige weiße Phosphortrioxid, P_2O_3, entsteht beim Verbrennen von P. unter Sauerstoffmangel. Es ist ein starkes Reduktionsmittel, ebenso wie die **Phosphonsäure**, $HPO(OH)_2$ und, die dazu tautomere **phosphorige Säure,** $P(OH)_3$, deren beider Anhydrid das Phosphortrioxid ist (↑Tautomerie). Die Salze und Ester der Phosphonsäure sind die **Phosphonate,** diejenigen der phosphorigen Säure die **Phosphite.**

Phosphorpentoxid, P_2O_5, (richtiger Tetraphosphordecaoxid, P_4O_{10}) entsteht beim Verbrennen von P.; es ist weiß und sehr hygroskopisch. Daher dient es als Trockenmittel (z. B. im Exsikkator). Es ist das Anhydrid der (Ortho-) **Phosphorsäure,** H_3PO_4, die zur Säuerung mancher Getränke verwendet wird und deren Salze und Ester die ↑Phosphate sind. Die reversible Entwässerung der Phosphorsäure verläuft über die Diphosphorsäure, $H_4P_2O_7$, und die Polyphosphorsäuren $(HPO_3)_n$. Phosphortrichlorid, PCl_3, wird zur Herstellung von Carbonsäurechloriden verwendet; Phosphorpentachlorid, PCl_5, ist ein gutes Chlorierungsmittel.

Phosph<u>o</u>re: Bezeichnung für Stoffe, die phosphoreszieren, d. h. nach nicht thermischer Anregung (z. B. mit Licht oder UV-Strahlen) ein gewisses Nachleuchten (kaltes Licht, ↑Phosphoreszenz) zeigen. Zu den P. gehören sowohl organische als auch anorganische Festkörper. Im weiteren Sinne werden auch alle fluoreszierenden Stoffe, z. B. die fluoreszierenden organischen Flüssigkeiten, als P. bezeichnet. Man unterscheidet die seltenen Reinphosphore (z. B. Erdalkaliwolframate, $M^{II}WO_4$, Carbazolverbindungen) von den durch kleinste Mengen beigefügter Schwermetalle erst phosphoreszenzfähigen Fremdstoffphosphoren. Zu diesen gehören die nur im kristallinen Zustand leuchtfähigen Kristallphosphore. Sie bestehen aus Einkristallen oder vielkristallinem Material (z. B. Alkalihalogenide, Erdalkalioxide und -sulfide, insbesondere Bariumoxid, BaO, Zinksulfid, ZnS, und Cadmiumsulfid, CdS) mit im Gitter eingebauten Störstellen von Kupfer-, Mangan- oder Chromatomen. Organische Fremdphosphore werden durch Einbettung fluoreszierender organischer Substanzen in andere (flüssige, amorphe oder kristalline) Stoffe gewonnen. P. finden u. a. bei der Herstellung von Leuchtschirmen sowie als Szintillatoren in der Messtechnik Verwendung. Das Element Phosphor gehört nicht zu den P., da es keine Phosphoreszenz, sondern ↑Chemolumineszenz aufweist.

Phosphoreszenz: durch Einfall von Licht-, Röntgen- oder Korpuskularstrahlung hervorgerufene Leuchterscheinung an verschiedenen Stoffen, die auch nach Abschalten der einfallenden Strahlen noch andauert. Im Gegensatz zur ↑Fluoreszenz tritt also bei P. ein »Nachleuchten« auf, das Bruchteile von Sekunden, seltener auch mehrere Monate andauern kann. Phosphoreszierende Stoffe bezeichnet man als ↑Phosphore.

phosphorige Säure: ↑Phosphor.

Phosphorsalzperle: eine der Boraxperle (↑Borax) ähnliche Vorprobe zum Nachweis mancher Schwermetalle. Hierbei wird ein Tropfen geschmolzenes Phosphorsalz (↑Phosphate) in die zu untersuchende Substanz getaucht. Beim nachfolgenden Glühen entstehende charakteristisch gefärbte Metallphosphate.

Phosphorsäure: ↑Phosphor.
Phosphorsäure|ester: ↑Phosphate.
Phosphorwasserstoff: ↑Phosphor.
Phthal|imid: ↑Imide.
Phthalo|cyan|infarbstoffe: ↑Farbstoffe.
Phthalsäure: ↑Dicarbonsäuren (Tab.).
Phthalsäurefarbstoffe: ↑Farbstoffe.
pH-Wert [Abk. für lat. potentia hydrogenii »Stärke (Konzentration) des Wasserstoffs«]: der negative dekadische Logarithmus der (dimensionslosen) Wasserstoff-Ionen-Konzentration:

$$[H^+] = \frac{c_{H^+}}{mol/l}; \quad pH = -\log [H^+].$$

(Streng genommen muss statt der Konzentration der Ionen ihre Aktivität eingesetzt werden, d. h. die nach außen wirksamen Ionenkonzentration. Für sehr verdünnte Lösungen gilt, dass Konzentration und Aktivität gleich groß sind, bei konzentrierten Lösungen ist die Konzentration geringer als die Aktivität.) Reines Wasser enthält gleiche Konzentrationen an Protonen und Hydroxid-Ionen: $[H^+] = [OH^-]$. Das Ionenprodukt des Wassers beträgt bei normalen Bedingungen ungefähr 10^{-14}, d. h. $[H^+] = [OH^-] = 10^{-7}$; der pH-Wert des reinen Wassers beträgt damit 7.

Der pH-Bereich unter 7 wird als sauer, der über 7 als alkalisch bezeichnet. Eine 0,01 N Salzsäure (↑Normalität) enthält 0,01 Mol Wasserstoff-Ionen im Liter, hat also einen pH-Wert von $-\log 0,01 = 2$. Für alkalische Lösungen gilt entsprechend $[H^+] = 10^{-14}/[OH^-]$, d. h., die Hydroxid-Ionen-Konzentration einer 0,001 N Natronlauge beträgt 10^{-3}, ihr pH-Wert entsprechend $-\log (10^{-14}/10^{-3}) = 11$. Lösungen mit

einem pH-Wert zwischen 0 und 3 werden als stark sauer bezeichnet, der Bereich von 4 bis 7 heißt schwach sauer, von 7 bis 11 schwach basisch, von 11 bis 14 stark basisch.
Der Ablauf vieler chemischer und biochemischer Vorgänge hängt entscheidend vom pH-Wert ab. Lebensvorgänge außerhalb der pH-Werte 4 bis 9 sind selten.

physikalische Chemie (Physikochemie): Grenzgebiet zwischen Chemie und Physik, das chemische Vorgänge vorwiegend mittels physikalischer Methoden untersucht und mittels physikalischer Theorien beschrieben und erklärt.

pi-Bindung (π-Bindung): ↑Atombindung.

pi-Elektronen (π-Elektronen): ↑Alkene, ↑Aromaten.

Pigmente: Bezeichnung für anorganische oder organische Farbmittel, die im Gegensatz zu den Farbstoffen keine echten Lösungen bilden. Eingesetzt werden P. zur Massenfärbung von Papier, Gummi, Seife, zum Anfärben von Holz und Metallen und zum Bedrucken von Papier und Geweben. Damit die P. auf bzw. in den einzufärbenden Substanzen haften, werden sie meist mit Bindemitteln wie Leinöl, Kalkmilch oder Kunstharz versetzt. **Anorganische Pigmente** werden auf natürlichem Weg durch Zerkleinern farbiger Mineralien (**natürliche Pigmente**) oder auf künstlichem Weg aus anorganischen Grundstoffen gewonnen (Tab.)

Gegenüber den Marktanteilen von anorganischen P. verzeichnen die **organischen Pigmente** eine ständige Zunahme in der Anwendung. Eine Ursache dafür ist z. B., dass die bisher als Gelbpigmente verwendeten Bleichromate und Cadmiumsulfide gesundheitsschädliche Schwermetalle enthalten. Organische P. bieten außerdem Vorteile durch höhere Ergiebigkeit und große Licht- und Wetterechtheit. Im Bereich

Substanz	Zusammensetzung
Ultramarin	$Na_2Al_6Si_6O_2S_2$
Zinkweiß	ZnO
Chromgelb	$PbCrO_4$
Ruß	Kohlenstoff amorph
Bleimennige	PbO/PbO_2
Bleiweiß	$PbCO_3/Pb(OH)_2$
Grünspan	$Cu(CH_3COO)_2$ basisch
Eisenblau	$Fe_4[Fe(CN)_6]_3$
Cadmiumgelb	CdS
Titanweiß	TiO_2
Phtalocyanin	$C_{32}H_{18}N_8$
Ocker	Aluminiumsilicat / Eisenoxid
Zinnoberrot	HgS

Pigmente: Beispiele

der Gelbpigmente wird neben Azoverbindungen oft das Flavanthron eingesetzt, chemisch gesehen ein Abkömmling des Anthrachinons.
Die P. Grün und Blau bestehen i. d. R. aus Stoffen mit dem chemischen Grundgerüst des Phthalocyanins, das zu den organischen Metallkomplexen gerechnet werden kann. Eng verwandt sind die natürlichen Farbstoffe Häm des Blutes und Chlorophyll in grünen Pflanzen. Die Farbtöne variiert man durch verschiedene Substituenten am Grundgerüst. Phthalocyanine sind sehr ergiebig und von großer Licht- und Wetterechtheit. Sie werden u. a. im Druck- und im Kunststofflackbereich eingesetzt. Im Gegensatz zu Textilfarben haben die Kristallgrößen und -formen einen erheblichen Einfluss auf die Art der Farben.

pi-Komplex (π-Komplex): ein Zwischenprodukt bei der elektrophilen ↑Substitution an Aromaten und bei der elektrophilen ↑Addition.

Pikrinsäure [zu griech. pikrós »bitter«]: ↑Phenole (Tab.).

Pipette [frz. »Röhrchen«]: Glasgerät zum Umfüllen von Flüssigkeiten. Eine **Messpipette** ist auf Auslauf geeicht, d. h., an den Pipettenwänden haftende Flüssigkeit darf zurückbleiben. Beim Füllen der P. ist der unterste Punkt des ↑Meniskus maßgebend. Zum Füllen benutzt man einen Gummisauger oder Schliffglaskolben.

Ein **Peleusball** ist ein Gummisauger mit drei Ein- und Auslassöffnungen, die durch Zusammenpressen bestimmter Druckstellen einzeln betätigt werden können.

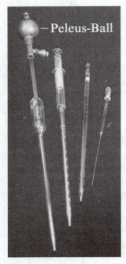

Pipette: verschiedene Ausführungen

Pistill [zu lat. pinsere »zerstampfen«]: ↑Mörser.

pK_B (pK_B): ↑Stärke von (Brønstedt-)Säuren und Basen.

pK_L (pK_L): ↑Löslichkeitsprodukt.

pK_S (pK_S): ↑Stärke von (Brønstedt-)Säuren und Basen.

Planck-Wirkungsquantum (Planck-Konstante, Elementarquantum) [nach MAX PLANCK; *1858, †1947] Formelzeichen h: quantenphysikalische Naturkonstante, $h = 6{,}626 \cdot 10^{-34}$ Js. Sie ist ein Proportionalitätsfaktor zwischen der Frequenz ν und der Energie E von Strahlung, die nicht stetig, d. h. in beliebiger Menge, sondern nur in ganz bestimmten Portionen von Atomen aufgenommen oder abgegeben werden kann. Diese kleinsten, nicht weiter teilbaren Energiebeträge nennt man Energiequanten oder Quanten. Für sie gilt:

$$E = h\nu.$$

Die Konstante h hat die Dimension einer Wirkung (Energie · Zeit), sie spielt in der Mikrophysik eine zentrale Rolle (↑Atommodell, ↑Unschärferelation, ↑Spin).

Für die häufig auftretende Größe $h/2\pi$ verwendet man das Zeichen $\hbar$ (sprich: h quer), d. h.: $h = 2\pi\,\hbar$.

Plasmazustand [zu griech. plásma »Gebilde«]: ↑Aggregatzustände.

Platforming ['plætfɔːmɪŋ; Kw. aus engl. platinum und reforming]: ↑Reformieren.

Platin [zu span. plata de argento »Silberplatte«]: chemisches Element der VIII. Nebengruppe, Zeichen Pt, OZ 78, relative Atommasse 195,08, ↑Mischelement.

Physikalische Eigenschaften: grauweißes, nicht sehr hartes, gut verformbares Edelmetall, Dichte: 21,45 g/cm³, Fp. 1768,4 °C, Sp. 3825 °C.

Chemische Eigenschaften: P. ist ein außerordentlich beständiges ↑Platinmetall. Es widersteht bei Raumtemperatur Salzsäure, Salpetersäure, Chlor, Brom und Iod, löst sich aber in ↑Königswasser. In der Hitze wird es von Schwefel angegriffen. Es löst sich in einer Schmelze von Alkalihydroxiden teilweise auf. P. bildet zahlreiche Verbindungen, vor allem Komplexe in den Oxidationsstufen +2 und +4.

Verwendung: zur Herstellung von

Schmuck, Laborgeräten, Elektroden, Thermoelementen; als Katalysator bei einer Reihe technisch durchgeführter Reaktionen; als Legierungsbestandteil.

Platinmetalle: die chemisch nahe verwandten, in der Natur meist gemeinsam vorkommenden Edelmetalle der VIII. Nebengruppe des ↑Periodensystems der Elemente: Ruthenium (Ru), Rhodium (Rh), Palladium (Pd), Osmium (Os), Iridium (Ir) und Platin (Pt). Sie sind sehr selten und kostbar.

Plexiglas® [zu lat. plexus »geflochten«] (Acrylglas): Handelsname für einen aus ↑Polymethacrylsäureestern bestehenden glasartig durchsichtigen Kunststoff. Plexiglas ist leicht, hart, bei 140–160°C verformbar und kann wie Holz bearbeitet werden. Seine Beständigkeit gegen Korrosion, Witterung und chemische Einflüsse sowie seine hervorragenden mechanischen, thermischen und optischen Eigenschaften erlauben eine äußerst vielseitige Verwendung.

Pluspol: der Pol eines elektrochemischen ↑Elements, zu dem die Elektronen hingeführt werden. Beim Entladen wirkt die mit dem P. verbundene innere Elektrode als Kathode. Beim Laden werden die Pole des Elements gleichnamig mit einer äußeren Stromquelle verbunden, sodass sich die Polung und die Stromflussrichtung umkehren.

Plutonium [nach dem Planeten Pluto]: chemisches Element der ↑Actinoide, Zeichen Pu, OZ 94, Massenzahl des langlebigsten Isotops 244; v. a. künstlich hergestelltes, radioaktives Metall, das in der Natur nur in Spuren vorkommt. P. ist radiotoxisch, seine Strahlung schädigt das Rückenmark. ^{238}Pu wird in Isotopenbatterien verwendet. Wegen der guten Spaltbarkeit durch langsame Neutronen ist ^{239}Pu ein Kernbrennstoff und neben ^{235}U das meistverwendete Material in Kernwaffensprengsätzen.

Pm: Zeichen für ↑Promethium.
Po: Zeichen für ↑Polonium.
pOH-Wert: negativer dekadischer Logarithmus der Hydroxid-Ionen-Konzentration einer wässrigen Lösung. Er hängt mit dem pH-Wert über das Ionenprodukt des Wassers zusammen; man erhält: pOH = 14−pH.

polare Atombindung [zu griech. pólos »Drehpunkt«]: ↑Atombindung zwischen zwei Atomen unterschiedlicher Elektronegativität.
Das elektronegativere Atom zieht das gemeinsame Elektronenpaar stärker an als sein weniger elektronegativer Bindungspartner. Diese Verschiebung der bindenden Elektronen führt zu Teilladungen (Partialladungen) an den Atomen. Wenn in einem solchen Molekül die Schwerpunkte der negativen Ladungen in den Atomhüllen und die Schwerpunkte der positiven Ladungen in den Atomkernen nicht übereinstimmen, erhält es einen positiven und einen negativen Pol; es ist ein ↑Dipolmolekül. Manche symmetrisch gebauten mehratomigen Moleküle erscheinen trotz polarer Bindungen nach außen **unpolar (apolar),** da sich die Polaritäten der einzelnen Bindungen im Gesamtmolekül aufheben. Beispiele hierfür sind das linear gebaute Molekül des Kohlenstoffdioxids O=C=O oder das tetraedrische Molekül des Methans CH_4. Dagegen sind z. B. das Wasser- und das Ammoniakmolekül Dipole.
Eine p. A. stellt einen Übergang zwischen der reinen Atombindung und der reinen Ionenbindung dar. Je polarer eine Bindung ist, desto stabiler ist sie. So nehmen Polarität und Stabilität der Bindungen bei den Halogenwasserstoffen von Fluorwasserstoff (Anteil der Ionenbindung 43%) bis Iodwasserstoff (Anteil der Ionenbindung 7%) ab.

Polarimeter: Gerät zum Messen der ↑optischen Aktivität.
Polarisierbarkeit: ↑Polarisierung.

Polarisierung

Polarisierung:
- *elektrolytische P.*: Differenz zwischen dem Elektrodenpotenzial bei stromloser Messung und bei Stromfluss. Sie beruht auf Veränderungen der Elektrodenoberfläche, die durch die Redoxreaktionen an der stromdurchflossenen Elektrode hervorgerufen werden und die das Phänomen der ↑Überspannung hervorrufen;
- *dielektrische P.*: Ladungsverschiebung in Atomen, Molekülen oder Ionen unter dem Einfluss eines äußeren elektrischen Felds. Im engeren Sinn ist dies die **Verschiebungspolarisation,** bei der die Schwerpunkte der negativen und positiven Ladungen eines Teilchens gegeneinander verschoben werden und ein Dipol induziert wird. Die Leichtigkeit, mit der dies erfolgt, heißt **Polarisierbarkeit.** Im weiteren Sinn zählt man auch die **Orientierungspolarisation** hierzu, bei der permanente Dipole (polare Moleküle) durch ein elektrisches Feld ausgerichtet werden. Die dielektrische P. spielt für zwischenmolekulare Kräfte eine große Rolle (↑chemische Bindung).

Pol_o_nium [nach dem Land Polen]: chemisches Element der Actinoide, Zeichen Po, OZ 84, Massenzahl des langlebigsten Isotops 209.
Physikalische Eigenschaften: Metall, Fp. 254°C, Sp. 962°C, Dichte 9,32 g/cm³. Poloniumisotope sind instabile Zwischenprodukte beim radioaktiven Zerfall der Isotope anderer Elemente.
Chemische Eigenschaften: P. tritt in seinen meist farbigen Verbindungen zwei-, vier- und sechswertig auf.

Polreagenzpapier: mit Natriumchloridlösung und Phenolphthalein (↑Indikator) getränktes, anschließend getrocknetes Papier zur Feststellung der Polung einer Gleichstromquelle. Dazu wird das P. befeuchtet und an beide Pole der Stromquelle angeschlossen. Durch ↑Elektrolyse bildet sich aus dem Salz am ↑Minuspol Natriumhydroxid, was zu einer Rotfärbung des Phenolphthaleins führt.

Poly- [zu griech. polýs »viel«, »häufig«]: Vorsilbe, die im Namen einer chemischen Verbindung anzeigt, dass in dieser Verbindung mehrere miteinander verbundene gleichartige Atome vorliegen (z. B. Kaliumpolysulfid KS_n, dessen Anion aus einer Kette von n Schwefelatomen besteht) oder dass die Verbindung Poly-X durch Vereinigung von vielen Molekülen der Verbindung X entstanden ist. Ein Beispiel ist Polyethen $[-CH_2-CH_2-]_n$, das durch Verkettung vieler Ethenmoleküle $CH_2=CH_2$ entsteht.

Polyacrylnitril, Abk. PAN: durch Polymerisation von Acrylnitril $CH_2=CH(CN)$ hergestellter makromolekularer Stoff mit der allgemeinen Formel $[-CH_2-CH(CN)-]_n$. Aus P. werden v. a. Chemiefasern (Polyacrylnitrilfasern) hergestellt.

Polyaddition: ↑Kunststoffe.

Polyalkohole (Polyole): mehrwertige ↑Alkohole.

Polyamide, Abk. PA: durch Polykondensation (↑Kunststoffe) von Diaminen (z. B. Hexamethylendiamin) und Dicarbonsäuren (z. B. Adipinsäure) oder durch Polykondensation von ω-Aminocarbonsäuren bzw. den ihnen entsprechenden ↑Lactamen (z. B. Caprolactam) hergestellte makromolekulare Stoffe mit der Gruppe –NH–CO–.
P. werden durch Ziffern gekennzeichnet, welche die Anzahl der Kohlenstoffatome einer Wiederholungseinheit angeben (z. B. ist Polyamid 6 ein Produkt aus Caprolactam, Polyamid 6,6 ein Produkt aus Hexamethylendiamin und Adipinsäure). P. sind v. a. Rohstoffe für ↑Polyamidfasern (↑Chemiefasern).

Polycarbonat, Abk. PC: ↑Polyester, die aus Kohlensäurederivaten und zweiwertigen ↑Alkoholen hergestellt werden.

Poly|ester, Abk. PES: durch Polykondensation (↑Kunststoffe) mehrbasiger Säuren mit mehrwertigen Alkoholen hergestellte makromolekulare Stoffe mit der Gruppe –O–CO–. P. mit linearen Molekülen dienen v. a. zur Herstellung von ↑Chemiefasern (Polyesterfasern).

Poly|ethen (Polyethylen), Abk. PE: durch Polymerisation von ↑Ethen hergestellter makromolekularer Stoff mit der Formel [–CH$_2$–CH$_2$–]$_n$ (↑Kunststoffe). P. ist der mengenmäßig bedeutendste Kunststoff und wird u. a. zu Folien, Flaschen, Rohren verarbeitet. Das aus stark verzweigten Molekülen bestehende, biegsame Hochdruckpolyethylen wird im Hochdruckverfahren bei 200 °C und 100 bis 200 MPa in Gegenwart von Sauerstoff und Radikalbildnern gewonnen. Niederdruckpolyethylen mit kristalliner Struktur und linearen Molekülen wird im Niederdruckverfahren unter Luft- und Feuchtigkeitsausschluss in Gegenwart von ↑Ziegler-Natta-Katalysatoren hergestellt.

Poly|ethen|terephthalat, Abk. PET: aus Terephthalsäure oder ihrem Dimethylester und Glykol oder aus Terephthalsäure und Ethenoxid hergestellter Polyester. Aus dem in der ersten Reaktionsstufe entstehenden Diglykolterephthalat geht P. durch Polykondensation (↑Kunststoffe) hervor. P. dient zur Herstellung von Textilfasern und Kunststoffflaschen.

Poly|ethylen: ↑Polyethen.
Polykieselsäuren: ↑Kieselsäuren.
Polykondensation: ↑Kunststoffe.
Polymere [zu griech. méros »Teil«]: makromolekulare natürliche oder synthetische Verbindungen, die aus vielen gleichartigen Bausteinen bestehen und eine Molekülmasse über 1 000 haben. Die Herstellung erfolgt durch Polymerisation; im weiteren Sinne rechnet man zu den P. auch Polykondensate und Polyaddukte (↑Kunststoffe). Je nach Verfahren kann man auch Misch- oder Copolymere erhalten, die aus verschiedenen Grundbausteinen aufgebaut sind, Pfropfpolymere, die andersartige Monomere an Seitenketten enthalten, oder Blockpolymere, bei denen Ketten eines P. mit Ketten eines anderen P. wechseln.

Polymerisation: ↑Kunststoffe.
Polymethacrylsäure|ester (Polymethacrylate): durch Polymerisation (↑Kunststoffe) von Estern der Methacrylsäure, v. a. des Methacrylsäuremethylesters, CH$_2$=C(CH$_3$)–COOCH$_3$, hergestellte makromolekulare Stoffe mit der allgemeinen Formel [–CH$_2$–C(CH$_3$)(COOR)–]$_n$. Die P. sind glasartig durchsichtige, feste und harte Kunststoffe, die als »organisches Glas« oder Acrylglas (**Plexiglas®**) zur Herstellung von Sicherheitsglas oder optischen Linsen verwendet werden.

Polymorphie [zu griech. morphé »Gestalt«]: Bezeichnung für die Möglichkeit einzelner Stoffe, in mehreren ↑Modifikationen, d. h. in verschiedenen Kristallformen aufzutreten, z. B. Kohlenstoff als Diamant und als Graphit, Titandioxid in tetragonaler und rhombischer Form. Die Eigenschaft, in zwei bzw. drei kristallinen Modifikationen aufzutreten, bezeichnet man als Di- bzw. Trimorphie. Die P. von chemischen Elementen wird auch ↑Allotropie genannt.

Polynucleotide: ↑Nucleinsäuren.
Poly|ole: ↑Polyalkohole.
Polypeptide: ↑Peptide.
Polyphosphate: ↑Phosphate.
Polysaccharide (Vielfachzucker): hochmolekulare, aus ↑Monosacchariden aufgebaute ↑Kohlenhydrate. Die wichtigsten Vertreter sind ↑Stärke, ↑Cellulose und ↑Glykogen.

Polystyrol, Abk. PS: durch radikalische Polymerisation von Styrol hergestellter Kunststoff mit der Formel $[-CH_2-CH(C_6H_5)-]_n$. Er wird u. a. zur Herstellung von Styropor® verwendet. Schlagfestes P. entsteht durch Mischpolymerisation mit Acrylnitril bzw. Butadien.

Polysulfide: ↑Sulfide.

Poly|tetrafluorethen (Polytetrafluorethylen, Teflon®), Abk. PTFE: aus Tetrafluorethen durch radikalische Polymerisation hergestellter thermoelastischer ↑Kunststoff. P. ist unlöslich, chemisch sehr widerstandsfähig und hat eine äußerst glatte Oberfläche.

Poly|urethane, Abk. PU oder PUR: durch Polyaddition (↑Kunststoffe) polyfunktioneller Isocyanate und Alkohole hergestellte makromolekulare Stoffe mit der Urethangruppe –O–CO–NH–. Bei der Umsetzung kurzkettiger Diole und Diisocyanate erhält man lineare P. mit thermoplastischen Eigenschaften. Durch Umsetzen langkettiger Polyole mit aromatischen Diisocyanaten entstehen elastomere Produkte, die zur Herstellung von PU-Fasern dienen. PU-Schaum entsteht, wenn die Polyaddition in Gegenwart von etwas Wasser ausgeführt wird. Aus dem Isocyanat entwickelt sich dabei Kohlenstoffdioxid, das die Masse auftreibt.

Polyvinylchlorid, Abk. PVC: durch radikalische ↑Polymerisation von Vinylchlorid hergestellter thermoplastischer Kunststoff mit der Formel $[-CH_2-CHCl-]_n$.

P. ist eine harte, spröde Substanz; bei Zusatz größerer Mengen ↑Weichmacher erhält man plastische Produkte. P. ist einer der wichtigsten Kunststoffe, seine Verwendung ist aber problematisch, da beim Verbrennen seiner Abfälle u. a. große Mengen Chlorwasserstoff entstehen und in die Atmosphäre gelangen können.

Porphin: ↑Porphyrine.

Porphyrine [zu griech. porphýra »Purpur(schnecke)«]: rote Naturfarbstoffe, deren Grundgerüst das **Porphin** ist (Abb.). Die an die Kohlenstoffatome der Porphinfünfringe gebundenen Wasserstoffatome sind in den P. durch verschiedene organische Reste wie den Vinyl- oder Essigsäurerest ersetzt.

Porphyrine: Porphin als Grundgerüst

Portlandzement ['pɔːtlənd-; nach der engl. Halbinsel Portland]: ↑Zement.

Porzellan [zu italien. porcellana »weiße Schnecke«]: ↑Tonwaren.

Potenzial, elektrochemisches: ↑Normalpotenzial.

Potenziometrie: elektrisches Indikationsverfahren für ↑Titrationen, bei dem der Titrationsendpunkt der Analysenlösung mittels stromloser Potenzialmessungen bestimmt wird. Es werden zwei Elektroden benötigt: eine Indikatorelektrode, die auf die titrimetrische Reaktion mit einer Potenzialänderung reagiert (meist eine Glas-, Chinhydron- oder Wasserstoffelektrode), und eine Bezugselektrode, die ein konstantes Potenzial aufweist (meist eine Kalomelelektrode). Diese bilden eine Messkette (↑galvanisches Element). Die Maßlösung wird der Analysenlösung in kleinen Volumeneinheiten (bis kurz vor Erreichen des Titrationsendpunktes etwa 0,1 ml, dann 0,01 ml) zugeführt. Dabei muss ständig gut gerührt werden. Nach Einstellen des Gleichgewichts wird das Potenzial gemessen, das sich mit jeder neuen Zugabe von Maßlösung ändert (zunehmende Größen der Potenzialstufen, bis der ↑Äquivalenzpunkt der Titration erreicht ist, danach werden die Potenzialstufen wieder kleiner). Der Wendepunkt der (doppelt logarithmisch aufgetragenen) Kurve stellt den Äquivalenzpunkt der Titration dar. Die Auswertung der erhaltenen Potenzial-Volumen-Kurve kann grafisch oder rechnerisch erfolgen. Eine potenziometrische Bestimmung ist umso genauer, je steiler die erhaltene Kurve ist. Die P. eignet sich bei Neutralisations-, Komplexbildungs-, Redox- und Fällungstitrationen.

Pott|asche: alte Bezeichnung für Kaliumcarbonat, K_2CO_3. P. wurde früher durch Auslaugen von Pflanzenasche in »Pötten« gewonnen.

ppm, Abk. für engl. parts per million (»Teile auf eine Million«): eigentlich auf die Stoffmenge bezogene Konzentrationsangabe, die besagt, dass in 1 000 000 mol des Lösungsmittels 1 mol gelöste Substanz enthalten ist. Üblich, aber inkorrekt ist der Bezug auf die Masse, wobei dann ein ppm einem Gramm pro Tonne entspricht. Entsprechend verwendet man **ppb** (Abk. für engl. parts per billion, »Teile auf eine Milliarde«) und **ppt** (Abk. für engl. parts per trillion, »Teile auf eine Billion«).

Pr: Zeichen für ↑Praseodym.

Präparate [zu lat. praeparare, praeparatum »vorbereiten«]: nach bestimmten Verfahren und Anweisungen hergestellte Substanzen von definierter Zusammensetzung.

präparative Chemie: Teilgebiet der ↑Chemie, das sich mit der Darstellung von chemischen Präparaten durch Synthese oder Isolation aus Rohstoffen befasst.

Praseo|dym [zu griech. praseíos »hellgrün« und dídymos »Zwilling«]: chemisches Element der ↑Lanthanoide, Zeichen Pr, OZ 59, relative Atommasse 140,91; ↑Reinelement; Metall.

primär [zu lat. primarius »einer der Ersten«]:

♦ *anorganische Chemie:* P. Salze sind Salze mehrbasiger Säuren, in denen *ein* Wasserstoffatom durch ein einwertiges Metallatom ersetzt ist;

♦ *organische Chemie:* Als p. Kohlenstoffatome bezeichnet man solche, die nur mit einem anderen C-Atom verbunden sind. In p. Alkoholen ist die Hydroxylgruppe an ein p. C-Atom gebunden. Entsprechend ist ein p. Stickstoff nur mit einem C-Atom verbunden. P. Amine tragen nur einen Alkyl- oder Arylrest am Stickstoff ($R–NH_2$).

Primärprodukt: das erste Produkt einer Reaktion, das jedoch noch weitere Umwandlungen erfahren kann.

Primärreaktion:

♦ *Startreaktion,* erste Reaktion einer Reaktionskette;

♦ *Hauptreaktion,* bevorzugte Reaktion unter mehreren gleichzeitig ablaufenden Reaktionen.

Primärstruktur: ↑Nucleinsäuren, ↑Proteine.

Prinzip der Entropie|produktion: ein von I. PRIGOGINE aufgestelltes Theorem, das für einen ↑irreversiblen Prozess gilt, der sich in einem stationären Zustand befindet: Dieser Zustand ist durch den kleinstmöglichen Zuwachs an ↑Entropie gekennzeichnet. Er ist insofern stabil, als er nach einer (geringen) Störung wieder hergestellt wird, da diese zu einem Zustand mit erhöhter Entropieproduktion führt.

Prinzip der minimalen Energie: Lehrsatz, dem zufolge geschlossene Systeme, die vom Gleichgewicht entfernt sind, dieses anstreben, da sie damit den Zustand minimaler Energie erreichen (↑Enthalpie).

Prinzip des kleinsten Zwangs: ↑Le-Chatelier-Braun-Prinzip.

Prinzip von Le Chatelier und Braun: ↑Le-Chatelier-Braun-Prinzip.

Projektionsformel: ↑Fischer-Projektion.

Prol|amine: einfache pflanzliche Proteine, die besonders in Getreide (Weizen, Roggen, Gerste, Mais) vorkommen. Sie enthalten v. a. die Aminosäuren Glutaminsäure und Prolin (2-Pyrrolidincarbonsäure $C_4H_5N-COOH$).

Promethium [nach dem griech. Gott Prometheus]: chemisches Element der ↑Lanthanoide, Zeichen Pm, OZ 61, Massenzahl des langlebigsten Isotops 145; Dichte 7,26 g/cm³, künstlich hergestelltes, radioaktives Metall, das in Spuren aber auch in der Natur vorkommt. Das Isotop ^{147}Pm wird u. a. als Energiequelle in Radionuklidbatterien verwendet.

$$H_2N-\underset{\underset{H}{|}}{\overset{\overset{R^1}{|}}{C}}-\underset{\underset{O}{\|}}{C}-N-\underset{\underset{H}{|}}{\overset{\overset{R^2}{|}}{C}}-\underset{\underset{O}{\|}}{C}-N-\underset{\underset{H}{|}}{\overset{\overset{R^3}{|}}{C}}-\cdots COOH$$

Proteine (Abb. 1): allgemeine Strukturformel eines Proteins

Propadien: ↑Allen.
Propan [Kw. aus Propion und Methan]: ↑Alkane (Tab.).
Propanal: ↑Aldehyde (Tab.).
Propanole: ↑Alkohole (Tab.).
Propanon: ↑Ketone.
Propansäure: ↑Carbonsäuren (Tab.).
Propantriol: ↑Alkohole (Tab.), ↑Glycerin.
Propen (Propylen), C_3H_6: gasförmiger Kohlenwasserstoff der ↑Alkene. P. wird bei der katalytischen und thermischen Spaltung von Erdöl gewonnen; es dient v. a. zur Herstellung von Polypropylen, von Acrylnitril, Propenoxid und zahlreichen weiteren Zwischenprodukten der technischen organischen Chemie.
Propenoxid: ↑Epoxide.
Propensäure: ↑Carbonsäuren.
Propin: ↑Alkine (Tab.).
Propion|aldehyd: ↑Aldehyde.
Propio|nitril: ↑Nitrile.
Propionsäure [zu griech. prótos »erster« und píon »Fett«]: ↑Carbonsäuren.
Propyl-, Abk. Pr: Bezeichnung für die vom Propan, C_3H_8, abgeleitete einwertige Gruppe $-C_3H_7$. Sie kann geradkettig (*n*-Pr) oder verzweigt (*iso*-Pr, *i*-Pr) sein.
Propylalkohole: ↑Alkohole (Tab.).
Propylen: ↑Propen.
Prot|actinium: [Kw. aus griech. prótos »erster« und dem Element Actinium]: chemisches Element der ↑Actinoide, Zeichen Pa, OZ 91, Massenzahl des langlebigsten Isotops 231; Metall. Die Isotope von P. entstehen durch radioaktiven Zerfall und sind selbst instabil.
Prote|ine [zu griech. prótos »erster«, »wichtigster«] (Eiweiße): hochmolekulare Verbindungen, die sich formal als Kondensationsprodukte der ↑Aminosäuren auffassen lassen. Ihr charakteristisches Merkmal ist die ↑Peptidbindung $-CO-NH-$, die durch Verknüpfung zweier Aminosäuren unter Wasseraustritt zustande kommt. Zwei so verbundene Aminosäuren bezeichnet man als Dipeptid. Bis zu einer Zahl von 10 Aminosäuren spricht man von Oligopeptiden, darüber von Polypeptiden (↑Peptide) und bei mehr als 100 Aminosäuren von P. Die freie Aminogruppe steht in der Formel grundsätzlich links (Abb. 1), die nach außen stehenden Reste (R) bedingen die Mannigfaltigkeit der P.

$$H_2N-\underset{\underset{CH_3}{|}}{CH}-CO-NH-\underset{\underset{\underset{OH}{|}}{CH_2}}{CH}-COOH$$

Alanylserin

$$H_2N-\underset{\underset{\underset{OH}{|}}{CH_2}}{CH}-CO-NH-\underset{\underset{CH_3}{|}}{CH}-COOH$$

Serylalanin

Proteine (Abb. 2): zwei aus den gleichen Aminosäuren (Alanin und Serin) bestehende Dipeptide

Proteine

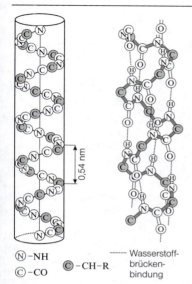

Ⓝ –NH
Ⓒ –CO
Ⓒ –CH–R
······· Wasserstoffbrückenbindung

Proteine (Abb. 3): Struktur der α-Helix

Nach ihrer physiologischen Funktion und ihren physikalischen Eigenschaften unterscheidet man **Skleroproteine** (Gerüsteiweiße, Faserproteine, fibrilläre P.; z. B. die in Haaren, Federn, Nägeln oder Hufen der Wirbeltiere vorkommenden Keratine sowie die ↑Kollagene) und **globuläre P.** (z. B. die ↑Albumine und die Globuline). Die ↑Enzyme bilden eine Sondergruppe der Globuline. Konjugierte P. enthalten zusätzlich noch einen Nichtproteinanteil. Die P. sind Bestandteile aller Zellen: zum einen bilden sie wichtige Zellgerüststrukturen, zum anderen sind sie aktiv am Stoffwechsel beteiligt (Enzyme); einige P. haben Hormonwirkung. Neben Art und Anzahl der enthaltenen Aminosäuren bestimmt besonders deren Anordnung die Eigenschaften der P. Die Aminosäuresequenz bezeichnet man als Primärstruktur. Von einem Dipeptid lassen sich zwei (Beispiel: Abb. 2), von einem Pentapeptid bereits 120 verschiedene Verbindungen formulieren. Die Ermittlung der Primärstruktur (↑Sequenzanalyse) erfolgt durch schrittweisen enzymatischen oder chemischen Abbau einzelner Aminosäuren vom Molekülende her. Die Raumstruktur der Peptidkette, die durch die größtmögliche Zahl von Wasserstoffbrückenbindungen zwischen den Peptidbindungen zustande kommt, bezeichnet man als Sekundärstruktur; die Peptidkette ist dann entweder schraubenför-

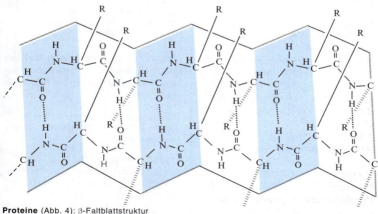

Proteine (Abb. 4): β-Faltblattstruktur

mig gewunden (α-Helix), wobei intramolekulare Wasserstoffbrückenbindungen auftreten (Abb. 3; die Struktur findet sich z. B. bei den α-Keratinen, u. a. in der Schafwolle), oder sie liegt in Form der β-Faltblattstruktur mit intermolekularen Wasserstoffbrückenbindungen vor (Abb. 4; z. B. bei den β-Keratinen, u. a. im Seidenfibroin).

Die Tertiärstruktur beschreibt die energetisch günstigste räumliche Anordnung der gefalteten bzw. gewundenen Peptidketten, wie sie durch kovalente Bindungen (Verknüpfung zweier SH-Gruppen des Cysteins: Disulfidbrücken) oder durch intramolekulare Anziehung zwischen nicht an der Peptidbindung beteiligten polaren Atomgruppen (Wasserstoffbrückenbindungen, Ionenbindungen, Abb. 5) zustande kommt; diese Tertiärstruktur bestimmt die Anordnung aller Atome im Molekül.

Die charakteristische Anordnung mehrerer in Tertiärstruktur vorliegender Peptidketten in komplexen Proteineinheiten (z. B. der vier Untereinheiten im Proteinanteil des Hämoglobins) wird Quartärstruktur genannt. Durch Temperaturerhöhung oder starke pH-Änderung u. a. wird die Sekundär-, Tertiär- und Quartärstruktur der P. zerstört (↑Denaturierung); dies kann mit einer ↑Koagulation verbunden sein.

Neben Kohlenhydraten und Fetten sind die P. eine der drei wichtigsten Nahrungsmittelgruppen des Menschen und vieler Tiere. Die Resorption der P. erfolgt nach Spaltung im Magen-Darm-Trakt in Form der freien Aminosäuren. Die Keratine werden durch die meisten Eiweiß spaltenden Enzyme nicht angegriffen, sie sind daher für den Menschen und die meisten Tiere unverdaulich.

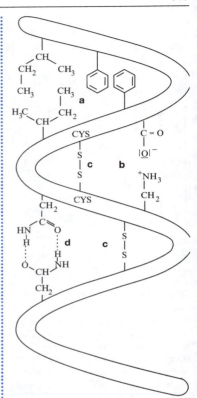

Proteine (Abb. 5): Tertiärstruktur, mögliche Bindungspartner: **a** hydrophobe Gruppen, **b** Ionenbindung, **c** Disulfidbrücken, **d** Wasserstoffbrückenbindung

Protokoll: ↑Versuchsprotokoll.

Protolyse: [zu griech. lýsis »Auflösung«]: chemische Reaktion, bei der Protonen von einer Säure an eine Base abgegeben werden (↑Säuren und Basen). Ein Maß für die Gleichgewichtslage dieser Reaktion ist der Protolysegrad.

$$HNO_3 + H_2O \rightleftharpoons H_3O^+ + NO_3^-$$
Säure 1   Base 2   Säure 2   Base 1
Protolyse: Beispiel

Proton (Symbol p oder H^+): ↑Elementarteilchen, das mit dem Kern des Wasserstoffatoms ^1H identisch ist. Das P., das zusammen mit dem Neutron Baustein aller zusammengesetzten Atomkerne ist, trägt eine positive Elementarladung mit dem Betrag $e = 1{,}6021771019$ Coulomb. Seine Ruhemasse beträgt $m_p = 1{,}007277$ u $= 1{,}6726 \cdot 10^{24}$ g, was einer Ruheenergie von 938,259 MeV (Megaelektronenvolt) entspricht. Die Ruhemasse des P. ist fast so groß wie die des Neutrons, aber nahezu 2000-mal größer als die des Elektrons.

Im Gegensatz zu freien Neutronen sind freie P. (also P. außerhalb eines Atomverbandes) leicht zu erhalten, und zwar durch ↑Ionisation von Wasserstoffatomen. Freie P., deren Durchmesser etwa $4 \cdot 10^{-13}$ cm beträgt, entstehen auch bei manchen Kernumwandlungen. Ein Zerfall des freien P. wurde bisher nicht beobachtet (theoretische mittlere Lebensdauer über 10^{31} Jahre).

Protonenakzeptor [zu lat. accipere »annehmen«]: ↑Säuren und Basen, ↑Protolyse.

Protonendonator [zu lat. donare »geben«]: ↑Säuren und Basen, ↑Protolyse.

Protonenzahl: ↑Ordnungszahl, ↑Atomkern.

Psilocin [nach dem Rauschpilz Psilocybe mexicana]: ↑Halluzinogene.

Pt: Zeichen für ↑Platin.

Pu: Zeichen für ↑Plutonium.

Puffer: Kombination aus einer schwachen Säure oder Base und einem Salz der gleichen Säure oder Base. Der P. bewirkt nach Zugabe zu einer Lösung, dass deren ↑pH-Wert bei Zugabe von Säuren oder Basen in relativ weiten Grenzen stabil bleibt. Einer der gebräuchlichsten P. ist der Acetatpuffer, ein Gemisch aus Essigsäure, CH_3COOH, und deren Natriumsalz, dem Natriumacetat, CH_3COONa. Versetzt man eine acetatgepufferte Lösung mit einer starken Säure, z. B. Salzsäure, HCl, so werden die Hydronium-Ionen von den Acetat-Ionen unter Bildung der schwach dissoziierten (↑Dissoziation) Essigsäure abgefangen (abgepuffert); der pH-Wert (Konzentration der Hydronium-Ionen) bleibt damit unverändert:

$$H_3O^+ + CH_3COO^- \rightarrow H_2O + CH_3COOH.$$

Der analoge Vorgang vollzieht sich bei der Zugabe einer starken Base, z. B. Natronlauge NaOH. Hier reagieren die Hydroxid-Ionen mit den Essigsäuremolekülen:

$$OH^- + CH_3COOH \rightarrow H_2O + CH_3COO^-.$$

In der Pufferlösung liegt folgendes Protolysegleichgewicht vor:

$$CH_3COOH + H_2O \rightleftharpoons CH_3COO^- + H_3O^+.$$

Daraus ergibt sich die Säurekonstante:

$$K_S = \frac{[H_3O^+][CH_3COO^-]}{[CH_3COOH]}.$$

Daraus kann der pH-Wert der Pufferlösung berechnet werden:

$$[H_3O^+] = \frac{K_S [CH_3COO^-]}{[CH_3COOH]}$$

oder $pH = pK_S + \log \frac{[CH_3COO^-]}{[CH_3COOH]}$,

allgemein (**Henderson-Hasselbalch-Gleichung**):

$$pH = pK_S + \log \frac{[Salz]}{[Säure]}.$$

Sind die Konzentrationen des Salzes (z. B. CH_3COONa) und der Säure (z. B. CH_3COOH) gleich, so entspricht der pH-Wert der Pufferlösung dem pK_S-Wert der Säure. Den P. kommt eine große biologische Bedeutung zu. So besitzt z. B. das Blut allein mehrere Puffersysteme, um den erforderlichen pH-Wert von 7,35 in engen Grenzen aufrechtzuerhalten.

Pulverlöscher

Die wichtigsten biologischen Puffersysteme sind:
- der Kohlensäure-Alkalicarbonat-Puffer $H_2CO_3/Na^+HCO_3^-$ bzw. $K^+HCO_3^-$,
- der Hämoglobin-Plasmaeiweiß-Puffer,
- der Phosphatpuffer NaH_2PO_4 und Na_2HPO_4.

Pulverlöscher: ↑Brandbekämpfung.

Purin [Kw. aus lat. purum acidum uricum »reine Harnsäure«]: ↑Heterocyclen.

Purinbasen: ↑Nucleinsäuren.

Purpur [zu lat. purpura »Purpur(schnecke)«]: ↑Farbstoffe.

PVC: Abk. für ↑Polyvinylchlorid.

Pyranosen: ↑Monosaccharide.

Pyridin [zu griech. pȳr »Feuer«]: eine sechsgliedrige heterocyclische Verbindung mit einem Stickstoffatom im Ring (↑Heterocyclen). P. ist eine farblose, giftige, unangenehm riechende Flüssigkeit, die durch Destillation aus Steinkohlenteer gewonnen oder synthetisch hergestellt wird. Sie wird als Lösungsmittel sowie zur Herstellung von Farbstoffen, Arzneimitteln, Schädlingsbekämpfungsmitteln verwendet, auch als Vergällungsmittel für Alkohol.

Pyrimidin: ↑Heterocyclen.

Pyrimidinbasen: ↑Nucleinsäuren.

Pyrogallol: ↑Phenole (Tab.).

Pyrolyse [zu griech. lýsis »Auflösung«]: die thermische Zersetzung chemischer Substanzen, bei der aus höhermolekularen Verbindungen durch Spaltung chemischer Bindungen und zahlreiche Folgereaktionen (Umlagerungen u. a.) niedermolekulare Stoffe entstehen. Pyrolytische Vorgänge treten v. a. beim Erhitzen organischer Materialien auf. Technische Prozesse der P. sind z. B. die Holzverkohlung, die Verkokung der Kohle und das Cracken höhersiedender Erdölfraktionen. Neuerdings gewinnen auch pyrolytische Verfahren zur Gewinnung von chemischen Rohstoffen aus Altmaterialien, z. B. aus Kautschukprodukten (gebrauchte Reifen usw.), an Interesse.

Pyrophore [zu griech. phoreīn »tragen«]: Bezeichnung für Stoffe, die sich an der Luft bei Raumtemperatur selbst entzünden (z. B. weißer Phosphor).

Pyrosäuren: veraltete Bezeichnung für **Disäuren**, eine Form der ↑Sauerstoffsäuren.

Pyrotechnik: Fachbezeichnung für die Herstellung und Anwendung von Feuerwerks- und Sprengkörpern.

Pyrrol: ↑Heterocyclen.

Pyruvate [zu lat. uva »Weintraube«]: Salze und Ester der Brenztraubensäure, allgemeine Formel: $CH_3-CO-COOM$ bzw. $CH_3-CO-COOR$ (M einwertiges Metall, R organischer Rest).

q: Bezeichnung für Hybridorbitale (↑Orbitalmodell).

Quanten [zu lat. quantus »wie groß«, »wie viel«]: ↑Planck-Wirkungsquantum, ↑Quantenzahlen.

Quantensprung: ↑Atommodell.

Quantenzahlen: ganze oder gebrochene Zahlen, die zur Charakterisierung der möglichen Energiezustände z. B. eines Elektrons in der Hülle eines Atoms dienen (↑Atommodell). Die Energie tritt nicht in kontinuierlich veränderbaren Mengen auf, sondern in ganz bestimmten (diskreten) Portionen. Die kleinsten, nicht weiter teilbaren Energiebeträge werden Energiequanten oder kurz Quanten genannt. Zu jeder gequantelten Größe, welche die Energie eines Systems bestimmt, gibt es eine Q. Um z. B. den Energiezustand eines Hüllenelektrons charakterisieren zu können, sind vier Q. erforderlich:
- Die *Hauptquantenzahl n* bestimmt den Energiezustand des betreffenden Elektrons in erster Näherung. Sie

gibt an, zu welcher Hauptenergiestufe (oder ↑Elektronenschale) dieses Elektron gehört. Die Hauptquantenzahl kann jeden positiven ganzzahligen Wert annehmen.

■ Die *Nebenquantenzahl l*, der in der Quantenmechanik die Drehimpulsquantenzahl entspricht, charakterisiert die Energiezustände innerhalb des durch die Hauptquantenzahl n festgelegten Energiebereiches; sie unterteilt ihn in Bereiche mit geringerer Energiedifferenz. Die Nebenquantenzahl kann, abhängig von der jeweiligen Hauptquantenzahl, die Werte $l \leq n-1$ annehmen.

■ Die *Magnetquantenzahl m* unterteilt die Nebenquantenzustände in Bereiche noch geringerer Energiedifferenzen. Sie kann die Werte $-l \leq n \leq +l$ annehmen.

■ Die *Spinquantenzahl s* schließlich kann für jeden der durch die drei bisher beschriebenen Q. gekennzeichneten Energiezustand die Werte +1/2 und –1/2 annehmen.

So lässt sich ein Quantenschema aufstellen, das die Anordnung der Elemente im ↑Periodensystem vorgibt (Tab).

quartäre Verbindungen: [zu lat. quartus »der vierte«]: chemische Verbindungen, bei denen vier an ein Zentralatom (Kohlenstoff, Stickstoff usw.) gebundene Wasserstoffatome durch organische Reste ersetzt sind.

Quartärstruktur: ↑Proteine.

Quarz [vermutlich zu mhd. querch »Zwerg«]: wichtigste Modifikation des ↑Siliciumdioxids SiO_2. Q. kommt in verschiedenen Mineralen (z. B. Bergkristall) und Gesteinen (z. B. Granit) vor, und bildet den Hauptbestandteil von Sand und Sandsteinen.

Quarzglas: aus geschmolzenem Quarz hergestelltes Sonderglas u. a. für Laborgeräte; es ist säurefest, unempfindlich gegen Temperaturänderungen und durchlässig für UV-Strahlen.

Quarzgut: aus gereinigtem Quarzsand durch Sintern hergestelltes, milchig durchscheinendes weißes, gegen Säuren sehr resistentes keramisches Material, das zur Herstellung von Laborgeräten dient.

quaternäre Verbindungen [zu lat. quaternarius »aus je vier bestehend«]: ↑chemische Verbindungen.

Quecksilber [zu ahd. queck »lebendig«]: chemisches Element der II. Nebengruppe, Zeichen Hg, OZ 80, relative Atommasse 200,59; Mischelement. *Physikalische Eigenschaften:* silberglänzendes, bei Raumtemperatur flüssiges Metall, Fp. –38,83 °C, Sp. 356,73 °C, Dichte (bei 20 °C) 13,53 g/cm³.

Chemische Eigenschaften: Reines Q. wird bei gewöhnlicher Temperatur von Luft nicht, von oxidierenden Säuren dagegen leicht angegriffen. In seinen

Schale	n	l	m	s	Orbitale			Elektronen
K	1	0	0	±½	$1s^2$			2
L	2	0	0	±½	$2s^2$			2
		1	+1 0 –1	±½ ±½ ±½	$2p_x^2$	$2p_y^2$	$2p_z^2$	6 8
M	3	0	0	±½	$3s^2$			2
		1	+1 0 –1	±½ ±½ ±½	$3p_x^2$	$3p_y^2$	$3p_z^2$	6 18
		2	+2 +1 0 –1 –2	±½ ±½ ±½±½ ±½	$3d_{xy}^2$ $3d_{z^2}^2$	$3d_{xz}^2$ $3d_{x^2-y^2}^2$	$3d_{yz}^2$	10

Quantenzahlen: Quantenschema bis zur Hauptquantenzahl n = 3

Quecksilberfulminat

meist farblosen Verbindungen tritt es vorwiegend zweiwertig, weniger beständig auch einwertig auf. Q. bildet mit vielen Metallen Legierungen, die ↑Amalgame. Lösliche Verbindungen von Q. sind starke Gifte. Da Q. schon bei Raumtemperatur einen merklichen Dampfdruck besitzt und seine Dämpfe giftig sind, muss es stets sorgfältig verschlossen aufbewahrt werden.

Darstellung: durch Rösten aus Quecksilber(II)-sulfid HgS oder durch Destillation aus gediegenen Vorkommen.

Verwendung: Dank der nahezu linear verlaufenden Wärmeausdehnung zwischen 0 und 100 °C ist Q. zur Füllung von Thermometern geeignet. Seine leichte Legierbarkeit nutzt man bei der Gewinnung von Edelmetallen (↑Gold) und bei der Chloralkalielektrolyse. Die Silberamalgame dienen als Zahnfüllmasse.

Verbindungen: Das je nach Korngröße gelbe oder rote Quecksilber(II)-oxid, HgO, dient zur Herstellung von Quecksilberoxid-Zink-Zellen (↑Trockenelement); daneben wird es als Wirkstoff gegen Algenbewuchs Schiffsbodenanstrichen zugesetzt. Das schwer lösliche Quecksilber(II)-sulfid **(Zinnober),** HgS, tritt in einer schwarzen und einer roten Modifikation auf. Das giftige Quecksilber(I)-chlorid **(Kalomel),** Hg_2Cl_2 und das Quecksilber(II)-chlorid **(Sublimat),** $HgCl_2$, dienten früher u. a. als Desinfektionsmittel in der Medizin; Hg_2Cl_2 wird z. B. zur Herstellung der ↑Kalomelelektrode verwendet, $HgCl_2$ als Zwischenprodukt für weitere Quecksilberverbindungen. Quecksilberfulminat, $Hg(CNO)_2$, ein hochbrisantes Salz der ↑Knallsäure, dient als Initialzünder. Organische Quecksilberverbindungen wurden früher als Fungizide zum Beizen von Saatgut verwendet (seit 1981 in der Bundesrepublik Deutschland verboten).

Quecksilberfulminat: ↑Knallsäure.

R:
◆ in Formeln verwendete Kurzschreibweise für einen organischen ↑Rest, meist aliphatisch.
◆ (*R*): Formelzeichen für die Gaskonstante (↑Zustandsgleichungen).
◆ (*R*): Konfigurationssymbol; ↑Sequenzregeln.

R_f (R_f): Formelzeichen für den Retentionsfaktor (↑Papierchromatographie).

Ra: Zeichen für ↑Radium.

Racemate [zu lat. *racemus* »Beere«, »Traube«]: Bezeichnung für äquimolare Gemische von zwei ↑Enantiomeren. Entsprechend der chemischen Nomenklatur werden R. durch die Buchstaben DL- vor dem Verbindungsnamen bezeichnet, z. B. DL-Weinsäure (DL-2,3-Dihydroxybutandisäure).

R. drehen die Ebene des polarisierten Lichts nicht, da sich die Drehwinkel der beiden Antipoden gegenseitig kompensieren.

Bei technischen Synthesen optisch aktiver Verbindungen entstehen stets racemische Gemische, die man mit geeigneten Methoden in die einzelnen Enantiomere zerlegen kann.

Das Enantiomerenpaar bildet im R. oft eine lockere Molekülverbindung, deren Siedepunkt und deren Kristallform sich von denen der reinen Enantiomere unterscheiden.

```
      COOH                  COOH
       |                     |
  HO—C*—H              H—C*—OH
       |                     |
   H—C*—OH              HO—C*—H
       |                     |
      COOH                  COOH
   D-Weinsäure           L-Weinsäure
         _____/
                 |
            DL-Weinsäure
```

Racemate: DL-Weinsäure

Radikal

Formel	Stoffname	Radikalname
·CH$_3$	Methan	Methyl
·CH$_2$—CH$_2$—CH$_3$	Propan	Propyl
·C≡CH	Ethin	Ethinyl
·C$_6$H$_5$	Benzol	Phenyl
·CH$_2$—C$_6$H$_5$	Toluol	Benzyl

Radikal: Beispiele

Radikal [zu lat. radix »Wurzel«]:
◆ *allgemein:* ein Atom oder eine Atomgruppe mit mindestens einer freien Valenz. R. sind meist sehr reaktiv und kurzlebig. Sie entstehen durch Spaltung von Elektronenpaarbindungen. Wegen ihrer einsamen (ungepaarten) Elektronen sind sie mit magnetischen Messmethoden leicht nachzuweisen. Ein R. wird durch einen Punkt für das ungepaarte Elektron gekennzeichnet. Man benennt es (von wenigen Ausnahmen abgesehen), indem an den Namen des Stoffs, von dem es sich ableitet, die Silbe -yl angehängt wird (Tab.).
R. werden umso leichter gebildet, je schwächer eine Atombindung ist. Hohe Temperaturen, energiereiche Strahlen und unpolare Lösungsmittel begünstigen die Radikalbildung. Ist eine Delokalisation des freien Elektrons im R. möglich, dann kann das R. relativ langlebig sein. Die Stabilität der R. nimmt wegen des zunehmenden +I-Effekts (↑induktiver Effekt) der Methylgruppen in folgender Reihe zu:

·CH$_3$, ·CH$_2$CH$_3$, ·CH(CH$_3$)$_2$, ·C(CH$_3$)$_3$
  primär   sekundär   tertiär

R. wie das Allylradikal und das Benzylradikal (Abb.) sind mesomeriestabilisiert (↑Mesomerie).
R. setzen aufgrund der Reaktionsfreudigkeit des freien Elektrons äußerst rasch ablaufende ↑Kettenreaktionen in Gang. Eine wichtige Reaktion, bei der R. beteiligt sind, ist die radikalische

$$[H_2C=CH-\dot{C}H_2 \leftrightarrow H_2\dot{C}-CH=CH_2]$$

Radikal: mesomere Grenzzustände beim Allylradikal und beim Benzylradikal

Substitution von Alkanen, z. B. die Chlorierung von Methan:

Startreaktion

$$Cl-Cl \rightarrow 2\,Cl\cdot$$

Reaktionskette

$$Cl\cdot + CH_4 \rightarrow \cdot CH_3 + HCl$$
$$\cdot CH_3 + Cl_2 \rightarrow CH_3Cl + Cl\cdot$$

Kettenabbruch

$$2\,Cl\cdot \rightarrow Cl_2$$
$$2\,\cdot CH_3 \rightarrow C_2H_6$$
$$\cdot CH_3 + Cl\cdot \rightarrow CH_3Cl$$

◆ *organische Chemie:* veraltete Bezeichnung für einen ↑Rest.

Radikalfänger: ↑Inhibitoren.

Radioaktivität: die Eigenschaft bestimmter Atomkerne, spontan, d. h. unabhängig von äußeren Einflüssen wie Temperatur oder Druck, unter Aussendung von Strahlen zu zerfallen (radioaktiver Zerfall). Beim radioaktiven Zerfall treten im Wesentlichen drei Strahlungsarten auf: Alphastrahlen (α-Strahlen), Betastrahlen (β^- und β^+-Strahlen) und Gammastrahlen (γ-Strahlen).

Alphastrahlen sind Teilchenstrahlen (Korpuskularstrahlen); sie bestehen aus Kernen von Heliumatomen (α-Teilchen), besitzen also zwei Protonen und zwei Neutronen. Wenn ein Atomkern ein α-Teilchen aussendet, nimmt folglich seine Massenzahl um vier und seine Kernladungszahl (Ordnungszahl) um zwei ab. Der so entstehende neue Atomkern steht also im Periodensystem der Elemente zwei Stellen vor dem Ausgangskern, z. B.:

$$^{226}_{88}Ra \rightarrow \,^{222}_{86}Rn + \,^{4}_{2}He.$$

Auch **Betastrahlen** sind Teilchenstrahlen, sie bestehen aus Elektronen, die vom Atomkern unter Umwandlung eines Neutrons in ein Proton ausgesandt werden. Zerfällt ein Nuklid unter Abgabe eines β^--Teilchens, so bleibt seine Massenzahl unverändert, während die Kernladungszahl um eins steigt. Der so entstandene neue Kern steht demzufolge im Periodensystem eine Stelle hinter dem Ausgangskern, z. B.:

$$^{227}_{89}Ac \rightarrow \,^{227}_{90}Th + e^-.$$

In manchen Fällen werden auch β^+-Teilchen (Positronen) emittiert.

Gammastrahlen sind sehr kurzwellige elektromagnetische Strahlen und werden meist im Zusammenhang mit Alpha- oder Betastrahlen ausgesandt.

Radioaktive Atomkerne zerfallen nach statistischen Gesetzen. Man kann nicht vorhersagen, welche Kerne innerhalb einer bestimmten Zeitspanne zerfallen, nur wie viele. Es gilt dabei das **Zerfallsgesetz:**

$$N = N_0 \cdot e^{-\lambda t}$$

(N_0 Anzahl der noch nicht zerfallenen Atome zum Zeitpunkt 0, N Anzahl der noch nicht zerfallenen Atome zum Zeitpunkt t, λ Zerfallskonstante).

Die Zeit, nach der die Hälfte von den ursprünglich vorhandenen Atomen zerfallen ist, wird als ↑Halbwertszeit bezeichnet.

Da die beim radioaktiven Zerfall entstehenden Kerne häufig selbst wieder radioaktiv sind und daher weiter zerfallen, ergeben sich ↑Zerfallsreihen, die erst bei einem stabilen Isotop enden.

Die beim radioaktiven Zerfall auftretenden Strahlungen (radioaktive Strahlungen) sind für den Menschen äußerst gefährlich. Radioaktive Substanzen müssen deshalb in Bleikammern aufbewahrt werden, da Blei die Strahlen absorbiert (↑Absorption). Mit geringer Dosisleistung werden radioaktive Strahlen u. a. zur Krebsbehandlung verwendet.

Radionuklid: ↑Nuklid.

Radium [zu lat. *radius* »Strahl«]: chemisches Element der II. Hauptgruppe,

Zeichen Ra, OZ 88, relative Atommasse des langlebigsten Isotops: 226 (Halbwertszeit 1599 Jahre).
Physikalische Eigenschaften: weiß glänzendes Metall; Dichte 5 g/cm^3, Fp. 700 °C, Sp. 1 140 °C.
Chemische Eigenschaften: Erdalkalimetall, dessen Verbindungen denen des Bariums ähneln. R. ist gegenüber Wasser und Säuren ähnlich reaktiv wie Kalium.
Darstellung: Aus Lösungen des Minerals Pechblende wird zunächst Radiumsulfat, RaSO$_4$, durch Zusatz von Bariumchlorid, BaCl$_2$, und Schwefelsäure, H$_2$SO$_4$, mit dem entstehenden Bariumsulfat, BaSO$_4$, gemeinsam ausgefällt. Anschließend werden die beiden Elemente durch fraktionierte Kristallisation ihrer Chromate BaCrO$_4$ und RaCrO$_4$ voneinander getrennt. Metallisches R. erhält man durch Elektrolyse seiner Salzlösungen an einer Quecksilberkathode und anschließendes Erhitzen des entstandenen ↑Amalgams auf 400 bis 700 °C in einer Wasserstoffatmosphäre.
Verwendung: früher zur Herstellung von Leuchtstoffen für Leuchtzifferblätter sowie in der Medizin zur Krebsbehandlung.
Radon [Kw. aus Radium und Emanation]: chemisches Element der VIII. Hauptgruppe, Zeichen Rn, OZ 86, Massenzahl des stabilsten Isotops 222; radioaktives ↑Edelgas; Dichte bei 0 °C 9,73 g/l, Fp. −71 °C, Sp. −61,8 °C; entsteht als Zwischenprodukt der radioaktiven ↑Zerfallsreihen; wird als strahlentherapeutisches Mittel verwendet.
Raffination [zu frz. raffiner »verfeinern«]: die Reinigung und Veredelung von Rohstoffen wie Rohmetallen (Metallurgie) oder Erdöl (Destillation von Rohöl) oder von Lebensmitteln wie Rohfetten (Neutralisation, Filtration usw.) oder Rohzucker (Umkristallisieren).

raoultsches Gesetz [raʊlt]: nach F. M. RAOULT benanntes Gesetz, das den Zusammenhang zwischen Gefrierpunktserniedrigung Δt_g, Siedepunktserhöhung Δt_s oder Dampfdruckerniedrigung Δp einer Lösung und der Konzentration der Lösung beschreibt. Alle drei Größen sind proportional zur Konzentration. Für die Dampfdruckerniedrigung gilt z. B.:

$$\frac{\Delta p}{p_0} = \frac{n_L}{n_L + n} \approx \frac{n_L}{n} = \mu$$

(p_0 Dampfdruck des reinen Lösungsmittels, n_L Zahl der Mole gelöste Substanz, n Zahl der Mole Lösungsmittel). μ nennt man den **Molenbruch**. Das r. G. kann zur Bestimmung der Zahl der gelösten Mole und damit (bei bekannter Masse) zur Bestimmung der Molekülmasse benutzt werden.
Rauch: Gemenge, in dem Feststoffteilchen in einem Gas oder Gasgemisch feinstverteilt (dispergiert) sind. Je nach der Größe der Feststoffteilchen handelt es sich beim Rauch um ein grobdisperses oder kolloiddisperses System (↑disperses System). Ein kolloidal disperser R., z. B. Zigarettenrauch, zählt zu den ↑Aerosolen.
rauchende Schwefelsäure: ↑Oleum.
Rauchgasentschwefelung und -entstickung: Entfernung von Schwefeldioxid, SO$_2$, und Stickstoffoxiden (nitrosen Gasen), NO$_x$, aus Rauchgasen, d. h. aus den Verbrennungsgasen von ↑Brennstoffen. Sie dient der Verringerung von ↑saurem Regen. Zur *Entschwefelung* dient der ↑Claus-Prozess oder häufiger das Auswaschen der Rauchgase mit Suspensionen von gelöschtem Kalk, Ca(OH)$_2$. In Gegenwart von Luft entsteht dabei Gips, CaSO$_4 \cdot$ 2 H$_2$O:

$$Ca(OH)_2 + SO_2 + \tfrac{1}{2} O_2 + H_2O \rightarrow \\ CaSO_4 \cdot 2\,H_2O.$$

Beim Auswaschen mit Ammoniak, NH_3, entsteht das Düngemittel Ammoniumsulfat, $(NH_4)_2SO_4$:

$$2 NH_3 + SO_2 + H_2O + \tfrac{1}{2} O_2 \rightarrow (NH_4)_2SO_4.$$

Eine *Entstickung* ist durch katalytische Umsetzung der Stickstoffoxide (z. B. an speziellen Aktivkohlen) mit zugesetztem Ammoniak zu Stickstoff und Wasser möglich:

$$NO + NO_2 + 2 NH_3 \rightarrow 2 N_2 + 3 H_2O,$$

oder durch Oxidation der Stickstoffoxide (z. B. mit Ozon) zu Salpetersäure und anschließende Umsetzung mit Ammoniak zu Ammoniumnitrat, NH_4NO_3.

Rb: Zeichen für ↑Rubidium.

Reagenzglas (Probierglas): Glasgerät zur Ausführung chemischer Reaktionen mit kleinen Substanzmengen. Beim Erhitzen ist die Öffnung von Personen wegzuhalten (Abb.).

Reagenzien: chemisch besonders reine Stoffe, die mit bestimmten anderen Stoffen unter definierten Bedingungen charakteristische Reaktionen wie Fällungen, Zersetzungen, mit Farbveränderungen verbundene Zersetzungen u. Ä. eingehen. R. werden v. a. zum Nachweis bestimmter Elemente oder Verbindungen verwendet.

Reaktion [zu lat. reagere »wieder treiben«]: ↑chemische Reaktionen.

Reaktionsenthalpie: ↑Reaktionswärme.

Reaktionsfarbstoffe: ↑Farbstoffe.

Reaktionsgeschwindigkeit, Formelzeichen v_R: Begriff aus der chemischen Kinetik, der bei einer chemischen Reaktion (z. B. $A + B \rightleftharpoons C$) die Veränderung einer Konzentration c in einer bestimmten Zeit angibt, $v_R = dc/dt$, und der sich für jede an einer Reaktion beteiligte Substanz definieren lässt.

Die R. kann von der Temperatur (↑RGT-Regel), der Konzentration der beteiligten Stoffe (bzw. dem Druck bei Gasen), ihrer Oberfläche sowie der Anwesenheit von Katalysatoren beeinflusst werden. Die Abhängigkeit der R. von der Konzentration der beteiligten Stoffe wird als **Geschwindigkeitsgesetz** der Reaktion bezeichnet. Die **Reaktionsordnung** gibt an, in welcher Art die R. von den Konzentrationen der Stoffe abhängt. Für eine Reaktion 0. Ordnung gilt: $v_R = k$ (k = Geschwindigkeitskonstante der Reaktion), d. h. die R. ist unabhängig von den Konzentrationen der beteiligten Stoffe.

Für eine Reaktion 1. Ordnung gilt: $v_R = k c_A$, d. h. die R. ist abhängig von der Konzentration des Stoffes A. Bei einer Reaktion 2. Ordnung kann die R. abhängig sein vom Quadrat der Konzentration des Stoffes A: $v_R = k c_A^2$ oder von den Konzentrationen zweier Stoffe

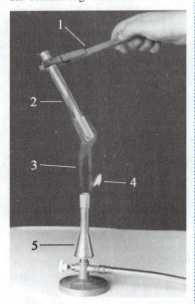

Reagenzglas: Erhitzen einer Flüssigkeit.
1 Klammer, 2 Reagenzglas, 3 schwach leuchtende Flamme, 4 Sparflamme, 5 Brenner

$v_R = kc_A c_B$. Es gibt auch Reaktionen höherer oder gebrochenzahliger Ordnung; die Reaktionsordnung entspricht nicht den stöchiometrischen Koeffizienten der Reaktionspartner und muss für jede Reaktion experimentell bestimmt werden.
Die ↑Stoßtheorie stellt ein Modell zur Interpretation von R. dar.
Reaktionsgleichung: ↑chemische Gleichung.
Reaktionskinetik (chemische Kinetik): Teilgebiet der physikalischen Chemie, das sich mit dem zeitlichen Ablauf von chemischen Reaktionen (↑Reaktionsgeschwindigkeit) und der Aufklärung von ↑Reaktionsmechanismen befasst.
Reaktionskleber: Klebstoff, der infolge von ↑Polyaddition oder ↑Polymerisation rasch aushärtet. Ein Beispiel sind Cyanacrylsäureester, die in Gegenwart von Feuchtigkeit polymerisieren.
Reaktionsmechanismus [zu griech. mechanikos »ohne willentliche Steuerung ablaufend«]: modellhafte Darstellung einer chemischen Reaktion in einzelnen Schritten. Die Untersuchung von R. ist Gegenstand der Reaktionskinetik.
Reaktionsordnung: ↑Reaktionsgeschwindigkeit.
Reaktionsprodukt [zu lat. producere »vorwärtsführen«, »hervorbringen«]: stoffliches Ergebnis einer ↑chemischen Reaktion.
Reaktionswärme (veraltet: Wärmetönung): bei einer ↑chemischen Reaktion umgesetzte Wärme, d. h. die Differenz der Bildungswärmen (↑Bildungsenthalpie) der Produkte und der Edukte. Läuft die Reaktion bei konstantem Druck ab, so heißt diese Differenz **Reaktionsenthalpie**, ΔH (↑Enthalpie). Bei einer Reaktion, bei der das Volumen konstant gehalten wird, ist die R. die Änderung der inneren Energie ΔU und heißt **Reaktionsenergie**. Die gebräuchlichere Größe ist aber ΔH. Ist ΔH negativ, so wird bei der Reaktion Energie frei (v. a. als Wärme), die Reaktion verläuft exotherm. Ist hingegen ΔH positiv, so wird bei der Reaktion Energie verbraucht, und die Reaktion verläuft endotherm.
Die R. hängt von der umgesetzten Stoffmenge ab, weshalb man meist die in kJ/mol angegebene molare R. zur Beschreibung einer Reaktion heranzieht.
Reaktivität: Bestreben eines Stoffes, eine chemische Reaktion einzugehen. Ein Maß für die R. ist die ↑Reaktionswärme. Metalle lassen sich nach ihrer Reduktionswirkung, Halogene nach ihrer Oxidationswirkung zu Reaktivitätsreihen ordnen.
Realgar: ↑Arsen.
Recycling [riː'saɪklɪŋ; engl. »wieder in Umlauf bringen«] (Rezyklierung): Bezeichnung für die Wiederverwendung von Abfällen, Nebenprodukten oder (unbrauchbar gewordenen) Endprodukten der Konsumgüterindustrie als Rohstoffe für die Herstellung neuer Produkte.
Das R. ist auf manchen Gebieten als Methode der Rohstoffbeschaffung (z. B. bei der Wiedergewinnung von Edelmetallen aus Münzlegierungen) sehr alt, gewinnt aber im Zuge der Verknappung von Rohstoffen und unter den Aspekten des Umweltschutzes und der Energieverknappung zunehmend an Bedeutung. Beispiele sind die Wiederverwendung von Eisenschrott, die Aufbereitung von Altaluminium, Altöl, Altgummi, Altglas, Altpapier und Kunststoffabfällen, die Regenerierung von Lösungsmitteln, die Gewinnung von Silber aus Entwicklerlösungen.
Redox- [Kw. aus Reduktion und Oxidation]: ↑Reduktion und Oxidation.
Reduktion [lat. reducere »zurückführen«]: ↑Reduktion und Oxidation.
Reduktionsflamme: ↑Flamme.

1 $H_3C-(CH_2)_{10}-CH_3 \xrightarrow{+H_2} H_3C-(CH_2)_3-CH_3 + H_3C-(CH_2)_5-CH_3$

　　　Dodecan　　　　　　　　　　Pentan　　　　　　　Heptan

2 $H_3C-(CH_2)_4-CH_3 \xrightarrow{-H_2}$ Cyclohexan $\xrightarrow{-3H_2}$ Benzol

　　Hexan

3 $H_3C-(CH_2)_4-CH_3 \longrightarrow H_3C-CH(CH_3)-CH_2-CH_2-CH_3$

　　Hexan　　　　　　　　　　2-Methylpentan

Reformieren: Typische Reaktionen sind Cracken (1), Cyclisieren und Dehydrierung (2) sowie Isomerisierung (3).

Reduktionsmittel: ↑Reduktion und Oxidation.
Reduktionspotenzial: ↑Reduktion und Oxidation.
Reduktionsvermögen: ↑Reduktion und Oxidation, ↑Reaktivität.
Reduktion und Oxidation: siehe S. 328.
Referenzelektrode [zu lat. referre »berichten«]: ↑Bezugselektrode.
Reformieren (Reforming-Verfahren) [lat. reformare »umgestalten«]: ein Veredelungsprozess für Schwerbenzin, das nicht als Kraftstoff verwendbar ist. Dabei wird das Schwerbenzin zunächst entschwefelt (wegen Vergiftungsgefahr der Katalysatoren), danach wird daraus durch kurzes katalytisches ↑Cracken hochklopffestes Benzin der ↑Octanzahl 90 bis 100 gewonnen. Die Reaktion läuft ab bei einem Druck von 2 bis 5 MPa bei etwa 500 °C an Molybdän-Aluminiumoxid-Katalysatoren (Mo/Al_2O_3) in Gegenwart von Wasserstoff (Hydroforming) bzw. an Platin-Aluminiumoxid-Kontakten (Pt/Al_2O_3) **(Platforming)**. Dabei treten mehrere Spaltungs- und Umlagerungsreaktionen auf (Abb.).
Die durch Koksabscheidung inaktivierten Katalysatoren können laufend durch Abbrennen mit Luft wieder regeneriert werden. Die Reformierprodukte liefern nicht nur hochwertige Benzine, sie bilden durch den hohen Anteil an ↑Aromaten gleichzeitig eine wertvolle Rohstoffquelle für Benzol und seine Derivate, die in der ↑Petrochemie verwendet werden.
Regeneration (Regenerieren) [lat. regenerare »wieder herstellen«]: die Wiederherstellung bestimmter physikalischer oder chemischer Eigenschaften eines Stoffes (z. B. bei Katalysatoren, Aktivkohlen, Ionenaustauschern); auch die Rückgewinnung nutzbarer chemischer Stoffe aus verbrauchten, verschmutzten oder alten Materialien, z. B. die R. von Altöl oder Gummi.
Rein|elemente: ↑chemische Elemente, die aus Atomen mit einheitlicher Massenzahl bestehen. Sie umfassen die 20 Elemente Aluminium, Arsen, Beryllium, Bismut, Cäsium, Cobalt, Fluor, Gold, Holmium, Iod, Mangan, Natrium, Niob, Phosphor, Praseodym, Rhodium, Scandium, Terbium, Thulium und Yttrium.
Reinigungsmittel: Substanzen oder Gemische zur Oberflächenreinigung.

Technische R. (Industriereiniger) werden zur Reinigung von Metalloberflächen (u. a. von Gefäßen und Apparaturen) verwendet. Sie enthalten meist stark basisch reagierende Substanzen (z. B. Natronlauge, Soda) sowie Polyphosphate zur Wasserenthärtung und Silicate zur Verbesserung des Schmutztragevermögens, zur Anwendung in der Nahrungsmittel- und Getränkeindustrie zusätzlich waschaktive Substanzen (↑Tenside) und Desinfektionsmittel (z. B. Chlorbleichlauge). Bei den Haushaltsreinigungsmitteln unterscheidet man mechanisch wirkende Scheuermittel aus fein gemahlenem Quarzsand, Kreide, Kieselgur oder Bimsstein mit Zusätzen waschaktiver und desinfizierender Substanzen und die pulverförmigen oder flüssigen Raumreiniger aus waschaktiven Substanzen (früher Alkalien, v. a. Soda) und Polyphosphaten mit Zusätzen von Hautschutzmitteln, Farb- und Duftstoffen, häufig auch Kalk lösenden Substanzen (z. B. Citronensäure). Auch Geschirrspülmittel für manuelles Spülen enthalten v. a. waschaktive Substanzen (Fettalkoholsulfate, Alkylbenzolsulfonate, Alkylpolyglykolether), ferner Harnstoff (für Klarlöslichkeit). Spülmittel für Geschirrspülmaschinen enthalten nur geringe Mengen waschaktiver Substanzen, dafür v. a. Soda, Natriumsilicat und Polyphosphate.

Reinstoff: ↑Stoff, der rein, d. h. unvermischt, frei von andersartigen Bestandteilen (Komponenten) ist und somit nur aus einem Bestandteil besteht; er kann deshalb durch physikalische ↑Trennverfahren nicht mehr in weitere Stoffe zerlegt werden. Ein R. ist demnach stets homogen (einphasig). Er besitzt völlig einheitliche, für ihn charakteristische Eigenschaften (Reineigenschaften), z. B. eine bestimmte Dichte, und bestimmte Schmelz- und Siedepunkte. Zu den R. zählen die Elemente und die chemischen Verbindungen. Das Gegenteil eines R. ist ein ↑Gemisch.

Rektifikation [lat. rectificare »begradigen«, »berichtigen«]: ↑Destillation.

relative Atommasse: ↑Atommasse.

Reppe-Synthesen: mehrere von W. REPPE entwickelte Synthesereaktionen, die vom Ethin (Acetylen) ausgehen und bei hohem Druck und hoher Temperatur ablaufen. Man unterscheidet:

■ *Vinylierung,* Umsetzung von Ethin mit organischen Verbindungen, die funktionelle Gruppen mit beweglichen Wasserstoffatomen enthalten (Hydroxylgruppe, –OH, Mercaptogruppe, –SH, Aminogruppe, –NH$_2$, Carboxylgruppe, –COOH); dabei geht die C-C-Dreifachbindung in eine C-C-Doppelbindung (Vinylgruppe) über:

$$HC\equiv CH + HOC_2H_5$$
$$\rightarrow H_2C=CH-O-C_2H_5.$$
Vinylethylether

■ *Ethinylierung,* Addition von Ethin an ↑Aldehyde oder ↑Ketone in Gegenwart von Kupferacetylid als Katalysator, wobei die Dreifachbindung erhalten bleibt:

$$RCHO + HC\equiv CH$$
$$\rightarrow RCH(OH)-C\equiv CH.$$
Alkinol

■ *Cyclisierung,* durch den Einfluss selektiv wirkender Katalysatoren ablaufende Polymerisation von Ethin zu cyclischen Verbindungen, z. B. Trimerisierung zu Benzol:

$$3\ H-C\equiv C-H \rightarrow C_6H_6.$$

■ *Carbonylierung,* Druckreaktion des Ethins mit Kohlenstoffmonoxid, CO, in Gegenwart protonenaktiver Substanzen (Wasser, Alkohole, Amine) und Katalysatoren, z. B. Nickeltetracarbonyl, $Ni(CO)_4$:

$$HC\equiv CH + CO + HOR$$
$$\rightarrow H_2C=CH-COOR$$
Acrylsäureester

Reduktion und Oxidation

Die Begriffe Oxidation und Reduktion waren bereits den Alchimisten des Mittelalters vertraut, haben aber im Laufe der Zeit ihre Bedeutung mehrmals geändert. Der Begriff Oxidation leitet sich von dem griechischen Wort oxýs »scharf«, »sauer« ab. Man wusste bereits recht früh, dass beim Verbrennen bestimmter Nichtmetalle an der Luft Stoffe entstehen, die zusammen mit Wasser Säuren ergeben. Verbrennt man beispielsweise Schwefel, so entsteht Schwefeldioxid, welches zusammen mit Wasser schweflige Säure ergibt. Den Bestandteil der Luft, der für die Säurebildung verantwortlich ist, nannte man Oxygenium (»Säurebildner«): den Sauerstoff. In diesem Zusammenhang bedeutete Oxidation die Reaktion eines Elementes oder einer Verbindung mit Sauerstoff. Die entstandenen Verbindungen waren die Oxide – Metalle bilden mit Sauerstoff keine Säuren, sondern Erze, z. B. Eisenerz, das vorwiegend aus Eisenoxiden besteht. Um zu elementarem Eisen zu gelangen, muss dem Eisenerz der Sauerstoff entzogen werden, es muss reduziert werden. Der Begriff Reduktion stammt vom lateinischen Verb reducere »zurückführen«. Unter Reduktion verstand man also ursprünglich die Abgabe von Sauerstoff.

Beispiele sind hier die Oxidation von Kupfer unter Sauerstoffaufnahme:

$$2\ Cu + O_2 \rightarrow 2\ CuO$$

sowie die Reduktion von Kupfer(II)-oxid mit Kohlenstoff:

$$2\ CuO + C \rightarrow 2\ Cu + CO_2.$$

Mit der genaueren Kenntnis der Reaktionsabläufe erkannte man, dass sich bei der Oxidation Metallatome zu Metall-Ionen und Sauerstoffatome zu Sauerstoff-Ionen umwandeln. Damit aus Atomen Ionen werden, müssen Elektronen vom einen Reaktionspartner auf den anderen übertragen werden. Deswegen wird heute die **Reduktion** als Elektronenaufnahme und die **Oxidation** als Elektronenabgabe definiert. Als Beispiel sei hier die elektrochemische Fällung von Kupfer aus einer Salzlösung mithilfe von Eisen genannt:

$$Cu^{2+} + 2\ e^- \rightarrow Cu \quad \text{(Reduktion)}$$
$$Fe \rightarrow Fe^{2+} + 2\ e^- \quad \text{(Oxidation)}$$
$$Cu^{2+} + Fe \rightarrow Cu\downarrow + Fe^{2+}$$

Die Elektronen werden bei dieser Reaktion vom Eisen auf die Kupfer-Ionen übertragen.

Reduktion und Oxidation sind immer gekoppelt, denn zu einem **Reduktionsmittel,** das Elektronen abgibt (Elektronendonator), gehört stets ein **Oxidationsmittel,** das die Elektronen aufnimmt (Elektronenakzeptor). Die reduzierte und die oxidierte Form eines Reaktionspartners nennt man ein Reduktions-Oxidations-Paar, kurz (korrespondierendes) **Redoxpaar** oder Redoxsystem. An einem Redoxprozess sind also immer mindestens zwei Redoxpaare beteiligt. Im obigen Beispiel sind dies die Paare Cu/Cu^{2+} und Fe/Fe^{2+}.

Redoxreaktionen sind nicht an das Vorliegen eines bestimmten Aggregatzustandes gebunden. Besonders gut untersucht sind jedoch in wässriger Lösung ablaufende Redoxprozesse. Hier kann man quantitative Aussagen über das Oxidations- bzw. Reduktionsvermögen verschieder Redoxsysteme treffen, und zwar anhand der **Redoxpotenziale.** Die verschiedenen Redoxsysteme lassen sich durch elektrochemische Messungen zu einer ↑Spannungsreihe ordnen. Das Redoxpotenzial eines oxidierend wirkenden Systems bezeichnet man als **Oxidationspotenzial,** das eines reduzierend wirkenden als **Reduktionspotenzial.** Zu den Redoxreaktionen ge-

1. Formulieren der Teilvorgänge in Ionengleichungen

| Oxidation | Reduktion |

a Ausgangs- und Endstoffe aufschreiben

$$NO_2^- \rightarrow NO_3^- \qquad\qquad MnO_4^- \rightarrow Mn^{2+}$$

b Oxidationszahlen ermitteln

$$\overset{+3}{N}O_2^- \rightarrow \overset{+5}{N}O_3^- \qquad\qquad \overset{+7}{Mn}O_4^- \rightarrow \overset{+2}{Mn}{}^{2+}$$

c Änderung der Oxidationszahl durch Elektronen ausgleichen

$$\overset{+3}{N}O_2^- \rightarrow \overset{+5}{N}O_3^- + 2e^- \qquad\qquad \overset{+7}{Mn}O_4^- + 5e^- \rightarrow \overset{+2}{Mn}{}^{2+}$$

d Anzahl der Ladungen auf beiden Seiten vergleichen

$$\underbrace{NO_2^-}_{-1} \rightarrow \underbrace{NO_3^- + 2e^-}_{-3} \qquad\qquad \underbrace{MnO_4^- + 5e^-}_{-6} \rightarrow \underbrace{Mn^{2+}}_{+2}$$

e Differenz der Ladungen ausgleichen (im sauren Medium durch Protonen, H^+, im basischen Medium durch Hydroxid-Ionen, OH^-)

$$\underbrace{NO_2^-}_{-1} \rightarrow \underbrace{NO_3^- + 2e^- + 2H^+}_{-1} \qquad\qquad \underbrace{MnO_4^- + 5e^- + 8H^+}_{+2} \rightarrow \underbrace{Mn^{2+}}_{+2}$$

f Gleichung durch Wassermoleküle stöchiometrisch richtig stellen

$$NO_2^- + H_2O \rightarrow NO_3^- + 2e^- + 2H^+ \qquad MnO_4^- + 5e^- + 8H^+ \rightarrow Mn^{2+} + 4H_2O$$

(1. Teilgleichung) $\qquad\qquad$ (2. Teilgleichung)

2. Teilgleichungen so umformulieren, dass sich die Elektronen bei der Addition herausheben (hier: erste Teilgleichung mit 5, zweite mit 2 multiplizieren, sodass in beiden Gleichungen 10 Elektronen auftreten), und Gleichungen addieren

$$5NO_2^- + 5H_2O \rightarrow 5NO_3^- + 10e^- + 10H^+$$

$$2MnO_4^- + 10e^- + 16H^+ \rightarrow 2Mn^{2+} + 8H_2O$$

$$5NO_2^- + 5H_2O + 2MnO_4^- + 16H^+ \rightarrow 5NO_3^- + 10H^+ + 2Mn^{2+} + 8H_2O$$

3. Weitere auf beiden Seiten auftretende Bestandteile aus der Gleichung entfernen

$$5NO_2^- + 2MnO_4^- + 6H^+ \rightarrow 5NO_3^- + 2Mn^{2+} + 3H_2O$$

4. Aus der Ionengleichung die Stoffgleichung ableiten, indem auch die Begleit-Ionen berücksichtigt werden

$$5NaNO_2 + 2KMnO_4 + 3H_2SO_4 \rightarrow 5NaNO_3 + 2MnSO_4 + 3H_2O$$

Aufstellen einer Redoxgleichung: So gelangt man Schritt für Schritt vom Oxidations- bzw. Reduktionsvorgang zur vollständigen, stöchiometrisch korrekten Reaktionsgleichung.

Reduktion und Oxidation

hört auch die ↑Elektrolyse; nur laufen hier Oxidation (an der ↑Anode) und Reduktion (an der ↑Kathode) räumlich getrennt ab. Anode und Kathode bilden die stärksten Oxidations- und Reduktionsmittel der Chemie, nur mit ihrer Hilfe können z. B. Fluorid-Ionen zu elementarem Fluor oxidiert werden.

Redoxreaktionen liegen so verschieden wirkenden Vorgängen wie z. B. der Korrosion von Metallen an feuchter Luft oder dem Laden und Entladen von Akkumulatoren zugrunde.

■ Oxidationszahlen

Ein wichtiges Konzept für die Beschreibung von Redoxreaktionen sind die ↑Oxidationszahlen. Sie geben über den Oxidationszustand eines Stoffes oder eines Elements in einer Verbindung Auskunft. Vergleicht man die Oxidationszahlen von Edukt und Produkt einer Reaktion, so können die Elektronenübergänge leicht ermittelt werden. Die Oxidationszahlen sind folgendermaßen definiert:

Die Oxidationszahl eines Atoms in einem heteroatomaren Molekül oder Molekül-Ion gibt die Ladung an, die das Atom des Elements hätte, wenn die Bindungselektronen dem jeweils elektronegativeren Atom zugeordnet werden. Die Oxidationszahl von Atomen eines Elements ist null.

Beispiele: Der Stickstoff in Ammoniak, NH_3, hat die Oxidationszahl –3, da er elektronegativer als Wasserstoff ist. Im Nitrat-Ion, NO_3^-, ist der Stickstoff an den elektronegativeren Sauerstoff gebunden und hat die Oxidationszahl +5. Elementarer Stickstoff (N_2) liegt in der Oxidationszahl 0 vor.

■ Aufstellen von Redoxgleichungen

Um die Reaktionsgleichung einer Redoxreaktion zu ermitteln, empfiehlt es sich, zunächst die Teilgleichungen für jedes der beteiligten Redoxpaare mit den übertragenen Elektronen aufzustellen. Diese Teilgleichungen werden dann gegebenenfalls so umformuliert, dass bei ihrer Addition die Zahl der Elektronen auf der linken und der rechten Seite der Gleichung identisch ist.

Die Aufstellung auch komplizierter Redoxgleichungen gelingt leicht, wenn die Regeln beachtet werden, die am Beispiel der Oxidation von Natriumnitrit, $NaNO_2$, zu Natriumnitrat, $NaNO_3$, durch Kaliumpermanganat, $KMnO_4$, in saurer Lösung erklärt werden (Tab.). Die schließlich erhaltene Stoffgleichung gibt nur die stöchiometrischen Verhältnisse wieder, keinesfalls den wirklichen Verlauf einer Redoxreaktion. ■

🖎 In diesem Schülerduden ist eine Vielzahl von Reaktionsgleichungen zu finden. Beurteile zur Übung, um welchen Reaktionstyp es sich bei einigen davon handelt: Säure-Base-Reaktionen unterscheiden sich von Redoxreaktionen dadurch, dass sich die Oxidationszahlen im Verlauf der Reaktion nicht ändern. Finde durch Anwendung der in der Tabelle angegebenen Regeln heraus, wie z. B. die Reaktionsgleichung beim Alkoholtest, einer Redoxreaktion, zustande gekommen ist.

🖎 *Chemie.* Ausgabe für Gymnasien. Arbeitshefte Teil 2: *Atombau, Periodensystem, Chemische Bindung, Bau der Stoffe, Halogene, Redoxreaktionen, Schwefel und Schwefelverbindungen.* Berlin (Volk und Wissen) 1998. ■ Duden Abiturhilfen. *Allgemeine Chemie.* Mannheim (Dudenverlag) ²2000.

Man erhält ungesättigte Carbonsäuren oder deren Derivate. Sie dienen zur Herstellung von Kunststoffen.

Research-OZ [ri'sɜːtʃ; engl. »Forschungs-«]: ↑Octanzahl.

resistent [zu lat. resistere »sich widersetzen«]: widerstandsfähig. Beispielsweise heißt ein Stoff hitzeresistent, wenn er unempfindlich gegenüber Erhitzen ist. Säureresistente Stoffe sind unempfindlich gegenüber Säuren.

Resonanz [zu lat. resonare »widerhallen«]: ↑Mesomerie.

Resorcin [zu lat. resina »Harz« und franz. orseille »Braunalge«]: ↑Phenole (Tab.).

Rest: in der organischen Chemie Bezeichnung für einen aliphatischen oder alicyclischen Molekülteil, der bei Reaktionen meist unverändert bleibt (im Gegensatz zur ↑funktionellen Gruppe). Die Benennung der R. erfolgt analog derjenigen der ↑Radikale.

Retentionsfaktor, Formelzeichen R_f [zu lat. retenere »zurückhalten«]: ↑Papierchromatographie.

Retentionszeit: ↑Gaschromatographie.

reversibel [zu lat. revertere »umkehren«]: umkehrbar.

Reyon [rɛjɔː; zu frz. rayon »Strahl«]: frühere Bezeichnung für die nach dem Viskoseverfahren hergestellten, aus regenerierter Cellulose bestehenden Endlos- und Spinnfasern, heute ↑Viskose genannt.

RGT-Regel, Abk. für **R**eaktionsgeschwindigkeit-**T**emperatur-**R**egel: eine von J. H. VAN'T HOFF um 1885 aufgestellte Regel, die besagt, dass eine Temperaturerhöhung von 10 °C eine Steigerung der Reaktionsgeschwindigkeit um das 2- bis 4fache zur Folge hat. Der Grund hierfür liegt in der leichteren Überwindung der Aktivierungsschwelle mit höherer Energie der Reaktanten (↑Aktivierungsenergie). Diese Regel gilt jedoch nicht generell; bei einigen komplizierten Reaktionen nimmt die Reaktionsgeschwindigkeit bei höheren Temperaturen sogar ab. Eine genauere Beschreibung liefert die ↑Arrhenius-Gleichung.

Rh: Zeichen für ↑Rhodium.

Rhenium [zu lat. rhenus »Rhein«]: chemisches Element der VII. Nebengruppe, Zeichen Re, OZ 75, relative Atommasse 186,21; Mischelement.
Physikalische Eigenschaften: weiß glänzendes, sehr hartes und schwer verformbares Schwermetall, Dichte 20,8 g/cm^3, Fp. 3 186 °C, Sp. 5 596 °C.
Chemische Eigenschaften: sehr resistent; liegt in Verbindungen in den Wertigkeitsstufen +1 bis +7 vor.
Verwendung: Legierungsbestandteil für Schmuckmetalle und für chemisch besonders resistente Legierungen.

Rhodium [zu griech. rhódon »Rose«]: chemisches Element der VIII. Nebengruppe, Zeichen Rh, OZ 45, relative Atommasse 102,91; Reinelement.
Physikalische Eigenschaften: silberweißes, zähes, dehnbares Schwermetall, Dichte 12,4 g/cm^3, Fp. 1 964 °C, Sp. 3 695 °C.
Chemische Eigenschaften: Platinmetall, das in kompakter Form in allen Säuren unlöslich ist. In geschmolzenem, glühendem Kaliumhydrogensulfat, $KHSO_4$, löst es sich, ebenso in fein verteilter Form in konzentrierter Schwefelsäure (Bildung von Rhodium(IV)-sulfat, $Rh_2(SO_4)_3$) und in ↑Königswasser (Bildung von Rhodium(III)-chlorid, $RhCl_3$).
Verwendung: u. a. zur Herstellung von Katalysatoren sowie von Spiegeln und Reflektorbelägen.

rhombisch [griech.-lat. rhombus »Raute«]: ↑Kristallklassen.

rhomboedrisch [zu griech. hédra »Fläche«]: ↑Kristallklassen.

Ribonucleinsäuren: ↑Nucleinsäuren.

Ribose [Kw. aus Arabinose]: ↑Monosaccharide.

Ringverbindungen

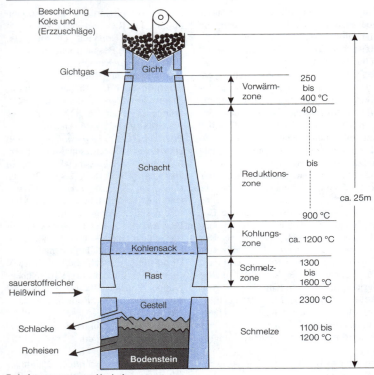

Roheisenerzeugung: Hochofenprozess

Ringverbindungen: ↑cyclische Verbindungen.
Rn: Zeichen für ↑Radon.
RNA, Abk. für engl. **ri**bo**n**ucleic **a**cid: ↑Nucleinsäuren.
RNS, Abk. für **R**ibo**n**ucleinsäure: ↑Nucleinsäuren.
Roheisenerzeugung (Eisenverhüttung): ein großtechnischer metallurgischer Prozess, bei dem aus Eisenerz Eisen gewonnen wird. Sulfidische Eisenerze müssen vor ihrer Verarbeitung zu Eisen durch ↑Rösten in Eisenoxid überführt werden, das dann in Hochöfen reduziert wird. Ein Hochofen ist ein Schachtofen mit kreisförmigem Querschnitt. Vom oberen Ende, der Gicht, erweitert sich der Schacht bis zum zylindrischen Kohlensack. Daran schließt die sich nach unten verengende Rast an, die in das ebenfalls zylindrische Gestell übergeht (Abb.).
Die Ofenhöhe beträgt zwischen 20 und 40 m, der Gestelldurchmesser zwischen 3 und 10 m. Der Hochofen wird von der Gicht her automatisch mit Koks und mit Möller, einem Gemisch aus Erz samt anhängendem Gestein (Gangart) und Zuschlägen, beschickt. Die Zuschläge, je nach Gangart Kalk, Dolomit, Tonschiefer, Feldspat u. a., sind notwendig, damit die Gangart sich in relativ niedrig schmelzende Schlacke umsetzt. Am oberen Gestellrand

wird heiße Luft (Heißwind) in den Hochofen eingeblasen. Sie durchströmt die nach unten wandernde Beschickung, wird dabei chemisch verändert und an der Gicht als Gichtgas abgezogen. Während des Betriebes finden – vereinfacht dargestellt – im Hochofen folgende Vorgänge statt: In der Rast verbrennt der Koks mit dem Heißwind vorwiegend zu Kohlenstoffmonoxid:

$2\,C + O_2 \rightarrow 2\,CO$; $\Delta H = -222$ kJ.

Beim Hochofenprozess spielt auch das ↑Boudouard-Gleichgewicht eine wichtige Rolle. Das aufsteigende Gas reduziert in der Reduktionszone des Schachtes bei einer Temperatur von 400 bis 900 °C das Eisenoxid zu sehr lockerem, schwammigem, d. h. oberflächenreichem Eisen:

$Fe_3O_4 + 4\,CO \rightarrow 3\,Fe + 4\,CO_2$
$Fe_2O_3 + 3\,CO \rightarrow 2\,Fe + 3\,CO_2$.

Ein Teil des Kohlenstoffmonoxids disproportioniert bei der in diesem Bereich herrschenden niedrigen Temperatur zu Kohlenstoffdioxid und Kohlenstoff:

$2\,CO \rightleftharpoons CO_2 + C$.

Der entstehende, fein verteilte Kohlenstoff löst sich in der unterhalb der Reduktionszone liegenden Kohlungszone zu einem erheblichen Teil im Eisen. Dadurch wird dessen Schmelzpunkt von 1 535 auf bis zu 1 100 °C erniedrigt. In der etwa 1 500 °C heißen, unterhalb der Kohlungszone liegenden Schmelzzone schmilzt dann das kohlenstoffhaltige Eisen und tropft in das Gestell, wo es von Zeit zu Zeit aus dem Stichloch (Eisenabstich) abgelassen wird. In der Schmelzzone bildet sich aus Gangart und Zuschlag die Schlacke. Sie schmilzt und tropft ebenfalls in das Gestell ab, wo sie sich auf dem Roheisen ansammelt und dieses vor der eingeblasenen Heißluft schützt, die

sonst das unedle Metall sofort wieder oxidieren würde. Auch die Schlacke wird von Zeit zu Zeit abgestochen. Sie besteht vorwiegend aus Calciumaluminiumsilicat und dient zur Herstellung von ↑Mörtel und ↑Zement. In der obersten Zone des Schachtes, der Vorwärmzone, werden Koks und Möller durch die aufsteigenden heißen Gase getrocknet, aufgelockert und vorgewärmt. Das entweichende Gichtgas, das etwa 60% Stickstoff und bis zu 30% Kohlenstoffmonoxid enthält, hat eine Temperatur von 100–300 °C. Es kann zur Energiegewinnung herangezogen werden.

Ein mittelgroßer Hochofen liefert täglich bis zu 1 000 t Roheisen; er verbraucht dazu etwa 1 750 t Erz, 1 000 t Koks, 200 t Zuschläge und 5 000 t Luft sowie so viel Kühlwasser, wie eine mittlere Stadt an Leitungswasser braucht. Außer dem Eisen liefert der Hochofen zirka 5 000 t Gichtgas und 800 t Schlacke. Ein Hochofen ist 8 bis 10 Jahre ununterbrochen in Betrieb.

Roheisen enthält 3 bis 10% Beimengungen, v. a. Kohlenstoff (bis 4%) Silicium, Mangan, Phosphor, Schwefel u. a. Deshalb ist es im Gegensatz zum weichen und biegsamen reinen ↑Eisen hart und spröde; man kann Roheisen nicht schmieden, walzen oder ziehen, aber es lässt sich leicht in Formen gießen. Durch Weiterbehandlung (Legieren, Glühen u. a.) wird es zu Gusseisen verarbeitet. Um das Roheisen verformbar zu machen, muss der Kohlenstoffgehalt des Roheisens auf 0,5 bis 1,7% herabgesetzt werden. Außerdem müssen die übrigen Begleitstoffe möglichst weitgehend entfernt werden. Das Roheisen wird dadurch zu ↑Stahl.

Rohöl: ↑Erdöl.
Rohrzucker: ↑Saccharose.
Röntgenstrukturanalyse: ↑Kristallstrukturanalyse.
Rose-Legierung [nach VALENTIN ROSE; *1762, †1807]: bei 94 °C schmel-

Rost

zende ↑Legierung aus Bismut, Blei und Zinn im Verhältnis 2:1:1; wird u. a. zur Herstellung von Schmelzsicherungen für elektrische Anlagen verwendet.

Rost: ↑Korrosion.

Rösten: das Erhitzen schwefel-, arsen- oder antimonhaltiger Erze unter Luftzutritt, um die Sulfide, Arsenide oder Antimonide in Oxide (oxidierendes R.), Sulfate (sulfatisierendes R.) oder, durch Beimengung von z. B. Natriumchlorid, in Chloride (chlorierendes R.) überzuführen.

Röstgase: beim Röstprozess (↑Rösten) entstehende Abgase; bei der Röstung von sulfidischen Rohstoffen werden die R. wegen ihres Schwefeldioxidgehalts nach der Reinigung zur Schwefelsäureherstellung verwendet.

Röstreduktionsverfahren: Verfahren zur Gewinnung von Metallen (z. B. Antimon, Blei) aus sulfidischen Erzen. Die Erze werden dabei durch ↑Rösten vollständig in die Oxide überführt und anschließend durch Reduktion, z. B. mit Kohlenstoff, zum reinen Metall M reduziert:

$$2\,MO + C \rightarrow 2\,M + CO_2.$$

Rostschutzanstrich: ↑Korrosionsschutz.

Rostumwandler: ↑Korrosionsschutz.

Rotamere [Kw. aus Rotation und Isomere]: ↑Isomerie.

Rotationsisomerie [zu lat. rotare »drehen«]: ↑Isomerie.

ROZ, Abk. für **R**esearch-**O**ctanzahl: ↑Octanzahl.

Ru: Zeichen für ↑Ruthenium.

Rübenzucker: ↑Saccharose.

Rubidium [zu lat. rubidus »tiefrot«]: chemisches Element der I. Hauptgruppe, Zeichen Rb, OZ 37, relative Atommasse 85,47; Mischelement.

Physikalische Eigenschaften: weiches, an frischen Schnittflächen silberweißes Metall, Dichte 1,53 g/cm³, Fp. 39,31 °C, Sp. 688 °C.

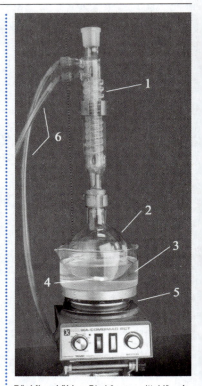

Rückflusskühler: Die Lösungsmitteldämpfe scheiden sich beim Erhitzen unter Rückfluss an der Kühlschlange ab. 1 Rückflusskühler, 2 Rundkolben, 3 Heizbad, 4 Rührmagnet, 5 Heizplatte mit magnetischem Rührwerk, 6 Kühlwasserschläuche

Chemische Eigenschaften: Alkalimetall von höherer Reaktivität als Kalium. R. entzündet sich spontan an der Luft (Aufbewahrung unter Petroleum) und verbrennt mit heller, rosavioletter Flamme. Mit Wasser reagiert es heftig:

$$2\,Rb + 2\,H_2O \rightarrow 2\,RbOH + H_2\uparrow;$$

der frei werdende Wasserstoff brennt sofort. Eine stürmische Reaktion findet auch mit den Halogenen und mit Schwefel statt. Als Element der ersten Hauptgruppe des Periodensystems ist

R. in seinen Verbindungen stets einwertig.
Verwendung: zur Herstellung von Fotozellen, in denen Lichtenergie unmittelbar in elektrische Energie umgewandelt wird; als Gettermaterial für Elektronenröhren.
Rubin [zu lat. rubeus »rot«]: ↑Korund.
Rückflusskühler: Glasgerät, mit dessen Hilfe Lösungsmitteldämpfe, die beim Erhitzen entweichen, kondensiert werden und zurücktropfen können (Abb.). Er findet insbesondere bei der ↑Umkristallisation und ↑Extraktion Einsatz.
Rührer: ↑Destillation (Abb.).
Rumpfelektronen: ↑Atomrumpf.
Rundkolben: ↑Destillation (Abb.).
Ruß: ↑Kohlenstoff.
Ruthenium [nach Ruthenia (alter Name für die Ukraine)]: chemisches Element der VIII. Nebengruppe, Zeichen Ru, OZ 44, relative Atommasse 101,07; Mischelement.
Physikalische Eigenschaften: mattgraues oder silberweiß glänzendes, sehr hartes, sprödes Metall, Dichte 12,41 g/cm^3, Fp. 2 334 °C, Sp. 4 150 °C.
Chemische Eigenschaften: Platinmetall, das dem ↑Osmium ähnelt. In Abwesenheit von Sauerstoff ist es resistent gegenüber sämtlichen Säuren. Es löst sich in Königswasser. Die höchste Oxidationsstufe +8 liegt im Rutheniumtetraoxid, RuO$_4$, vor.
Verwendung: zur Herstellung von Thermoelementen, als Katalysator und als härtender Legierungsbestandteil.
Rutherfordium [rʌðərˈfɔrdium; nach ERNEST LORD RUTHERFORD OF NELSON; *1871, †1937]: chemisches Element der IV. Nebengruppe, Zeichen Rf, OZ 104, relative Atommasse 261,11; künstlich hergestelltes Metall der sog. Transactinoide.
rutherfordsches Atommodell [ˈrʌðərfəd]: ↑Atommodell.
Rutil [zu lat. rutilus »rötlich«]: ↑Titan.

s:
◆ ↑Orbital.
◆ (*s*): Formelzeichen für die Spinquantenzahl (↑Quantenzahlen).
S:
◆ Zeichen für ↑Schwefel.
◆ (*S*): Konfigurationssymbol; ↑Sequenzregeln.
◆ Formelzeichen für die ↑Entropie.
S$_N$1-Reaktion: ↑Substitution.
S$_N$2-Reaktion: ↑Substitution.
Saccharin [zu lat. saccharum »Zuckerrohr«]: synthetischer ↑Süßstoff mit über 500facher Süßkraft der Saccharose.
Saccharose (Rohrzucker, Rübenzucker, Sucrose): Kohlenhydrat aus der Gruppe der Disaccharide, das aus Zuckerrohr oder Zuckerrüben gewonnen wird. In der S. sind ein Molekül α-D-Glucopyranose und ein Molekül β-D-Fructofuranose über die Hydroxylgruppen in 1- und 2-Stellung miteinander verbunden (↑Disaccharide). S. wirkt nicht reduzierend; dreht die Polarisationsebene des Lichts nach rechts; das durch Hydrolyse in Glucose und Fructose zerlegte Gemisch (↑Invertzucker) ist linksdrehend. Beim Erhitzen von S. über den Schmelzpunkt (185–186 °C) tritt Zersetzung ein, wobei der typische Karamellgeruch entsteht.
Salicylsäure [zu lat. salix »Weide« und griech. hýle »Holz«]: ↑Hydroxysäuren.
Salmiak [zu lat. sal Ammoniacum »Salz aus Ammon (in Ägypten)«] (veraltet; heute: Ammoniumchlorid): ↑Ammoniumsalze.
Salpeter [zu lat. sal »Salz« und griech. petra »Fels«]: Trivialname für Nitrate, speziell Natrium- und Kaliumnitrat. Kaliumnitrat, KNO$_3$, (Kalisalpeter) blüht mancherorts auf kaliumhaltigen

Salpetersäure

Felsböden in auf Regen folgenden Trockenzeiten aus (Name!). Natriumnitrat, $NaNO_3$, (Natronsalpeter) kommt als Mineral hauptsächlich in Chile vor; es wird deshalb auch Chilesalpeter genannt. Mauer- oder Kalksalpeter sind übliche Trivialnamen für Calciumnitrat, $Ca(NO_3)_2$.

Salpetersäure, HNO_3: Sauerstoffsäure des Stickstoffs, in der der Stickstoff die Oxidationszahl +5 hat; sie kommt in der Natur nur in Form ihrer Salze, der ↑Nitrate, vor. Reine S. ist eine farblose Flüssigkeit, die bei 87 °C azeotrop siedet (konzentrierte S., maximal 68,4% HNO_3). Am Licht zersetzt sich S. unter Bildung von Sauerstoff und Stickstoffdioxid, das die S. rotbraun färbt; rauchende S. enthält Stickstoffoxide in größerer Menge. Die meisten unedlen Metalle sowie Silber werden von S. gelöst (↑Scheidewasser). Hergestellt wird die S. heute überwiegend nach dem ↑Ostwald-Verfahren. Sie ist ein wichtiger chemischer Grundstoff zur Herstellung von Düngern, Explosivstoffen, Farbstoffen und Arzneimitteln. Im Gemisch mit Schwefelsäure dient sie zur Herstellung organischer Nitroverbindungen (↑Nitrierung).

salpetrige Säure: ↑Stickstoff.

Salze: nach SVANTE ARRHENIUS Verbindungen, die in wässrigen Lösungen oder Schmelzen in ↑Kationen und ↑Anionen zerfallen. Sie entstehen nach folgendem Schema:

Arrhenius-Säure + Arrhenius-Base
→ Salz + Wasser,
z.B. $HCl + NaOH \rightarrow NaCl + H_2O$.

Im festen Zustand sind die Kationen und Anionen der S. zu einer regelmäßigen räumlichen Struktur, einem Ionengitter, angeordnet, was äußerlich als Kristall in Erscheinung tritt.

Man unterscheidet zwischen neutralen (normalen), sauren und basischen S.:
Neutrale S. enthalten keine abspaltbaren Wasserstoff-Ionen oder Hydroxid-Ionen (↑Neutralsalze). *Saure* S. werden von Säuren mit mehreren abspaltbaren Wasserstoff-Ionen gebildet, wobei aber nicht alle Wasserstoff-Ionen durch Kationen ersetzt werden. Sie werden entsprechend der Anzahl der verbliebenen Wasserstoff-Ionen als Monohydrogen-, Dihydrogen- oder Trihydrogensalze oder entsprechend der Anzahl der ersetzten Wasserstoff-Ionen als primäre, sekundäre oder tertiäre S. bezeichnet. *Basische* S. werden analog von Basen mit mehreren abspaltbaren Hydroxidgruppen gebildet.

Einfache S. entstehen, wenn eine (Arrhenius-)Säure nur mit einer (Arrhenius-)Base reagiert. Dagegen liegen *gemischte* S. vor, wenn sich eine mehrprotonige Säure mit zwei (oder mehr) verschiedenen Basen (oder umgekehrt) umsetzt (↑Doppelsalze).

Auch einige Metalloxide und bestimmte Metallhydroxide bilden im festen Zustand Ionenkristalle. Sie sind jedoch im Sinne der oben gegebenen Definition keine S. Sie gehören aber zu dieser Stoffgruppe, wenn man – wie es heute üblich ist – den Begriff S. erweitert.

S. sind nach neuerer Auffassung alle Verbindungen, die im festen Zustand ein Ionengitter bilden.

S. besitzen i. A. einen hohen Schmelz- und Siedepunkt. Sie sind oft hart und spröde. In polaren Lösungsmitteln, z. B. Wasser, lösen sie sich meist, wenn auch oft nur in sehr geringen Mengen. Dabei wird ihr Ionengitter durch die Einwirkung der polaren Moleküle des Lösungsmittels abgebaut. Die Kationen und Anionen an der Oberfläche des Gitters werden hydratisiert, indem sich die Lösungsmitteldipole an die Gitterbausteine anlagern. Diese ↑Hydratation ist ein exothermer, der Abbau des Gitters ein endothermer Vorgang. Liefert die Hydratation mehr Energie (Hydratationsenthalpie) als zum Abbau des

Gitters (Gitterenergie) benötigt wird, so löst sich das betreffende S. unter Erwärmung des Wassers. Ist dagegen die Gitterenergie etwas größer als die Hydratationsenergie, so kühlt sich das Lösungsmittel beim Lösungsvorgang ab. Wenn die Gitterenergie weit über der Hydratationsenergie liegt, dann löst sich das S. kaum.

Salzlösungen und Salzschmelzen leiten den elektrischen Strom. Beim Stromdurchgang erleiden die S. chemische Veränderungen.

Typische S. sind z. B. die Alkalihalogenide, aber auch Erdalkalioxide wie Calciumoxid, CaO, oder Bariumoxid, BaO gehören zu den S.

Salzsäure (Chlorwasserstoffsäure): HCl: die wässrige, in reinem Zustand farblose, häufig aber durch Verunreinigungen gelb gefärbte Lösung des Chlorwasserstoffs. S. siedet azeotrop bei 108,6 °C mit 20,4 Gewichts-% HCl. S. löst alle Metalle mit negativem ↑Normalpotenzial. Aus konzentrierter S. entweicht ständig Chlorwasserstoff (hoher Partialdruck), der mit dem in der Luft enthaltenen Wasserdampf Salzsäurenebel bildet (»rauchende« Salzsäure). S. wird durch Einleiten von Chlorwasserstoffgas in Wasser hergestellt. Sie wird u. a. zur Herstellung von Metallchloriden und als Metallbeize verwendet.

Als ↑Magensäure ist S. ist im Magensaft enthalten.

Salzsäuregruppe: ↑Analyse.

Samarium [nach dem Mineral Samarskit]: chemisches Element der ↑Lanthanoide, Zeichen Sm, OZ 62, relative Atommasse 150,36, Mischelement; Schwermetall; Bestandteil von Cermischmetall (↑Cer), häufigste Oxidationsstufe in Verbindungen: +3; Fp. 1072 °C, Sp. 1803 °C, Dichte 7353 kgm^{-3}.

Saphir ['zaːfɪr; zu griech. sáppheiros]: ↑Korund.

Sättigung:
◆ *physikalische Chemie:* Konzentration einer ↑Lösung relativ zur maximal möglichen Konzentration. Ist die ↑Löslichkeit erreicht, so spricht man von einer gesättigten Lösung, bei einer niedrigeren Konzentration von ungesättigter Lösung und bei höheren von übersättigter Lösung.
◆ *organische Chemie:* Vorliegen nur von Kohlenstoff-Kohlenstoff-Einfachbindungen (in gesättigten Verbindungen). Ungesättigte Verbindungen enthalten Kohlenstoff-Kohlenstoff-Mehrfachbindungen und können durch ↑Addition zu gesättigten werden.

Sättigungsdampfdruck: ↑Dampf.

Sauerstoff: chemisches Element der VI. Hauptgruppe, Zeichen O, OZ 8, relative Atommasse 16,0; Mischelement.

Physikalische Eigenschaften: farb-, geruch- und geschmackloses, in Wasser mäßig lösliches Gas mit einer Dichte von 1,43 g/l (bei physikalischen Normalbedingungen), Fp. –218,79 °C, Sp. –182,95 °C.

Chemische Eigenschaften: S. tritt normalerweise molekular als Disauerstoff, O_2, auf. Daneben können z. B. durch elektrische Entladungen sowohl kurzlebiger einatomiger S. als auch ↑Ozon (Trisauerstoff, O_3) gebildet werden. S. ist chemisch sehr reaktionsfähig und bildet mit fast allen chemischen Elementen Verbindungen, die ↑Oxide. Die Vereinigung mit S. (z. B. Rosten von Eisen, Verbrennung) heißt Oxidation (↑Reduktion und Oxidation). Weitere wichtige S. enthaltende Verbindungsgruppen sind u. a. die ↑Peroxide und die ↑Hydroxide.

Der Nachweis von S. erfolgt durch die ↑Glimmspanprobe.

Gewinnung: technisch durch die Verflüssigung von Luft (Sauerstoffgehalt 20,95 Vol.-%) und anschließende fraktionierte Destillation (**Linde-Verfahren**); im Laboratorium z. B. durch

Sauerstoffbedarf

Elektrolyse von verdünnter Schwefelsäure oder durch thermische Zersetzung z. B. von Peroxiden.
Verwendung: Zusammen mit Wasserstoff oder Acetylen benutzt man S. in Gebläsebrennern zur Erzielung hoher Verbrennungstemperaturen, z. B. für das autogene Schweißen oder zum Schmelzen von Metallen. Auch bei technischen Umsetzungen, z. B. bei der Vergasung von Kohle und Öl und in thermischen Crackverfahren, spielt S. eine große Rolle. In der Raketentechnik dient flüssiger S. als Oxidationsmittel für Treibstoffe.
Bedeutung: S. spielt bei vielen biochemischen Prozessen eine große Rolle. Er wird bei der ↑Fotosynthese der grünen Pflanzen an die Atmosphäre abgegeben und von Mensch und Tier bei der ↑Atmung verbraucht (Transport im Blut gebunden an ↑Hämoglobin). Im Wasser werden je nach Druck und Temperatur bis über 8,5 mg/l gelöst.
Eine Abnahme des Sauerstoffgehalts von Gewässern deutet auf eine Verschmutzung mit (organischen) Substanzen hin, die von Mikroorganismen unter Sauerstoffverbrauch abgebaut werden (↑Sauerstoffbedarf).
Sauerstoffbedarf:
Biochemischer S. (Abk. BSB): die Menge Sauerstoff (O_2), die bei der biologischen Selbstreinigung eines Abwassers durch Mikroorganismen verbraucht wird; meist angegeben als BSB_5-Wert, d. h. diejenige Menge, die innerhalb von 5 Tagen bei 20 °C verbraucht wird. Der BSB_5-Wert beträgt z. B. bei häuslichem Abwasser etwa 300 mg O_2 pro Liter H_2O, bei reinem Flusswasser 1–3 mg O_2 pro Liter H_2O.
Chemischer S. (Abk. CSB): die Menge Sauerstoff (O_2), die für den vollständigen Abbau aller organischen Stoffe in Gewässern nötig ist. Der Wert wird durch maßanalytische Oxidation mit Kaliumdichromat, $K_2Cr_2O_7$, bestimmt.

Reine Gewässer besitzen besonders niedrige CSB-Werte.
Totaler S. (Abk. TSB, engl. TOD für total oxygen demand): Messgröße für den Gehalt organischer Substanzen in einem Gewässer. Die Ermittlung des TSB erfolgt durch Verbrennung des Abdampfrückstands des Wassers und Bestimmung des dabei verbrauchten Sauerstoffs.
Sauerstoffsäuren: Bezeichnung für anorganische (Arrhenius-)Säuren, die in ihren Molekülen Sauerstoffatome enthalten, z. B. Salpetersäure, HNO_3, Schwefelsäure, H_2SO_4, und Chlorsäure, $HClO_3$.
Säure: ↑Säuren und Basen.
Säureamid: ↑Amide.
Säure|anhydride: Verbindungen, die entstehen, wenn unverdünnten anorganischen Sauerstoffsäuren oder Carbonsäuren z. B durch Erwärmen oder durch Behandlung mit Trockenmitteln wie Phosphorpentoxid (Tetraphosphordecaoxid) Wasser entzogen wird. So entsteht durch Wasseraustritt aus der Schwefelsäure, H_2SO_4, ihr Anhydrid, das Schwefeltrioxid, SO_3:

$$H_2SO_4 \rightleftharpoons SO_3 + H_2O.$$

Aus der Essigsäure, CH_3COOH, bildet sich durch Wasserentzug das Essigsäureanhydrid (Abb.).
Die meisten Oxide der Nichtmetalle zählen zu den Anhydriden. So ist z. B. das Distickstoffpentoxid, N_2O_5, das Anhydrid der Salpetersäure, HNO_3:

Essigsäure → Essigsäureanhydrid

Säureanhydride: Bildung von Essigsäureanhydrid

$$HNO_3 \rightleftharpoons N_2O_5 + H_2O,$$

das Phosphorpentoxid (Tetraphosphordecaoxid), P_4O_{10}, das Anhydrid der Orthophosphorsäure, H_3PO_4:

$$4\,H_3PO_4 \rightleftharpoons P_4O_{10} + 6\,H_2O,$$

das Dichloroxid, Cl_2O, das Anhydrid der hypochlorigen Säure, HOCl:

$$2\,HOCl \rightleftharpoons Cl_2O + H_2O.$$

Säure-Base-Reaktion: ↑Säuren und Basen.
Säurebildner: chemische Elemente, deren ↑Oxide mit Wasser (Arrhenius-)Säuren bilden. S. sind vorwiegend Nichtmetalle. So reagiert z. B. Schwefeltrioxid, SO_3, mit Wasser unter Bildung von Schwefelsäure, H_2SO_4:

$$SO_3 + H_2O \rightleftharpoons H_2SO_4.$$

Säurechloride: Derivate der Carbonsäuren (oder der anorganischen Sauerstoffsäuren), bei denen eine Hydroxylgruppe durch Chlor ersetzt ist; sie können aus Carbonsäuren z. B. durch Umsetzen mit Phosphorpentachlorid hergestellt werden. Die S. sind sehr reaktionsfähige Substanzen; organische S. werden in der präparativen Chemie zur Einführung von Säureresten (Acylgruppen) in Verbindungen verwendet, durch Umsetzen mit Ammoniak erhält man Säureamide.
Säure|exponent: ↑Säurekonstante.
Säurekonstante (Protolysekonstante): Maß für die ↑Stärke einer (Brønsted-)Säure, eine aus der Gleichgewichtskonstante (↑Massenwirkungsgesetz) der Reaktion einer Säure HA mit Wasser abgeleitete Größe. Es gilt für die Reaktion

$$HA + H_2O \rightleftharpoons H_3O^+ + A^-$$

$$K = \frac{[H_3O^+][A^-]}{[HA][H_2O]}.$$

In verdünnter Lösung der Säure kann die Wasserkonzentration als konstant betrachtet werden. So ergibt sich die S. zu:

$$K[H_2O] = K_S = \frac{[H_3O^+][A^-]}{[HA]}.$$

Anstelle von K_S verwendet man meist den negativen dekadischen Logarithmus dieser Größe, den **Säureexponenten** (pK_S-Wert).
Säuren und Basen: siehe S. 340.
saure Oxide: ↑Oxide.
saure Reaktion: eine chemische Reaktion, die auf der Anwesenheit von Hydronium-Ionen, H_3O^+, beruht. Die Hydronium-Ionen sind dabei in einer höheren Konzentration vorhanden als die Hydroxid-Ionen, OH^-.
Der pH-Wert einer sauer reagierenden Lösung liegt also immer unter 7. Sauer reagierende Lösungen entfärben eine rote Phenolphthaleinlösung und färben blaues Lackmuspapier rot.
Säure|rest: nach der Abspaltung sämtlicher Wasserstoff-Ionen von dem Molekül einer (Arrhenius-)Säure übrig bleibendes ↑Anion. Beispielsweise ist das Chlorid-Ion, Cl^-, der S. der Salzsäure, HCl:

$$HCl \rightarrow Cl^- + H^+,$$

das Sulfat-Ion, SO_4^{2-}, der S. der Schwefelsäure, H_2SO_4:

$$H_2SO_4 \rightarrow SO_4^{2-} + 2\,H^+$$

und das Carbonat-Ion, CO_3^{2-}, der S. der Kohlensäure, H_2CO_3:

$$H_2CO_3 \rightarrow CO_3^{2-} + 2\,H^+.$$

saurer Regen: säurehaltige atmosphärische Niederschläge, die hauptsächlich durch Schwefeldioxid, SO_2, und Stickoxide (v. a. Stickstoffdioxid, NO_2) aus Verbrennungsprozessen (Rauchgase, Kraftfahrzeugabgase) hervorgerufen werden. Die Gase werden in der Atmosphäre oxidiert und bilden mit Wasser Schwefelsäure und Salpetersäure:

Säuren und Basen

Viele Säuren und Basen waren bereits im Altertum bekannt. Sie wurden zuerst nach ihren geschmacklichen und stofflichen Eigenschaften benannt: Säuren (wie beispielsweise die Essigsäure, die Citronensäure, die Oxalsäure etc.) schmecken sauer, und Laugen schmecken und fühlen sich seifig an. Ihre wässrige Lösungen werden auch Laugen genannt.

■ Die historische Entwicklung des Säure-Base-Begriffs

Die wichtigsten anorganischen Säuren (↑Schwefelsäure, ↑Salpetersäure und ↑Salzsäure) wurden ab dem 13. Jahrhundert entdeckt, man hatte aber keine rechte Vorstellung, was den Säure- bzw. den Basencharakter ausmachte. ROBERT BOYLE (*1627, †1691) definierte Säuren als Stoffe, die blaue Pflanzenfarbstoffe rot färben, und Basen als Stoffe, die diese Farbstoffe blau färben. Die Zugabe der jeweils anderen Stoffart verwandelt hierbei die Farbe wieder zurück. Die Säuretheorie des Franzosen A. L. DE LAVOISIER beruhte auf der Beobachtung, dass beim Verbrennen von Nichtmetallen an der Luft Stoffe entstehen, die in Wasser gelöst eine Säure bilden. LAVOISIER definierte die Säuren als wässrige Lösungen von Nichtmetalloxiden. Jedoch konnte H. DAVY 1815 zeigen, dass nicht alle Säuren Sauerstoff enthalten (z. B. die Salzsäure, HCl, und die Blausäure, HCN).

J. V. LIEBIG stellte 1838 eine neue Theorie vor: Säuren seien »Verbindungen aus durch Metall ersetzbarem Wasserstoff und einem Säurerest, der aus einem oder mehreren Elementen besteht.« LIEBIG hat auch den Begriff Neutralisation für die Reaktion einer Säure mit einer Base eingeführt und erkannt, dass mehrbasige (mehrprotonige) Säuren (z. B. H_2SO_4) verschiedene Salze bilden können (Na_2SO_4 und $NaHSO_4$). S. ARRHENIUS definierte Säuren als Stoffe, die im Wasser Protonen und Säurerest-Ionen bilden. Basen waren nach seiner Definition Stoffe, die im Wasser Metall- und Hydroxid-Ionen bilden. Die Protonen waren demnach für die sauren Eigenschaften und die Hydroxid-Ionen für die basischen Eigenschaften verantwortlich. Diese Definition hat aber leider auch einen kleinen Schönheitsfehler: Das Ammoniak, NH_3, das eindeutig eine Base ist, besitzt keine Hydroxid-Ionen, die es abgeben könnte.

■ Die modernen Definitionen von Säuren und Basen

Die heutige Definition der (normalen) Säuren und Basen stammt von J. N. BRØNSTED und THOMAS MARTIN LOWRY (*1874, †1936): Säuren sind Moleküle oder Ionen, die Protonen abgeben können, also Protonendonatoren, Basen sind Moleküle oder Ionen, die Protonen aufnehmen können, also Protonenakzeptoren. Wenn eine Säure ein Proton abgibt, muss ein anderes Molekül (eine Base) dieses Proton aufnehmen. Eine Säure-Base-Reaktion ist somit eine Protonenübertragung: Säure 1 gibt ein Proton ab und wird dadurch zur korrespondierenden Base (der Säurerest kann ja ein Proton auch wieder aufnehmen), hier Base 1 genannt. Das abgegebene Proton wird von der Base 2 aufgenommen, die sich dadurch in eine Säure umwandelt (Säure 2). Säure 1 und Base 1 bilden zusammen ein **korrespondierendes Säure-Base-Paar**, genau wie Säure 2 und Base 2:

$$\text{Säure 1} + \text{Base 2} \rightleftharpoons \text{Base 1} + \text{Säure 2}$$

$$HCl + NH_3 \rightleftharpoons Cl^- + NH_4^+$$

Wasser kann in diesem Zusammenhang sowohl als Säure als auch als Base fungieren. Gibt man beispielsweise Salzsäure (HCl, Säure 1) in Wasser (H_2O,

Base 2), so bilden sich dort Hydroxonium-Ionen (H_3O^+, Säure 2) und Chlorid-Ionen (Cl^-, Base 1). Gibt man hingegen Ammoniak (NH_3, Base 2) in Wasser (H_2O, Säure 1), so bilden sich Ammonium-Ionen (NH_4^+, Säure 2) und Hydroxid-Ionen (OH^-, Base 1). Moleküle wie Wasser, die sowohl als Säure als auch als Base wirken können, heißen ↑Ampholyte.

Zur gleichen Zeit wie BRØNSTED und LOWRY führte G. N. LEWIS (*1875, †1926) ein alternatives Säure-Base-Konzept ein. Danach sind Säuren (zur Unterscheidung **Lewis-Säuren** genannt) Moleküle mit einer nicht voll besetzten äußeren Elektronenschale (d. h. mit einer »Elektronenlücke«), die ein Elektronenpaar von einer Base zur Bildung einer kovalenten Bindung aufnehmen können. Sie sind also Elektronenpaar-Akzeptoren. **Lewis-Basen** sind Moleküle, die über ein freies Elektronenpaar verfügen und mit Säuren durch Bereitstellung dieses Elektronenpaars eine kovalente Bindung eingehen können. Sie sind also Elektronenpaar-Donatoren.

$$\begin{array}{c} F\ \ \ H \\ |\ \ \ \ \ | \\ F-B\ +\ |N-H\ \longrightarrow\ F-B^{\underline{-}}N^{\underline{+}}-H \\ |\ \ \ \ \ | \\ F\ \ \ H \end{array}$$

(Abb.) Lewis-Säure und Lewis-Base

Die Definition der Säuren nach LEWIS weicht von den anderen (z. B. der brønstedschen) ab. So werden z. B. die klassischen Säuren wie Salzsäure, Salpetersäure oder Schwefelsäure nicht von der Säuredefinition nach LEWIS erfasst. Dagegen stimmt der Begriff der Base bei BRØNSTED und LEWIS überein; jede Brønsted-Base ist also auch eine Lewis-Base. Viele chemische Reaktionen, die zur Ausbildung einer kovalenten Bindung führen, kann man nach LEWIS als Säure-Base-Reaktionen formulieren. Die Lewis-Theorie kann aber keine Aussagen über die relativen Stärken von Säuren und Basen machen, wie dies für die Brønsted-Säuren bzw. -Basen möglich ist.

Eine qualitative Einteilung der Lewis-Säuren und -Basen gelingt mit dem Konzept der harten und weichen Säuren und Basen nach RALPH G. PEARSON (*1919) aus dem Jahre 1963: Mit hart wird ein Teilchen bezeichnet, das schwer polarisierbar ist und eine hohe Elektronegativität besitzt. Weiche Teilchen sind solche mit geringer Elektronegativität, die damit leicht polarisierbar sind.

Die Elektronegativität ist ein Maß für die Fähigkeit eines Atoms, Elektronen in einer kovalenten Bindung anzuziehen; dabei nimmt die Elektronegativität mit steigender Anziehungskraft zu. Zwischen den harten und weichen Säuren und Basen gibt es viele Übergangsstufen und Grenzfälle. In der Regel verbinden sich harte Säuren bevorzugt mit harten Basen und weiche Säuren bevorzugt mit weichen Basen. Dabei ist die Kombination hart–weich weniger stabil als die Kombination hart–hart oder weich–weich.

Der Säure-Base-Begriff von LEWIS wird hauptsächlich in der Komplexchemie verwendet und bezieht sich normalerweise nicht auf die üblichen Säuren und Basen. Um Verwechslungen auszuschließen, spricht man explizit von Lewis-Säuren und von Lewis-Basen. Wenn nur von Säuren oder Basen die Rede ist, sind i.d.R. die Brønsted-Säuren und -Basen gemeint.

■ Wichtige Säuren und Basen

Einige anorganische Säuren (auch Mineralsäuren genannt) sind wichtige Grundchemikalien der chemischen Industrie (Tab. 1).

Die organischen Säuren werden auch ↑Carbonsäuren genannt. Viele kommen

Säuren und Basen

Name	Formel	Verwendung
Schwefelsäure	H_2SO_4	Herstellung von Tensiden, Farbstoffen, Düngemitteln, Phosphorsäure, Titanweiß; in Bleiakkumulatoren
Salpetersäure	HNO_3	Herstellung von Düngemitteln, Sprengstoffen (Nitroglycerin, Dynamit, Nitrocellulose, Schießbaumwolle, TNT) und Farbstoffen (z. B. Azofarbstoffe)
Salzsäure	HCl(aq)	Reinigung von oxidierten Metalloberflächen, Entfernung von Kesselstein und Zementschleiern
Flusssäure	HF(aq)	Herstellung von Komponenten der Zahnpasta; zum Glasätzen
Phosphorsäure	H_3PO_4	Herstellung von Phosphaten (Düngemittel und Konservierungsmittel)

(Tab. 1) wichtige anorganische Säuren

Name	Formel	Verwendung
Natriumhydroxid	NaOH	Seifenherstellung, zum Einstellen von pH-Werten, zur Entschwefelung von Erdöl, zum Aufschluss von Bauxit für die Aluminiumgewinnung, zum Abbeizen von Farben, als Abflussreiniger
Kaliumhydroxid	KOH	für die Herstellung von Schmier- und Rasierseife, für die Absorption von Kohlendioxid
Calciumhydroxid	$Ca(OH)_2$	Bestandteil von Mörtel
Ammoniak	NH_3	zur Herstellung von Düngemitteln (Harnstoff, Ammoniumsalze), zur Entschwefelung und Entstickung von Rauchgas in Kohlekraftwerken; wässrige Lösung als Beiz- und Reinigungsmittel

(Tab. 2) wichtige anorganische Basen

in der Natur vor (z. B. Citronensäure, Äpfelsäure, Oxalsäure etc.).
Eine Übersicht über einige technisch wichtige anorganische Basen gibt Tab. 2. Organische Basen enthalten meist Stickstoffatome, an die sich Protonen anlagern können. Der Stickstoff liegt dabei häufig als NH_2- Gruppe vor (Amine) oder er ist Teil eines Ringsystems. Basische stickstoffhaltige Pflanzeninhaltsstoffe sind z. B. die ↑Alkaloide. ∎

Der Rotkohlfarbstoff ist ein Indikator, der von Säuren rot und von Basen blau gefärbt wird. Schneide Rotkraut in kleine Stücke und koche diese ca. 5 Minuten in wenig Wasser. Gieße die Flüssigkeit ab. Mit der so hergestellten Lösung kann man Haushaltschemikalien wie Essig, Seife, Waschmittel, Backpulver usw. auf ihre Säure- bzw. Basewirkung testen.

RIEDEL, ERWIN: *Allgemeine und anorganische Chemie*. Berlin (de Gruyter) [7] 1999. ∎ CHRISTEN, HANS RUDOLF und BAARS, GÜNTER: *Chemie*. Aarau (Sauerländer), Frankfurt am Main (Diesterweg) 1997.

$SO_2 + H_2O + \frac{1}{2} O_2 \rightarrow H_2SO_4$,
$2 NO_2 + H_2O + \frac{1}{2} O_2 \rightarrow 2 HNO_3$.

Säurehaltige Niederschläge führen zu erheblichen Umweltschäden, wie Versauern der Gewässer und Böden, Absterben von Mikroorganismen im Boden, Schäden an Pflanzen und Tieren.
Säurestärke: ↑Säurekonstante.
Sb [Abk. von mlat. stibium »Antimon«]: Zeichen für ↑Antimon.
Sc: Zeichen für Scandium.
Scandium [zu nlat. scandia »Skandinavien«]: chemisches Element der III. Nebengruppe, Zeichen Sc, OZ 21, relative Atommasse 44,96; Reinelement.
Physikalische Eigenschaften: silberweißes Metall von geringer Härte, das in der Kälte zu dünnen Folien ausgewalzt werden kann; Dichte 2,99 g/cm³, Fp. 1541 °C, Sp. 2 830 °C.
Chemische Eigenschaften: sehr korrosionsbeständiges Seltenerdmetall. S. reagiert ähnlich wie Aluminium; in Verbindungen liegt es dreiwertig vor.
Darstellung: durch Elektrolyse des geschmolzenen Chlorids oder durch Reduktion des Chlorids mit Calcium.
Schädlingsbekämpfungsmittel: ↑Biozide.
Schadstoffe: in der Umwelt vorhandene, für Mensch, Tier und Pflanze schädliche oder auf ein Ökosystem ungünstig wirkende chemische Stoffe. Anthropogene (d. h. durch den Menschen verursachte) S. gelangen entweder unabsichtlich durch Abluft, Abgas oder Abwasser in die Atmosphäre, in Gewässer oder in den Boden oder sie werden absichtlich (z. B. als Pestizide) in die Umwelt eingebracht. Biogene S. entstehen in der Natur durch die Tätigkeit von Mikroorganismen oder auch im pflanzlichen Stoffwechsel. Große Mengen an S. werden auch durch aktive Vulkane ausgestoßen.
Schale: ↑Orbitalmodell.

Schaum: Gemenge, bei dem gasgefüllte Blasen in einer Flüssigkeit oder einem Feststoff verteilt sind. Ein S. ist ein ↑disperses System. Beispiele für flüssigen Schaum sind Bier- und Seifenschaum, Beispiele für festen S. sind Bimsstein und Schaumstoffe.
Schäumer (Schaumbildner): oberflächenaktive Stoffe, welche die Bildung stabiler Schäume fördern. Sie zerteilen die Gasbläschen und bewirken dadurch eine Vergrößerung der Oberfläche. S. sind z. B. die ↑Tenside und manche Eiweißstoffe.
Schaumlöscher: ↑Brandbekämpfung.
Schaumverhütungsmittel (Antischaummittel, Schaumdämpfer, Entschäumer): Stoffe, die in einer schäumenden Flüssigkeit die Schaumbildung

Scheidetrichter

dadurch vermindern oder gar verhindern, dass sie an der Grenzfläche Flüssigkeit/Gas die ↑Schäumer verdrängen. S. sind u. a. natürliche Fette und Öle.

Scheidetrichter: trichterförmiges, oben mit einem Stopfen und unten mit einem Hahn verschließbares Glasgerät, das im Labor zum ↑Ausschütteln verwendet wird (Abb. S. 343). Durch Ablassen der unteren Phase kann man nach Entmischung die beiden flüssigen Phasen trennen.

Scheidewasser: veraltet für Salpetersäure, HNO_3. Der Name beruht auf der Fähigkeit von S., Gold und Silber voneinander zu trennen. Durch die oxidierende Wirkung der konzentrierten Salpetersäure wird das Silber zu Silber-Ionen oxidiert:

$$Ag + 2 HNO_3 \rightarrow AgNO_3 + NO_2 + H_2O.$$

Gold und auch Platin werden durch S. nicht angegriffen.

Schellbach-Streifen: in einer ↑Bürette an der Rückwand auf weißem Hintergrund angebrachter farbiger Streifen von etwa 1 mm Breite, der ein genaueres Ablesen ermöglicht. Oberhalb des ↑Meniskus erscheint der S.-S. schmal, unterhalb davon breit. Am Meniskus wird eine Pfeilspitze sichtbar, an welcher der Flüssigkeitsstand abgelesen wird (Abb.).

Schichtengitter: Kristallgitter, in dem die Bindungsabstände innerhalb von Schichten kleiner sind als die Abstände zwischen den Schichten. Beispiele sind ↑Graphit sowie Salze mit großen Anionen und relativ kleinen Kationen, z. B. Cadmiumiodid, CdI_2, Magnesiumchlorid, $MgCl_2$, und Molybdänsulfid, MoS_2.

Schichtsilicate: ↑Silicate.
Schießbaumwolle: ↑Nitrocellulose.
Schießpulver: ↑Nitrocellulose, ↑Schwarzpulver.
Schiff-Reagenz [nach H. SCHIFF]: Nachweismittel für Aldehyde. Eine Lösung von Fuchsin, die mithilfe von Schwefeldioxid entfärbt wurde (**fuchsinschweflige Säure**), erlangt bei Zugabe von Aldehyden wieder die blaurote Farbe des Fuchsins.

Schlacke [mittelniederdeutsch slagge »Abfall beim Erzschmelzen«]: bei metallurgischen Prozessen wie der ↑Roheisenerzeugung und bei der Verbrennung von v. a. Kohle und Müll anfallende oxidische Nebenprodukte. Sie enthalten zumeist Silicate.

schlagende Wetter: ↑Grubengas.

Schmelze: ein meist durch Wärmezufuhr verflüssigter Stoff, der unter Normalbedingungen fest ist, z. B. Metallschmelze, Salzschmelze.

Schmelzen [althochdeutsch smelzan »weich werden«, »zerfließen«]: Übergang eines Körpers aus dem festen in den flüssigen ↑Aggregatzustand. Die Temperatur, bei der sich dieser Übergang vollzieht, wird als **Schmelztemperatur** oder **Schmelzpunkt** bezeichnet (Abk. Fp.). Sie ist außer vom Material auch vom Druck abhängig.

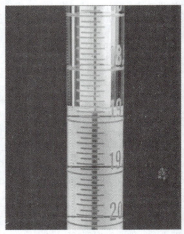

Schellbach-Streifen: Die Ablesung ergibt hier 18,7 ml.

Schmelzfluss|elektrolyse: Abscheidung eines Metalls aus einem schmelzflüssigen Gemisch von Salzen bei hoher Stromstärke (bis 150000 A), aber geringer Spannung (1 bis 6 V). Die S. dient v. a. zur Gewinnung von Metallen, die wegen ihrer großen Affinität zu Sauerstoff auf normalem chemischem Wege nur schwer oder überhaupt nicht aus den Oxiden zum Metall reduziert werden können. Man gewinnt damit z. B. Alkalimetalle, Erdalkalimetalle und Titan. Besondere Bedeutung hat die S. für die Gewinnung von ↑Aluminium erlangt: Da Aluminiumoxid, Al_2O_3, einen sehr hohen Schmelzpunkt hat (2050 °C), wird zur Schmelzpunkterniedrigung Kryolith (natürliches oder heute meist synthetisch hergestelltes Natriumhexafluoroaluminat, Na_3AlF_6) zugesetzt. Dadurch erniedrigt sich die Schmelztemperatur auf etwa 950 °C. An den Elektroden (K Kathode, A Anode) laufen folgende Vorgänge ab:

K: $Al^{3+} + 3\,e^- \rightarrow Al$ (×4)
A: $2\,O^{2-} \rightarrow O_2 + 4\,e^-$ (×3)
$4\,Al^{3+} + 6\,O^{2-} \rightarrow 4\,Al + 3\,O_2$.

Da an der Anode Sauerstoff entsteht, werden die Kohleanoden verbrannt; die Anoden müssen deshalb ständig in die Schmelze nachgeschoben werden (Abb.).
Für S. werden enorme Energiemengen benötigt.

Schmelzkleber: lösungsmittelfreie Klebstoffe, die bei Raumtemperatur fest sind und die in geschmolzenem Zustand auf die zu verklebenden Teile aufgetragen werden. Die Hauptbestandteile von S. sind Polymere wie z. B. Polyester, Polyamide oder verschiedenen Ethylen-Copolymere.

Schmelzpunkt: ↑Schmelzen.
Schmelzpunkt|erniedrigung: die Herabsetzung der Schmelztemperatur

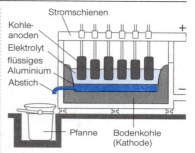

Schmelzflusselektrolyse zur Gewinnung von Aluminium

(↑Schmelzen) eines Stoffes durch Beimischung geeigneter anderer Stoffe (z. B. Tausalz).
Schmelztemperatur: ↑Schmelzen.
Schmelzwärme: die Wärmemenge, die erforderlich ist, um einen Körper ohne Temperaturerhöhung aus dem festen in den flüssigen ↑Aggregatzustand überzuführen. Führt man einem festen Körper Wärmeenergie zu, so steigt seine Temperatur zunächst bis zur Schmelztemperatur (↑Schmelzen) an und bleibt dann trotz weiterer Wärmezufuhr so lange konstant, bis der Körper vollständig geschmolzen ist (Abb.). Die während des Schmelzens zugeführte Wärmeenergie dient also nicht der Temperaturerhöhung, sondern wird lediglich zur Änderung des Aggregatzustandes verwendet. Der

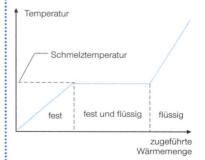

Schmelzwärme: Vorgänge beim Schmelzen

Schmierseife

Stoff	spezifische Schmelzwärme in kJ/kg	molare Schmelzwärme in kJ/mol
Aluminium	398,1	10,75
Blei	23,0	4,77
Eis	333,7	6,01
Eisen	274,8	15,36
Gold	62,8	12,38
Kupfer	205,5	13,05
Silber	104,7	11,30
Silicium	1652,7	46,44

Schmelzwärme

Quotient aus der S. Q_S und der Masse m eines Körpers wird als spezifische S. σ_S bezeichnet: $\sigma_S = Q_S/m$.
SI-Einheit der spezifischen S. ist 1 Joule/Kilogramm (J/kg). Neben der spezifischen S. wird häufig auch die molare S. bestimmt. In der Tabelle sind die spezifischen und molaren S. einiger Stoffe angegeben.

$$C_6H_5-CH_2-O-\underset{Cl}{\overset{\overset{O}{\|}}{C}} + H_2N-\underset{R}{CH}-COOH$$

Chlorameisensäurebenzylester   Aminosäure

$$\downarrow -HCl$$

$$\underset{\text{Schutzgruppe}}{C_6H_5-CH_2-O-\overset{\overset{O}{\|}}{C}} $$
$$HN-\underset{R}{CH}-COOH$$

$$\downarrow +H_2$$

$$C_6H_5-CH_3 + CO_2 + H_2N-\underset{R}{CH}-COOH$$

Aminosäure

Schutzgruppe: Einführung bei Aminosäuren

Die S. wird beim Übergang vom flüssigen in den festen Aggregatzustand als Erstarrungswärme wieder frei.

Schmierseife: ↑Seifen.

Schneidbrenner: Gerät zum Durchtrennen von Metall (z. B. von Stahlträgern). Mithilfe der Gasflamme wird das Metall zunächst bis zum Glühen erhitzt, danach wird nur noch reiner Sauerstoff auf das glühende Metall aufgeblasen, sodass das Metall teilweise oxidiert wird; durch die dabei frei werdende Wärme wird weiteres Metall aufgeschmolzen und mittels Sauerstoff oxidiert. Auf diese Weise bildet sich ein schmaler Spalt.

Schrägbeziehung: ↑Periodensystem der Elemente.

Schrödinger-Gleichung [nach ERWIN SCHRÖDINGER; *1887, †1961]: ↑Atommodell.

Schutzgas: inertes Gas, meist ↑Stickstoff, N_2, oder ↑Argon, Ar, das empfindliche Stoffe vor der Einwirkung von Luftsauerstoff oder anderen aggressiven Gasen schützt.

Schutzgruppe: organischer Rest, der in Molekülen mit mehreren Reaktionsmöglichkeiten eine der ↑funktionellen Gruppen durch Eingehen einer Bindung so schützen kann, dass bestimmte Reaktionen plangemäß nur an den anderen Stellen ablaufen. Eine S. muss einerseits bestimmte Bindungen leicht eingehen, andererseits einfach wieder abtrennbar sein. So kann z. B. die Carbonylgruppe in ↑Aldehyden und ↑Ketonen durch die Bildung von ↑Acetalen geschützt werden. Für die Knüpfung der ↑Peptidbindung wird oft die Aminogruppe ($-NH_2$) z. B. durch Umsetzen mit Chlorameisensäurebenzylester geschützt (Abb.). Die S. wird nach Bildung der Peptidbindung durch katalytische Hydrierung (Abspalten von Toluol und Kohlenstoffdioxid) entfernt.

Schwarzpulver: aus Schwefel, Holzkohle und Kalium- oder Natriumnitrat hergestelltes, fein gepulvertes Gemenge, das früher als Schießpulver verwendet wurde.

Schwebstoffe: in einer Flüssigkeit oder in einem Gas (Aerosol) enthaltene Stoffe in Form fein verteilter Teilchen (Schwebeteilchen), die aufgrund des Auftriebs nahezu schweben oder durch Turbulenzen immer wieder hochgewirbelt werden.

Schwefel: chemisches Element der VI. Hauptgruppe, Zeichen S, OZ 16, relative Atommasse 32,07; Mischelement.

Physikalische Eigenschaften: S. tritt in mehreren allotropen Modifikationen auf: bei Normaltemperatur in leuchtend gelben, rhombischen Kristallen (α-Schwefel, Dichte 2,07 g/cm^3, Fp. 112,8 °C), oberhalb 95,6 °C als monokliner hellgelber β-Schwefel (Dichte 1,96 g/cm^3); oberhalb des Schmelzpunkts von 119 °C bildet S. eine leicht bewegliche gelbe Flüssigkeit (λ-Schwefel), die ab 160 °C in eine rotbraune viskose Masse (μ-Schwefel) übergeht. Ab 200 °C wird die Schmelze dünnflüssig, bei 444,6 °C verdampft der Schwefel. Beim Abschrecken der Schmelze entsteht sog. plastischer S. α-, β- und λ-Schwefel enthalten ringförmige Moleküle, S$_8$, (Cyclooctaschwefel, Abb.) während sich in der Schmelze mit zunehmender Temperatur länger werdende Kettenmoleküle bilden, die die Viskositätszunahme bewirken, oberhalb von 200 °C jedoch wieder aufgebrochen werden.

Chemische Eigenschaften: S. reagiert bei erhöhter Temperatur mit vielen Nichtmetallen und Metallen. An der Luft entzündet er sich bei etwa 260 °C und verbrennt mit blauer Flamme zu Schwefeldioxid, SO$_2$. Ist eine Verbindung vorhanden, die leicht Sauerstoff abgibt, so kann die Verbrennung explosionsartig verlaufen (z. B. beim Abbrennen von ↑Schwarzpulver).

Gewinnung: durch Ausschmelzen aus schwefelhaltigem Gestein oder durch Oxidation aus schwefelwasserstoffhaltigen Gasen (↑Claus-Prozess).

Bedeutung: S. ist in verschiedenen biochemisch wichtigen Verbindungen enthalten. z. B. in den Aminosäuren Cystein und Methionin und im Vitamin B$_1$ (Thiamin).

Verwendung: S. dient zur Herstellung zahlreicher chemischer Grundstoffe, z. B. Schwefelsäure, Schwefelkohlenstoff, Natriumthiosulfat, ferner zum Vulkanisieren von Kautschuk, in Form von Netzschwefel (mit Netzmitteln versetztes Schwefelpulver) als Schädlingsbekämpfungsmittel im Weinbau und zur Herstellung von Farbstoffen.

Schwefelverbindungen: S. tritt in seinen Verbindungen mit den Oxidationszahlen -2, $+2$, $+4$ und $+6$ auf. Der in Erdgas, Schwefelquellen und faulenden Eiweißstoffen natürlich auftretende **Schwefelwasserstoff**, H$_2$S, ist ein nach faulen Eiern riechendes, sehr giftiges, farbloses, brennbares Gas; seine wässrige Lösung ist eine schwache Säure (Schwefelwasserstoffsäure). Ihre Salze sind die ↑Sulfide, zu denen viele Erze gehören. Schwefelwasserstoff fällt v. a. als Nebenprodukt bei der Aufarbeitung von Erdgas, Erdöl und Kokereigas an. In der analytischen Chemie wird Schwefelwasserstoff zur Gruppentrennung der Metalle benutzt, wobei man die unterschiedlichen Löslichkeiten der Sulfide in wässriger, saurer oder alkalischer Lösung ausnutzt (↑Analyse).

Schwefeldioxid, SO$_2$, ein farbloses, stechend riechendes Gas, entsteht beim Verbrennen von S. oder Rösten von

Schwefel: Cyclooctaschwefel

Schwefeldioxid

Sulfiden; seine wässrige Lösung ist die **schweflige Säure**, H_2SO_3, eine schwache Säure, von der sich die ↑Sulfite ableiten. Das durch katalytische Oxidation von Schwefeldioxid gewonnene **Schwefeltrioxid**, SO_3, dient vor allem zur Herstellung von ↑Schwefelsäure, H_2SO_4. Schwefeldioxid findet sich in allen aus schwefelhaltigen Brennstoffen entstehenden Abgasen und ist ein luftverunreinigender Schadstoff (↑saurer Regen).

Schwefeldioxid: ↑Schwefel.

Schwefelsäure, H_2SO_4: Sauerstoffsäure des positiv sechswertigen Schwefels. Wasserfreie S. ist eine farblose, ölige Flüssigkeit, Dichte 1,84 g/cm³ bei 20 °C, Fp. 10 °C, Sp. 338 °C. Konzentrierte S. ist meist 98%ig, die Akkumulatorsäure etwa 30%ig, verdünnte S. 16%ig; konzentrierte S., die zusätzlich Schwefeltrioxid gelöst enthält, wird ↑Oleum genannt. Konzentrierte S. ist außerordentlich hygroskopisch: Sie entzieht Wasser sogar organischen Substanzen (z. B. Zucker), wobei diese verkohlt werden. In Wasser löst sie sich unter starker Wärmeentwicklung und darf daher nur durch vorsichtiges Eingießen in kaltes Wasser verdünnt werden, niemals umgekehrt, da es sonst zum Verspritzen heißer Säure kommt! Durch ihre oxidierende Wirkung löst konzentrierte S. auch Metalle, die in der ↑Spannungsreihe unter dem Wasserstoff stehen, z. B. Silber oder Kupfer:

$$Cu + 2\,H_2SO_4 \rightarrow CuSO_4 + SO_2 + 2\,H_2O.$$

Eisen und Blei werden von konzentrierter S. nicht angegriffen, da sie eine unlösliche Schutzschicht bilden (Der Schwefelsäuretransport erfolgt in Eisenbehältern). S. ist eine starke zweibasige Mineralsäure, von ihr leiten sich die sauren Hydrogensulfate und die neutralen ↑Sulfate ab.

Der Nachweis für S. oder Sulfate erfolgt mit Bariumchloridlösung; es entsteht ein auch in Salzsäure schwer löslicher Niederschlag von weißem Bariumsulfat.

S. ist die wichtigste Säure der chemischen Industrie; etwa die Hälfte des erzeugten Schwefels wird in Form von S. zur Düngerherstellung (Aufschluss von schwer löslichen Phosphaten zu Dün-

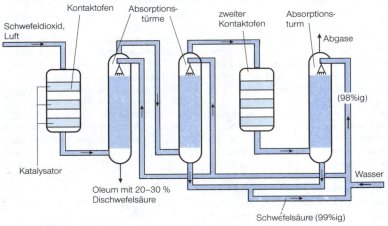

Schwefelsäure: Herstellung nach dem Kontaktverfahren

gerphosphaten) verwendet. Hergestellt wird S. v. a. nach dem **Kontaktverfahren** (Abb.).
Hierbei wird gereinigtes Schwefeldioxid, SO_2, zusammen mit Sauerstoff (Luft) über Katalysatoren (Kontakte) geleitet und dabei zu Schwefeltrioxid, SO_3, oxidiert. Als Katalysator wirkt z. B. Platin bereits bei 400 °C:

$$SO_2 + \tfrac{1}{2} O_2 \xrightleftharpoons[>400\,°C]{400\,°C/Pt} SO_3.$$

Höhere Temperaturen würden zwar die Reaktionsgeschwindigkeit erhöhen (↑RGT-Regel), da es sich aber um eine exotherme Reaktion handelt ($\Delta H = -98{,}98$ kJ/mol), begünstigt eine Temperaturerhöhung die Rückreaktion. Technisch werden v. a. Vanadiumpentoxid-Katalysatoren bei etwa 500 °C verwendet, deren Wirkung sich durch die Bildung von Zwischenverbindungen erklären lässt:

$$\tfrac{1}{2} O_2 + 2\,VO_2 \rightarrow V_2O_5$$
$$V_2O_5 + SO_2 \rightarrow 2\,VO_2 + SO_3$$
$$\tfrac{1}{2} O_2 + SO_2 \rightarrow SO_3.$$

Das gebildete Schwefeltrioxid wird (da es sich mit Wasser nur sehr langsam umsetzt) in konzentrierter S. gelöst, wobei Dischwefelsäure, $H_2S_2O_7$, entsteht:

$$H_2SO_4 + SO_3 \rightarrow H_2S_2O_7.$$

Durch vorsichtiges Verdünnen mit Wasser gewinnt man daraus reine, wasserfreie S.:

$$H_2S_2O_7 + H_2O \rightarrow 2\,H_2SO_4.$$

Schwefelsäuredi|ethylester: ↑Ester (Tab.).
Schwefeltri|oxid: ↑Schwefel, ↑Schwefelsäure.
Schwefelwasserstoff: ↑Schwefel.
Schwefelwasserstoffgruppe: ↑Analyse.
schweflige Säure: ↑Schwefel.
Schweißen: Schaffung einer festen mechanischen Verbindung zweier Metall-, Metalllegierungs- oder Kunststoffteile, wobei Grundmaterial und Schweißstelle ein weitgehend gleichartiges Ganzes bilden. Das Metallschweißen ist das Vereinigen metallischer Werkstoffe unter Anwendung von Wärme und/oder Druck, und zwar mit oder ohne Zusetzen von gleichartigen Werkstoffen, die den gleichen oder nahezu gleichen Schmelzbereich haben. Beim Kunststoffschweißen werden die thermoplastischen Werkstoffe mithilfe von Hochfrequenzstrom oder Heißluft bis zum Schmelzbeginn erwärmt und mit oder ohne Druckeinwirkung bzw. unter Zugabe des gleichen Werkstoffs miteinander verbunden.
Schweizers Reagenz [nach MATTHIAS E. SCHWEIZER; *1818, †1860]: Lösung von Tetraamminkupfer(II)hydroxid (ammoniakalische Kupfer(II)hydroxidlösung); sie löst ↑Cellulose.
Schwelung: ↑Kohle.
schwer abbaubare Stoffe: ↑persistente Stoffe.
schwerer Wasserstoff: ↑Deuterium.
schweres Wasser, D_2O: Wasser, bei dem die Moleküle statt des gewöhnlichen Wasserstoffs mit der Massenzahl 1 den schweren Wasserstoff (↑Deuterium, chemisches Symbol D oder ^2H) enthalten, dessen Massenzahl 2 beträgt. Physikalisch unterscheidet sich schweres Wasser von normalem Wasser, H_2O, erheblich. Unter Normalbedingungen erstarrt es bei 3,82 °C und siedet bei 101,42 °C. Seine größte Dichte (1,107 g/cm^3) erreicht es bei 11,6 °C. S. W. wird durch Elektrolyse aus natürlichem Wasser gewonnen; es reichert sich dabei über 98 % im Rückstand an. Verwendet wird s. W. vorwiegend als Moderator in Kernreaktoren (Schwerwasserreaktoren).
Schwermetalle: Metalle, deren Dichte größer als 4,5 ist. Es gibt mehr als 60 Schwermetalle. Zu ihnen zählen ausnahmslos alle ↑Edelmetalle mit einer Dichte von über 9,5 g/cm^3. Die hohe

Dichte der S. ist auf den verhältnismäßig kleinen Atomdurchmesser zurückzuführen. Die wichtigsten S. sind Eisen, Kupfer, Blei, Zink, Zinn, Nickel, Chrom, Uran, Silber, Gold und Platin. Die größten Dichten haben Iridium mit 22,65 g/cm^3 und Osmium mit 22,61 g/cm^3. Viele S. sind toxisch (besonders Cadmium, Quecksilber, Blei); sie können sich in der Nahrungskette anreichern, da einige ihrer Verbindungen in der Umwelt sehr beständig sind.

Se: Zeichen für ↑Selen.

Seaborgium [si:'bɔ:gium; nach GLENN THEODORE SEABORG; *1912]: chemisches Element der VI. Nebengruppe, Zeichen Sg, OZ 106, langlebigstes Isotop 263; künstlich hergestelltes, radioaktives Metall der Transactinoide.

Sedimentation [zu lat. sedimentum »Bodensatz«] (Absetzen): Bildung eines Bodenkörpers (Bodensatzes) in Flüssigkeiten oder Gasen. Feststoffteilchen, die in einem flüssigen oder gasförmigen Dispersionsmittel verteilt sind, sinken dabei unter dem Einfluss von Schwer- oder Zentrifugalkraft wegen ihrer höheren Dichte auf den Boden.

Seifen: Substanzen, die aufgrund der gleichzeitig im Molekül vorhandenen stark ↑hydrophilen und ↑lipophilen Gruppen sowohl wasserlöslich als auch fettlösend sind.

S. setzen die Oberflächenspannung des Wassers stark herab und bilden beständige ↑Schäume. Die meisten S. sind Alkalisalze höherer Fettsäuren, wobei man die Natriumseifen, R–COONa, (R langkettiger Alkylrest) als **Kernseifen** (von fester Konsistenz) und die Kaliumseifen, R–COOK, als **Schmierseifen** (von weicher Konsistenz) bezeichnet. Wässrige Lösungen dieser S. haben ein gutes Netzvermögen und eignen sich daher zum Waschen. Ihre Wirkung wird jedoch in hartem Wasser durch die Bildung von unlöslicher **Kalkseife**, (R–COO)$_2$Ca, herabgesetzt.

Bei der Herstellung werden Fette (Talg, Palmkernfett, Olivenöl usw.) mit Natron- bzw. Kalilauge umgesetzt (Verseifung), wobei flüssiger Seifenleim entsteht, aus dem durch Zusatz von Kochsalz die eigentliche S. abgeschieden wird.

Feste gereinigte S. aus hochwertigen Fetten mit Farbstoff- und Parfümölzusatz werden als Fein- oder Toilettenseifen bezeichnet.

Im weiteren Sinn zählen zu den S. auch die Salze anderer Metalle mit Fettsäuren, Harzsäuren u. a. (Metallseifen), die als Trockenstoffe verwendet werden (↑Sikkative).

Wegen ihrer den Alkaliseifen ähnlichen Wirkung lassen sich auch die Fettalkoholsulfate und die Alkylsulfonate (↑Tenside) zu den S. rechnen.

Eine besondere Gruppe bilden die **Invertseifen** (Kationenseifen), bei denen der hydrophobe Rest R (im Gegensatz zu den »normalen« S., bei denen er sich im Anion befindet) im Kation gebunden ist. Invertseifen, z. B. das Cetyltrimethylammoniumchlorid, $(C_{16}H_{31}N(CH_3)_3)^+Cl^-$, haben bakterizide Wirkung und werden v. a. als Desinfektionsmittel verwendet.

Seigern (Seigerung): in der Metallurgie die Entmischung einer geschmolzenen Legierung beim Gießen und Erstarren, durch die es zu örtlichen Konzentrationsunterschieden der Legierungskomponenten (meist mit Verschlechterung der Werkstoffeigenschaften) kommt. In der Hüttentechnik wird das S. z. T. zum Trennen von Metallgemischen (Herausschmelzen der niedriger schmelzenden Metalle) genutzt.

Seignette-Salz [zɛn'jɛt; nach PIERRE SEIGNETTE; *1660, †1719] KOOC–(CHOH)$_2$–COONa: das Kaliumnatriumtartrat (Kaliumnatriumsalz der

Weinsäure). S.-S. ist Bestandteil der Fehling-Lösung (↑Fehling-Probe).

Seitenkette: kurze Kohlenstoffkette, die von einer längeren Kohlenstoffkette oder einer cyclischen Verbindung abzweigt, z. B. die Ketten der Methylgruppen beim 2-Methylpropan (↑Isomere) und beim Toluol (↑Aromaten).

Seitenkettensubstitution [zu lat. substituere »ersetzen«]: ↑SSS-Regel.

sek.-: Abk. für ↑sekundär, z. B. in Zusammensetzungen wie *sek.*-Butylalkohol).

sekundär [zu lat. secundus »der Zweite«]: in der Chemie zur Kennzeichnung von Verbindungen verwendetes Unterscheidungswort, das in mehrfacher Bedeutung gebraucht wird; sekundäre Salze z. B. sind Salze mehrbasiger Säuren, in denen zwei Wasserstoffatome durch Metallatome ersetzt sind. Als sekundäre Kohlenstoffatome bezeichnet man solche, die mit zwei weiteren Kohlenstoffatomen verbunden sind; sekundäre Stickstoffatome sind ebenfalls mit zwei Kohlenstoffatomen verbunden. Bei sekundären Alkoholen ist die Hydroxylgruppe an ein sekundäres Kohlenstoffatom gebunden.
Sekundäre Amine tragen zwei Alkyl- oder Arylgruppen am Stickstoffatom, haben also die allgemeine Formel NHRR'.

Sekundärprodukt: aus dem ↑Primärprodukt entstandenes Folgeprodukt.

Sekundär|reaktion:
◆ Reaktion, die nach der Primärreaktion (der ersten Reaktion) abläuft,
◆ neben der Hauptreaktion mögliche Reaktion von geringerer Bedeutung (Nebenreaktion).

Sekundärstrahlung: ↑Fluoreszenz.

Sekundärstruktur: ↑Proteine.

Selbst|entzündung: Entflammung bestimmter Stoffe ohne äußere Einwirkung. Da die Entzündungstemperatur dieser Stoffe sehr niedrig liegt, genügt die durch spontane chemische Reaktionen (z. B. Oxidation) oder durch physikalische Vorgänge (z. B. Reibung) im Inneren oder an der Oberfläche frei werdende Energie, die Entzündung herbeizuführen.
Selbstentzündlich sind z. B. Stoffe wie weißer Phosphor, frisch geglühte Holzkohle, feuchtes Heu und manche feinen Metallpulver.

Selen [zu griech. selēnē »Mond«]: chemisches Element der VI. Hauptgruppe, Zeichen Se, OZ 34, relative Atommasse 78,96; Mischelement.
Physikalische Eigenschaften: S. kommt in einer grauen, metallischen Modifikation sowie in mehreren roten und einer schwarzen (metastabilen) Modifikation vor; Fp. (graues S.) 221°C, Sp. (graues S.) 685°C, Dichte (grau) 4,81 g/cm^3, die graue Modifikation ist ein Halbleiter. Bei Belichtung ändert sie ihre elektrische Leitfähigkeit.
Chemische Eigenschaften: In seinen Verbindungen ähnelt S. dem Schwefel; die (giftigen) Salze der Selensäure, H_2SeO_4, heißen Selenate.
Gewinnung: S. fällt als Nebenprodukt bei der Verhüttung mancher sulfidischer Erze an.
Verwendung und Bedeutung: für Fotozellen und Gleichrichter. S. ist für die meisten Lebewesen ein notwendiges Spurenelement. In höheren Konzentrationen ist es jedoch in elementarer Form sowie in Form seiner Verbindungen stark giftig.

Seliwanow-Reaktion: Nachweisreaktion für Ketohexosen. Erwärmt man diese mit Resorcin (↑Phenole) und konzentrierter Salzsäure, so ergibt sich rasch eine Rotfärbung. Diese stellt sich bei längerem Erwärmen auch bei Aldosen ein.

Selten|erdmetalle (Metalle der seltenen Erden): Sammelbezeichnung für die chemischen Elemente Scandium (Sc), Yttrium (Y), Lanthan (La) sowie die 14 Lanthanoide (Cer bis Lutetium).

semipermeable Membran

In der Natur kommen diese Metalle in Form ihrer Oxide (früher seltene Erden genannt) miteinander vergesellschaftet vor; sie wurden zunächst in seltenen Mineralen entdeckt; in Wirklichkeit sind sie jedoch nicht allzu selten.

semi|permeable Membran [zu lat. semis »halb«, permeabilis »gangbar« und membrana »Haut«] (halbdurchlässige Membran): eine Trennwand, die für die Teilchen bestimmter Stoffe durchlässig, für die Teilchen anderer Stoffe dagegen undurchlässig ist. In der Biologie spielen insbesondere solche s. M. eine wichtige Rolle, die bei einer Lösung (z. B. einer Kochsalzlösung) für das Lösungsmittel (Wasser) zwar durchlässig sind, für den gelösten Stoff (Kochsalz) jedoch ein undurchdringliches Hindernis darstellen (↑Osmose).

semipolare Bindung [zu griech. pélein »sich drehen«]: ↑koordinative Bindung.

Sensibilisierung [zu lat. sensibilis »empfindsam«]: Erhöhung der Empfindlichkeit fotografischer Schichten (↑Fotografie), und zwar der Allgemeinempfindlichkeit durch Zusatz von bestimmten Fremdsubstanzen (Schwermetall-Ionen oder Anionen), die in die Silberhalogenidkristalle eingebaut werden und damit die Bildung von Störstellen hervorrufen (chemische S., Abb. 1).

Setzt man den Silberbromid-Gelatine-Suspensionen geeignete Farbstoffe (Sensibilisatoren) zu, die gelbes, grünes oder rotes Licht absorbieren und die Energie des absorbierten Lichts auf das Silberbromid übertragen, so spricht man von optischer S. Dieser Prozess ist notwendig, da das gelbe Silberbromid längerwelliges Licht unter normalen Umständen nicht absorbiert. Orthochromatische Filme sind für Grün und Gelb, panchromatische Filme für Grün, Gelb und Rot sensibilisiert (Abb. 2).

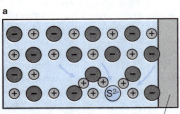
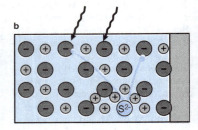
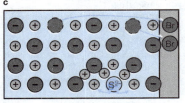
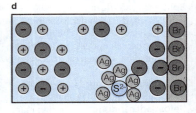

Schicht mit Bromakzeptor

Sensibilisierung (Abb. 1): **a** Bei der chemischen S. (z. B. durch Sulfid-Ionen) ist die Dichte der Silber-Ionen in der Umgebung des Sulfid-Ions höher. **b** Auch die durch Lichtquanten aus den Bromid-Ionen ausgelösten Elektronen wandern zur Störstelle. **c** Die Störstelle zieht weitere Silber-Ionen an, während die Bromatome im Bromakzeptor gebunden werden. **d** Ein Entwicklungskeim ist entstanden.

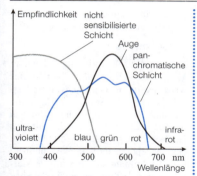

Sensibilisierung (Abb. 2): optische Sensibilisierung: spektrale Empfindlichkeit einer nicht sensibilisierten Schicht und einer panchromatischen Schicht im Vergleich mit der des menschlichen Auges

Sequenz|analyse [zu lat. sequentia »Reihenfolge«]: die Ermittlung der Reihenfolge der verschiedenen Bausteine in (biologischen) Makromolekülen, besonders in ↑Proteinen und ↑Nucleinsäuren. Bei den Proteinen spaltet man die Makromoleküle mit verschiedenen chemischen und enzymatischen Mitteln an unterschiedlichen Stellen, sodass verschiedene Bruchstücke (Oligopeptide) entstehen. In diesen kann man jeweils die endständigen Aminosäuren bestimmen, indem man sie mit einer Nachweisgruppe (z. B. 2,4-Dinitrofluorbenzol) markiert und nach hydrolytischer Spaltung des Oligopeptids chromatographisch identifiziert. Durch ständige Wiederholung dieses Vorgangs lassen sich die Peptide von einem Ende her fortlaufend abbauen und in ihrer Aminosäuresequenz bestimmen. Durch logisches Aneinandersetzen der Spaltstücke infolge der Überlappung der Kurzsequenzen lässt sich die Reihenfolge der Aminosäuren in der Gesamtkette bestimmen. Heute sind diese Methoden weitgehend automatisiert.

Sequenzregeln: Regeln zur Ermittlung der absoluten ↑Konfiguration chemischer Verbindungen, nach denen für alle Substituenten an einem asymmetrischen Kohlenstoffatom eine Reihe abnehmender Priorität festgelegt wird (z. B. I $\rightarrow$ Br $\rightarrow$ Cl $\rightarrow$ F $\rightarrow$ OH $\rightarrow$ H). Betrachtet man ein dreidimensionales Modell einer Verbindung von derjenigen Seite, die entgegengesetzt zum rangniedrigsten Substituenten liegt, so wird die Sequenz der drei weiteren Substituenten, ausgehend vom ranghöchsten Substituenten, in abnehmender Reihenfolge ermittelt. Die dabei auftretenden Konfigurationen werden je nach Drehsinn als *R*- (im Uhrzeigersinn) und *S*-Konfiguration (entgegen dem Uhrzeigersinn) bezeichnet.

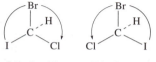

R-Konfiguration   *S*-Konfiguration
Sequenzregeln

Serin [zu lat. sericus »seiden«]: ↑Aminosäuren (Tab.).
Serum|albumin [zu lat. serum »Molke«]: ↑Albumine.
Sesselform: ↑Isomerie.
Seveso-Gift [nach dem italienischen Ort Seveso und der dortigen Giftfreisetzung vom 10. Juli 1976]: ↑Dioxine, speziell die hochtoxische Chlorkohlenwasserstoffverbindung 2,3,7,8-Tetrachlordibenzodioxin.
Sg: Zeichen für ↑Seaborgium.
Si: Zeichen für ↑Silicium.
Sicherheit im Labor: siehe S. 354.
Sicherheitszündhölzer: ↑Zündhölzer.
Siede|diagramm: ↑Destillation.
Sieden: Übergang eines flüssigen Körpers in den gasförmigen ↑Aggregatzustand beim Erreichen der (druckabhängigen) ↑Siedetemperatur. Im Gegensatz dazu erfolgt das ↑Verdunsten unterhalb der Siedetemperatur. Beim S.

Sicherheit im Labor

Ein wichtiger Grundsatz für die Arbeit in einem chemischen Labor ist das Einhalten von Sicherheitsvorschriften. Diese Vorschriften geben an, wie man sich selbst und alle anderen, die im Labor arbeiten, vor den gesundheitsschädlichen Eigenschaften von Chemikalien schützt.

■ Gesetzliche Bestimmungen

Die gesetzlichen Grundlagen sind in der »Verordnung über gefährliche Stoffe« (GefStoffV, Gefahrstoffverordnung), der »Verordnung über brennbare Flüssigkeiten« (VbF), der »Chemikalienverbotsverordnung« (ChemVV) und den »Technischen Richtlinien zur Gefahrstoffverordnung« (TRGS) festgelegt.

Diese Bestimmungen gelten überall da, wo mit gefährlichen Stoffen hantiert wird, sei es im Schul- oder im Industrielabor. Ein Sicherheitsbeauftragter, der über den Inhalt dieser Verordnungen geprüft wurde, muss für die Einhaltung der Bestimmungen sorgen.

■ Höchstwerte

Abhängig von den Wirkungen und vom Vorkommen eines gefährlichen Stoffes werden verschiedene Höchstwerte festgelegt. Für alle Stoffe, die über die Nahrungskette in den menschlichen Körper gelangen können, gilt als Höchstmenge der ↑ADI-Wert (Abk. für engl. acceptable daily intake »duldbare tägliche Aufnahme«). Für giftige Stoffe, die nicht Krebs erregend oder Erbgut verändernd sind, gelten ↑MAK-Werte (Abk. für maximale Arbeitsplatzkonzentration). Für Krebs erregende und Erbgut verändernde Stoffe lässt sich diese maximale Dosis nicht bestimmen, da jeder einzelne Kontakt zur Schädigung führen kann. Hier wird versucht, das abgeschätzte Risiko über den ↑TRK-Wert (Abk. für technische Richtkonzentration) einzugrenzen.

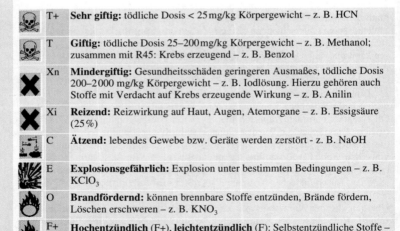

	T+	**Sehr giftig:** tödliche Dosis < 25 mg/kg Körpergewicht – z. B. HCN
	T	**Giftig:** tödliche Dosis 25–200 mg/kg Körpergewicht – z. B. Methanol; zusammen mit R45: Krebs erzeugend – z. B. Benzol
	Xn	**Mindergiftig:** Gesundheitsschäden geringeren Ausmaßes, tödliche Dosis 200–2000 mg/kg Körpergewicht – z. B. Iodlösung. Hierzu gehören auch Stoffe mit Verdacht auf Krebs erzeugende Wirkung – z. B. Anilin
	Xi	**Reizend:** Reizwirkung auf Haut, Augen, Atemorgane – z. B. Essigsäure (25%)
	C	**Ätzend:** lebendes Gewebe bzw. Geräte werden zerstört - z. B. NaOH
	E	**Explosionsgefährlich:** Explosion unter bestimmten Bedingungen – z. B. $KClO_3$
	O	**Brandfördernd:** können brennbare Stoffe entzünden, Brände fördern, Löschen erschweren – z. B. KNO_3
	F+ / F	**Hochentzündlich** (F+), **leichtentzündlich** (F): Selbstentzündliche Stoffe – z. B. weißer Phosphor; brennbare Gase - z. B. Methan; Stoffe, die mit Wasser brennbare Gase entwickeln – z. B. Na; Flüssigkeiten mit Flammpunkt < 21 °C – z. B. Ethanol; mit Luft explosionsfähige Gemische – z. B. Benzin

die wichtigsten Gefahrensymbole

Sicherheit im Labor

■ Information über die Eigenschaften eines gefährlichen Stoffes

Grundlegende Informationen findet man auf dem Etikett der Chemikalienflasche. Dort stehen der Name der Substanz, die Gefahrensymbole (s. Tab.), sowie die S-Sätze (Sicherheitsratschläge, z. B. S2: »Darf nicht in die Hände von Kindern gelangen«) und die R-Sätze (Hinweise auf besondere Gefahren, z. B. R45: »Krebs erzeugend«). Die S-Sätze geben teilweise auch Hinweise auf Entsorgung und erste Hilfe.

■ Richtiges Verhalten im Labor

sicheres Arbeiten im Labor

■ Vor Betreten eines Labors:
Zur persönlichen Ausrüstung gehören ein Schutzkittel aus Baumwolle, eine Schutzbrille (Kunststoffgläser und Seitenschutz, d.h. eine normale Brille reicht nicht aus) und eventuell Schutzhandschuhe (Abb.). Getragen werden sollten lange Hosen, feste, geschlossene Schuhe mit rutschfesten Sohlen und Socken. Lange Haare müssen zusammengebunden werden. Essen und Trinken (auch Kaugummikauen) ist im Labor verboten.

■ Vor Beginn eines Versuchs:
Jedes Experiment muss gut vorbereitet sein. Dazu ist die Versuchsanleitung gründlich durchzulesen und festzustellen, welche Eigenschaften die verwendeten Chemikalien haben. Bei Unklarheiten: Auskunft einholen!

■ Während des Versuchs:
Die Apparaturen sollen ordnungsgemäß aufgebaut werden, möglichst unter einem Abzug. Es dürfen keine Gefäße auf die Tischkante gestellt werden. Alle Gefäße müssen beschriftet werden. Keinesfalls mit dem Mund pipettieren! Zeitweise nicht benötigte Brenner sollten auf leuchtende Sparflamme geregelt werden.

■ Vor Verlassen des Labors:
Wenn der Versuch beendet ist, müssen Arbeitsplatz und verwendete Geräte aufgeräumt und gereinigt werden. Die verwendeten Chemikalien müssen korrekt entsorgt werden – viele Stoffe dürfen nicht in den Abfluss gelangen! Schutzbrille und -kittel sollten im Ausgangsbereich des Labors aufbewahrt werden. Hände waschen! ■

✍ Welche Gefahrensymbole sind auf Chemikalien zu Hause oder im Supermarkt zu finden? Welche Eigenschaften haben demnach z. B. Reinigungsmittel, Nagellackentferner, Farben, Unkrautvernichtungsmittel oder Dünger? – Unterlagen zur Arbeitssicherheit erhälst du bei der Gesellschaft Deutscher Chemiker (GDCh) im Internet: *Arbeitssicherheit im Chemiestudium.* (http://www.gdch.de). – Auch Chemikalienkataloge sind gute Informationsquellen über den Umgang mit gefährlichen Stoffen (z. B. Merck, http://194.196.248.66/labor.html). – Die Fakultät für Chemie (DC2) der Universität Bielefeld bietet unter http://dc2.uni-bielefeld.de weitere Informationen.

✍ *Römpp-Lexikon Chemie*, herausgegeben von JÜRGEN FALBE und MANFRED REGITZ, 6 BÄNDE. Stuttgart (Thieme) [10]1996–1999.

vollzieht sich der Übergang in den gasförmigen Aggregatzustand in allen Teilen der Flüssigkeit, beim Verdunsten dagegen nur an der Oberfläche. Deshalb ist der Siedevorgang am Aufsteigen von (Dampf-)Blasen erkennbar (↑Verdampfen).

Siedepunkt, Abk. Sp.: ↑Siedetemperatur.

Siedepunkts|erhöhung: Phänomen, dass gelöste Stoffe, abhängig von ihrer Konzentration, den Siedepunkt des Lösungsmittels erhöhen. Anhand dieses Effekts kann wie mit der ↑Gefrierpunktserniedrigung die Molmasse eines löslichen Stoffs bestimmt werden (ebullioskopische Methode). Die S. ist der Molarität des gelösten Stoffs proportional. Die Molmasse errechnet sich nach der Beziehung

$$M = \frac{m}{\Delta t_S m_L}$$

(m Masse des gelösten Stoffes, M Molmasse des gelösten Stoffes, $\Delta t S$ Siedepunktserhöhung, m_L Masse des Lösungsmittels).

Siedesteinchen: ↑Siedeverzug.

Siedetemperatur (Siedepunkt): diejenige Temperatur, bei der ein flüssiger Körper in allen seinen Teilen (also nicht nur an der Oberfläche) bei Zufuhr von (Wärme-)Energie ohne Temperaturerhöhung in den gasförmigen ↑Aggregatzustand übergeht. Die S. (Abk. Sp.) ist nicht nur vom Material, sondern auch in starkem Maße vom Druck über der Flüssigkeitsoberfläche abhängig. Die Tabelle zeigt diese Druckabhängigkeit am Beispiel des Wassers.

Siede|verzug: Bezeichnung für die Erscheinung, dass eine Flüssigkeit unter bestimmten Voraussetzungen (hoher Reinheitsgrad von Flüssigkeit und Gefäß, glatte Gefäßwand) weit über ihre Siedetemperatur erhitzt (überhitzt) werden kann, ohne dass der Siedevorgang einsetzt.

Bei chemisch reinem Wasser können dabei Temperaturen von nahezu 300 °C erreicht werden. Eine derartige überhitzte Flüssigkeit beginnt bei der kleinsten Erschütterung schlagartig unter heftigem Aufwallen zu sieden, wobei ihre Temperatur auf die normale Siedetemperatur absinkt. Dieser Vorgang ist wegen seines explosionsartigen Charakters gefährlich. Deshalb versucht man, den S. durch Einbringen von Siedesteinchen, -stäbchen oder -kapillaren in die Flüssigkeit zu verhindern. Die dem S. analoge Erscheinung beim Übergang einer Flüssigkeit in den festen ↑Aggregatzustand ist die ↑Unterkühlung.

Sigma-Bindung (σ-Bindung): eine ↑Atombindung.

Sigma-Komplex (σ-Komplex): ein Zwischenprodukt bei der ↑Substitution an Aromaten.

Sikkative [zu lat. siccare »trocknen«]: Substanzen, welche die Trocknung (Filmbildung) bei trocknenden ↑Ölen beschleunigen. S. bestehen in der Regel aus Lösungen von Trockenstoffen (meist Metallseifen, ↑Seifen) in organischen Lösungsmitteln oder in Ölen.

Silane (Siliciumwasserstoffe): formal den Alkanen entsprechende gasförmige oder flüssige Verbindungen der allgemeinen Formel Si_nH_{2n+2}, z. B. Monosilan, SiH_4, oder Trisilan, Si_3H_8. Die Siliciumwasserstoffe sind im Gegensatz zu den Alkanen sehr unbeständig; sie

Druck in hPa	Sp. in °C	Druck in hPa	Sp. in °C
1080	102	880	96
1066	101,5	560	84
1053	101	400	76
1013	100	200	60

Siedetemperatur: Druckabhängigkeit der Siedetemperatur beim Wasser

entzünden sich an der Luft von selbst und verbrennen spontan.

Silber: chemisches Element der I. Nebengruppe, Zeichen Ag, OZ 47, relative Atommasse 107,87; Mischelement.
Physikalische Eigenschaften: weiß glänzendes, polierbares Schwermetall. S. ist der beste Strom- und Wärmeleiter und nach Gold das dehnbarste Metall; Fp. 961,78 °C, Sp. 2 162 °C, Dichte 10,5 g/cm³.
Chemische Eigenschaften: gegen Luft und nicht oxidierende Säuren beständiges Edelmetall. S. wird in schwefelwasserstoffhaltiger Luft schwarz (Bildung von Silbersulfid, Ag_2S).
Darstellung: S. wird aus seinen Erzen, in denen es gediegen oder häufiger sulfidisch vorliegt, durch Cyanidlaugerei gewonnen, wobei es als Silbercyanidkomplex (Natriumdicyanoargentat, $Na[Ag(CN)_2]$) gelöst und anschließend mit Zink gefällt wird. Aus dem bei der Bleigewinnung als Rohprodukt anfallenden »Werkblei« wird S. durch Extraktion mit flüssigem Zink und anschließendes Abdestillieren des Zinks gewonnen (**Parkes-Verfahren**). Die Reinigung erfolgt durch elektrolytische Raffination.
Verwendung: S. dient in Legierungen mit 10–20 % Kupfer als Münzmetall, es wird verwendet für Schmuck, Bestecke, Versilberungen (Spiegel, chemische Gefäße), für elektrische Kontakte und besonders zur Herstellung von Silbersalzen für fotografische Zwecke.
Verbindungen: Die meist farblosen Silberverbindungen werden wegen ihrer Lichtempfindlichkeit in braunen Flaschen aufbewahrt; auf der Haut bilden Silbersalze schwer entfernbare schwarze Flecken.
Silbernitrat, $AgNO_3$, giftiges Salz der Salpetersäure, dient in der Medizin als starkes Ätzmittel (Höllenstein); die Silberhalogenide, besonders Silberbromid, AgBr, werden als lichtempfindliche Substanzen in der ↑Fotografie verwendet. Silberazid, AgN_3, und Knallsilber, AgCNO, sind wichtige Initialsprengstoffe. Der Nachweis von Silbersalzen erfolgt aus salpetersaurer Lösung mit Chlorid-Ionen; dabei entsteht ein weißer, käsiger Niederschlag von Silberchlorid, AgCl.

Silberchlorid-Elektrode: ↑Referenzelektrode, die aus einem mit Silberchlorid überzogenen Silberdraht besteht, der in eine Kaliumchloridlösung bestimmter Konzentration eintaucht. Entsprechend dem ↑Löslichkeitsprodukt gehen Silber-Ionen in Lösung, und es stellt sich ein bestimmtes Elektrodenpotenzial ein.

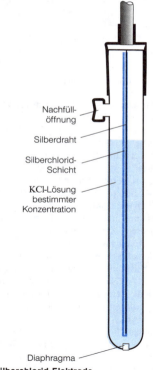

Silberchlorid-Elektrode

Silberoxid-Batterie

Silber|oxid-Batterie: Knopfzelle mit dem in der Abb. gezeigten Aufbau. Es laufen folgende Reaktionen ab:

Minuspol: $Zn \rightarrow Zn^{2+} + e^-$
Pluspol: $Ag_2O + 2\,e^- + H_2O \rightarrow 2\,Ag + 2\,OH^-$.

Eingesetzt wird die S.-B. z. B. zur Energieversorgung in Quarzuhren, Kameras und Funk-Autoschlüsseln.

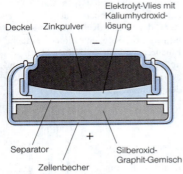

Silberoxid-Batterie: Aufbau

Silberspiegelprobe: Nachweisverfahren für Aldehyde, Glucose und andere reduzierende Stoffe. Zur Durchführung werden in einem mit Chromschwefelsäure (konzentrierte Schwefelsäure mit Kaliumdichromat, $K_2Cr_2O_7$, versetzt) entfetteten Reagenzglas einige Kristalle Silbernitrat ($AgNO_3$) in 1 ml destilliertem Wasser gelöst und mit wenigen Tropfen konzentrierter Ammoniaklösung versetzt, bis sich der zwischenzeitlich gebildete Niederschlag wieder aufgelöst hat (durch Bildung von Diamminsilber(I)-nitrat, $[Ag(NH_3)_2]NO_3$). Diese Lösung (**Tollens Reagenz**) wird nun mit einigen Millilitern reduzierender Lösung, z. B. Aldehydlösung, versetzt, anschließend bis zum Rand mit destilliertem Wasser aufgefüllt und in ein Wasserbad von ca. 80 °C gestellt. Nach einigen Minuten kommt es im Reagenzglas zur Bildung eines Silberspiegels. Für Formaldehyd (Methanal) ergibt sich dabei folgende Reaktion:

$HCHO + 2\,[Ag(NH_3)_2]NO_3 + H_2O$
$\rightarrow HCOOH + 2\,Ag + 2\,NH_4NO_3$.

Die entstandenen Hydronium-Ionen werden von den Ammoniakmolekülen unter Bildung von Ammonium-Ionen gebunden:

$2\,H_3O^+ + 2\,NH_3 \rightarrow 2\,NH_4^+ + 2\,H_2O$.

Silica|gel: ↑Kieselsäuren.

Silicate (Silikate) [zu lat. silex, silicis »Kieselstein«]: die Salze der ↑Kieselsäuren.

Die Silicat-Anionen sind aus SiO_4-Tetraedern aufgebaut, in denen die Silicium- und Sauerstoffatome durch stark polare Elektronenpaarbindungen zusammengehalten werden. Die SiO_4-Gruppen können genau wie die $Si(OH)_4$-Tetraeder der Kieselsäuren zu Ketten, Bändern, Blättern und Raumnetzen vereinigt sein, wobei sie aber immer nur über gemeinsame Ecken (d. h. über ein gemeinsames Sauerstoffatom), niemals aber über gemeinsame Kanten oder gar Flächen miteinander verknüpft sind. Der Zusammenhalt zwischen den einzelnen Ketten, Bändern bzw. Blättern wird durch dazwischen gelagerte Metall-Kationen bewirkt.

Die unterschiedliche Verknüpfung der SiO_4-Tetraeder in den Silicat-Anionen ist ein Grund für die große Mannigfaltigkeit in der Zusammensetzung und in den Eigenschaften der S. Ein zweiter Grund liegt darin, dass in vielen Silicat-Anionen SiO_4-Tetraeder durch AlO_4-Tetraeder ersetzt werden. Da in diesen Alumosilicaten das Aluminiumatom aber eine positive Kernladung weniger enthält als das Siliciumatom, ergibt sich pro eingebautem AlO_4-Tetraeder eine überschüssige negative Ladung. Diese wird durch die zusätzliche Auf-

nahme von Kationen wie z. B. Natrium- oder Kalium-Ionen ausgeglichen.
Natürlich vorkommende S. sind neben den Oxiden die wichtigsten gesteinsbildenden ↑Minerale. Sie sind an der Zusammensetzung der Erdrinde mengenmäßig weitaus am stärksten beteiligt. Als Beispiele seien einige Schicht- und Gerüstsilicate erwähnt.
In den Schichtsilicaten bilden die Silicat-Anionen Schichten (Blätter) aus SiO_4-Tetraedern, die durch dazwischen liegende Metall-Kationen zusammengehalten werden. Hierauf beruht z. B. die ausgezeichnete blättrige Spaltbarkeit der ↑Glimmer und die Weichheit des Talkes, $Mg_3[Si_4O_{10}](OH)_2$, sowie die Quellbarkeit der ↑Tone.
In den Silicat-Anionen der Gerüstsilicate hat jedes SiO_4-Tetraeder mit vier räumlich benachbarten Tetraedern je ein Sauerstoffatom gemeinsam, sodass ein dreidimensionales Gerüst entsteht.
In **Alumosilicaten** ersetzen Aluminiumatome einen Teil der Siliciumatome; der Ladungsausgleich erfolgt z. B. durch Natrium- oder Kalium-Ionen. Die wichtigsten Gerüstsilicate sind die unter der Bezeichnung Feldspat zusammengefassten Minerale, z. B. der Kalifeldspat, $K[AlSi_3O_8]$.
Bei ↑Wasserglas, ↑Gläsern, ↑Tonwaren und ↑Zement liegen künstliche S. bzw. Alumosilicate vor.
Silicide: ↑Silicium.
Silicium: chemisches Element der IV. Hauptgruppe, Zeichen Si, OZ 14, relative Atommasse 28,09; Mischelement.
Physikalische Eigenschaften: S. bildet kubische, metallisch glänzende, dunkelgraue bis schwarze Kristalle (die Gitterstruktur ist die gleiche wie die des ↑Diamanten); sehr spröde, härter als Glas; leitet den elektrischen Strom (Leitfähigkeit nimmt mit steigender Temperatur zu, Halbleiter); Dichte 2,33 g/cm^3, Fp. 1 414 °C, Sp. 3 265 °C.

Chemische Eigenschaften: S. verbrennt bei großer Hitze zu Siliciumdioxid, SiO_2, mit Fluor reagiert es schon bei Zimmertemperatur unter Feuererscheinung, mit den übrigen Halogenen beim Erhitzen; mit Stickstoff vereinigt sich S. bei 1 400 °C unter Bildung von Nitrid, Si_3N_4; es löst sich in einigen Metallen unter Bildung von **Siliciden** (z. B. Dicalciumsilicid, Ca_2Si, Calciumsilicid, $CaSi$); S. tritt fast nur vierwertig auf; es verhält sich in vieler Hinsicht ähnlich wie Kohlenstoff, bildet jedoch keine Verbindungen mit Doppel- oder Dreifachbindungen.
Gewinnung und Verwendung: S. wird technisch durch Reduktion von Quarz mit Kohle im elektrischen Ofen gewonnen:

$$SiO_2 + C \rightarrow Si + 2\,CO.$$

Dabei fällt S. als stückiges oder pulveriges Produkt an, das v. a. als Desoxidationsmittel und Legierungsbestandteil u. a. für Spezialstähle verwendet wird. Hochreines S., das als Halbleiter in der Elektrotechnik gebraucht wird, wird durch das ↑Zonenschmelzverfahren hergestellt oder nach speziellen Verfahren gewonnen, z. B. durch Pyrolyse von gereinigtem Siliciumwasserstoff (Silan, SiH_4):

$$SiH_4 \rightarrow Si + H_2.$$

Silicumdi|oxid, SiO_2: in der Natur weit verbreiteter, sehr harter, kristalliner oder amorpher Feststoff. In ihm ist jedes Siliciumatom tetraedrisch von vier Sauerstoffatomen umgeben. Jedes Sauerstoffatom ist wiederum mit zwei Siliciumatomen so verbunden, dass ein dreidimensionales Atomgitter entsteht, ähnlich wie in ↑Kieselsäuren. Die Silicium-Sauerstoff-Einfachbindungen sind stark polar. Das ist einer der Gründe für ihre große Stabilität.
S. kommt in der Natur in mehreren ↑Modifikationen vor, deren weitaus

wichtigste und beständigste der ↑Quarz ist. Sämtliche Erscheinungsformen des S. sind reaktionsträge, sie werden nur durch Fluorwasserstoff angegriffen und aufgelöst; gegenüber allen anderen Säuren sind sie resistent.

Siliciumwasserstoffe: ↑Silane.

Silicone (Silikone, Polyorganosiloxane): synthetische Verbindungen, in denen Siliciumatome über Sauerstoffatome verknüpft sind, wobei organische Reste (z. B. der Methylrest, $-CH_3$) die übrigen Valenzen der Siliciumatome absättigen. Die S. haben also folgende Struktur:

$$-\underset{\underset{R}{|}}{\overset{\overset{R}{|}}{Si}}-O-\underset{\underset{R}{|}}{\overset{\overset{R}{|}}{Si}}-O-\underset{\underset{R}{|}}{\overset{\overset{R}{|}}{Si}}-O-\underset{\underset{R}{|}}{\overset{\overset{R}{|}}{Si}}--$$

Bei kleiner Gliederzahl werden ringförmige Makromoleküle gebildet, bei größerer Molekülmasse lange Ketten, aber auch Netze.

Die S. können eingeteilt werden in Öle, Kautschuke und Harze. Die Siliconöle bestehen aus kettenförmigen, unvernetzten Makromolekülen, wobei die Viskosität (Zähflüssigkeit) mit wachsender Kettenlänge zunimmt. Sind die Ketten in geringem Maße vernetzt, entsteht gummiartiger Siliconkautschuk. Bei den festen Siliconharzen dagegen sind die Makromoleküle stark vernetzt.

Silikate: ↑Silicate.

Silikone: ↑Silicone.

Siloxane: Wasserstoff-Sauerstoff-Verbindungen des Siliciums mit Si-O-Si-Bindungen. Die einfachste derartige Verbindung ist das gasförmige Disiloxan, $H_3Si-O-SiH_3$.

Durch Substitution der Wasserstoffatome durch Alkylgruppen entstehen (formal) die **Alkylsiloxane** (Organosiloxane), deren Polymerisationsprodukte die ↑Silicone sind.

Singulettzustand: Zustand eines angeregten Moleküls, bei dem ein Elektron, das durch Lichtzufuhr (z. B. Ultraviolett) auf ein höheres Energieniveau gehoben wurde, seinen ursprünglichen ↑Spin (Drehrichtung) beibehalten hat (Abb.).

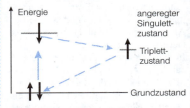

Singulettzustand: Energiediagramm

Im Anschluss an eine solche Anregung kann das Molekül entweder unter Aussendung vom Licht (↑Fluoreszenz) nach 10^{-4} bis 10^{-9} s wieder in den Grundzustand übergehen, oder aber das angeregte Elektron erfährt eine Spinumkehr, wobei das betreffende Molekül in den im Vergleich zum S. etwas energieärmeren Triplettzustand übergeht. In diesem liegen zwei Elektronen mit parallelem Spin vor. Aus dem Triplettzustand geht das Molekül unter nochmaliger Spinumkehr wieder in den Grundzustand über, dabei kommt es zur Emission von Strahlung, die als Phosphoreszenz bezeichnet wird.

Nicht nur angeregte Moleküle können im Triplettzustand vorliegen; so besitzt z. B. der molekulare Sauerstoff im Grundzustand ebenfalls zwei ungepaarte Elektronen mit parallelem Spin; man spricht auch in diesem Fall von einem Triplettzustand.

Die Namen Singulett und Triplett beziehen sich auf die Zahl der möglichen Einstellungen der Elektronenspinachsen im Magnetfeld.

Sintern [zu ahd. sintar »Metallschlacke«]: Vorgang, bei dem Pulverteilchen unter Einfluss erhöhter Temperatur und/oder erhöhtem Druck durch oberflächliches Aufschmelzen und Zusammenbacken zu einem festen Körper vereinigt werden.

Skleroproteine [zu griech. sklérós »trocken«, »hart«, »rau«]: ↑Proteine.

Sm: Zeichen für ↑Samarium.

Smog [Kw. aus engl. smoke »Rauch« und fog »Nebel«]: starke Luftverunreinigungen mit Dunst- oder Nebelbildung, die über städtischen oder industriellen Ballungsräumen, besonders bei Inversionswetterlagen (kein Luftaustausch mit den oberen Luftschichten) auftreten. Man unterscheidet den London-Smog, der v. a. aus mit Schwefeldioxid und Ruß beladenem Nebel besteht (tritt besonders an nasskalten Herbst- und Winterabenden auf), und den Los-Angeles-Smog oder fotochemischen S., der v. a. durch Schadstoffe wie Schwefeldioxid, Stickoxide und (unverbrannte) Kohlenwasserstoffe unter dem Einfluss der Sonnenstrahlung gebildet wird, wobei neue gefährliche Substanzen und Reizstoffe wie Formaldehyd, Acrolein und Ozon entstehen.

Sn [Abk. von lat. stannum »Zinn«]: Zeichen für ↑Zinn.

Soda [span.]: ↑Natriumcarbonat.

Soda|auszug: vorbereitendes Verfahren beim Nachweis der Anionen einer Analysensubstanz in Gegenwart störender Kationen (↑Analyse). Der Anionennachweis wird sehr oft durch Metall-Ionen gestört. Deshalb ist es notwendig, die meisten Anionen, außer CO_3^{2-} (Carbonat-Ion) und S^{2-} (Sulfid-Ion), im S. nachzuweisen. Hierzu wird die Analysensubstanz mit einem Überschuss an Sodalösung (Na_2CO_3) gekocht. Dabei werden, mit Ausnahme der Alkali-Ionen, die meisten Metall-Ionen in schwerlösliche Hydroxide bzw. Carbonate überführt. Die Bildung von Hydroxiden ist aufgrund der alkalischen Reaktion des Carbonat-Ions in wässriger Lösung möglich:

$$CO_3^{2-} + H_2O \rightarrow HCO_3^- + OH^-.$$

Es fällt immer die am schwersten lösliche Metallverbindung aus. Nach Abfiltrieren der schwerlöslichen Metallcarbonate bzw. -hydroxide können die gesuchten Anionen durch spezifische Reagenzien nachgewiesen werden. Beispiele:

Cl^-: Ansäuern mit verdünnter Salpetersäure, HNO_3. Versetzen mit Silbernitratlösung, $AgNO_3$: Bildung eines weißen, käsigen Niederschlags von Silberchlorid, AgCl, der in Ammoniak löslich ist.

SO_4^{2-}: Ansäuern mit verdünnter Salzsäure, HCl. Versetzen mit Bariumchloridlösung, $BaCl_2$: Bildung eines weißen Niederschlags von Bariumsulfat, $BaSO_4$.

Ansäuern des S. (oder der Ursubstanz) mit Salzsäure, HCl: Gasentwicklung von Schwefelwasserstoff, H_2S,: Geruch nach faulen Eiern.

NO_3^-: Ansäuern mit verdünnter Schwefelsäure, H_2SO_4, Versetzen mit frisch bereiteter Eisen(II)-sulfatlösung, $FeSO_4$, Unterschichten mit konzentrierter Schwefelsäure: brauner Ring von Nitrosoeisen(II)-sulfat, $[Fe(H_2O)_5NO]SO_4$.

Sol [Kw. aus lat. solutus »aufgelöst«]: ↑Kolloid.

Solvatation [zu lat. solvere »lösen«]: Anlagerung von Molekülen eines polaren Lösungsmittels an darin verteilte Ionen oder Moleküle. Handelt es sich bei dem Lösungsmittel um Wasser, so wird die S. ↑Hydratation genannt.

Solvay-Verfahren [sɔl'vɛ-; nach E. SOLVAY] (Ammoniak-Soda-Verfahren): Verfahren zur industriellen Herstellung von ↑Natriumcarbonat.

Solvens: ↑Lösungsmittel.

Sorbinsäure [zu lat. sorbus »Vogelbeere«]: ↑Konservierung.

Sorbit: Zuckeralkohol, der als Zuckeraustauschstoff für Diabetiker verwendet wird. S. kommt in manchen Früchten vor und kann synthetisch durch katalytische Hydrierung von Glucose hergestellt werden. S. ist Ausgangsstoff für die Synthese von Ascorbinsäure (↑Vitamin C).

Soxhlet-Extraktionsapparat ['zɔkslɛt-]: ↑Extraktion.

Sp., Abk. für Siedepunkt: ↑Siedetemperatur.

Spannungsreihe: Einordnung der chemischen Elemente, insbesondere der Metalle, nach der Größe der Potenzialdifferenz, die sich an der Phasengrenze bei jedem dieser Elemente ergibt, wenn sie in einen Elektrolyten eintauchen. Dieses elektrolytische Potenzial kann man nicht direkt messen, sondern nur relativ zu einem Referenzpotenzial. Dazu misst man die Spannung eines ↑galvanischen Elements, dessen einer Pol das einzuordnende Element und dessen anderer Pol die ↑Normalwasserstoffelektrode ist. Das Element taucht hierbei als Elektrode in eine Lösung, die 1 mol Ionen des Metalls pro Liter enthält. Die nun auftretende Spannung zwischen den beiden Elektroden nennt man das Normalpotenzial ε_0 (Standardpotenzial) des Metalls. Die Einordnung der Normalpotenziale in eine Reihe, in der am Anfang die (unedleren) Metalle mit dem größten negativen und am Ende die (edleren) Metalle mit dem größten positiven Potenzial stehen, ergibt die elektrochemische S. der Metalle (ε_0 gemessen bei 25 °C).

Bei der Angabe der Redoxgleichungen ist es üblich, diese von links nach rechts gelesen als Oxidation zu formulieren. Für die Rückreaktion gilt jeweils der Wert $-\varepsilon_0$.

Reaktion			ε_0 in V
Li	$\rightleftharpoons$ Li$^+$	+ e$^-$	–3,04
K	$\rightleftharpoons$ K$^+$	+ e$^-$	–2,92
Ca	$\rightleftharpoons$ Ca^{2+}	+ 2e$^-$	–2,87
Na	$\rightleftharpoons$ Na$^+$	+ e$^-$	–2,71
Mg	$\rightleftharpoons$ Mg^{2+}	+ 2e$^-$	–2,37
Al	$\rightleftharpoons$ Al^{3+}	+ 3e$^-$	–1,69
Mn	$\rightleftharpoons$ Mn^{2+}	+ 2e$^-$	–1,18
Zn	$\rightleftharpoons$ Zn^{2+}	+ 2e$^-$	–0,76
Cr	$\rightleftharpoons$ Cr^{3+}	+ 3e$^-$	–0,74
Fe	$\rightleftharpoons$ Fe^{2+}	+ 2e$^-$	–0,44
Ni	$\rightleftharpoons$ Ni^{2+}	+ 2e$^-$	–0,23
Pb	$\rightleftharpoons$ Pb^{2+}	+ 2e$^-$	–0,13
2 H$_2$O+H$_2$	$\rightleftharpoons$ 2 H$_3$O$^+$	+ 2e$^-$	0,00
Cu	$\rightleftharpoons$ Cu^{2+}	+ 2e$^-$	+0,34
Ag	$\rightleftharpoons$ Ag$^+$	+ e$^-$	+0,80
Hg	$\rightleftharpoons$ Hg^{2+}	+ 2e$^-$	+0,85
Pt	$\rightleftharpoons$ Pt^{2+}	+ 2e$^-$	+1,20
Au	$\rightleftharpoons$ Au$^+$	+ e$^-$	+1,50

Spannungsreihe (Tab. 1): Normalpotenziale ε_0 wichtiger metallischer Redoxsysteme

Unter Standardbedingungen gibt die reduzierte Form des Redoxpaares mit dem kleineren (häufig sogar negativen) Potenzial Elektronen an die oxidierte Form des Redoxpaares mit dem größeren (meistens positiven) Potenzial ab. Alle reduzierten Formen von Stoffen mit kleinen (negativen) Potenzialen sind gute Reduktionsmittel und alle oxidierten Formen von Stoffen mit großen (positiven) Potenzialen sind gute Oxidationsmittel.

Jedes Metall kann daher an die Ionen aller in der S. darunter stehenden Metalle Elektronen abgeben und selbst in den Ionenzustand übergehen. Beim Eintauchen eines unedleren Elements in die Lösung der Ionen eines edleren Elements werden diese entladen; das edlere Element scheidet sich als Metall ab, die Atome des unedleren Elements gehen als Ionen in Lösung. Die ↑Elektronenaffinität der Metalle nimmt also beim Durchlaufen der S. nach den positiven Normalpotenzialen hin ab.

Je unedler ein Metall ist, umso negativer ist sein Normalpotenzial, umso leichter wird es oxidiert, umso stärker wirkt es als Reduktionsmittel und umso heftiger reagiert es mit Säuren und Wasser unter Wasserstoffentwicklung. Die Ionen von Metallen mit positivem Normalpotenzial sind andererseits leicht reduzierbar, sie wirken als Oxidationsmittel.

Die Differenz der Normalpotenziale zweier Metalle gibt die Spannung an, die ein mit ihnen gebildetes galvanisches Element bei gleicher Ionenkonzentration liefert, z. B. beim **Daniell-Element** (Kupfer-Zink-Element mit Zinksulfatlösung als Elektrolyt):

$$\varepsilon_{Cu} - \varepsilon_{Zn} = 0{,}35 - (-0{,}76) = 1{,}11 \text{ V}.$$

Neben der S. der Metalle gibt es auch eine der Nichtmetalle; hier stellen die Ionen die reduzierte Form dar und wirken als Reduktionsmittel (Tab. 2).

Reaktion				ε_0 in V
Te^{2-}	$\rightleftharpoons$	Te	$+ 2 e^-$	$-1{,}14$
Se^{2-}	$\rightleftharpoons$	Se	$+ 2 e^-$	$-0{,}77$
S^{2-}	$\rightleftharpoons$	S	$+ 2 e^-$	$-0{,}51$
$2 I^-$	$\rightleftharpoons$	I_2	$+ 2 e^-$	$-0{,}58$
$2 Br^-$	$\rightleftharpoons$	Br_2	$+ 2 e^-$	$+1{,}07$
$2 Cl^-$	$\rightleftharpoons$	Cl_2	$+ 2 e^-$	$+1{,}36$
$2 F^-$	$\rightleftharpoons$	F_2	$+ 2 e^-$	$+2{,}85$

Spannungsreihe (Tab. 2): Normalpotenziale ε_0 wichtiger nicht metallischer Redoxsysteme

Spektral|analyse (spektrochemische Analyse) [zu lat spectrum »Erscheinung«]: Methode zur qualitativen und quantitativen chemischen Analyse fester, flüssiger oder gasförmiger Stoffe durch Erzeugung ihres ↑Spektrums und dessen Beobachtung sowie Ausmessung mit einem Spektralgerät nach Verfahren der Spektroskopie. Die Frage nach dem Ursprung der Spektren ist für die S. von untergeordneter Bedeutung, wichtig ist nur die Zuordnung von Spektrum bzw. Spektrallinie zum gesuchten Stoff und dessen Konzentration in der untersuchten Analysensubstanz.

Die qualitative S. versucht festzustellen, welche Elemente oder Verbindungen in der Probensubstanz vorhanden sind bzw. ob ein bestimmtes Element fehlt (Materialprüfung). Die quantitative S. will zusätzlich ermitteln, in welcher Konzentration die gefundenen Stoffe in der Probe vorliegen.

Nach der Methode wird zwischen Absorptions- und Emissionsspektralanalyse unterschieden. Bei der **Absorptionsspektralanalyse** werden v. a. organische Substanzen untersucht, indem man die Probe in einem Lösungsmittel bekannten Spektrums auflöst und diese Lösung in den Strahlengang einer Lichtquelle mit kontinuierlichem Spektrum bekannter Intensität bringt. Das sich dabei ergebende Absorptionsspektrum der Lösung untersucht man anhand charakteristischer Linien und kann so die Bestandteile der Probe ermitteln. Bei der wichtigen **Emissionsspektralanalyse** wird die meistens dampf- oder gasförmig vorliegende Probe zum Leuchten angeregt und das Emissionsspektrum untersucht. Die Emissionsspektren werden auf verschiedene Arten erzeugt: die Flammenspektren durch rein thermische Leuchtanregung in der Flamme des Bunsenbrenners oder in der Knallgasflamme, die Lichtbogenspektren, indem man die Probe in einen Lichtbogen einbringt (bei Metallanalysen benutzt man Elektroden, die aus der Metallprobe hergestellt sind), und die Funken(entladungs)spektren, indem man die metallische Probensubstanz als Elektrode einer Funkenstrecke benutzt. Mit dem Flammenspektrum weist man v. a. Alkali- und Erdalkalimetalle nach, die Lichtbogenmethode dagegen eignet sich für den Nachweis geringer Spuren von Elementen in der Probe.

Spektralapparat

Spektral|apparat: ↑Spektroskopie.
Spektrometrie: ↑Spektroskopie.
Spektro|skopie [zu griech. skopein »betrachten«]: Erzeugung, Beobachtung und Registrierung von Spektren sowie ihre Ausmessung (**Spektrometrie**) und Deutung. Die S. hat die Aufgabe, die Wellenlängen (bzw. Frequenzen) und Intensitäten der in den Spektren der verschiedenen Stoffe (Elemente) enthaltenen Spektrallinien zu ermitteln. Die direkte Messung der Wellenlängen beruht auf der Wellenlängenabhängigkeit von Brechungs- und Beugungserscheinungen an Prismen oder Gittern in Spektralapparaten und erlaubt bei genauer Ausmessung die Festlegung von Wellenlängennormalen bzw. Vergleichsspektren, an denen indirekte Messungen erfolgen können.

In der angewandten S. (Spektralanalyse) dienen die Ergebnisse dazu, Rückschlüsse auf die in einer Lichtquelle oder durchstrahlten Substanz vorhandenen chemischen Elemente oder Verbindungen sowie auf deren Zustandsgrößen (z. B. Temperatur, Druck, Konzentration u. a.) zu ziehen.

Spektrum: Bezeichnung für das farbige Lichtband bzw. die Linien, die man erhält, wenn Atome oder Moleküle durch Anregung (z. B. Erhitzen, elektrischer Lichtbogen, elektrische Entladungen) zum Aussenden von Licht veranlasst werden und dieses durch ein Prisma oder mithilfe eines optischen Gitters zerlegt wird.

Licht von glühenden festen Körpern zeigt dabei eine kontinuierliche Farbfolge (kontinuierliches S.).

Das Licht leuchtender Gase oder von Elementen im ionisierten gasförmigen Zustand liefert hingegen ein Linienspektrum (diskontinuierliches S., Abb.).

Ein S., das durch das von einem glühenden Körper ausgesandte (emittierte)

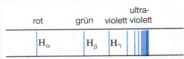

Spektrum: Linienspektrum von Wasserstoff

Licht erzeugt wird, heißt Emissionsspektrum. Lässt man dagegen das Licht eines glühenden festen oder flüssigen Körpers zunächst durch ein relativ kühles, nicht selbstleuchtendes Gas hindurchtreten, ehe man es durch ein Prisma oder optisches Gitter schickt, so zeigen sich im S. schwarze Linien. Man spricht dabei von einem Absorptionsspektrum. Da ein Gas Strahlung derselben Wellenlänge absorbiert, wie es aussendet, stimmt die Lage der dunklen Linien im Absorptionsspektrum mit der Lage der farbigen Linien im Emissionsspektrum überein. So beobachtet man beim Durchschicken von weißem Licht durch Natriumdämpfe, dass dieses bei der Wellenlänge 589 nm von den Natriumatomen absorbiert wird. Im S. erscheint in diesem Bereich anstelle der erwarteten gelben Spektrallinie ein dunkler Strich (genauer: ein Doppelstrich, die Natrium-D-Linien bei 589,593 nm und 588,996 nm). Ein weiteres Beispiel sind die sich im S. des Sonnenlichtes zeigenden schwarzen Linien (Fraunhofer-Linien). Sie stellen das Absorptionsspektrum der Photosphäre der Sonne dar.

Spektren ergeben sich auch in anderen, vom menschlichen Auge nicht direkt wahrnehmbaren elektromagnetischen Wellenbereichen (z. B. Infrarotspektrum, Ultraviolettspektrum, Röntgenspektrum).

Im übertragenen Sinne spricht man auch bei anderen Intensitäts- oder Häufigkeitsverteilungen von einem S., z. B. von einem NMR-Spektrum (↑Kernresonanzspektroskopie) oder von einem Massenspektrum (↑Massenspektrometer).

spezifische Drehung [zu nlat. specificus »von besonderer Art«]: ↑optische Aktivität.

Spiegelbildisomerie: ↑Isomerie.

Spin [engl. »Drehung«]: eine charakteristische, doch unanschauliche Eigenschaft der ↑Elementarteilchen. Der S. kann unserer Vorstellung nur mithilfe eines Modells nähergebracht werden: Man stellt sich die Elementarteilchen als kleine Kugeln vor, die sich um eine durch den Kugelmittelpunkt verlaufende Achse drehen. Dabei haben sie einen konstanten Drehimpuls (Eigendrehimpuls) oder Drall. Diese Form des Drehimpulses nennt man S.
Wie jede Quantengröße ist auch der S. gequantelt, d. h., er kann nur ganz bestimmte, diskrete Werte annehmen. Er ist immer ein ganz- oder halbzahliges Vielfaches der atomaren Drehimpulseinheit:

$$\hbar = \frac{h}{2\pi} = \frac{6{,}6261 \cdot 10^{-34} \text{ Js}}{2\pi}$$
$$\approx 1{,}054 \cdot 10^{-34} \text{ Js}$$

(h ↑Planck-Wirkungsquantum). Das Elektron beispielsweise hat entweder den S. $+\frac{1}{2}\hbar$ oder $-\frac{1}{2}\hbar$. Das bedeutet, dass das Elektron die Spinquantenzahl ½ besitzt. Für diese Quantenzahl ist das Symbol s gebräuchlich. Im Sprachgebrauch wird die Spinquantenzahl s oft als Wert für den S. selbst verwendet. (Man sagt z. B. verkürzt: Das Elektron hat den S. ½. Dies ist jedoch nicht völlig korrekt, denn das Elektron hat den S. $+\frac{1}{2}\hbar$ oder $-\frac{1}{2}\hbar$, die Spinquantenzahl des Elektrons ist dagegen $s = \frac{1}{2}$.)
Bei Mehrteilchensystemen kann ein Gesamtspin definiert werden, der sich aus den S. der einzelnen Teilchen zusammensetzt. So können z. B. zwei Elektronen den Gesamtspin $+1\,\hbar$ oder 0 oder $-1\,\hbar$ aufweisen. Beim Gesamtspin mit dem Betrag 0 haben die beiden Elektronen entgegengesetzten Drehsinn, sie sind antiparallel zueinander orientiert; beim Gesamtspin mit dem Betrag 1 liegt bei beiden Elektronen der gleiche Drehsinn vor, sie sind parallel zueinander orientiert. Im Grundzustand eines Atoms haben die Elektronenpaare doppelt besetzter Orbitale stets den Gesamtspin 0. Die Spinrichtung der beiden Elektronen ist also entgegengesetzt. Man spricht in diesem Fall von Spinpaarung und von spingepaarten Elektronen bzw. von einem Spinpaar.

Spiritus [zu lat. spirare »hauchen«]: durch Vergällungsmittel denaturierter Alkohol (Ethylalkohol).

Spray [sprei; engl. »Sprühnebel«]: Flüssigkeitsnebel (Aerosole) von Farben, Lacken, Deodoranzien, Haarfestigern u. a., die durch unter Druck (bis 1,2 MPa bei 50 °C) stehendes ↑Treibgas aus der Düse eines stabilen Gefäßes getrieben werden. Auch Bezeichnung für den gefüllten Behälter bzw. die Flüssigkeit.

Spreng|gelatine: ↑Nitroglycerin.

Sprengstoffe: ↑Explosivstoffe.

Spülmittel: ↑Reinigungsmittel.

Spuren|analytik: Teilgebiet der Analytik (↑Analyse), das sich mit der Bestimmung von Bestandteilen befasst, die nur in äußerst geringen Mengen (< 100 ppm) in der Probe enthalten sind. Besonders gut eignen sich dafür einige spektroskopische Methoden, wie die ↑Fotometrie, die ↑Atomabsorptionsspektroskopie, die ↑Gaschromatographie oder die Massenspektroskopie (↑Massenspektrometer).
Die S. ist von großer Bedeutung in der Medizin, in der Umweltanalytik, in der Kriminalistik, in der Metallurgie usw.

Spuren|elemente: in der Ernährungsphysiologie Bezeichnung für chemische Elemente, die in kleinsten Mengen für die Ernährung für Mensch, Tier und Pflanze unentbehrlich sind, jedoch im Unterschied zu den Elementen Kohlenstoff, Wasserstoff, Sauerstoff, Stickstoff, Phosphor und Schwefel nur in

Spurengase

sehr geringen Mengen benötigt werden. S. für Mensch und Tier sind: Eisen, Magnesium, Mangan, Kupfer, Cobalt, Zink, Fluor, Iod, Selen. Bei Pflanzen sind es Mangan, Kupfer, Zink, Molybdän, Bor, Chlor, Natrium, Cobalt, Selen. Die S. sind meist Bestandteile von Enzymen, Vitaminen und Hormonen. Ihr Fehlen (durch einseitige Ernährung bzw. Bodenauslaugung) ruft Mangelkrankheiten hervor.

Spurengase: Gase, die nur zu einem geringen Anteil in der Atmosphäre vorhanden sind (↑Luft; ↑Atmosphärenchemie).

Sr: Zeichen für ↑Strontium.

SSS-Regel: Regel, die besagt, dass bei Bestrahlung mit Licht (**S**onnenlicht) und bei gleichzeitiger Erhöhung der Temperatur (**S**iedehitze) bei Alkylbenzolen die ↑**S**ubstitution in der Seitenkette (also der Alkylgruppe) stattfindet. Unter anderen Bedingungen (↑KKK-Regel) läuft eine Substitution am aromatischen Kern ab.

Stabilisatoren [zu lat. stabilis »standhaft«]: Substanzen, die leicht zersetzbaren Stoffen zur Erhöhung der Beständigkeit oder zur Verhinderung einer vorzeitigen bzw. unerwünschten Reaktion zugegeben werden; auch Substanzen, die die Stabilität physikalischer Systeme erhöhen, z. B. das Entmischen von Emulsionen, Suspensionen usw. verhindern.

Stabilität: Eigenschaft eines Systems, nach einer geringfügigen Störung des Gleichgewichts wieder dem Gleichgewichtszustand zuzustreben. **Instabil** ist dagegen ein System, das kontinuierlich einem Zustand geringerer freier Energie oder höherer Entropie zustrebt, also nicht im Gleichgewicht ist. Als **metastabil** wird ein System bezeichnet, das sich zwar nicht im Gleichgewicht befindet, dessen Annäherung an den Gleichgewichtszustand jedoch extrem langsam abläuft.

Stabilitätskonstante (Komplexbildungskonstante): eine Gleichgewichtskonstante (↑Massenwirkungsgesetz), die die Beständigkeit von Komplexen, $[ML_n]^{m+}$, angibt (M Zentralatom, L Liganden). Bildet sich ein Komplex gemäß der Reaktion

$$M^{m+} + n\,L \rightleftharpoons [ML_n]^{m+},$$

so ist seine S.:

$$K = \frac{[ML_n^{m+}]}{[M^{m+}][L]^n}.$$

Stahl [zu ahd. stahal »der Feste«]: nach den derzeit gültigen deutschen Normen (DIN) jedes ohne Nachbehandlung schmiedbare Eisen mit einem Kohlenstoffgehalt von höchstens 1,7% (erst unterhalb dieses Gehaltes ist Eisen schmiedbar). Die Herstellung von S. aus dem im Hochofen gewonnenen Roheisen (↑Roheisenerzeugung) beruht im Wesentlichen darauf, dass die im Roheisen gelösten, unerwünschten Begleitelemente des Eisens, v. a. der Kohlenstoff, daneben auch Mangan, Silicium und Phosphor, durch Frischen (d. h. durch Oxidieren mit Luft bzw. reinem Sauerstoff oder Sauerstoff abgebenden Substanzen) in Form von Schlacke oder gasförmigen Verbindungen ganz oder teilweise entfernt werden. Bei der Verbrennung der im Roheisen enthaltenen Begleitelemente Silicium, Mangan, Kohlenstoff und Phosphor wird eine große Wärmemenge frei, die den durch das Einblasen von kalter Luft auftretenden Wärmeverlust ausgleicht und so ein Erstarren des erzeugten flüssigen S. (Flussstahl) verhindert:

$Si + O_2 \rightarrow SiO_2;$ $\quad \Delta H = -912$ kJ
$4\,P + 5\,O_2 \rightarrow P_4O_{10};$ $\quad \Delta H = -2\,986$ kJ
$C + O_2 \rightarrow CO_2;$ $\quad \Delta H = -394$ kJ
$Mn + \tfrac{1}{2}\,O_2 \rightarrow MnO;$ $\quad \Delta H = -385$ kJ.

Für das Frischen wurden mehrere Verfahren entwickelt: Bei den Blasverfahren sind als ältere das von SIR HENRY BESSEMER (*1813, †1898) entwickelte Bessemer-Verfahren und das von S. G. THOMAS entwickelte Thomas-Verfahren zu nennen, bei denen das Roheisen in Konvertern (großen kippbaren Stahlgefäßen mit feuerfester Auskleidung) durch Einblasen von Luft vom Konverterboden aus gefrischt wurde (Windfrischen).

Beim Bessemer-Verfahren bestand die feuerfeste Auskleidung des Konverters aus einem sauren Futter (aus Quarzsand hergestellte Steine); hier konnte deshalb nur Silicium- und manganreiches Roheisen gefrischt werden (dessen Nebenbestandteile vom sauren Futter gebunden werden), nicht jedoch phosphorreiches Roheisen, da das Phosphoroxid vom sauren Futter nicht gebunden wird.

Beim Thomas-Verfahren bestand dagegen die feuerfeste Auskleidung aus basischen Stoffen wie Calcium- und Magnesiumoxid, durch die das gebildete Phosphoroxid als Calcium- bzw. Magnesiumphosphat gebunden wird; zusätzlich wurde dem Roheisen noch ein Kalkzuschlag zugegeben.

Große technische Bedeutung haben heute die Sauerstoffblasverfahren, unter denen v. a. das für phosphorarmes Roheisen geeignete LD-Verfahren (benannt nach den Stahlwerken in Linz und Donawitz) sowie das für phosphorreiches Roheisen entwickelte LD-AC-Verfahren zu nennen sind, bei denen das Roheisen in Konvertern durch Aufblasen von reinem Sauerstoff durch eine »Sauerstofflanze« (unter Zusatz von Schlacken bildenden Substanzen) gefrischt wird.

Herdfrischverfahren sind das Siemens-Martin-Verfahren (benannt nach AUGUST FRIEDRICH SIEMENS; *1826, †1904, und PIERRE ÉMILE MARTIN; *1824, †1915), bei dem die unerwünschten Begleitstoffe durch Einwirkung heißer, oxidierender Flammgase und durch die Frischwirkung des von Schrott oder oxidischem Eisenerz abgegebenen Sauerstoffs entfernt werden, und das Elektrostahlverfahren, d. h. die Herstellung von Elektrostahl in Elektroschmelzöfen. Das Siemens-Martin-Verfahren wurde in Westeuropa und Japan durch die Sauerstoffblasverfahren weitgehend verdrängt, stellt aber v. a. in den USA und Russland noch eines der wichtigsten Stahlerzeugungsverfahren dar.

Neben der Aufarbeitung von Roheisen zu S. (»Eisenveredelung«) gewinnt in den letzten Jahren auch die Stahlgewinnung durch Direktreduktion von Eisenerzen (d. h. ohne die Erzeugung von flüssigem, kohlenstoffreichem Roheisen als Zwischenprodukt) an Bedeutung.

Nach dem Frischen wird der gewonnene Rohstahl im Allgemeinen noch einer Nachbehandlung (Raffination; heute meist in besonderen Gießpfannen) unterworfen, wobei v. a. überschüssiger Sauerstoff entfernt und der gewünschte Legierungsgehalt eingestellt werden. Zur Desoxidation (Entfernung des Sauerstoffs) werden z. B. Silicium, Aluminium oder Mangan zugegeben, die den Sauerstoff in Form von Oxiden (gehen in die Schlacke) binden. Zum Erschmelzen der legierten Stähle (Edelstähle) werden heute basisch oder sauer ausgekleidete Elektroöfen (v. a. Lichtbogenöfen und Siemens-Martin-Öfen) verwendet. Die Legierungselemente werden meist in Form von Vorlegierungen zugesetzt.

Stahlhärtung: Abschreckung glühenden Stahls (Eisen mit einem Kohlenstoffgehalt von 0,5 bis 1,7%) durch Eintauchen in Wasser oder Öl. Die Härtung beruht darauf, dass die im gewöhnlichen Stahl vorliegende Mischung von Eisen und Eisencarbid (Zementit), Fe_3C, beim Erhitzen in eine feste Lösung von Eisencarbid in Eisen übergeht. Beim raschen Abkühlen bleibt diese Phase teilweise als Martensit erhalten, dieser bedingt die Härte des Stahls. Beim langsamen Abkühlen dagegen entmischt sich diese Phase wieder unter Ausscheidung von Eisencarbid.

Standardbildungsenthalpie: ↑Bildungsenthalpie.

Standardpotenzial: ↑Normalwasserstoffelektrode.

Standardreaktionsenthalpie: die Reaktionsenthalpie (↑Reaktionswärme) einer Reaktion bezogen auf Standardbedingungen, d. h. auf eine Temperatur von 298 K, einen Partialdruck der Gase von 1013 hPa und bei Lösungen eine Konzentration von 1 mol/l.

Stannate [zu lat. stannum »Zinn«]: ↑Zinn.

Stanniol: ↑Zinn.

Stärke: von Pflanzen gebildetes Reservepolysaccharid (↑Energiespeicher) mit der Summenformel $(C_5H_{10}O_5)_n$, das im Gegensatz zur ↑Cellulose aus α-D-Glucosemolekülen aufgebaut ist.

S. besteht aus zwei Komponenten unterschiedlicher Größe: zu 80–85 % aus wasserunlöslichem Amylopektin (verzweigte Ketten aus rund 3000 Glucoseresten in 1,4- und 1,6-α-glykosidischer Bindung) und zu 15–20 % aus wasserlöslicher Amylose (schraubenförmige, unverzweigte Ketten aus 200–300 Glucoseresten in 1,4-α-glykosidischer Bindung (Abb.).

S. bildet beim Aufkochen in Wasser eine kolloidale Lösung, die beim Erkalten zu einem ↑Gel erstarrt (Stärkekleister). Beim Erhitzen oder unter Enzymeinwirkung wird S. über ↑Dextrine und Maltose (↑Disaccharide) zu Glucose abgebaut. Die Biosynthese der S. erfolgt in den Chloroplasten der Pflanzen.

Besonders reich an S. sind u. a. Getreide (50–60 %), Reis (70–80 %) und Kartoffeln (17–24 %). Die mit der Nahrung aufgenommene S. wird bei Mensch und Tier zunächst bis zur Glucose gespalten, in der Leber wird daraus wieder ↑Glykogen (tierische S.) aufgebaut und als Vorratsstoff gespeichert. Zum Nachweis der S. dient die ↑Iod-Stärke-Reaktion.

Das Kohlenhydrat S. wird in Form von Kartoffeln, Mehl, Brot, Brei und Mehlspeisen als Nahrungsmittel verwendet; der menschliche Bedarf liegt bei 500 g

Stärke: Strukturformel (Ausschnitt)

pro Tag. Technisch gewonnene S. wird u. a. zur Herstellung von Klebstoffen und Textilhilfsmitteln verwendet; außerdem ist S. ein wichtiger Rohstoff bei der Gewinnung von Alkohol (Ethanol) durch Gärung. Für spezielle Anwendungszwecke werden heute zahlreiche chemisch abgewandelte Stärkeprodukte (u. a. veresterte, veretherte, vernetzte und partiell abgebaute S.) hergestellt. Quellstärke ist eine durch Erhitzen mit Wasser und anschließendes Trocknen vorbehandelte S., die im Gegensatz zur unbehandelten S. schon in kaltem Wasser quillt.

Stärke von (Brønsted-)Säuren und Basen (Säurestärke, Basenstärke): Bezeichnung für die Neigung einer Säure bzw. Base, Protonen (H^+) abzugeben bzw. zu binden. Qualitativ gesehen ist eine Säure umso stärker, je leichter sie ein Proton abgibt, eine Base umso stärker, je leichter sie ein Proton anlagern kann. Ein quantitatives Maß der Säure- bzw. Basenstärke wäre die Gleichgewichtskonstante der hypothetischen Reaktion:

$$AH \rightleftharpoons A^- + H^+.$$
Säure Base Proton

Da bei chemischen Reaktionen aber keine freien Protonen auftreten, ist es unmöglich, die absolute Stärke einer Säure bzw. Base anzugeben; die Stärke einer Säure bzw. Base kann immer nur relativ bestimmt werden, d. h. im Vergleich zu der einer anderen Säure bzw. Base.

Um die Stärken verschiedener Säuren vergleichen zu können, muss man die einzelnen Säuren stets mit der gleichen Base reagieren lassen. Entsprechendes gilt für die Bestimmung der relativen Stärke von Basen.

Als Basis, auf die die Stärke von Säuren und Basen bezogen wird, dient das Wasser. Dieses bietet sich als Bezugssystem an, denn seine Moleküle sind ↑Ampholyte, d. h., sie können als Säure und als Base wirken; außerdem sind die meisten Säuren und Basen in Wasser gut löslich; ferner arbeitet es sich mit wässrigen Lösungen am besten.

Säuren AH werden beim Lösen im Wasser protolysiert:

$$AH + H_2O \rightleftharpoons A^- + H_3O^+. \quad (1)$$

An Basen B gibt das Wasser Protonen ab:

$$B + H_2O \rightleftharpoons BH^+ + OH^-. \quad (2)$$

(Dadurch ändert sich auch entsprechend der ↑pH-Wert.)

Wendet man auf beide Reaktionen das ↑Massenwirkungsgesetz an, so erhält man die Beziehungen:

$$\frac{[A^-][H_3O^+]}{[AH][H_2O]} = K_{(1)}$$

$$\frac{[BH^+][OH^-]}{[B][H_2O]} = K_{(2)}.$$

Da vorausgesetzt werden darf, dass in verdünnten wässrigen Säure- und Basenlösungen (Konzentration der gelösten Teilchen kleiner als 0,1 molar) die Konzentration des Wassers konstant ist (55,55 mol/l), kann die Wasserkonzentration in die Gleichgewichtskonstante K einbezogen werden:

$$\frac{[A^-][H_3O^+]}{[AH]} = K_{(1)}[H_2O] = K_S$$

$$\frac{[BH^+][OH^-]}{[B]} = K_{(2)}[H_2O] = K_B.$$

Die Konstante K_S wird Säurekonstante genannt, die Konstante K_B Basenkonstante (K_S und K_B werden häufig auch heute noch als Dissoziationskonstante von Säuren und Basen bezeichnet). Diese Konstanten charakterisieren die Stärke einer Säure bzw. Base: Je weiter die Protolysengleichgewichte auf die rechte Seite verschoben sind, umso stärker sind die Säuren bzw. Basen und umso größer werden die K_S- bzw. K_B-

Stärke von Säuren und Basen

Werte. Eine der stärksten Säuren, die Perchlorsäure, hat einen K_S-Wert von schätzungsweise 10^9, das Hydrid-Ion H^-, eine sehr starke Base, besitzt den extrem hohen K_B-Wert von schätzungsweise 10^{24}.

Gewöhnlich gibt man statt der Säure- und Basenkonstante deren negative dekadische Logarithmen an:

$$-\log K_S = pK_S$$
$$-\log K_B = pK_B.$$

Der pK_S-Wert wird als Säureexponent, der pK_B-Wert als Basenexponent bezeichnet. Wegen des negativen Vorzeichens beim logarithmischen Ausdruck gilt hier: Je kleiner der pK-Wert desto stärker ist die Säure bzw. Base.

Unter einer starken Säure versteht man im Allgemeinen eine Säure, bei der das Gleichgewicht

$$AH + H_2O \rightleftharpoons A^- + H_3O^+$$

praktisch ganz auf der rechten Seite liegt; ihre Lösung enthält demnach nahezu ausschließlich Hydronium-Ionen und die korrespondierende Base. In allen verdünnten starken Säuren ist also

Stärke	K_S bzw. K_B	Exponent pK
sehr stark	>55	<–1,74
stark	55 bis 10^{-4}	–1,74 bis 4
schwach	10^{-4} bis 10^{-10}	4 bis 10
sehr schwach	10^{-10} bis $1,8 \cdot 10^{-16}$	10 bis 15,74
extrem schwach	$<1,8 \cdot 10^{-16}$	>15,74

Beispiele			
Säure	**Formel**	K_S	pK_S
Perchlorsäure	$HClO_4$	ca. 10^9	ca. –9
Chlorwasserstoff	HCl	ca. 10^6	ca. –6
Schwefelsäure	H_2SO_4	ca. 10^3	ca. –3
Hydronium-Ion	H_3O^+	ca. 55	ca. –1,74
Salpetersäure	HNO_3	29	–1,46
Chlorsäure	$HClO_3$	1	0
Phosphorsäure	H_3PO_4	$1,1 \cdot 10^{-4}$	3,96
Fluorwasserstoff	HF	$3,53 \cdot 10^{-4}$	3,45
Cyanwasserstoff	HCN	$4,8 \cdot 10^{-10}$	9,32

Base	**Formel**	K_B	pK_B
Oxid-Ion	O^{2-}	ca. 10^{10}	ca. –10
Hydroxid-Ion	OH^-	ca. 55	ca. –1,74
Cyanid-Ion	CN^-	$2,1 \cdot 10^{-5}$	4,68
Ammoniak	NH_3	$1,8 \cdot 10^{-5}$	4,75
Fluorid-Ion	F^-	$5,2 \cdot 10^{-11}$	10,28

Stärke von Säuren und Basen

Stärke von Säuren und Basen

das Hydronium-Ion die eigentliche Säure. Dieses Ion ist die stärkste Säure, die in verdünnter wässriger Lösung vorkommen kann. Ihr K_S-Wert lässt sich wie folgt ermitteln:

$$H_3O^+ + H_2O \rightleftharpoons H_2O + H_3O^+$$

$$K_S = \frac{[H_2O][H_3O^+]}{[H_3O^+]} = [H_2O] \approx 55.$$

Da eine starke Säure in wässriger Lösung praktisch zu 100 % mit Wasser reagiert, besteht ein Gleichgewicht, auf welches das Massenwirkungsgesetz angewendet werden kann. Deshalb ist es nicht möglich, den K_S-Wert und damit auch pK_S-Wert für starke Säuren unmittelbar anzugeben. Zum Vergleich der Säurestärke von starken Säuren müssen daher Lösungen in anderen, schwacher basisch wirkenden Lösungsmitteln, z. B. Eisessig, herangezogen werden.

Ähnliche Überlegungen treffen für starke Basen zu. Die stärkste Base, die in einer verdünnten wässrigen Lösung gefunden werden kann, ist das Hydroxid-Ion, OH^-. Sein K_B-Wert lässt sich wie folgt ermitteln:

$$OH^- + H_2O \rightleftharpoons H_2O + OH^-$$

$$K_B = \frac{[H_2O][OH^-]}{[OH^-]} = [H_2O] \approx 55.$$

Die K_B-Werte für starke Basen ($K_B > 55$) können nicht exakt angegeben werden, aber man hat z. B. den K_B-Wert des Oxid-Ions, O^{2-}, einer extrem starken Base, auf 10^{10} geschätzt. Etwas willkürlich können die Säuren und Basen bezüglich ihrer Stärke wie in der Tabelle angegeben eingeteilt werden.

Eine wichtige Beziehung ergibt sich zwischen dem Säureexponenten, pK_S, einer Säure und dem Basenexponenten ihrer korrespondierenden Base:

$$AH + H_2O \rightleftharpoons A^- + H_3O^+$$
Säure

$$A^- + H_2O \rightleftharpoons AH + OH^-$$
Base

$$K_S = \frac{[A^-][H_3O^+]}{[AH]}$$

$$K_B = \frac{[AH][OH^-]}{[A^-]}.$$

Multipliziert man K_S mit K_B, so erhält man:

$$K_S K_B = \frac{[A^-][H_3O^+][AH][OH^-]}{[AH][A^-]}$$
$$= [H_3O^+][OH^-] = K_W.$$

K_W ist das Ionenprodukt des Wassers; sein Wert beträgt 10^{-14}. Für jedes Säure-Base-Paar gilt demnach für das Produkt aus Säurekonstante und Basenkonstante:

$$K_S \cdot K_B = K_W = 10^{-14}.$$

Mit negativen Zehnerlogarithmen ausgedrückt:

$$pK_S + pK_B = 14.$$

Bei einem korrespondierenden Säure-Base-Paar ergänzen sich Säure- und Basenexponent zu 14. Somit ist es möglich, bei bekanntem pK_S-Wert den pK_B-Wert der korrespondierenden Base und bei bekanntem pK_B-Wert den pK_S-Wert der korrespondierenden Säure zu ermitteln. Der Säureexponent des Hydronium-Ions beispielsweise beträgt $-1{,}74$. Dann besitzt der Basenexponent des Wassers, der korrespondierenden Base, den Wert $14 - (-1{,}74) = 15{,}74$. Weiter geht aus der Beziehung hervor: Je stärker die Säure ist, desto schwächer ist die korrespondierende Base; je stärker die Base ist, desto schwächer ist die korrespondierende Säure, z. B.

$$HCl \Rightarrow Cl^-$$
starke Säure   schwache Base

$$H_2O \Rightarrow OH^-.$$
schwache Säure   starke Base

Startreaktion: einleitender Reaktionsschritt bei ↑Kettenreaktionen, z. B. bei der radikalischen und ionischen ↑Kunststoffe.

stationäre Phase: ↑Chromatographie.

stationärer Zustand: ↑Fließgleichgewicht.

status nascendi [lat. »Zustand des Entstehens«]: Bezeichnung für den besonders reaktionsfähigen Zustand chemischer Stoffe im Augenblick ihres Entstehens aus anderen.
So vermag z. B. nur solcher Wasserstoff, der erst durch Einwirkung einer Säure auf ein unedles Metall erzeugt wird (Wasserstoff in statu nascendi), die violetten Permanganat-Ionen (MnO_4^-) zu farblosen Mangan(II)-Ionen (Mn^{2+}) zu reduzieren. Wasserstoffgas aus der Stahlflasche oder dem Kipp-Apparat hat keine so starke Reduktionswirkung. Die Ursache liegt darin, dass bei der Entstehung von Wasserstoff zunächst instabile, stark reaktionsfähige Wasserstoffatome, H, gebildet werden, die sich erst dann zu den stabileren, weniger reaktionsfähigen Wasserstoffmolekülen, H_2, zusammenschließen.

Steady State ['stedɪ steɪt; engl. »stabiler Zustand«]: ↑Fließgleichgewicht.

Steam|cracken ['stiːmkrækən]: Verfahren der Erdölverarbeitung, bei dem höhermolekulare Kohlenwasserstoffe bei etwa 850°C in Gegenwart von Wasserdampf in niedermolekulare Kohlenwasserstoffe gespalten werden.
Ausgangsmaterialien sind meist Rohbenzin (Naphtha) oder Flüssiggase. Durch den Zusatz von Wasserdampf wird die Crackreaktion (↑Cracken) begünstigt und die Koksabscheidung vermindert. Produkte sind v. a. Ethen, Propen sowie C_4-Kohlenwasserstoffe (Butadien, Isobuten), die durch Tieftemperaturdestillation getrennt und in der ↑Petrochemie verarbeitet werden; als Nebenprodukte fallen u. a. Heizgase und Heizöle an.

Stearin [zu griech. stéar »Fett«, »Talg«]: weißes bis schwach gelbliches, wachsartiges Gemisch aus freien Alkansäuren (v. a. Palmitin-, Stearin- und Ölsäure), das bei nicht alkalischer ↑Verseifung pflanzlicher und tierischer Fette im Autoklaven gewonnen wird. Das nach Abpressen der Ölsäure sehr brüchige S. wird (meist mit anderen wachsartigen Substanzen gemischt) u. a. zur Herstellung von Kerzen verwendet.

Stearinsäure: ↑Carbonsäuren.

Steinkohle: ↑Kohle.

Steinsalz: ↑Natriumchlorid.

Steinsalzgitter: ↑Kristallgitter.

Stellmittel: Hilfsstoffe (meist Natriumsulfat), die pulverförmigen Waschmitteln in Mengen bis zu 30 % beigeben werden, um deren Rieselfähigkeit zu verbessern.

Stellungs|isomerie: ↑Isomerie.

Steran: unrichtige Bezeichnung für ↑Gonan.

Stereochemie: Teilgebiet der Chemie, das sich mit der räumlichen Anordnung der Atome im Molekül befasst (z. B. ↑Isomerie).

Stereo|isomerie: ↑Isomerie.

Stereospezifität: Bezeichnung für die bevorzugte Ausbildung eines von zwei möglichen stereoisomeren Reaktionsprodukten. Die Eigenschaft der S. ist von besonderer Bedeutung bei der ↑Polymerisation für die Eigenschaften von Kunststoffen. Auch die Trennung von ↑Racematen in die optisch aktiven Antipoden kann durch stereospezifische Reaktion erfolgen. Die S. kann durch sterische Hinderung verursacht sein; sie tritt vor allem bei der Biosynthese optisch aktiver Verbindungen auf.

sterische Hinderung: Bezeichnung für die Verminderung der chemischen Reaktionsfähigkeit einer ↑funktionellen Gruppe durch unmittelbar benachbarte raumerfüllende Atomgruppen. Eine chemische Reaktion wird durch dieses räumliche Hindernis verzögert oder gar unmöglich. Bei aromatischen Verbindungen z. B. wirken v. a. Substituenten in 2-Stellung (*ortho*-Stellung) hindernd auf die Reaktionsfähigkeit: 2-Chlorphenol reagiert schwerer als z. B. 3- oder 4-Chlorphenol (Abb.). Beim 2,2,4,4-Tetramethylpentanon gelingt die normalerweise leichte Überführung in den tertiären Alkohol mit Grignard-Verbindungen nicht mehr. S. H. sind streng zu trennen von Nachbargruppeneffekten, die durch die Polarität solcher Gruppen entstehen. Auf der s. H. beruht auch die Möglichkeit, verzweigte und unverzweigte Aliphaten über ↑Einschlussverbindungen zu trennen.

Steroide [zu griech. steréos »starr«, eides »gestaltet«]: Gruppe von Verbindungen, denen das Gerüst des ↑Gonans zugrunde liegt. Die S. besitzen eine enorme Wirkungsvielfalt. Zu ihnen gehören die Gallensäuren, Vitamin D, Nebennierenhormone, Saponine, Digitalis-Glykoside, Krötengifte, das Cholesterin und die Sexualhormone.

Stickoxide: ↑Stickstoff.

Stickoxydul: frühere Bezeichnung für Distickstoffmonoxid (↑Stickstoff).

Stickstoff: chemisches Element, Zeichen N, OZ 7, relative Atommasse 14,01, Mischelement.

Physikalische Eigenschaften: farb- und geruchloses, geschmacksfreies, unbrennbares Gas mit einer Dichte von 1,25 g/l; Fp. –210 °C, Sp. –195,8 °C.

Chemische Eigenschaften: S. existiert in Form sehr stabiler Moleküle, N_2; er ist daher chemisch sehr reaktionsträge und wenig wasserlöslich. Mit Lithium und mit den Metallen der Erdalkaligruppe verbindet er sich leicht zu ↑Nitriden. Mit anderen Elementen reagiert er nur bei höheren Temperaturen oder unter dem Einfluss von Katalysatoren.

Gewinnung: durch Verflüssigung von Luft (Stickstoffgehalt 78,09 Vol.-%) und anschließende fraktionierende Destillation (Linde-Verfahren).

Verwendung: S. dient als Schutz- und Transportgas bei feuergefährlichen Stoffen, ferner zur Herstellung zahlreicher chemischer Grundstoffe, besonders Ammoniak, Salpetersäure und Kalkstickstoff, ferner u. a. von Aminen und Nitriden.

Biochemische Bedeutung: Alle Eiweiße und nahezu alle anderen Zellbausteine enthalten S. chemisch gebunden; den Kulturpflanzen muss S. in Form von Nitraten oder von Ammoniumsalzen durch Düngung zugeführt werden. Die Stickstoffaufnahme mancher Pflanzen (Hülsenfrüchtler) erfolgt unter Mithilfe von Bakterien, die Luftstickstoff in für Pflanzen nutzbares Nitrat oder Ammoniak überführen können. Bei der Zersetzung von Organis-

2,2,4,4-Tetramethylpentanon

Grignard-Verbindung

2-Chlorphenol

4-Chlorphenol

sterische Hinderung: Beispiele für Moleküle mit raumerfüllenden Atomgruppen.

men wird S. in Form von Ammoniak oder Nitrat wieder abgespalten (Stickstoffkreislauf).

Verbindungen: Die wichtigste Stickstoff-Wasserstoff-Verbindung ist das ↑Ammoniak, NH_3, das technisch unter hohem Druck bei hoher Temperatur unter Mitwirkung von Katalysatoren hergestellt wird (↑Haber-Bosch-Verfahren). Vom Ammoniak leiten sich die ↑Ammoniumsalze ab. Eine weitere Stickstoff-Wasserstoff-Verbindung ist das ↑Hydrazin.

Bei den **Stickstoffoxiden (Stickoxiden)** unterscheidet man u. a. Distickstoffmonoxid **(Lachgas)**, N_2O, ein farbloses Gas, das als Narkosemittel verwendet wird; Stickstoffmonoxid, NO, ein farbloses, giftiges Gas, das bei der Herstellung von Salpetersäure als Zwischenprodukt auftritt; Stickstoffdioxid, NO_2 (liegt bei Normaltemperatur als Distickstofftetroxid, N_2O_4, vor), ein braunrotes, giftiges, oxidierend wirkendes Gas, das der Hauptbestandteil der aus rauchender Salpetersäure entweichenden nitrosen Gase ist. Bei der Herstellung der ↑Salpetersäure, HNO_3, (↑Ostwald-Verfahren) wird Stickstoffdioxid aus Stickstoffmonoxid und Sauerstoff gewonnen und durch Zufuhr von Luft und Wasser in Salpetersäure übergeführt. Die Salze und Ester der Salpetersäure sind die ↑Nitrate. Von der nur in wässriger Lösung beständigen **salpetrigen Säure**, HNO_2, leiten sich die ↑Nitrite ab.

Die am stärksten toxischen Stickstoffoxide sind das Stickstoffmonoxid und das Stickstoffdioxid. Sie entstehen überall dort, wo Verbrennungen bei hoher Temperatur erfolgen, z. B. in konventionellen Kraftwerken, in Kraftfahrzeugmotoren oder Flugzeugtriebwerken. Diese Stickoxide greifen die Schleimhäute der Atmungsorgane an und begünstigen Katarrhe und Infektionen. Unter dem Einfluss von Sonnenlicht sind sie zusammen mit organischen Bestandteilen der Autoabgase an der Entstehung von fotochemischem ↑Smog beteiligt.

Stickstoffgruppe: die V. Hauptgruppe des ↑Periodensystems der Elemente: Stickstoff, N, Phosphor, P, Arsen, As, Antimon, Sb, und Bismut, Bi.

Stickstoffkreislauf: ↑Stickstoff.

Stickstoff|oxide: ↑Stickstoff.

Stilben (1,2-Diphenylethen): in zwei stereoisomeren Formen (*cis* und *trans*) auftretender Kohlenwasserstoff, der durch katalytische Oxidation von Toluol hergestellt werden kann. Stilbenderivate werden als Farbstoffe, ↑optische Aufheller u. a. verwendet.

Stöchiometrie [zu griech. stoicheia »Grundform« und métron »Maß«]: die Lehre von der mengenmäßigen Zusammensetzung chemischer Verbindungen und der mathematischen Berechnung chemischer Umsetzungen.

stöchiometrische Berechnung: Berechnung der Massen (bei Gasen auch der Volumina) der an einer vollständig verlaufenden chemischen Reaktion beteiligten Stoffe. Dies ist mithilfe der chemischen Gleichung möglich, da den Symbolen der chemischen Elemente und Formeln auch eine quantitative Bedeutung zukommt. Bei einer s. B. kann folgendermaßen verfahren werden:

- Die chemische Gleichung der betreffenden Reaktion ist aufzustellen.
- Die Masse (bei Gasen das Volumen) eines Mols der beteiligten Stoffe sollte unter die Symbole bzw. Formeln der Stoffe geschrieben werden.
- Die gegebene Masse eines Stoffes sollte über das Symbol bzw. über die Formel dieses Stoffes geschrieben werden. Über das chemische Zeichen des Stoffes, dessen Masse/Volumen ermittelt werden soll, kommt ein x.
- Die Größe x ist nach dem Dreisatz zu berechnen.

Beispiel: Wie viel Gramm Kohlenstoff werden zur Reduktion von 20 g Bleioxid benötigt?

$$\begin{array}{cc} 20\,g & x \\ 2\,PbO + C & \rightarrow CO_2 + 2\,Pb \\ 2\cdot 223\,g & 12\,g \end{array}$$

$20\,g : 446\,g = x : 12\,g$

$x = \dfrac{20\,g \cdot 12\,g}{446\,g} = 0{,}538\,g.$

Die benötigte Menge Kohlenstoff beträgt 0,538 g.

stöchiometrische Formeln: ↑chemische Formeln.

stöchiometrische Gesetze: Gesetze, die sich mit der mengenmäßigen Zusammensetzung chemischer Verbindungen befassen:

■ Gesetz der konstanten Proportionen (Gesetz der konstanten Massenverhältnisse): Jede Verbindung enthält ihre Elemente in einem bestimmten, konstanten Massenverhältnis.

■ Gesetz der multiplen Proportionen (Gesetz der vielfachen Massenverhältnisse): Bilden zwei Elemente (A und B) mehrere Verbindungen miteinander, so stehen die Massen von B, die sich mit jeweils derselben Masse von A verbinden, im Verhältnis kleiner ganzer Zahlen.

■ Gesetz der äquivalenten Proportionen: Elemente vereinigen sich stets im Verhältnis bestimmter Verbindungsgewichte (der Äquivalentmassen) oder ganzzahliger Vielfacher dieser Gewichte zu chemischen Verbindungen.

stöchiometrische Wertigkeit: ↑Wertigkeit.

Stock-Bezeichnungsweise: von ALFRED EDUARD STOCK (*1876, †1946) eingeführte, in der chemischen Nomenklatur gebräuchliche Angabe der Oxidationszahl eines Elements in einer Verbindung. Nach dieser Bezeichnungsweise erfolgt die Angabe der Oxidationszahl mittels einer römischen Ziffer, die in Klammern unmittelbar hinter den Namen des Elements gesetzt wird, auf das sie sich bezieht. Für die Oxidationszahl Null wird die arabische Ziffer 0 gesetzt:

$FeCl_2$ Eisen(II)-chlorid
MnO_2 Mangan(IV)-oxid
IF_7 Iod(VII)-fluorid

$K_4[Fe(CN)_6]$ Kaliumhexacyanoferrat(II)
$K_4[Ni(CN)_4]$ Kaliumtetracyanoniccolat(0).

Wird die römische Ziffer in Verbindung mit einem Elementsymbol gebraucht, so setzt man sie rechts oben neben dieses Symbol:

$Pb_2^{II}Pb^{IV}O_4$ Diblei(II)-blei(IV)-oxid oder Tribleitetroxid,
$KFe^{II}[Fe^{III}(CN)_6]$ Kaliumeisen(II)-hexacyanoferrat(III).

Die S.-B. kann sowohl auf Kationen als auch auf Anionen, auf Metalle und auf Nichtmetalle angewandt werden.

Stoff (Substanz): diejenige Materie, die in Form von festen, flüssigen oder gasförmigen Atom-, Ionen- oder Molekülverbänden oder Mischungen daraus in Erscheinung tritt. Erst wenn Atome, Ionen und Moleküle in genügend großer Anzahl zusammengelagert sind, kann von einem S. gesprochen werden. Es gibt unzählig viele solcher aus Atom-, Ionen- oder Molekülverbänden bestehender, raumerfüllender, greifbarer, mechanisch bearbeitbarer S. Jeder einzelne von ihnen ist unabhängig von Größe und Gestalt gekennzeichnet durch gleich bleibende charakteristische, also spezifische Eigenschaften, z. B. Dichte (bei einer bestimmten Temperatur) und Schmelzpunkt oder Siedepunkt (bei einem bestimmten

Stoffgemisch

Druck). S. lassen sich unterteilen in ↑Reinstoffe (chemische Elemente und chemische Verbindungen) sowie in (homogene und heterogene) ↑Gemische.

Stoffgemisch: ↑Gemisch.

Stoffmenge (Teilchenzahl): eine Basisgröße, mit der die Quantität einer Stoffportion auf der Grundlage der Anzahl der darin enthaltenen Teilchen bestimmter Art angegeben wird. SI-Einheit der S. ist das ↑Mol.

Stoffmengenkonzentration: ↑Molarität.

Stoffwechsel (Metabolismus): die Gesamtheit aller biochemischen Vorgänge im pflanzlichen, tierischen und menschlichen Organismus, die dem Aufbau, dem Umbau und der Erhaltung der Körpersubstanz, zur Aufrechterhaltung der Körperfunktionen und zur Gewinnung chemischer Energie dienen. Die chemische Energie (meist in ↑ATP gespeichert) wird durch Abbau zelleigener Substanz oder aufgenommener Nährstoffe exergon (Energie freisetzend, katabolisch) beim Vorgang der ↑Dissimilation gewonnen und bei Synthesevorgängen oder zur Erhaltung der Körpertemperatur (bei Warmblütern) verbraucht. Die durch Dissimilation verbrauchte Substanz und die für den Zellaufbau erforderliche Zellsubstanz werden durch endergone (Energie verbrauchende, anabolische) Reaktionen beim Vorgang der ↑Assimilation ersetzt.

Der gesamte S. wird durch ↑Enzyme katalysiert, die in linearen, verzweigten oder auch rückgekoppelten Reaktionsketten kombiniert sind.

Stör|stelle: Stelle in einem Kristall, an der eine Abweichung im Kristallgitterbau vorliegt. Dazu gehören Leerstellen (Gitterlücken), mit Fremdatomen besetzte Gitterplätze (Substitutionsstörstellen) sowie Fremdatome auf Zwischengitterplätzen (Zwischengitteratome; Abb. 1). Jeder in der Natur tatsächlich vorkommende Festkörper ist mit mehr oder weniger vielen Fehlern behaftet. So sind z. B im Eisensulfidgitter (FeS) in einem gewissen Maße Eisen(III)-Ionen (Fe^{3+}) statt Fe(II)-Ionen (Fe^{2+}) vorhanden, es bleiben somit zum Ladungsausgleich einige Gitterplätze unbesetzt. Ein ähnliches Verhalten zeigen viele Oxide, Sulfide und Selenide

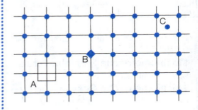

Störstelle (Abb. 1): schematische Darstellung von Gitterbaufehlern: A Leerstelle. B Fremdatom. C Zwischengitteratom

von Schwermetallen.

Kristalle mit S. besitzen eine Reihe besonderer Eigenschaften; viele von ihnen zeigen z. B. ↑Fluoreszenz. S. spielen besonders bei ↑Halbleitern (↑Germanium, ↑Silicium, ↑Selen) eine bedeutende Rolle. Die Leitfähigkeit der Halbleiter ist etwa um das 10^5fache geringer als die der Metalle. Sie lässt sich aber stark erhöhen, wenn in das Kristallgitter S. in Form von höher- bzw.

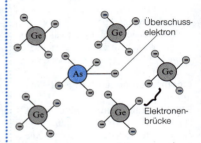

Störstelle (Abb. 2): Elektronenleitung durch ein Arsenatom im Germaniumgitter

geringerwertigen Fremdatomen eingebaut werden. Beim Einbau von Arsenatomen in ein Germaniumgitter bleibt jeweils das fünfte Elektron übrig, da es nicht zur Brückenbildung benötigt wird (Abb. 2). Schon bei Zimmertemperatur wandert es frei durch das Gitter, kann andere Elektronenbrücken aufsprengen und auf diese Weise die Bildung von freien Elektronen und Löchern bewirken. Man bezeichnet das Arsenatom als Donator (Elektronenspender), da es durch Abgabe eines Elektrons die Elektronenleitung ermöglicht.

Ein Atom mit nur drei Valenzelektronen, z. B. Indium, wird dagegen als Akzeptor (Elektronenfänger) bezeichnet (Abb. 3). Bei diesem wandert ein positiver Ladungszustand durch das Fehlen eines Elektrons frei durch das Gitter, der eine Löcherleitung ermöglicht.

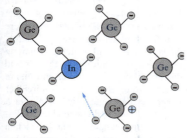

Störstelle (Abb. 3): Löcherleitung durch ein Indiumatom im Germaniumgitter

Stoßtheorie: Modell zur Interpretation von ↑Reaktionsgeschwindigkeiten auf molekularer Ebene. Man geht dabei von folgenden Vorstellungen aus:

■ Die an der Reaktion beteiligten Teilchen (Atome, Moleküle) werden als starre Kugeln betrachtet, die sich mit steigender Temperatur immer schneller bewegen.

■ Voraussetzung für den Ablauf einer (makroskopisch beobachtbaren) Reaktion ist ein Zusammenstoßen der beteiligten Teilchen.

■ Es gibt nichtreaktive und reaktive Stöße. Damit ein Stoß reaktiv ist, müssen die Teilchen eine bestimmte Mindestenergie und eine gewisse räumliche Orientierung zueinander haben. Je größer die Zahl der reaktiven Stöße ist, desto schneller läuft die Reaktion ab.

Auf der Grundlage dieser Annahmen kann eine Elementarreaktion zwischen einem Teilchen A und einem Teilchen B betrachtet werden. Es finden umso mehr Stöße zwischen A und B statt (Stöße zwischen A und A sowie zwischen B und B bleiben für die Reaktion ohne Wirkung), je mehr Stoßmöglichkeiten es gibt. Die Zahl der Stoßmöglichkeiten ist gleich dem Produkt aus der Anzahl der Teilchen A (N_A) und der Anzahl der Teilchen B (N_B) und die Reaktionsgeschwindigkeit somit proportional $N_A \cdot N_B$. Für Reaktionen in Lösung ergibt sich mit k als Proportionalitätsfaktor die Reaktionsgeschwindigkeit v_R:

$$v_R = k \cdot c_A \cdot c_B,$$

(c_A Konzentration der Teilchen A, c_B Konzentration der Teilchen B).

Dies stimmt mit dem makroskopisch beobachteten Geschwindigkeitsgesetz für eine Reaktion zweiter Ordnung überein (↑Reaktionsgeschwindigkeit).

Straight-run-Benzin [streɪtʹrʌn-]: ↑Benzin.

Streckschwingungen: ↑Infrarotspektroskopie.

Streichhölzer: ↑Zündhölzer.

Streusalz (Tausalz): gemahlenes Steinsalz (Natriumchlorid), das als Auftaumittel zum Entfernen von Schnee und Eis v. a. auf Verkehrswegen verwendet wird.

S. ist meist eingefärbt und durch Zusatz von Eisenoxiden ungenießbar gemacht. Es wird wegen seiner für Pflanzen schädlichen und in Bezug auf Materialien korrodierenden Wirkung heute

z. T. durch andere Salzgemische (z. B. mit Calciumchlorid, Magnesiumchlorid, Ammoniumsalze) ersetzt. Funktionsweise: ↑Kältemischung.

Stromschlüssel: ↑Normalwasserstoffelektrode.

Strontium [nach dem Ort Strontian in Schottland]: chemisches Element der II. Hauptgruppe, Zeichen Sr, OZ 38, relative Atommasse 87,62; Mischelement.

Physikalische Eigenschaften: S. ist ein silberweißes, sehr unedles Leichtmetall (Erdalkalimetall), Dichte 2,64 g/cm^3, Fp. 777 °C, Sp. 1 382 °C.

Chemische Eigenschaften: sehr reaktionsfähig, geht an feuchter Luft schnell in Strontiumhydroxid, $Sr(OH)_2$, über; die Strontiumverbindungen sind denen des Calciums und Bariums sehr ähnlich.

Darstellung: S. wird durch Schmelzflusselektrolyse aus Strontiumchlorid gewonnen.

Verwendung: in der Feuerwerkerei (karmesinrote Flammenfärbung) und in der Vakuumtechnik als Getter.

S. wird wegen seiner chemischen Ähnlichkeit mit Calcium in geringen Mengen in die Knochensubstanz eingebaut. Wird das bei Kernwaffenexplosionen und in Kernreaktoren entstehende betastrahlende Strontiumisotop ^{90}Sr eingebaut, so kommt es aufgrund der langen Halbwertszeit (28,5 Jahre) zur Zerstörung des Knochenmarks und damit zu einer stark verminderten Bildung roter Blutkörperchen.

Struktur: ↑Konstitution.
Strukturformeln: ↑chemische Formeln.
Strukturisomerie: ↑Isomerie.
Styrol: ↑Aromaten.
Styropor®: ↑Polystyrol.
Sublimation [zu lat. sublimare »erhöhen«]: der direkte Übergang eines Stoffes vom festen in den gasförmigen Aggregatzustand, ohne dass zwischendurch der flüssige Zustand angenommen wird. Die dazu erforderliche Sublimationswärme ist gleich der Summe aus der Schmelzwärme und der Verdampfungswärme (↑Aggregatzustände).

Der umgekehrte Vorgang, der direkte Übergang eines Stoffes vom gasförmigen in den festen Aggregatzustand, wird gelegentlich ebenfalls als S. bezeichnet. Besser spricht man dabei aber von Verfestigung.

substantive Farbstoffe: ↑Farbstoffe.
Substanz: ↑Stoff.
Substanzformeln: ↑chemische Formeln.
Sub|stituenten: ↑Substitution.
Substitution [nlat. substitutio »Ersetzung«]: Bezeichnung für den Ersatz eines Atoms oder einer Atomgruppe in einem Molekül durch andere Atome oder Atomgruppen (**Substituenten**). Das Molekülgrundgerüst bleibt dabei unverändert. Die S. besitzt besondere Bedeutung in der organischen Chemie, da das Lösen einer kovalenten Bindung (Atombindung) mit einem Partner und das anschließende Knüpfen mit einem anderen die Herstellung zahlreicher neuer Verbindungen ermöglicht. Nach dem der S. zugrunde liegenden Mechanismus unterscheidet man zwischen nukleophiler, elektrophiler und radikalischer S.

Bei der **nukleophilen S.** greift ein nukleophiles Teilchen (mit einem freien Elektronenpaar) eine Verbindung an; die Reaktion kann in einem Schritt erfolgen, wenn der Eintritt des Nukleophils und der Austritt des entsprechenden Teilchens gleichzeitig erfolgen, wobei sich in einem Übergangszustand die negative Ladung über beide verteilt (Abb. 1).

Die Reaktionsgeschwindigkeit ist dabei proportional dem Produkt der Konzentrationen beider Reaktionspartner:

$$v \sim [R-Y] \cdot [X^-].$$

Substitution

$$Xl^- + R-Y \longrightarrow [X\cdots R\cdots Yl]^-$$

nukleophiles Reagenz   Übergangszustand

$$\longrightarrow X-R + Y|^-$$

Substitution (Abb. 1): nukleophile Substitution (S_N2-Reaktion)

Diese Reaktion ist typisch für S. an primären und sekundären Kohlenstoffatomen und abhängig von der Konzentration des Nukleophils; sie verläuft unter Umkehrung der Konfiguration (↑Inversion, ↑Walden-Umkehr). Man bezeichnet sie als S_N2-Reaktion (S: Substitution, N: nukleophil, 2: bimolekular). Die analoge Reaktion bei Verbindungen, an denen die Abgangsgruppe an einem tertiären Kohlenstoffatom sitzt, ist unabhängig von der Konzentration des Nukleophils (S_N1-Reaktion, Abb. 2); die Reaktionsgeschwindigkeit ist allein abhängig von der reversiblen Bildung der ↑Carbenium-Ionen.

Die **elektrophile S.** ist eine charakteristische Reaktion der ↑Aromaten, z. B. ↑Nitrierung, ↑Sulfonierung, ↑Friedel-Crafts-Reaktion. Angreifende elektrophile Teilchen (z. B. Br^+) treten bei dieser Reaktion mit dem π-Elektronensextett des Benzolkerns in Wechselwirkung; der dabei entstehende π-**Komplex** (pi-Komplex) lagert sich um zum mesomeriestabilisierten σ-**Komplex** (sigma-Komplex), der unter Wasserstoffabspaltung in den stabileren, mo-

$$H_3C-\underset{\underset{CH_3}{|}}{\overset{\overset{CH_3}{|}}{C}}-Cl \underset{}{\overset{\text{langsam}}{\rightleftharpoons}} H_3C-\underset{\underset{CH_3}{|}}{\overset{\overset{CH_3}{|}}{C^+}} + |Cl^-$$

2-Chlor-2-methylpropan   Carbenium-Ion

$$(H_3C)_3C^+ + OH^- \xrightarrow{\text{schnell}} (H_3C)_3C-OH$$

2-Methyl-2-propanol

Substitution (Abb. 2): nukleophile Substitution (S_N1-Reaktion)

nosubstituierten Aromaten übergeht (Abb. 3). Die Abspaltung des Protons zum Monobrombenzol ist wesentlich günstiger als die ↑Addition, da dabei die energiearme aromatische Struktur zurückgebildet wird (Abb. 4). Elektrophile Reagenzien entstehen meist durch Komplexbildung.

$$FeBr_3 + Br_2 \longrightarrow Br^+ + [FeBr_4]^-$$

Substitution (Abb. 3): elektrophile Substitution (Bromierung von Benzol)

Bereits vorhandene Substituenten an einem aromatischen Kern bestimmen den Ort der Zweitsubstitution und deren Geschwindigkeit wie folgt:
Substituenten erster Ordnung ($-OH$, $-NH_2$, $-NR_2$, $-CH_3$), deren freies Elektronenpaar sich an der Mesomerie des Kerns beteiligen kann, erleichtern die Zweitsubstitution und dirigieren an den Ort größter Elektronendichte, also in *ortho*- und *para*-Stellung, da die positive Ladung des σ-Komplexes durch das freie Elektronenpaar des Erstsubstituenten in *ortho*- und *para*-Stellung am Benzolring erniedrigt wird, in *meta*-Stellung hingegen nicht (+M-Effekt; Mesomerieeffekt).
Substituenten zweiter Ordnung ($-NO_2$, $-SO_3H$, $-CHO$, $-COOH$), deren Elektronen anziehende Wirkung stärker ist als die des aromatischen Kerns (–I-Effekt), erschweren die Zweitsubstitution, da durch den Elektronen anziehen-

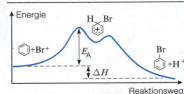

Substitution (Abb. 4): Energieschema bei der Bromierung von Benzol (elektrophile Substitution)

den Substituenten in den *ortho*- und *para*-Positionen die positive Ladung am Benzolkern erhöht wird, in *meta*-Stellung hingegen nicht. Diese Substituenten dirigieren daher überwiegend in *meta*-Stellung.

Die **radikalische** S. läuft besonders in der Gasphase ab und ist eine Kettenreaktion (↑Radikal).

Durch die Wahl der Reaktionsbedingungen können Alkylaromaten entweder am aromatischen Kern oder in der Seitenkette substituiert werden (↑KKK-Regel, ↑SSS-Regel).

Substitutionsstörstellen: ↑Störstelle.

Substrat|spezifität: ↑Enzyme.

Succinat [zu lat. suc(c)inum »Bernstein«]: Salz der Bernsteinsäure (↑Dicarbonsäuren, Tab.).

Sulfate [zu lat. sulfur »Schwefel«]: die Salze der Schwefelsäure, H_2SO_4. Die neutralen (normalen, sekundären) S. haben die allgemeine Formel $M_2^I SO_4$, als Anion (Säurerest) enthalten sie also das Sulfat-Ion, SO_4^{2-}. S. sind von nahezu sämtlichen Metallen bekannt. Bis auf die von Calcium, Strontium, Barium und Blei gehen sie in Wasser leicht in Lösung. Viele dieser Salze kristallisieren aus ihren wässrigen Lösungen mit ↑Kristallwasser aus, so z. B. Natriumsulfat (als Glaubersalz, $Na_2SO_4 \cdot 10 H_2O$) und Kupfersulfat (als Kupfervitriol, $CuSO_4 \cdot 5 H_2O$).

Bedeutung als Minerale haben u. a. Calciumsulfat (Gips, $CaSO_4 \cdot 2 H_2O$, und Anhydrit, $CaSO_4$), Magnesiumsulfat (Bittersalz, $MgSO_4 \cdot 7 H_2O$, und Kieserit, $MgSO_4 \cdot H_2O$), Bariumsulfat (Schwerspat, $BaSO_4$) sowie Strontiumsulfat (Cölestin, $SrSO_4$).

Als zweiprotonige (zweibasige) Säure bildet die Schwefelsäure außer den neutralen S. auch die Hydrogensulfate (saure S., primäre S., früher Bisulfate genannt) mit der allgemeinen Formel $M^I HSO_4$, z. B. Natriumhydrogensulfat ($NaHSO_4$).

Sulfide: Verbindungen des Schwefels mit stärker elektropositiven Elementen (meist Metallen).

Die S. können als Salze der Säure Hydrogensulfid (Schwefelwasserstoff, H_2S) aufgefasst werden; allerdings sind nur die Alkali- und Erdalkalisulfide (z. B. Natriumsulfid, Na_2S, oder Magnesiumsulfid, MgS) reine Ionenverbindungen. Bei allen anderen Metallsulfiden liegen Übergänge zwischen Ionen- und Atomgittern bzw. zwischen Ionen- und Metallgittern vor. Deshalb lösen sich auch nur die Alkali- und Erdalkalisulfide als echte Salze leicht in Wasser. Beim Lösen gehen die Sulfid-Ionen (S^{2-}), die als starke Brønsted-Basen wirken, zum Großteil in Hydrogensulfid-Ionen (HS^-) über:

$$S^{2-} + H_2O \rightleftharpoons HS^- + OH^-.$$

Da bei dieser Protolyse auch Hydroxid-Ionen (OH^-) entstehen, steigt deren Konzentration über 10^{-7} mol/l, sodass die Lösungen der S. alkalisch reagieren. Da Hydrogensulfid eine zweiprotonige Säure ist, unterscheidet man neutrale (normale, sekundäre) und saure (primäre) S. mit den allgemeinen Formeln $M_2^I S$ und $M^I HS$.

Viele Metallsulfide kommen als wichtige und wertvolle Minerale in der Natur vor. Einige Beispiele sind der Eisenkies (Pyrit, Schwefelkies, FeS_2), der Kupferkies ($CuFeS_2$), der Bleiglanz (PbS), die Zinkblende (ZnS) und der Zinnober (HgS).

Durch Zusammenschmelzen von Alkalimetallen (oder Alkalihydroxiden, -carbonaten) und Schwefel erhält man Polysulfide, $M_2^I S_x$ (x = 2 bis 6). Im Polysulfid-Ion (S_x^{2-}) sind mehrere Schwefelatome zu Ketten verbunden.

Sulfite: die Salze der schwefligen Säure, H_2SO_3. Die neutralen (sekundären) S. haben die allgemeine Formel $M_2^I SO_3$, z. B. Magnesiumsulfit ($MgSO_3$), Natriumsulfit (Na_2SO_3). Ihre wässrigen Lösungen, die beim Zusammengeben stöchiometrischer Mengen von Metallhydroxid- und Schwefeldioxidlösungen entstehen, reagieren deutlich alkalisch. Sulfit-Ionen (SO_3^{2-}) nehmen nämlich von Wassermolekülen Protonen auf, wobei neben Hydrogensulfit-Ionen (HSO_3^-) auch Hydroxid-Ionen entstehen, sodass deren Konzentration über 10^{-7} mol/l steigt:

$$SO_3^{2-} + H_2O \rightleftharpoons HSO_3^- + OH^-.$$

Als zweiprotonige Säure bildet die schweflige Säure auch Hydrogensulfite (saure S., primäre S., früher Bisulfite genannt) mit der allgemeinen Formel $M^I HSO_3$, z. B. das Calciumhydrogensulfit $Ca(HSO_3)_2$, das bei der Gewinnung von Zellstoff zum Herauslösen von Lignin aus dem Holz verwendet wird.

Sulfo-: in systematischen Namen organischer Verbindungen als Vorsilbe Bezeichnung für den Rest $-SO_3H$, z. B. in der *p*-Sulfobenzoesäure.

HOOC—⟨⟩—SO_3H

Sulfo-: *p*-Sulfobenzoesäure.

Sulfochlorierung: ↑Sulfonierung.
Sulfon|amide: eine Gruppe von Arzneimitteln, die eine 4-Aminobenzolsulfonamid-Gruppe, $H_2N-C_6H_5-SO_2-NH-$, enthalten. S. hemmen Wachstum und Vermehrung von Bakterien, ohne diese abzutöten, und unterstützen so die körpereigenen Abwehrkräfte. Die Wirksamkeit der S. beruht auf ihrer chemischen Ähnlichkeit mit der 4-Aminobenzoesäure, einem wesentlichen Bestandteil des »Zellteilungsvitamins« Folsäure (↑Vitamine).
Im Blut befindliche S. verdrängen die 4-Aminobenzoesäure und verhindern so die Synthese der Folsäure, wodurch die Vermehrung der Bakterien gehemmt wird.

Sulfonierung: eine Reaktion zur Einführung der SO_3H-Gruppe in organische Moleküle, wobei im Gegensatz zu den ↑Estern die Bindung zwischen dem Schwefel- und dem Kohlenstoffatom geknüpft wird. Die S. gelingt besonders gut bei ↑Aromaten direkt mit rauchender Schwefelsäure; dabei werden je nach Arbeitsbedingungen eine, zwei oder drei Sulfogruppen in den Benzolring eingeführt (Abb.).
Die bei der S. der Aromaten entstehenden **Sulfonsäuren,** $R-SO_3H$, sind technisch wichtige Zwischenprodukte, z. B.

Benzol →(rauch. H_2SO_4, 25 °C)→ Benzolsulfonsäure (SO_3H)

→(rauch. H_2SO_4, 200 °C)→ 1,3-Benzoldisulfonsäure

→(rauch. H_2SO_4, 300 °C)→ 1,3,5-Benzoltrisulfonsäure

Sulfonierung aromatischer Verbindungen

Sulfonsäuren

für die Herstellung von Farbstoffen oder Waschrohstoffen. Bei den ↑aliphatischen Verbindungen gelingt die S. durch **Sulfochlorierung**, die Reaktion mit Schwefeldioxid und Chlor zu Sulfonsäurechloriden, R–SO$_2$–Cl, die zu Sulfonsäuren hydrolysiert werden, oder durch **Sulfoxidation:**

$$\underset{\text{Alkan}}{R–H} + SO_2 + \tfrac{1}{2} O_2 \rightarrow \underset{\text{Sulfonsäure}}{R–SO_3H}.$$

Sulfonsäuren: ↑Sulfonierung.
Sulf|oxidation: ↑Sulfonierung.
Summationsgifte: Gifte, die wiederholt in geringen Dosen aufgenommen werden und deren Effekte sich dadurch summieren. Die S. werden wieder abgebaut und ausgeschieden, sodass sie sich selbst nicht anreichern.
Summenformeln: ↑chemische Formeln.
Sumpfgas: durch die Tätigkeit von Bakterien bei Fäulnisvorgängen in Sümpfen entstehendes, dem ↑Biogas ähnliches Gasgemisch mit einem hohen Gehalt an Methan.
Super|oxide: ↑Peroxide.
Superphosphat: ↑Phosphate.
Suspension [nlat. suspensio »Unterbrechung«] (Aufschwemmung): Gemenge aus unlöslichen Feststoffteilchen und einer Flüssigkeit, z. B. Lehm oder Sand in Wasser. Die Teilchen, die in der Flüssigkeit feinst verteilt (dispergiert) sind (disperses System), haben dabei einen Durchmesser von 10^{-5} cm (100 nm) und mehr und setzen sich im Laufe der Zeit am Boden ab, was durch Zentrifugieren noch beschleunigt werden kann.
Süßstoffe: synthetische und natürliche Verbindungen, die eine höhere Süßkraft als Saccharose (Rüben- bzw. Rohrzucker; seine Süßkraft, der Süßwert, wird mit 1 angesetzt) haben und sich zum Süßen von Speisen und Getränken eignen, aber keinen entsprechenden Nährwert besitzen.

Der am längsten bekannte S. ist das **Saccharin** (*o*-Sulfobenzoesäureimid, Süßwert 550) und dessen leichter wasserlösliches Natriumsalz, dessen Süßwert 418 beträgt.
Weitere wichtige S. sind die **Cyclamate**, die Salze der *N*-Cyclohexylsulfaminsäure, z. B. das Natriumcyclamat (Süßwert 30). Da das Saccharin und die Cyclamate in den Verdacht gerieten, bei starker Überdosierung Krebs auszulösen, ist man bemüht, neue, toxikologisch unbedenkliche S. herzustellen oder geeignete Verbindungen in den Reihen der Naturstoffe zu finden.
Unter den synthetisch hergestellten Stoffen wurde das **Aspartam,** eine Dipeptidverbindung (α-L-Aspartyl-L-phenylaninmethylester) mit dem Süßwert 180 bis 200 in mehreren Ländern zugelassen. Eine weitere viel versprechende synthetische Verbindung, deren Süßwert etwa 200 beträgt, ist das Acesulfam-K. Ein Naturstoff mit einem Süßwert von über 300 ist das Steviosid, ein in den Blättern der südamerikanischen Pflanze Stevia rebaudiana enthaltenes, aus dem Diterpenalkohol Steviol und

Süßstoffe

drei Glucosemolekülen bestehendes Glykosid.

Symbole (für chemische Elemente) [zu griech. sýmbolon »Kennzeichen«]: ↑Elementsymbole.

Symmetrieklassen: ↑Kristallklassen.

syndiotaktisch: ↑Kunststoffe.

Syn|proportionierung (Komproportionierung) [griech. sýn- »zusammen«, »zugleich«]: eine Redoxreaktion, bei der aus zwei Verbindungen eines Elements mit einer niederen und einer höheren Oxidationszahl eine neue Verbindung entsteht, in der das Element eine mittlere Oxidationszahl besitzt.

Synthese [zu griech. syntithénai »zusammensetzen«]: in der Chemie Bezeichnung für die Herstellung von anorganischen und organischen chemischen Verbindungen. Man unterscheidet die Totalsynthese, bei der man von den Elementen oder einfach gebauten Verbindungen ausgeht und diese in mehr oder weniger zahlreichen Reaktionsstufen umsetzt, und die Partialsynthese (Teilsynthese), bei der man von Substanzen ausgeht, in denen das Molekülgerüst des herzustellenden Stoffs bereits vorgebildet ist. S. werden in chemischen Laboratorien sowie in der Großtechnik durchgeführt. Der Aufbau organischer Substanzen im lebenden Organismus wird Biosynthese genannt.

Synthesefasern: Sammelbezeichnung für alle vollsynthetischen ↑Chemiefasern, deren Makromoleküle durch Polymerisation, Polykondensation oder Polyaddition hergestellt wurden.

Synthesegase: technische, v. a. aus Wasserstoff, H_2, und Stickstoff, N_2, oder Wasserstoff und Kohlenstoffmonoxid, CO, bestehende Gasgemische, die je nach ihrer Zusammensetzung z. B. zur Synthese von ↑Ammoniak, ↑Aldehyden (↑Oxosynthese) und Kohlenwasserstoffen (↑Fischer-Tropsch-Synthese) verwendet werden. Ausgangsstoffe für S. sind v. a. Kohle, Koks, Erdöl und Erdgas, die bei erhöhter Temperatur durch Umsetzen mit Wasserdampf (z. T. auch Sauerstoff) oder durch partielle Verbrennung mit Luft oder Sauerstoff vergast werden.

Synthesekautschuk, (Kunstkautschuk): Sammelbezeichnung für künstlich hergestellte elastische Kunststoffe (Elastomere), die ähnliche Eigenschaften wie natürlicher ↑Kautschuk haben und wie dieser verwendet werden, sich aber meist u. a. durch größere Abriebfestigkeit und Beständigkeit gegen Chemikalien auszeichnen. S. werden z. B. aus Butadien (Butadienkautschuk, Buna, Abk. BR von engl. butadiene rubber), Butadien und Styrol (Butadien-Styrol-Kautschuk, Buna-S, Abk. SBR), Butadien und Acrylnitril (Nitrilkautschuk, Buna-N, Abk. NBR) oder aus Isopren (Isoprenkautschuk, Abk. IR) hergestellt. Durch Polyaddition hergestellte S. finden sich v. a. in der Reihe der ↑Polyurethane; durch Polykondensation wird Siliconkautschuk hergestellt.

System [griech. sýstema »aus mehreren Teilen zusammengesetztes, gegliedertes Ganzes«]: Gesamtheit der materiellen Gebilde, deren Verhalten oder Veränderungen jeweils in die Betrachtung einbezogen bzw. untersucht werden. Alles Übrige ist dann die Umgebung. Ein S. kann z. B. ein Mol Stickstoff in einem verschlossenen Behälter, ein halber Liter Milch, ein Kochsalzkristall oder ein Wasserstoffatom sein. Die Grenzen zwischen betrachtetem S. und Umgebung müssen für den einzelnen Fall jeweils festgelegt werden. So könnten bei einer chemischen Reaktion alle aufgeführten Stoffe als reagierendes S. zusammengefasst werden, es könnte aber auch die darüber stehende Luft bis zu einer willkürlich festgelegten Grenze oder auch das Reaktionsgefäß mit zum S. gerechnet werden. Ein S. kann aus einem einzigen Stoff (Einstoffsystem) oder aus mehreren Stoffen (Mehrstoffsystem) bestehen. Ein homogenes S. ist einphasig (z. B. ein Kristall), ein heterogenes S. ist mehrphasig (z. B. eine wässrige Salzlösung mit festem Salz als Bodenkörper). Bei einem **abgeschlossenen S.** findet keinerlei Energie- und Materieaustausch mit der Umgebung statt; bei einem **geschlossenen S.** Materie-, aber kein Energieaustausch, und bei einem **offenen S.** sowohl Energie- als auch Materieaustausch. In abgeschlossenen S. gelten bestimmte Erhaltungssätze, z. B. der Satz von der Erhaltung der Energie oder des Impulses. Abgeschlossene S. lassen sich in der Praxis nur angenähert realisieren.

T:
◆ Zeichen für ↑Tritium.
◆ (*T*): Formelzeichen für die absolute ↑Temperatur.
Ta: Zeichen für ↑Tantal.
Taktizität [zu griech. taktiké »Kunst der Anordnung und Aufstellung«]: ↑Kunststoffe.
Talk [zu frz. talc]: ↑Silicate.
Tantal [nach dem griechischen Sagenkönig Tantalus]: chemisches Element, Zeichen Ta, OZ 73, relative Atommasse 180,95, Mischelement.
Physikalische Eigenschaften: hartes, sehr zähes, stark dehnbares Metall; Fp. 3 017 °C, Sp. 5 458 °C, Dichte 16,4 g/cm³.
Chemische Eigenschaften: T. ist ein außerordentlich beständiges Metall. Es wird meist zusammen mit ↑Niob gewonnen und dient zur Herstellung chemischer Geräte und ärztlicher Instrumente.
Tartrate [zu mlat. tartarum »Weinstein«]: ↑Hydroxysäuren.
taubes Gestein: ↑Erze.

Tauto|merie [zu griech. tautó »dasselbe«, méros »Anteil«]: Eigenschaft bestimmter organischer Verbindungen, in zwei ineinander umwandelbaren Strukturen mit verschiedenen chemischen und physikalischen Eigenschaften zu existieren. Die beiden Gleichgewichtskomponenten lassen sich meist isolieren. Die T. ist ein Spezialfall der

Tautomerie (Abb. 1): Keto-Enol-Tautomerie beim Acetessigsäureethylester

↑Isomerie. Meist kommt sie durch eine intramolekulare Protonenwanderung zustande, wie etwa bei der **Keto-Enol-Tautomerie**, bei der ein sekundärer (oder tertiärer) ungesättigter Alkohol im Gleichgewicht mit einem gesättigten Keton steht (Abb. 1). Andere Formen sind die Oxo-Cyclo-Tautomerie, die besonders bei den Monosacchariden auftritt (Abb. 2), und die Säureamid-Imid-Tautomerie, bei der das Gleichgewicht meist überwiegend auf der Seite der Amidform liegt:

R–CO–NH$_2$ ⇌ R–C(OH)=NH.

Tb: Zeichen für ↑Terbium.
Tc: Zeichen für ↑Technetium.
TCDD: Abk. für Tetrachlordibenzodioxin (↑Dioxine).
Te: Zeichen für ↑Tellur.
Technetium [zu griech. téchnetós »künstlich gemacht«]: chemisches Element, Zeichen Tc, OZ 43, Massenzahl des langlebigsten Isotops 97,91.
T. ist ein radioaktives, nur künstlich herstellbares Element; bekannt sind

```
    H   O
     \\ //
      C
      |
H  — C — OH            H — C — OH
      |                     |
HO — C — H             H — C — OH
      |                     |           O
H  — C — OH   ⇌       HO — C — H
      |                     |
H  — C — OH            H — C — OH
      |                     |
     CH₂OH             H — C ─────
                            |
                           CH₂OH
```

D-Glucose   α-D-Glucopyranose

Tautomerie (Abb. 2): Oxo-Cyclo-Tautomerie bei der Glucose

über 20 Isotope mit Halbwertszeiten zwischen einigen Minuten und mehr als 10^5 Jahren; bisher am gründlichsten untersucht ist das Isotop ^{98}Tc (Halbwertszeit $4,2 \cdot 10^6$ Jahre).

Physikalische Eigenschaften: silbergraues Schwermetall, Dichte 11,5 g/cm³, Fp. 2 172 °C, Sp. 4 877 °C.

Chemische Eigenschaften: T ist chemisch verwandt mit Mangan und besonders mit Rhenium; es löst sich gut in Schwefel- und Salpetersäure; in Verbindungen ist es vier- bis siebenwertig.

Darstellung: in Kernreaktoren aus Molybdän durch Beschuss mit Protonen, Neutronen, Deuteronen oder Alphateilchen.

Verwendung: Das betastrahlende Isotop Tc 99 wird in der Nuklearmedizin sowie in Isotopenbatterien verwendet.

Technische Richtkonzentration: ↑TRK-Wert.

Teclu-Brenner [nach NICOLAE TECLU; *1839, †1916]: ↑Brenner.

Teer [zu mnd. ter(e), eigtl. »der zum Baum Gehörende«]: ↑Kohle (Verkokung).

Teflon® [Kw.]: ↑Polytetrafluorethen.

Teildruck: ↑Partialdruck.

Teil‖ladung: ↑Dipolmolekül, ↑polare Atombindung.

Tellur [zu lat. tellus, telluris »Erde«]: chemisches Element der VI. Hauptgruppe, Zeichen Te, OZ 52, relative Atommasse 127,60, ↑Mischelement.

Physikalische Eigenschaften: T. kommt in einer silberweißen, kristallinen und einer braunen, amorphen Modifikation vor; Fp. 449,5 °C, Sp. 988 °C, Dichte (amorph) 6,24 g/cm³ bzw. (kristallin) 6,25 g/cm³. T. ist ein Halbleiter.

Chemische Eigenschaften: In seinen Verbindungen ähnelt T. (wie das Selen) dem Schwefel.

Darstellung und Verwendung: T. wird bei der elektrolytischen Raffination von Rohkupfer und -blei aus dem Anodenschlamm gewonnen. Umgekehrt dient es als Legierungsbestandteil für diese Metalle. Schwermetalltelluride wie Bismuttellurid Bi_2Te_3 werden in der Halbleitertechnik verwendet.

Temperatur [zu lat. temperatura »gehörige Mischung«]: ein Maß für den Wärmezustand eines Körpers und damit eine der Größen, durch die der Zustand eines Körpers oder eines physikalischen Systems beschrieben wird (↑Zustandsgrößen). SI-Einheit der T. ist das ↑Kelvin.

Daneben wird zur Temperaturangabe auch das Grad Celsius (°C; ↑Celsius-Skala) verwendet. Da einerseits die Temperaturintervalle 1 K und 1 °C gleich sind, andererseits die Kelvin-Skala beim **absoluten Nullpunkt** (−273,15 °C), die Celsius-Skala jedoch beim Eispunkt des Wassers (273,15 K) beginnt, unterscheidet sich die Celsius-Temperatur t von der thermodynamischen T. (Kelvin-Temperatur, **absolute T.**) T um 273,15 K. Zwischen den Zahlenwerten T der Kelvin-Temperatur und t der Celsius-Temperatur besteht somit der folgende Zusammenhang:

$$T = t + 273{,}15.$$

temporäre Härte [zu lat. tempus, temporis »Zeit«]: ↑Wasserhärte.

Tenside [zu lat. tendere, tensum »spannen«] (Detergenzien; zu lat. detergere »abwischen«, »reinigen«): wasserlösliche organische Verbindungen, die die ↑Oberflächenspannung des Wassers stark herabsetzen. d. h. oberflächenaktive (grenzflächenaktive) Eigenschaften haben.

Die T. bestehen allgemein aus einem langkettigen hydrophoben Molekülteil (meist einer Alkylkette, die auch einen Arylsubstituenten tragen kann) und einer hydrophilen Gruppe. Letztere ist bei anionischen T. eine anionische Gruppe, z. B. die Carboxylatgruppe, $-COO^-$, die Sulfonatgruppe, $-SO_3^-$ oder die Sulfatgruppe, $-O-SO_3^-$, bei kationischen T. z. B. die quartäre Ammoniumgruppe, $-NR_3^+$). Amphotere T. (Amphotenside) haben sowohl eine anionische als auch eine kationische Gruppe. Nichtionogene (nichtionische) T. enthalten Kohlenwasserstoffgruppen, die durch ungeladene hydrophile Gruppen verbunden sind.

Zu den anionischen T. zählen die ↑Seifen, die Alkylsulfonate, $R-SO_3M^I$ (R stets langkettiger Rest, M^I meist Natrium), die Alkylbenzolsulfonate, $R-C_6H_4-SO_3M^I$ und die Fettalkoholsulfate, $R-O-SO_3M^I$. Vertreter der kationischen T. sind die Invertseifen (↑Seifen). Nichtionogene T. sind v. a. die Alkylpolyglykolether, $R-(O-CH_2-CH_2)_x-OH$ und die Fettsäurealkanolamide, $R-CO-NH-(CH_2)_x-OH$.

Die T. werden an den Grenzflächen zwischen Wasser und festen, flüssigen oder gasförmigen Phasen adsorbiert, wobei die hydrophilen Gruppen dem Wasser zugekehrt sind; sie führen dadurch zu einer guten ↑Benetzung. Verwendet werden die T. zur Herstellung von Wasch-, Spül- und Reinigungsmitteln, als Emulgatoren und Hilfsmittel bei der Färberei. Wirtschaftlich sind besonders anionenaktive und nichtionogene T. von Bedeutung.

Nach der Tensidverordnung müssen die Alkylreste R der T. geradkettig (unverzweigt) sein, damit sie durch Mikroorganismen in der biologischen Reinigungsstufe der Kläranlagen zu mindestens 80% zu einfachen Grundbausteinen abgebaut werden können. Dadurch wird übermäßige Schaumbildung, die die Sauerstoffaufnahme des Wassers aus der Luft behindert, auf den Vorflutern vermieden Diese Bedingungen erfüllen »weiche« T. mit unverzweigten Alkylgruppen.

Terbium [nach dem schwed. Ort Ytterby]: chemisches Element der ↑Lanthanoide, Zeichen Tb, OZ 65, relative Atommasse 158,93, Reinelement; weiches Metall, Dichte 8,23 g/cm3, Fp. 1 359 °C, Sp. 3 221 °C. T. überzieht sich mit einer schützenden Oxidschicht. Die Hauptoxidationsstufe ist +3.

Tere|phthalsäure [Kw.]: ↑Dicarbonsäuren.

Terpene [zu Terpentin gebildet]: im Pflanzen- und Tierreich verbreitet vorkommende, gesättigte oder ungesättigte Kohlenwasserstoffe, die sich formal als Polymerisationsprodukte des ↑Isoprens auffassen lassen; ihre substituierten Derivate (Terpenalkohole, -aldehyde, -ketone, -carbonsäuren und -ester) werden auch Terpenoide genannt. Niedermolekulare T. sind v. a. Bestandteile ätherischer Öle oder anderer Pflanzeninhaltsstoffe (zu ihnen gehört z. B. der ↑Campher), höhermolekulare T. sind z. B. die ↑Carotinoide, zu den hochmolekularen T. gehört z. B. der ↑Kautschuk.

Terpentin|öl [zu spätlat. (resina) ter(e)bintina »Harz der Terebinthe« (»Terpentin«): farbloses bis hellgelbes, dünnflüssiges, würzig riechendes etherisches ↑Öl, das aus Harzen von Kiefernarten gewonnen wird und v. a. aus Terpenkohlenwasserstoffen besteht. T. hat ein sehr gutes Lösungsvermögen für Harze, Wachse, Kautschuk usw. und wird als Lösungsmittel für Lacke und Wachsprodukte verwendet. Es be-

wirkt auf der Haut und auf der Schleimhaut starke Reizungen und wirkt außerdem narkotisch und nierenreizend. Benetzung der Haut und Inhalation sind zu vermeiden.
Anstelle von T. werden häufig Lösungsmittelgemische (z. B. aus hochsiedendem ↑Benzin) verwendet, die ein ähnliches Lösungsvermögen wie T. besitzen, aber billiger herzustellen sind (»Terpentinersatz«).

tert.-: Abk. für ↑tertiär (z. B. in Zusammensetzungen wie tert.-Butylalkohol).

tertiär [zu lat. tertiarius »das Drittel enthaltend«]: in der Chemie zur Kennzeichnung von Verbindungen verwendeter Begriff, der in mehrfacher Bedeutung gebraucht wird: Als t. Kohlenstoffatome bezeichnet man solche, die mit drei weiteren Kohlenstoffatomen verbunden sind; ein t. Stickstoffatom ist an drei Kohlenstoffatome gebunden. Bei t. Alkoholen ist die Hydroxylgruppe- an ein t. Kohlenstoffatom gebunden. T. ↑Amine tragen drei Alkyl- oder Arylreste am Stickstoffatom.

Tertiärstruktur: ↑Proteine, ↑Nucleinsäuren.

Tetrachlor|ethan (1,1,2,2-Tetrachlorethan), $CHCl_2–CHCl_2$: Derivat des Ethans, bei dem an den Kohlenstoffatomen jeweils zwei Wasserstoffatome durch Chloratome ersetzt sind. T. ist eine farblose, nicht brennbare, chloroformartig riechende Flüssigkeit (Sp. 146,2 °C), die v. a. durch Anlagerung von Chlor an Acetylen hergestellt wird. Es ist ein gutes Lösungsmittel für Fette, Öle u. a., wird aber wegen seiner Giftigkeit nur noch wenig verwendet.

Tetrachlor|ethen (Tetrachlorethylen, Perchlorethylen, »Per«), $CCl_2=CCl_2$: Derivat des Ethens, bei dem sämtliche Wasserstoffatome durch Chloratome ersetzt sind. T. ist eine farblose, nicht brennbare Flüssigkeit (Sp. 121,1 °C). Es wird v. a. als Lösungsmittel verwendet.

Tetrachlorkohlenstoff: (Tetrachlormethan, Kohlenstofftetrachlorid, »Tetra«), CCl_4: ein vom Methan abgeleiteter ↑Halogenkohlenwasserstoff, bei dem sämtliche Wasserstoffatome durch Chloratome ersetzt sind. T. ist eine farblose, süßlich riechende Flüssigkeit, die früher wegen ihrer Unbrennbarkeit als Feuerlöschmittel verwendet wurde (heute wegen der Bildung des äußerst giftigen Phosgens verboten). T. hat Bedeutung als Lösungsmittel, z. B. für Fette, Öle, Harze und Kautschuk. Es ist sehr giftig und hat möglicherweise auch Krebs erregende Wirkung.

tetra|dentat [zu griech. tetra- »vier«, lat. dens, dentis »Zahn«]: ↑Komplexchemie.

Tetra|eder [zu griech. hédra »Sitz(fläche)«, »Basis«]: ↑Orbitalmodell.

Tetra|ethylblei: gleichbedeutend mit ↑Bleitetraethyl.

tetragonal [zu griech. tetrágonon »Viereck«]: ↑Kristallklassen.

Th: Zeichen für ↑Thorium.

Thallium [zu griech. thallós »Spross«, »grüner Zweig« (nach seiner charakteristischen grünen Spektrallinie)]: chemisches Element der III. Hauptgruppe, Zeichen Tl, OZ 81, relative Atommasse 204,38, ↑Mischelement.

Physikalische Eigenschaften: weiß glänzendes, weiches Metall; Dichte 11,85 g/cm³, Fp 304 °C, Sp. 1 473 °C.

Chemische Eigenschaften: An feuchter Luft oxidiert T. schnell an der Oberfläche, bei höherer Temperatur verbrennt es mit grüner Flamme zum Thallium(I)-oxid, Tl_2O; von Wasser wird es bei Raumtemperatur in Anwesenheit von Luft unter Bildung von Thalliumhydroxid TlOH angegriffen. In seinen Verbindungen liegt T. meist einwertig, gelegentlich auch dreiwertig vor. T. und seine Verbindungen sind sehr giftig.

Vorkommen: In der Natur findet man T. nur in geringen Mengen in Form von Mineralen, es kommt aber vielfach in

Pyrit (FeS$_2$) und Zinkblende (ZnS) vor und gelangt so beim Rösten dieser Sulfide in den Flugstaub. Aus diesem lässt es sich durch Auskochen mit verdünnter Schwefelsäure, H$_2$SO$_4$ und anschließendes Fällen als Thalliumchlorid, TlCl oder -iodid, TlI isolieren. Durch ↑Elektrolyse der Salzlösungen wird das reine Metall gewonnen.
Verwendung: in Legierungen u. a. mit Quecksilber als Thermometerfüllung, ferner als Zusatz zu Lagermetallen; in Form von Verbindungen (v. a. Thalliumsulfat, TlSO$_4$) als Rattengift.

Thermitverfahren [zu griech. thermós »warm«, »heiß«]: Verfahren zum Schweißen von Eisenteilen (z. B. Eisenbahn- und Straßenbahnschienen, gebrochene Wellen). Hierzu wird ein Gemisch von Eisen(II,III)-oxid, Fe$_3$O$_4$ und Aluminiumgrieß (Thermit) zur Reaktion gebracht. Es liefert in wenigen Sekunden unter äußerst starker Wärmeentwicklung (Temperaturen bis 2400 °C) reines Eisen in weiß glühend flüssiger Form, das die Verbindung der Eisenteile herstellt, gemäß folgender Gleichung:

3 Fe$_3$O$_4$ + 8 Al → 4 Al$_2$O$_3$ + 9 Fe.

Thermo|dynamik [zu griech. dýnamis »Kraft«] (Wärmelehre): Teilgebiet der Physik und der physikalischen Chemie, das sich mit der Umwandlung von Wärme in andere Energieformen bzw. dem umgekehrten Vorgang, der Umwandlung anderer Energieformen in Wärme, befasst, wobei speziell die chemische T. das Verhalten der Stoffe in ihren Aggregatzuständen (vor allem flüssige und gasförmige Stoffe) und die Wärmeerscheinungen bei chemischen Reaktionen untersucht. Grundlage der thermodynamischen Untersuchung ist ein gegenüber seiner Umgebung abgegrenztes makroskopisches ↑System, dessen Eigenschaften durch bestimmte physikalische Größen, die (nur für

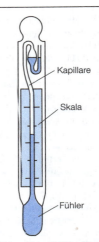

Thermometer (Abb. 1): Flüssigkeitsthermometer

Gleichgewichtszustände definierten) ↑Zustandsgrößen, gekennzeichnet sind; diese Zustandsgrößen sind z. B. Druck, Volumen und die Temperatur; sie sind durch ↑Zustandsgleichungen miteinander verknüpft, die es gestatten, aus der experimentellen Ermittlung nur einiger dieser Größen die anderen zu berechnen. Zustandsänderungen des Systems und die dabei frei werdende Arbeit und Wärme können unter Verwendung der ↑Hauptsätze der Thermodynamik berechnet werden. Die auf Erfahrung beruhenden Hauptsätze, für die jeweils mehrere gleichwertige, nur z. T. mathematische Formulierungen existieren, führen auch zur Definition der abgeleiteten Zustandsgrößen (Zustandsfunktionen, u. a. innere ↑Energie, ↑Enthalpie, ↑Entropie).

Die T. wurde ursprünglich zur Berechnung von Wärmekraftmaschinen entwickelt. In der Chemie ermöglicht sie Aussagen darüber, ob und unter welchen Umständen sowie in welcher Richtung eine chemische Reaktion ablaufen kann. Die hier beschriebene phä-

nomenologische (klassische) T. macht keine Aussagen über den zeitlichen Ablauf chemischer Reaktionen und insbesondere nicht über die mikroskopische Struktur der betrachteten Systeme.
thermodynamische Temperatur: ↑Temperatur.
Thermo|ly̱se [zu griech. lýsis »(Auf-)lösung«] (Hitzespaltung): die durch Wärme bewirkte Spaltung einer chemischen Verbindung in kleinere Bestandteile (Verbindungen oder Elemente). Eine T. bei sehr hohen Temperaturen wird meist als ↑Pyrolyse bezeichnet.
Thermometer: Gerät zur Messung der Temperatur eines Körpers. Man spricht von einem Berührungs- oder Kontaktthermometer, wenn das Gerät oder Teile von ihm (Messfühler) in unmittelbarem Kontakt mit dem zu messenden Körper sind und dabei dessen Temperatur annehmen. Bei diesem Temperaturausgleich wird im Prinzip auch die Temperatur des Messkörpers beeinflusst. Dieser Fehler wird umso geringer, je größer die ↑Wärmekapazität des Messkörpers im Vergleich zu der des T. ist.

Die gebräuchlichsten Berührungsthermometer sind das Flüssigkeitsthermometer, das Gasthermometer, das Bimetallthermometer und das Widerstandsthermometer.

Während beim Flüssigkeitsthermometer und Bimetallthermometer (Abb. 1 und 2) die von der Temperatur abhängige Volumen- bzw. Längenänderung flüssiger oder fester Körper zur Messung verwendet wird, liegt der Mes-

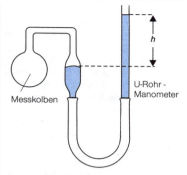

Thermometer (Abb. 3): Gasthermometer

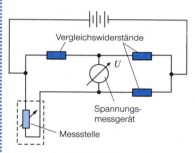

Thermometer (Abb. 4): Widerstandsthermometer

sung mit dem Gasthermometer (Abb. 3) der durch die ↑Zustandsgleichung der Gase beschriebene Zusammenhang zwischen dem Druck und der Temperatur eines (idealen) Gases bei konstant gehaltenem Volumen zugrunde. Die Temperaturmessung wird dabei auf eine Druckmessung zurückgeführt. Das Widerstandsthermometer (Abb. 4) nutzt die Tatsache aus, dass der elektrische Widerstand eines Leiters in gesetzmäßiger Weise von seiner Temperatur abhängig ist. Hierbei wird die Temperaturmessung auf eine Widerstandsmessung zurückgeführt, bei der sich unter Verwendung einer Wheatstone-Brückenschaltung sehr hohe Genauigkeiten erzielen lassen.

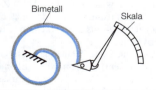

Thermometer (Abb. 2): Bimetallthermometer

Beim Strahlungsthermometer (Pyrometer, Bolometer) wird die Temperatur aus der vom Messkörper ausgesandten (elektromagnetischen) Wärmestrahlung ermittelt. Das Strahlungsthermometer steht dabei nicht im unmittelbaren Kontakt mit dem Messkörper.

Thermo|plaste [zu griech. plassein »bilden«, »formen«]: ↑Kunststoffe.

Thiazin-Farbstoffe: sachlich unrichtige Bezeichnung für eine Reihe von Farbstoffen, die sich vom Phenolthiazin ableiten (Bsp.: Methylenblau).

Thio- [zu griech. theion »Schwefel«]: Vorsilbe, die in systematischen Namen von anorganischen und organischen Verbindungen den Ersatz eines Sauerstoffatoms –O– durch ein Schwefelatom –S– kennzeichnet.

Thiocyanate: Salze, die das Ion NCS^- enthalten. Die T. leiten sich von der Thiocyansäure, HSCN bzw. der Isothiocyansäure, SCNH ab.

Thiole (früher Mercaptane): den ↑Alkoholen bzw. ↑Phenolen entsprechende Verbindungen, bei denen der Sauerstoff durch Schwefel ersetzt ist; allgemeine Strukturformel: R–S–H. Je nachdem, ob R ein aromatischer oder nicht aromatischer Rest ist, spricht man von Thiophenolen bzw. Thioalkoholen. T. sind unangenehm riechende Flüssigkeiten oder Feststoffe mit schwach sauren Eigenschaften. Die Salze heißen Thiolate (früher Mercaptide).

Thio|phen: aromatische Verbindung aus der Gruppe der ↑Heterocyclen, die im fünfgliedrigen Ring ein Schwefelatom enthält. T. ist eine farblose Flüssigkeit, die aus Schieferöl, Braun- und Steinkohlenteer gewonnen wird. Es ist Zwischenprodukt bei der Herstellung von Arzneimitteln, Schädlingsbekämpfungsmitteln u. a.

Thiosäuren: Sauerstoffsäuren, bei denen ein oder mehrere Sauerstoffatome durch Schwefelatome ersetzt sind, z. B. Thioschwefelsäure, $H_2S_2O_3$ oder Thiokohlensäure, H_2CSO_2; ihre Salze sind die Thiosulfate bzw. Thiocarbonate.

Thomas-Mehl ['tɔməs-; nach S. G. Thomas]: die beim Thomas-Verfahren (↑Stahl) anfallende Schlacke, die wegen ihres hohen Phosphatgehaltes (10–25%) ein wichtiges ↑Düngemittel ist. T.-M. wird in fein gemahlenem Zustand direkt in den Handel gebracht.

Thomas-Verfahren: ↑Stahl.

Thorium [nach dem altgerman. Gott Thor]: chemisches Element der ↑Actinoide, Zeichen Th, OZ 90, relative Atommasse 232,04, ↑Mischelement.
Physikalische Eigenschaften: silbergraues, weiches, radioaktives Metall; Dichte 11,71 g/cm³, Fp. 1 750 °C, Sp. ca. 4 788 °C. Das Isotop ^{232}Th kommt in der Natur vor (Halbwertzeit $1,4 \cdot 10^{10}$ Jahre).
Verwendung: als Legierungsbestandteil hitzefester Stähle; als Gettermaterial in Elektronenröhren; im Gemisch mit angereichertem Uran oder mit Plutonium als Kernbrennstoff; als Brutstoff für das spaltbare Uranisotop ^{233}U.

Thoriumreihe: ↑Zerfallsreihen.

Thulium [nach Thule (Land im Norden)]: chemisches Element der ↑Lanthanoide, Zeichen Tm, OZ 69, relative Atommasse 168,93, Reinelement; weiches Metall, Dichte 9,32 g/cm³, Fp. 1 545°C, Sp. 1 946°C.

Thymin ↑Nucleinsäuren.

Ti: Zeichen für ↑Titan.

Tiegel [zu ahd. tegel »irdener Topf«]: im Labor gebräuchliche Gefäße, meist aus glasiertem Porzellan oder Edelmetall (Platin, Iridium), die zum Schmelzen, Veraschen, Rösten etc. von Substanzen verwendet werden (Abb.). Zum Aufnehmen eines T. wird meist eine Tiegelzange aus vernickeltem Eisen verwendet.

Titan [nach den Titanen (griech. Göttergeschlecht)]: chemisches Element, Zeichen Ti, OZ 22, relative Atommasse 47,88, ↑Mischelement.

Tiegel: Erhitzen einer Substanz im Tiegel; 1 Tontiegel, 2 Tiegelzange, 3 Tondreieck, 4 Dreifuß, 5 Brenner

Physikalische Eigenschaften: Reines T. ist silberweiß, gut schmied- und walzbar und leitet den elektrischen Strom sehr gut; Dichte 4,5 g/cm³, Fp. 1 668 °C, Sp. 3 287 °C.

Chemische Eigenschaften: Das Metall ist sehr korrosionsbeständig, widersteht Salpetersäure, HNO_3, löst sich jedoch in Flusssäure, HF und Salzsäure, HCl. Es überzieht sich v. a. bei erhöhter Temperatur mit einer harten, fest haftenden Oxidschicht (TiO_2).
Dieses Oxid kommt in drei ↑Modifikationen vor: Rutil (tetragonal), Anatas (tetragonal) und Brookit (rhombisch). Im Kristallgitter des Perowskits, $CaTiO_3$, bilden die Ca^{2+}- und die O^{2-}-Ionen zusammen eine kubisch dichteste ↑Kugelpackung. Die Ti^{4+}-Ionen befinden sich in der Mitte der durch je sechs Sauerstoffatome gebildeten Oktaeder. Ein Perowskitgitter weisen auch die keramischen Supraleiter auf.

Darstellung: über (gereinigtes) Titandioxid durch Umsetzen mit Chlor und (reduzierend wirkender) Kohle zu Titantetrachlorid, $TiCl_4$ und anschließende Reduktion mit Natrium oder Magnesium:

$TiCl_4 + 4\,Na \rightarrow Ti + 4\,NaCl$.

Reines T. ist durch thermische Zersetzung des Tetraiodids darstellbar:

$TiI_4 \rightarrow Ti + 2\,I_2$.

Verwendung: Titanstahl und titanhaltige Hartlegierungen werden u. a. für Raketen, Düsentriebwerke, Eisenbahnräder, spezielle Motorenteile und korrosionsfeste Behälter für die chemische Industrie verwendet. Gereinigtes Titandioxid, TiO_2, eine weiße, pulverige Substanz, ist ein wichtiges Weißpigment (im Titanweiß gemischt mit Zinkoxid und Bariumsulfat) mit hohem Aufhell- und Deckvermögen.

Titer [zu frz. titre, eigtl. »Angabe eines (Mischungs)verhältnisses«]: in der Maßanalyse der Gehalt an wirksamem Reagenz in einer zur Titration verwendeten Lösung (ausgedrückt in mol/l, ↑Normalität).

Titration [zu Titer]: Verfahren zur Durchführung maßanalytischer Bestimmungen, bei dem eine Reagenzlösung mit bekanntem Gehalt (↑Titer) langsam zu der zu bestimmenden Flüssigkeit zugetropft wird, bis die Reaktion beendet ist. Dieser ↑Umschlagspunkt wird häufig durch geeignete ↑Indikatoren angezeigt; bei der ↑Leitfähigkeitstitration wird der Umschlagspunkt an einer sprunghaften Änderung der elektrischen Leitfähigkeit erkannt.

Aus dem Verbrauch der Titerlösung lässt sich der Gehalt der untersuchten Lösung an bestimmten Stoffen berechnen (↑Maßanalyse).

Titri|metrie: ↑Maßanalyse.

Tl: Zeichen für ↑Thallium.

Tm: Zeichen für ↑Thulium.

TNT: Abk. für 2,4,6-Trinitrotoluol, $C_6H_2(NO_2)_3CH_3$, ein blassgelbes Pulver, das durch ↑Nitrieren von Methylbenzol (Toluol) gewonnen wird. Unter dem Namen **Trotyl** ist es als handhabungssicherer Sprengstoff im Handel, der aber durch Initialzündung zu heftiger Detonation gebracht werden kann.

Tollens-Reagenz [nach BERNHARD CHRISTIAN GOTTFRIED TOLLENS; *1841 †1918]: ↑Silberspiegelprobe.

Toluol: (Methylbenzol): wichtiger aromatischer Kohlenwasserstoff (↑Aromaten, Tab.).
T. ist eine farblose, brennbare, benzolartig riechende Flüssigkeit, die in Wasser schlecht, in organischen Lösungsmitteln dagegen gut löslich ist und v. a. aus der Leichtölfraktion des Steinkohlenteers, daneben auch aus Erdöl gewonnen wird. T. wird v. a. als Lösungsmittel für Lacke, Kautschuk, Öle und Fette verwendet; außerdem ist es Ausgangsstoff für die Synthese einiger Benzolderivate.

Tondreieck: ↑Tiegel (Abb.).

Ton [zu ahd. dâha »dicht Werdendes«]: feinkörniges wasserundurchlässige Lockergestein, das sich bei der Zersetzung feldspatreicher Gesteine bildet und hauptsächlich aus ↑Silicaten bzw. Alumosilicaten mit Schichtstruktur besteht. Tone sind aus Anionenschichten aufgebaut, die durch dazwischen gelagerte Metallkationen zusammengehalten werden. Zwischen diese Schichten kann Wasser eingelagert werden, wodurch eine Quellung senkrecht zur Ebene der Schichten eintritt. Da die Schichten nun leicht gegeneinander verschiebbar sind, werden die T. verformbar. Beim Glühen (üblicherweise Brennen genannt) verdampft das gebundene Wasser, es bilden sich größere Teilchen von einigermaßen gleichmäßiger Ordnung, wodurch die T. hart werden.
Wichtige Bestandteile natürlicher T. sind Kaolinit, $Al_4[(OH)_8/Si_4O_{10}]$ und Montmorillonit, ein Schichtsilicat komplizierter Zusammensetzung. Ein besonders reiner, hauptsächlich aus Kaolinit bestehender Ton ist der **Kaolin** (Porzellanerde), der zur Porzellanherstellung (↑Tonwaren) verwendet wird. Die gewöhnlichen, sog. keramischen T., aus denen die übrigen T. hergestellt werden, sind weniger rein. Ton, der reichlich mit Eisen(III)-oxid und Quarz durchsetzt ist, heißt Lehm, Mergel ist ein stark kalkhaltiger T.

Ton|erde: alte, jedoch auch heute noch gebräuchliche Bezeichnung für Aluminiumoxid Al_2O_3 (↑Aluminium, ↑Erdmetalle).

Ton|gut: ↑Tonwaren.

Tonwaren (Keramik): Sammelbegriff für Erzeugnisse aus gebranntem ↑Ton. Die T. bestehen hauptsächlich aus Silicaten bzw. Alumosilicaten (↑Silicate). Sie können in Tongut (Irdengut, Irdenware) und Tonzeug (Sintergut, Sinterware) eingeteilt werden, je nachdem, wie stark sie gesintert (↑Sintern) sind. Bei Brenntemperaturen zwischen etwa 900 und 1 200 °C erhält man **Tongut**; es

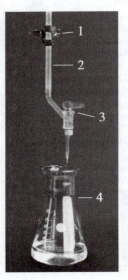

Titration:
1 Klammer,
2 Bürette, 3 Hahn,
4 Erlenmeyerkolben

Tonwaren

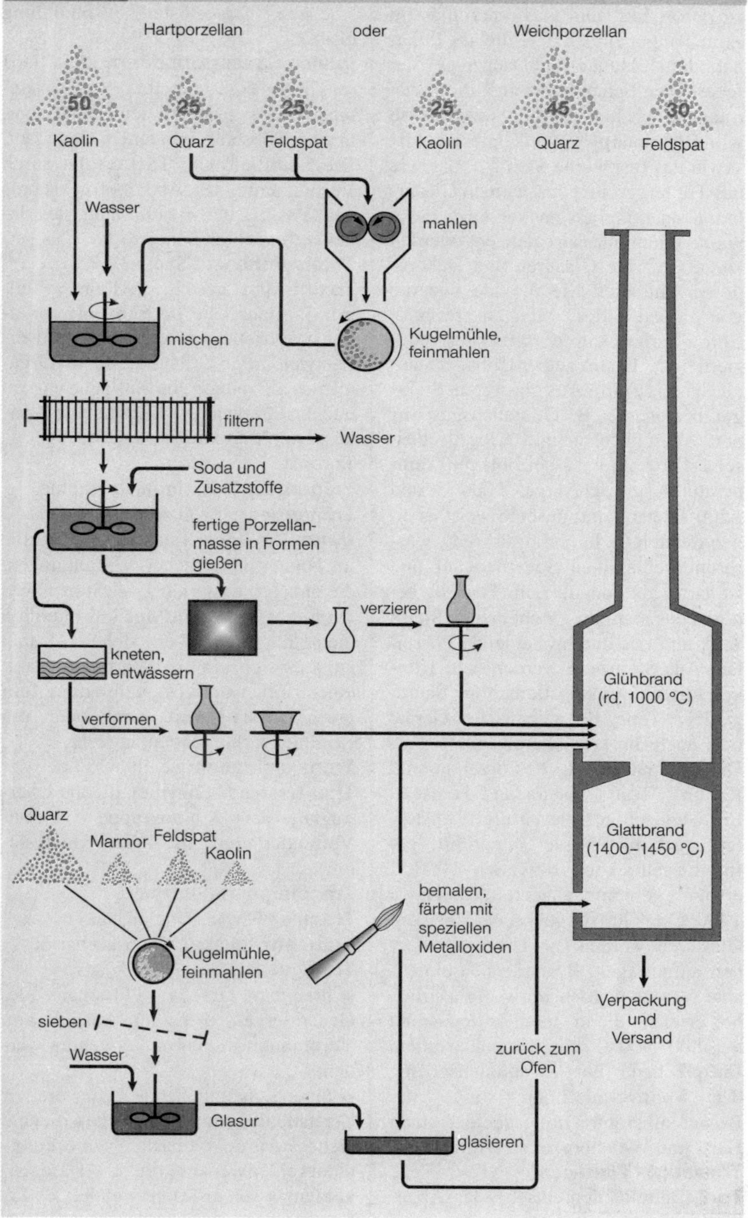

Hartporzellan oder **Weichporzellan**

- Kaolin 50
- Quarz 25
- Feldspat 25
- Kaolin 25
- Quarz 45
- Feldspat 30

Wasser → mischen

mahlen → Kugelmühle, feinmahlen

filtern → Wasser

Soda und Zusatzstoffe

fertige Porzellanmasse in Formen gießen

kneten, entwässern

verformen

verzieren

Quarz, Marmor, Feldspat, Kaolin → Kugelmühle, feinmahlen

sieben

Wasser → Glasur

bemalen, färben mit speziellen Metalloxiden

glasieren

zurück zum Ofen

Glühbrand (rd. 1000 °C)

Glattbrand (1400–1450 °C)

→ Verpackung und Versand

Tonzeug

ist porös, luft- und wasserdurchlässig. Zum Tongut zählen u. a. die aus Lehm gebrannten Mauer- und Dachziegel, die feuerfesten Schamottesteine, die meist roten und gelben Töpfereierzeugnisse wie Blumentöpfe und Töpfergeschirr sowie das fast weiße Steingut, das wie das Töpfergeschirr durch einen Glasurbrand nachträglich an der Oberfläche wasserundurchlässig gemacht werden kann. Gefärbte Glasuren und Dekorationen enthalten Metalloxide wie die von Eisen oder Mangan (braun), Chrom (grün), Kupfer (grün oder, reduziert, rot), Uran (gelb), Cobalt (blau) und Titan (weiß). Aus glasiertem Steingut bestehen z. B. Gebrauchsgeschirr oder Waschbecken und Klosettschüsseln. **Tonzeug** wird bei höheren Temperaturen, zwischen ca. 1200 °C und 1500 °C, gebrannt; deshalb weist es einen dichten (d. h. nicht porösen), wasserundurchlässigen Scherben auf und ist härter als Tongut. Zum Tonzeug gehören das nicht durchscheinende Steinzeug und das durchscheinende Porzellan. Aus Steinzeug werden u. a. Klinker, Fliesen, Kanalisationsrohre, Säuregefäße, Teile für chemische Geräte oder auch Bierkrüge hergestellt.

Die Rohmaterialien für Porzellan sind Kaolin (↑Ton), ↑Quarz und Feldspat. Ein Gemisch aus diesen drei Rohstoffen wird mit Wasser angerührt, geformt, getrocknet, bei etwa 1000 °C erstmals gebrannt, glasiert und bei etwa 1400 °C nochmals gebrannt. Vor dem Glasieren werden die Unterglasurfarben aufgetragen. Besonders farbintensive Muster werden mit Aufglasurfarben erreicht, die in einem dritten Brand bei 800–900 °C eingebrannt werden. Entsprechend der Zusammensetzung der Rohstoffmischung sowie der Brenntemperatur unterscheidet man Hart- und Weichporzellan (Abb.).

Tonzeug: ↑Tonwaren.

Torf [mittelniederdeutsch »der Abgestochene, Losgelöste«]: ↑Inkohlung (Tab.).

totaler Sauerstoffbedarf, Abk. TSB (englisch TOD für **t**otal **o**xygen **d**emand): Messgröße für den Gehalt organischer Substanzen in einem Gewässer. Die Ermittlung des TSB erfolgt durch Verbrennung des Abdampfrückstands des Wassers und Bestimmung des dabei verbrauchten Sauerstoffs.

Totalsynthese: ↑Synthese.

Toxine [zu griech. toxikón »Pfeilgift«]: pflanzliche, tierische und vor allem bakterielle, wasserlösliche, teilweise eiweißartige Giftstoffe, die im Organismus als spezifische Antigene wirken und die ihrerseits die Bildung von Antikörpern (Antitoxinen) veranlassen.

Tracht: ↑Kristallform.

Trägergas: ↑Gaschromatographie.

Tränengas: ↑Bromaceton.

trans- [lat. trans »jenseits«]: Vorsilbe im Namen chemischer Verbindungen, die anzeigt, dass sich zwei Substituenten in einem starren Molekül räumlich diametral gegenüber stehen. Dabei kann es sich um eine Verbindung mit einer Kohlenstoff-Doppelbindung, um einen aromatischen Kern oder um Komplexverbindungen handeln.

Trans|aminasen: eine Gruppe der Transferasen (↑Enzyme), die die Übertragung einer Aminogruppe von einer Verbindung auf eine andere katalysieren.

Transferasen: ↑Enzyme.

Transfer-RNA: ↑Nucleinsäuren.

Traubenzucker: ↑Monosaccharide.

Treibgase:

◆ brennbare Gase wie Flüssiggas oder Generatorgas, die zum Antrieb von Verbrennungsmotoren verwendet werden;

◆ unter Druck stehende Gase, die zur Zerstäubung von Flüssigkeiten dienen; bisher wurden hierfür v. a. Fluorchlorkohlenwasserstoffe (↑Halogenkohlenwasserstoffe) verwendet; als Er-

satz dienen z. B. Butan, Isobutan und Propan, die jedoch andere Lösungseigenschaften als die Fluorchlorkohlenwasserstoffe haben und zudem leicht entflammbar sind. Zur Herabsetzung der Entflammbarkeit werden sie meist mit Dichlormethan oder 1,1,1-Trichlorethan gemischt; daneben wird häufig auch Kohlenstoffdioxid zugesetzt;
♦ in der Kunststoffverarbeitung zur Herstellung von Schaumstoffen eingesetzte Gase (Kohlenstoffdioxid, Stickstoff), die bei der Verarbeitung im Kunststoff aus chemischen Stoffen freigesetzt werden.

Treibhauseffekt: ↑Atmosphärenchemie.

Treibstoff (Kraftstoff): brennbarer Stoff, der sich zum Antrieb von Verbrennungsmotoren eignet, z. B. ↑Benzin und Flüssiggas (Propan-Butan-Gemisch) für Ottomotoren, ↑Dieselöl für Dieselmotoren und Kerosin (↑Petroleum) für Strahltriebwerke.

Trennmittel: Stoffe, die die Adhäsion zwischen zwei sich berührenden Oberflächen herabsetzen. Sie werden in dünner Schicht auf die Oberflächen aufgebracht und verhindern so ein Zusammenkleben der beiden Körper. Als T. dienen u. a. Silikonöle, Harze, Fette, Wachse.
T. werden in der Technik vielfach eingesetzt, z. B. verhindern sie in der Kunststoffverarbeitung und beim Metallguss ein Festkleben des Materials mit den Formwerkzeugen.

Trennsäule: ↑Gaschromatographie.

Trennungsgang: ↑Analyse.

Trennverfahren: Verfahren zum Zerlegen von Stoffgemengen. Dabei sind die unterschiedlichen chemischen und vor allem physikalischen Eigenschaften der Komponenten von Bedeutung. T. sind z. B.: Sieben, Flotation, Dekantieren, Zentrifugieren, Filtration, Dialyse, Abdampfen, Destillation, Sublimation, Extraktion, Kristallisation, Adsorption, Absorption, Elektrophorese, Magnetabscheidung, elektrostatische Entstaubung und Chromatographie.

Trevira® [Kw.]: ↑Kunststoffe.

Tri|acylglycerine [zu lat. tres, tria »drei«]: ↑Fette.

Trialkylamin: ↑Amine.

Trichlor|ethen (Trichlorethylen, »Tri«), $CHCl=CCl_2$: ein Derivat des Ethens, bei dem drei Wasserstoffatome durch Chloratome substituiert sind. Es wird durch Abspalten von Chlorwasserstoff aus Tetrachlorethan oder durch Chlorieren von Ethen hergestellt. T. ist eine nicht brennbare, farblose, chloroformartig riechende Flüssigkeit (Sp. 87,0 °C), die ein ausgezeichnetes Lösungsvermögen für Fette, Wachse, Harze usw. besitzt. Bei Inhalation wirkt T. narkotisch und schleimhautreizend. Neuere Untersuchungen ergaben Hinweise auf eine mögliche Krebs erregende Wirkung.

Trichlorfluormethan: ↑Halogenkohlenwasserstoffe (Tab.).

Trichlormethan: ↑Halogenkohlenwasserstoffe (Tab.).

Trichter: ↑Filter.

Tri|glyceride: ↑Fette.

trigonal [zu griech. trígonon »Dreieck«]: ↑Kristallklassen.

Trihydroxybenzol: ↑Phenole (Tab.).

triklin [zu griech. klínein »neigen«]: ↑Kristallklassen.

Trinitrophenol: ↑Phenole (Tab.).

Trinitrotoluol: ↑TNT.

Trinkwasser: ↑Wasseraufbereitung.

Tri|oxan: ↑Aldehyde.

Tripelpunkt [zu lat. triplus »dreifach«] (Dreiphasenpunkt): der bezüglich Druck und Temperatur eindeutig bestimmte Punkt im Zustandsdiagramm (p,T-Diagramm) einer chemisch einheitlichen Substanz, in dem ihr fester, flüssiger und gasförmiger Aggregatzustand gleichzeitig nebeneinander bestehen und in dem alle drei Phasen in stabilem Gleichgewicht sind. Der T. ist

gemeinsamer Schnittpunkt der jeweils zwei Phasen trennenden Dampfdruck-, Schmelz- und Sublimationskurve.
Der T. des Wassers bei 0,01 °C (= 273,16 K) dient als Fixpunkt der Temperaturskala. Stoffe mit mehreren Modifikationen (z. B. Schwefel) weisen mehrere T. auf (Abb.).

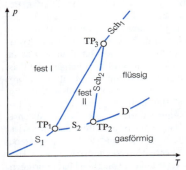

Tripelpunkt: Tripelpunkte TP_1, TP_2 und TP_3 eines Stoffs mit zwei Modifikationen I und II (D Dampfdruckkurve, Sch Schmelzkurve, S Sublimationskurve)

Triphenylmethanfarbstoffe: ↑Farbstoffe.
Triplettzustand: ↑Singulettzustand.
Trisauerstoff: ↑Ozon.
Tritium [zu griech. trítos »Dritter«]: überschwerer Wasserstoff, chemisches Symbol ^3H oder T, Isotop des Wasserstoffs mit der Massenzahl 3. Im Gegensatz zu dem aus nur einem Proton bestehenden Atomkern des gewöhnlichen Wasserstoffs (Massenzahl 1) besteht der Tritiumkern (**Triton**) aus einem Proton und zwei Neutronen. Das T. ist radioaktiv und zerfällt mit einer Halbwertszeit von 12,3 Jahren unter Aussendung von Betastrahlen in das Heliumisotop ^3He. Da es in der Natur insbesondere durch die Höhenstrahlung ständig nachgebildet wird, ist die Häufigkeit seines Vorkommens konstant; sie beträgt etwa 1 Tritiumatom auf 10^{17} gewöhnliche Wasserstoffatome.

T. wird v. a. als Tracer zur Markierung wasserstoffhaltiger Verbindungen benutzt, um Reaktionsabläufe zu klären.
Triton: ↑Tritium.
Trivialnamen: ↑Nomenklatur.
TRK-Werte (TRK: Abk. für **T**echnische **R**icht**k**onzentration): Konzentrationsangaben als Anhaltswerte für den Umgang mit einer Reihe Krebs erregender und Erbgut verändernder Arbeitsstoffe (die als Gase, Dämpfe oder Schwebstoffe in der Luft vorliegen). Die (in ml/m^3 oder ppm bzw. in mg/m^3 angegebenen) TRK-W. werden für solche Arbeitsstoffe zusammengestellt, für die unter toxikologischen oder arbeitsmedizinischen Gesichtspunkten keine ↑MAK-Werte angegeben werden können. Die Einhaltung der TRK-W. schließt aber eine Gesundheitsgefährdung nicht vollständig aus.
t-RNA: ↑Nucleinsäuren.
Trocken|destillation: ↑Destillation, ↑Pyrolyse.
Trocken|eis: Kohlenstoffdioxid (CO_2) in fester Form bei Atmosphärendruck. Da der ↑Tripelpunkt (Dreiphasenpunkt) von Kohlenstoffdioxid bei 0,53 MPa und –56,6 °C liegt, sublimiert Kohlenstoffdioxid bei Atmosphärendruck, d. h., es geht unmittelbar aus dem festen in den gasförmigen Aggregatzustand über, ohne zwischendurch den flüssigen Aggregatzustand anzunehmen. Die Temperatur von T. beträgt bei 0,1 MPa –78 °C, die Sublimationswärme beträgt 575 kJ/kg. Bezogen auf das Volumen liefert T. eine 3,3-mal höhere Kälteleistung als »Wassereis«. In der präparativen Chemie wird T. meist in Verbindung mit einem Kälteüberträger, z. B. Alkohol oder Aceton, verwendet. Mithilfe solcher Kältemischungen lassen sich Temperaturen von –72 °C bzw. –86 °C erreichen.
Trocken|element: ein elektrochemisches Primärelement, in dem die Elektrolytlösung durch eine poröse Sub-

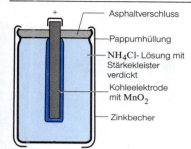

Trockenelement (Leclanché-Element)

stanz aufgenommen oder durch Zusatz geeigneter Quellungs- und Verdickungsmittel (z. B. Stärkebrei, Gips) pastenartig verdickt und immobilisiert worden ist. Ein wichtiges T. ist z. B. das **Leclanché-Element**. Dieses besteht aus einem Zinkzylinder (Kathode), der mit einer mit Sägemehl, Kleister oder Gelatine verdickten Ammoniumchloridlösung gefüllt ist, die als Elektrolyt dient. In der Mitte des Zinkbechers befindet sich als Anode eine von Braunstein, MnO_2, umgebene Graphitelektrode (Abb.). Bei der Stromentnahme spielen sich folgende Reaktionen ab: An der Kathode (Minuspol) geht Zink (Zn) in Lösung und wird unter Abgabe von 2 e^- zum Zink-Ion (Zn^{2+}) oxidiert, an der Anode (Pluspol) wird Braunstein (MnO_2) zu Mangan(III)-oxid (Mn_2O_3) reduziert:

Ox: $\overset{0}{Zn} \rightarrow \overset{+2}{Zn^{2+}} + 2e^-$;

Red: $2e^- + 2\overset{+4}{MnO_2} + 2H_3O^+ \rightarrow$
$\overset{+3}{Mn_2O_3} + 3H_2O$;

Redox: $Zn + 2MnO_2 + 2H_3O^+ \rightarrow$
$Zn^{2+} + Mn_2O_3 + 3H_2O$.

Die für die Reduktion am Pluspol benötigten Hydronium-Ionen werden durch Protolyse der Ammonium-Ionen gebildet:

$NH_4^+ + H_2O \rightarrow NH_3 + H_3O^+$.

Das dabei entstehende Ammoniak vereinigt sich mit den in der Oxidationsreaktion am Minuspol gebildeten Zink-Ionen und den Chlorid-Ionen (des Ammoniumchlorids) zu einem Komplexsalz (Diamminzink(II)-chlorid):

$Zn^{2+} + 2NH_3 + 2Cl^- \rightarrow$
$[Zn(NH_3)_2]Cl_2$.

Das Leclanché-Element liefert eine Spannung von ca. 1,5 V. Neben dem Leclanché-Element gibt es eine Vielzahl anderer T., z. B. Alkali-Mangan-Zellen (mit negativer Zinkpulverelektrode, positiver Braunsteinelektrode und einem alkalischen Elektrolyten, z. B. Kalilauge in Form eines Gels), Quecksilber- und Silberoxid-Zink-Zellen (»**Knopfzellen**« mit amalgamierter Zinkanode und Quecksilber- bzw. Silberoxid als Kathodenmaterial sowie wässrigen Lösungen von Säuren oder Laugen als Elektrolyten), Lithium-Silberchromat-Zellen, Lithium-Schwefeldioxid-Zellen, Lithium-Iod-Zellen u. a.

Trockenspinnverfahren: ↑Chemiefasern.

trocknende Öle: ↑Öle.

Tropfsteinbildung: ↑Kalk.

Tropftrichter: ↑Laborgeräte.

Trotyl: ↑TNT.

Tryptophan: ↑Aminosäuren (Tab.).

TSB: ↑totaler Sauerstoffbedarf.

Turnbulls Blau ['tə:nbʊlz-]: ↑Blutlaugensalz.

Tyndall-Effekt ['tindl-, nach dem irischen Physiker JOHN TYNDALL; *1820, †1893]: optischer Effekt, der auf der Streuung der Lichtstrahlen während des Durchgangs durch eine kolloidale Lösung (↑Kolloid) beruht. Wenn man von der Seite auf die einfallenden Lichtstrahlen blickt, erkennt man in der sonst durchsichtigen Lösung infolge der Streuung des Lichtes an den dispergierten (feinst verteilten) Teilchen ei-

Tyrosin

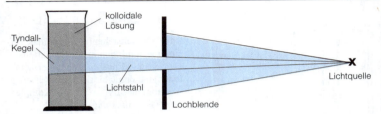

Tyndall-Effekt

nen Lichtkegel (Tyndall-Kegel; Abb.). An echten Lösungen ist dieser Effekt nicht zu beobachten, weil die Lichtstrahlen nur an Teilchen von der Größenordnung ihrer Wellenlänge (10 bis 100 nm) seitlich gestreut werden; kleinere Teilchen, wie z. B. gelöste Moleküle oder Ionen, bilden für die geradlinige Ausbreitung der Lichtstrahlen kein Hindernis.

Tyrosin [zu griech. tyrós »Käse«]: eine ↑Aminosäure, die in den meisten Proteinen, v. a. im Casein, vorkommt.

U

u: Einheitenzeichen für die ↑atomare Masseneinheit.

U: Zeichen für ↑Uran.

Übergangselemente (d-Elemente, Übergangsmetalle): Bezeichnung für diejenigen Elemente, deren Atome nur teilweise mit Elektronen aufgefüllte d-Orbitale in der zweitäußersten Hauptenergiestufe besitzen. Die einzelnen Atomarten weisen die Elektronenkonfiguration $(n-1)\,d^{1-9}ns^2$ ($n = 4, 5, 6$ und 7) auf. Das Manganatom beispielsweise hat die Elektronenanordnung [Ar] $3d^5 4s^2$. Es ist also das Atom eines Ü., denn die fünf 3d-Orbitale, die maximal 10 Elektronen aufnehmen können, sind nur mit fünf Elektronen besetzt.

Zu den Ü. gehören in der 4. Periode des ↑Periodensystems der Elemente die Elemente Scandium (OZ 21) bis Nickel (OZ 28), in der 5. Periode die Elemente Yttrium (OZ 39) bis Palladium (OZ 46), in der 6. Periode Lanthan (OZ 57) sowie die Elemente Hafnium (OZ 72) bis Platin (OZ 78) und in der 7. Periode Actinium (OZ 89) sowie die Elemente ab Element 104 (OZ 104). Im weiteren Sinn werden meist auch die Elemente Kupfer (OZ 28), Zink (OZ 29), Silber (OZ 47), Cadmium (OZ 48), Gold (OZ 79) und Quecksilber (OZ 80) zu den Ü. gezählt Als Folge der besonderen Stabilität halbbesetzter und vollbesetzter d-Unterenergiestufen treten einige Anomalien in den Elektronenkonfigurationen auf: So besitzt das Chromatom statt der zu erwartenden vier 3d- und zwei 4s-Elektronen fünf 3d-Elektronen und ein 4s-Elektron.

Das Kupferatom hat die Elektronenanordnung $[Ar]3d^{10}4s^1$. Nach der oben gegebenen Definition zählt Kupfer demnach eigentlich nicht zu den Ü., denn seine Atome besitzen vollständig gefüllte d-Orbitale Das gleiche gilt für Silber und Gold. Dennoch werden diese drei »Münzmetalle« allgemein zu den Ü. gerechnet. Gemäß den Gesetzmäßigkeiten, die beim Aufbau der Elektronenhüllen der Atomsorten gelten, käme den Atomen dieser drei Metalle die Konfiguration $(n-1)\,d^9ns^2$ zu ($n = 4, 5$ und 6). Aus energetischen Gründen kommt es jedoch zur Ausbildung der besonders stabilen Anordnung $(n-1)d^{10}ns^1$. Nun können sich aber die $(n-1)$ d-Elektronen (im Gegensatz zu denen der Zink-, Cadmium- und Quecksilberatome mit der Konfigurati-

on $(n-1)d^{10}ns^2$) an der Bildung von Verbindungen beteiligen. Dies rechtfertigt die Zuordnung von Kupfer, Silber und Gold zu den Ü., denn die Beteiligung der $(n-1)$ d-Elektronen an der Ausbildung von Verbindungen ist typisch und charakteristisch für die Atome aller oben genannten (eigentlichen) Übergangselemente.
Als innere Ü. (f-Elemente) werden diejenigen Metalle bezeichnet, bei deren Atomen in der drittäußersten $(n-2)$-Hauptenergiestufe die sieben 4f- bzw. 5f-Orbitale aufgefüllt werden. In der zweitäußersten $(n-1)$-Schale besitzen diese Atomarten in der Regel jeweils nur ein d-Elektron, in der Außenschale (n) haben sie zwei s-Elektronen. Es gibt also zwei Reihen innerer Ü. mit je 14 Metallen. Die erste Reihe folgt auf das Element Lanthan, die zweite auf das Element Actinium. Den 14 ↑Lanthanoiden kommt die Konfiguration

$$[Xe]\ 4f^{1-14}5d^16s^2,$$

den 14 ↑Actinoiden die Konfiguration

$$[Rn]\ 5f^{1-14}6d^17s^2$$

zu. Wegen der besonderen Stabilität halb besetzter und kompletter Unterenergiestufen treten auch bei den inneren Ü. einige Ausnahmen auf, z. B. in der Reihe der Lanthanoide beim Gadolinium, das nur sieben statt acht f-Elektronen hat.
Die Ü. einschließlich der ↑Münzmetalle und der inneren Ü. werden als **Nebengruppenelemente** bezeichnet.
Übergangsmetalle: ↑Übergangselemente.
Übergangszustand: Begriff aus der ↑Reaktionskinetik. Der Ü. ist der energetisch angeregte Zustand, in dem sich zwei Atome oder Moleküle kurz nach einem reaktiven Zusammenstoß befinden. Im Ü. bilden diese Teilchen einen sehr kurzlebigen, im Unterschied zu einer ↑Zwischenstufe nicht fassbaren aktivierten Komplex. Die im Ü. über die Reaktionswärme hinausgehende Energie ist die ↑Aktivierungsenergie.
Überlappung: ↑Atombindung.
übersättigte Lösung: ↑Sättigung.
überschwerer Wasserstoff: ↑Tritium.
Überspannung: Bezeichnung für die Erscheinung, dass bei der elektrolytischen Abscheidung eines Stoffs aus Elektrolytlösungen an bestimmten Elektroden oft eine größere Spannung als die theoretische ↑Zersetzungsspannung nötig ist. Große Ü. treten z. B. bei der Abscheidung von Wasserstoff auf. Die Ü. beträgt z. B. an einer Bleielektrode 0,36 V.
Uferfiltrat: ↑Abwasserreinigung.
Ultra|filter [lat. ultra »jenseits«, »darüber«, »über ... hinaus«]: ↑Sol.
Ultra|violett, Abk. UV: unsichtbare elektromagnetische Wellen, die sich an das violette Ende des sichtbaren ↑Spektrums anschließen. Ihre Wellenlängen liegen etwa zwischen 400 nm $(4 \cdot 10^{-7}$m$)$ und 3 nm $(3 \cdot 10^{-9}$m$)$. Nach kürzeren Wellenlängen schließen sich an das U. die Röntgenstrahlen an. Eine natürliche Ultraviolettstrahlungsquelle ist die Sonne, künstliche Ultraviolettstrahler sind z. B. Wolframbandlampen mit Quarzfenster (kontinuierliches Spektrum), Quecksilberdampflampen (Linienspektrum) und Wasserstofflampen. U. Strahlen lassen sich fotografisch und durch ↑Fluoreszenz nachweisen.
Biologisch wirksam ist die UV-Strahlung v. a. im Wellenlängenbereich zwischen 320 und 280 nm. Sie bewirkt u. a. die Bildung von Vitamin D (aus dem Provitamin Ergosterol) und die Bräunung der menschlichen Haut. Längere Bestrahlung ist schädlich (Verbrennungen, Netzhautablösung). Die zellzerstörende Wirkung der UV-Strahlung auf Bakterien wird u. a. zur Sterilisation genutzt.

Von Glas und Luft werden UV-Strahlen in starkem Maße absorbiert. Die UV-Strahlung der Sonne gelangt daher nur sehr geschwächt bis zur Erdoberfläche.

Ultraviolett|spektroskopie (Abk.: UV-Spektroskopie): ein spektroskopisches Verfahren, das die Elektronenanregung chemischer Verbindungen durch Bestrahlung mit monochromatischem UV-Licht (UV-Licht einer einzigen Wellenlänge) zur Charakterisierung und zur Strukturaufklärung benutzt. Angeregt werden Elektronen der p-, d- und π-Orbitale sowie die der π-konjugierten Systeme (konjugierte Doppelbindungen). Die benutzten Wellenlängen liegen im Allgemeinen zwischen 120 nm und 400 nm. Auch für die UV-Spektroskopie gilt das ↑Lambert-Beer-Gesetz.

Zur quantitativen Bestimmung eines Stoffes, der eine charakteristische Absorption bei einer bestimmten Wellenlänge λ zeigt, wird die Extinktion seiner Lösung bei dieser Wellenlänge gemessen, die nach obiger Beziehung direkt proportional seiner Konzentration ist. Zur Charakterisierung von unbekannten Substanzen wird über den gesamten UV-Bereich gemessen, wobei man häufig ein mehr oder minder strukturiertes Spektrum erhält, das Rückschlüsse auf die Bindungsverhältnisse erlaubt. Wegen der im Allgemeinen großen Extinktion werden zur Messung sehr verdünnte Lösungen (10 mg/l) verwendet; die Messung erfolgt im Vergleich zu dem reinen Lösungsmittel mit einem Ultraviolettspektrofotometer.

Ultra|zentrifuge: Zentrifuge, die mit Drehzahlen von etwa 1 000 000 Umdrehungen pro Minute läuft; sie ermöglicht u. a. die Bestimmung der Molekülmassen makromolekularer Stoffe durch Messung ihrer Sedimentationsgeschwindigkeit.

umkehrbare Reaktion: eine Reaktion, die in Umkehrung zur Bildungsreaktion ablaufen kann.
Beispiel: Bei der Reaktion zwischen Ammoniak und Chlorwasserstoffgas bildet sich Ammoniumchlorid. Erhitzt man dieses, so zerfällt es rückläufig wieder in die Ausgangsstoffe:

$$NH_3 + HCl \rightarrow NH_4Cl,$$
$$NH_4Cl \rightarrow NH_3 + HCl.$$

Zu einer Gleichung vereinigt:

$$NH_3 + HCl \rightleftarrows NH_4Cl.$$

Die Umkehrbarkeit einer chemischen Reaktion wird durch den Doppelpfeil $\rightleftarrows$ gekennzeichnet. Die beiden einander entgegengesetzt verlaufenden Reaktionen werden als **Hin-** und **Rückreaktion** bezeichnet.

Umkristallisation: häufig angewendetes Reinigungsverfahren für unreine chemische Substanzen.
Die zu reinigende Substanz wird dabei in einem geeigneten, meist siedenden Lösungsmittel gelöst und durch vorsichtiges Abkühlen oder durch Zugabe anderer Lösungsmittel, in denen die Verbindung schlechter löslich ist, wieder zur Kristallisation gebracht (falls nötig auch durch Zusatz von **Kristallisationskeimen**). Die Verunreinigungen bleiben in der Lösung und werden vom Kristall nicht eingeschlossen. Eine Voraussetzung für die U. ist, dass die Substanz gut kristallisiert und Löslichkeitsunterschiede zwischen Substanz und Verunreinigungen bestehen. Die U. muss oft mehrmals wiederholt werden.

Umlagerung: intramolekulare Wanderung eines Atoms bzw. einer Atomgruppe, die zu einem Molekül unterschiedlicher Konstitution, jedoch mit gleicher Summenformel führt.
Dabei kann die Gruppe als Anion (mit einem Elektronenpaar), als Kation oder als ↑Radikal wandern. Daneben gibt es

$$H_3C-\underset{\underset{H_3C}{|}}{\overset{\overset{H}{|}}{C}}-\underset{\underset{H}{|}}{\overset{\overset{OH}{|}}{C}}-CH_3 \quad \xrightleftharpoons{H^+,\,-H_2O}$$

3-Methyl-2-butanol

$$H_3C-\underset{\underset{H_3C}{|}}{\overset{\overset{H}{|}}{C}}\curvearrowright\overset{+}{\underset{\underset{H}{|}}{C}}-CH_3 \quad \rightleftharpoons$$

$$H_3C-\overset{+}{\underset{\underset{H_3C}{|}}{C}}-\underset{\underset{H}{|}}{\overset{\overset{H}{|}}{C}}-CH_3 \quad \xrightleftharpoons{+\,Br^-}$$

$$H_3C-\underset{\underset{H_3C}{|}}{\overset{\overset{Br}{|}}{C}}-\underset{\underset{H}{|}}{\overset{\overset{H}{|}}{C}}-CH_3$$

2-Brom-2-methylbutan

Umlagerung: Umlagerung des Carbenium-Ions im Verlauf einer Substitution (S_N1).

auch synchron ablaufende U., die meist über einen cyclischen Übergangszustand verlaufen.

U. finden häufig in solchen Fällen statt, wo im Verlauf einer Reaktion ein koordinativ ungesättigtes Atom (mit einem Elektronensextett) auftritt, das durch Wanderung einer Gruppe in ein stabileres Intermediat übergehen kann. So erhält man z. B. bei der Substitution von 3-Methyl-2-butanol mit Bromwasserstoff nur in geringer Menge das erwartete 2-Brom-3-methylbutan, als Hauptprodukt dagegen 2-Brom-2-methylbutan (Abb.). Grund dafür ist, dass sich das zunächst entstehende sekundäre ↑Carbenium-Ion in ein tertiäres Carbenium-Ion umlagert, das wegen des +I-Effekts (↑induktiver Effekt) der Alkylgruppen stabiler ist.

Umschlagspunkt (Umschlagbereich): derjenige ↑pH-Wert (pH-Bereich), bei dem die Konzentration des gefärbten Indikator-Ions R^- (↑Indikatoren) ebenso groß ist wie die Konzentration des anders gefärbten oder ungefärbten nicht dissoziierten Indikators HR. Die Existenz der beiden Indikatorformen nebeneinander ruft bei der zu titrierenden Lösung eine deutliche Farbänderung hervor, die den Endpunkt der ↑Titration anzeigt.

Umweltchemikalien: Bezeichnung für chemische Substanzen, die als Folge menschlicher Aktivitäten (industrielle Herstellung oder Anwendung chemischer Produkte usw.) in die Umwelt gelangen und als potenzielle Schadstoffe auf Lebewesen, Ökosysteme oder Sachgüter einwirken. Maßgebend für die Gefährlichkeit sind die Toxizität für den Menschen, die Auswirkungen auf die übrige belebte Umwelt und der Einfluss auf das Gleichgewicht von Ökosystemen, ferner die Produktionsmenge, Nebenprodukte, Persistenz, Bioakkumulation, Abbaubarkeit und Verbreitung.

unedle Metalle: ↑Metalle.
ungesättigte Lösung: ↑Sättigung.
ungesättigte Verbindungen: Bezeichnung für Stoffe mit Mehrfachbindungen (Doppel-, Dreifachbindungen) zwischen einzelnen Atomen (z. B. ungesättigte ↑Kohlenwasserstoffe) oder Stoffe mit nicht abgesättigten Valenzen (z. B. Kohlenstoffmonoxid, CO). Charakteristisch für solche Verbindungen sind ↑Additionsreaktionen oder ↑Polymerisation, wobei die Mehrfachbindung aufgehoben wird.

universelle Gaskonstante: ↑Zustandsgleichungen.
unpolar: ↑polare Atombindung, ↑Lösungsmittel.
unpolare Verbindungen: ↑chemische Verbindungen.
Unschärferelation (heisenbergsche Unschärferelation): von dem deutschen Physiker WERNER HEISENBERG (*1901, †1976) im Jahr 1927 formuliertes quantenmechanisches Prinzip, nach dem bei einem mikrophysikali-

Unterkühlung

schen Objekt, z. B. bei einem Elektron in der Atomhülle, grundsätzlich nicht gleichzeitig Ort und Impuls (Produkt aus Masse und Geschwindigkeit) beliebig genau bestimmt werden können. Demnach ist es also unmöglich, für ein Elektron gleichzeitig anzugeben, wo es sich in einem bestimmten Moment innerhalb der Atomhülle befindet und mit welcher Geschwindigkeit es sich in diesem Augenblick bewegt.

Die U. ist nicht etwa auf ungenügend genaue Messmethoden oder Rechenverfahren zurückzuführen; es handelt sich bei ihr vielmehr um eine prinzipielle Eigenschaft mikrophysikalischer Objekte.

Die U. hängt eng mit dem ↑planckschen Wirkungsquantum h zusammen. Für die Unschärfe der Ortsmessung Δx und die Unschärfe der Impulsmessung Δx gilt die Beziehung $\Delta x \cdot \Delta x \geq h$.

Unterkühlung: Bezeichnung für die Erscheinung, dass eine Flüssigkeit unter günstigen Voraussetzungen (extremer Reinheitsgrad von Flüssigkeit und Gefäß, glatte Gefäßwandung) oft weit unter ihre Erstarrungstemperatur abgekühlt (unterkühlt) werden kann, ohne dass sie in den festen ↑Aggregatzustand übergeht. Bei chemisch reinem Wasser können dabei Temperaturen bis unterhalb −70 °C erreicht werden. Eine derartig unterkühlte Flüssigkeit erstarrt bei der kleinsten Erschütterung schlagartig. Durch die dabei frei werdende Erstarrungswärme wird die Temperatur bis zur normalen Erstarrungstemperatur des betreffenden Stoffes erhöht. Die der U. analoge Erscheinung beim Übergang einer Flüssigkeit in den gasförmigen Aggregatzustand ist der ↑Siedeverzug.

Unterschalen: ↑Elektronenschale.

Uracil: ↑Nucleinsäuren.

Uran [nach dem Planeten Uranus]: chemisches Element der Actinoide, Zeichen U, OZ 92, relative Atommasse 238,03, Massenzahl des stabilsten Isotops 238.

Physikalische Eigenschaften: U. ist ein silberweißes, radioaktives Schwermetall, Dichte 19,05 g/cm³; Fp. 1 135 °C, Sp. 4 131 °C. Natürliches U. besteht zu 99,27 % aus ^{238}U, zu 0,72 % aus ^{235}U und zu 0,0056 % aus ^{234}U; zahlreiche Isotope werden künstlich hergestellt.

Chemische Eigenschaften: U. ist unbeständig gegenüber Sauerstoff (bildet Oxidschicht), Halogenen, Wasser, Schwefel und Säuren.

Gewinnung: Die oxidischen Uranerze werden geröstet, mit Sodalösung oder Schwefelsäure ausgelaugt und in Konzentrate überführt, die in Salpetersäure gelöst werden, wobei sich Uranylnitrat, $UO_2(NO_3)_2$, bildet; durch Glühen erhält man Triuranoctoxid, U_3O_8, das zu UO_2 reduziert und mit Fluorwasserstoff in das grüne, pulverige Urantetrafluorid UF_4, übergeführt wird; daraus erhält man durch Reduktion mit Calcium oder Magnesium metallisches U. Zur Anreicherung des Isotops U 235 wird das leicht flüchtige ↑Uranhexafluorid benutzt.

Verwendung: U. dient (angereichert an ^{235}U) v. a. als Kernbrennstoff sowie zur Gewinnung des spaltbaren Plutoniumisotops ^{239}Pu in Brutreaktoren. Einige Uranverbindungen werden als Katalysatoren eingesetzt.

Uranhexafluorid, UF_6: farblose, kristalline, leicht flüchtige Uranverbindung (sublimiert bei 56,5 °C), die zur Anreicherung des Isotops U 235 in einer Gasdiffusionsanlage dient: $^{235}UF_6$ diffundiert leichter durch Membranen als $^{238}UF_6$ und kann so für Kernbrennstoffe angereichert werden. Nach ca. 1 000 Trennstufen ist der natürliche U 235-Gehalt von 0,72 % auf 3 % angewachsen. U. wird bei Kontakt mit Wasser leicht unter Freisetzung von Fluorwasserstoff, HF, hydrolysiert.

U-Rohr: u-förmiges Glasrohr.

Urspannung: ↑elektromotorische Kraft.

Urtiter (Ursubstanz): unbegrenzt haltbare, chemisch völlig reine, problemlos abwägbare (nicht hygroskopische, nicht durch Kohlenstoffdioxid veränderliche, nicht durch Luftsauerstoff oxidierbare) Chemikalie, die ohne Nebenreaktionen bei der ↑Titration mit der Analysenlösung reagiert. Eine Urtiterlösung muss über längere Zeit unzersetzt haltbar sein und einen gleich bleibenden Wirkungswert besitzen. Als U. eignen sich z. B. Kaliumdichromat, $K_2Cr_2O_7$, Kaliumbromat, $KBrO_3$, Natriumoxalat, $Na_2C_2O_4$. Natriumchlorid, NaCl, Silbernitrat, $AgNO_3$, oder Natriumcarbonat, Na_2CO_3.

UV-Spektroskopie: ↑Ultraviolettspektroskopie.

V:
◆ Zeichen für ↑Vanadium.
◆ Einheitenzeichen für Volt (Einheit der elektrischen Spannung).
◆ (V): Formelzeichen für Volumen.

V2A-Stahl: ↑Legierungen.

Vakuum|destillation [zu lat. vacuus »frei«, »leer«]: ↑Destillation.

Vakuum|filtration: ↑Filtration.

Val: nicht mehr zugelassene Einheit der Äquivalentmenge (↑Normalität).

Valenz [zu lat. valentia »Stärke«, »Kraft«]: ↑Wertigkeit.

Valenz|elektronen: Bezeichnung für die Elektronen eines Atoms, die die ↑Wertigkeit (Valenz) bestimmen und für die Bindungskräfte bei der Atombindung verantwortlich sind. Bei den Atomen der Hauptgruppenelemente sind nur die Elektronen der äußersten Hauptenergiestufe (»Schale«) V., bei den Atomen der Nebengruppenelemente wirken dagegen meist sowohl die Elektronen der Außenschale als auch die der unvollständig besetzten zweitäußersten Schale als Valenzelektronen.

Valenz|isomerie: ↑Isomerie.

Valenzschwingungen: ↑Infrarotspektroskopie.

Valenzstrichformeln: ↑chemische Formeln.

Valeriansäure: ↑Carbonsäuren (Tab.).

Valin: ↑Aminosäuren (Tab.).

Vanadium [nach dem Beinamen Vanadis der altnord. Göttin Freyja]: chemisches Element der fünften Nebengruppe, Zeichen V, OZ 23, relative Atommasse 50,94, ↑Mischelement.
Physikalische Eigenschaften: sehr hartes, in reinster Form dehnbares und geschmeidiges Metall; Fp. 1 910 °C, Sp. 3 407 °C, Dichte 6,11 g/cm³.
Chemische Eigenschaften: V. wird nur bei hohen Temperaturen von Sauerstoff, Laugen und Säuren angegriffen.
Verwendung: als Legierungsbestandteil für wertvolle, hitze- und schwingungsbeständige, harte, zähe Stähle.

Van-der-Waals-Kräfte: nach dem niederländischen Physiker JOHANNES DIDERIK VAN DER WAALS (*1837, †1923) benannte ↑zwischenmolekulare Kräfte.

Van-der-Waals-Radien: die Wirkungsbereiche der Elektronenhüllen der Elemente. Sie betragen etwa 0,1 bis 0,3 nm.

Vanillin

Vanillin [zu span. vainilla, Verkleinerungsbildung zu vaina »Hülse«, »Schale«, »Scheide«]: aromatischer Aldehyd, der glykosidisch gebunden in den etherischen Ölen zahlreicher Pflanzen vorkommt, v. a. in den Früchten von Vanille-Arten. V. kann auch synthetisch gewonnen werden.

Van't-Hoff-Gesetz: nach dem niederländischen Physikochemiker J.H. VAN'T HOFF benanntes Gesetz des osmotischen Drucks (↑Osmose).

Van't-Hoff-Regel: ↑RGT-Regel.

Verbindungen: ↑chemische Verbindungen.

Verbrennung: unter Flammenbildung und Wärmeentwicklung ablaufende Reaktion von Stoffen mit Sauerstoff oder anderen Oxidationsmitteln. Der Beginn der V. heißt Entzündung. Diese setzt ein, sobald das reagierende Stoffgemisch auf die Entzündungstemperatur gebracht worden ist.

Verbrennungswärme: die bei der vollständigen Verbrennung eines Stoffes frei werdende Wärmeenergie. Den Quotienten aus der V. Q und der Masse m eines Stoffes bezeichnet man als die spezifische V., H_0, den Quotienten aus der V. Q und der Menge n eines Stoffes (in mol) als die molare V. $H_{0,m}$:

$$H_0 = Q/m, \; H_{0,m} = Q/n.$$

Diese V. werden gemessen in Kilojoule pro Kilogramm (kJ/kg) bzw. in Kilojoule pro Mol (kJ/mol). Ein Stoff hat also die molare V. 1 kJ/mol, wenn bei der vollständigen Verbrennung von 1 mol dieses Stoffes eine Wärmemenge von 1 kJ frei wird.

In der Technik wird die spezifische bzw. molare V. als **Brennwert** (früher oberer Heizwert) bezeichnet.

Verchromen: ↑Galvanisieren (auch ↑Korrosionsschutz).

Verdampfen: Übergang eines Körpers aus dem flüssigen in den gasförmigen ↑Aggregatzustand. Erfolgt dieser Übergang in allen Teilen der Flüssigkeit (erkennbar an dem lebhaften Aufsteigen von Gasblasen) nach Erreichen der (druckabhängigen) ↑Siedetemperatur, dann spricht man von ↑Sieden. Erfolgt der Übergang dagegen nur an der Flüssigkeitsoberfläche unterhalb der Siedetemperatur, dann spricht man von ↑Verdunsten.

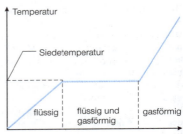

Verdampfungswärme: Vorgänge beim Verdampfen

Verdampfungswärme: die Wärmemenge, die erforderlich ist, um einen Körper ohne Temperaturerhöhung aus dem flüssigen in den gasförmigen ↑Aggregatzustand überzuführen. Führt man einem flüssigen Körper Wärmeenergie zu, so steigt seine Temperatur zunächst bis zur Siedetemperatur an und bleibt dann trotz weiterer Wärmezufuhr so lange konstant, bis die Flüssigkeit vollständig verdampft ist (Abb.). Die während des Siedens zugeführte Wärmemenge dient also nicht der Temperaturerhöhung, sondern wird lediglich zur Änderung des Aggregatzustandes verwendet. Der Quotient aus der V. Q_v und der Masse m eines Kör-

Aceton	526,3
Alkohol	854,1
Benzol	393,6
Chloroform	241,0
Ether	355,9
Quecksilber	284,7
Wasser	2256,7

Verdampfungswärme: spezifische Verdampfungswärme in kJ/kg

pers wird als spezifische V. σ_v bezeichnet:

$$\sigma_v = Q_v/m.$$

SI-Einheit der spezifischen V. ist 1 Joule/Kilogramm (J/kg). In der Tabelle sind die spezifischen V. einiger Stoffe bei einem Druck von 1013 hPa angegeben:
Die V. wird beim Übergang vom gasförmigen in den flüssigen Aggregatzustand wieder frei. Man spricht dann von Kondensationswärme.

Verdünnungsgesetz: ↑Dissoziationsgrad.

Verdunsten: Übergang eines Körpers vom flüssigen in den gasförmigen ↑Aggregatzustand bei Temperaturen, die unterhalb der ↑Siedetemperatur liegen. Im Gegensatz zum ↑Sieden erfolgt die Verdunstung nur an der Flüssigkeitsoberfläche. Sie geht umso rascher vor sich, je größer die Oberfläche der Flüssigkeit ist und je näher ihre Temperatur an der Siedetemperatur liegt. Der Verdunstungsvorgang dauert so lange an, bis der ↑Partialdruck des entstandenen Dampfes über der Flüssigkeitsoberfläche gleich dem Dampfdruck der verdunstenden Flüssigkeit ist. Beispiele für Verdunstungsvorgänge sind das Trocknen von Wäsche und das Austrocknen von Wasserpfützen

Ver|esterung: Bezeichnung für eine Reaktion, bei der durch Umsetzung eines Alkohols mit einer Säure unter Wasserabspaltung ↑Ester entstehen. Das Sauerstoffatom des gebildeten Wassermoleküls stammt bei Verwendung primärer oder sekundärer ↑Alkohole aus dem Säuremolekül (Abb. 1), wie durch Untersuchung mit isotopenmarkierten Verbindungen nachgewiesen werden konnte. Bei tertiären Alkoholen dagegen entsteht durch Abspaltung der Hydroxylgruppe das wegen des +I-Effekts der drei Alkylgruppen begünstigte ↑Carbenium-Ion, das dann elektrophil das Sauerstoffatom der Carboxylgruppe angreift. Die Bildung des Esters erfolgt in einer Gleichgewichtsreaktion. Die Einstel-

Veresterung (Abb. 1): Veresterung mit einem primären Alkohol

Veresterung (Abb. 2): Reaktionsmechanismus

lung des Gleichgewichts wird beschleunigt durch Temperaturerhöhung und Zugabe von Mineralsäuren. Der Reaktionsmechanismus zeigt, dass die Veresterungsgeschwindigkeit der Konzentration der Hydronium-Ionen direkt proportional ist (Abb. 2).
Weiter zeigt der Mechanismus, dass erst die **Protonenkatalyse** den nukleophilen Angriff des Alkohols mit dem freien Elektronenpaar des Sauerstoffatoms durch Blockierung des negativen Moments am Sauerstoffatom der Carboxylgruppe ermöglicht. Dadurch erhält das Kohlenstoffatom eine starke positive Ladung. Die Erhöhung der Ausbeute ergibt sich aus dem ↑Massenwirkungsgesetz:

$$K = \frac{[\text{Ester}] \cdot [\text{Wasser}]}{[\text{Säure}] \cdot [\text{Alkohol}]};$$

$$[\text{Ester}] = \frac{[\text{Säure}] \cdot [\text{Alkohol}]}{[\text{Wasser}]} \cdot K.$$

Durch Abdestillieren des entstehenden Wassers bzw. Arbeiten mit einem Überschuss an Alkohol kann die quantitative V. der (meist) teureren Säure erreicht werden. Die Umkehrung der V. ist die ↑Verseifung.
Verfestigen: ↑Aggregatzustände.
Vergällen: ↑Denaturierung.
Vergolden: ↑Galvanisieren.
Verhältnisformeln: ↑chemische Formeln.
Verholzung: ↑Lignin.
Verhüttung: industrielle Verarbeitung von ↑Erzen.
Verkohlung: die Zersetzung organischer Stoffe durch Erhitzen unter Sauerstoffmangel oder durch Einwirken Wasser abspaltender Substanzen, z. B. konzentrierter Schwefelsäure, wobei stark kohlenstoffhaltiges Material zurückbleibt.
Verkokung: ↑Kohle.
Verkupfern: ↑Galvanisieren.
Vernickeln: ↑Galvanisieren.
Verpuffung: ↑Explosion.
Verschwelung: ↑Kohle.
Verseifung: Reaktion, bei der durch ↑Hydrolyse mit Laugen, Säuren oder Enzymen Ester unter Wasseraufnahme gespalten werden in Alkohole und Carbonsäuren. Die V. ist die Umkehrung der ↑Veresterung. Der Name stammt

Carbonsäure   Alkoholat-Ion

Carbonsäureanion
Verseifung: alkalische Verseifung

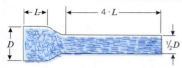

Verstrecken: Verstrecken von Chemiefasern

von der alkalischen Spaltung der ↑Fette (Fettsäureglycerinester) zu den Alkalisalzen der Fettsäuren, den ↑Seifen, und Glycerin.

Die saure V. erfolgt in umgekehrter Richtung wie die säurekatalysierte V.; die alkalische V. hat den Vorzug des quantitativen und nicht umkehrbaren Ablaufs. Dem nukleophilen Angriff des Hydroxid-Ions folgt eine Spaltung der Esterbindung, wobei zuerst das Alkoholat-Ion entsteht, das jedoch wegen fehlender Stabilisierungsmöglichkeiten im Gegensatz zum mesomeriestabilisierten Carbonsäureanion durch Aufnahme eines Protons in den Alkohol übergeht (Abb.); die Bildung des Carbonsäureanions verhindert die Entstehung eines Gleichgewichts.

Die wichtigste technische V. ist die alkalische Spaltung von pflanzlichen oder tierischen ↑Fetten und ↑Ölen. Im Stoffwechselgeschehen des Körpers übernehmen ↑Enzyme, die Esterasen, die Fettspaltung, z. B. die Lipase aus der Bauchspeicheldrüse.

Verseifungszahl: Maßzahl aus der Fettanalyse zur Beurteilung der Qualität eines ↑Fetts. Sie wird bestimmt durch die Anzahl der mg Kaliumhydroxid, die zur ↑Verseifung von 1 g Fett benötigt werden. Je höher die V. ist, umso geringer ist die Molekülmasse des Fetts und umso größer ist der Anteil kurzkettiger Carbonsäuren.

Versilbern: ↑Galvanisieren.

Verstrecken: ein Verfahren zur Verfestigung von ↑Chemiefasern, das entweder während des Spinnprozesses oder anschließend vorgenommen wird. Die Fäden werden dabei auf das Drei- bis Fünffache ihrer Länge ausgezogen, wobei sie dünner und fester werden. Die einzelnen Fadenmoleküle, die im frisch gesponnenen Faden regellos durcheinander liegen, werden gerade gezogen und in der Längsachse des Fadens ausgerichtet.

Versuchsprotokoll [zu griech. protókollon »vorn Angeklebtes«]: in den Naturwissenschaften und v. a. in der Chemie ein wichtiges Hilfsmittel, um Durchführung und Ergebnisse eines Versuchs festzuhalten und gegebenenfalls den Versuch zur Überprüfung der Ergebnisse wiederholen zu können. Das V. wird meist in Form eines Laborjournals geführt.

Ein V. sollte folgende Angaben umfassen:
- Name des Ausführenden und Datum;
- Aufgabe bzw. Fragestellung; Gleichung der vorgesehenen Reaktion mit Molmassenangabe;
- verwendete Geräte, eingesetzte Mengen der Ausgangsstoffe in g (evtl. ml) und mol;
- genaue Beschreibung des Versuchsaufbaus (Zeichnung);

vicinal
1,2,3-Trichlorbenzol

asymmetrisch
1,2,4-Trichlorbenzol

symmetrisch
1,3,5-Trichlorbenzol

vicinale Stellung: Stellungsmöglichkeiten bei drei Substituenten im Benzolring

- schrittweise Beschreibung der Versuchsdurchführung;
- sämtliche (auch im Moment unwichtig erscheinende) Beobachtungen;
- Auswertung und Schlussfolgerungen;
- Angabe der verwendeten Literatur.

Verteilungsgesetz: ↑Nernst-Verteilungssatz.

Verzinken: ↑Galvanisieren (auch ↑Korrosionsschutz).

vicinale Stellung: herkömmliche Bezeichnung für die benachbarte Stellung von Substituenten in einer Verbindung, z. B. für die drei Substituenten im 1,2,3-Trichlorbenzol. Weitere Stellungsmöglichkeiten sind hier die symmetrische und die asymmetrische Stellung (Abb. S. 407).

Vielfachzucker: ↑Polysaccharid.

vierzähnig: ↑Komplexchemie.

Vinyl- [zu lat. vinum »Wein«]: herkömmliche Bezeichnung für den Rest –CH=CH$_2$ (systematische Bezeichnung: **Ethenyl-**). Die leichte Polymerisierbarkeit der C-C-Doppelbindung (↑Alkene) macht Vinylverbindungen zu wichtigen Ausgangsprodukten für die Herstellung von ↑Kunststoffen, z. B. Vinylchlorid, CHCl=CH$_2$, für ↑Polyvinylchlorid, Vinylacetat CH$_3$–COO–CH=CH$_2$ für Polyvinylacetat.

Vinylierung: ↑Reppe-Synthesen.

Viskose (Viskosefasern): aus regenerierter ↑Cellulose bestehende ↑Chemiefasern (Endlosfäden oder Spinnfasern), die nach dem sog. Viskoseverfahren aus Zellstoff hergestellt werden (Abb. 1). Der Zellstoff wird dabei zu-

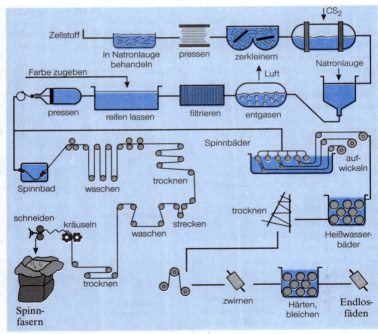

Viskose (Abb. 1): Herstellung von Viskosefasern

nächst in Tauchpressen mit Natronlauge behandelt und zu einer krümeligen Masse, der sog. Alkalicellulose, zerkleinert. Nach einem Reifeprozess wird diese mit Schwefelkohlenstoff CS_2 vermischt, wobei das lösliche **Natriumcellulosexanthogenat** (Abb. 2) entsteht.
Dieses feste Natriumsalz wird mit verdünnter Natronlauge zu einer zähflüssigen, V. genannten Spinnlösung verrührt und schließlich nach mehrtägigem Reifen durch Spinndüsen in ein Fällbad von Schwefelsäure gepresst, wo die frei werdende Cellulosexanthogensäure unter Rückbildung des Cellulosefadens zerfällt. Die 10–150 Endlosfäden (heute Filamente genannt) werden aufgewickelt und verdreht. Bei der Herstellung von Spinnfaser (Zellwolle) werden bis zu 5000 Fäden aus einer Düse zu einem Strang zusammengefasst, gekräuselt und auf die gewünschte Faserlänge geschnitten. Viskosefasern sind hochglänzend bis tiefmatt, wärmeisolierend, dehn- und färbbar. Die Fäden haben ein geringes Quellvermögen, sie sind daher gut waschbar.

Viskosität (Zähigkeit, innere Reibung) [zu spätlat. viscosus »klebrig«]: diejenige Eigenschaft eines flüssigen oder gasförmigen Stoffes, die bei Deformation das Auftreten von sog. Reibungsspannungen (zusätzlich zum thermodynamischen Druck) hervorruft, die einer Verschiebung von Flüssigkeits- oder Gasteilchen relativ zueinander entge-

Benzol	0,00065
Diethylether	0,00025
Ethanol	0,00119
Glycerin	1,50
Olivenöl	0,0808
Quecksilber	0,00156
Rizinusöl	0,95
Wasser	0,00100

Viskosität: dynamische Viskosität in Pascalsekunden

genwirken. Die dynamische V., Formelzeichen η, gibt an, welche Kraft, gemessen in Newton, erforderlich ist, um in einer Flüssigkeitsschicht von $1\,m^2$ Fläche und 1 m Schichthöhe die obere Schichtfläche gegen die untere und parallel zu ihr mit der Geschwindigkeit von 1 m/s in Bewegung zu halten. Ihre SI-Einheit ist die Pascalsekunde:

$$1\,N\cdot s/m^2 = 1\,Pa\cdot s.$$

Die V. ist in starkem Maße temperaturabhängig. In der Tabelle sind die V. einiger Flüssigkeiten bei 20 °C angegeben.

vis vitalis [lat. »Lebenskraft«]: Bezeichnung für die Kraft, der die Entstehung organischer Stoffe zugeschrieben wurde, als noch keine organische Verbindung im Labor synthetisiert werden konnte. Als erste organische Verbindung wurde im Jahr 1828 Harnstoff von F. WÖHLER hergestellt.

Vitamine [zu lat. vita »Leben« und Amine]: unentbehrliche (↑essenzielle) Bestandteile unserer Nahrung, die in geringsten Mengen täglich aufgenommen werden müssen. Ihr Fehlen in der Nahrung erzeugt Mangelkrankheiten, sog. **Avitaminosen.** Ein Überangebot an einigen fettlöslichen V. (Vitamin A und D) kann allerdings ebenfalls schädliche Folgen (**Hypervitaminosen**) her-

Viskose (Abb. 2): Natriumcellulosexanthogenat (Moleküleinheit)

Vitamine

vorrufen. Wasserlösliche V. werden mit dem Harn ausgeschieden. Man kennt heute die Funktion der meisten V. Sie werden häufig eingebaut in Coenzyme oder prosthetische Gruppen der ↑Enzyme, was die Wirksamkeit geringster Mengen wie auch die Lebenswichtigkeit der V. verdeutlicht. V. gehören verschiedenen Stoffklassen an, es sind also nicht nur »Amine« (Abb. 1 und 2). V. sind in den meisten Nahrungsmitteln, insbesondere in frischem Gemüse, Milch, Butter, Eidotter, Leber, Fleisch, Fisch, Getreide in ausreichender Menge enthalten (Tab.), sodass bei einer ausgewogenen Ernäh-

Vitamine (Abb. 1): Strukturformeln einiger fettlöslicher Vitamine

Vitamine

Vitamine (Abb. 2): Strukturformeln einiger wasserlöslicher Vitamine

Vitriol

Name	durchschnittlicher Bedarf in mg/Tag	Vorkommen in der Nahrung	Avitaminosen
fettlöslich:			
A (A_1, Retinol)	0,8–1,0	Milch, Lebertran, Karotte (Carotin)	Nachtblindheit, Epithelschäden
D (D_2, Ergocalciferol)	0,005	Milch, Butter, Lebertran	Rachitis, Knochenerweichung
E (Tocopherole)	12	Weizenkeimöl, Palmkernöl	beim Menschen nicht sicher nachgewiesen
K (K_1, Phyllochinon)	0,001	grüne Pflanzen, (u. a. Kohl, Spinat)	Blutungen, Blutgerinnungsstörungen
wasserlöslich:			
B_1 (Thiamin)	1,1–1,3	Hefe, Getreidekeimlinge	Beriberi
B_2-Komplex, u. a. Riboflavin	1,5–1,7	Hefe, Leber, Fleischextrakt	Haut- und Schleimhauterkrankungen
Folsäure	0,16–0,4	Hefe, Leber, Niere	Blutarmut
Nicotinsäure, Nicotinsäureamid	15–18	Hefe, Leber	Pellagra
Pantothensäure	8	Hefe, Früchte	unbekannt
Biotin	0,25	Hefe, Erdnüsse, Eidotter	Hautveränderungen, Haarausfall
B_6 (Pyridoxin, Pyridoxal, Pyridoxamin)	1,6–1,8	Hefe, Getreide, Keimlinge	Hautveränderungen
B_{12} (Cobalamine)	0,005	Leber, Rindfleisch	perniziöse Anämie
C (Ascorbinsäure)	75	Zitrusfrüchte, Paprika	Skorbut

Vitamine: Übersicht

rung keine Vitaminmangelerkrankungen auftreten. Ein erhöhter Vitaminbedarf kann u. a. im Wachstumsalter, bei Schwangerschaft, Krankheit und Rekonvaleszenz vorliegen.

Vitri̱ol [zu lat. vitrum »Glas«]: veraltete Bezeichnung für die ↑Sulfate bestimmter zweiwertiger Metalle, die mit sieben, seltener mit fünf Molekülen Kristallwasser kristallisieren:

$$M^{II}SO_4 \cdot 7\,H_2O \text{ bzw. } M^{II}SO_4 \cdot 5\,H_2O.$$

Beim Erhitzen auf 150 °C verlieren die V. pro Mol Sulfat sechs bzw. vier Mol Kristallwasser; das letzte Mol Kristallwasser wird erst bei höherer Temperatur abgespalten. Deshalb werden für die V. folgende Konstitutionsformeln angenommen:

$[M^{II}(H_2O)_6SO_4]\,H_2O$ bzw.

$[M^{II}(H_2O)_4SO_4]\,H_2O.$

Die V. sind meist kräftig gefärbt, z. B. das tiefblaue Kupfervitriol

$CuSO_4 \cdot 5\ H_2O$. Häufig tritt bei der Wasserabspaltung bzw. -aufnahme eine Farbänderung auf, z. B. beim Kupfervitriol:

$$CuSO_4 \cdot 5\ H_2O \rightleftharpoons CuSO_4 + 5\ H_2O.$$
<small>blau   weiß</small>

Volldüngemittel: ↑Düngemittel.
vollsynthetische Fasern: ↑Chemiefasern.
Vollwaschmittel: ↑Waschmittel.
Volta-Element: nach dem italienischen Physiker ALESSANDRO GRAF VOLTA (*1745, †1827) benanntes ↑galvanisches Element.
Volumengesetz: Bezeichnung für die Tatsache, dass die Volumina der an einer chemischen Reaktion beteiligten Gase immer im Verhältnis einfacher ganzer Zahlen zueinander stehen. So ergeben z. B. drei Volumina Wasserstoff und ein Volumen Stickstoff zwei Volumina Ammoniak; das Volumenverhältnis beträgt 3 : 1 : 2.
Volumenprozent: ↑Konzentration.
Vorlage: auswechselbares Gefäß zum Auffangen des Destillats beim Destillieren (↑Destillation, Abb.).
Vorproben: ↑Analyse.
VSEPR-Modell: ↑Elektronenpaarabstoßungsmodell.
Vulkanisieren [zu engl. to vulcanize »dem Feuer aussetzen«]: ein Verfahren, um ↑Kautschuk gegen atmosphärische und chemische Einflüsse sowie gegen mechanische Beanspruchung widerstandsfähig zu machen. Der Rohkautschuk wird mit Schwefel (oder Schwefel abgebenden Substanzen, z. B. Dischwefeldichlorid S_2Cl_2) und Füllstoffen erhitzt, wobei die lang gestreckten Kautschukmoleküle insbesondere durch Schwefelbrücken vernetzt werden. Die plastischen Eigenschaften gehen dabei verloren. Der entstehende ↑Gummi zeichnet sich durch Elastizität, Reißfestigkeit und Beständigkeit aus.

W: Zeichen für ↑Wolfram.
Wachse [althochdeutsch. wahs »Gewebe (der Bienen)«]: Gruppe natürlicher oder synthetischer Substanzgemische mit mehreren gemeinsamen Eigenschaften; sie sind z. B. bei 20 °C knetbar, fest oder brüchig hart, schmelzen über 40 °C ohne Zersetzung und sind durchscheinend bis opak. **Esterwachse** bestehen aus Estern langkettiger, ein- oder zweiwertiger Alkohole (Wachsalkohole) mit langkettigen Carbonsäuren (Wachssäuren). **Paraffinwachse** bestehen aus höheren Kohlenwasserstoffen (Alkanen). Bei den natürlichen W. unterscheidet man W. pflanzlicher, tierischer und mineralischer Herkunft. Beispiele sind Karnaubawachs (ein Esterwachs, gewonnen von der im tropischen Südamerika wachsenden Karnaubapalme) und Bienenwachs. Zu den synthetischen W. zählen z. B. die durch gezielte Polymerisation von Ethylen gewonnenen Polyethylenwachse.
Wachstumsreaktion: ↑Kettenreaktion.
Wacker-Verfahren: die katalytische Oxidation von Ethen zu Ethenal (Acetaldehyd). Als Katalysator dient ein Palladium(II)-Komplex, der durch Ligandenaustausch ein Ethenmolekül aufnimmt. Dadurch wird dieses aktiviert und lagert ein Wassermolekül an. Nun findet eine Redoxreaktion statt, in der sich durch Oxidation der Aldehyd bildet und das Palladium zur Oxidationsstufe 0 reduziert wird. Eine Oxidation mit Sauerstoff stellt den Katalysator wieder her.
Walden-Umkehr: nach dem deutschen Chemiker P. WALDEN benannte Bezeichnung für die Änderung der Konfiguration an einem Kohlenstoffatom bei

einer S_N2-Substitutionsreaktion (↑Substitution). Bei einem asymmetrischen Kohlenstoffatom kann dabei aus einer Verbindung mit D-Konfiguration eine Verbindung mit L-Konfiguration entstehen und umgekehrt (↑Antipoden). Häufig ist damit auch eine Umkehr der optischen Drehung verbunden (↑optische Aktivität). Bei solchen Substitutionsreaktionen werden die drei an das asymmetrische Kohlenstoffatom gebundenen Gruppen wie beim Umstülpen eines Regenschirms von einer Seite auf die andere gekehrt (Reaktionsbeispiel ↑Inversion).

Waldsterben: ↑Atmosphärenchemie.
Wannenform: ↑Isomerie.
Wärme|energie: ↑Energie.
Wärmekapazität, Formelzeichen C: Quotient aus der einem Körper zugeführten Wärmemenge ΔQ und der dadurch hervorgerufenen Temperaturerhöhung ΔT:

$$C = \Delta Q / \Delta T.$$

SI-Einheit der W. ist 1 Joule durch Kelvin (1 J/K).
Festlegung: 1 J/K ist gleich der W. eines Körpers, bei dem eine Wärmeenergiezufuhr von 1 J eine Temperaturerhöhung von 1 K (= 1 °C) bewirkt.
Wärmelehre: ↑Thermodynamik.
Wärmeleitung: Übertragung von Wärmeenergie durch Stöße. Dabei fließt die Ernergie von wärmeren Bereichen, in denen die Teilchen höhere Geschwindigkeiten haben, auf kältere Zonen, in denen sich langsamere Teilchen befinden.
W. tritt beispielsweise auf, wenn man einen Metallstab mit einem Ende in die Flamme des Bunsenbrenners hält. Nach kurzer Zeit wird auch das andere Ende so heiß, dass man es nicht mehr in der Hand halten kann. Macht man denselben Versuch mit einem Glasstab, so stellt man fest, dass dabei die Wärme nur sehr langsam vom heißen Ende auf das kalte übertragen wird: Glas ist ein schlechter Wärmeleiter als Metall. Gute Wärmeleiter sind alle Metalle. Schlechte Wärmeleiter sind Holz, Glas, Porzellan, Steingut, Textilien, Schnee, Wasser und Luft.
Ein Maß für die Wärmeleitfähigkeit eines Stoffes ist die Wärmeleitzahl (spezifisches Wärmeleitvermögen). Sie wird gemessen in W/(m·K) oder in W/(m·K).
Wärmetönung: ↑Reaktionswärme.
Waschbenzin: ↑Benzin.
Waschgold: ↑Gold.
Waschmittel: zum Waschen von Textilien u. a. verwendete Gemische von ↑Tensiden und anderen Stoffen, die zur Verbesserung des Waschvermögens zugesetzt werden. Die Waschwirkung der Tenside beruht auf den grenzflächenaktiven Eigenschaften, die in der Struktur der Substanzen begründet

Stoff	Wärmeleitzahl
Kupfer	511
Stahl	756
Natursteine	36
Eis	27,4
Stahlbeton	21,6
Ziegelstein	10,8
Fensterglas	10,8
Wasser	7,6
Alkohole	2,5
Holz	1,4–5,0
Holzwolleplatten	1,1
Korkplatten	0,54
Schaumstoffe	0,54
Glaswolle	0,47
Luft	0,32
Xenon	0,07

Wärmeleitung: Wärmeleitzahl einiger Stoffe in W/(m·K)

sind. Der eigentliche Waschvorgang besteht aus Herabsetzen der Oberflächenspannung des Wassers, Benetzen der Faser, Abheben des Schmutzes und Tragen des Schmutzes in der Waschflotte. Man unterscheidet Voll-, Fein- und Spezialwaschmittel.

Die für alle Waschtemperaturen (bis 95 °C) geeigneten **Vollwaschmittel** enthalten neben 10–15 % Tensiden 30 bis 40 % Komplexbildner zur ↑Wasserenthärtung (früher Polyphosphate, z. B. Natriumtriphosphat, $Na_5P_3O_{10}$, heute v. a. Natriumaluminiumsilicate mit zeolithartiger Struktur), 20–30 % Bleichmittel (v. a. Natriumperborat $NaBO_2 \cdot H_2O_2 \cdot 3 H_2O$), 2–4 % Bleichmittelstabilisatoren, die ein zu rasches Zersetzen der Bleichmittel verhindern (z. B. Magnesiumsilicat), 2–4 % Schaumregulatoren (v. a. Seifen langkettiger Fettsäuren), 1–2 % Vergrauungsinhibitoren, die das Schmutztragevermögen der Waschflotte erhöhen (z. B. Carboxymethylcellulose), 5 % Korrosionsinhibitoren zum Schutz von Waschmaschinenteilen (v. a. Natriumsilicate), 0,1–0,3 % optische Aufheller, 0,1–1 % Enzyme (v. a. Eiweiß spaltende Proteasen) zum Auswaschen von Flecken, 0,2 % natürliche oder synthetische Parfümöle zur Geruchsverbesserung des W. und der Wäsche sowie 5–30 % ↑Stellmittel (v. a. Natriumsulfat). Die bis 60 °C wirksamen **Buntwaschmittel** zum Waschen farbiger Textilien aus Chemiefasern oder Mischgeweben enthalten mehr Komplexbildner (35–60 %), aber keine Bleichmittel und Korrosionsinhibitoren. Die zum Waschen von Wolle, Seide und bestimmten Chemiefasern bis 30 °C verwendeten **Feinwaschmittel** haben zur Erhöhung der Waschkraft einen höheren Anteil an Tensiden (20–35 %), enthalten aber keine Bleichmittel, keine optischen Aufheller und keine Korrosionsinhibitoren.

Spezialwaschmittel unterscheiden sich in ihrer Zusammensetzung meist mehr oder weniger stark von den anderen Waschmitteltypen. W. für Wäschereien, die gewerblichen W., enthalten z. B. meist nur geringe Mengen an Komplexbildnern, da in den meisten Wäschereien durch Ionenaustauscher enthärtetes Wasser verwendet wird.

Zusammensetzung und Anwendung der W. werden durch das Waschmittelgesetz (Gesetz über die Umweltverträglichkeit von Wasch- und Reinigungsmitteln) geregelt. Es schreibt u. a. bestimmte Höchstmengen an Phosphaten vor, um die Belastung der Gewässer und die Beeinträchtigung des Betriebs von Abwasseranlagen durch Überdüngung mit Phosphaten zu reduzieren. Ferner müssen die in den W. enthaltenen ↑Tenside zu mindestens 80 % biologisch abbaubar sein.

Wasser, H_2O: Sauerstoffverbindung des Wasserstoffs, genaue chemische Bezeichnung: Wasserstoffoxid. W. entsteht bei der Verbrennung von Wasserstoff gemäß folgender Gleichung:

$$H_2 + \frac{1}{2}O_2 \rightarrow H_2O; \Delta H = -286,0 \text{ kJ}.$$

Die hohe negative ↑Bildungsenthalpie zeigt die Beständigkeit des Wassermoleküls, das nur durch Zufuhr der gleichen Energiemenge wieder in seine Bestandteile zerlegt werden kann (bei 2000 °C sind erst 2 % der Wassermoleküle gespalten). Die große Elektronegativitätsdifferenz (↑Elektronegativität) von 1,4 Einheiten zwischen Wasserstoff- und Sauerstoffatomen bedingt eine starke Polarisierung der Wassermoleküle und damit die Ausbildung starker Wasserstoffbrückenbindungen (↑zwischenmolekulare Kräfte) zwischen den Wassermolekülen. W. ist somit im flüssigen und festen Zustand nicht monomer, sondern polymer. Nur im Gaszustand existieren einzelne

Wasser

Wassermoleküle, der Verdampfung des W. geht damit eine Depolymerisation voraus.

Wassermoleküle besitzen ein starkes Dipolmoment ($6,2 \cdot 10^{-30}$ C·m), da sie gewinkelt gebaut sind (Abb.1) und in ihnen polare Bindungen vorliegen; der Winkel beträgt 104° 40'.

$$H \diagdown \overset{\delta-}{O} \diagdown H$$
$$\delta+$$

Wasser (Abb. 1): Dipolcharakter des Wassermoleküls

Reines W. ist geschmack-, geruch- und farblos, Schmelzpunkt 0 °C, Siedepunkt 100 °C (bei 1013 hPa). Diese beiden Umwandlungspunkte sind die Fixpunkte der ↑Celsius-Skala für die Temperaturmessung.

W. zeigt bezüglich der Dichte ein anomales Verhalten: Erwärmt man W. im Temperaturbereich zwischen 0 °C und 4 °C, so zeigt sich nicht, wie zu erwarten, eine Volumenzunahme, sondern eine Volumenabnahme. Die Raumausdehnungszahl für W. ist in diesem Temperaturbereich also negativ. Erst oberhalb von 4 °C verhält sich das W. dann wieder normal, d. h., eine Temperaturerhöhung hat dann wieder eine Volumenzunahme zur Folge

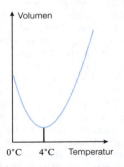

Wasser (Abb. 2): Änderung des Volumens mit der Temperatur

(Abb.2). Da die Dichte ρ gleich dem Quotienten aus der Masse m und dem Volumen V ist und da die Masse temperaturunabhängig ist, hat W. folglich bei 4 °C seine größte Dichte. Aufgrund dieser Erscheinung und der Tatsache, dass W. im festen Zustand eine geringere Dichte hat als im flüssigen, frieren stehende Gewässer von oben nach unten zu.

Festes W. (**Eis**) tritt abhängig von Druck und Temperatur in mindestens sechs verschiedenen Modifikationen auf (Eis I–VI) und ist damit polymorph (↑Polymorphie). Bei 0 °C und unter normalem Druck kommt es beim Erstarren von W. zur Bildung der hexagonalen Form I. Hier sind die Moleküle über Wasserstoffbrücken zu einem hochpolymeren festen Verband verknüpft, wobei jedes Sauerstoffatom tetraedrisch von vier weiteren Sauerstoffatomen umgeben ist. Beim Schmelzen von Eis werden diese Wasserstoffbrücken aufgelöst, wobei die beachtliche ↑Schmelzwärme von 6,01 kJ/mol aufzubringen ist. Das Zusammenbrechen der Gitterordnung bedingt nun ein engeres Zusammenlagern der Wassermoleküle und damit die höhere Dichte von W. (0,9999 g/cm³) im Vergleich zum Eis (0,9168 g/cm³) bei 0 °C.

W. besitzt mit 80,8 eine der höchsten Dielektrizitätszahlen. Diese hohe Dielektrizitätszahl bewirkt, dass sich zwei Körper ungleicher Ladung in W. nur mit etwa 1/81 der Kraft anziehen, die sie im Vakuum ausüben. Dies ist darauf zurückzuführen, dass sich die Wasserdipole möglichst gleichmäßig um die geladenen Teilchen (Ionen) gruppieren (das negative Ende ist zum Kation, das positive zum Anion orientiert), sodass deren Ladung praktisch aufgehoben wird. Somit können entgegengesetzt geladene Ionen in relativ hohen Konzentrationen in W. nebeneinander existieren, ohne sich zu ↑Kristallgittern zusammenzulagern und als Festkörper aus der Lösung auszufallen (↑Hydratation). Bei der elektrostatischen Wechselwirkung zwischen Ionen und Wassermolekülen wird nämlich Energie frei (Hydratationsenergie), die häufig die ↑Gitterenergie von Ionenkristallen übertrifft. W. ist somit eines der besten Lösungsmittel für alle polaren Verbindungen. Unpolare Stoffe werden dagegen nur schlecht gelöst, deshalb sind die meisten organischen Verbindungen in W. nur schlecht oder überhaupt nicht löslich.

Reines W. ist in geringem Maße dissoziiert (**Autoprotolyse**):

$$H_2O + H_2O \rightleftharpoons H_3O^+ + OH^-.$$

Die Dissoziationskonstante des W. beträgt bei 18 °C $0{,}74 \cdot 10^{-14}$.
Diese Dissoziation des W. legt den Eichpunkt der pH-Skala fest. Reines W. besitzt den ↑pH-Wert 7 (Neutralpunkt).

wasseranziehend: ↑hygroskopisch.

Wasser|aufbereitung: die Gewinnung von nutzbarem Wasser aus Grund- oder Oberflächenwasser mithilfe chemisch-physikalischer und physikalischer Aufbereitungsverfahren.

Bei der Aufbereitung von Oberflächenwasser zu Trinkwasser werden zunächst Schwebstoffe durch Flockung in voluminösere Teilchen umgewandelt und durch Filtration mit Kiesfiltern aus dem Wasser entfernt. Durch Belüftung wird das Wasser mit Sauerstoff angereichert. Gleichzeitig können ein Ausblasen von korrosivem Kohlenstoffdioxid und eine oxidative Umwandlung von gelösten Eisen(II)-Ionen in unlösliches Eisen(III)-oxidhydrat (Enteisenung) erreicht werden. Gelöste organische Stoffe werden durch Adsorption an Aktivkohle bzw. biologischen Abbau in Langsamfiltern oder durch Bodenpassage (Versickerung) entfernt.

Die Desinfektion von Trinkwasser erfolgt durch Chlorung oder auch durch Behandlung mit Ozon (Ozonisierung). Grundwasser kann meist ohne Flockung und häufig auch ohne Desinfektion zu Trinkwasser aufbereitet werden. Wasser mit zu hoher Carbonathärte muss für viele Zwecke mithilfe von Ionenaustauschern entcarbonisiert werden.

Wasserdampfdestillation: Trennverfahren für hochsiedende Substanzen, die mit Wasser nicht oder nur wenig mischbar sind. Die Destillation erfolgt hier unter Einblasen von Wasserdampf in die Flüssigkeit, wobei die wasserdampfflüchtigen Stoffe in die Vorlage übergehen. Die W. kann mit der Vakuumdestillation (↑Destillation) kombiniert werden.

Wasser|enthärtung: verschiedene Verfahren zur Verminderung der ↑Härte des Wassers. Es werden u. a. folgende Methoden angewandt:

■ Bei der Enthärtung durch ↑Ionenaustauscher werden die Härte bildenden Calcium- und Magnesium-Ionen gegen Natrium-Ionen ausgetauscht.

■ Durch Zugabe von Pentanatriumtriphosphat, $Na_5P_3O_{10}$, (z. B. in Waschmitteln) zum Wasser werden die Calcium- und Magnesium-Ionen komplexiert, sodass sich keine unlöslichen Carbonate mehr bilden können. Allerdings können Phosphate im Abwasser zur Eutrophierung der Gewässer führen (↑Abwasserreinigung), weshalb heute in Waschmitteln so weit als möglich andere Enthärter eingesetzt werden.

■ Als Ersatz für Phosphate haben sich ↑Zeolithe durchgesetzt. Die darin gebundenen Natrium-Ionen werden leicht gegen Calcium-Ionen ausgetauscht, welche dann im Zeolith so fest gebunden sind, dass Kalkbildung vermieden wird.

Wassergas: ein Gasgemisch aus Kohlenstoffmonoxid, CO, und Wasserstoff,

H_2, das durch Umsetzung von Wasserdampf mit glühendem Kohlenstoff (Koks) gemäß der Gleichung

$$C + H_2O \rightarrow CO + H_2;$$
$$\Delta H = +131{,}3 \text{ kJ/mol}$$

entsteht. Der Heizwert des gebildeten W. liegt je nach Zusammensetzung (etwa 50 % Wasserstoff, etwa 40 % Kohlenstoffmonoxid und je 5 % Stickstoff und Kohlenstoffdioxid) zwischen 10 000 und 12 000 kJ/m³. Die zur Wassergasbildung notwendige Energie wird durch Einblasen von Luft in Kohlenstoff (Heißblasen) gewonnen, bei Weißglut wird Wasserdampf durchgeleitet (Kaltblasen), bis nur noch schwache Rotglut besteht, dann wiederholt sich der Vorgang von neuem. Beim Heißblasen wird das ↑Generatorgas gewonnen. Verwendung findet W. zur Gewinnung von ↑Wasserstoff.

Wasserglas: Sammelbegriff für erstarrte Schmelzen aus verschiedenen niedermolekularen Natrium- und Kaliumsilicaten, $(Na_2SiO_3)_n$ bzw. $(K_2SiO_3)_n$ (Salze der ↑Kieselsäuren). Unter Druck sind sie im Wasser löslich. Die zähflüssigen Lösungen (W. im engeren Sinn) erstarren an der Luft sehr rasch unter Bildung von Siliciumdioxid, $SiO_2 \cdot n H_2O$. Deshalb verwendet man Wasserglaslösungen u. a. als Klebemittel für Porzellan, Glas und Papier und als Bindemittel für Farbpigmente.

Wasserhärte: im Wesentlichen durch Calciumsalze (**Kalkhärte**) und Magnesiumsalze (**Magnesiahärte**) bewirkter Gehalt des Wassers an Erdalkali-Ionen (neben Magnesium- und Calcium- v. a. Strontium- und Barium-Ionen). Die sog. **temporäre Härte** wird durch die Hydrogencarbonate der Erdalkalimetalle (Carbonathärte) hervorgerufen. Diese Hydrogencarbonate entstehen durch Auflösen von Calciumcarbonat (Kalk), $CaCO_3$, unter dem Einfluss von kohlenstoffdioxidhaltigem Wasser:

$$CaCO_3 + H_2O + CO_2 \rightarrow Ca(HCO_3)_2.$$

Durch Kochen werden die Carbonate nach der Gleichung

$$Ca(HCO_3)_2 \rightarrow CO_2\uparrow + H_2O + CaCO_3\downarrow$$

wieder ausgefällt. Im Gegensatz dazu kann die v. a. durch Calcium- und Magnesiumsulfate **verursachte permanente Härte** nicht durch Kochen des Wassers beseitigt werden.

Die Härte des Wassers wird in Härtegraden angegeben: 1 deutscher Härtegrad (°d) entspricht 10 mg CaO/l (oder der äquivalenten Menge eines anderen Erdalkalioxids). Man unterscheidet vier Härtebereiche (Tab.).

Härtebereich	Härtegrad (°d)	Wassercharakter
1	0–7	weich
2	7–14	mittel
3	14–21	hart
4	über 21	sehr hart

Wasserhärte: Wassercharakter

Die Härte des Wassers bewirkt in Rohren, Kesseln, Töpfen u. a., die Warm- oder Heißwasser enthalten, die Bildung von Kesselstein; darüber hinaus bedingt sie durch Ausfällung fettsaurer Calcium- oder Magnesiumsalze (**Kalkseifen**) eine stark reduzierte Waschwirkung der auf Fettsäurebasis hergestellten ↑Seifen. Deshalb müssen Waschmitteln Enthärter (↑Wasserenthärtung) zugesetzt werden, die die Erdalkali-Ionen durch Bildung von Komplexverbindungen unschädlich machen. Wegen der Phosphatbelastung des Abwassers sollte die Dosierung von Wasserenthärtern in Waschmitteln den von den Wasserwerken zu erfahrenden W. örtlich angepasst werden.

Wasserkreislauf: die Bewegung des Wassers zwischen den Ozeanen, der

Atmosphäre und dem Festland. Die Luft nimmt eine gewisse Menge Wasserdampf auf, der z. B. durch Verdunstung an der Erd- oder Wasseroberfläche entsteht, wobei 87,5 % des verdunsteten Wassers direkt aus den Ozeanen stammen. Kühlt sich die Luft durch Aufsteigen oder durch Vermischen mit kühleren Luftmassen ab, kondensiert das Wasser unter Wolkenbildung. Weitere Abkühlung führt zu Niederschlag in Form von Regen, Hagel, Schnee u. a. Das über dem Festland niedergehende Wasser fließt entweder oberirdisch zum Meer oder versickert im Boden. Dort bildet es das Grundwasser, das unterirdisch abfließt und in Quellen wieder zutage tritt. Treibende Kraft des W. ist die Sonnenenergie. Etwa ein Viertel der gesamten von der Erde aufgenommenen Sonnenenergie dient zur Aufrechterhaltung des Wasserkreislaufs.

Wassermörtel: ↑Mörtel.

Wasserstoff: chemisches Element, Zeichen H (zu griech.-lat. hydrogenium), OZ 1, mittlere relative Atommasse 1,01, ↑Mischelement, (drei Isotope: »gewöhnlicher W.«, $_1^1H$, ↑Deuterium $_1^2H$, ↑Tritium, $_1^3H$).

Physikalische Eigenschaften: farb-, geruch- und geschmackloses Gas, das aus zweiatomigen Molekülen (H_2) besteht; Dichte 0,09 g/l, Fp. −259,34 °C, Sp. −252,87 °C. In Wasser ist W. nur sehr wenig löslich (100 g Wasser lösen bei 20 °C nur etwa 2 ml W.).

Chemische Eigenschaften: Molekularer W. (H_2) ist ziemlich reaktionsträge. Atomarer W. hingegen, der u. a. bei Einwirkung hoher Temperatur entsteht, ist bedeutend reaktionsfähiger; molekularer W. verbindet sich (gegebenenfalls bei Einwirkung höherer Temperaturen, Drücke bzw. Katalysatoren) mit Sauerstoff zu Wasserstoffoxid (Wasser, H_2O), mit Schwefel zu Hydrogensulfid (Schwefelwasserstoff, H_2S), mit Stickstoff zu Hydrogennitrid (Ammoniak, NH_3), mit Kohlenstoff zu Methan (CH_4), mit Chlor zu Hydrogenchlorid (Chlorwasserstoff, HCl), mit Natrium zu Natriumhydrid (NaH) usw.

Vorkommen: im Weltall das häufigste Element, auf der Erde (die 16 km dicke Erdkruste einschließlich der Wasser- und Lufthülle) erst an 9. Stelle in der Häufigkeitstabelle der Elemente. Elementar kommt W. nur in vulkanischen Gasen vor, zuweilen auch als Begleitstoff von Erdgas; nahezu der gesamte vorkommende W. ist chemisch gebunden.

Darstellung: im Labor u. a. durch die Reaktion unedler Metalle wie Zink Zn mit einer Säure, z. B. Salzsäure:

$$Zn + 2\,HCl \rightarrow ZnCl_2 + H_2\uparrow,$$

oder durch Elektrolyse von Wasser. In der Technik gewinnt man W. aus Wasserdampf, der über glühenden Koks (über 1 000 °C) geleitet wird. Aus dem dabei entstehenden ↑Wassergas kann das Kohlenstoffmonoxid (CO) z. B. durch Auswaschen mit einer Kupfer(I)-chloridlösung oder durch Konvertierung und Auswaschen des gebildeten Kohlenstoffdioxids entfernt werden. Große Mengen an W. werden heute v. a. durch thermische Zersetzung von Wasserdampf mit Erdöl, Erdölprodukten oder Erdgas nach der allgemeinen Reaktion

$$C_nH_{2n+2} + n\,H_2O \rightarrow n\,CO + (3n+2)\,H_2$$

sowie auch bei der thermischen Zersetzung (↑Cracken) von Kohlenwasserstoffen (Erdölprodukten) gewonnen. In den Handel gelangt W. unter einem Druck von 15 MPa in roten, mit einem Linksgewinde versehenen Stahlflaschen.

Verwendung: u. a. in großen Mengen zur Synthese von Ammoniak, Salzsäure und anderen Stoffen, zur Fetthärtung, zum autogenen Schweißen und Schneiden sowie als Raketentreibstoff.

Wasserstoffbrücken

In zunehmendem Maße werden Versuche unternommen, W. auch als Treibstoff für Motoren (v. a. für Kraftfahrzeuge) einzusetzen (↑Energiespeicher).

Wasserstoffbrücken: ↑zwischenmolekulare Kräfte.

Wasserstoff-Ion: Sammelbezeichnung für alle Ionen, die sich vom Wasserstoffatom ableiten, so z. B. Proton, Deuteron (↑Deuterium), Triton (↑Tritium), Hydrid-Ion (↑Hydride), sowie für hydratisierte Protonen, bei denen der Hydratationsgrad des Protons unbestimmt ist (↑Hydronium); das einfach hydratisierte Proton wird als ↑Oxonium-Ion bezeichnet.

Wasserstoffper|oxid (veraltet: Wasserstoffsuperoxid), H_2O_2: farblose, in dickeren Schichten bläuliche, ziemlich viskose Flüssigkeit, die in reiner Form zu explosionsartigem Zerfall in Wasser und Sauerstoff neigt. Das Molekül ist gewinkelt angeordnet.

$$\begin{array}{c} H \\ \searrow \\ O - O \\ \searrow \\ H \end{array}$$

Wasserstoffperoxid: Die Wasserstoffatome liegen oberhalb der Papierebene

Mit Wasser vermischt sich W. in jedem Verhältnis; eine im Handel befindliche 30%ige wässrige Lösung ist das **Perhydrol**. W. wirkt stark oxidierend und findet deshalb vielseitige Verwendung, z. B. zum Bleichen von Haaren, Leder, Wolle usw. oder als Oxidationsmittel für Raketentreibstoffe. Ferner dient es als Ausgangsprodukt zur Synthese von bestimmten organischen Verbindungen, z. B. ↑Epoxiden. Technisch wird W. z. B. aus Peroxodischwefelsäure $H_2S_2O_8$ gewonnen. Letztere entsteht bei Elektrolyse von Schwefelsäure unter hoher Stromdichte:

$$2\,H_2SO_4 \rightarrow H_2 + H_2S_2O_8.$$

Durch Hydrolyse der Peroxodischwefelsäure mit heißem Wasserdampf erhält man dann das W.:

$$H_2S_2O_8 + 2\,H_2O \rightarrow 2\,H_2SO_4 + H_2O_2.$$

Wasserstoffsäuren: Bezeichnung für anorganische (Arrhenius-)Säuren, die in ihren Molekülen keine Sauerstoffatome enthalten. In diesen Molekülen sind die als Protonen abspaltbaren Wasserstoffatome direkt an das säurebildende Atom, z. B. an ein Halogenoder Schwefelatom, gebunden. Zu den W. gehören u. a. Chlorwasserstoff, HCl, Schwefelwasserstoff, H_2S, und Cyanwasserstoff, HCN.

Wasserverschmutzung: ↑Abwasserreinigung.

Weck|amine: synthetische Substanzen mit einer dem Nebennierenmarkhormon Adrenalin ähnlichen Struktur, die als kreislaufanregende Mittel Müdigkeit und Schlafbedürfnis vorübergehend unterdrücken können. Zum Teil werden sie auch als Appetitzügler eingesetzt. Sie bewirken bei Überdosierung u. a. Halluzinationen und Psychosen. Wegen Suchtgefahr unterliegen die W. dem Betäubungsmittelgesetz.

Weichmacher: Zusätze zu thermoplastischen ↑Kunststoffen und ↑Kautschuk, die eine Erhöhung der Plastizität bei niedrigen Temperaturen und eine verringerte Härte bewirken. Diese meist esterartigen Stoffe werden entweder gleich bei der Polymerisation (innere W.) eingebaut oder nachträglich zugegeben. Solche (äußeren) W. wirken wie Lösungsmittel; sie werden bei Anwendung geringer Mengen über Nebenvalenzen gebunden, quellen den Kunststoff auf und führen ihn in einen Gelzustand über.

Gegen den Einsatz von W. in Lebensmittelverpackungsfolien und manchen Gebrauchsgegenständen können gesundheitliche Bedenken bestehen.

Weichspülmittel: Bezeichnung für Zubereitungen geeigneter Substanzen,

welche die beim Trocknen von Wäsche auftretende »Trockenstarre« aufheben und den Textilien einen angenehm weichen Griff verleihen. W. enthalten v. a. kationenaktive ↑Tenside, meist quartäre Ammoniumsalze mit langen Alkylketten, ferner geringe Mengen nichtionogener Tenside, optische Aufheller und Duftstoffe.
Weinsäure: ↑Hydroxysäuren, ↑Diastereoisomere.
Weinstein: Trivialname für Kaliumhydrogentartrat, das primäre Kaliumsalz der L(+)-Weinsäure; vereinfachte Strukturformel:

KOOC–CHOH–CHOH–COOH.

W. scheidet sich wegen seiner geringen Löslichkeit (5 g/l) bei der Weinlagerung in kristalliner Form ab; er dient als Rohstoff für die Gewinnung von Weinsäure.
Weißblech: ↑Zinn.
Weißpigmente: ↑Pigmente.
Wellenfunktion: ↑Atommodell.
Wellenzahl: ↑Infrarotspektroskopie.
Wertigkeit: in mehrfachem Sinn gebrauchter Begriff, der für die Aufstellung, Deutung und Ordnung chemischer Formeln von Bedeutung ist;
◆ **stöchiometrische W.** (Valenz): Bezeichnung für die Anzahl der von einem bestimmten Atom gebundenen oder durch dieses Atom in einer anderen Verbindung ersetzten Wasserstoffatome. Beispielsweise wird das Stickstoffatom im Ammoniakmolekül, (NH$_3$), als dreiwertig betrachtet. Diese W. werden in römischen Ziffern angegeben (↑Stock-Bezeichnungsweise).
Im Chlorwasserstoff, HCl, kommt auf ein Chloratom ein Wasserstoffatom, Chlor ist in dieser Verbindung also stöchiometrisch einwertig. Im Wasser H$_2$O ist das Zahlenverhältnis zwischen Wasserstoff- und Sauerstoffatomen 2 : 1, der Sauerstoff ist demnach in dieser Verbindung stöchiometrisch zwei-

wertig. Die gleiche stöchiometrische W. muss dem Magnesium im Magnesiumoxid, MgO) zukommen, da in dieser Verbindung formal zwei Wasserstoffatome durch ein Magnesiumatom ersetzt werden. Auch von Atomgruppen können stöchiometrische W. angegeben werden. Die Sulfatgruppe (SO_4^{2-}-Gruppe) beispielsweise ist stöchiometrisch zweiwertig, denn sie vermag zwei Wasserstoffatome zu binden (H$_2$SO$_4$).
Die stöchiometrische W. vieler Elemente kann je nach Reaktionspartner und Reaktionsbedingungen verschieden sein. So ist z. B. das Eisen im grünen Eisen(II)-chlorid, ($Fe^{II}Cl_2^I$), stöchiometrisch zweiwertig, im braunen Eisen(III)-chlorid, ($Fe^{III}Cl_3^I$), stöchiometrisch dreiwertig.
Ein Element allein besitzt keine stöchiometrische W.; man kann sie ihm erst zuschreiben, wenn es in einer Verbindung auftritt.
In den binären Verbindungen müssen beide Elemente, d. h. beide Atomarten, in solcher Anzahl vorhanden sein, dass die Summe der W. der einen Atomart gleich der Summe der W. der anderen Atomart ist: $Na_2^IO^{II}$, $Mg^{II}O^{II}$, $Al_2^{III}O_3^{II}$.
Sind die stöchiometrischen W. der betreffenden Elemente bekannt, dann lassen sich auch die Substanzformeln binärer Verbindungen ableiten. Zweckmäßigerweise geht man dabei folgendermaßen vor:
1. Elemente ermitteln, aus denen die Verbindung besteht, z. B. Magnesiumnitrid: Mg; N;
2. stöchiometrische W. dieser Elemente in dieser Verbindung angeben: Mg^I N^{III}.;
3. kleinstes gemeinsames Vielfaches der W. ermitteln: 6;
4. feststellen, wie oft die jeweilige stöchiometrische W. im kleinsten gemeinsamen Vielfachen enthalten ist: 3x; 2x;

5. Zahlenverhältnis der Atomarten in der Verbindung angeben: 3 : 2;
6. Formel aufschreiben: Mg_3N_2.

♦ **Ionenwertigkeit** (Ladungszahl): die Anzahl der Elementarladungen bei Ionen. Sie wird rechts oben am Elementsymbol in arabischen Ziffern mit einem nachgestellten negativen oder positiven Vorzeichen angegeben:
Na^+, Mg^{2+}, Fe^{2+}, Fe^{3+}, F^-, N^{3-}.
Der Begriff der Ionenwertigkeit lässt sich auch auf die Komplex-Ionen anwenden, auf Ionen also, die aus mehreren Atomen gebildet werden:
NH_4^+, SO_4^{2-}, ClO_4^-.

♦ **elektrochemische W.** (Oxidationszahl, Oxidationsstufe): die Ladung von echten und fiktiven (angenommenen) Ionen. Sie ist für einfache Ionen mit der Ionenwertigkeit identisch; in Molekülen oder Komplex-Ionen ergibt sie sich, wenn man sich die Verbindungen aus Ionen zusammengesetzt denkt und deren Einzelladungen gegeneinander rechnet. Die Oxidationszahl wird direkt über das betreffende Elementsymbol gesetzt, wobei das Ladungszeichen stets vor der Ziffer steht (Beispiele ↑Oxidationszahl):

♦ **koordinative W.** (Koordinationszahl): gibt die Zahl der Teilchen an, die sich in unmittelbarer Nachbarschaft eines betrachteten Teilchens befinden. Dabei spielt die Art der Bindung zwischen Zentralteilchen und Liganden keine Rolle. Im Sulfat-Ion, (SO_4^{2-}), beispielsweise besitzt das Schwefelatom die Koordinationszahl vier (weitere Beispiele ↑Koordinationszahl);

♦ **Bindungswertigkeit** (Bindigkeit): gibt an, wie viele Atombindungen von einem Atom in einem Molekül oder Komplex-Ion ausgehen. So hat z. B. das Kohlenstoffatom im Kohlenstoffdioxidmolekül, O=C=O, die Bindungswertigkeit vier; die beiden Sauerstoffatome sind jeweils zweibindig (weitere Beispiele ↑Bindigkeit).

♦ Darüber hinaus dient der Begriff W. auch zur Charakterisierung von chemischen Verbindungen, die mehrere funktionelle Gruppen im Molekül enthalten; z. B. werden Alkohole mit einer, zwei, drei usw. Hydroxylgruppen als ein-, zwei-, dreiwertige usw. Alkohole bezeichnet.

Widerstandsthermometer: ↑Thermometer.
Widia®: ↑ Legierungen (Tab.).
Windfrischen: ↑Stahl.
Wirkungsgrad: Verhältnis zwischen gewonnener Arbeit und zugeführter Energie. Prinzipiell kann Energie nicht vollständig in Arbeit umgewandelt werden (↑Carnot-Kreisprozess), daher liegt selbst der theoretische W. stets unter eins. Der W. wird in der Praxis v. a. durch Reibung stark erniedrigt. So beträgt er bei Kraftwerken etwa 0,4.
Wirkungsspezifität: Fähigkeit eines Enzyms, von verschiedenen möglichen Reaktionen nur eine auszuwählen und

$$R-\underset{NH_2}{\underset{|}{\overset{H}{\overset{|}{C}}}}-COOH \xrightarrow{\text{Oxidase}} R-\underset{O}{\overset{\|}{C}}-COOH + NH_3$$

$$\xrightarrow{\text{Decarboxylase}} R-CH_2-NH_2 + CO_2$$

$$\xrightarrow{\text{Transaminase}} R-\underset{O}{\overset{\|}{C}}-COOH + HOOC-CH_2-\underset{NH_2}{\underset{|}{\overset{H}{\overset{|}{C}}}}-COOH$$

$$+ HOOC-CH_2-\overset{\|}{\underset{O}{C}}-COOH$$

Wirkungsspezifität: Beispiel für die Wirkungsspezifität von Enzymen

nur diese zu katalysieren (↑Katalysator), sodass nur für diese eine Reaktion die ↑Aktivierungsenergie herabgesetzt und damit die Reaktionsgeschwindigkeit beschleunigt wird. Eine Aminosäure wird z. B. durch das Enzym Aminosäureoxidase oxidativ desaminiert. Das Enzym katalysiert spezifisch diese Reaktion und keine andere. Eine andere mögliche Reaktion, z. B. eine Decarboxylierung, tritt nicht ein, dazu ist ein anderes Enzym notwendig. Ein drittes Enzym, die Transaminase, vermittelt nur die Reaktion mit der Oxalessigsäure (Abb.).

Wirt-Gast-Beziehung: Wechselwirkung zwischen einem Wirtsmolekül mit nach innen, in einen Hohlraum hinein gerichteten Bindungsstellen, und einem Gastmolekül oder Gastatom passender Größe, das in diesen Hohlraum aufgenommen werden kann und dort durch nicht kovalente Kräfte (z. B. Van-der-Waals-Wechselwirkungen) festgehalten wird. W.-G.-B. liegen z. B. in Komplexen mit ↑Kronenethern und im Iod-Stärke-Komplex (↑Iod-Stärke-Reaktion) vor. Ähnliche Beziehungen bestehen zwischen ↑Enzym und Substrat.

Wismut: ↑Bismut.

Wofatite®: Handelsbezeichnung für eine Gruppe von Kunstharzen mit großer innerer Oberfläche, die als ↑Ionenaustauscher genutzt werden. Die W. werden durch Kondensation von Formaldehyd (Methanal) mit Phenolen (Kationenaustauscher) oder mit Harnstoff bzw. aromatischen Diaminen (Anionenaustauscher) gewonnen. Sie enthalten somit chemisch aktive, saure (–OH) bzw. basische (–NH$_2$) Gruppen, die den Austausch von Kationen bzw. Anionen ermöglichen.

Wolfram: chemisches Element, Zeichen W, OZ 74, mittlere relative Atommasse 183,85, ↑Mischelement.
Physikalische Eigenschaften: weiß glänzendes, sehr festes Metall, Fp. 3 422 °C, Sp. 5 555 °C, Dichte 19,3 g/cm^3.
Chemische Eigenschaften: W. ist sehr beständig gegen Säuren, wird jedoch von Halogenen in der Hitze angegriffen.
Vorkommen: vor allem in Form der Minerale Wolframit, (Fe,Mn)WO$_4$, und Scheelit, CaWO$_4$.
Gewinnung: durch Überführen der Minerale in Wolframtrioxid, WO$_3$, und anschließende Reduktion mit Wasserstoff.
Verwendung: W. wird benötigt als Glühdraht für Lampen und zur Herstellung säurebeständiger Legierungen; eine Wolframcarbid-Cobalt-Legierung (**Widia**) erreicht nahezu Diamanthärte.

Woodmetall ['wʊd-]: ↑Legierungen (Tab.).

Wunderkerze: ein mit einem Überzug versehener Draht, der nach Entzünden funkensprühend abbrennt. Der Überzug besteht z. B. aus einer Mischung von Bariumnitrat, Aluminiumpulver, Eisenpulver und einem Bindemittel.

Wurtz-Synthese [vyrts-]: von dem französischen Chemiker A. WURTZ entwickelte Reaktion zur Herstellung höherer ↑Alkane aus Halogenalkanen und Natrium (Abb. 1). Verwendet man verschiedene Monohalogenalkane, so erhält man ein Alkangemisch.

$$C_2H_5-I + 2\,Na \rightarrow C_2H_5-Na + NaI$$
Monoiodethan   Ethylnatrium

$$C_2H_5-Na + C_2H_5-I \rightarrow$$
$$CH_3-CH_2-CH_2-CH_3 + NaI$$
Butan

Wurtz-Synthese (Abb. 1): Beispiel

Eine Abwandlung dieser Reaktion ist die **Wurtz-Fittig-Synthese** (weiter benannt nach dem deutschen Chemiker R. FITTIG) zur Herstellung von Alkylbenzolen (Abb. 2).

Xanthogenate

Brombenzol → Phenylnatrium

+ 2 Na, − NaBr

+ R −I, − NaI → Alkylbenzol

Wurtz-Synthese (Abb. 2): Wurtz-Fittig-Synthese

Als Nebenprodukte entstehen hier die entsprechenden Dialkyle (R–R) und das Biphenyl (C_6H_5–C_6H_5).

Xantho|genate [zu griech. xanthós »gelb«]: ↑Viskose (Cellulosexanthogenat).

Xantho|phyll: gelber bis bräunlicher, fettlöslicher Naturfarbstoff aus der Gruppe der ↑Carotinoide (das Dihydroxyderivat des α-Carotins).
X. kommt zusammen mit Chlorophyll in allen grünen Teilen der Samen- und Farnpflanzen sowie in vielen Algen vor; es tritt v. a. bei der herbstlichen Gelbfärbung der Laubbäume in Erscheinung.

Xantho|proteinreaktion: Nachweisreaktion für Proteine durch Gelbfärbung bei Zusatz von konzentrierter Salpetersäure.
Die X. beruht auf der Umsetzung der im Protein enthaltenen aromatischen Aminosäuren zu gelben Nitroverbindungen. Die X. ist auch die Ursache für die Gelbfärbung der Haut bei Kontakt mit Salpetersäure.

Xe: Zeichen für ↑Xenon.

Xenon [zu griech. xénos »Fremder«]: chemisches Element, Zeichen Xe, OZ 54, mittlere relative Atommasse 131,30, ↑Mischelement, Edelgas.

Physikalische Eigenschaften: farb- und geruchloses, einatomiges Gas. Fp. −111,75°C, Sp. −108°C, Dichte 5,89 g/l.

Chemische Eigenschaften: X. ist wie alle Edelgase äußerst reaktionsträge; es konnten jedoch einige Xenonverbindungen hergestellt werden, z. B. Xenontetrafluorid, XeF_4, Xenonhexafluorid, $XeFe_6$.

Vorkommen und Verwendung: X. wird aus verflüssigter Luft gewonnen und dient u. a. als Füllgas für Leuchtröhren und Glühlampen.

Xero|gel [zu griech. xērós »trocken«]: ↑Gel.

Xylit [zu griech. xýlon »Holz«], CH_2OH–$(CHOH)_3$–CH_2OH: fünfwertiger Alkohol, der die gleiche Süßkraft wie Saccharose hat und daher als Zuckeraustauschstoff für Diabetiker verwendet wird.

Xylole: ↑Aromaten (Tab.).

Y: Zeichen für ↑Yttrium.
Yb: Zeichen für ↑Ytterbium.

Ytterbium [nach dem schwedischen Fundort Ytterby]: chemisches Element, Zeichen Yb, OZ 70, mittlere relative Atommasse 173,04, ↑Mischelement; ein Metall aus der Reihe der ↑Lanthanoide.

Yttrium [nach dem schwedischen Fundort Ytterby]: chemisches Element, Zeichen Y, OZ 39, relative Atommasse 88,91, Reinelement, Metall aus der Gruppe der ↑Seltenerdmetalle.

Physikalische Eigenschaften: Dichte 4,47 g/cm³, Fp. 1 526 °C, Sp. 3336 °C.

Chemische Eigenschaften: Sie entsprechen denen des Aluminiums.

Vorkommen: Y. findet sich im Gadolinit, $Y_2FeBe_2[O/SiO_4]_2$, der neben Y. viele weitere Seltenerdmetalle und Thorium enthält.

Darstellung: durch Elektrolyse des geschmolzenen Chlorids oder durch Reduktion des Chlorids mit Alkalimetall.
Verwendung: vor allem als Zusatz in Aluminiumlegierungen; Yttriumoxid, Y_2O_3, als roter Leuchtstoff in Farbfernsehröhren.

Z

Z (Z): Formelzeichen für die Kernladungszahl (↑Atom).
Zeichen (für chemische Elemente): ↑Elementsymbole.
Zeitreaktion: chemische Reaktion, die (mit einfachen Mitteln) messbar viel Zeit benötigt. Die meisten Reaktionen der organischen Chemie sind Z., während die meisten anorganisch-chemischen Reaktionen »unmessbar« schnell ablaufen (↑Reaktionsgeschwindigkeit).
Zell|atmung [zu lat. cella »enger Wohnraum«]: die Umsetzung des bei der äußeren ↑Atmung aufgenommenen Sauerstoffs in den Zellen. Die Z. dient der Energiegewinnung und umfasst im engeren Sinne die Vorgänge der Atmungskette, im weiteren Sinne auch diejenigen des ↑Citronensäurezyklus und der ↑Glykolyse.
Zellspannung: elektrische Spannung zwischen den Polen eines ↑galvanischen Elements.
Zellstoff: feinfaseriges, weißes oder (hell)gelbbräunlich gefärbtes Produkt (Faserhalbstoff), das aus Holz oder Stroh durch chemische Behandlung gewonnen wird und aus mehr oder weniger reiner ↑Cellulose besteht. Im **Sulfitverfahren** wird das gehackte Holz bzw. das gehäckselte Stroh im Druckkessel bei 400 kPa mit Calciumhydrogensulfit $Ca(HSO_3)_2$ verkocht, wobei Lignin, Hemicellulose und Harzstoffe in Lösung gehen. Der zurückbleibende Sulfitzellstoff wird gewaschen und gebleicht und enthält bis zu 90% Cellulose. Im **Sulfatverfahren** wird das zerkleinerte Holz bzw. Stroh mit einer Lauge aus Natriumhydroxid NaOH, Natriumsulfat Na_2SO_4 und Natriumcarbonat Na_2CO_3 bei 800–900 kPa verkocht, wobei man auch harzreiches und nicht entrindetes Holz verwenden kann. Der in beiden Verfahren gewonnene Z. wird zu Papier, Karton, Pappe und Chemiefasern weiterverarbeitet.
Zellul<u>oi</u>d: ↑Celluloid
Zellul<u>o</u>se: ↑Cellulose.
Zement [zu lat. caementum »Bruchstein«]: kompliziert zusammengesetztes Gemisch aus Calciumaluminiumsilicaten.
Der wichtige **Portlandzement** hat die ungefähre Zusammensetzung: 58–60% Calciumoxid, CaO, 18–20% Siliciumoxid, SiO_2, 4–12% Aluminiumoxid, Al_2O_3 und 2–5% Eisen(III)-oxid, Fe_2O_3. Der Rest besteht hauptsächlich aus Magnesiumoxid, MgO, Schwefeltrioxid, SO_3, Kohlenstoffdioxid, CO_2, und Wasser, H_2O. Z. wird durch Brennen (↑Calcinieren) von Kalkstein und Tonen hergestellt.
Zement<u>ie</u>ren (Zementation):
♦ ↑Stahlhärtung durch Erhitzen mit Kohlenstoff (Zementitbildung) oder mit einem geeigneten legierungsfähigen Metallpulver.
♦ elektrochemische Abscheidung eines edleren Metalls aus seiner Lösung durch Zusatz eines elementaren unedleren Metalls.
Zementmörtel: Gemenge aus Sand, fein gemahlenem Zement und Wasser. Im Gegensatz zum Kalkmörtel erfolgt die Erhärtung des Zements allein durch Wasseraufnahme (Abbinden) ohne Mitwirkung von Kohlenstoffdioxid, kann also auch unter Wasser vor sich gehen. Beim langsamen Erhärten bilden sich viele sehr kleine Kristalle, die beim Wachsen verfilzen und dadurch die Festigkeit des erhärteten Zements ergeben.

Zentral|atom [zu lat. centralis »in der Mitte befindlich«]: Atom, um das sich in einer Komplexverbindung (↑Komplexchemie) Moleküle, Atome oder Ionen, die Liganden, in räumlich regelmäßiger Anordnung gruppieren. Meist bezeichnet man auch ein Zentral-Ion nicht ganz korrekt als Zentralatom.

Zentrifugieren [zu lat. fugere »fliehen« (Schleudern)]: Verfahren zum Trennen von Stoffen unterschiedlich großer Dichte durch Anwendung der Zentrifugalkraft in einer Zentrifuge. Diese besteht aus Behältern, die sich mit hoher Geschwindigkeit drehen. Da die auf einen Körper wirkende Zentrifugalkraft mit der Masse des Körpers zunimmt, sammeln sich die Gemischbestandteile mit der größten Dichte am äußeren Rande des rotierenden Gefäßes an. Zur Mitte hin schließen sich dann die übrigen Bestandteile des Gemisches an, und zwar in der Reihenfolge abnehmender Dichte.

Zeo|lithe [zu griech. zein »kochen«]: wasserhaltige, feldspatähnliche Silicatminerale (Gerüstsilicate) mit säulig-nadeliger bis tafeliger Struktur. Die Z. können ohne Zerstörung der Gitterstruktur ihre Alkali- und Erdalkali-Ionen, die relativ frei beweglich in Hohlräumen eingebettet liegen, bis zu einem gewissen Grad gegen andere Ionen austauschen; sie eignen sich deshalb als Ionenaustauscher, z. B. bei der ↑Wasserenthärtung (hierfür werden heute v. a. künstlich hergestellte Z. mit ähnlicher Struktur verwendet). Im Boden ist das Adsorptionsvermögen der Z. für Kalium- und Ammoniumsalze von großer Bedeutung, da sie die Auswaschung der wertvollen Düngesalze durch den Regen verhindern.

Zerfallsgesetz: ↑Radioaktivität.

Zerfallsreihen: beim radioaktiven Zerfall (↑Radioaktivität) auftretende Folge von Zerfallsprodukten. Eine Z. beginnt immer mit einem instabilen und endet bei einem stabilen ↑Isotop. Dazwischen liegen weitere instabile Isotope, die durch aufeinander folgende Zerfallsvorgänge entstehen. Das erste Element einer Z. wird als Muttersubstanz, die folgenden werden als Tochtersubstanzen bezeichnet. Innerhalb einer Z. können sowohl α- als auch β-Zerfälle auftreten. Außerdem sind sog. Verzweigungen möglich, bei denen auf ein Isotop verschiedene Tochtersubstanzen folgen. In der Natur kommen drei Z. vor, deren Muttersubstanzen wegen ihrer großen ↑Halbwertszeiten noch vorhanden sind:

■ Uran-Radium-Reihe:
Muttersubstanz: $^{235}_{92}U$ (Halbwertszeit: $7{,}0 \cdot 10^9$ Jahre), Endglied: $^{206}_{82}Pb$.

■ Actiniumreihe:
Muttersubstanz: $^{238}_{92}U$ (Halbwertszeit: $4{,}5 \cdot 10^8$ Jahre), Endglied: $^{207}_{82}Pb$.

■ Thoriumreihe:
Muttersubstanz: $^{232}_{90}Th$ (Halbwertszeit: $1{,}4 \cdot 10^{10}$ Jahre), Endglied: $^{208}_{82}Pb$.

Daneben gibt es noch die beim künstlich erzeugten Neptuniumisotop $^{237}_{93}Np$ beginnende Neptuniumreihe, deren Endglied das Bismutisotop $^{209}_{83}Bi$ ist.

Zersetzungsspannung (Abscheidungspotenzial): diejenige elektrische Spannung, die mindestens aufgebracht werden muss, damit eine Elektrolyse ablaufen kann. Dabei muss die Z. mindestens gleich der Differenz der Abscheidungspotenziale des abzuscheidenden Anions E_A und des abzuscheidenden Kations E_K sein. Die Abscheidungspotenziale entsprechen unter Normalbedingungen den Normalpotenzialen (Standardpotenzialen; ↑Spannungsreihe). Die Z. für eine Natriumchloridlösung berechnet sich demnach aus dem Normalpotenzial des Natriums (−2,71 V) und dem Normalpotenzial des Chlors (+1,36 V) wie folgt:

$$(+1{,}36\ V) - (-2{,}71\ V) = 4{,}07\ V.$$

Zerfallsreihen

Uran-Radium-Reihe	Actinium-Reihe	Thorium-Reihe	Neptunium-Reihe
$^{238}_{92}U$	$^{235}_{92}U$	$^{232}_{90}Th$	$^{241}_{94}Pu$
$^{234}_{90}Th$	$^{231}_{90}Th$	$^{228}_{88}Ra$	$^{241}_{95}Am$
$^{234}_{91}Pa$	$^{231}_{91}Pa$	$^{228}_{89}Ac$	$^{237}_{93}Np$
$^{234}_{92}U$	$^{227}_{89}Ac$	$^{228}_{90}Th$	$^{233}_{91}Pa$
$^{230}_{90}Th$	$^{227}_{90}Th$, $^{223}_{87}Fr$	$^{224}_{88}Ra$	$^{233}_{92}U$
$^{226}_{88}Ra$	$^{223}_{88}Ra$	$^{220}_{86}Rn$	$^{229}_{90}Th$
$^{222}_{86}Rn$	$^{219}_{86}Rn$	$^{216}_{84}Po$	$^{225}_{88}Ra$
$^{218}_{84}Po$	$^{215}_{84}Po$	$^{212}_{82}Pb$, $^{216}_{85}At$	$^{225}_{89}Ac$
$^{214}_{82}Pb$, $^{218}_{85}At$	$^{211}_{82}Pb$, $^{215}_{85}At$	$^{212}_{83}Bi$	$^{221}_{87}Fr$
$^{214}_{83}Bi$	$^{211}_{83}Bi$	$^{212}_{84}Po$, $^{208}_{81}Tl$	$^{217}_{85}At$
$^{214}_{84}Po$, $^{210}_{81}Tl$	$^{211}_{84}Po$, $^{207}_{81}Tl$	$^{208}_{82}Pb$ (stabil)	$^{213}_{83}Bi$
$^{210}_{82}Pb$	$^{207}_{82}Pb$ (stabil)		$^{209}_{81}Tl$, $^{213}_{84}Po$
$^{210}_{83}Bi$			$^{209}_{82}Pb$
$^{210}_{84}Po$, $^{206}_{81}Tl$			$^{209}_{83}Bi$ (stabil)
$^{206}_{82}Pb$ (stabil)			

Für die Elektrolyse einer Natriumchloridlösung ist somit eine Mindestspannung von 4,07 V erforderlich. Die Beobachtung, dass in der Praxis die Abscheidungsspannung stets größer ist als die berechnete (↑Überspannung), ist auf den inneren Widerstand der Elektrolysezelle zurückzuführen.

Ziegler-Natta-Katalysatoren: von dem deutschen Chemiker K. ZIEGLER und dem italienischen Chemiker G. NATTA entwickelte Katalysatoren, die für die Polymerisation von Alkenen, v. a. für die Niederdruckpolymerisation von Ethen (↑Polyethen) oder für stereospezifische Polymerisationen, verwendet werden.

Sie bestehen aus metallorganischen Verbindungen, z. B. Aluminiumtriethyl, $Al(C_2H_5)_3$, und Halogeniden von Übergangsmetallen, z. B. Titantetrachlorid, $TiCl_4$.

Zimtsäure: eine ungesättigte Carbonsäure, die einen Phenylring trägt.

$$HC\!=\!CH\begin{smallmatrix}COOH\\\\H_5C_6\end{smallmatrix}$$

Zimtsäure

Zink: chemisches Element, Zeichen Zn, OZ 30, mittlere relative Atommasse 65,39, ↑Mischelement.
Physikalische Eigenschaften: bläulich weißes Metall von geringer Härte; Fp. 419,53 °C, Sp. 907 °C, Dichte 7,14 g/cm³.
Chemische Eigenschaften: Z. ist unbeständig gegen Säuren und Salzlösungen; an feuchter Luft bildet es einen Schutzüberzug von basischem Zinkcarbonat. In seinen stets farblosen Salzen ist Z. zweiwertig. In geringen Mengen ist es für viele Organismen unentbehrlich, in größeren Mengen wirken Zinkverbindungen giftig.
Darstellung und Verwendung: Z. wird aus sulfidischen Erzen (besonders Zinkblende, ZnS) durch Rösten und anschließende Reduktion gewonnen; es findet Verwendung für Bleche, Rohre, zur Herstellung wichtiger Zinklegierungen, zum Verzinken von Eisen (↑Korrosionsschutz), zur Herstellung von galvanischen Elementen (↑Trockenelement) und als Reduktionsmittel.
Verbindungen: Zinksulfid, ZnS, ist eine weiße, pulverige Substanz; mit geringen Verunreinigungen, z. B. von Kupfer, dient es als Leuchtmasse mit großem Nachleuchtvermögen (↑Phosphoreszenz). Zinksulfidschirme werden zum Nachweis kurzwelliger elektromagnetischer Strahlung verwendet. Eine Lösung von Zinkchlorid, $ZnCl_2$, dient als Beiz- und Imprägnierungsmittel sowie als Lötwasser. Zinkoxid, ZnO, das **Zinkweiß**, ist ein Weißpigment (↑Pigmente).

Zinkblende: ↑Zink, ↑Sulfide.
Zinksulfidgitter: ↑Ionengitter.
Zinkweiß: ↑Zink.
Zinn: chemisches Element, Zeichen Sn (von lat. stannum), OZ 50, mittlere relative Atommasse 118,71, ↑Mischelement.
Physikalische Eigenschaften: silberweißes, glänzendes, sehr weiches Schwermetall, das in mehreren Modifikationen (als α-, β- und γ-Zinn) auftritt:

α-Sn $\underset{}{\overset{13{,}2\,°C}{\rightleftarrows}}$ β-Sn $\underset{}{\overset{162\,°C}{\rightleftarrows}}$ γ-Sn
grau,   weiß,   grau, spröde,
kubisch,   tetragonal, rhombisch,
Halbmetall, metallisch, metallisch,

Zinn: Modifikationen

Dichte (β-Zinn) 7,31 g/cm³. Fp. 231,93 °C, Sp. 2 602 °C. Die Umwandlung von β- in α-Zinn geschieht in Form sich langsam auf dem Metall ausbreitender dunkler Flecken (sog. **Zinnpest**) und verläuft umso rascher, je tiefer man abkühlt. Durch Zulegieren von geeigneten Inhibitoren (u. a. Blei, Antimon) lässt sich die Bildung von α-Zinn stark verlangsamen (andere Metalle wie Aluminium oder Magnesium beschleunigen die Umwandlung). Beim Biegen eines Zinnstabes tritt ein knirschendes Geräusch auf, das sog. **Zinngeschrei**, das durch Reibung der β-Kristalle aneinander verursacht wird. Z. ist sehr dehnbar und kann bei gewöhnlicher Temperatur zu sehr dünnen Folien ausgewalzt werden.
Chemische Eigenschaften: Z. ist bei gewöhnlicher Temperatur gegen Luft und Wasser beständig, auch gegenüber vielen Chemikalien, besonders gegenüber schwachen Säuren und solchen Stoffen, die in Lebensmitteln vorkommen (wichtig für die Verwendung von Zinngeschirr). Erst bei starkem Erhitzen verbrennt es an der Luft zu Zinndioxid, SnO_2; mit den freien Halogenen verbindet es sich zu den Zinntetrahalogeni-

den, SnX_4, von starken Säuren oder Basen wird es leicht angegriffen, z. B.:

$$Sn + 2\,HCl \rightarrow SnCl_2 + H_2\uparrow.$$

Beim Kochen mit Alkalilaugen entstehen unter Wasserstoffentwicklung die **Stannate**, z. B. das Kaliumhexahydroxostannat:

$$Sn + 4\,H_2O + 2\,KOH \rightarrow K_2[Sn(OH)_6] + 2\,H_2.$$

Darstellung: Zinnstein wird durch Rösten von Verunreinigungen wie Schwefel und Arsen befreit und dann durch Erhitzen mit Koks oder Kohle reduziert:

$$SnO_2 + 2\,C \rightarrow Sn + 2\,CO.$$

Das so gewonnene Rohzinn wird, um es von Eisenverunreinigungen zu befreien, nun ganz wenig über seinen Schmelzpunkt erhitzt (Seigern). Dabei kommt das reine Z. zum Schmelzen und läuft auf einer schrägen Unterlage ab, das Eisen bleibt in Form einer schwer schmelzbaren Legierung mit Z. zurück (Seigerkörner).

Verwendung: Z. dient zum Überziehen (Verzinnen; ↑Korrosionsschutz) von Eisenblechen (Weißblech), zur Herstellung von Tuben und dünnen Folien (**Stanniol**; heute meist durch billigere Aluminiumfolie ersetzt); früher wurden große Mengen Z. für Zinngeschirr oder Zinnfiguren verwendet. Zinnlegierungen (mit Kupfer, Antimon, Blei) haben Bedeutung als Bronze, Lagermetall, Letternmetall und Lötzinn. Zinnlegierungen mit 30–40% Blei dienen zur Herstellung von Orgelpfeifen (Orgelmetall).

Von den Zinnverbindungen werden Zinn(II)-chlorid, $SnCl_2$, und Zinn(IV)-chlorid, $SnCl_4$, als Katalysatoren und Hilfsmittel in der Färberei, Zinndioxid, SnO_2, als Poliermittel für Glas und Stahl sowie als Trübungsmittel für Milchglas und Email verwendet.

Zinnober: ↑Quecksilber, ↑Sulfide.

Zirconium (Zirkonium): chemisches Element, Zeichen Zr, OZ 40, mittlere relative Atommasse 91,22, ↑Mischelement.

Physikalische Eigenschaften: Reines Z. ist ein verhältnismäßig weiches, biegsames und hämmerbares Metall; Dichte 6,52 g/cm³, Fp. 1 855 °C, Sp. 4 409 °C.

Chemische Eigenschaften: In Pulverform verbrennt das Metall unterhalb Rotglut zu Zirconiumdioxid, ZrO_2. Salzsäure, Salpetersäure und Schwefelsäure greifen Z. selbst in der Wärme nur wenig an, dagegen aber Königswasser und Flusssäure.

Darstellung: in Pulverform durch Reduktion von Zirconiumtetrafluorid, ZrF_4 bzw. Zirconiumtetrachlorid $ZrCl_4$ mit Natrium, rein durch thermische Zersetzung von Zirconiumtetraiodid ZrI_4.

Verwendung: Aufgrund seiner Korrosionsbeständigkeit wird Z. als Werkstoff für Ventile, Spinndüsen, Brennkammern von Raketentriebwerken u. a. verwendet, wegen seiner guten Neutronendurchlässigkeit als Hüllmaterial für Kernbrennstoffe in Reaktoren.

Zirkon: ↑Zirconium.

Zitronensäure: ↑Citronensäure.

Zitronensäurezyklus: ↑Citronensäurezyklus.

Zn: Zeichen für ↑Zink.

Zonenschmelzverfahren: Verfahren zur Gewinnung von reinsten Metallen oder anderen Feststoffen ohne Zersetzung oder Umwandlung. Dabei wird ein Stab des zu reinigenden Materials von einer beweglichen Heizapparatur umgeben (Abb.). Diese lässt man nun langsam den Stab entlang wandern, wobei die im Heizbereich liegende Zone des Materials schmilzt. Während der Heizapparat weiterwandert, kristallisiert aus der Schmelze das reine Material aus, wobei die Verunreinigungen aufgrund ihrer besseren Löslichkeit in der Schmelze mit der Heiz-

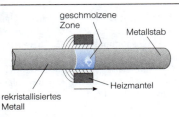

Zonenschmelzverfahren: schematische Darstellung

apparatur bis zum Ende des Stabes wandern und durch Abschneiden des Stabendes beseitigt werden. Der gesamte Vorgang kann an dem gleichen Stab mehrere Male wiederholt werden. Große Bedeutung besitzt das Z. zur Gewinnung von reinstem Silicium und Germanium für die Halbleitertechnik (Verunreinigungen $<10^{-9}$).

Zr: Zeichen für ↑Zirconium.

Zucker: im engeren (allgemeinsprachlichen) Sinn Bezeichnung für das Disaccharid ↑Saccharose, das v. a. aus Zuckerrohr und Zuckerrüben (sog. Rohrzucker bzw. Rübenzucker), daneben auch in geringem Umfang aus einigen anderen Pflanzen (z. B. Ahornzucker) gewonnen wird; im weiteren (chemisch-fachsprachlichen) Sinn Bezeichnung für die kristallinen, wasserlöslichen, (meist) süß schmeckenden ↑Kohlenhydrate aus den Reihen der Mono- und Oligosaccharide.

Zündgrenzen: ↑Explosion.

Zündhölzer (Streichhölzer): zur Entfachung und Übertragung von Feuer dienende Stäbchen aus Holz, Streifen aus Pappe oder anderem Material, die mit einer durch Reiben entflammbaren Zündmasse (Zündkopf) versehen sind. Für die Herstellung von **Sicherheitszündhölzern** werden die Holzstäbchen mit Natriumphosphatlösung imprägniert, um nach dem Verlöschen der Flamme ein Weiterglimmen zu verhindern. Zum besseren Entflammen wird das Ende des Stäbchens vor dem Aufbringen der Zündmasse mit Paraffin überzogen. Die Zündmasse besteht aus einem Sauerstoffträger (z. B. Kaliumchlorat), dem Flammenbildner (Schwefel u. a.), reibenden Zusätzen (z. B. Glaspulver), Farbstoffen und Bindemitteln (Dextrin, Leim). Die Reibfläche besteht aus rotem Phosphor, Farbstoffen und Bindemitteln. Sicherheitszündhölzer lassen sich nur an den phosphorhaltigen Reibflächen entzünden. Die mechanisch erzeugte Reibungswärme setzt Sauerstoff frei, durch dessen Vereinigung mit dem Schwefel sowie etwas (von der Reibfläche abgerissenem) Phosphor so viel Energie freigesetzt wird, dass diese zum Entflammen des Zündkopfes und schließlich des ganzen Holzes ausreicht. Die Zündkuppe des Z. erreicht im Augenblick des Aufflammens eine Temperatur von 1400 bis 2000 °C. **Überallzündhölzer** (Überallzünder) lassen sich durch Reiben an beliebigen rauen Flächen entzünden. Ihr Zündkopf enthält neben Kaliumchlorat, Bindemitteln und Farbstoffen das leicht oxidierbare Tetraphosphortrisulfid, P_4S_3. Bengalische Z. enthalten neben dem Zündsatz noch bestimmte, die Flamme färbende Metalloxide, z. B. Strontiumverbindungen (rote Flamme), Bariumverbindungen (grün), Kupferverbindungen (blau).

Zündmittel: in der Sprengtechnik Bezeichnung für Vorrichtungen, die der Zündung und der Fortleitung eines Zündimpulses dienen. Dazu gehören elektrische Zünder und die dazugehörigen Zündleitungen (Schießleitungen) bzw. nichtelektrische Zündschnüre, z. B. Pulverzündschnüre (mit Schwarzpulver gefüllte Gewebeschläuche).

Zündpunkt: ↑Entzündungstemperatur.

Zündstoffe: ↑Explosivstoffe.

Zündtemperatur: ↑Entzündungstemperatur.

Zusatzstoffe: im Lebensmittelrecht Bezeichnung für solche Stoffe, die Lebensmitteln zur Beeinflussung ihrer Beschaffenheit oder zur Erzielung bestimmter Eigenschaften oder Wirkungen zugesetzt werden, z. B. Antioxidanzien, Emulgatoren und Stabilisatoren, Farbstoffe, Konservierungsmittel, Säuren und Salze, Geschmacksverstärker und Aromastoffe, pflanzliche Verdickungs- und Geliermittel sowie Zuckeraustauschstoffe (v. a. Zuckeralkohole wie Mannit und Sorbit). Durch die Zusatzstoff-Zulassungsverordnung ist geregelt, welche Z. Lebensmitteln zugefügt werden dürfen. Stoffe, die nach der Verkehrsauffassung überwiegend zu Ernährungs- oder Genusszwecken zugesetzt werden, z. B. Gewürze, gelten nicht als Zusatzstoffe.

Zuschläge: basische oder saure Stoffe wie Kalk, Dolomit (basisch), Quarz, Granit oder Tonschiefer (sauer), die bei pyrometallurgischen Prozessen dem Erz zugesetzt werden; sie ergeben mit dem unschmelzbaren Begleitgestein des Erzes, der Gangart, die schmelzbare Schlacke (↑Roheisenerzeugung).

Zustand: in der physikalischen Chemie Bezeichnung für die augenblickliche Beschaffenheit eines Stoffes oder eines ↑Systems (↑Zustandsgrößen).

Zustands|änderung: die Änderung einer oder mehrerer ↑Zustandsgrößen eines thermodynamischen Systems. Man spricht von einer isothermen Z., wenn die Temperatur des betrachteten Systems (z. B. eines Gases) konstant bleibt, von einer isobaren Z., wenn der Druck konstant bleibt, und von einer isochoren Z., wenn das Volumen konstant bleibt. Wird während einer Z. weder (Wärme-)Energie von außen zugeführt noch nach außen abgegeben, so spricht man von einer adiabatischen Zustandsänderung. Die Z. eines Systems werden durch ↑Zustandsgleichungen beschrieben.

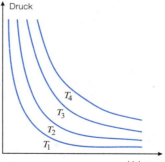

Zustandsdiagramm (Abb. 1): p,V-Diagramm eines idealen Gases

Zustandsdiagramm: Bezeichnung für eine grafische Darstellung, die das Verhalten eines Stoffsystems in Abhängigkeit von den ↑Zustandsgrößen beschreibt.

Ein einfaches Beispiel ist die grafische Darstellung der Zustandsgleichung der (idealen) Gase. Dabei wird jeweils eine der Zustandsgrößen konstant gehalten. Bei konstanter Temperatur ergibt sich das wichtige p,V-Diagramm (Abb. 1). Bei vorgegebener Gasmenge gehören zu verschiedenen Werten der Tempera-

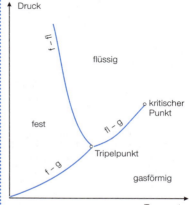

Zustandsdiagramm (Abb. 2): p,T-Diagramm

tur T unterschiedliche Kurven im p,V-Diagramm. Man erhält eine Kurvenschar mit der Temperatur T als Parameter. Auch andere Zusammenhänge lassen sich übersichtlich in einem Z. auftragen. Abb. 2 zeigt schematisch ein p,T-Diagramm einer realen Substanz, aus dem z. B. die Druck- und Temperaturabhängigkeit von Schmelz- und Siedepunkt entnommen werden können.
Bei Stoffen mit verschiedenen ↑Modifikationen und bei Stoffgemischen erhält man kompliziertere Z. (Beispiel s. Abb. 3).

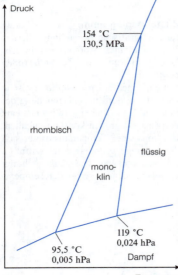

Zustandsdiagramm (Abb. 3): Zustandsdiagramm von Schwefel

Zustandsform: ↑Aggregatzustände.
Zustandsgleichungen: vor allem für Gase entwickelte Gleichungen, die den Zusammenhang zwischen den Zustandsgrößen Druck, Volumen und Temperatur beschreiben und die die Grundlage der Gasgesetze bilden. Befindet sich ein Gas nicht zu nahe an seinem Kondensationspunkt, ist also seine Temperatur hinreichend hoch und sein Druck hinreichend niedrig, dann gilt angenähert die **allgemeine Zustandsgleichung** oder **allgemeine Gasgleichung**, eine Beziehung zwischen Druck p, Volumen V, Temperatur T und Anzahl der Mole n eines Gases, die als Proportionalitätsfaktor die universelle Gaskonstante R enthält:

$$p \cdot V = n \cdot R \cdot T$$

bzw.

$$p \cdot V/T = n \cdot R.$$

Statt auf das Mol kann man die Z. auch auf das Molekül beziehen. Wenn N die Zahl der Moleküle im betrachteten Volumen ist und N_A (↑Avogadro-Konstante) die Zahl der Moleküle pro Mol, dann gilt $n = N/N_A$ und es ergibt sich:

$$p \cdot V = N \cdot (R/N_A) \cdot T.$$

Man bezeichnet R/N_A als Boltzmann-Konstante (molekulare Gaskonstante) k. Sie hat den Wert $k = 1{,}38066 \cdot 10^{-23}$ J/K; mit ihr erhält die Zustandsgleichung die Form:

$$p \cdot V = N \cdot k \cdot T.$$

Betrachtet man eine abgeschlossene Gasmenge, dann lässt sich wegen n = konst schreiben:

$$p \cdot V/T = \text{konst}.$$

Bringt man eine abgeschlossene Gasmenge aus dem durch den Druck p_1, das Volumen V_1 und die absolute Temperatur T_1 charakterisierten Zustand 1 in einen durch den Druck p_2, das Volumen V_2 und die absolute Temperatur T_2 charakterisierten Zustand 2, dann gilt folglich:

$$p_1 V_1/T_1 = p_2 V_2/T_2.$$

Setzt man hierin $T_1 = T_2$ (isotherme Zustandsänderung), dann ergibt sich das Boyle-Mariotte-Gesetz:

$p_1V_1 = p_2V_2$ bzw. pV = konst.

Setzt man $p_1 = p_2$ (isobare Zustandsänderung), dann erhält man das gay-lussacsche Gesetz:

$V_1/T_1 = V_2/T_2$ bzw. V/T = const.

Setzt man schließlich $V_1 = V_2$ (isochore Zustandsänderung), dann ergibt sich das **Amontons-Gesetz:**

$p_1/T_1 = p_2/T_2$ bzw. p/T = const.

Die allgemeine Z. gilt exakt nur für das ↑ideale Gas. Das Verhalten realer Gase wird durch sie nur näherungsweise be-

Gas	a in Pa·m^6	b in m^3
Helium	$3{,}30 \cdot 10^{-5}$	$23{,}4 \cdot 10^{-6}$
Wasserstoff	$24{,}31 \cdot 10^{-5}$	$26{,}5 \cdot 10^{-6}$
Stickstoff	$138{,}78 \cdot 10^{-5}$	$39{,}6 \cdot 10^{-6}$
Sauerstoff	$139{,}79 \cdot 10^{-5}$	$31{,}9 \cdot 10^{-6}$
Kohlenstoffdioxid	$369{,}75 \cdot 10^{-5}$	$42{,}8 \cdot 10^{-6}$
Wasserdampf	$626{,}20 \cdot 10^{-5}$	$30{,}5 \cdot 10^{-6}$

Zustandsgleichungen: Van-der-Waals-Konstanten einiger Gase

schrieben, und zwar umso genauer, je niedriger der Druck und je höher die Temperatur des betrachteten Gases ist, je weiter entfernt es sich also von seinem Kondensationspunkt befindet. In der Nähe des Kondensationspunktes weichen die Eigenschaften und das Verhalten realer Gase erheblich von denen des idealen Gases ab. Insbesondere müssen in diesem Bereich die zwischen den Molekülen wirkenden Kräfte (durch die sich der Gasdruck erhöht) und das Eigenvolumen der Moleküle (um das sich der dem Gas zur Verfügung stehende Raum verkleinert) berücksichtigt werden. Diese Berücksichtigung führt zur sog. Van-der-Waals-Zustandsgleichung. Sie lautet bezogen auf 1 mol:

$(p + a/V_m^2) \cdot (V_m - b) = R \cdot T$

und bezogen auf n Mole eines Gases

$(p + an_2/V^2) \cdot (V_m - nb) = n \cdot R \cdot T$

(V_m Volumen von 1 mol des betrachteten Gases, V Volumen, n Anzahl der Mole, a, b von der Art des Gases abhängige sog. Van-der-Waals-Konstanten.)
In der Tabelle sind die Van-der-Waals-Konstanten für einige Gase angegeben. Bei großen Molvolumen (gleichbedeutend mit geringer Dichte) des betrachteten Gases geht die Van-der-Waals-Zustandsgleichung in die allgemeine Z. über.

Zustandsgrößen: physikalische Größen, durch die der Zustand eines Stoffes oder eines ↑Systems (z. B. eines Gases oder eines Gasgemischs) beschrieben wird. Die wichtigsten Z. sind Druck, Volumen und Temperatur. Ändert man z. B. in einer abgeschlossenen Gasmenge eine dieser Größen, so zieht das die Änderung von mindestens einer der beiden anderen Z. nach sich (↑Zustandsgleichung der Gase). Neben diesen drei einfachen Z. gibt es noch die abgeleiteten Z. (Zustandsfunktionen), zu denen die ↑Energie, die ↑Enthalpie und die ↑Entropie gehören.

Zweifachbindung: ↑Atombindung, ↑Alkene.
Zweifachzucker: ↑Disaccharide.
Zweikomponentenkleber: Reaktionskleber, bei denen ein Binder (Monomere oder reaktive Oligomere) und ein vernetzend wirkender Härter als separate Komponenten vorliegen, die erst kurz vor dem Gebrauch zusammengemischt werden. Beispiele sind Epoxide als Binder und Amine als Härter.
Zweisubstitution: ↑Substitution.
zweizähnig: ↑Komplexverbindungen.
Zwillinge: ↑Kristall.
Zwischengitter|atome: ↑Störstelle.
zwischenmolekulare Kräfte (intermolekulare Kräfte, intermolekulare

zwischenmolekulare Kräfte

symmetrische Ladungsverteilung

asymmetrische Ladungsverteilung; Anziehung zwischen δ^+ und δ^-

zwischenmolekulare Kräfte (Abb. 1): Van-der-Waals-Wechselwirkung zwischen Heliumatomen

Bindungen): Kräfte, die zwischen Atomen oder Molekülen gleicher oder verschiedener Art wirksam sind. Sie können diese Teilchen in größeren Aggregaten, z. B. in Kristallen oder Flüssigkeiten, zusammenhalten. Die intermolekularen Kräfte, die meist recht schwach sind (ihre Bindungsenergie liegt bei etwa 1–30 kJ/mol), bedingen die Höhe des Schmelz- und Siedepunktes sowie die Löslichkeit von Verbindungen mit kovalenten Bindungen.

Es gibt drei Arten solcher Kräfte; nach zunehmender Stärke geordnet, sind dies die Van-der-Waals-Kräfte, die Dipol-Dipol-Kräfte, zu denen auch die Wasserstoffbrücken(bindungen) zählen, und die Ionen-Dipol-Kräfte.

Unter der Bezeichnung **Van-der-Waals-Kräfte** werden die Dispersions- und Induktionskräfte zusammengefasst, die zwischen Atomen bzw. Molekülen wirksam werden. Dispersionkräfte führen z. B. dazu, dass auch Edelgase bei sehr tiefen Temperaturen zu Flüssigkeiten kondensieren. Diese äußerst schwachen Anziehungskräfte – die Bindungsenergien betragen beispielsweise bei Helium 0,1 kJ/mol, bei Neon 0,3 kJ/mol, bei Argon 1,0 kJ/mol – entstehen dadurch, dass Atome kurzzeitig eine unsymmetrische Ladungsverteilung besitzen; die eine Seite des Atoms weist dann eine etwas stärker negative Ladung auf als die andere. Im Zustand einer solchen asymmetrischen Ladungsverteilung stellt das Atom vorü-bergehend einen Dipol dar, es weist also einen positiven und einen negativen Pol auf. Nähern sich nun Atome, bei denen die Ladungsverschiebung synchron erfolgt, dann ziehen sie sich bei einem bestimmten Abstand gegenseitig an (Abb. 1), indem der positiv polarisierte Teil des einen Atoms mit dem negativ polarisierten Teil des anderen Atoms in elektrostatische Wechselwirkung tritt.

Die Dispersionskräfte herrschen nicht nur zwischen Edelgasatomen, sondern zwischen allen Molekülen, wenn sie auch dort häufig von anderen intermolekularen Kräften überdeckt werden. So werden z. B. in flüssigen und festen Kohlenwasserstoffen die Moleküle von Dispersionskräften zusammengehalten; jede Methylgruppe $-CH_3$ beispielsweise liefert einen Beitrag von 0,5 bis 1 kJ/mol zum intermolekularen Zusammenhalt. Bei langen Kohlenwasserstoffketten ist die Gesamtheit der Dispersionskräfte größer als die Bindungskraft der schwächsten Bindung im Molekül. Diese Substanzen können deshalb nicht mehr destilliert werden, denn beim Erhitzen tritt statt Verdampfung eine Zersetzung ein.

Die *Induktionskraft* kommt zwischen polaren und zunächst noch unpolaren Molekülen zustande. Der Dipol beeinflusst seine Nachbarteilchen; er bewirkt in ihnen ebenfalls eine Ladungsverschiebung: Sein positiver Pol zieht die Hüllenelektronen des Nachbarteilchens an und stößt dessen Kern ab, beim negativen Pol ist es umgekehrt. Dadurch werden die Nachbarteilchen ebenfalls polarisiert.

Da die Bildung eines solchen polarisierten Teilchens erst unter der Einwirkung des elektrischen Feldes eines anderen Teilchens entsteht, spricht man von einem induzierten Dipol. Auch die Induktionskräfte sind sehr schwach und wirken sich wie die Dispersionskräfte nur dann aus, wenn die Teilchen einen relativ geringen Abstand voneinander haben. In der Gasphase spielen sie also keine Rolle.

Die Dispersions- und Induktionskräfte sind nichts anderes als elektrostatische Kräfte zwischen kurzlebigen Dipolen. Sie werden zusammen als Van-der-Waals-Kräfte bezeichnet. Der Betrag der Van-der-Waals-Kräfte ist von der Polarisierbarkeit der Atome bzw. Moleküle abhängig, d. h. vom Ausmaß der möglichen Ladungsverschiebung. Die Möglichkeit zur Polarisierung wird umso größer, je größer die Oberfläche des Teilchens ist und je weiter entfernt sich die äußeren Elektronen vom Kern befinden. Deshalb nehmen die Van-der-Waals-Kräfte mit steigender Atom- bzw. Molekülmasse zu. Als Maß für die Größe dieser Kräfte können die Siedepunkte vergleichbarer Stoffe, z. B. der Edelgase, herangezogen werden. Unter Normaldruck besitzen diese folgende Werte: He: 4 K, Ne: 27 K, Ar: 87 K, Xe: 166 K, Rn: 208 K.

Die Van-der-Waals-Kräfte steigen also mit wachsender Elektronenzahl und größer werdenden Oberflächen der Atome, da die Möglichkeit zur Polarisierung zunimmt.

Dipol-Dipol-Kräfte (Dipolkräfte, Richtungskräfte) treten zwischen Molekülen auf, die ständig einen positiven und einen negativen Pol besitzen und somit permanente Dipolmoleküle (permanente Dipole) sind. Derartige Moleküle ziehen sich gegenseitig an. Genau wie die Van-der-Waals-Kräfte sind auch die Dipol-Dipol-Kräfte elektrostatischer Natur, allerdings sind Letztere wesentlich stärker, da sie nicht zwischen kurzlebigen induzierten Dipolen auftreten, sondern zwischen Molekülen mit dauernd unsymmetrischer Ladungsverteilung.

Die Dipol-Dipol-Kräfte wirken besonders stark zwischen Molekülen, in denen ein Wasserstoffatom mit einem Fluor-, Sauerstoff- oder Stickstoffatom verbunden ist. Da diese Atome stark elektronegativ sind, wird das an sie gebundene Wasserstoffatom stark positiv polarisiert. Zudem besitzt das Wasserstoffatom eine kleine Oberfläche, und sein Kern, das Proton, ist nur schwach abgeschirmt. Deswegen wirkt es auf ein negativ polarisiertes Atom, d. h. auf ein Fluor-, Sauerstoff- oder Stickstoffatom ganz besonders anziehend. Die entstehende Bindung nennt man Wasserstoffbindung oder **Wasserstoffbrückenbindung.** Sie wird im Unterschied zur Atombindung durch Punkte oder Strichelung symbolisiert. Zwischen den formal verschieden dargestellten Bindungen bestehen bei Nichtmetall-Wasserstoffverbindungen jedoch keine Unterschiede. Derartige Bindungen treten z. B. im Wasserstofffluorid (Fluorwasserstoff, HF, Abb. 2) auf. In dieser Flüssigkeit sind die Moleküle zu zickzackförmigen Ketten verbunden:

zwischenmolekulare Kräfte (Abb. 2): Wasserstoffbrücken im Fluorwasserstoff

Zwischenstufe

```
          H
   CH₂—O
  /       \
H₂C        H
  \       /
   CH₂—O
```

zwischenmolekulare Kräfte (Abb. 3): intramolekulare Wasserstoffbrücke

Die einzelnen Wasserstoffatome bilden Brücken zwischen je zwei Fluoratomen. Wie das Beispiel zeigt, sind die Wasserstoffbrücken trotz ihrer elektrostatischen Natur räumlich gerichtet.

Die Stärke einer Wasserstoffbrückenbindung liegt zwischen der einer Atombindung und der einer normalen Dipol-Dipol-Bindung. So beträgt z. B. die Bindungsenergie der Wasserstoffbrückenbindungen zwischen den Fluorwasserstoffmolekülen etwa 28 kJ/mol, die Bindungsenergie zwischen den Wasserstoffatomen in Wasserstoffmolekülen dagegen 436 kJ/mol.

Den Wasserstoffbrücken kommt jedoch eine große Bedeutung zu, da durch sie die Eigenschaften zahlreicher Verbindungen mit kovalenten Bindungen wesentlich beeinflusst werden. So sind z. B. die abnorm hohen Siedepunkte des Fluorwasserstoffs, HF, des Wassers, H_2O, des Ammoniaks, NH_3, der Amine, $R–NH_2$, der Alkohole, R–OH und der Carbonsäuren, R–COOH auf Wasserstoffbrücken zurückzuführen.

Wasserstoffbrücken sind auch dafür verantwortlich, dass z. B. Eis- und Zuckerkristalle sehr hart sind. Dahingegen sind z. B. Paraffin- und Wachskristalle weich, weil bei ihnen lediglich Van-der-Waals-Kräfte wirken.

Eine besonders wichtige Rolle spielen Wasserstoffbindungen beim Aufbau von ↑Proteinen und ↑Nucleinsäuren.

Wasserstoffbrücken können nicht nur zwischen Molekülen auftreten (intermolekulare Wasserstoffbrücken), sondern auch innerhalb eines Moleküls (intramolekulare Wasserstoffbrücken), wie z. B. im Molekül des 1,3-Propandiols (Abb. 3).

Ionen-Dipol-Kräfte sind elektrostatische Kräfte, die zwischen Ionen einerseits und polaren Molekülen andererseits wirken. Sie führen beim Lösen einer Ionenverbindung in einem polaren Lösungsmittel zur ↑Solvatation, im Fall des Wassers als Lösungsmittel zur ↑Hydratation.

Zwischenstufe (Intermediat): Begriff aus der ↑Reaktionskinetik. Als Z. bezeichnet man eine kurzlebige Verbindung, die sich bei mehrstufigen Reaktionen vorübergehend bildet. Im Unterschied zum ↑Übergangszustand ist eine Z. experimentell (z. B. spektroskopisch) nachweisbar.

Zwitter|ion: Verbindung, die im gleichen Molekül sowohl eine Gruppe mit positiver als auch eine mit negativer Ladung enthält und die somit als inneres Salz aufgefasst werden kann. In dieser Form liegt ein Z. am ↑isoelektrischen Punkt vor; bei anderen pH-Werten verhält es sich als ↑Ampholyt. Es

```
      NH₂                    ⁺NH₃
     /                       /
 R—C—H       ⇌           R—C—H
     \                       \
      COOH                    COO⁻
```

Zwitterion: intramolekularer Elektronenübergang bei Aminosäuren

wirkt als ↑Puffer. Beispiele für Z. sind die ↑Aminosäuren. Bei ihnen protoniert die Carboxylgruppe intramolekular die Aminogruppe (Abb.).

Zyankali: ↑Cyanwasserstoff.

zyklische Verbindungen: ↑cyclische Verbindungen.

Symbole, Ordnungszahlen und Namen der chemischen Elemente

Symbol	Z	Name	Symbol	Z	Name	Symbol	Z	Name
Ac	89	Actinium	He	2	Helium	Rb	37	Rubidium
Ag	47	Silber	Hf	72	Hafnium	Re	75	Rhenium
Al	13	Aluminium	Hg	80	Quecksilber	Rf	104	Rutherfordium
Am	95	Americium	Ho	67	Holmium	Rh	45	Rhodium
Ar	18	Argon	Hs	108	Hassium	Rn	86	Radon
As	33	Arsen	I	53	Iod	Ru	44	Ruthenium
At	85	Astat	In	49	Indium	S	16	Schwefel
Au	79	Gold	Ir	77	Iridium	Sb	51	Antimon
B	5	Bor	K	19	Kalium	Sc	21	Scandium
Ba	56	Barium	Kr	36	Krypton	Sg	106	Seaborgium
Be	4	Beryllium	La	57	Lanthan	Si	14	Silicium
Bh	107	Bohrium	Li	3	Lithium	Sm	62	Samarium
Bi	83	Bismut	Lr	103	Lawrencium	Sn	50	Zinn
Bk	97	Berkelium	Lu	71	Lutetium	So	34	Selen
Br	35	Brom	Md	101	Mendelevium	Sr	38	Strontium
C	6	Kohlenstoff	Mg	12	Magnesium	Ta	73	Tantal
Ca	20	Calcium	Mn	25	Mangan	Tb	65	Terbium
Cd	48	Cadmium	Mo	42	Molybdän	Tc	43	Technetium
Cf	98	Californium	Mt	109	Meitnerium	Te	52	Tellur
Cl	17	Chlor	N	7	Stickstoff	Th	90	Thorium
Cm	96	Curium	Na	11	Natrium	Ti	22	Titan
Co	58	Cer	Nb	41	Niob	Tl	81	Thallium
Co	27	Cobalt	Nd	60	Neodym	Tm	69	Thulium
Cr	24	Chrom	Ne	10	Neon	U	92	Uran
Cs	55	Cäsium	Ni	28	Nickel	Unn	111	Unununium
Cu	29	Kupfer	No	102	Nobelium	Uub	112	Ununbium
Db	105	Dubnium	Np	93	Neptunium	Uuh	116	Ununhexium
Dy	66	Dysprosium	O	8	Sauerstoff	Uun	110	Ununnilium
Er	68	Erbium	Os	76	Osmium	Uuo	118	Ununoctium
Es	99	Einsteinium	P	15	Phosphor	Uuq	114	Ununquadrium
Eu	63	Europium	Pa	91	Protactinium	V	23	Vanadium
F	9	Fluor	Pb	82	Blei	Vb	70	Ytterbium
Fe	26	Eisen	Pd	46	Palladium	W	74	Wolfram
Fm	100	Fermium	Pm	61	Promethium	Xe	54	Xenon
Fr	87	Francium	Po	84	Polonium	Yt	39	Yttrium
Ga	31	Gallium	Pr	59	Praseodym	Zn	30	Zink
Gd	64	Gadolinium	Pt	78	Platin	Zr	40	Zirkonium
Go	32	Germanium	Pu	94	Plutonium			
H	1	Wasserstoff	Ra	88	Radium			

Für die Namen der künstlich erzeugten Elemente 110, 111, 112, 114, 116 und 118 gibt es noch keine verbindlichen IUPAC-Empfehlungen. Die Elemente 113, 115 und 117 sind noch nicht bekannt.

Ausgewählte Kurzbiografien

A **Alder, Kurt:** *Königshütte (heute Chorzów) 10. 7. 1902, †Köln 20. 6. 1958, deutscher Chemiker; Forschungen über Stereochemie und Polymerisation; erhielt 1950 mit O. Diels für Arbeiten zur Diensynthese den Nobelpreis für Chemie.

Arndt, Fritz Georg: *Hamburg 6. 7. 1885, †Hamburg 8. 12. 1969, deutscher Chemiker; Forschungen über die chemische Bindung; A. war einer der Begründer der Mesomerielehre.

Arrhenius, Svante: *Gut Wyk 19. 2. 1859, †Stockholm 2. 10. 1927, schwedischer Physikochemiker; entdeckte 1887 die Gesetze der elektrolytischen Dissoziation, begründete die Lehre der chemischen Reaktionen in wässriger Lösung; 1903 Nobelpreis für Chemie.

Avogadro, Lorenzo Romano Amedeo: *Turin 9. 8. 1776, †Turin 9. 7. 1856, italienischer Physiker; Arbeiten zur spezifischen Wärme; erkannte, dass die Moleküle aus Atomen bestehen; stellte 1811 das Avogadro-Gesetz auf; nach ihm wurde die Avogadro-Konstante benannt.

B **Bacon, Roger** ['beɪkən]: *Ilchester (Somerset) um 1220, †Oxford um 1292, englischer Naturforscher, Naturphilosoph und Philologe, galt als »doctor mirabilis« der mittelalterlichen Erfahrungswissenschaften; beschäftigte sich u. a. mit Chemie und Astronomie; deckte Fehler im julianischen Kalender auf, baute optische Instrumente.

Barton, Sir Derek Harold Richard [bɑːtn]: *Gravesend 8. 9. 1918, †College Station (Texas) 16. 3. 1998, britischer Chemiker; Arbeiten zur Stereochemie; erforschte den Zusammenhang zwischen der räumlichen Anordnung der Atome in den Molekülen und der Reaktivität der entsprechenden Verbindungen; erhielt 1969 zusammen mit Odd Hassel (*1897, †1981) den Nobelpreis für Chemie.

Beilstein, Friedrich Konrad: *St. Petersburg 17. 2. 1838, †St. Petersburg 18. 10. 1906, russischer Chemiker deutscher Herkunft; Arbeiten über aromatische Verbindungen; sein »Handbuch der organischen Chemie« ist ein internationales Standardwerk.

Berthelot, Marcelin Pierre Eugène [bɛrtə'lo]: *Paris 25. 10. 1827, †Paris 18. 3. 1907, französischer Chemiker; thermochemische Untersuchungen (kalorimetrische Bombe, Berthelot-Bombe); synthetisierte zahlreiche organische Verbindungen.

Berthollet, Claude Louis Graf von [bɛrtɔ'lɛ]: *Talloires bei Annecy 9. 12. 1748, † Paris 6. 11. 1822, französischer Chemiker; begründete die moderne chemische Fachsprache; erforschte die Eigenschaften von Chlor, Blausäure, Ammoniak und Knallsilber.

Berzelius, Jöns Jakob Freiherr von: *Väversunda Sörgård 20. 8. 1779, †Stockholm 7. 8. 1848, schwedischer Chemiker; bestimmte Atommassen, entdeckte neue Elemente (u. a. Cer, Selen, Thorium); führte die heute gebräuchliche chemische Zeichensprache ein; stellte die Theorie auf, nach der elektrische Ladungen die Bindungskräfte bewirken.

Black, Joseph [blæk]: *Bordeaux 16. 4. 1728, †Edinburgh 10. 11. 1799, schottischer Chemiker; Untersuchungen über das von ihm 1757 entdeckte Kohlenstoffdioxid und seine Gewinnung aus Carbonaten; entdeckte 1762 die latente Wärme.

Bosch, Carl: *Köln 27. 8. 1874, †Heidelberg 26. 4. 1940, deutscher Ingenieur, Chemiker und Großindustrieller; baute das Haber-Bosch-Verfahren zur Ammoniakgewinnung zur Großindustrie aus; erhielt 1931 zusammen mit Friedrich Bergius (*1884, †1949) den Nobelpreis für Chemie.

Ausgewählte Kurzbiografien

Brønsted, Johannes Nicolaus [brœnsdɛð]: *Varde (Jütland) 22. 2. 1879, †Kopenhagen 17. 12. 1947, dänischer Physikochemiker; Arbeiten über Reaktionskinetik und Indikatoren; entwickelte 1923 eine neue Theorie der Säuren und Basen (brønstedsche Theorie).

Brown, Robert [braʊn]: *Montrose (Schottland) 21. 12. 1773, †London 10. 6. 1858, schottischer Botaniker; Entdecker des Zellkerns (1831) und der brownschen Bewegung (1827).

Bunsen, Robert Wilhelm: *Göttingen 30. 3. 1811, †Heidelberg 16. 8. 1899, deutscher Chemiker; Mitbegründer der Spektral- und Gasanalyse, Begründer der Iodometrie; konstruierte 1855 den Bunsenbrenner, entdeckte die Elemente Rubidium und Cäsium, erfand die Wasserstrahlpumpe und das Bunsen-Element (galvanisches Kohle-Zink-Element).

Butenandt, Adolf Friedrich Johann: *Bremerhaven-Lehe 24. 3. 1903, †München 18. 1. 1995, deutscher Chemiker; Arbeiten über Sexualhormone, die chemische Natur der Viren, biochemische Grundlagen der Krebsentstehung; erhielt 1939 zusammen mit LEOPOLD RUZICKA (*1887, †1976) den Nobelpreis für Chemie.

C Cannizzaro, Stanislao: *Palermo 13. 7. 1826, †Rom 10. 5. 1910, italienischer Chemiker; entdeckte 1853 am Benzaldehyd die Cannizzaro-Reaktion, setzte die avogadrosche Molekulartheorie durch und unterschied als Erster zwischen Atom und Molekül.

Carnot, Nicolas Léonard Sadi [kar'no]: *Paris 1. 6. 1796, †Paris 24. 8. 1832, französischer Physiker; bestimmte den maximalen Wirkungsgrad der idealen Wärmekraftmaschine (Carnot-Kreisprozess); nach ihm wurde das carnot-clausiussche Prinzip (2. Hauptsatz der Thermodynamik) benannt.

Crafts, James Mason [krɑːfts]: *Boston 8. 3. 1839, †Ridgefield 20. 6. 1917, amerikanischer Chemiker; arbeitete über organische Siliciumverbindungen und entdeckte zusammen mit CH. FRIEDEL 1877 die Friedel-Crafts-Reaktion.

Curtius, Theodor: *Duisburg 27. 5. 1857, †Heidelberg 8. 2. 1928, deutscher Chemiker; Entdecker von Diazoverbindungen, organischer Synthese von Hydrazin, Stickstoffwasserstoffsäure und Aziden.

D Dalton, John ['dɔːltən]: *Eaglesfield bei Workington 6. 9. 1766, †Manchester 27. 7. 1844, britischer Chemiker; schuf den Begriff Atomgewicht und stellte 1803 die erste Atomgewichtstabelle auf, fand das Gesetz der konstanten und multiplen Proportionen, untersuchte Ausdehnung und Mischung von Gasen.

Davy, Sir Humphry ['deɪvɪ]: *Penzance (Cornwall) 17. 12. 1778, †Genf 29. 5. 1829, britischer Chemiker; Begründer der Elektrochemie, entdeckte 1807 die elektrolytische Darstellung der Alkalimetalle Natrium und Kalium, erkannte 1809/10 das Chlor als Element und die Salzsäure als Wasserstoffverbindung des Chlors.

Deacon, Henry ['diːkən]: *London 30. 7. 1822, †Widnes 23. 7. 1876, britischer Chemiker; erfand das Deacon-Verfahren zur Herstellung von Chlor aus Salzsäure und Luft, bis zur Entwicklung der elektrolytischen Chlorgewinnung das am meisten benutzte Verfahren.

Diels, Otto: *Hamburg 23. 1. 1876, †Kiel 7. 3. 1954, deutscher Chemiker; entdeckte das Kohlensuboxid (C_3O_2), die Selendehydrierung und das Steroid-

Grundskelett; erhielt 1950 zusammen mit K. ALDER den Nobelpreis für Chemie für die Entwicklung der Diensynthese.

Döbereiner, Johann Wolfgang: *Bug bei Hof 13. 12. 1780, †Jena 24. 3. 1849, deutscher Chemiker; erfand 1823 das Döbereiner-Feuerzeug; Arbeiten über die katalytischen Eigenschaften des Platins und (1829) über das Periodensystem (Triaden).

Erlenmeyer, Richard August Carl Emil: *Wehen 28. 6. 1825, †Aschaffenburg 22. 1. 1909, deutscher Chemiker; Arbeiten über Dampfdichten, Strukturformel von Naphthalin; 1862 Definition der Doppel- und Dreifachbindung; entwickelte den Erlenmeyerkolben.

Fahlberg, Konstantin: *Tambow 22. 12. 1850, †Nassau 15. 8. 1910, deutscher Chemiker; entdeckte 1879 den künstlichen Süßstoff Saccharin, begründete die Süßstoffindustrie.

Faraday, Michael ['færədɪ]: *Newington 22. 9. 1791, †Hampton Court 25. 8. 1867, britischer Naturforscher, Physiker und Chemiker; entdeckte 1824 das Benzol, verflüssigte 1823 Chlor und Kohlensäure; konstruierte den ersten Dynamo, entdeckte 1833 die Gesetze der Elektrolyse; schuf neue Begriffe wie »Kraftlinien« und »Feld«.

Fehling, Hermann von: *Lübeck 9. 6. 1812, †Stuttgart 1. 7. 1885, deutscher Chemiker; entwickelte chemische Untersuchungsmethoden für Mineralwasser und Nahrungsmittel, erfand 1848 die Fehling-Lösung zum Nachweis von Aldehydgruppen.

Fischer, Emil Hermann: *Euskirchen 9. 10. 1852, †Berlin 15. 7. 1919, deutscher Chemiker; Erforscher der Zuckerarten (Synthese des Traubenzuckers), Entdecker des Schlafmittels Veronal, Arbeiten über Purinkörper, führte die Proteine auf Aminosäuren zurück; erhielt 1902 den Nobelpreis für Chemie.

Fischer, Franz Joseph Emil: *Freiburg im Breisgau 19. 3. 1877, †München 1. 12. 1947, deutscher Chemiker; 1926 Ausarbeitung der Fischer-Tropsch-Synthese; Arbeiten über Chemie und Technologie der Steinkohlen, Entwicklung der Paraffinsynthese.

Fischer, Hans: *Höchst am Main 27. 7. 1881, †München 31. 3. 1945, deutscher Chemiker; Arbeiten über Chlorophyll, Pyrrolchemie (1929 Synthese des Hämins) und Blut- und Gallenfarbstoff; erhielt 1930 den Nobelpreis für Chemie.

Fittig, Rudolf: *Hamburg 6. 12. 1835, †Straßburg 19. 11. 1910, deutscher Chemiker; entdeckte 1869 das Phenanthren und später die Lactone; ermöglichte durch Variation der Wurtz-Synthese die Herstellung aromatischer Kohlenwasserstoffe (Wurtz-Fittig-Synthese, 1864).

Frankland, Sir Edward ['fræŋklənd]: *Churchtown 18. 1. 1825, †Norwegen 9. 8. 1899, britischer Chemiker; entdeckte die metallorganischen Verbindungen, prägte 1852 den Begriff der Wertigkeit.

Frasch (Frash), Hermann [fræʃ]: *Gaildorf 25. 12. 1851, †Paris 1. 5. 1914, deutsch-amerikanischer Chemiker; Erfinder einer Entschwefelungsmethode für Erdöle (um 1890) und des Frasch-Verfahrens (1890).

Friedel, Charles ['fri'dɛl]: *Straßburg 12. 3. 1832, †Montauban 20. 4. 1899, französischer Chemiker; klärte die Konstitution der Ketone auf, wies die Vierwertigkeit des Siliciums nach; entwickelte 1877 zusammen mit J. M. CRAFTS die Friedel-Crafts-Reaktion.

G Gay-Lussac, Joseph Louis [gely'sak]: *Saint-Léonard-de-Noblat 6. 12. 1778, †Paris 9. 5. 1850, französischer Chemiker und Physiker; entdeckte 1802, dass alle Gase nahezu dieselbe Wärmeausdehnung haben (gay-lussacsches Gesetz), schuf die Grundlagen der chemischen Gasanalyse.

Gibbs, Josiah Willard [gɪbz]: *New Haven (Connecticut) 11. 2. 1839, †New Haven 28. 4. 1903, amerikanischer Physiker; Arbeiten zur Thermodynamik und statistischen Mechanik; führte die Begriffe thermodynamisches Potential und Phase ein, entwickelte 1876 die gibbssche Phasenregel.

Gmelin, Leopold: *Göttingen 2. 8. 1788, †Heidelberg 13. 4. 1853, deutscher Chemiker; entdeckte 1822 das rote Blutlaugensalz; Mitbegründer der physiologischen Chemie; Hauptwerk: Gmelins Handbuch der theoretischen Chemie.

Grignard, Francois Auguste Victor [gri'ɲaːr]: *Cherbourg 6. 5. 1871, †Lyon 13. 12. 1935, französischer Chemiker; Entdecker der Grignard-Reaktion (1900); erhielt 1912 zusammen mit PAUL SABATIER (*1854, †1941) den Nobelpreis für Chemie.

Guldberg, Cato Maximilian ['gulbærg]: *Christiania (heute Oslo) 11. 8. 1836, †Oslo 14. 1. 1902, norwegischer Mathematiker und Technologe; formulierte mit P. WAAGE 1864 das Massenwirkungsgesetz und befasste sich mit chemischen Gleichgewichten.

H Haber, Fritz: *Breslau 9. 12. 1868, †Basel 29. 1. 1934, deutscher Chemiker; berühmt durch seine Ammoniaksynthese (Haber-Bosch-Verfahren); entwickelte mehrere Giftgase im 1. Weltkrieg; 1918 Nobelpreis für Chemie.

Hantzsch, Arthur Rudolf: *Dresden 7. 3. 1857, ÷Dresden 14. 3. 1935, deutscher Chemiker; Untersuchungen über intramolekulare Umlagerungen, Stereochemie des Stickstoffs und Synthesen von Pyridin, Cumaron und Thiazolen.

Haworth, Sir Walter Norman [hɔːəθ]: *Chorley (Lancashire) 19. 3. 1883, †Birmingham 19. 3. 1950, britischer Chemiker; erhielt 1937 mit P. KARRER den Nobelpreis für Chemie für die Aufklärung der Struktur von Kohlenhydraten und Vitamin C und die Vitamin-C-Synthese.

Henry, William ['henrɪ]: *Manchester 12. 12. 1774, †Pendlebury 2. 9. 1836, britischer Chemiker; entdeckte das henrysche Gesetz, wonach die Löslichkeit von Gasen in Flüssigkeiten dem Druck proportional ist; erfand ein Analyseverfahren für Gasgemische.

Hess, Germain Henri: *Genf 7. 8. 1802, †Petersburg 30. 11. 1850, schweizerisch-russischer Chemiker; Arbeiten zur Elementaranalyse; Mitbegründer der Thermochemie, fand 1840 das Gesetz der konstanten Wärmesummen (hesssches Gesetz).

Hoff, Jacobus Henricus van't: *Rotterdam 30. 8. 1852, †Berlin 1. 3. 1911, niederländischer Physikochemiker; Begründer der Kohlenstoffchemie; arbeitete über Reaktionskinetik (van't Hoffsche Regel), fand 1885 die Gesetze für die Abhängigkeit des osmotischen Drucks (van't Hoff-Gesetz); erhielt 1901 den ersten Nobelpreis für Chemie.

Hofmann, August Wilhelm von: *Gießen 8. 4. 1818, †Berlin 5. 5. 1892, deutscher Chemiker; Arbeiten über Teerfarbstoffe, wichtige Beiträge zu organischen Stickstoffverbindungen, erfand den hofmannschen Wasserzersetzungsapparat; Mitbegründer der Deutschen Chemischen Gesellschaft (GdCh).

Hund, Friedrich: *Karlsruhe 4. 2. 1896, †Göttingen 31. 3. 1997, deutscher Physiker; Arbeiten über Elementarteilchen, Atom- und Molekülbau und Molekülspektren; sagte 1927 die Existenz von o- und p-Wasserstoff voraus, wandte erstmals die »Molekülorbitaltheorie« an.

K Karrer, Paul: *Moskau 21. 4. 1889, †Zürich 18. 6. 1971, schweizerischer Chemiker; isolierte die Vitamine A und K, synthetisierte die Vitamine B_2 und E und klärte die Konstitution der Vitamine A, E, K und B_2 auf; erhielt 1937 zusammen mit W. N. HAWORTH den Nobelpreis für Chemie.

Kekulé von Stradonitz, Friedrich August: *Darmstadt 7. 9. 1829, †Bonn 13. 7. 1896, deutscher Chemiker; erkannte 1858 die Vierwertigkeit des Kohlenstoffs; 1865 schuf er eine Benzoltheorie (Benzolring mit abwechselnden Einfach- und Doppelbindungen zwischen den C-Atomen).

Kolbe, Adolf Wilhlem Hermann: *Elliehausen 27. 9. 1818, †Leipzig 25. 11. 1884, deutscher Chemiker; Arbeiten zur Elektrolyse organischer Verbindungen und zur Darstellung von Kohlenwasserstoffen; Entdecker der Synthese der Essig- und Salicylsäure.

L Ladenburg, Albert: *Mannheim 2. 7. 1842, †Breslau 15. 8. 1911, deutscher Chemiker; Arbeiten über organische Silicium- und Zinnverbindungen; ermittelte 1879 die Konstitution des Atropins und synthetisierte 1886 das Coniin und Piperidin.

Langmuir, Irving ['læŋmjʊə]: *Brooklyn 31. 1. 1881, †Falmouth 16. 8. 1957, amerikanischer Physikochemiker; erfand 1913 die gasgefüllte Glühlampe; gab der chemischen Valenzlehre durch seine Oktett-Theorie neue Grundlagen (1919); schuf mit seiner Raumladungstheorie eine der Grundlagen für Elektronenröhren; 1932 Nobelpreis für Chemie.

Lavoisier, Antoine Laurent [lav wa'zje]: *Paris 26. 8. 1743, †Paris (guillotiniert) 08. 5. 1794, französischer Chemiker; Begründer der Chemie als Wissenschaft; widerlegte die Phlogistontheorie und deutete den Verbrennungsvorgang als Oxidation; stellte eine neue Liste der Elemente auf.

Le Chatelier, Henri Louis [ləʃatə'lje]: *Paris 8. 10. 1850, †Miribel-les-Échelles 17. 9. 1936, französischer Chemiker; arbeitete über Silicatchemie, Dissoziation von Kalk und Massenwirkung in explosiven Reaktionen; stellte 1888 das Le Chatelier-Braun-Prinzip auf.

Leclanché, Georges [ləklã'ʃe]: *Paris 1839, †Paris 14. 9. 1882, französischer Chemiker; erfand das Leclanché-Element, eine Kohle-Zink-Zelle (galvanisches Element), die vor allem als Trockenelement z. B. für Taschenlampen eingesetzt wird.

Lewis, Gilbert Newton ['luːɪs]: *Weymouth 23. 10. 1875, †Berkeley 23. 3. 1946, amerikanischer Physikochemiker; Darstellung von schwerem Wasser durch Elektrolyse; Arbeiten über chemische Bindung (Valenztheorie), Fluoreszenz, Thermodynamik und Elektrolyse.

Liebig, Justus Freiherr von: *Darmstadt 12. 5. 1803, †München 18. 4. 1873, deutscher Chemiker; Schöpfer der modernen Düngelehre und der Agrikulturchemie, erarbeitete die heute noch gebräuchlichen analytischen Methoden,

Ausgewählte Kurzbiografien

viele seiner Entdeckungen wurden industriell verwertet (z. B. Backpulver und Fleischextrakt).

Loschmidt, Joseph: *Putschirn 15. 3. 1821, †Wien 8. 7. 1895, österreichischer Physiker und Chemiker; thermodynamische Arbeiten und Forschungen über aromatische Verbindungen, errechnete aus gaskinetischen Grundlagen erstmals die nach ihm benannte loschmidtsche Zahl.

M Marggraf, Andreas Sigismund: *Berlin 3. 3. 1709, †Berlin 7. 8. 1782, deutscher Chemiker; Arbeiten über Phosphorsäuren und -salze; erkannte, dass sich Natrium und Kalium anhand ihrer Flammenfärbung unterscheiden lassen; entdeckte die Ameisensäure und den Zucker im Runkelrübensaft (1747).

Mendelejew, Dimitri Iwanowitsch: *Tobolsk 7. 2. 1834, †Petersburg 2. 2. 1907, russischer Chemiker; stellte unabhängig von L. MEYER das Periodensystem der Elemente auf und sagte die Existenz von bis dahin unentdeckten Elementen (Eka-Elemente) voraus.

Meyer, Julius Lothar: *Varel 19. 8. 1830, †Tübingen 11. 4. 1895, deutscher Chemiker; stellte 1869 unabhängig von D. I. MENDELEJEW das Periodensystem der Elemente auf, bestätigte das Massenwirkungsgesetz und berechnete die Atommassen neu.

Mulliken, Robert Sanderson ['mʌlɪkən]: *Newburyport 7. 6. 1896, †Arlington 31. 10. 1986, amerikanischer Physiker und Chemiker; Arbeiten über die chemische Bindung und Elektronenstruktur von Molekülen; schuf die Theorie der Molekülorbitale, 1966 Nobelpreis für Chemie.

N Natta, Giulio: *Imperia 26. 2. 1903, †Bergamo 2. 5. 1979, italienischer Chemiker; Synthesen vieler organischer Verbindungen; Arbeiten zur katalytischen Polymerisation von Olefinen; erhielt 1963 zusammen mit K. W. ZIEGLER den Nobelpreis für Chemie.

Nernst, Walther Hermann: *Briesen 25. 6. 1864, †Zibelle 18. 11. 1941, deutscher Physiker und Chemiker; entdeckte den galvanomagnetischen Nernst-Effekt, entwickelte die nernstsche Theorie der galvanischen Stromerzeugung; erhielt für das nernstsche Wärmetheorem 1920 den Nobelpreis für Chemie.

Newlands, John Alexander Reina ['nju:ləndz]: *London 26. 11. 1837, †London 29. 7. 1898, britischer Chemiker; ordnete 1864 die chemischen Elemente nach steigender Atommasse an und erkannte, dass sich deren Eigenschaften in Gruppen zu je sieben wiederholen.

Nobel, Alfred: *Stockholm 21. 10. 1833, †San Remo 10. 12. 1896, schwedischer Chemiker und Erfinder; erfand die Stabilisierung des Nitroglycerins in 25 % Kieselgur (Dynamit); besaß etwa 350 Patente; gründete in vielen Ländern Sprengstofffabriken und hinterließ den größten Teil seines Vermögens zur Gründung der Nobelstiftung.

O Ostwald, Wilhelm: *Riga 2. 9. 1853, †Großbothen 4. 4. 1932, deutscher Chemiker; Arbeiten u. a. über Katalyse, Elektrochemie (ostwaldsches Verdünnungsgesetz, 1888), Thermodynamik (ostwaldsche Stufenregel); Herstellung von Salpetersäure durch Ammoniakverbrennung (Ostwald-Verfahren); 1909 Nobelpreis für Chemie.

P Paracelsus, Philippus Theophrastus Bombastus von Hohenheim: *Einsiedeln 10. 11. 1493, †Salzburg 24. 9. 1541, deutscher Arzt, Alchimist und Philosoph; führte chemische Heilmittel in die

Medizin ein (z. B. Arsen bei Syphilis); entdeckte das Zink, das Kalomel, andere Quecksilberverbindungen, Schwefelblüte u. a.

Pasteur, Louis [pas'tœːr]: *Dole 27. 12. 1822, †Villeneuve-l'Étang 28. 9. 1895, französischer Chemiker und Bakteriologe; Erforscher der Infektionskrankheiten und ihrer Bekämpfungsmethoden; entdeckte die Vermeidung unerwünschter Gärungen und Zersetzungen durch mäßiges Erhitzen (Pasteurisierung).

Pauling, Linus Carl [pɔːlɪŋ]: *Portland 28. 2. 1901, †Palo Alto 19. 8. 1994, amerikanischer Chemiker; Mitbegründer der Quantenchemie, prägte den Begriff der Elektronegativität; entdeckte die Wendelstruktur bestimmter Proteinmoleküle; 1954 Nobelpreis für Chemie, 1962 Friedensnobelpreis für seinen Einsatz gegen die Anwendung von Kernwaffen.

Perkin, Sir William Henry ['pəːkɪn]: *London 12. 3. 1838, †Sudbury 14. 7. 1907, britischer Chemiker; gründete die erste Anilinfarbenfabrik bei London; entdeckte 1856 den ersten Teerfarbstoff, synthetisierte Glycin, Weinsäure u. a.; gab 1878 die Perkin-Reaktion zur Synthese von ungesättigten organischen Säuren an.

Prelog, Vladimir: *Sarajewo 23. 7. 1906, †Zürich 7. 1. 1998, jugoslawisch-schweizerischer Chemiker; Arbeiten zur Stereochemie; erforschte die geometrische Form und das Reaktionsverhalten von asymmetrischen (chiralen) Molekülen; erhielt 1975 zusammen mit J. W. CORNFORTH den Nobelpreis für Chemie.

Priestley, Joseph ['priːstlɪ]: *Fieldhead 13. 3. 1733, †Northumberland 6. 2. 1804, britischer Philosoph und Chemiker; entdeckte unabhängig von K. W. SCHEELE den Sauerstoff, das Ammoniak, die schweflige Säure und den Chlorwasserstoff; erfand 1774 die pneumatische Wanne zum Auffangen von Gasen.

Prigogine, Ilja [prigɔ'ʒiːn]: *Moskau 25. 1. 1917, belgischer Physikochemiker; entwickelte eine nichtlineare Thermodynamik zur Beschreibung von irreversiblen Prozessen, die weit von ihrem Gleichgewichtszustand entfernt sind; 1977 Nobelpreis für Chemie.

Proust, Joseph Louis [prust]: *Angers 26. 9. 1754, †Angers 5. 7. 1826, französischer Chemiker; entdeckte die Hydrate und 1799 den Traubenzucker, ergründete die Gesetze der chemischen Verwandtschaft und Stöchiometrie, fand 1810 das Gesetz der konstanten Proportionen.

R **Raoult, Francois Marie** [ra'ul]: *Fournès 10. 5. 1830, †Grenoble 1. 4. 1901, französischer Chemiker; entwickelte die Ebullioskopie bzw. Kryoskopie zur Bestimmung des Molekulargewichts gelöster Stoffe; nach ihm wurde das roultsche Gesetz benannt.

Reppe, Walter Julius: *Göringen 29. 7. 1892, †Heidelberg 26. 7. 1969, deutscher Chemiker; arbeitete hauptsächlich über Druckreaktionen des Acetylens und die Chemie des Ethylens und Kohlenstoffmonoxids (Reppe-Chemie).

Runge, Friedlieb Ferdinand: *Billwärder 8. 2. 1795, †Oranienburg 25. 3. 1867, deutscher Chemiker; entscheidend an der Entwicklung der organischen Chemie beteiligt; entdeckte das Atropin, Mitbegründer der Papierchromatographie; erforschte den Steinkohlenteer.

S **Sanger, Frederick** ['sæŋə]: *Rendcomb 13. 8. 1918, britischer Chemiker; erhielt 1958 den Nobelpreis für Chemie für die

Ausgewählte Kurzbiografien

vollständige Bestimmung der Struktur des Insulin-Moleküls; entwickelte Methoden zur Sequenzanalyse von RNA.

Scheele, Karl Wilhelm: *Stralsund 9. 12. 1742, †Köping 21. 5. 1786, schwedischer Chemiker und Apotheker; einer der Begründer der modernen Chemie; entdeckte Sauerstoff, Chlor, Molybdän, Glycerin, Bariumoxid, Mangan, Blau-, Benzoe-, Oxal-, Milch-, Citronen- und Äpfelsäure.

Schiff, Hugo: *Frankfurt am Main 26. 4. 1834, †Florenz 8. 9. 1915, italienischer Chemiker; Arbeiten über Aldehydnachweis (Schiff-Reagenz, schiffsche Basen), Borsäureester, Aminosäuren, Tannine und Biuretreaktion.

Solvay, Ernest [sɔl'vɛ]: *Rebecq (bei Brüssel) 16. 4. 1838, †Brüssel 26. 5. 1922, belgischer Chemiker; Erfinder (1863) des Solvay-Verfahrens zur Gewinnung von Soda.

Sørensen, Søren Peter Lauritz ['sœrənsən]: *Havrebjerg 9. 1. 1868, †Kopenhagen 13. 2. 1939, dänischer Chemiker; schlug 1909 vor, zur Angabe der Acidität die Wasserstoff-Ionen-Konzentration mit dem negativen dekadischen Logarithmus auszudrücken und führte dafür das Zeichen pH ein.

Stahl, Georg Ernst: *Ansbach 21. 10. 1660, †Berlin 14. 5. 1734, deutscher Chemiker und Mediziner; ab 1716 Leibarzt Friedrich Wilhelms I.; Vertreter des Animismus in der Medizin und Begründer der Phlogistontheorie der Verbrennungsvorgänge.

Staudinger, Hermann: *Worms 23. 3. 1881, †Freiburg im Breisgau 8. 9. 1965, deutscher Chemiker; wies nach, dass sich kleine Moleküle zu kettenförmigen Molekülen verbinden können, schuf die theoretischen Grundlagen der Kunststoffchemie; 1953 Nobelpreis für Chemie.

Thomas, Sidney Gilchrist ['tɔməs]: *Canonbury 16. 4. 1850, †Paris 1. 2. 1885, britischer Techniker; erfand 1877 zusammen mit PERCY GILCHRIST (*1851, †1935) das Thomasverfahren zur Entphosphorung von Flusseisen (Thomasbirne); erkannte die Verwendbarkeit der dabei anfallenden Schlacke als Düngemittel.

Tropsch, Hans: *Plan 7. 10. 1889, †Essen 8. 10. 1935, deutscher Chemiker; entwickelte 1926 mit F. FISCHER das Fischer-Tropsch-Verfahren zur Benzinsynthese; Forschungen über Oxidation von Methan zu Formaldehyd, Hydrierung von Phenolen u. a.

Waage, Peter: *Flekkefjord 29. 6. 1833, †Christiania (Oslo) 13. 1. 1900, norwegischer Chemiker; formulierte 1864 zusammen mit C. M. GULDBERG das Massenwirkungsgesetz, konstruierte ein Ebulliometer zur Bestimmung des Alkoholgehalts von Bier.

Walden, Paul: *Riga 26. 7. 1863, †Gammertingen 22. 1. 1957, deutscher Chemiker; Forschungen über Elektrolyse, Chemie der freien Radikale; entdeckte 1895 die Walden-Umkehr.

Willstätter, Richard: *Karlsruhe 13. 8. 1872, †Locarno 3. 8. 1942, deutscher Chemiker; wies die strukturelle Ähnlichkeit zwischen Chlorophyll und dem roten Blutfarbstoff Häm nach; entdeckte die Holzverzuckerung mit konzentrierter Salzsäure; 1915 Nobelpreis für Chemie.

Wöhler, Friedrich: *Eschersheim 31. 7. 1800, †Göttingen 23. 9. 1882, deutscher Chemiker; Mitbegründer der modernen Chemie; stellte eine große Zahl organischer Verbindungen als Erster dar; fand ein Verfahren zur Aluminium-Darstellung; verwendete Metalloxide als Katalysatoren, entdeckte Siliciumwasserstoff und Calciumcarbid.

Woodward, Robert Burns [wʊdwəd]: *Boston 10. 4. 1917, †Cambrigde (Massachusetts) 08. 7. 1979, amerikanischer Chemiker; synthetisierte biochemisch wichtige organische Verbindungen: z. B. 1944 Chinin, 1951 Cholesterin und Cortison, 1956 Reserpin, 1960 Chlorophyll, 1962 Tetracycline, 1971 Vitamin B_{12}; 1965 Nobelpreis für Chemie.

Wurtz, Charles Adolphe [vyrts]: *Straßburg 26. 11. 1817, †Paris 12. 5. 1884, französischer Chemiker; erforschte Phosphorverbindungen, stellte Paraffinkohlenwasserstoffe (Wurtz-Synthese, 1855), Alkylamine, Alkohole aus Aldehyden durch Reduktion mit Wasserstoff in statu nascendi dar.

Ziegler, Karl Waldemar: *Helsa 26. 11. 1898, †Mülheim 11. 8. 1973, deutscher Chemiker; ab 1943 Direktor des Max-Planck-Instituts für Kohleforschung; Forschungen über freie organische Radikale, vielgliedrige Ringe, Katalysatoren, Synthese von Tetraethylblei usw.; erhielt 1963 zusammen mit G. NATTA den Nobelpreis für Chemie.

Weiterführende Literatur

■ Schulbücher

Chemie, herausgegeben von Michael Tausch und Magdalene von Wachtendonk, 2 Bände. Bamberg (Buchner) ^{2}1997-98.

Gutbrod, Heinz-Dieter: Unterrichtsexperimente für die Mittelstufenchemie, 2 Teile. Hamburg (Handwerk und Technik) 1992.

Lüthje, Hans u. a.: Lehrbuch der Chemie, Band 1: Analyse von Kohlenstoffverbindungen, Band 2: Struktur und chemische Bindung, Band 3: Chemisches Gleichgewicht. Neuausgabe Frankfurt am Main (Diesterweg) 1991-92.

Maldener, Reiner: Malles Chemiebuch. Allgemeine und anorganische Chemie für die Schule. Frankfurt am Main (Deutsch) 1993.

Otto, Alfred u.a.: Chemie Sekundarstufe II. Hamburg (Handwerk und Technik) ^{7}1989.

■ Prüfungsvorbereitungen

Heußler, Peter und Wolf, Hans: Allgemeine Chemie. Mannheim (Dudenverlag) ^{2}2000. (Duden Abiturhilfen, Chemie).

Heußler, Peter und Wolf, Hans: Kunststoffe, Farbstoffe, Waschmittel. Mannheim (Dudenverlag) 1990. (Duden Abiturhilfen, Chemie).

Heußler, Peter und Wolf, Hans: Organische Chemie. Mannheim (Dudenverlag) ^{2}2000. (Duden Abiturhilfen, Chemie).

Vogt, Hans-Heinrich: Chemische Gleichungen - ganz einfach. Eine verständliche Anleitung zum Aufstellen chemischer Gleichungen. Köln (Aulis) ^{9}1998.

■ Lexika / Nachschlagewerke

Lexikon der Chemie, herausgegeben von Hans-Dieter Jakubke u. a., 3 Bände. Heidelberg (Spektrum, Akademischer Verlag) 1998.

Römpp-Lexikon Chemie, herausgegeben von Jürgen Falbe u. a., 6 Bände. Stuttgart (Thieme) ^{10}1996-99.

Taschenbuch der Chemie, herausgegeben von Karl Schwister. München; Leipzig (Hanser Fachbuchverlag; Fachbuchverlag) ^{2}1999.

Taschenlexikon Chemie, herausgegeben von Hans Keune. Leipzig (Deutscher Verlag für Grundstoffchemie) ^{2}1990.

Willmes, Arnold: Taschenbuch chemische Substanzen. Elemente, Anorganika, Organika, Naturstoffe, Polymere. Thun (Deutsch) 1993.

■ Datensammlungen / Nomenklatur

Aylward, Ggordon H. und Findlay, Tristan J. V: Datensammlung Chemie in SI-Einheiten. Weinheim (Wiley-VCH) ^{3}1999.

Fresenius, Philipp und Görlitzer, Klaus: Organisch-chemische Nomenklatur. Grundlagen, Regeln, Beispiele. Stuttgart (Wissenschaftliche Verlagsgesellschaft) ^{4}1998.

Liebscher, Wolfgang und Fluck, Ekkehard: Die systematische Nomenklatur der anorganischen Chemie. Berlin (Springer) 1999.

■ Weiterführende Literatur zu einzelnen Fachgebieten der Chemie

Allgemeine und anorganische Chemie:

Dickerson, Richard E.: Prinzipien der Chemie. Berlin (de Gruyter) ^{2}1988.

Fluck, Ekkehard: Allgemeine und anorganische Chemie. Heidelberg (Quelle & Meyer) ^{6}1989.

Greenwood, Norman N. und Earnshaw, Alan: Chemie der Elemente. Neudruck Weinheim (VCH) 1990.

Grießhammer. Rainer: Gute Argumente: Chemie und Umwelt. München (Beck) 1993.

Weiterführende Literatur

Jander, Gerhart und Blasius, Ewald: Einführung in das anorganisch-chemische Praktikum, bearbeitet von Joachim Strähle u. a. Stuttgart (Hirzel) [14]1995.

Latscha, Hans P. und Klein, Helmut A.: Anorganische Chemie. Berlin (Springer) [7]1996.

Mortimer, Charles E.: Chemie. Das Basiswissen der Chemie. Mit Übungsaufgaben. Stuttgart (Thieme) [6]1996.

Pscheidl, Helmut: Grundkurs allgemeine Chemie. Leipzig (Barth) [5]1992.

Wiberg, Nils: Lehrbuch der anorganischen Chemie, begründet von Arnold F. Holleman und Egon Wiberg. Berlin (de Gruyter) [101]1995.

Organische Chemie:

Hart, Harold: Organische Chemie. Ein kurzes Lehrbuch. Weinheim (VCH) 1989.

Latscha, Hans P. und Klein, Helmut A.: Organische Chemie. Berlin (Springer) [4]1997.

Organikum. Organisch-chemisches Grundpraktikum, Beiträge von Heinz G. Becker u. a. Neudruck Weinheim (VCH) [20]1999.

Sykes, Peter: Reaktionsmechanismen der organischen Chemie. Weinheim (VCH) [9]1988.

Williams, Dudley H. und Fleming, Ian: Strukturaufklärung in der organischen Chemie. Einführung in die spektroskopischen Methoden. Stuttgart (Thieme) [6]1991.

Physikalische Chemie:

Atkins, Peter W.: Einführung in die physikalische Chemie. Ein Lehrbuch für alle Naturwissenschaftler. Weinheim (VCH) 1993.

Försterling, Horst-Dieter und Kuhn, Hans: Praxis der physikalischen Chemie. Grundlagen, Methoden, Experimente. Weinheim (VCH) [3]1991.

Ross, Bernd: Allgemeine und physikalische Chemie für Pharmazeuten und Naturwissenschaftler. Stuttgart (Thieme) 1988.

Biochemie:

Dose, Klaus: Biochemie. Eine Einführung. Berlin (Springer) [5]1996.

Kleber, Hans-Peter und Schlee, Dieter: Biochemie, 2 Bände. Jena (Fischer) [2]1991-92.

Stryer, Lubert: Biochemie. Heidelberg (Spektrum, Akademischer Verlag) [4]1994.

Geschichte der Chemie:

ABC Geschichte der Chemie, herausgegeben von Siegfried Engels u.a. Leipzig (Deutscher Verlag für Grundstoffindustrie) 1989.

Brock William H.: Viewegs Geschichte der Chemie. Braunschweig (Vieweg) 1997.

Häusler, Karl: Highlights aus der Chemie. Köln (Aulis) 21999.

Heimann, Erich H.: Der große Augenblick in der Chemie. Sonderausgabe Bayreuth (Loewes) 1983.

Zum Experimentieren:

Brandl, Herbert: Trickkiste Chemie. München (Bayerischer Schulbuchverlag) 1998.

So interessant ist Chemie, Beiträge von Franz Bukarsch u. a. Köln (Aulis) [2]1997.

■ **Websites**

http://www.chemie-award.de/
http://www.lpm.uni-sb.de/chemie/fortbildung/u-materi.htm
http://dc2.uni-bielefeld.de/dc2/lehrmat.htm
http://educeth.ethz.ch/chemie/servers/material.htm

Abkürzungen und Bildquellen

Abb.	Abbildung	Kw.	Kurzwort
Abk.	Abkürzung	lat.	lateinisch
a. M.	am Main	mhd.	mittelhochdeutsch
amerik.	(US-)amerikanisch	mlat.	mittellateinisch
arab.	arabisch	n. Chr.	nach Christus
bzw.	beziehungsweise	nlat.	neulateinisch
ca.	circa	österr.	österreichisch
d. h.	das heißt	S.	Seite
e. V.	eingetragener Verein	schwed.	schwedisch
engl.	englisch	sog.	so genannt
evtl.	eventuell	Sp.	Siedepunkt
Fp.	Fließpunkt	s. u.	siehe unten
frz.	französisch	Tab.	Tabelle
ggf.	gegebenenfalls	u. a.	und andere, unter anderem
griech.	griechisch	u. Ä.	und Ähnliches
hg.	herausgegeben	usw.	und so weiter
i. A.	im Allgemeinen	v.	von
i. Br.	im Breisgau	v. a.	vor allem
i. d. R.	in der Regel	v. Chr.	vor Christus
ital.	italienisch	vg.	vergleiche
indian.	indianisch	z. B.	zum Beispiel
Jh.	Jahrhundert	z. T.	zum Teil

WGV, Weinheim: *18, 19, 63, 94, 134, 142, 145, 157, 251, 253, 259, 308, 324, 334, 343, 344, 391, 392.* – Corbis Picture Press, Hamburg: *204, 299, 355.*

Grafiken und Tabellen Bibliographisches Institut & F. A. Brockhaus, Mannheim

Die Duden-Bibliothek für Schüler
die Schülerduden

Rechtschreibung und Wortkunde
Ein Nachschlagewerk und Arbeitsbuch zur alten und neuen Rechtschreibung und zum Wortschatz mit rund 17 000 Stichwörtern. Alle neuen Schreibungen sind rot hervorgehoben.
384 Seiten.

Wortgeschichte
Warum heißt der Maulwurf Maulwurf? Hier findet sich die Antwort. Über 10 000 Stichwörter, zahlreiche Abbildungen und Tabellen.
491 Seiten.

Bedeutungswörterbuch
Ein Lernwörterbuch zur kreativen Wortschatzerweiterung, in dem der Grund- und der Aufbauwortschatz des Deutschen verzeichnet sind.
496 Seiten.

Grammatik
Eine Sprachlehre mit Übungen und Lösungen, speziell für den Deutschunterricht entwickelt.
544 Seiten.

Fremdwörterbuch
Wie schreibt man „relaxed", und was bedeutet dieses Wort eigentlich? Fremdwörter begegnen uns in Schule und Ausbildung. Und da ist es wichtig, sie sicher im Griff zu haben. Rund 20 000 Fremdwörter.
480 Seiten.

Lateinisch – Deutsch
Der Wortschatz für den modernen Lateinunterricht mit 30 000 Stichwörtern. Außerdem wird auch das Spät- und Mittellatein berücksichtigt.
465 Seiten.

Literatur
Rund 1 700 verständlich formulierte Stichwörter bieten das grundlegende Wissen zur Literatur, zu Schriftstellern und ihrem Werk. Außerdem werden Theater-, Sprach- und Medienwissenschaft aufgezeigt.
432 Seiten.

Kunst
Von der Gotik bis zum Graffito: die wichtigsten Epochen und Stilrichtungen in Text und Bild. Rund 3 000 Stichwörter und 300 farbige Abbildungen, Register.
432 Seiten.

Musik
Was ist „Farbenhören", was „weißes Rauschen"? Rund 2 500 Stichwörter, Notenbeispiele, 250 Bilder und Zeichnungen, Literaturverzeichnis, Register.
504 Seiten.

Philiosophie
„Scholastik", „Logik", „Metaphysik": Einblick in Modelle und Schulen der Philosophie. 492 Seiten, rund 1 100 Stichwörter, Literaturverzeichnis, Register, Übersicht.

Psychologie
Das Grundwissen der Psychologie in über 3 500 Stichwortartikeln. Kurzbiographien zu den wichtigsten im Text genannten Personen. Behandelt werden unter anderem Themen wie: die Dominanz der neuen Medien, Essstörungen und Medienpsychologie. Auch die Weiterentwicklungen in einzelnen Teilbereichen der Psychologie wurden berücksichtigt.
468 Seiten.

Pädagogik
Schule, Ausbildung und Erziehung. Rund 3 000 Stichwörter machen Pädagogik anschaulich. Zahlreiche Abbildungen, Tabellen, Diagramme, Literaturhinweise, Register.
419 Seiten.

Mathematik I
Ein umfassendes Sachlexikon zur Begleitung und Vertiefung des Mathematikunterrichts vom 5. bis 10. Schuljahr. Rund 1 100 Stichwörter. Mit klaren und verständlichen Erklärungen von Begriffen, Formeln und Sätzen.
544 Seiten.

Mathematik II
Das Abiturwissen zu Analysis, analytischer Geometrie und Stochastik ist hier mit rund 1 000 Stichwörtern und 500 Abbildungen kompakt zusammengefasst und verständlich aufbereitet.
512 Seiten.

Dudenverlag
Mannheim · Leipzig · Wien · Zürich

Die Duden-Bibliothek für Schüler
die **Schülerduden**

Informatik
Dieses Fachlexikon für die Schule vermittelt ein fachliches Fundament in der Informatik. Rund 600 Abbildungen, zahlreiche Programmbeispiele, Register. 576 Seiten.

Physik
Relativitätstheorie, Supraleitung, Chaostheorie – Beispiele für die schillernden Themen, mit denen die Physik in den Medien präsentiert wird. Der „Schülerduden – Physik" verbindet mit rund 2 000 Stichwörtern diese faszinierenden Seiten des Fachs mit dem schulischen Grundlagenwissen. 480 Seiten.

Chemie
Von A bis Z auf die Schulpraxis ausgerichtet, wird hier Orientierung im Dickicht der chemischen Begriffe und Formeln geboten – von der ersten Chemiestunde bis zum Abitur. 2 500 Stichwörter mit Themen wie „Alchemie", „Abwasserreinigung", „Energiespeicher" und „Laborsicherheit". 448 Seiten.

Ökologie
Biotop, Nahrungsnetz, Ozonloch: Dieser Band informiert über alles, was das Thema „Mensch und Umwelt" angeht. Rund 2 800 Stichwörter, 16 Farbtafeln und zahlreiche Abbildungen. 368 Seiten.

Biologie
Umfassende und verständliche Erklärungen und Beispiele, konsequent auf den Unterricht ausgerichtet, geben Sicherheit und Orientierung in der Biologie. 540 Seiten.

Sexualität
Die Vielfältigkeit der Sexualität. Mit Themen wie Pubertät und Erwachsenwerden, erste Liebe, Umgang miteinander, Empfängnisverhütung, Mutterschaft und Vaterschaft, Aids, sowie einer Liste von Beratungsstellen. Rund 2 000 Stichwörter mit über 100 meist farbigen Abbildungen im Text. 396 Seiten.

Geographie
Von der Geomorphologie zur Sozialgeographie: das aktuelle Fachlexikon für den Geographieunterricht. Rund 1 800 Stichwörter, 120 Abbildungen. 468 Seiten.

Wirtschaft
„ABC-Analyse", „Breakeven-Point", „Jointventure": das Lexikon des wirtschaftlichen Lebens. Für Schule und Beruf. Rund 2 500 Stichwörter, zahlreiche Diagramme und Abbildungen. 428 Seiten.

Geschichte
Dieses Fachlexikon vergegenwärtigt Daten, Fakten und Zusammenhänge der Geschichte von der Vor- und Frühgeschichte bis hin zum modernen Zeitgeschehen. Rund 2 400 Stichwörter, 155 Abbildungen, Literaturverzeichnis, Personen- und Sachregister. 540 Seiten.

Politik und Gesellschaft
Rund 2 300 kompakte Einzelstichwörter und ausführliche Übersichtsartikel geben Auskunft über das politische System der Bundesrepublik und anderer Staaten, über politische Ideen, internationale Organisationen und aktuelles Zeitgeschehen sowie über gesellschaftliche und rechtliche Phänomene und Entwicklungen. 468 Seiten.

Wörterbuch Englisch
Englisch-Deutsch
Deutsch-Englisch
Ein modernes Wörterbuch für den Englischunterricht mit Listen unregelmäßiger Verben und leicht erfassbaren Übersetzungshilfen. In Zusammenarbeit mit Oxford University Press. 960 Seiten, ca. 76 000 Stichwörter und rund 100 000 Übersetzungen.

Dudenverlag
Mannheim · Leipzig · Wien · Zürich

Praxisnahe Helfer zu vielen Themen
die **Taschenbücher von Duden**

Ob Zeichensetzung, Abkürzungen oder Vornamen, die breite Palette der Duden-Taschenbücher bietet zuverlässige Antworten auf die verschiedensten Fragen. Alle Bände sind kartoniert.

Wie schreibt man gutes Deutsch
Diese Stilfibel ist eine Anleitung zum angemessenen Umgang mit der deutschen Sprache für alle, die aus beruflichen und privaten Gründen viel schreiben.
252 Seiten.

Komma, Punkt und alle anderen Satzzeichen
Die Zeichensetzung auf der Grundlage der neuen Rechtschreibung. Leicht verständliche Erläuterungen, Faustregeln und Tipps für die tägliche Schreibpraxis. Mit umfangreicher Beispielsammlung.
220 Seiten.

Die Neuregelung der deutschen Rechtschreibung
Regeln, Kommentar und Verzeichnis wichtiger Neuschreibungen. Eine Einführung in die neue Rechtschreibung mit ausführlichen Erläuterungen zur Neuregelung und den kommentierten Regeln.
316 Seiten.

Wörterbuch der Abkürzungen
Dieses Wörterbuch enthält rund 40 000 nationale und internationale Abkürzungen aus allen Bereichen des täglichen Lebens.
334 Seiten.

Redensarten
Die Herkunft und Bedeutung von über 1 000 bekannten Redensarten wie z. B. „die Feuerprobe bestehen", „in die Flitterwochen fahren" und „eine lange Leitung haben".
256 Seiten.

Lexikon der Vornamen
Herkunft, Bedeutung und Gebrauch von mehreren Tausend Vornamen.
329 Seiten.

Geographische Namen in Deutschland
Herkunft und Bedeutung der Namen von Ländern, Städten, Bergen und Gewässern.
318 Seiten.

Wie sagt man in Österreich?
Wörterbuch der österreichischen Besonderheiten.
318 Seiten.

Schriftliche Arbeiten im technisch-naturwissenschaftlichen Studium
Ein Leitfaden zur effektiven Erstellung schriftlicher Arbeiten und zum Einsatz moderner Arbeitsmethoden. Von der Seminar- über die Examensarbeit bis zur Diplom- bzw. Doktorarbeit.
176 Seiten.

Jiddisches Wörterbuch
Mit Hinweisen zur Schreibung, Grammatik und Aussprache.
204 Seiten.

Weitere Bände sind in Vorbereitung

Dudenverlag
Mannheim · Leipzig · Wien · Zürich

Fit in allen Prüfungsthemen:
die **Duden-Abiturhilfen**

Mit den Duden-Abiturhilfen können sich Schüler gezielt auf das Abitur vorbereiten. Von erfahrenen Fachpädagogen erarbeitet, übersichtlich strukturiert und mit wertvollen Tipps, welche Fehler am häufigsten auftreten und wie man sie vermeiden kann.

MATHEMATIK

Analysis I
11. Schuljahr
Grundlagen: Zahlenfolgen und reelle Funktionen

Analysis II
11. und 12. Schuljahr
Differenzierbarkeit von Funktionen und Kurvendiskussion

Analysis III
12. und 13. Schuljahr
Integralrechnung

Stochastik I
12. und 13. Schuljahr
Beschreibende Statistik und Wahrscheinlichkeitstheorie

Stochastik II
Zufallsgrößen und beurteilende Statistik
12. und 13. Schuljahr

Lineare Algebra und analytische Geometrie I
Leistungskurs
12. und 13. Schuljahr

Lineare Algebra und analytische Geometrie II
Leistungskurs
12. und 13. Schuljahr

Lineare Algebra und analytische Geometrie
Grundkurs
12. und 13. Schuljahr

GESCHICHTE

Geschichte I
12. und 13. Schuljahr
Geschichte II
12. und 13. Schuljahr

PHYSIK

Basiswissen Mathematik zur Physik
11. bis 13. Schuljahr

Mechanik I Bewegungslehre
11. Schuljahr

Mechanik II Erhaltungssätze
11. Schuljahr

Elektrizitätslehre I Felder
12. und 13. Schuljahr

DEUTSCH

Der deutsche Aufsatz
12. und 13. Schuljahr
Erzählende Prosatexte analysieren
12. und 13. Schuljahr
Dramentexte analysieren
12. und 13. Schuljahr
Gedichte analysieren
12. und 13. Schuljahr

CHEMIE

Grundlagen der organischen Chemie
12. und 13. Schuljahr
Grundlagen der allgemeinen Chemie
12. und 13. Schuljahr
Kunststoffe, Farbstoffe, Waschmittel
12. und 13. Schuljahr

BIOLOGIE

Genetik
12. und 13. Schuljahr
Nervensystem und Sinnesorgane
12. und 13. Schuljahr
Stoffwechsel und Energieumsatz
12. und 13. Schuljahr
Zellbiologie
12. und 13. Schuljahr

ERDKUNDE

Entwicklungsländer
12. und 13. Schuljahr
Übungsaufgaben aus der ganzen Welt
Geozonen und Landschaftsökologie
12. und 13. Schuljahr
USA – UdSSR
12. und 13. Schuljahr
Industrie und Dienstleistungen
12. und 13. Schuljahr
Grundbegriffe und Übungsaufgaben aus den wichtigsten Wirtschaftssektoren

KUNST

Kunstgeschichte I
12. und 13. Schuljahr
Kunstgeschichte II
12. und 13. Schuljahr
Die künstlerische Praxis
12. und 13. Schuljahr

Weitere Bände sind in Vorbereitung

Dudenverlag
Mannheim · Leipzig · Wien · Zürich

Chemische Rekorde

Elemente

Das leichteste Atom ist der Wasserstoff ^1_1H. Die ersten Gasballons und Luftschiffe waren mit (molekularem) Wasserstoff gefüllt, um ihnen Auftrieb zu geben. Später verwendete man das etwas schwerere, aber dafür unbrennbare Helium ^4_2He.

Das schwerste in der Natur vorkommende Element ist Plutonium, dessen Isotope, z. B. $^{244}_{94}Pu$, in geringen Mengen in Uranerzen gebildet werden. Uran mit seinem Isotop $^{238}_{92}U$ folgt auf Platz zwei der Schwergewichte.

Das größte in der Natur vorkommende Atom ist Cäsium mit einem Atomradius von 272 pm (Pikometern), gefolgt von Rubidium mit 250 pm und Kalium (235 pm).

Das kleinste Atom ist Wasserstoff mit einem Atomradius von 37 pm.

Die einzigen unter Normalbedingungen flüssigen Elemente sind Quecksilber (Fp. –38,86 °C; Sp. 356 °C) und Brom (Fp. –8,25 °C; Sp. 58,8 °C).
Das einzige Element, das unter Atmosphärendruck auch bei tiefsten Temperaturen nicht erstarrt, ist Helium.

Den niedrigsten Schmelzpunkt besitzt Wasserstoff mit –259,34 °C, gefolgt von Neon (–248,59 °C), Fluor (–219,66 °C), Sauerstoff (–218,79 °C), Stickstoff (–210,01 °C) und Argon (–189,35 °C).

Den höchsten Schmelzpunkt besitzt Wolfram mit 3422 °C, gefolgt von Rhenium (3186 °C), Osmium (3033 °C) und Tantal (3017 °C). Die Glühfäden der Glühbirnen bestehen üblicherweise aus Wolfram.

Den niedrigsten Siedepunkt hat Helium mit –268,93 °C, gefolgt von Wasserstoff (–252,87 °C), Neon (–246,08 °C) und Stickstoff (–195,79 °C). Diese Elemente sind z.B. als Kühlflüssigkeiten für supraleitende Magnete wichtig. – Den höchsten Siedepunkt besitzt das Edelmetall Rhenium mit 5596 °C, gefolgt von Wolfram (5555 °C), Tantal (5458 °C) und Osmium (5012 °C).

Das härteste Element ist der Kohlenstoff in seiner Modifikation als Diamant (Mohs-Härte 10), gefolgt von Bor mit einer Härte von 9,5.
Weichstes Element ist das Alkalimetall Cäsium (Härte 0,2), gefolgt von Rubidium (0,3), und der Kohlenstoffmodifikation Graphit (0,5).

Verbindungen

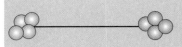
Die kürzeste Bindung ist die im Wasserstoff-Deuterium-Molekül (HD) mit 74,136 pm.
Die längste (jemals gemessene) Bindung ist die Van-der-Waals-Bindung zwischen zwei ^4_2He Atomen mit 6200 pm.

Die stärkste Bindung ist die zwischen Kohlenstoff und Sauerstoff im CO-Molekül mit 1 070,3 kJ/mol Bindungsdissoziationsenergie.
Die schwächste (jemals gemessene) Bindung ist die Van-der-Waals-Bindung zwischen zwei ^4_2He Atomen mit $8 \cdot 10^{-6}$ kJ/mol.